Kompetenz ist viel mehr

Waxmann Verlag GmbH
Steinfurter Straße 555, 48159 Münster
info@waxmann.com

# Kompetenzmanagement
# in der Praxis

herausgegeben von
Volker Heyse und John Erpenbeck

Band 9

Volker Heyse,
John Erpenbeck,
Stefan Ortmann (Hrsg.)

# Kompetenz ist viel mehr

Erfassung und Entwicklung von fachlichen
und überfachlichen Kompetenzen in der Praxis

Waxmann 2015
Münster · New York

Initiiert und gefördert durch die Heyse Stiftung
Menschenbilder – Menschenbildung.

 HEYSE STIFTUNG
MENSCHENBILDER –
MENSCHENBILDUNG

**Bibliografische Informationen der Deutschen Nationalbibliothek**
Die Deutsche Nationalbibliothek verzeichnet diese Publikation in
der Deutschen Nationalbibliografie; detaillierte bibliografische
Daten sind im Internet über http://dnb.d-nb.de abrufbar.

Print-ISBN     978-3-8309-3336-6
E-Book-ISBN  978-3-8309-8336-1

© Waxmann Verlag GmbH, 2015

www.waxmann.com
order@waxmann.com

Umschlaggestaltung: Christian Averbeck, Münster
Umschlagbild: Otto Carius
Satz: Stoddart Satz- und Layoutservice, Münster

Gedruckt auf alterungsbeständigem Papier,
säurefrei gemäß ISO 9706

Printed in Germany

# Inhalt

**Kompetenzentwicklung in der Praxis.**
**Strategie und Umsetzung – unter Einbeziehung von KODE® und KODE®X**
**in der TÜV NORD GROUP seit über 10 Jahren**
*Ludger Halasz, Roman Knipprath*

**Vom Wissen, Wollen, Könnte … zum Können!**
**Personalentwicklung und Talentmanagement müssen alters- und**
**geschlechtsunabhängig begriffen werden**
*Wolfgang Bornträger*

**III. Kompetenzorientierung für die Flughafensicherheit,**
**    Flugsicherheit und Luftsicherheit**

**Der Faktor Mensch – Höhere Performance bei der Fluggastkontrolle durch**
**neue kompetenzbasierte Strategien und Verfahren für die Auswahl, Aus- und**
**Fortbildung von Kontrollpersonal (DEFAKTOS)**
*Rudolf Ochs*

## Kompetenzprofil österreichischer Fluglotsen
## Ergebnisse einer wissenschaftlichen Studie
*Florian Kalina*

## Kompetenzen eines Flugkapitäns
*Lothar Schäffner*

**Initiative der ACT SKoM GmbH und der CeKom GmbH zur (weiteren) Erhöhung der Flugsicherheit, insbesondere der Stärkung der Flugkapitäne – ausgehend vom Fall Andreas Lubitz**

*Volker Heyse*

## IV. Kompetenzorientierung in Militär und Polizei (international)

**Die Ausrichtung der Theresianischen Militärakademie auf die Einheit von Tugenden, Werten und Kompetenzen in der künftigen Aus- und Weiterbildung von Offizierinnen und Offizieren**

*Karl Pichlkastner, Reinhard Slanic*

**Kompetenzprofil und Kompetenztraining für den uniformierten Polizeidienst in Österreich**
**Eine exemplarische Veranschaulichung**

*Thomas Schlesinger, Andreas Nagl*

**Kompetenzprofil für den exekutiven Polizeidienst in Zivil**
**Entwicklung und Überprüfung eines Kompetenzprofils anhand des KODE®-/**
**KODE®X-Kompetenzermittlungsverfahrens am Beispiel der „Einsatzgruppe**
**zur Bekämpfung der Straßenkriminalität – Wien"**
*Christoph Hackl*

**V.  Kompetenzorientierung und -handeln in weiteren wichtigen**
     **Anwendungsbereichen**

**Trainer- und Managerkompetenzen**
*Thomas Apitzsch*

**Entwicklung und Implementierung eines Kompetenzmanagementmodells**
**in einer Anwaltskanzlei**
*Christian A. Fischer*

**Kompetenzorientierte Konfliktbearbeitung**
**Mit einem Praxisbeispiel von Andrea Weitz**
*Lothar Schäffner*

**Andrea Weitz: Dokumentation eines Praxisfalles**
**Fachlicher Leiter wird vom Team abgelehnt**

**Motivation und Aktion**
**Die Wirkung von aktivitätsbezogenen Kompetenzen auf das Handeln**
**und deren Bedeutung für den (Wieder-)Einstieg in den Arbeitsmarkt**
*Monika Forsthuber*

**Humankapitalbilanzierung**
**KODE® als Basis einer Bilanzierung mit monetärer Werteermittlung –**
**Möglichkeiten der Darstellung des Gesamtwertes des Humankapitals**
**einer Unternehmung in einer Abschlussbilanz**
*Simone Hahn*

**Competenzia als Softwareprodukt im Kontext eines kompetenzorientierten**
**Recruiting-Prozesses**
*Stefan Ortmann*

# Einleitung: Ein Meer von Kompetenzen...

Kennen Sie einen Lehrer, der eines der MINT-Fächer (Mathematik, Informatik, Naturwissenschaften, Technik) unterrichtet? Fragen Sie ihn, ob und welche Kompetenzen in seiner Lehrtätigkeit eine Rolle spielen.

„Aber natürlich" – wird er Ihnen antworten: „Bei uns finden Kompetenzkontrollen im Rahmen von Klassenarbeiten und mündlichen Benotungen und von PISA-Tests statt. Unsere Lehrpläne sind alle kompetenzorientiert. Und die standardisiert vorgegebenen Verhaltensbeschreibungen, die wir auf den Zeugnissen zu geben verpflichtet sind, enthalten eindeutig Kompetenzbeurteilungen – wie zum Beispiel Mitarbeit, Kommunikation, Zusammenarbeit."

„Und wie ist das mit den Fach- und Methodenkompetenzen? Vermitteln Sie, als Mathematiklehrer, mathematische Kompetenzen? Mit welchen Methoden und Erfolgen?"

„Eine komische Frage! Allein in diesem 5. Schuljahr behandeln wir Größen und Daten, Natürliche und Ganze Zahlen, Addition und Subtraktion, Multiplikation und Division... Kompakter kann man mathematische Kompetenzen doch gar nicht vermitteln!"

„Was hat das jedoch mit Kompetenzen zu tun? Kompetenzen sind Fähigkeiten, in unerwarteten, offenen, manchmal chaotischen Situationen kreativ und selbstorganisiert zu handeln. Fachkompetenzen sind folglich Fähigkeiten, in offenen fachlichen Problemsituationen theoretischer und praktischer Natur kreativ und selbstorganisiert zu handeln. Wo vermitteln Sie diese Fähigkeiten? Mathematische Phantasie, Kreativität? Wo vermitteln sie Freude an der Mathematik, nach *Hattie* die Grundvoraussetzung jedes erfolgreichen Unterrichts?[1] Wo vermitteln Sie positive Emotionen? Was soll bei Ihrem „Lernen im Kühlschrank" herauskommen?[2] Sie geben Wissen weiter, statt Kompetenzen zu entwickeln. Eine Katastrophe..."

Eine Bildungsetage weiter. Auf zur Universität. Sie befragen einen Mathematikprofessor, Experte in Funktionalanalysis. Seine kompakte Vorlesung über ein Jahr ist in Fachkreisen hoch anerkannt, bei den Studenten wegen der strengen Klausuren außerordentlich gefürchtet.

„Sie vermitteln Ihren Studenten Kompetenzen?"

---

1 Vgl. Berger, R.; Granzer, D. (2014). Online-gestütztes Feedback als Ausgangspunkt für (berufsbezogene) Kompetenzentwicklung im Klassenzimmer. In Heyse, V. (Hrsg.), *Aufbruch in die Zukunft*. Münster.
2 Kobbeloer, M. (2014). *Lernen im Kühlschrank. Wie wir die Lerntemperatur unseres Bildungssystems mit Emotionen erhöhen können*. Hamburg.

„Natürlich! Schauen Sie in die Bologna-Grundlagen, die uns zur Kompetenzvermittlung verpflichten. Universitäten sind ein Hort von Kommunikation und Kooperation! Aktivitätskompetenzen? Weniger, das eher in dualen Studiengängen."

„Aber Fachkompetenzen?"
„Setzen Sie sich in meine Vorlesung!"

„Meinen Sie, dass einer Ihrer Studenten sich mehr als ein paar Prozent davon so aneignen kann, dass er in offenen fachlichen Problemsituationen theoretischer oder praktischer Natur kreativ und selbstorganisiert handeln kann? Wo vermitteln Sie diese Fähigkeiten? Mathematische Phantasie, Kreativität? Wo vermitteln sie Freude an der Mathematik, wo positive Emotionen? Sie geben Wissen weiter, statt Kompetenzen zu entwickeln."

„Aber genau das wird doch von mir verlangt?"

Eine Katastrophe …

Verlassen wir die Ebene der Bildungsbeispiele, bestärkt durch die ersten beiden Abschnitte (Heyse; Arnold) in diesem Band.

Auch alle anderen beziehen sich auf Fachkompetenzen. Wirkliche Fachkompetenzen – nicht auf bloßes Fachwissen. Wissen ist keine Kompetenz.[3] Das ist in und für Unternehmen völlig klar, wo kompetente Entscheidungen oft sogar als Bauchentscheidungen[4] gefällt werden müssen, weil das Wissen allein als Entscheidungsgrundlage hinten und vorn nicht ausreicht (Abschnitte Kühn/Niemann; Hallasz/Knipprath; Bornträger). Das ist im Bereich von Flughafensicherheit, Flugsicherheit und Luftsicherheit (Abschnitte Ochs, Kalina, Schäffner, ACT), aber auch bei militärischen und polizeilichen Aufgaben ganz deutlich, wo die Kompetenzen gerade nicht in der Häufung von Wissen, sondern im situationsgemäßen, oft nur Sekunden dauernden Handeln und Entscheiden von einem profunden Wissenshintergrund aus bestehen (Abschnitte Pichelkastner/Slanic; Schlesinger/Nagl; Hackl). Pawlowsky spricht von einem Hochleistungsmanagement, das immer ein Kompetenzmanagement ist.[5] Uns scheint, dass aufgrund der Beschleunigung fast aller politischen, ökonomischen und kulturellen Prozesse immer mehr Bereiche zu solchen Hochleistungsbereichen werden. Das wird in weiteren Beispielen unseres Bandes deutlich, die auf den geradezu paradigmatischen Leistungssport (Abschnitt Apitzsch) eingehen, auf die Arbeit in Anwaltskanzleien (Abschnitt Fischer), auf betriebliches Konfliktmanagement (Schäffner/Weitz), auf Wiedereingliederungsprobleme auf dem Arbeitsmarkt (Abschnitt Forsthuber), auf die Kompetenzbilanzierung bei Airbus (Abschnitt Hahn),

---

3    Arnold, R. & Erpenbeck, J. (2014). *Wissen ist keine Kompetenz. Beiträge zur Kompetenzreifung.* Baltmannsweiler.
4    Gigerenzer, G. & Kober, H. (2008). *Bauchentscheidungen: Die Intelligenz des Unbewussten und die Macht der Intuition.* München.
5    Pawlowsky, P. & Mistele, P. (2008). *Hochleistungsmanagement: Leistungspotenziale in Organisationen gezielt fördern.* Heidelberg.

oder auf ein softwaregestütztes Verfahren zum kompetenzorientierten Rekrutieren (Abschnitt Ortmann).

Dabei ergibt sich ein deutliches Paradoxon. Die dringend angestrebten, die verzweifelt gesuchten Fachkompetenzen gibt es gar nicht „als solche". Sie sind vielmehr „Bündel" von Schlüsselkompetenzen, wie sie beispielsweise im Kompetenzatlas zusammengefasst sind, verschmolzen, legiert mit dem Fachwissen.

Bleiben wir bei den mathematischen Kompetenzen. Um in offenen mathematischen Problemsituationen kreativ und selbstorganisiert zu handeln, mit mathematischer Phantasie und Kreativität, emotional positiv gestimmt, mit echter Freude an der Mathematik, bedarf es nicht nur des entsprechenden Fachwissens und einer Fülle fachübergreifender Kenntnisse, einer intensiven generellen Wissensorientierung und herausragender analytischer Fähigkeiten. Es bedarf, auf die mathematische Arbeit bezogen, eines hohen Maßes an Fleiß, an systematisch-methodischem Vorgehen und Konzeptionsstärke, an Sachlichkeit, Beurteilungsvermögen und Problemlösungsfähigkeit. Ebenso an schöpferischen Fähigkeiten, Innovationsfreudigkeit und Gestaltungswillen, an Beharrlichkeit und Konsequenz, an Gewissenhaftigkeit und Pflichtgefühl. Und da sich mathematische Arbeit nicht im menschenleeren Raum, sondern in internationalen Teams und Zusammenschlüssen vollzieht, gehören Kommunikationsfähigkeit, Kooperationsfähigkeit und Teamfähigkeit ganz selbstverständlich auch zu den Kompetenzen des Mathematikers.

Halten wir also fest, dass die (auch von uns zuweilen aus Verständigungsgründen benutzte) Trennung in *überfachliche* und *fachliche* Kompetenzen eigentlich unsinnig ist. Es gibt (1) Fachwissen und es gibt (2) Schlüsselkompetenzen und es gibt (3) Legierungen von Fachwissen und Schlüsselkompetenzen. Diese Legierungen nennen wir Fachkompetenzen.

Damit ist auch klar, dass Schlüsselkompetenzen weder überfachlich noch fachlich sind, sondern mit wissenschaftlichem Fachwissen ebenso wie mit Alltagswissen und sogar mit Pseudowissen oder Aberglauben legiert werden können. Die dadurch entstehenden Fähigkeiten, in unerwarteten, offenen, manchmal chaotischen Situationen kreativ und selbstorganisiert zu handeln, sind nahezu unendlich. Ein Meer von Kompetenzen ergibt sich daraus. Ja, Kompetenzen sind viel mehr als die paar Personalen oder Sozial-kommunikativen Kompetenzen, die gemeinhin benannt werden, wenn Kompetenzraster oder Kompetenzrahmen eingeführt werden sollen.

Auf eine weitere Einsicht wollen wir zumindest hinweisen. Unabhängig zunächst von der Kompetenzdiskussion entfaltete sich im Bildungsbereich die Diskussion um formelles, non-formelles und informelles Lernen.[6] Schon bald wurde klar, dass gerade Kompetenzen, anders als wissenschaftliches Fachwissen, ganz überwiegend informell, also außerhalb von spezifischen Bildungseinrichtungen, in Praxis und Alltag

---

6   Dohmen, G. (2014). Das informelle Lernen in der historischen Rückschau. In *Weiterbildung*, Heft 5, S. 10-12.

erworben werden. Nur auf diesem Wege kann man das implizite Wissen erlangen, das letztlich Könner hervorbringt und Könnerschaft grundiert. Ohne dass der Begriff der Kompetenz fällt, dreht sich das Werk von Georg Hans Neuweg um die Voraussetzungen von Kompetenzentwicklung, ja man könnte überlegen, wie weit die Begriffe Kompetenz und Könnerschaft deckungsgleich sind.[7] Allerdings waren die Finder des impliziten Lernens von dem Ergebnis, dass mehr als 70% des Wissens auf diesem Wege angeeignet werden, so begeistert, dass sie bald über die „Anerkennung non-formell und informell erworbener Kompetenzen"[8] nachdachten. Ohne die damit berührten Zusammenhänge zu leugnen, sind wir der Ansicht, dass es für eine gute, sinnvolle Anerkennung (Validierung) von Kompetenzen zunächst einmal keine Rolle spielt und spielen darf, auf welchem Wege sie erworben wurden. Wenn eine kompetenzorientierte Schule, Weiterbildungseinrichtung oder Universität einen Weg findet, Kompetenzen wirkungsvoll zu entwickeln, darf sich die Anerkennung solcher dann formell erworbener Kompetenzen nicht von der non-formell oder informell erworbener Kompetenzen unterscheiden! Ausgehend von den Beispielen in diesem Band plädieren wir dafür, Fragen des *Erwerbs* von Kompetenzen strikt von Fragen der *Anerkennung* dieser Kompetenzen zu trennen. Eine solche Trennung ist auf der Grundlage moderner Kompetenzerfassungsverfahren, insbesondere des KODE®/ KODE®X-Systems, problemlos möglich.

August 2015
Volker Heyse, John Erpenbeck, Stefan Ortmann

---

7  Neuweg, G. H. (2015). *Das Schweigen der Könner. Gesammelte Schriften zum impliziten Wissen.* Münster.
8  Gutschow, K. u.a. (2010). *Anerkennung von nicht formal und informell erworbenen Kompetenzen.* Bericht an den Hauptausschuss; Heft-Nr. 118. Bonn.

# I.
# Kompetenzorientierung in der Bildung

# Wissen gleich FachKompetenz?
# Zur Vermessung der Schulwelt und des Schülergedächtnisses

*Volker Heyse*

## 1. Vorbemerkungen

„Mästen und Vermessung des Schülergedächtnisses" – so kennzeichnete kürzlich ein deutscher Gymnasialrektor i. R. die gegenwärtige Schulpraxis – mit dem Beisatz „Ausnahmen bestätigen die Regel". Nach absehbaren Änderungen befragt, antwortete er resigniert: „Nicht in den nächsten vierzig Jahren".

Eine andere Meinung, die eines Bildungspolitikers: „Kompetenz ist im Kern und letztendlich die Summe des nachweisbaren Detailwissens in den einzelnen Fächern. Das war schon als ich in den 1980er Jahren selbst Lehrer war ... Meine Kinder, das heißt mein Sohn, sind so in die Schule gegangen und haben sie mit guten Zensuren durchlaufen ... Mein Sohn ist heute Professor, Pädagogikprofessor, und sicher kein schlechter ... Ich weiß, der Begriff Kompetenz wird auch anders gebraucht. Da sind wir wieder in der Zeit der erhitzten Debatten um die Reformschulen angelangt oder in einer rein ökonomischen, wirtschaftsbezogenen Betrachtung. Dem möchte ich nicht folgen."

Und eine dritte Meinung: „Das A und O sind die Lehrer, die begeistern können oder aber zum Lerndrillen neigen. Und diesen wird weder seitens der (Bildungs-)Politiker noch durch die inzwischen geheime Weltmacht PISA, die wieder die Politik maßgeblich beeinflusst, die nötige Anerkennung und Unterstützung gewährt. Die Politiker laufen Statistiken nach und geben immer mehr Geld aus, um diese zu schönen. Und: Wahltaktische Blitzentscheidungen werden als BildungsReformen verkauft. So wurde eine Schule aus Ersparnisgründen geschlossen und das Ganze als eine *Reformmaßnahme* ausgewiesen. Auf Grund des starken Bürgerprotestes wurde die Schließung zurückgenommen – und als eine weitere „demokratische *Reformmaßnahme*" propagandistisch vertreten.

Einen Meta-Widerspruch sehe ich auch in der Länderhoheit in der Bildungspolitik. Letztere wird m.E. als politisches Faustpfand benutzt und verhindert notwendige Konsensbildung über die Ländergrenzen hinweg.

Was wir brauchen sind Schulen, die dem Leben aufgeschlossen sind, in denen sich die Lehrerinnen und Lehrer um die Lernenden kümmern, sie motivieren, sie lebenstüchtig machen, ihre unterschiedlichen Begabungen erkennen und Anregungen zur Stärkung dieser geben."

Diese drei Meinungen zeigen die Vielzahl der Probleme auf, denen die Lernenden ausgeliefert sind beim Hineinwachsen in eine Welt ständiger und schneller Veränderungen. Elternhaus und Schule obliegt die Aufgabe, Jugendliche für diesen Prozess einer in hohem Maße selbstmotivierten, selbstlernenden Auseinandersetzung mit neuen Herausforderungen fit zu machen. Das (globale) gesellschaftliche Umfeld von heute und morgen ist ein gänzlich anderes als das vor 100 Jahren. Viele Schulen scheinen das immer noch zu ignorieren – und daran hat die Bildungspolitik den größten Anteil.

Der Schwerpunkt dieses Buchbeitrages geht folgender Frage nach: Wie können im Zusammenhang mit Wissensangeboten, Qualifikationen *und* (überfachlichen) Kompetenzen *FachKompetenzen angeregt und entwickelt* werden?

Bei dieser Frage begegnen wir den gegensätzlichen Behauptungen

a.) „Wissen ist Kompetenz, mehr Wissen führt zu mehr Kompetenz".

b.) „Wissen allein ist *keine* Kompetenz".


## 2. Wissen ist Kompetenz, mehr Wissen führt zu mehr Kompetenz

Diese Behauptung ist in der Mehrheit deutscher Schulen allgegenwärtig und folgt einerseits der 200-jährigen Tradition des Paukens und andererseits einem verklärten Input-Output-Glauben á la Nürnberger Trichter. Sie holt sich ferner die Legitimation aus dem Verwaltungsrecht der 1920er Jahre, mit der Gleichsetzung von Kompetenz und juristischer Zuständigkeit sowie *fachlichem Wissen* und fachlicher Befugnis. (Behördlich) anerkanntes *Fachwissen plus Qualifikationsnachweis gleich* Fach*Kompetenz* – das ist ein gefährlicher Trugschluss, der sowohl an den Schulen als auch in diversen aufbauenden Aus-, Weiter- und Fortbildungseinrichtungen nach wie vor vorherrscht. Neben dieser Art „Fachkompetenz" werden – zum Teil belächelt – sogenannte „überfachliche Kompetenzen" geduldet und gleich wieder auf Kommunikations- und Teamfähigkeiten eingeschränkt. Diese traditionelle, vielfach überholte Denkweise wird häufig mit dem Schreckgespenst verbunden, die „überfachlichen" Kompetenzen könnten das Wissen verdrängen und damit die Bildungshoheit der Schule grundsätzlich gefährden. Und so hatte PISA kaum Probleme der Anerkennung bei Bildungspolitikern und Schulbehörden und entwickelte sich zu einem „gigantomanischen bildungspolitischen Placebo, das von seiner Inszenierung ebenso lebt wie von der Veröffentlichung wie ein Staatsgeheimnis gehüteter Nationenwertung" (Liessmann, 2014). So verstärkt sich die Wissensvermessungssicht in die nächsten Jahrzehnte hinein[1].

Die Lehrergewerkschaft GEW richtete sich sehr deutlich gegen die zunehmende „Vermessung der Schulwelt" (Osel, 2013) durch immer neue, unverantwortlich teure Studien zum Nachweis von Verbesserungen der PISA-Ergebnisse in Deutschland („Durchs Wiegen wird die Sau nicht fetter") und warnte davor, dass Schulen immer mehr zu „Produktionsstätten abfragbaren Wissens" würden und spricht vom „Dreischritt: Lernen – Testbestehen – Vergessen" (Bulimie-Lernen). Wenn Bildungsforscher und -politiker abstrakte und sich gegenseitig widersprechende Wirkungsmodelle entwickeln und propagieren, sehen sich schließlich die Lehrenden mehr als „Opfer von Unterstellungen und nicht mehr als Adressaten" (Gruschka, nach Osel, 2013). Diese Warnung verhallte, und so bleibt der Riss quer durch die Schulpolitik.

---

1  Während Deutschland über 10 Mio. Schüler verfügt, werden gerade einmal 5.000 in die PISA-Untersuchungen einbezogen, in der viel kleineren Schweiz hingegen 20.000. Beide werden u. a. mit Macao (0,6 Mio. Einwohner) direkt verglichen …

Dieser Denkrichtung folgend sind Kompetenzen letztendlich „Wissensbausteine", Mengen von Wissens- und Fertigkeitsfacetten[2] in den einzelnen Fächern. PISA suggeriert ein weltweit vergleichbares Punkteraster; ein „Kompetenzraster". „Kompetenzorientierung" wird gleichgeschaltet mit der Orientierung auf rasterfähige Aufgaben auf kleinstem gemeinsamem Nenner[3]. Eigene Gedanken, Kreativität, Interesse an fächerübergreifenden Zusammenhängen sind bei den PISA-Aufgaben nicht gefragt.

In einem offenen Brief an den Erfinder des PISA-Tests und den dafür Verantwortlichen in der OECD, Andreas Schleicher, befürworteten Hunderte von Wissenschaftlern und leitenden Pädagogen aus aller Welt ein vorläufiges Ende der PISA-Tests, begründeten dieses und unterbreiteten konstruktive Vorschläge, die letzten Endes auch zu einer Berücksichtigung der überfachlichen Kompetenzen führen. Unter anderem wird ausgeführt: „Das neue PISA-Regime mit seinen kontinuierlichen globalen Testzyklen schadet unseren Kindern und macht unsere Klassenzimmer bildungsärmer durch gehäufte Anwendung von Multiple-Choice-Testbatterien, vorgefertigten (und von Privatfirmen konzipierten) Unterrichtsmodulen, während sich die Autonomie der Lehrer weiter verringert… Durch das Messen einer großen Vielfalt von Bildungstraditionen und -kulturen mit einem engen und einseitigen Maßstab kann am Ende unseren Schulen und unseren Schülern irreparabler Schaden zugefügt werden" (Open Letter, 2014). Lernen droht sich in Pedanterie zu verwandeln, die OECD setzt mit PISA eigene pädagogische Zielstellungen weltweit und verweigert die demokratische Kontrolle ihrer Organisation.

An Schleicher sind diese Einwände von inzwischen mehr als 800 Unterzeichnern[4] abgeperlt; er weiß sich der Unterstützung der Bildungspolitiker international sicher. Die versprochene Bildungsreform ist vom Mittel zum Zweck mutiert, und die Politik kommt sich aktiv und mutig vor bei statistischen und strukturellen Scheingefechten. Und sie verführt zu „Bilanzfälschungen" (im Bereich der Wirtschaft verfemt: Um in der Öffentlichkeit und im bildungspolitischen Vergleich nicht schlechter als andere Schulen dazustehen, werden zum Beispiel die Abiturnoten geschönt, „strengere" Lehrer herausgehalten… In Thüringen ist der Anteil der Einser-Absolventen deutlich höher als in allen anderen Bundesländern, selbst als in Bayern. Die Notengefälle sind nicht fair – und die Bildungspolitiker tun wenig dagegen, denn die Schulpolitik ist eines der wenigen politischen Gebiete, auf denen die deutschen Bundesländer eigene Akzente setzen und sich gegenüber dem Bund behaupten können) (Osel & Preuss, 2015).

---

2  Wobei in der Pädagogik unterschiedlichste und auch widersprüchliche Hinterlegungen der wichtigen Begriffe „Fertigkeiten" und „Fähigkeiten" nebeneinander existieren.

3  FachKompetenzen enthalten stets auch Schlüsselkompetenzen der Kompetenzgruppen Personale Kompetenz, Aktivitäts- und Handlungskompetenz und Sozial-kommunikative Kompetenz. Da die PISA-zugewandte Pädagogik dieses jedoch beharrlich negiert und neben der von ihr verengte Kompetenzsicht höchstens noch sogenannte „überfachliche Kompetenzen" zulässt, nehmen wir diesen Begriff in diesem Buchbeitrag zur Absicherung, dass wir tatsächlich verstanden werden, auf. Mit diesem Verständniskompromiss benutzen wir wissendlich eine Tautologie, denn „Kompetenz" schließt – zumindest außerhalb der Pädagogik – immer das sogenannte Überfachliche ein: die Schlüsselkompetenzen.

4  Allein in Deutschland sind es mittlerweile mehr als 400.

In einem Radiointerview (Deutschlandradio Kultur, 20.05.2014) zeigte Andreas Schleicher keine Einsicht gegenüber den massiven internationalen PISA-Einwänden. Den einzigen Kompromiss sah er in der künftigen Einbeziehung zum Beispiel der „Kommunikationsfähigkeit". Sobald aber „Kommunikations**fähigkeit**" außerhalb des Handelns abstrakt durch Multiple-Choice-Befragung erhoben wird, bilden sich wiederum Wissens- und Glaubenssätze und unwissenschaftliche Argumente ab, nicht aber überfachliche Kompetenzen. Auch wenn man individuelle Einstellungen zur Kommunikation abfragen würde, bildeten sich kaum realistische Verhaltensresultate ab[5].

Aus pädagogischer Sicht stehen sich seit Jahrzehnten zwei ideologisch konträre Lager wie in einem nie enden wollenden „Stellungskrieg" gegenüber: die Vertreter eines „Bildungsideals, das den geistigen Gehalt des Wissens und die damit verbundene Verflechtung und den Erhalt unserer Kultur betont und vehement verteidigt, … und jene, die mit dem wirtschaftlichen und verwertbaren Aspekt der (Aus-) Bildung Berufschancen der einzelnen und das Bestehen im internationalen Wettbewerb garantieren wollen … Obwohl beide über rationale Argumente und wissenschaftliche Grundlagen verfügen, kann kaum einer der beiden Seiten vollinhaltlich zugestimmt werden" (Pehofer, 2014). Seitens derer, die Verfechter der ersten Gruppe sind, kommt kaum der Versuch eines Brückenschlages und des Aufweichens von Stereotypen und Befürchtungen. Es wird nicht suchend diskutiert, sondern es werden polemisch Türen einer Annäherung zugeschlagen. Lernoffene Einrichtungen, die Schulen eigentlich sein sollten, verschließen sich und werden zu Lernverweigerern. Obwohl die Zukunft nach Karl Popper (1996) offen ist, weil wir „nicht heute das vorwegnehmen (können), was wir erst morgen wissen werden", kann das nicht als Argument zum passiven Abwarten begriffen werden. Es liegt vielmehr in der Verantwortung der Lehrenden, die ihnen Anvertrauten bestmöglich auf ihr Leben vorzubereiten. Denn letztlich geht es um das Wohl unserer zukünftigen Generationen, in der das Primat des Menschen in seiner Individualität nicht in Frage gestellt werden darf. Egger (2014) schreibt: „Die Welt, an die wir durch Erziehungs- und Lernprozesse herangeführt werden sollen, ist prinzipiell unbekannt. Das wahrlich große Ziel besteht deshalb darin, dass die Heranwachsenden, die Lernenden, ihr Geschick selbst meistern können." Und das geht nicht mehr durch Kompetenzrastergläubigkeit der Schulpolitiker. Die Lehrenden sind viel wichtiger als alle politischen Verlautbarungen zusammen.

Dabei gibt es vielfache *Notwendigkeiten* und konkrete *Möglichkeiten* eines Zusammenwirkens beider „Lager". Das zeigt zum Beispiel in aller Deutlichkeit das im Jahr 2014 in Deutschland erschienene Buch „Aufbruch in die Zukunft. Erfolgreiche persönliche Entwicklungen von Schlüsselkompetenzen in **Schulen** und Hochschulen" (Heyse, 2014). Dieses Buch unternimmt einen konstruktiven Brückenschlag zwischen den beiden (konträren) Lagern. 36 namhafte Autorinnen und Autoren aus den deutschsprachigen Ländern stellen ihre Erfahrungen freimütig zur Diskussion. Insofern ist dieser Versuch ein Meilenstein auf dem Weg zu einer sich verändern-

---

5   In der Psychologie ist bewiesen, dass zwischen Einstellungen und konkretem Verhalten i.d.R. nur eine Korrelation von r=0,5 besteht. Somit liegt die Vorhersagewahrscheinlichkeit aus erfassten Einstellungen zum konkreten Handeln bei 25%.

den Schule in einer sich verändernden Welt. Er regt zur Reflexion über Bestehendes und die Einführung von Neuem an. Dabei werden keine rigiden Vorschriften vertreten, sondern Erfahrungsbeiträge zu vielen offenen Fragen. Dieses Buch motiviert zum Handeln und regt an, den Bildungsbereich, in dem man selbst tätig ist, kritisch zu hinterfragen und mutig umzugestalten, Veränderungen zu wagen. Es geht von der Erkenntnis aus, dass Veränderungen von unten erfolgen, breit diskutiert und verallgemeinert werden müssen – anstatt auf zentrale Erlaubnis und Unterstützung zu warten. Beginnend mit „The Vision of Competence" von Balliet/Kliebisch bis zu Arnolds „Ermöglichungsdidaktik" spannt sich ein weiter Bogen von Vorschlägen, die allesamt auf den aktiven Erwerb von umfassenden Kompetenzen durch Lernende als Subjekte ihrer Lerntätigkeit abzielen. Es geht wieder um Selbstverantwortung für den eigenen Lernprozess, um persönlich verantwortete Aneignung, die in angestrebten Kompetenzen mündet. Wenn die Lebensertüchtigung, eine umfassende Kompetenzentwicklung im Vordergrund stehen soll, dann bedarf es anderer didaktischer Instrumentarien und einer Unterrichtsplanung, die auf die Performanzsituation fokussiert. Hier mangelt es in den Schulen immer noch am Eingeständnis, dass die Inhaltsfrage der Performanzsituation nachgeordnet ist. Überzeugend ist zum Beispiel das umfassende Erziehungskonzept der Gesamtschule Holweide (Köln), das ein ganzheitliches Bildungsverständnis bei gleichzeitiger kompetenzorientierter Unterrichtsentwicklung verfolgt und dabei nicht ausschließlich auf domänenspezifische Leistungsdispositionen zielt. Die Gestaltungskompetenz als Kernkompetenz imponiert am Beispiel Evangelische Schule Berlin-Zentrum. Besonders interessant ist auch das Konzept der Persönlichkeitsentwicklung in St.Afra zu Meißen, das den Graben zwischen akademischem, sozialem, emotionalem und körperlichem Selbstkonzept zuschüttet. Dieses Konzept der Persönlichkeitsentwicklung ist beispielgebend und notwendig für eine lebenswerte Gegenwart und Zukunft (nach Klement, 2015).

Aneignungsprozesse sind als Teil des Lerngegenstandes zu verstehen. Nicht die Didaktik des Faches, sondern die Aneignung durch die Lernenden muss im schulischen Mittelpunkt stehen. Die Situation der Entwicklung von Schlüsselkompetenzen in Schulen und Hochschulen Österreichs ist immer noch stark vom zögerlichen Übergang *Vermittlungsdidaktik zu Aneignungsdidaktik* geprägt. Die Herausforderung besteht zum Beispiel bei der Zusammenführung Pädagogischer Hochschulen und Universitäten im Zuge der Bildung, des Kompetenzerwerbs der Pädagoginnen und Pädagogen. Neu ist darin, die Fachdidaktik nicht als „Didaktik des Faches" und seiner Vermittlung, sondern als Frage der Aneignung durch den Lerner (sensu Lothar Klingberg) zu begreifen: Ohne systematischen Aufbau von Schlüsselkompetenzen beim Lernenden (‚Aneignung muss systematisch angeeignet werden') bleibt das ein aussichtsloses Unterfangen (Klement, 2006).

Bildung konzentriert sich auf die „Entwicklung von Identität in der Auseinandersetzung mit sich selbst, der Gesellschaft, der Umwelt und Geschichte. Der Bildungsbegriff enthält ein utopisches Element und ist wesentlich kultur- und gesellschaftsbezogen, während die Kompetenz als ein Konzept im Rahmen einer Persönlichkeitstheorie die subjektive Seite betont und auf die Bewältigung der praktischen Seiten des Lebens gerichtet ist" (Arnold & Pätzold, 2002). Kompetenz erst „übersetzt" Wissen in das Leben, macht Wissen lebendig.

Kommen wir zurück zur Ist-Situation. Es ist für weitere produktive Schulentwicklungen geradezu vernichtend, dass dreistellige Millionenbeträge für Rastertests bereitgestellt werden. Unsummen von Steuermitteln werden zur Zementierung der PISA-Hörigkeit und ihrer Rechtfertigung ausgegeben, statt sie in Schulen mit einer zukunftsoffenen Schulpolitik zu investieren. Je mehr Statistikreformen, desto behaglicher lehnen sich die Bildungsverantwortlichen zurück. Selbstbezügliche Dauer-Reförmchen, an denen immer mehr Beratungsinstitute, pädagogische Lehrstühle, Verlage, Verwaltungen ihre Umsätze und speziellen Beschäftigtenzahlen sichern, führen zu immer mehr Einschränkungen und Einseitigkeiten an den Schulen.

Die Absurdität der PISA-Vergleiche zeigt sich auch in den Vergleichen der Spitzenpositionen der Jahre 2010 und 2012. Im Jahr 2010 lag Deutschland beispielsweise in den einzelnen „Fächern" auf Rang **13-20**. Im Jahr 2014 lagen auf den vorderen sieben Plätzen die Länder (?) Shanghai/China (?), Singapur, Hongkong/China (?), Macau/China (?), Chinesisch Taipeh (neue politische Landkarte?), Korea (Süd), Japan – und Deutschland schließlich auf Platz **17** (Verschlechterung um 1,8 Punkte → wieder eine „große Bildungskatastrophe"?) (OECD, 2013). Bezeichnenderweise liegt China durch die Addition von „Wirtschaftlichen Sonderzonen" und Stadtstaaten sowie die „PISA-rechtliche Einverleibung" von Taipeh an der Spitze. Und es liegen Länder und Stadtregionen auf den vorderen Plätzen, in denen die Kinder von den Lehrern und Eltern extrem zum Büffeln gefordert werden und die Selbstmordraten auffallend hoch sind. Das Auswendiglernen und Bestehen von lebenswegentscheidenden Prüfungen steht im Vordergrund. Japanische Eltern schicken aus der Befürchtung, dass ihre Kinder in der Schule nicht genug lernen, um die Zugangstests zu schaffen, diese abends noch in die privaten Nachhilfeschulen „Juku". Dort wird ihnen der Prüfungsstoff für die Aufnahmeprüfungen für Mittel- bzw. Oberschulen bzw. Universitäten regelrecht eingepaukt. Soll sich Deutschland auf dieses Niveau begeben oder Macau nacheifern, um auf einen besseren PISA-Platz in der Rangreihung zu kommen? Wozu?

Beim Vergleich der PISA-Statistiken fällt auf, dass Finnland – einst Spitzenreiter – formal anscheinend deutlich zurückgefallen ist. Statt sich der Mühe einer genauen Prüfung der (PISA-spezifischen) Ursachen zu unterziehen, triumphierten die Stellungskämpfer des ersten Lagers in der Zeitung „Die Welt" vom 8. Juli 2015 händereibend: „Schluss mit dem finnischen Eiapopaia in der Schule! Jahrelang gingen Deutschlands Kuschel-Pädagogen mit dem angeblich erfolgreichen finnischen Vorbild hausieren. Jetzt stellt sich heraus: Alles Propaganda und missverstandene Statistik" (Posener, 2015). Ein schulpolitischer, inhaltlicher Sieg dieses Lagers – oder eher ein taktisch-polemischer Stich?

Abschließend sei auf den Lehrplan 21 für die Volksschulen hingewiesen, der in allen deutschsprachigen Kantonen der Schweiz eingeführt werden soll. Dieser geht von ursprünglich 3.123 und jetzt „reformiert" verbliebenen 2.304 Lehrzielen = „Kompetenzen" aus, die im Rahmen der Schullehrpläne umgesetzt werden sollen. Gleichgesetzt werden diese zu rund 97% mit den rasterorientierten „Kompetenzen". Nur rund 3% entsprechen schon eher überfachlichen Kompetenzen. Mit dieser im Jahr 2014 vorgenommenen „modernen", *zerhackstückelten* Kompetenzdefinition erhöht sich nicht nur bei den Lehrern der Groll gegenüber dieser Art Kompetenzentwicklung, sondern auch das Unverständnis bei den Eltern. Allein die Anzahl der Lernziele und die Gleichsetzung mit „Kompetenzen" sind für viele Eltern verängstigend, und das führt zu einer weiteren Entwertung des Kompetenzbegriffs. Acht Jahre lang haben 200 Fachleute, wohl abgeschirmt von Lehrern und Eltern, am Lehrplan 21 gearbeitet. Auf 470 Seiten (anfangs 557 Seiten) wird bis ins kleinste Detail beschrieben, was die Lernenden in den Fächern Deutsch, Französisch, Mathematik, Natur, Musik, Mensch und Gesellschaft alles können müssen – und woran schließlich ihr „Wert" gemessen wird.

Zwei Beispiele für die Kompetenzbeschreibungen aus dem Lehrplan 21 („Kompetenzorientiertes Lernen" an Volksschulen in der Schweiz) (vgl. Hunziker, 2015b):

*Eine „Kompetenz"*: „Schülerinnen und Schüler können schriftlich addieren und subtrahieren"

*Eine weitere Kompetenz*: „Schülerinnen und Schüler können einzelne Laute heraushören, diese den passenden Buchstaben zuordnen und einzelne Wörter lautgetreu verschriften" (eine sehr komplexe, zusammengesetzte *„Kompetenz"*).

Die in den Vorbemerkungen dargestellte Meinung eines Bildungspolitikers und dieser kleine LP 21-Ausschnitt bilden eine Einheit: Wissen führt nach dieser Logik zu Qualifikationen (i.S. von abprüfbaren und zensierbaren Wissens-Gedächtnisleistungen) **gleich** Kompetenzen[6].

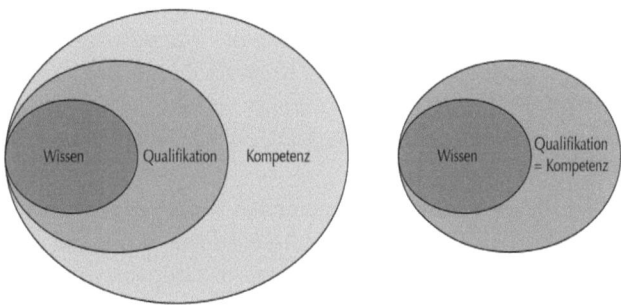

Heute gängiges Verständnis
– außerhalb der Pädagogik

Heute gängiges Verständnis
in der Schulpolitik

Während außerhalb der Bildungseinrichtungen weitgehend von der **Einheit** von Wissen (einschließlich der damit verbindbaren Fertigkeiten), Qualifikation **und** (überfachlichen, „Schlüssel"-)Kompetenzen ausgegangen wird, blickt die schulische Ausbildung zurück in die letzten zwei Jahrhunderte und argumentiert mit einem lebensfernen, rückwärtsgewandten Bildungsverständnis.

Somit begräbt die Schulpolitik eine fundamentale Orientierung für alle Bereiche der Erziehung und Bildung, die im übrigen Teil der Gesellschaft seit mehr als 20 Jahren anerkannt und praktiziert wird:

---

6    Hier wird Qualifikation gleichbedeutend mit Kompetenz verstanden.

Die EU proklamiert seit Mitte der 1990er Jahre zunehmend erfolgreich (außer in den Schulen und Hochschulen) vier grundsätzliche Lernanforderungen für *die Bildung und Erziehung*, die sich problemlos mit den heute gängigen vier Basisgruppen von Kompetenzen verbinden lassen.

---

1. **Learning to be** (Personale Kompetenz)
2. **Learning to do** (Aktivitäts- und Handlungskompetenz)
3. **Learning to live together** (Sozial-kommunikative Kompetenz)
4. **Learning to know** (Fach- und Methodenkompetenz)

---

Zugleich betont die EU in zahlreichen Memoranden und Orientierungen die Notwendigkeit, Wissen, Fertigkeiten und Handlungsfähigkeiten (Kompetenzen) stets in Einheit zu lehren und als Einheit zu beurteilen.

Bei einer sprachlich-inhaltlichen Analyse der Beschreibungen von Kenntnissen, Fertigkeiten und überfachlichen Kompetenzen des Deutschen Qualifikationsrahmens (DQR), der den allgemeinen Orientierungen der EU folgt, konnten folgende künftig äußerst wichtigen Schlüsselkompetenzen herausgefiltert werden:

---

*Wissensorientierung / Lernbereitschaft und Lernfähigkeit / Ganzheitliches Denken / Beurteilungsvermögen / Eigenverantwortung / Wertebewusstsein / Gestaltungsfähigkeit / Problemlösungsfähigkeit (zusammen mit anderen) / Innovationsfähigkeit und kreative Fähigkeiten / Selbstmanagement / Fachübergreifende Kenntnisse / Beratungsfähigkeit / Ergebnisorientiertes Handeln / Initiative / Folgebewusstsein / Kommunikations- und Dialogfähigkeit / Kooperations- und Teamfähigkeit / Verständnisbereitschaft / Planungsfähigkeit* (KODE-NQF, 2012; Heyse, 2014).

---

Für die Entwicklung dieser Schlüsselkompetenzen bedarf es jedoch wichtiger Impulse in den Schulen. Natürlich können oder müssen diese Schlüsselkompetenzen nicht einzeln angeregt und unterstützt werden, sondern in Gruppen miteinander verbundener Kompetenzen. Und: Fachwissen muss verknüpft werden mit bestimmten Schlüsselkompetenzen (Gruppen).

*An diesen Konzepten haben die Bildungs- bzw. Kultus- bzw. Arbeitsministerien aller EU-Länder mitgewirkt. In den Schulen und Hochschulen sind diese Orientierungen und Konzepte bislang kaum angekommen.*

## 3.  Wissen allein ist *keine* Kompetenz

Seit Mitte der 1990er Jahre wurden in Deutschland über das *Bundesministerium für Bildung und Wissenschaft* umfängliche Forschungs- und Anwendungsprojekte unter den Leitideen „Von der Qualifizierung zur Kompetenz" und „Lernkultur Kompetenzentwicklung" unterstützt. Im Zeitraum 1995-2007 wurden so ca. 140 Mio. Euro in die Kompetenzforschung investiert. Eine Vielzahl von Universitäten, gemeinnützigen Stiftungen sowie Verbänden und Unternehmen waren daran beteiligt. Viele Er-

gebnisse wurden inzwischen national und international in Bereichen der Berufsausbildung, Weiterbildung und Fortbildung umgesetzt; die Schulen wurden im Grunde
jedoch nicht erreicht.

In diesen Hunderten von Veröffentlichungen (www.abwf.de; www.quem.de) wur-
de zunehmend klar zwischen den Begriffen Wissen, Schlüsselqualifikation, Soft
Skills, Kompetenzen unterschieden. Später kam der Talentbegriff hinzu. Bei allen
Unterschieden im Detail führte die Mehrzahl der Arbeiten zu einer grundsätzlichen
Einsicht: Kompetenzen werden bezeichnet als Handlungsfähigkeiten angesichts ei-
ner zunehmend komplexen, problematischen, unsicheren Umgebung (Risikogesell-
schaft), zunehmenden Nichtwissens, eines „ins Offene" hinein kreativen Handelns.
Kompetenzen werden also als „Selbstorganisationsfähigkeiten" (Selbstorganisationsdispositionen) erkannt (Heyse, Erpenbeck & Ortmann, 2010). In diesen vielzähligen
Arbeiten wurde stets von der zu berücksichtigenden Einheit von Wissen im engeren
Sinne und den damit verbundenen Fertigkeiten, Qualifikation und Kompetenzen ausgegangen. Und zu keiner Zeit wurde bei Betonung der Entwicklung von (überfachlichen) Kompetenzen etwa die Abschaffung der Qualifikationen und der Wissensbe-
reitstellung (einschließlich – wenn sinnvoll – klassischer Sprachen) erwähnt. Es gibt
einerseits sehr wohl Qualifikationen/Lernabschlüsse ohne Kompetenz, kaum jedoch
Kompetenzen ohne Qualifikationen! Nur reicht Qualifikation in einer komplexen,
im Wandel stehenden Gesellschaft und dem mit ihr verbundenen Arbeits- und Wirt-
schaftsleben bei weitem nicht aus. Eine erlangte Qualifikation sagt kaum etwas über
die *Fähigkeiten* aus, in offenen, komplexen, problemhaltigen Situationen selbstorganisiert (selbstmotiviert, selbstlernend, selbstverantwortlich …) handeln zu können.
Selbstorganisiertes Handeln wiederum setzt insbesondere interiorisierte Regeln, Normen, Werte voraus, und diese lassen sich nur durch emotionale Labilisierung (über
Identifikation mit Bezugspersonen, über Widersprüche, Probleme, kognitive Dissonanz, über besonders starke Bedürfnisse und Handlungsmotive) vollziehen. Der Inte-
riorisationsprozess ist somit das Zentrum jeder Wertaneignung und somit jeder Kompetenzentwicklung. Und solche emotionalen Labilisierungen können über Learning
by doing an herausfordernden Projekten, im Coaching/Mentoring, im Training und
durch viel Feedback vorbildgebender Personen (Lehrer) erreicht werden, nicht aber
durch bloße Weitergabe von Wissen (Heyse, Erpenbeck & Ortmann, 2010).

Diese Feststellungen stimmen vollinhaltlich überein mit den bereits erwähnten
Auffassungen der EU seit 1994.

Und hier kommen wir zum eigentlichen Kern der Behauptung b): „Wissen allein
ist *keine* Kompetenz". Dieser Denk- und Gestaltungsansatz geht davon aus, dass erst
dann Kompetenzen manifest werden, wenn Wissen in Handlungen umgesetzt wird.
Kompetenz ist die Fähigkeit, situationsadäquat zu handeln. Kompetenz meint das
Verhältnis zwischen den an eine Person oder Gruppe herangetragenen bzw. selbst gestellten Anforderungen und den Fähigkeiten, dieser Anforderung gerecht zu werden.
Kompetenzen sind somit Handlungsfähigkeiten, keine Persönlichkeitseigenschaften
(!), keine Qualifikationen (!) und können letztlich nur im Vergleich zu genau skizzierten Anforderungssituationen bewertet, angeregt, trainiert werden.

Kompetenzen können und müssen gezielt angeregt, entwickelt und trainiert werden. Als Faustformel gilt hierbei: Individuelle Kompetenzen werden von Wissen fun-

diert, durch Werte konstituiert, als Fähigkeiten disponiert, durch Erfahrungen konsolidiert und aufgrund von Willen realisiert.

**FachKompetenz** basiert auf der Fähigkeit, neuestes Fachwissen und entsprechende Hilfsmittel (zum Beispiel EDV, Internet) einbeziehend selbstorganisiert und kreativ zu handeln. FachKompetenz ist somit alles andere als ein individuell statisch verwaltetes Wissen. Sie bezieht unterschiedlichste Aneignungsprozesse für Wissen, Fertigkeiten und Handlungsfähigkeiten ein: formell, informell und nonformell. FachKompetenz erweist sich im Handeln, insbesondere gegenüber neuen, bisher noch nicht erlebten Anforderungssituationen und persönlichen Herausforderungen im fachlichen Bereich. FachKompetenz auf den verschiedenen Gebieten erfordert ferner die Kommunikation und Kooperation mit anderen Personen und ermöglicht synergetische Lösungen mit unterschiedlichen fachkompetenten Personen (zum Beispiel bei multidisziplinären Aufgaben).

So sieht auch das EU-Verständnis die Schlüsselkompetenzgruppe „Mathematische Kompetenz und grundlegende naturwissenschaftlich-technische Kompetenz" nicht als formales mathematisches Wissen *allein*, sondern als die ***Handlungsfähigkeit*** *zu dessen Umsetzung und Nutzung in unterschiedlichen, vor allem neuen Lebensanforderungen*. Unter anderem wird ausgeführt: „Mathematische Kompetenz ist die **Fähigkeit**, mathematisches Denken zu **entwickeln** und **anzuwenden** … Ausgehend von guten Rechenkenntnissen liegt der Schwerpunkt sowohl auf **Verfahren und Aktivität** *als auch* auf Wissen. Mathematische Kompetenz ist – in unterschiedlichem Maße – mit der **Fähigkeit und Bereitschaft** zur Benutzung von mathematischen Denkarten (logisches und räumliches Denken) und Darstellungen (Formeln, Modellen, Konstruktionen, Kurven, Tabellen) verbunden." (Europäische Kommission, 2007) Auch hier wird wieder deutlich, dass **FachKompetenz** weit mehr als die Summe irgendwelcher Wissenseinheiten ist und *Interesse, Bereitschaft, Neugier …* mit beinhaltet, die in der Schule erzeugt werden müssen.

Eine am 25.07.2015 in der Süddeutschen Zeitung erschienene Traueranzeige verdeutlicht geradezu exemplarisch die Einheit von Wissen, von Qualifikation und persönlichen Kompetenzen als Ausdruck hoher FachKompetenz am Beispiel des bekannten Chemikers Heinrich Nöth. Er wird als Wissenschaftler in der Chemie hervorgehoben, ohne seine bedeutsamen Fachgebiete aufzuzählen. Hervorgehoben wurden hingegen seine Fähigkeiten als „Ideengeber, Motivator, Ratgeber, Versteher und Harmonisierer", als in Lehre und Forschung *emotional ansteckender Mensch*.

*Die Wissenschaft war die größte Leidenschaft meines Lebens.*
*Ich käme mir vor wie ein Dieb, wenn ich einen Tag verlebt hätte,*
*ohne zu arbeiten.*                                    Louis Pasteur

Diese Lebensmaxime verinnerlichte und verwirklichte unser „Chef"

## Prof. Dr. Dr. h. c. mult.
# Heinrich Nöth
### verstorben am 26. Juni 2015.

Als herausragender Wissenschaftler in der Chemie vermittelte er mit nie ruhendem Einsatz die Faszination der chemischen Forschung. Er war für uns, mehr als 170 ehemalige
Doktoranden und Mitarbeiter, nicht nur „Der Chef" im Forschungsteam, sondern Ideengeber, Motivator, Ratgeber, Versteher und Harmonisierer. Dabei war er fordernd, antreibend, ausdauernd und begeisternd, um die Forschungsziele zu realisieren.
Vieles, was wir später in unserem Berufsleben umsetzten, ob akademisch, in der Wirtschaft oder im Staatsdienst, folgte den Gedanken, die er uns vorgab.
Ein Lebenskreis hat sich geschlossen. Mit großer Dankbarkeit gedenken wir unseres „Chefs".

Ein Leitspruch von Heinrich Nöth war auch ein Goethe-Zitat: „Um Theoretisches populär zu machen, muss man es absurd darstellen. Man muss es erst selbst ins Praktische überführen, dann gilt's für alle Welt"…[7]

Die weitgehend offene Frage im schulischen Alltag ist die nach den Mitteln und Wegen, nach künftigen didaktischen Konzepten, nach dem schulischen Selbstverständnis und schulischer Organisationskultur, nach Rollenverständnis der Lehrer und Teamwork innerhalb der Schule.

Wie dringend Veränderungen sind, zeigt auch eine Allensbacher Umfrage (Osel, 2015): 20% der Lehrer berichten, dass sie nach dem Studium einen regelrechten „Praxis-Schock" erlebten[8].

---

7    Johann Wolfgang von Goethe: Maxime und Reflexionen. Berliner Ausgabe, Band 18, Aufbau Verlag, Berlin 1963.
8    Fußnote: Studenten der Technikwissenschaften geht es ähnlich.

Die befragten Junglehrer gaben zu zwei Drittel (!) an, ihr Studium habe sie unzureichend auf die Tätigkeit „vor Ort", nämlich auf die Situation im Klassenzimmer vorbereitet.

Die größte Überforderung spürten sie im Umgang mit Schülern und Eltern. Hingegen bereitet nur 20% der Befragten die (formale) Vermittlung des *Stoffes* Probleme. Sie fühlten sich als Fachexperten ausgebildet.

Schließlich bekundeten 56% (!) aller Lehrer, es gebe Klassen, die nur schwer oder gar nicht in den Griff zu bekommen sind…

## 4. Fallbeispiel Interview

Im Folgenden wird ein Interview mit einer deutschen 16-jährigen Gymnasiastin ungekürzt, völlig authentisch wiedergegeben, ergänzt durch einige Zusatzinformationen zu der betreffenden Sekundarschule Selwyn College in Auckland/Neuseeland, die sie für einige Zeit besuchte.

Die Schülerin (hier anonymisiert) weilte 2 terms (ein halbes Jahr) im Jahr 2014 in Neuseeland; das Interview fand nach einem halben Jahr im Juni 2015 statt.

Das Interview wurde vom Autor an 25 Personen mit der Bitte um Kommentierung verschickt: Rektoren, Lehrer, Erziehungswissenschaftler, Bildungspolitiker, Direktoren Pädagogischer Hochschulen, Eltern und Kompetenzwissenschaftler. 20 antworteten; die Kommentare sind ungekürzt, anonymisiert im Abschnitt 5 abgedruckt.

Das Fallbeispiel dient ausschließlich der Belebung der Diskussion um die künftige Rolle und die erweiterten Möglichkeiten der Schulen – beim notwendigen Übergang „Vermittlungsdidaktik zu Aneignungsdidaktik". Der Blick auf andere Schulen, andere Länder soll dabei anregen, eigene erweiterte Unterrichtskonzepte zu entwickeln. Ebenso sollen die Kommentare nicht vorschnell bewertet werden, sondern als ehrliche Meinungen und Schlussfolgerungen ebenfalls konstruktive Diskussionen anregen.

Das allen gemeinsame Anschreiben lautete:

*Sehr geehrte Frau…./ Sehr geehrter Herr….,*

*In der Anlage befindet sich ein Interview, das vor einer Woche mit einer Gymnasiastin geführt wurde. Sie kam im Dezember 2015 nach einem halben Jahr Schule im staatlichen Selwyn College (Auckland/Neuseeland) nach Deutschland zurück.*
*Mit wiederum einem halben Jahr Abstand wurde sie nun befragt. Es sollten Ähnlichkeiten und Unterschiede zwischen Schulen (Gymnasien) in Deutschland und Neuseeland heraus gehört werden. Im Anschluss an das Interview sind wir besonders an drei Fragen interessiert:*

*(1) Was fällt Ihnen persönlich bei der Schilderung des Schulalltags in Auckland als „günstig" bzw. „ungünstig" für die Reifung überfachlicher Kompetenzen auf? Was bremst oder bekräftigt aus Ihrer Erfahrung die Annahme „Bildung sollte Kompetenzreifung" sein?*

*(2) Welche Aspekte der Schilderung der Selwyn Schule könnten als Verbesserungsvorschläge für unseren Schulalltag „vor Ort" interessant und wert sein, diskutiert zu werden – so es solche Aspekte aus Ihrer Sicht gibt?*

*(3) Welche Assoziationen, Folgerungen haben Sie persönlich beim (kritischen) Lesen des Interviews betr. Ermutigungen der Lehrer/innen als „Kompetenzgestalter" – konkret?*

*Die Interviewfragen entwickelten sich größtenteils während des Gespräches und waren keinesfalls so gewählt, dass Antworten zu den später entworfenen drei Fragen suggeriert wurden.*
*Unser Anliegen: Sehen Sie sich bitte nach Möglichkeit das Interview unter diesen drei Fragen einmal an und teilen Sie uns bitte – wenn Sie es möchten – in Stichworten Ihre Überlegungen mit. Ihre Meinung ist uns sehr wichtig.*
*Die anonymisierte Verdichtung aller Antworten würden wir Ihnen dann in Kürze zustellen.*

*Ich freue mich, mit Ihnen wieder in Verbindung zu stehen und grüße Sie herzlich*

*Volker Heyse*


## Interview: Gespräch mit einer 16-jährigen deutschen Gymnasiastin

**Frage**: Sie waren im Jahr 2014 für sechs Monate in einer Schule in Auckland/Neuseeland. Inzwischen sind Sie wieder sechs Monate in Deutschland und können sicher mit diesem zeitlichen Abstand Ihren dortigen und den hiesigen Schulalltag miteinander vergleichen?

**Antw.**: Ja, es gibt viele interessante Unterschiede, die unterschiedlich zu bewerten sind. Mir geht es hier in der Schule gut. Ich sehe aber viele Sachen in Neuseeland, die auch für die Schulen hier gut wären.

**Frage**: Was ist das Wichtigste von dem, das Sie erlebt haben?

**Antw.**: Es wird viel dafür gemacht, dass das Lernen Spaß macht. Wir wurden ständig neugierig gehalten und motiviert, etwas auszuprobieren.

**Frage**: Können Sie dafür Beispiele nennen?

**Antw.**: Ja, es konnten sechs Fächer ausgewählt werden, die dann auch im Weiteren belegt wurden. Dazu gehört auch Mathematik. Durch die eigene Wahl ist man dann auch an den Fächern interessiert und zum Handeln motiviert. Und es wird viel experimentiert. Hier in unserem Gymnasium haben wir etwa dreizehn Fächer, und erst in der Oberstufe kann ich wählen oder abwählen.

Ein Fach war zum Beispiel „Science". Dieses Fach enthält und verbindet Physik, Chemie und Biologie. Wir wurden immer wieder auf naturwissenschaftliche Zusammenhänge aufmerksam gemacht. Es gab einen Lehrer für dieses Fach, der unterrichtete. Aber zu bestimmten Fragen kamen noch andere Lehrer hinzu. Zum Beispiel machte eine Lehrerin mit uns etliche Experimente in Physik.

Und dann waren die Schritte bei der Bearbeitung von Aufgaben – und da gab es viele – anders: Wir arbeiteten zu Anfang in der Regel zu Dritt oder zu Zweit an der Aufgabe und tauschten uns viel aus. Ab einem bestimmten Zeitpunkt arbeitet jeder allein weiter und präsentierte das Ergebnis. Neben der Beschreibung der Lösung an sich musste dann jeder erklären, wie man zu der Lösung kam, aber auch was bei der Erarbeitung erlebt wurde, wie man an die Aufgabe herangegangen ist und welche Informationsquellen benutzt wurden: Bibliothek, Internet, Erfahrungsaustausch mit anderen, eigene Einfälle…

**Frage**: Haben Sie weitere Beispiele aus anderen Fächern?

**Antw.**: Das Grundmuster ist gleich – so wie ich es eben versucht habe zu beschreiben. Aber natürlich hat jedes Fach eigene Besonderheiten und Möglichkeiten eines lebendigen Unterrichts. Ich hatte auch das Fach Drama gewählt. Eigentlich war das Ziel, zu einer Aufführung auf der schuleigenen Bühne vor allen anderen Schülern, Lehrern und natürlich auch vor den Eltern. Die einzelnen Anforderungen in diesem Fach waren: Script lernen, eine überzeugende Rolle und persönlichen Charakter zu entwickeln, zwischenzeitliche Umsetzungstests, Nachdenken und schriftliche Reflektion über die Rolle, Aufsatz über Komödie in der Geschichte und heute.

Das ist auch typisch: In jedem Fach werden immer wieder Kurz-Aufsätze geschrieben – über Filme, über Experimente, über Drama. Es wird immer wieder zur Selbstreflektion, zu persönlichen Meinungen und zu Vorschlägen zum Bessermachen oder zum besseren Verständnis aufgefordert.

Und es wird von den Lehrern und auch von den Mitschülern ständig Feedback gegeben. Das motiviert deutlich.

**Frage**: Wie sieht es in anderen Fächern aus?

**Antw.**: Bei Physical Education (Sport) überwog der Mannschaftssport wie Volleyball, Baseball, aber auch das gemeinsame Bauen eines hohen Turms mit großen Luftballons. Im Vordergrund standen Teamwork, Kommunikation mit anderen, das Motivieren anderer, das Zusammenwirken mit anderen, die Selbstreflektion der eigenen Leistung und des Ermunterns anderer. Der Lehrer gibt dabei umfassendes Feedback zur Teamleistung und zum eigenen Wirken.

Man ist stets wach dabei und bekommt ständig wichtiges persönliches Feedback – für deutsche Verhältnisse wohl eher ungewöhnlich.

**Frage**: Was ist weiter charakteristisch und für Sie besonders interessant an der Schule in Auckland?

**Antw.**: Jeder arbeitet mit dem eigenen Computer. Er gehört als Lern- und Arbeitsmittel in den Unterricht. Und die Lehrer haben auch Zugriff auf meinen Computer und können mich jederzeit korrigierend und motivierend begleiten. Wir arbeiteten viel mit dem Computer – in fast allen Fächern. Insbesondere für Recherchen in Datenbanken, Bibliotheken… Im Fach Geschichte mussten wir zum Beispiel Material suchen: im Internet, in Bibliotheken (auch international), Videos, Interviews mit möglichen Kontaktpersonen, digital in Museen, frühere Schülerpräsentationen zur Sache. Und wir mussten das einzeln oder in kleinen Gruppen verdichten und gut in Texten zusammenfassen. Es mussten Hintergründe erforscht und dargestellt und für andere auch nachvollziehbar und einleuchtend begründet werden.

In unserer Schule hatten wir auch keine Hefte; alles wurde mit dem Computer gemacht. Überall in der Schule gab es WLAN, überall Möglichkeiten, ins Internet zu kommen. Und das zweite Lernhilfsmittel war das Handy. Alle Schüler hatten Computer und Handy. Das macht Sinn. Im Fach Geschichte bekamen wir Einzel- oder Kleingruppenaufgaben und mussten selbst umfassend Materialien suchen und zusammenstellen: Schulbibliothek und außerschulische Bibliotheken, Internet, Videos, Recherchen früherer Schülerjahrgänge u. a. Dann mussten die Rechercheergebnisse verdichtet und gut in einem Text zusammengefasst werden. Wir mussten unsere Rechercheergebnisse begründen, auf Hintergründe hinweisen und überzeugend präsentieren. Wichtig sind dabei die eigene umfassende Beschäftigung mit dem Stoff und der kritische Dialog.

**Frage**: Wie war der Zusammenhalt zwischen den Schülern?

**Antw.**: Alle Schüler waren sogenannten „Häusern" zugeteilt. Es gab insgesamt 4 Häuser. Damit wurde vieles überschaubarer und man kannte sich.

Jedes „Haus" hatte ein eigenes Wappen und eine eigene Farbe. Jedes Haus hat einen Oberlehrer und zwei Schulsprecher. Und es war für alle Mitglieder dieses Hauses wichtig, für dieses Haus einzutreten und Erfolge einzuholen: sportliche Erfolge an Sportdays, Schüler mit den besten Sozialleistungen innerhalb und außerhalb der Schule u.v.a.m. Am Ende steht die Frage: „Welches Haus ist das Gewinnerhaus?" Das verbindet untereinander enorm und schult meines Erachtens die Solidarität untereinander und die gegenseitige Motivation – wie auch den Stolz auf gemeinsame Erfolge.

Und dann gab es jeden Freitag kurze Versammlungen in den vier „Häusern". Da wurden Best-Practice-Beispiele verallgemeinert, Geburtstage gewürdigt, jeder Einzelne irgendwie hervorgehoben und bestärkt. Und das bei jeweils rund 200 Schülern des jeweiligen Hauses.

**Frage**: Wie war es mit der Disziplin in der Schule?

**Antw.**: Alles lief dort legerer, unverkrampfter. Die Disziplin war dennoch hoch. Ich glaube, da spielte die Zugehörigkeit zum jeweiligen Haus eine große Rolle. Man durfte das Haus nach außen und nach innen nicht verletzen. Ich meine die Verhaltenskultur, den Anstand untereinander. Und dann spielte sicher auch die Schuluniform eine Rolle, die ja auch mit Verhaltensnormen schulintern und in der Öffentlichkeit in Verbindung steht.

**Frage**: Können Sie etwas zum typischen Tagesablauf sagen? Gab es einen solchen – unterscheidbar zu hiesigen Schulen?

**Antw**.: Wir hatten jeden Tag fünf Stunden Unterricht und begannen morgens um 8:40 Uhr, mittwochs sogar erst um 9:40 Uhr. Die Unterrichtsstunde war 60 bzw. 55 Minuten lang. Nach jeweils zwei Stunden gab es eine halbe Stunde Pause. Um 15:10 Uhr konnten wir nach Hause gehen.

Es gab keine festen Klassen, sondern Kurse. Die Kursgröße schwankte zwischen 15-25 Teilnehmern. So kam ich mit bedeutend mehr Schülern zusammen als in unseren hiesigen festen Klassen. Wenn man mit den Lehrern Kontakt aufnehmen wollte, musste man in das „Kurszimmer" zum Lehrer gehen.

Jeden Tag gab es von 10:40 Uhr – 11:00 Uhr 20 Minuten Mentorzeit. Da konnte man in einem bestimmten Raum zum jeweiligen Mentorlehrer gehen. Da kamen Schüler aus den verschiedenen Kursen und Jahrgängen im Rahmen der Mentorzuordnung zusammen.

**Frage**: Welche Schulnoten gibt es?

**Antw**.: Es gibt – wenn ich das richtig erinnere – vier Zensurengruppen mit jeweils zwei Graduierungen:
* E (Excellent): entspricht der deutschen 1
* M (Merit): entspricht der deutschen 2
* A (Achieved = Bestanden): entspricht der deutschen 3-4
N A (Not Achieved = nicht bestanden): entspricht der deutschen 5-6

Man sammelt übers Jahr in verschiedenen Themen Credits, also Punkte. Meistens kommt nach einem Thema ein Test, der dann (wenn es ein Internal ist) vom Lehrer korrigiert und benotet wird. Jeder dieser Tests umfasst eine bestimmte Anzahl an Credits; insgesamt kann man im Jahr durch diese Tests pro Fach um die 20 Credits sammeln. Also hat man dann am Ende zum Beispiel in Mathematik 6 Excellence Credits, 5 Merit, 6 Achieved und 3 Not Achieved.

Wenn man in einem Fach mehr als 14 Excellence Credits hat und keine Not Achieved, hat man am Ende des Jahres Excellence in dem Fach. Die Exams sind auch nochmal Credits Wert, meistens so 4-6 pro Aufgabenheft. Um Excellence in einem Fach zu bekommen, braucht man mindestens 14 Excellence Credits. Und von denen müssen jeweils mindestens 4 aus den Exams und mindestens 4 aus Internals sein.

In die Endzensuren am Ende des Schuljahres gehen Einzelzensuren *und* die darüber hinausgehenden Einschätzungen der Lehrer über den Zeitraum ein.

Die einzelnen Schulfächer werden in zwei Levels durchgeführt: Level 1 (durchschnittliches Leistungsniveau) und Level 2 (Fortgeschrittene).

Für besonders gute Schüler gibt es auch schuljahrbezogene Stipendien – unabhängig von der Herkunft.

**Frage**: Wie wurde an Ihrer Schule mit behinderten Schülern und mit unterschiedlichen Ethnien umgegangen – also mit Maori, Einwanderern aus Asien, Europa, Amerika und anderen Erdteilen?

**Antw**.: Das sind ja zwei Fragen. Also, über Inklusion wird meines Erachtens gar nicht so kompliziert wie in Deutschland nachgedacht. Es wird gemacht. In den verschiedenen Fächern waren Schülerinnen und Schüler mit mittleren und größeren Behinderungen. Zum Teil kamen diese mit ihren ständigen Pflegepersonen. Zum Teil nahmen sie nur ausschnittsweise am Unterricht teil – ganz nach ihren gesundheitlichen Möglichkeiten.

Und das wurde von den anderen Schülern als normal angenommen und gar nicht abgrenzend oder ratlos kommentiert. Ich glaube, Neuseeland ist da sehr viel weiter als Deutschland. Keiner weiß zum Beispiel in Deutschland, dass es in Neuseeland drei Amtssprachen gibt: Englisch, Maori und die Gebärdensprache. Es gibt wohl in Neuseeland nur rund 3.000 Taubstumme. Aber die Gleichstellung der Gebärdensprache ist wohl zugleich der Ausdruck eines Lebensanspruchs und ein generelles Zeichen für die Gleichstellung von Gesunden und gesundheitlich eingeschränkten Einwohnern.

Und zur zweiten Frage: Ich habe keine grundsätzlichen Ausgrenzungen oder Vorurteile gegenüber Migranten oder unterschiedlichen ethnischen Gruppen gesehen. Neuseeland ist ein Einwanderungsland und abhängig von Ausländern, die sich integrieren wollen und damit für das Land wichtig sind. Allerdings haben es einige Schüler aus Migrantenfamilien auch sprachlich schwerer. Und so gibt es in den „vier Schulen" auch spezielle Räume, in denen sich solche Schüler treffen und von den Lehrern Unterstützung erwarten können. Und die Maori-Schüler erhielten in den Schulfächern von den Lehrern vielfach Unterstützung, indem bei Erklärungen durch die Lehrer auch Synonyme in der Maori-Sprache gesucht wurden.

Etwas schwieriger war es, mit den Maori-Mädchen in Kontakt zu kommen. Die Maoris sonderten sich einerseits mehr ab. Und andererseits benahmen sich die Mädchen eher wie die Maori-Jungs: offensiv, mit zum Teil aufgesetzter Stärke, laut.

Ich erinnere mich auch daran, dass es in der Schule ein Center und Programm für eingewanderte Erwachsene und für ganze Familien gab, das zu meiner Zeit ein 10-jähriges Jubiläum feierte. Die Leute kamen aus aller Herren Länder. Sie lernten dort Englisch und hatten ein breites kulturelles Integrationsprogramm. Für die kleinen Kinder gab es eine eigene Kinderbetreuung mit dem gleichen Ziel. Das war schon beeindruckend: Leute aus Iran, Irak, Europa, China, Indien, Eritrea, Burma, Kolumbien usw.

**Frage**: Wie erschien Ihnen die Profilierung der Lehrer?

**Antw.**: Ich habe die Lehrer als fachlich gut und um jeden Schüler sehr bemüht erlebt. Multikulti, locker. Wir hatten auch etliche Lehrer, die aus Indien kamen. Bei denen hatten wir oft Schwierigkeiten, sie zu verstehen. Dann haben sich die Schüler untereinander verständigt und versucht, die Inhalte zu erfassen. Man konnte aber auch jederzeit zu diesen Lehrern – wie auch zu allen anderen – gehen und sie bitten, Ihre wesentlichen Inhalte noch einmal verständlich zu erklären. Diese Bereitschaft, Feedback anzunehmen und die Lernprozesse auch individuell zu unterstützen – ja, das gehörte dort zum Verständnis der Schule.

**Frage**: Wie war es in dieser Schule mit den Hausaufgaben? Bekamen Sie viele?

**Antw.**: Hausaufgaben bekamen wir – mit wenigen Ausnahmen – nicht auf. Im Kurs „Drama" mussten wir natürlich auch außerhalb des Unterrichts die Rollen und die damit zusammenhängenden Scripte lernen und verinnerlichen.

Bei uns war täglich die Schule um 15:10 Uhr zu Ende. Hausaufgaben gab es wenig, da der Unterricht sehr übungsintensiv und handlungsorientiert verlief. In

Deutschland ist der Unterricht in der Regel um 13:00 Uhr zu Ende und man ist sehr gestresst und muss dann noch Aufgaben mit nach Hause nehmen. Hier sieht jeder Lehrer nur sein eigenes Fach und überfordert oft die Schüler mit Hausaufgaben. Einen solchen Stress habe ich in Auckland nicht erlebt.

Man konnte sich nach 15:10 Uhr in der Schule oder auch außerhalb vielfältig sportlich oder kulturell betätigen. Aber das war ausschließlich freiwillig. Zum Beispiel war die Turnhalle auch noch am Abend betretbar. Das Fitnessstudio konnte zu finanziellen Sonderbedingungen so oft wie erwünscht besucht werden. Oder: Es gab viele Vortragsangebote zu den verschiedensten Fragen und Lebensbereichen. Der Kochbereich war auch immer interessant und zugänglich. Man konnte spontan während oder nach dem Unterricht in ihm Aktionen machen, zum Beispiel in der zweiten halbstündigen Pause „Sushi machen". Kochen konnte man allerdings auch als Fach wählen.

**Frage**: Wenn Sie wählen sollten, welche Schule Ihnen besser liegen würde, welche würden Sie wählen? Das deutsche Gymnasium oder die Schule in Auckland?

**Antw.**: Diese Frage kann ich nicht eindeutig beantworten. Die Schulpolitik ist doch sehr unterschiedlich. Ich habe mich in Neuseeland in den ersten zwei Monaten sehr umorientieren müssen – weg vom Büffeln und vielem auswendig lernen. Ich hatte auch zeitweilig echt Angst, in Deutschland abgehängt zu werden. Da wird im gleichen Zeitraum viel mehr an Wissen vermittelt. Es hat eine Zeit gebraucht bis ich erkannte, dass Weniger, das aber experimentierend und mit viel Erfahrungsaustausch verbunden ist, vielleicht letzten Endes mehr ist. Aber die Frage ist schwer zu beantworten. Ich bin von unserer hiesigen Schule geprägt und möchte sie auch gut zum Abschluss bringen. Aber ich sehe auch viele Möglichkeiten, den Unterricht lebendiger und lebensorientierter zu gestalten. Das haben die in Neuseeland anscheinend besser drauf.

Einen Vorteil sehe ich in Bayern: Da haben wir die Mittelschule, die Realschule und das Gymnasium. Und die Schüler haben jeweils ein ähnliches Leistungsniveau. In der Gesamtschule in Neuseeland sind die Niveauunterschiede in den Kursen zum Teil deutlich größer, und die Lehrer investieren sehr viel Zeit in die schwächeren Schüler. Ich habe mich mehrmals (zeitlich) unterfordert gefühlt.

**Frage**: Und wie haben die Lehrer darauf reagiert?

**Antw.**: Na ja, mal sollte ich es anderen Schülern auch erklären und mal sollte ich im Kursbuch einfach 20 Seiten weiterlesen und mich schon mal mit dem künftigen Stoff auseinandersetzen.

**Frage**: Und wie kamen Sie nach Ihrer Rückkehr nach einem halben Jahr Schule in Neuseeland dann in Ihrer deutschen Schule zurecht?

**Antw.**: Meine Eltern und ich befragten die Lehrer, was ich unbedingt nachholen muss, was wirklich das Wesentliche in den einzelnen Fächern war. Da musste ich schließlich nicht so viel nachholen und konnte mich auf das eigentlich Wichtige konzentrieren. Das ging ganz gut. Und bei den Fremdsprachen war es so: In Latein ist ja nichts Neues dazugekommen, sondern es wird vor allem immer und immer wieder übersetzt. Da kommt man wieder gut hinein. Bei Französisch ist es etwas anders.

Aber auch da gelang mir der Anschluss an das Wesentliche. Insgesamt haben sich meine Ängste bisher zum Glück nicht bestätigt.

**Frage**: Wenn Sie Ihre Lehrer einmal vergleichen mit den beiden Schulsystemen. Wer ist da eher der emotionale, ansteckende wie anscheinend in Neuseeland mehr vorzufinden? Und wer ist eher „typisch deutsch"?

**Antw.**: Ich glaube, jeder unserer Lehrerinnen und Lehrer versucht, ihren Job gut zu machen – mit den eigenen Möglichkeiten und Grenzen natürlich.
Na ja, „neuseeländischer" erscheint mir unser Mathelehrer. Er ist sehr emotional. Er erklärt so lange, bis wir es verstanden haben. Mich steckt er mit seinem Enthusiasmus an. Er schwärmt für die Mathematik und lebt sie für uns. Dabei bin ich nicht mal ein Mathe-Überflieger.

Deutscher kommt mir unsere – durchaus auch engagierte – Physiklehrerin vor. Sie liest immer aus dem Buch vor. Sie schreibt aus dem Buch ab. Und bei Fragen liest sie selbst erst einmal aus dem Buch ab. Hier wird anscheinend mehr nüchtern auf nachlesbares Wissen Wert gelegt.

Was für mich besonders beeindruckend war: In Auckland wurde viel gemacht, damit alle immer aktiv dabei sind. Und es wurde immer wieder zur Aktivität ermutigt. Da waren viele Emotionen auf beiden Seiten im Spiel, hier in der Schule doch überwiegend der Kopf. Bei den unterschiedlichsten Aufgaben und Fächern mussten wir erst einmal mitteilen, wie wir an die Aufgabe herangehen wollen, unsere Überlegungen mitteilen. Dann mussten wir unsere Herangehensweise begründen. Und wir erhielten dann Feedback zu unserem Engagement, zu unserer Mitarbeit und ersichtlichen Motivation. Das war auch besonders in Auckland: Wir mussten uns ständig einschätzen, wie engagiert wir an Aufgaben herangingen, wie wir uns selbst motiviert haben, wie wir mitgearbeitet haben und wie wir andere, also unsere Mitschüler, motiviert und unterstützt haben und bekamen von den Lehrern und Schülern auch entsprechendes Feedback. Der Teamgeist war dort auch ausgeprägter.

So viele Noten wie hier gab es nicht. Mitte des Jahres und am Ende des Jahres gibt es Tests in der Form von bewertbaren Aufsätzen oder auch Abfragen von Wissen und praktischen Problemlöse-Abfragen und -Begründungen.

Es ist während des Jahres auch ganz normal, sich selbstständig Feedbacks von den Lehrern, aber auch von den Mitschülern einzuholen. Feedback einholen – das gehört zum Schulalltag und wird viel genutzt. Und zum Ende des Schuljahres gibt es ein umfassendes schriftliches Feedback über die erlebten Lehrer. Das heißt, wir bewerten sie auch.

**Frage**: Gehört Ihre Schule zu den Spitzenschulen, zu möglichen Ausnahmen in Neuseeland?

**Antw.**: Das ist für mich schwer einzuschätzen. Also Durchschnitt ist sie sicher nicht. Sonst wäre sie ja nicht in Deutschland und in anderen Ländern around the world empfohlen worden. Aber ob Sie an einsamer Spitze steht, das glaube ich auch nicht. Ich vermute eher, dass sie eine typische neuseeländische Schulpolitik sehr konsequent und kreativ umsetzt. Und als Schule in der größten Stadt in Neuseeland hat sie bestimmt auch Vorteile gegenüber Schulen in der Provinz. Ich weiß nur, dass ERO die Schulen jährlich wohl sehr umfassend und kritisch einschätzt. Und da ist sie für 2014 als eine leistungsstarke Sekundarschule attestiert worden. Ich glaube aber, „leistungsstark" wird wohl in Neuseeland anders als bei uns definiert. Das können wir nicht direkt vergleichen.

Aber das alles können Sie ja im Internet recherchieren. Die Schule findet man unter Selwyn College. Ich habe Ihnen vorab einige erweiterte Informationen zur Schule aus dem Internet zusammengestellt.

**Abschließende Frage**: War es das jetzt, oder würden Sie wieder nach Neuseeland gehen?

**Antw.**: Klar, aber fliegen.

**Herzlichen Dank für das Interview.**

---

Nachfolgend sind die übergebenen Schulinformationen wiedergegeben. Diese waren den 30 angeschriebenen Experten absichtsvoll nicht mitgeteilt worden, um ihre Antworten nicht zu beeinflussen.

---

### Staatliches Selwyn College, Auckland (gegründet: 1954. Schüleranzahl: 760)

Das College bietet eine breite Mischung aus (akademischen) Unterrichtsfächern und kulturellen sowie sportlichen Programmen.
**Sprachen:** Englisch, Französisch, Spanisch, Maori, Chinesisch (Mandarin).

**Fächer (zur Auswahl):**
* Mathematik, * Naturwissenschaften/Science: Physik, Chemie, Biologie, * Informations- und Kommunikationstechnologie, * Geografie, * Geschichte, * Psychologie, * Musik, * Kunst, * Modedesign, * Digitaltechnik, * Tourismus, * Gastronomie (Bewirtung), * Medienwissenschaften, * Wirtschaftskunde, * Betriebswirtschaft und Rechnungswesen, * Leadership, * Handwerk: Tischlerei

**Sportmöglichkeiten:**
* Cricket,* Volleyball, * Geländelauf, * Triathlon, * Rugby, * Aerobic, * Leichtathletik, * Badminton, * Mountain Biking, * Netzball, * Basketball, * Softball, * Tennis

**Weitere Aktivitäten (wahlweise):**
* Drama, * Theater, * Schulorchester, * Tanzen, * Schach, * Schulchor,* Rockbands, * Jazz

An der Schule sind neben den Lehrern auch Psychologen und Sozialarbeiter tätig, und es sind zeitweilig externe Künstler, Wissenschaftler und Führungskräfte aus nonprofit und profit-Organisationen unterstützend tätig.

Regelmäßig wird die Sekundarschule in einem umfassenden Education Review Report seitens des Education Review Office (ERO) differenziert eingeschätzt. Im November 2014 wurde der Schule wieder eine hohe Leistungsfähigkeit im Vergleich zum nationalen Durchschnitt bescheinigt sowie die erfolgreiche Realisierung ihrer Vision, des Leitbildes und der Organisationskultur.

Besonders hervorgehoben wurden:

- Effizienz des Lehrplanes und des Unterrichts zur Förderung der Lernbereitschaft der Schüler, ihres Engagements, ihres Lernfortschritts und ihrer persönlichen Entwicklung.
- Die Verhaltens- und Leistungs-Feedbacks an die Lernenden sind sehr effektiv. Die Schulleitung, Fachlehrer, Mentoren, die Leiter der Fachbereiche und die Leiter der fünf „Häuser" beobachten die Entwicklungsfortschritte genau und heben motivierend Fortschritte hervor. Sie beziehen die Eltern aktiv in ihre Aufzeichnungen ein. Die Aufzeichnungen werden aktiv auch für Schüler, die zeitweilige Misserfolge haben zur Unterstützung genutzt.
- Der Lehrplan steht in Übereinstimmung mit der Vision, dem Leitbild und den Werten der Schule. Er spricht auf die vielfältigen Talente, Fähigkeiten und Interessen der Schüler an. Die Lehrer kennen ihre Schüler genau und entwerfen individuelle Lernprogramme – unter Berücksichtigung der Identität, Sprachen und Kulturen der Schüler.
- Zahlreiche co-curriculare schulische Aktivitäten sind integraler und markanter Bestandteil des Lehrplans. Sie fördern die Beteiligung der Schüler in der Darstellenden Kunst, Sport und in verschiedensten Wettbewerben, in Service und Führung. Damit werden die Schüler auf ihrem individuellen sowie gemeinschaftlichen Expansionskurs unterstützt.
- Ein besonders wichtiger Aspekt der schulischen Lehrpläne ist die Förderung des Wohlbefindens der Lernenden. Fürsorgliche, respektvolle und vertrauensvolle Beziehungen zwischen den Lernenden und den Lehrenden sowie unter den Lehrenden untereinander charakterisieren die Schule.
- Die gut ausgebaute schulweite Kultur der kritischen Reflexion und Selbstkritik unterstützen die laufende Entwicklung des Lehrplans. Gesammelte Daten aus Befragungen von Schülern, Eltern, Mitarbeitern und Schulabgängern werden neben den Schülerleistungen als wichtige Informationen verwendet, um die Programme, Lehre und Praktika zu überprüfen und zu verbessern. Eine hochwertige Selbstbewertung ist für den gesamten Schulbetrieb charakteristisch.

**Quelle:** Education Review Report zum Selwyn College – Kohimarama/Auckland PN49, November 2014.

# 5.    Expertenkommentare zum Fallbeispiel

## (1)    Pädagogin, Forscherin und Hattie-Expertin

Nachfolgend wird das Interview insbesondere unter den Hattie-Prinzipien betrachtet und kommentiert.
(kursiv: Interviewausschnitte/fett: Kommentare)

*Es wird viel dafür gemacht, dass das Lernen Spaß macht. ...*
**Etwas, das Hattie immer wieder betont ist der Fakt, dass Lernen Freude machen soll. Wir würden das eher mit Freude übersetzen, da er nicht Spass in unserem Sinne meint, sondern Lernfreude.**

*Ja, es konnten sechs Fächer ausgewählt werden,... Durch die eigene Wahl ist man dann auch an den Fächern interessiert und zum Handeln motiviert. ...*
**Die größere Auswahl ist etwas, das sich in Deutschland noch nicht etabliert hat, in den englischsprachigen Ländern ist das üblich. Die Schüler können sich hier auch stärker nach den Anforderungen des späteren Berufs oder Studiums orientieren ...**

*Wir wurden immer wieder auf naturwissenschaftliche Zusammenhänge aufmerksam gemacht.*
**Das Erkennen von Zusammenhängen geschieht auf der Stufe des Tiefenverständnisses als der 2. Stufe der 3 Verstehensebenen. In Deutschland sind wir eher Weltmeister auf der 1. Stufe, dem Oberflächenverstehen, was aber weder für die Bewältigung komplexer Anforderungen im akademischen oder beruflichen Bereich ausreicht.**

*Und dann waren die Schritte bei der Bearbeitung von Aufgaben – ...*
**Die Arbeit in Schritten ist bei Hattie Standard. „Step by step".**

*Wir arbeiteten zu Anfang in der Regel zu Dritt oder zu Zweit an der Aufgabe und tauschten uns viel aus.*
**Der Austausch der Schüler untereinander ist in einem Hattie-basierten Unterricht ein wichtiger Teilschritt. Die Schüler sollen lernen miteinander Aufgaben zu klären und sich weiterzuhelfen.**

*Ab einem bestimmten Zeitpunkt arbeitet jeder allein weiter und präsentierte das Ergebnis.*
**Entscheidend ist nicht nur der Wechsel der Sozialformen, sondern vor allem die Präsentation der Ergebnisse, von Anfang an, also auch bei den Kleinen.**

*Neben der Beschreibung der Lösung an sich musste dann jeder erklären, wie man zu der Lösung kam, aber auch was bei der Erarbeitung erlebt wurde, wie man an die*

*Aufgabe herangegangen ist und welche Informationsquellen benutzt wurden: Biblio-
thek, Internet, Erfahrungsaustausch mit anderen, eigene Einfälle ...*

**Hier wird deutlich, dass die Inhaltsebene mit der Prozessebene verknüpft wird
und Strategien wie Metastrategien systematisch angewandt werden wie z.B. die
Wahl der Informationsquellen oder die Erläuterung der Herangehensweise. So
entsteht bei den Lernenden ein Bewusstsein für das Was, das Wie und das Warum.**

*...Ich hatte auch das Fach Drama gewählt...*

**Leider gibt es in der Regelschule kein Fach, sondern Theater wird meist als AG
angeboten.**

*Script lernen, eine überzeugende Rolle und persönlichen Charakter zu entwickeln,
zwischenzeitliche Umsetzungstests, Nachdenken und schriftliche Reflektion über die
Rolle, Aufsatz über Komödie in der Geschichte und heute.*

**Die Anforderungen, die in diesem Fach gestellt werden, machen deutlich, wie
wichtig es ist und auf wie vielen Ebenen die Schüler lernen – mit sehr viel Lust
und Freude!!**

*Das ist auch typisch: In jedem Fach werden immer wieder Kurz-Aufsätze geschrie-
ben – über Filme, über Experimente, über Drama. Es wird immer wieder zur Selbstreflektion, zu persönlichen Meinungen und zu Vorschlägen zum Bessermachen oder
zum besseren Verständnis aufgefordert.*

**Auch hier wird deutlich, dass es ein Unterschied ist, ob 4 Aufsätze im Halbjahr
geschrieben werden, oder mehrere kleine Aufsätze, bei denen klar die Reflektion im Vordergrund steht. Auch hier wird deutlich, dass es um die Anwendung
von (Meta-)Strategien geht.**

*... Und es wird von den Lehrern und auch von den Mitschülern ständig Feedback
gegeben. ...*

**Unterrichtsbegleitendes Feedback ist ein sehr motivierendes Instrument, das
das persönliche Feedback an die Person weit übertrifft an Motivationsschub
und Lernzuwachs.**

*... Im Vordergrund standen Teamwork, Kommunikation mit anderen, das Motivie-
ren anderer, das Zusammenwirken mit anderen, die Selbstreflektion der eigenen Leistung und des Ermunterns anderer. Der Lehrer gibt dabei umfassendes Feedback zur
Teamleistung und zum eigenen Wirken.*

**Die Formen der Zusammenarbeit und die Anforderung auch andere zu motivie-
ren ist in deutschen Schulen eher fremd. Schüler sitzen frontal Stunde für Stunde und der Lehrer versucht zu motivieren, was aber meist eher wenig gelingt,
da die Schüler die Selbsttätigkeit vermissen.**

*Ja, jeder arbeitet mit dem eigenen Computer.*

Die Arbeit mit dem Computer als Instrument wie jedes andere auch hilft den Schülern und macht sie fit im Umgang mit diesem Medium. In Deutschland hat man häufig Schulen mit perfekt eingerichteten Computerräumen, aber nur wenige nutzen ihn. Ganze Generationen von Medienberatern werden an den Schulen ausgebildet, aber die Strukturen an den Schulen verhindern gleichzeitig, dass diese wirksam werden. Der einfache Weg, die Schüler mit dem PC arbeiten zu lassen, mit dem sie meist sowieso schon gut umgehen können, wird häufig gemieden.

*In unserer Schule hatten wir auch keine Hefte; alles wurde mit dem Computer gemacht. Überall in der Schule gab es WLAN, überall Möglichkeiten, ins Internet zu kommen. Und das zweite Lernhilfsmittel war das Handy. Alle Schüler hatten Computer und Handy.*
**Das passt genau zu dem vorherigen Kommentar. So wird systematisch, effektiv und effizient gearbeitet.**

*Wir mussten unsere Rechercheergebnisse begründen, auf Hintergründe hinweisen und überzeugend präsentieren. Wichtig sind dabei die eigene umfassende Beschäftigung mit dem Stoff und der kritische Dialog.*
**Hier wird die optimale Lernarbeit im Bereich des Tiefen- und Konzeptverständnisses (2. und 3. Ebene des Verstehens) deutlich – vom Schüler aus!**

*Und dann gab es jeden Freitag kurze Versammlungen in den vier „Häusern". Da wurden Best-Practice-Beispiele verallgemeinert, Geburtstage gewürdigt, jeder Einzelne irgendwie hervorgehoben und bestärkt. Und das bei jeweils rund 200 Schülern des jeweiligen Hauses.*
**Diese Form der „Versammlung" am Freitag jeder Woche gibt es an deutschen Schulen auch, zumindest einigen, aber leider viel zu wenig. Gerade schwierige Schüler können sich hier auch mit ihrem Können zeigen, was sehr viel zur Verhaltensveränderung beitragen kann.**

*... Die Disziplin war dennoch hoch.*
**Die klaren Strukturen und die Einforderung in der Gruppe zu arbeiten und Ergebnisse zu präsentieren trägt zur Disziplin bei.**

*Es gab keine festen Klassen, sondern Kurse. Die Kursgröße schwankte zwischen 15-25 Teilnehmern. So kam ich mit bedeutend mehr Schülern zusammen als in unseren hiesigen festen Klassen. Wenn man mit den Lehrern Kontakt aufnehmen wollte, musste man in das „Kurszimmer" zum Lehrer gehen.*
**Leider ist das Kurssystem den Oberstufen der Gymnasien vorbehalten, was wenig Sinn macht, denn gerade die Schüler/innen, die nach der Klasse 9 oder 10 in eine berufliche Ausbildung gehen, würden von dem Kurssystem stark profitieren.**

*Also, über Inklusion wird meines Erachtens gar nicht so kompliziert wie in Deutschland nachgedacht. Es wird gemacht. ...*

**Deutlicher kann man das nicht sagen: Dort wird es gemacht, in Deutschland wird darüber geredet. – Aber auch in Deutschland gibt es erste Schulen, die umsetzen. So haben wir in den Projekten unseres Instituts eine Grundschule in Köln erlebt, was sich aber nach dem Wechsel der Schulleitung leider wieder stark verändert hat.**

*... Ich glaube, Neuseeland ist da sehr viel weiter als Deutschland. Keiner weiß zum Beispiel in Deutschland, dass es in Neuseeland drei Amtssprachen gibt: Englisch, Maori und die Gebärdensprache. Es gibt wohl in Neuseeland nur rund 3.000 Taubstumme. Aber die Gleichstellung der Gebärdensprache ist zugleich der Ausdruck eines Lebensanspruchs und ein generelles Zeichen für die Gleichstellung von Gesunden und gesundheitlich eingeschränkten Einwohnern.*

**Ein tolles Beispiel, wie Einstellung und Haltung in einem Land verändert werden kann.**

*Und so gibt es in den „vier Schulen" auch spezielle Räume, in denen sich solche Schüler treffen und von den Lehrern Unterstützung erwarten können. Und die Maori-Schüler erhielten in den Schulfächern von den Lehrern vielfach Unterstützung, indem bei Erklärungen durch die Lehrer auch Synonyme in der Maori-Sprache gesucht wurden.*

**Diese Form der Unterstützung macht deutlich, was ein Einwanderungsland leisten kann. So haben wir das auch in Kanada erlebt.**

*... Dann haben sich die Schüler untereinander verständigt und versucht, die Inhalte zu erfassen. Man konnte aber auch jederzeit zu diesen Lehrern – wie auch zu allen anderen – gehen und sie bitten, ihre wesentlichen Inhalte noch einmal verständlich zu erklären. Diese Bereitschaft, Feedback anzunehmen und die Lernprozesse auch individuell zu unterstützen – ja, das gehörte dort zum Verständnis der Schule.*

**Miteinander und voneinander lernen, dieses Prinzip wird hier deutlich und immer wieder die Haltung, dass die Lehrer aufgabenbezogenes Feedback geben, ist ein Kernelement in der pädagogischen Idee John Hatties.**

*... Hausaufgaben gab es wenig, da der Unterricht sehr übungsintensiv und handlungsorientiert verlief.*

**Diese Erfahrung, dass sehr viel mehr im Unterricht erarbeitet und bewältigt werden kann, muss in Deutschland erst noch gemacht werden, denn dann erkennen auch die Lehrkräfte wie viel Energie im (praktizierten) handlungsorientierten Unterricht steckt. Wer aber Stille im Klassenzimmer verlangt, wird das nie erleben können, sondern sich mit allen Formen des Widerstands der Schüler herumärgern müssen.**

*... Ich habe mich in Neuseeland in den ersten zwei Monaten sehr umorientieren müssen – weg vom Büffeln und vielem auswendig lernen.*

**Das beschreibt sehr genau den „Kulturwechsel".**

*Ich hatte auch zeitweilig Angst, in Deutschland abgehängt zu werden. Da wird im gleichen Zeitraum viel mehr an Wissen vermittelt. Es hat eine Zeit gebraucht bis ich erkannte, dass Weniger, das aber experimentierend und mit viel Erfahrungsaustausch verbunden ist, vielleicht letzten Endes mehr ist. ...*
**Die Angst zu wenig zu wissen, steckt in den deutschen Köpfen fest verankert drin. Dabei ist eben auch klar, dass ein Oberflächenwissen für die Arbeit nach der Schule nicht reicht.**

*Ich bin von unserer hiesigen Schule geprägt und möchte sie auch gut zum Abschluss bringen. Aber ich sehe auch viele Möglichkeiten, den Unterricht lebendiger und lebensorientierter zu gestalten. Das haben die in Neuseeland anscheinend besser drauf.*
**Das ist gut nachvollziehbar. Wenn wir die Schule und das Lernen lebendiger gestalten wollen, so muss von Anfang an Unterricht anders gestaltet werden. Auch im Kindergarten kann schon viel angebahnt werden.**

*...Insgesamt haben sich meine Ängste bisher zum Glück nicht bestätigt. ... Na ja, „neuseeländischer" erscheint mir unser Mathelehrer. Er ist sehr emotional. Er erklärt so lange, bis wir es verstanden haben. Mich steckt er mit seinem Enthusiasmus an. Er schwärmt für die Mathematik und lebt sie für uns.*
**Das beschreibt sehr genau, welche Anforderung John Hattie an die Rolle der Lehrkraft stellt. Dazu kommt, dass er einmal im Jahr seine Wirksamkeit auf das Lernen der Schüler messen sollte, was über die Erhebung der Kompetenzentwicklung sehr gut möglich ist.**

*Deutscher kommt mir unsere – durchaus auch engagierte – Physiklehrerin vor. Sie liest immer aus dem Buch vor. Sie schreibt aus dem Buch ab. Und bei Fragen liest sie selbst erst einmal aus dem Buch ab. Hier wird anscheinend mehr nüchtern auf nachlesbares Wissen Wert gelegt.*
**Das genaue Gegenbeispiel! Sehr genau erkannt!**

*... In Auckland wurde viel gemacht, damit alle immer aktiv dabei sind. Und es wurde immer wieder zur Aktivität ermutigt. Da waren viele Emotionen auf beiden Seiten im Spiel, hier in der Schule doch überwiegend der Kopf. Bei den unterschiedlichsten Aufgaben und Fächern mussten wir erst einmal mitteilen, wie wir an die Aufgabe herangehen wollen, unsere Überlegungen mitteilen. Dann mussten wir unsere Herangehensweise begründen. Und wir erhielten dann Feedback zu unserem Engagement, zu unserer Mitarbeit und ersichtlichen Motivation. Das war auch besonders in Auckland: Wir mussten uns ständig einschätzen, wie engagiert wir an Aufgaben herangingen, wie wir uns selbst motiviert haben, wie wir mitgearbeitet haben und wie wir andere, also unsere Mitschüler, motiviert haben und bekamen von den Lehrern und Schülern auch entsprechendes Feedback.*

Das ist die genaue Beschreibung eines Unterrichts, der den Anforderung eines John Hattie gerecht wird und auch die meisten der Top 10 Lernfaktoren 2014 widerspiegelt. Selbsteinschätzung hat den höchsten Wert! Reflektion als Element des Lernens bewusst einsetzen. Lernschritte beschreiben können ist mehr als sie (nur) zu gehen.

*...Es ist während des Jahres auch ganz normal, sich selbstständig Feedbacks von den Lehrern, aber auch von den Mitschülern einzuholen. Feedback einholen – das gehört zum Schulalltag und wird viel genutzt. Und zum Ende des Schuljahres gibt es ein umfassendes schriftliches Feedback über die erlebten Lehrer.*
**Dann muss kein Lehrer mehr Angst davor haben, dass er „bewertet" (abgewertet) wird.**

## (2) Gymnasiallehrer und Mitglied Landesvorstand Jungphilologen in einem Landes-Philologenverband (D)

Das interessante Interview spiegelt das Dilemma wider, in dem die Schule in Deutschland steckt: Jedes Jahr absolvieren Tausende von bestens und nach neuestem Stand ausgebildete Studierende und Referendare die Unis und Seminare, gehen zumeist motiviert an die Schulen – was im deutschen Schul-„System" jedoch offenbar ankommt, ist eintöniger Unterricht, der vor allem auf Wissensvermittlung und -abfrage setzt, in dem Schüler (wie Lehrer) Einzelkämpfer sind und überhaupt wenig Spaß haben.

Dabei sind alle „Baustellen" längst bekannt:
  1) Schüler lernen besser und nachhaltiger, wenn sie Freude haben, wenn ihre Neugierde geweckt und ihre Interessen angesprochen werden. Das kann dann allerdings zur Folge haben, dass bestimmte Fächer abgewählt werden können und/oder für das Abitur nicht mehr relevant sind.
  Kritiker dieser Individualisierung führen an, dass sich die Allgemeinbildung und die allgemeine Studierfähigkeit so nicht gewährleisten lässt, und in der Tat höre ich auch von meinen schwedischen Kollegen Klagen über Schüler, die beste kommunikative und Recherchekompetenzen haben, denen es allerdings an Allgemeinbildung mangelt.
  Das wirft wiederum die Frage auf, wie/ob sich Allgemeinbildung „vermitteln" lässt.
  Eine nach wie vor unter deutschen Lehrern anerkannte These ist, dass Lernen anstrengend sein muss und eben nicht immer nur Spaß machen kann. Oftmals verstecken sich diejenigen, die so argumentieren, damit jedoch hinter ihrer Methodeneinfalt oder mangelnden Feedback-Kultur.
  Und dennoch flammt gerade zu diesem Thema derzeit die bildungspolitische Debatte wieder auf: Der Bildungsforscher Sahlgren hat erst kürzlich eine Studie zur Effektivität von Unterrichtsstilen veröffentlicht: http://www.welt.de/vermischtes/article 143983036/Europas-Schueler-brauchen-etwas-mehr-Drill.html

Aus Schülersicht wird aber sicher ein Unterrichtsstil, der freudbetont und kooperativ ist, einem autoritären Stil vorgezogen. (Ist er aber auch tatsächlich effektiver?)

Allerdings gibt mir zu denken, wenn im Interview gesagt wird: „In Deutschland wird im gleichen Zeitraum viel mehr Wissen vermittelt...!"

Kompakte Wissensvermittlung macht nicht glücklich, gilt fast als furchteinflößend – und löst den Wunsch nach weniger Wissen aus („weniger ist mehr").

Erleben wir den Imageverlust von Wissen gegenüber den sogenannten (und oft falsch verstandenen) Kompetenzen?

2) Schüler lernen dann am besten, wenn sie wissen, dass sie gerade lernen – und wie. „Lernen sichtbar machen" nennt Hattie seine Meta-Meta-Studie, deren wichtigste Erkenntnis für mich ist: Es kommt auf GUTE Lehrer an, die ihren Unterricht gut vorbereiten, die Schüler immer wieder herausfordern – und eines ausgiebig tun: Feedback geben und nehmen!!!

Gerade hier haben wir in Deutschland Nachholbedarf.

3) Schubladendenken muss aufgebrochen und Fächergrenzen müssen überschritten werden! Zu oft höre ich noch von meinen Schülern die Frage „Haben wir jetzt etwa Englisch?!?", wenn ich im Deutschunterricht einmal ein englisches Originalzitat anbringe.

Dennoch hat sich hier schon einiges getan: Der Lehrplan dieses Bundeslandes z. B. verpflichtet die Lehrer zum fächerverbindenden Unterricht (für zwei Wochen im Jahr). Den Deutschen Lehrerpreis von Philologenverband und Vodafon-Stiftung gibt es vor allem für fächerübergreifende Unterrichtsprojekte.

Und trotzdem geht jedesmal ein Aufschrei durch die Lehrerzimmer und Verbandssitzungen, wenn die Zusammenlegung von Fächern im naturwissenschaftlichen Bereich vorgeschlagen wird. Der Physiklehrer ist schließlich Physiklehrer und der Chemielehrer...

4) Deutschland braucht mehr ECHTE Ganztagsschulen – mit einem auf die Länge des Schultags abgestimmten Stundenplan. Dann wird auch der Ganztag, wie das Beispiel Neuseeland zeigt, als entspannt empfunden, und eben nicht wie von vielen deutschen Eltern als stressig und freizeitraubend.

5) Deutschland hat ein riesiges Defizit in Sachen Digitalisierung! Dies gilt besonders in den Schulen. Anderswo gelten Computer, Tablets und Smartphones als selbstverständliches Arbeitsmittel. In Deutschland ist erst kürzlich wieder ein Richtungsstreit entbrannt: „Smartphones und Tablets bringen Schülern nichts" titelte kürzlich der deutsche Hattie-Übersetzer (!) Zierer in der Wirtschaftswoche. In seinem Text kritisierte er das „Ablenkungspotenzial" von digitalen Geräten, deren fehlenden pädagogischen Mehrwert und warf sogar einmal wieder die Frage nach der noch immer ungeklärten Strahlenbelastung durch WLAN auf! Der Text fand großen Anklang unter deutschen Lehrern und löste Kopfschütteln unter den Digitalisierungs-Enthusiasten aus (http://app.wiwo.de/erfolg/trends/digitalisierung-der-schule-smartphones-und-tab lets-bringen-schuelern-nichts/12047146.html).

Dass wir unsere Schüler auf eine digitalisierte Welt und ihre Berufe vorbereiten, wird von zu vielen Lehrern noch ignoriert. Computer und Tablets müssen ihren Einsatz im Unterricht immer noch rechtfertigen. Und Smartphones sind immer noch so suspekt, dass sie in Schulen am liebsten verboten werden.

Und dann gibt es immer noch die Urangst, die Digitalisierung könne zur Abschaffung der Handschrift und zum Untergang einer Kulturtechnik führen. „Die Schüler können gar nicht mehr richtig schreiben! Die tippen ja nur noch oder wischen auf diesen Smartphones herum!"

Fazit: Solche Perspektivwechsel, wie von der interviewten Schülerin beschrieben, sind so wichtig!

Sie machen uns einmal mehr deutlich, dass wir Lehrer brauchen, die Schüler begeistern und zur Aktivität führen. (Das mag man neuseeländisch nennen oder deutsch.)

Und die eines geben: Feedback, Feedback, Feedback...!

## (3) Pädagoge, Rektor einer Pädagogischen Hochschule (A)

Grundsätzlich glaube ich, dass alle als positiv erlebten Merkmale der neuseeländischen Schule auch im deutschsprachigen Raum realisierbar sind. Speziell möchte ich auf folgende Aussagen eingehen, bzw. sie kommentieren:

*„Es hat eine Zeit gebraucht bis ich erkannte, dass Weniger, das aber experimentierend und mit viel Erfahrungsaustausch verbunden ist, vielleicht letzten Endes mehr ist."* Die alte Lehrerweisheit „weniger ist mehr" wird heute meist nur mehr mitleidig belächelt. Vielleicht gerade deshalb wird auch in der neueren Literatur (z. B. Schulte-Markwort, Michael: Burnout-Kids, Pattloch, München 2015; Rosa, Hartmut: Weltbeziehungen im Zeitalter der Beschleunigung, Suhrkamp, Berlin 2012) gerade auf dieses Phänomen eingegangen: Wenn Nachhaltigkeit nicht nur ein Schlagwort bleiben soll, muss Zeit wieder eine Rolle spielen.

*„Na ja, „neuseeländischer" erscheint mir unser Mathelehrer ... Er schwärmt für die Mathematik und lebt sie für uns".* Selbstmotivation – auch ein Bereich, der nicht nur im Managementbereich, sondern auch im Schulbereich bei uns immer wichtiger wird. Ich hoffe, dass die Geschichten, die insbesondere im Grundschulbereich als „Motivation" verkauft werden („Ich war gestern spazieren, was glaubt ihr, was ich da gesehen habe? Ein Schneeglöckchen!!!"), langsam der Vergangenheit angehören. Mitreißendes Lehren kann nur durch „Leidenschaft" („Passion") realisiert werden. Hier gibt es in der Lehrer/innenausbildung jedoch noch viel zu tun.

*„Deutscher kommt mir unsere – durchaus auch engagierte – Physiklehrerin vor. Sie liest immer aus dem Buch vor. Sie schreibt aus dem Buch ab. Und bei Fragen liest sie selbst erst einmal aus dem Buch ab. Hier wird anscheinend mehr nüchtern auf nachlesbares Wissen Wert gelegt."* Wäre interessant, wie alt die Kollegin ist – hier scheint noch die alte Auffassung des „Belehrens" die Grundintention ihres Unter-

richts; wird hoffentlich in der neueren Zeit durch Konstruktivismus („Papageienwissen") etc. obsolet.

*„Die Leute kamen aus aller Herren Länder. Sie lernten dort Englisch und hatten ein breites kulturelles Integrationsprogramm. Für die kleinen Kinder gab es eine eigene Kinderbetreuung mit dem gleichen Ziel."* Das gegenwärtige Flüchtlingsproblem zeigt, wie wichtig dieser Bereich auch in Ö und D wäre, um Fremdenfeindlichkeit zu vermeiden. In Österreich sind mir insbesondere Aktivitäten zum Spracherwerb für Vorschulkinder bekannt (auch an meiner Hochschule: „Papa, Mama und ich lernen Deutsch"; „Plaudertasche" zur Förderung der Sprachkenntnisse) – Problematik besteht insbesondere in der Zuständigkeit von verschiedenen Ministerien.

*„Da wurden Best-Practice-Beispiele verallgemeinert, Geburtstage gewürdigt, jeder Einzelne irgendwie hervorgehoben und bestärkt".* Die Bedeutung der „Ermutigung" (Jürg Frick, PH Zürich) und der Wertschätzung für gelungene Lernprozesse kann nicht genügend hervorgehoben werden.

*„In unserer Schule hatten wir auch keine Hefte; alles wurde mit dem Computer gemacht."* Bei den Eignungsfeststellungen für unsere PH kann immer öfter festgestellt werden, dass Maturanten kein Schreibgerät mehr richtig halten können – insbesondere jene Bewerber/innen, die eine „Notebook-Klasse" besucht haben. Eine Bewertung steht mir hier nicht zu, geht doch anscheinend der internationale Trend in diese Richtung, die Handschrift nicht mehr als wichtig zu erachten (Finnland).

## (4)   Prof. em./Erwachsenenpädagogik (D)

In dem beschriebenen Schulsystem steht anscheinend das Lernen lernen im Vordergrund und die Bemühungen sind zentral darauf gerichtet. Lernen lernen wird zwar in unserem Schulsystem immer wieder propagiert. Zwischen Fensterreden und der Schulwirklichkeit stehen jedoch Welten. In die Bewertung gehen vor allem die Lernergebnisse ein und nicht die Art und Weise wie man dazu gekommen ist. Dabei ist der Weg zu dem Lernergebnis wichtiger als das Ergebnis selbst, denn es stellt das eigentliche Potenzial für Zukunftsaussagen dar. Dies umso mehr als man zur juristischen Absicherung die Form der Abfrage in der inhaltlichen Qualität so stark reduziert, dass der dadurch nachgewiesene Erfolg – vor allem wenn es sich um Multiple-Choice-Fragen handelt – auf dem Rateglück des Schülers beruht oder schlicht und tatsächlich einfach, ihm seine Merkfähigkeit attestiert. Dabei muss man Credit Points nicht unbedingt auf reduzierte Abfrageformen reduzieren. Wenn man den Begriff **Credit** ernst nimmt, bedeutet dies, dass man dem Schüler seine Kreditfähigkeit bestätigt und damit auf eine positive Zukunftsaussicht abhebt. Diese ist nur eingeschränkt durch die akute Antwort auf eine akute Frage innerhalb einer Prüfungssituation zu prognostizieren, sondern durch dessen Potenzial auch in der Zukunft vergleichbare Aufgaben lösen zu können. Und wenn die Schule Freude vermittelt, an die kreative Lösung von Aufgaben heranzugehen, ist sie die zentrale Institution, die uns die Zukunft durch die nachfolgende Generation sichert.

## (5)  Schuldirektor und Bildungsberater (CH)

1. Was fällt Ihnen persönlich bei der Schilderung des dortigen Schulalltags als „günstig" bzw. „ungünstig" für die Reifung überfachlicher Kompetenzen auf? Was bremst oder bekräftigt aus Ihrer Erfahrung die Annahme „Bildung sollte Kompetenzreifung" sein?:

**Günstig**: eine entspanntere Sicht auf Lernprozesse als in D, CH, A, weniger Wissensmasse und mehr handelnde, selbstwirksame Vertiefung von Lernstoff, Lehrpersonen sehen Lernende mehr als Subjekte, denn als Objekte, was den Fokus auf die individuelle Persönlichkeit und auf eigene Lernwege, so wie bessere Beziehungen legt.

Bremst die Annahme „Bildung sollte Kompetenzreifung" sein: Vor lauter Schulstoff, wird der lernende Mensch nicht mehr gesehen. Lehrpersonen sehen sich als Wissensvermittler von fachbezogenem Schulstoff. Die Intention der Lehrpersonen ist auf dem „Durchnehmen" von obligatorischem Schulstoff, statt auf vertiefte Lernerfahrungen gerichtet.

Fördert die Annahme „Bildung sollte Kompetenzreifung" sein: Lehrpersonen sind der Überzeugung, dass Lernen nicht durch sie verantwortet wird, sondern durch die Lernenden selbst, weshalb würdevolle und dialogische Beziehungen grundlegend sind. Das Vermitteln von Wissen steht in der Prioritätenliste der Lehrpersonen hinter dialogischen Lernprozessen und hinter selbstwirksamem Handeln der Lernenden, ist aber nicht gänzlich unwichtig.

2. Welche Aspekte der Schilderung der Selwyn Schule könnten als Verbesserungsvorschläge für unseren Schulalltag „vor Ort" interessant und wert sein, diskutiert zu werden – so es solche Aspekte aus Ihrer Sicht gibt:
- SchülerInnen können aus Fächern wählen → erhöhte Motivation und Bereitschaft für eigenes Engagement
- Unterricht und Problemstellungen werden fächerübergreifend mit mehreren Lehrpersonen behandelt
- Emotionalität der neuseeländischen Lehrpersonen, die dadurch in der Lage sind ihre SchülerInnen zu begeistern
- Weniger ist mehr, im Sinne von weniger Wissen pauken und mehr eigenaktives Handeln und Vertiefen ermöglichen
- Inklusion als Selbstverständlichkeit
- Beziehungskultur zwischen Lehrperson und SchülerInnen im einem Subjekt-Subjekt-Modus

3. Welche Assoziationen, Folgerungen haben Sie persönlich beim (kritischen) Lesen des Interviews betr. Ermutigungen der Lehrer/innen als „Kompetenzgestalter" – konkret?:

Ein Kulturwandeln im Selbstbild als Lehrperson von Vermittler von Fachwissen zu einem Erfahrungsermöglicher, respektive Lernbegleiter ist in Anbetracht der gesellschaftlichen Veränderungen zwingend, jedoch auf Grund mangelnder Erfahrung der Lehrpersonen und der Tatsache, dass Pädagogische Hochschulen kein Knowhow haben, angehende Lehrpersonen entsprechend auszubilden, sehr schwierig. Schafft eine Lehrperson diesen Paradigmenwechsel wird er mit einer vielfachen Steigerung seiner Berufszufriedenheit belohnt.

Ein gesellschaftliches Bewusstsein, dass Anhäufen von statischem Wissen nicht mehr genügt, sondern Handlungsfähigkeit als Bildungsziel wichtiger wird, muss mehr und mehr erreicht werden und auf die Lehrerschaft abfärben. Nicht Messbarkeit von Testleistungen, sondern Gestaltungs- und Handlungsfähigkeiten müssen ins Zentrum rücken.

## (6)  Prof./Vorsitzender eines Hochschulrates und überregionaler Bildungspolitiker (A)

Meine freien Assoziationen bei der Lektüre des Interviews:

Der Erwerb individueller Regulationsfähigkeiten durch Herausforderungen auf der kognitiven, mehr noch emotionalen und aktionalen Lernebene steht zweifellos im Zentrum der Schilderungen, wobei die Reflexion (gekoppelt mit Feedback) der Erlebnisse und Erfahrungen auf den drei Lernebenen einen bedeutsamen Stellenwert einnimmt. Hier sehe ich wieder einen Ansatzpunkt für das „Fitnessprogramm des impliziten Lernens", da durch die geschilderten Herausforderungen persönliche Fähigkeiten sichtbar werden und diese – durch explizite Bearbeitung – wieder auf höherem Niveau implizit werden. Die geschilderten Kriterien und Ausformungen der Gruppenarbeit finden sich unter anderem auch bei SLAVIN, Handbuch Gruppenpädagogik, gehen aber auch erst durch gezielte Reflexion in Selbsterfahrung über.

Zusammenfassend sehe ich die Selbstverantwortung und die Selbstwirksamkeit der interviewten Schülerin durch die Erfahrungen gestärkt, jedenfalls wurden die Erlebnisse in Auckland zur nachhaltigen persönlichen Erfahrung.

## (7)  Prof./Kompetenzforscher (D)

Gedanken beim Lesen des Interviews:

In der Tat: Wissen ist keine Kompetenz. Wissensweitergabe ist keine Kompetenzentwicklung. Das ist so vollkommen klar, dass man es keinem vernünftigen Menschen auch nur erläutern muss.

Leider hat sich in Bezug auf die modernen Lehr-Lernsysteme ein Vorgehen durchgesetzt, das genau die Unvernunft zum Leitprinzip erhoben hat. Wissensweitergabe gilt dabei als der Weisheit letzter Schluss. Geprüft wird nach den Prinzipien des Bulimielernens: Wissen aufnehmen, in Prüfungen und Klausuren ausspucken – und sofort vergessen. Kompetenzen, die Fähigkeiten selbstorganisiert und kreativ Herausforderungen zu bewältigen, interessieren die meisten Bildungsverantwortlichen nur in Sonntagsreden. Der durchaus sinnvolle Ansatz der Bolognoa-Reformen wird ins glatte Gegenteil verkehrt. Erfolgreiche Kompetenzentwicklung setzt Eigenverantwortung und Selbstorganisation, Lernen in realen Herausforderungssituationen sowie die Anwendung und Bewährung in der eigenen Lebenswelt voraus. Die heutigen Bildungssysteme in Schulen, Hochschulen und Unternehmen verhindern die notwendige Entwicklung der Kompetenzgesellschaft.

Die Kompetenzkatastrophe des heutigen Bildungssystems besteht grundlegend darin, dass individuelle Weitsicht und Veränderungsbereitschaft gegen Mauern institutioneller Blindheit und Veränderungsunfähigkeit anrennt und dass noch immer viele Institutionen und Personen in dem Glauben verharren, die Weitergabe von Sach- und Fachwissen, oft als „Vermittlung" fehlbezeichnet, sei das Alpha und Omega von Bildung, nicht die Kompetenzreifung. Das daraus resultierende Bulimielernen und echte Kompetenzentwicklung sind jedoch unversöhnliche Gegensätze.

Vier nahezu unbezwingliche Barrieren kennzeichnen die Kompetenzkatastrophe: Die *institutionelle Barriere* (das Prinzip Wissensweitergabe anstatt Kompetenzentwicklung ist institutionell unerschütterlich verankert), die *Wissensbarriere* (Wissen wird bereits als Kompetenz angesehen), die *Zensurenbarriere* (es gibt keine juristisch gesicherten Formen der Zensierung von Kompetenzen) und die *neuropsychologische Barriere* (alle Ergebnisse moderner Neurobiologie und Neuropsychologie beweisen, dass die gegenwärtig praktizierte Form der Wissensweitergabe völlig ineffektiv und individualitätsvernichtend ist).

*Ohne groß eine neue, revolutionäre Bildungspolitik zu propagieren sind im Bildungssystem Neuseelands ganz offensichtlich Elemente entwickelt und verankert worden, die der Kompetenzkatastrophe Einhalt gebieten – und die Interviewte hat sie mit sicherem Gefühl und analytischer Klarsicht benannt:*

Zur *institutionellen Barriere* bemerkt sie, es wird „viel dafür gemacht, dass das Lernen Spaß macht. Wir wurden ständig neugierig gehalten und motiviert, etwas auszuprobieren." Das Prinzip Wissensweitergabe statt Kompetenzentwicklung wird deutlich durchbrochen. Elemente der Entwicklung von Sozialkompetenz werden implementiert: Bei der Bearbeitung von Aufgaben „arbeiteten wir zu Anfang in der Regel zu Dritt oder zu Zweit an der Aufgabe und tauschten uns viel aus. Ab einem bestimmten Zeitpunkt arbeitet jeder allein weiter und präsentierte das Ergebnis. Neben der Beschreibung der Lösung an sich musste dann jeder erklären, wie man zu der Lösung kam, aber auch was bei der Erarbeitung erlebt wurde, wie man an die Aufgabe herangegangen ist und welche Informationsquellen benutzt wurden: Bibliothek, Internet, Erfahrungsaustausch mit anderen, eigene Einfälle …"

*Die Wissensbarriere* wird niedergerissen: Angeeignetes Wissen wird emotional imprägniert, indem die eigene Beurteilung deutlich gefordert ist: „Das ist auch typisch: In jedem Fach werden immer wieder Kurz-Aufsätze geschrieben – über Filme, über Experimente, über Drama. Es wird immer wieder zur Selbstreflektion, zu persönlichen Meinungen und zu Vorschlägen zum Bessermachen oder zum besseren Verständnis aufgefordert …" Damit wird auch das unselige Prinzip der Wissensweitergabe statt echter Kompetenzentwicklung durchbrochen: „Hausaufgaben gab es wenig, da der Unterricht sehr übungsintensiv und handlungsorientiert verlief. In Deutschland ist der Unterricht in der Regel um 13:00 Uhr zu Ende und man ist sehr gestresst und muss dann noch Aufgaben mit nach Hause nehmen. Hier sieht jeder Lehrer nur sein eigenes Fach und überfordert oft die Schüler mit Hausaufgaben. Einen solchen Stress habe ich in Auckland nicht erlebt … Die Schulpolitik ist doch sehr unterschiedlich. Ich habe mich in Neuseeland in den ersten zwei Monaten sehr umorientieren müssen – weg vom Büffeln und vielem auswendig lernen. Ich hatte auch zeitweilig Angst, in Deutschland abgehängt zu werden. Da wird im gleichen Zeitraum viel mehr an Wissen vermittelt. Es hat eine Zeit gebraucht bis ich erkannte, dass Weniger, das aber experimentierend und mit viel Erfahrungsaustausch verbunden ist, vielleicht letzten Endes mehr ist. Aber die Frage ist schwer zu beantworten. Ich bin von unserer hiesigen Schule geprägt und möchte sie auch gut zum Abschluss bringen. Aber ich sehe auch viele Möglichkeiten, den Unterricht lebendiger und lebensorientierter zu gestalten. Das haben die in Neuseeland anscheinend besser drauf … Na ja, „neuseeländischer" erscheint mir unser Mathelehrer. Er ist sehr emotional. Er erklärt so lange, bis wir es verstanden haben. Mich steckt er mit seinem Enthusiasmus an. Er schwärmt für die Mathematik und lebt sie für uns. Deutscher kommt mir unsere – durchaus auch engagierte – Physiklehrerin vor. Sie liest immer aus dem Buch vor. Sie schreibt aus dem Buch ab. Und bei Fragen liest sie selbst erst einmal aus dem Buch ab. Hier wird anscheinend mehr nüchtern auf nachlesbares Wissen Wert gelegt."

*Die Zensurenbarriere* wird offenbar durch die großzügige Auslegung der Credits demontiert, die weit mehr als nur einen Ausdruck von kurzzeitig angeeignetem Wissen darstellen. Außerdem gehen „in die Endzensuren am Ende des Schuljahres … Einzelzensuren und die darüber hinaus gehende Einschätzungen der Lehrer über den Zeitraum ein", womit Kompetenzurteile klar einbezogen werden können.

*Die neuropsychologische Barriere* wird offensichtlich durch Einbeziehung von emotional-motivationaler Imprägnierung des Wissens unterlaufen: „Wir arbeiteten viel mit dem Computer – in fast allen Fächern. Insbesondere für Recherchen in Datenbanken, Bibliotheken … Im Fach Geschichte mussten wir zum Beispiel Material suchen: im Internet, in Bibliotheken (auch international), Videos, Interviews mit möglichen Kontaktpersonen, digital in Museen, frühere Schülerpräsentationen zur Sache. Und wir mussten das einzeln oder in kleinen Gruppen verdichten und gut in Texten zusammenfassen. Es mussten Hintergründe erforscht und dargestellt und für andere auch nachvollziehbar und einleuchtend begründet werden … Im Fach Geschichte bekamen wir Einzel- oder Kleingruppenaufgaben und mussten selbst umfassend Materialien suchen und zusammenstellen: Schulbibliothek und außerschulische Bibliotheken, Internet, Videos, Recherchen früherer Schülerjahrgänge u.a. Dann mussten die Rechercheergebnisse verdichtet und gut in einem Text zusammengefasst werden ... Was für mich besonders beeindruckend war: In Auckland wurde viel gemacht, damit alle immer aktiv dabei sind. Und es wurde immer wieder zur Aktivität ermutigt. Da waren viele Emotionen auf beiden Seiten im Spiel, hier in der Schule doch überwiegend der Kopf."

Das Interview ist deshalb so bemerkenswert, weil es zeigt, dass die Kompetenzkatastrophe nicht nur, nicht einmal in erster Linie, durch Großreformen „des" Bildungssystems konterkariert werden kann, sondern dass sie auch durch kleine Schritte in einem ursprünglich offenbar „konventionellen" Bildungssystem bekämpft werden kann.

## (8) Rektor einer Realschule i.R. (D)

Allgemeiner Eindruck nach dem Lesen: In so eine Schule wäre ich auch gern gegangen.
- Deutlichster Unterschied zu unserem Schulalltag: Systematisches Training der Schüler, den „Stoff"/das „Problem"/die „Aufgabe" auf sich selbst zu beziehen, dabei die eigene Motivation wichtig zu nehmen und sich Zeit zu nehmen, den Lernweg zu planen.
- Feedback für Schüler und Lehrer wird Teil des Alltags (ok – aber ich frage mich, ob das nicht auch wieder andere Probleme erzeugen kann?).
- Hausaufgaben abgeschafft – finde ich konsequent, deckt sich mit empirischen Untersuchungen auch im deutschen Schulsystem – ist aber aus vielen Köpfen der Lehrer und Eltern nicht rauszukriegen.
- Überzeugende Lehrerpersönlichkeit als wichtiger Faktor im Lehr- und Lernprozess bestätigt sich wieder einmal!!
- Integration scheint eher zu gelingen, vermutlich höherer Resourceneinsatz und gesellschaftliches Klima günstiger.

## (9) Vater mehrerer Töchter/Schülerinnen (CH)

Vor meinem Urlaub war bei mir „Land unter" und ich kam nicht mehr dazu die Anfrage zu bearbeiten. Kurz nach dem Beginn unserer Ferien in Florida hat unsere ältere Tochter erfahren, dass sie wegen 1 Punkt durch die Jahresprüfungen des Medizinstudiums gefallen ist. Soviel zum Thema der kompetenzorientierten Schule.

Ich habe meine Rückmeldung wie folgt strukturiert. Im Teil 1 habe ich Eindrücke und Gedanken wiedergegeben, die mir beim Lesen des Textes (ungefiltert) durch den Kopf gegangen sind. Im Teil 2 habe ich meine Rückmeldungen zu den 3 * niedergeschrieben.

**(Teil 1)**
Ausprobieren können – (Selbst-)Erfahrungen machen können und dadurch in der Neugier, im Wissensdurst aktiv abgeholt werden und für das Probieren verschiedener (Lösungs-)Wege, ausgehend vom eigenen Standort des individuellen Wissens und Könnens, angeregt und ermuntert werden.
- Lernen kann (darf) auch Spass machen. Gleich: Emotionale Labilisierung ermöglicht Erweiterung der eigenen Fähigkeiten und Stärken.

- Wahlfreiheit bei den Fächern unterstützt die Lernmotivation und die Eigenverant-wortlichkeit.
- Fächerübergreifendes Wissen wird vermittelt – Zusammenhänge zwischen den einzelnen Fächern aktiv dargestellt und praxisnah sowie engagiert vermittelt.
- Gruppenlernen und Austausch von Informationen zum optimieren des Verständ-nisprozesses.
- Die persönliche Einschätzung/Meinung der Schüler ist gefragt.
- Selbstreflexion/Auseinandersetzung mit der eigenen Sichtweise und Einschätzun-gen wird aktiv gefördert.
- Mehrweg-Feedbackkultur wird gelebt und wirkt motivierend.
- Lehrer nicht nur Vermittler schulischer Inhalte sondern Motivatoren, Begleiter/ Trainer, Mentoren.
- Regelmäßige Feedbacks zu unterschiedlichen Erlebnisprozessen und Settings stärken das Selbstvertrauen der Schüler.
- Nützlicher Einbezug der EDV im Unterricht.
- Identifikation mit dem Team, der Gruppe (Grossgruppe/Kleingruppe) wird durch die vorhandenen Strukturen, Regeln und die Kultur gefördert; bietet den Schülern aber auch Orientierung und Halt.
- Förderung von Stolz auf gemeinsam Erreichtes.
- Inklusion als Normalität im (Schul-)Alltag und als Haltung in der Gesellschaft.
- Handlungsorientierter und lebenspraxisnaher Unterricht.

**(Teil 2)**
Die Ausgestaltung des Unterrichtes, die Zusammenarbeit mit den Lehrkräften und die vorhandenen Strukturen im Schulalltag fördern einerseits die individuelle Ent-wicklung der Persönlichkeit und der Eigenverantwortlichkeit. Andererseits wird von Beginn an ein „WIR-Gefühl" gefördert und aktiv mit Gruppen/Teams und den da-raus entstehenden Dynamiken gearbeitet. Dies stärkt meines Erachtens die Bereiche der Rücksichtnahme und der gegenseitigen Unterstützung, des gemeinsamen Errei-chens von Zielen.

Inwieweit die zahlenmässig geringe Konzentration auf einzelne Fächer eine (zu) frühzeitige Beschränkung auf dem weiteren Lebensweg (Berufsausbildung) nach sich zieht, ist schwer einschätzbar.

Als „Reifung" verstehe ich einen ganzheitlichen Prozess der Entwicklung, des Herangedeihens – auch unter zeitweise schwierigen Umständen. Mit der dargestell-ten Form der Wissensvermittlung wird dieser meines Erachtens positiv unterstützt und individuell gefördert.

Ich selbst habe in meiner schulischen Laufbahn (Schweiz) in der Oberstufe (7.-10. Klasse), inklusive einem Berufsbildungsjahr, sehr positive Erfahrungen an einer Privatschule gemacht. Gegenüber der öffentlichen Schule waren unsere Klassen et-was kleiner (ca. 20 Schüler gegenüber 25 in der öffentlichen Schule). Die Lehrer-Schüler-Beziehung war nah und wir wurden in unserer Individualität angenommen. Zudem gab es immer wieder klassenübergreifende Veranstaltungen, gemeinsam mit den Lehrern. Jeden Tag gab es zum Ende des Schultages 1 Stunde „Studium"; dabei konnten die Hausaufgaben in Anwesenheit eines Lehrers erledigt werden, der für Fragen zur Verfügung stand. Diese Stunde war Pflicht.

Im Berufsbildungsjahr wurden die Eltern zu Beginn darauf hingewiesen, dass sie sich nicht wundern sollten, wenn wir sehr wenig Aufgaben seitens der Schule erhalten. Das Jahr fokussierte stark auf den Orientierungs- und Auswahl(Ausprobier-)prozess in verschiedenen Berufsfeldern. Wir näherten uns der Berufswahl über verschiedenste Wege an (z.T. sehr kreative, gestalterische Methoden).

Ich schreibe dies Alles, weil mir aus heutiger Sicht bewusst ist, wie stark wir in unserer Persönlichkeit angenommen, wahrgenommen und gefördert worden sind. Dies hat uns als Schüler ausserhalb des Schulstoffes zu Persönlichkeiten mit einer guten eigenen Selbstreflexionsgabe heranreifen lassen. Lehrer waren Orientierungspersonen und in ihrer Unterschiedlichkeit wichtige Sparingpartner.

Zu 2) Die sehr unterschiedlichen Strukturen im Bildungsbereich der Länder lassen hier aus meiner Sicht eine 1:1-Übernahme von Erfahrungen mit derselben Wirkung nicht, oder nur schwer zu.

Sicherlich ist die Förderung von Gruppenlernen und prozesshafter Wissensvermittlung in verschiedenen Settings ein anzustrebendes Ziel.

Die sinnvolle Nutzung moderner Technik erachte ich als weiteren wichtigen Aspekt, der aus meiner Sicht in unseren Schulen noch zu wenig gezielt eingesetzt wird.

Das Aufzeigen von Zusammenhängen zwischen einzelnen Fächern und das Herstellen von Verbindungen zwischen den Lerninhalten und deren Übertragung in die Praxis/praktische Anwendung erachte ich als einen wichtigen Bestandteil zur motivierten Wissensvermittlung und der Lust am Lernen.

Zu 3) Die Lehrkräfte verstehen sich nach meiner Ansicht aus dem Interview als Mentoren, Trainer und Prozessbegleiter. Der schulische Inhalt bildet die Grundlage für das aktive Leben einer (Schüler-Lehrer-)Beziehung. Das Wort „Kompetenztrainer oder -förderer" gefällt mir jedoch besser als „Gestalter", da es etwas aktiveres und gegenseitigeres für mich beinhaltet.

Über das aktive Eingehen einer Beziehung zwischen Lehrern und Schülern entsteht eine wichtige Verbindung, welche die Entwicklung/Reifung von Adoleszenten positiv unterstützt und ihnen wichtige Orientierungs- und Unterstützungshilfen über die Lerninhalte hinaus gibt.

Gerade auch die Schüler-Lehrer-Verbindung über die moderne Technik schafft wichtige Kontaktmöglichkeiten auf Kanälen, welche von den heutigen Jugendlichen aktiv genutzt werden und über welche sie erreichbar sind.

## (10) Fünf Lehrerinnen – jetzt Jugendlichenberatung: Berufsorientierung (D)

Unsere diskutierten Gedanken zur Kompetenzreifung – ausgehend vom Interview:

**Deutschland**
- Identifikation mit Schule ist altersabhängig
- Persönliche Ziele spielen eine große Rolle
- Schulsystem in Deutschland ist sehr starr
- Abhängig vom Wachsen des Schulsystems – Dauer gemeinsamen Lernens
- Den Schülern fehlt die Lebenspraxis
- Nur ergebnisorientiertes Arbeiten und Lernen an der Schule – Weg bis zum Ergebnis ist nicht relevant
- Bei Gruppenarbeiten fehlt die Individualität
- Zusätzlicher Stress durch viele Hausaufgaben

**Neuseeland**
- Schüler sind schon Konkurrenten von klein auf
- Daher besteht ein immenser Druck auf die Schüler
- Besseres Lernen durch kleinere Klassen
- Inklusion einfacher umgesetzt
- Bessere technische Ausstattung, aber was ist mit Handschrift (?)
- Gesundheitliche Aspekte beachten – ganztägig am PC und Handy
- Nicht eindeutig ersichtlich, ob es Pflichtfächer gibt, um Allgemeinbildung zu gewährleisten
- Handlungsorientiertes und übungsintensives Lernen wird umgesetzt.


## (11) Vater mehrerer Schulkinder (CH)

Beim Lesen des Interviews kam mir der Gedanke: Ein Bericht aus dem Paradies, wenn ich diese Schule mit meiner Schulerfahrung vor einem halben Jahrhundert in Deutschland vergleiche. Nun lebe ich seit bald 40 Jahren in der Schweiz, habe 2 erwachsene Kinder, die in den USA in die Schule gegangen sind, und hier eine Tochter, die in 7 Wochen das Gymnasium (hierzulande 7. Schuljahr) beginnen wird. Auch war ich nie in der Pädagogik von Jugendlichen tätig, also hier lediglich ein paar Gedanken eines am Thema interessierten Laien:
- Die Schilderungen der Schul- und Unterrichtswelt lesen sich wie eine „Betriebsanleitung" für eine Pädagogik, die darauf abzielt, Lebenstüchtigkeit für das 21. Jahrhundert *reifen zu lassen* – ich zitierte bewusst diese Wortwahl, denn die Metapher drückt meines Erachtens am treffendsten aus, worum es in diesem Selbst-Entwicklungsprozess der Jugendlichen eigentlich geht –, indem sie deutlich alle vier Basiskompetenzen – die personale, aktionale, soziale und methodisch-fachliche – fordern und fördern. Auch finde ich in den Schilderungen der Interviewten sehr schön die „Atome" wieder, die zusammen das „Molekül" Kompetenz er-

geben, gemäss der für mich sehr einleuchtenden und befriedigenden Definition: „Kompetenzen werden durch Wissen fundiert, durch Werte konstituiert, als Fähigkeiten disponiert, durch Erfahrung konsolidiert und aufgrund von Willen realisiert." Die Antworten der Schülerin zeigen, wie in der Schule in Auckland Wissen, Werte, Fähigkeiten, Erfahrung und Wille (Motivation) wie Musikinstrumente in einem Ensemble synergetisch zusammenwirken.

- Ich bin überzeugt, dass vieles von dem, was in Auckland bereits Praxis ist, als „best practice" im deutschsprachigen Raum übernommen werden könnte. Was und wie, kann ich als Nicht-Schullehrer natürlich nicht sagen.
- Wir haben im deutschen Sprachraum eine kulturelle Tradition mit viel intellektuellem Tiefgang, Liebe zu alten Sprachen (z. B. Latein), historischen Herleitungen, Erkennen von prima vista nicht sichtbaren Zusammenhängen, philosophischen Einsichten ... Für diese Förderung in meinem alten humanistischen Gymnasium bin ich bis zum heutigen Tage höchst dankbar. Offenbar erfreut sich dies auch einer gewissen Wertschätzung der Gymnasiastin. (Ihre Fähigkeit, nach ihrer Rückkehr aus Auckland rasch wieder den Anschluss zu finden, weil sie sich im Aufarbeiten auf das „Wesentliche" konzentrieren konnte, verdankt sie vielleicht mehr der deutschen als der neuseeländischen Schule.) Auch bin ich überzeugt, dass diese Art von „Bildung" – da steckt ja drin, dass sich etwas bildet, Gestalt annimmt – massiv zur Förderung methodisch/fachlicher Kompetenzen beiträgt, wie meine Klassenkameraden sich anlässlich von Klassentreffen auch immer wieder gegenseitig bestätigen. Auf der Strecke bleibt dabei allerdings die Förderung der drei anderen Basiskompetenzen. Meine Schlussfolgerung daraus: Wir sollten in unserer Kultur das Kind nicht mit dem Bade ausschütten, also das an unserer Tradition weiter pflegen, womit wir vielleicht künftig einen wertvollen Beitrag im globalen Dorf leisten können, den wir leichter und besser als andere leisten können. Allerdings sollten wir uns nicht darauf beschränken sondern die guten Dinge, die anderswo, wie in Auckland, schon gereift sind, offen, kreativ und „selbstorganisiert" importieren und implementieren. Auch sollten wir der Tatsache gerecht werden, dass nicht jedem alles liegt, und deshalb nicht alle zur gleichen Art von Schule zwingen...

Noch ein Gedanke: Bei der Lektüre des Interviews traten mir lebhaft die Wertwelten/„Meme" vor mein geistiges Auge. In Auckland ist das diesbezügliche Spektrum scheinbar breiter als in Deutschland und in der Schweiz. Das ist zweifellos ein Plus.

## (12) Prof. für Physik und Oberflächenverfestigung, Vorstandsmitglied Gesellschaft für Schlüsselkompetenzen (D)

Ich habe das Interview gelesen und kann lebhaft nachvollziehen, was die Schülerin dort erlebt hat. Meine drei Kinder waren alle im Ausland (2 USA, 1 Kanada) auf einer Schule und erzählten mir ähnliche Dinge. Auch mein ältester Sohn, der gerade aus San Diego zurück ist, hat auch nicht nur Klausuren im Studium geschrieben, sondern auch andere „Kompetenz"prüfungen gehabt (siehe unten). Nun zu Ihren Fragen:

Zu 1) Es herrscht bei uns in Deutschland immer noch die Vorstellung, dass Prüfung = schriftliche Arbeit ist. Es gibt in unseren Lehrplänen wenig Spielraum. Außerdem ist es ja rechtlich ziemlich sicher, da alles schwarz auf weiß dasteht. Daher werden unsere Schüler nur zu Lexika gedrillt, die aber größere Zusammenhänge öfter gar nicht wissen. Sie lernen u.U. mehr an Wissen, sind aber nicht selbständig. Durch G8 in der Schule gibt es kaum noch Möglichkeiten der persönlichen Reife. Die Kinder werden noch in der Pubertät aus der Schule entlassen. Sie sind nicht reif fürs Studium, da sie keine Alltagskompetenzen haben. Diese entwickeln sich aber auch erst teilweise nach der Pubertät.

Zu 2) Diese strikte Trennung in der Oberstufe zwischen schriftlichen und mündlichen Fächer sollte man aufheben. Es gibt Schwerpunktfächer (wie Leistungskurse), die aber auch durch Referate und weitere in Richtung Kompetenzen bestimmte Prüfungsformen ergänzt werden. Mein Sohn hatte jetzt in San Diego in dem auch Internationales (Studiengang BWL) die Aufgabe in Gruppenarbeit (!!) (Typisch Deutsch: Da ist ja die Leistung des Einzelnen nicht richtig feststellbar) ein Land vorzustellen. Dazu sollte möglichst ein Film gedreht werden. Die Gruppe von meinem Sohn hat den Film Slumdog Millionär (http://www.slumdog-millionaer.de/) nachgedreht und dem Jungen in dem Stuhl wurden Fragen über Indien gestellt. Hier werden viele Kompetenzen gebraucht.

Zu 3) Ich habe teilweise oben schon Dinge angedeutet. Die Lehrer sollten die vorgegebenen Rahmenbedingungen bis zum Rand ausnutzen, um auch mal alternative Prüfungsformen auszuprobieren. Meistens ist dieses mit mehr Arbeit verbunden. Die Lehrer werden heute mit so viel Arbeit (Verwaltung, Ausarbeitung v. neuen Unterrichtsinhalten...) zugeschmissen, dass sie gar nicht mehr richtig Zeit haben, über andere Dinge nachzudenken. Die Schüler sind heute durch Leistungs- und ZEITdruck in ein so enges Raster gepresst, aus welchem sie nur mit Hilfe der Lehrer ein bisschen Freiraum bekommen können.

## (13) Ein Fachleiter/Lehrerausbildung und ein Gymnasiallehrer/Studienrat (D)

Ausgangspunkt und Triebfeder jeder Kompetenzentwicklung ist eine emotionale Labilisierung, die sich zum Beispiel als kognitive Dissonanz oder als großes Motivationspotenzial äußern kann. Wer seinen Präferenzen in der Wahl der Unterrichtsfächer Ausdruck verleihen kann, wird motivierter, engagierter und mit einer emotional hinreichend positiven Grundhaltung in den Kompetenzentwicklungsprozess einsteigen.

Überdies scheint man in Neuseeland viel Wert auf „echte" Handlungsorientierung zu legen: Das Handeln steht im Mittelpunkt, und der Lernprozess verbleibt nicht auf der bloßen Aneignung von Wissen, sondern geht folgerichtig von Wissen über das Können zum Wollen und schlussendlich auch zum Handeln.

Es wird also fächerübergreifend bzw. fächerverbindend gelernt. Hier zeigt sich eine ganzheitliche Bildungskonzeption, die freilich im Einklang mit einer überfachlichen Kompetenzentwicklung steht.

Hier finden wir spannend zu sehen, dass man in Neuseeland nach dem Muster „Zuerst Gruppenarbeit, dann Einzelarbeit mit anschließender Präsentation" verfährt. Das ist ein erfrischender Gegenentwurf zu dem methodischen Paradigma, das sich in Deutschland durchgesetzt hat: Think (Einzelarbeit), Pair (Partnerarbeit) und Share (Gruppenarbeit mit anschließender Präsentation). Und ich finde diesen Ansatz durchaus überzeugend: Warum soll es im Sinne einer ganzheitlichen Kompetenzentwicklung nicht sinnvoll sein, zuerst im Team inhaltliche und methodische Ideen zu sammeln, diese aber dann individuell umzusetzen? Überfachliche Kompetenz ist schließlich die Disposition zum selbst(!)organisierten Handeln!

Beim Feedback, das in der neuseeländischen Schule eine große Rolle spielt, bietet sich ein Bezug zur vielzitierten, großangelegten Hattie-Studie an: Hattie zeigt, dass Feedback gewissermaßen der Motor der Selbstentwicklung ist. Allerdings meint Feedback mehr als unreflektiertes Lob oder destruktives Nörgeln; produktives Feedback fokussiert vor allem die Perspektive des „Where to next?" und nimmt ein optimiertes zukünftiges Handeln in den Blick.

Offenbar hat man sich in den Schulen Neuseelands schon besser mit den Gegebenheiten der szientifisch-technischen Moderne arrangiert. Deutsche Schulen versuchen zwar zunehmend, über den Einbezug der Neuen Medien Kernkompetenzen und Schlüsselqualifikationen zu vermitteln, stehen aber im Grunde mit diesen Medien auf Kriegsfuß: Jeder Lehrer/jede Lehrerin weiß ein Lied davon zu singen, wie unzureichend die mediale Ausstattung an den allermeisten Schulen noch ist. Und besonders beeindruckt uns der produktive Einbezug von Smartphones in Unterrichtszusammenhänge: Hier hat Deutschland klaren Nachholbedarf, denn letztlich ist die Tatsache, dass (nahezu) alle Schülerinnen und Schüler über ein internetfähiges Smartphone verfügen, eine noch gänzlich ungenutzte Ressource.

Und wieder: Ganzheitliche Entwicklung, und das auf mehreren Ebenen. Lernen ist hier nicht nur kognitives Geschäft, sondern ein mehrgleisiger Prozess (sozial, emotional, körperlich-motorisch, etc.), dem klug durch einen motivierenden Wettkampfcharakter zusätzlicher Schwung verliehen wird.

Der in Deutschland immer noch tabuisierte, zu Unrecht unentwegt in die Nähe „gefährlicher" Sekundärtugenden gerückte Disziplinbegriff wird in Neuseeland offenbar ohne derartige Bedenken in das Konzept ganzheitlichen Lernens integriert. Und das zu Recht: Zur Personalen Kompetenz gehört es auch, Begabungen, Motivationen und Vorsätze zu allererst selbstdiszipliniert entfalten zu können.

Noch ein im Interview überzeugender Anknüpfungspunkt zur Meta-Studie von John Hattie ist die enorme Signifikanz der Lehrerpersönlichkeit für den Entwicklungsprozess der Lernenden. Der Schulalltag in Neuseeland ist bei dieser Frage anscheinend dem deutschen deutlich überlegen.

## (14) Schuldirektor i. R. und Kompetenzberater (D)

Ich habe das Interview mit großem Interesse und großem persönlichen Gewinn gelesen.

Ich habe meine Erfahrungen zum deutschen Schulalltag vor allem aus meiner früheren Rektorentätigkeit sowie aus meinen Schul- (Schüler-/Lehrer-)Kontakten im Rahmen meiner KODE®/KODE®X-Trainertätigkeit u. a. in Projekten der Berufs- und Studienorientierung an über 20 Gymnasien, mit der Landesvereinigung Kulturelle Kinder- u. Jugendbildung (Jugendliche im freiwilligen sozialen Jahr) und mit hochbegabten Gymnasiasten an einer Musikschule gemacht.

Im Projekt mit der Musikschule haben unsere empirischen Untersuchungen, mit denen wir unsere Kompetenzbilanzierung begleitet haben, verdeutlicht, dass von den Probanden (alles SchülerInnen der 11. Klassen) im Anforderungsprofil als Stärken vor allem Fleiß (6,0), Disziplin (6,0), Belastbarkeit und Lernbereitschaft (5,7), Beharrlichkeit, Gestaltungswille, Initiative, Schöpferische Fähigkeit, Zuverlässigkeit (alle 5,5) gefordert wurden.

Insgesamt wurden Stärken vor allem im Bereich der Personalen Kompetenz (6 x) und der Aktivitätskompetenz (6 x) erwartet.

Das Ergebnis aber war, dass von 39 untersuchten SchülerInnen nur 15% Fleiß, nur 13 % Ausführungsbereitschaft/Ergebnisorietiertes Handeln/Gestaltungswille/Initiative/Tatkraft, nur 10 % Belastbarkeit und gar nur 8 % Beharrlichkeit als Stärken aufwiesen.

Sicher ist dieses Ergebnis nicht repräsentativ und schon gar nicht wissenschaftlich belastbar, aber ein Fingerzeig ist es m. E. schon.

Deshalb bewerte ich die Erfahrungen der interviewten Schülerin bezüglich der Methoden zum handlungsorientierten Lernen als sehr wertvoll für die Reifung überfachlicher Kompetenzen. Wobei ich der Meinung bin, dass handlungsorientiertes Lernen nicht unbedingt voraussetzt, dass mehrere Fächer zu einem „Mega-Fach" zusammengelegt werden müssen.

Mir ist bekannt, dass Berlin diesen Weg in Zukunft gehen will. Ich bin da skeptisch, wie ich auch das frühe Abwählen von so vielen Fächern kritisch sehe (Allgemeinbildung). Das ist m. E. der Ausbildung überfachlicher Kompetenzen nicht zuträglich.

Als eine sehr wichtige Erfahrung aus dem Interview erachte ich die Tatsache, dass die Pädagogen in dieser Einrichtung „fachlich gut und um die Schüler sehr bemüht" waren und dass sie bereit waren, selbst „Feedback anzunehmen und die Lernprozesse auch individuell zu unterstützen". Handlungsorientiertes Lernen funktioniert wohl nur dann, wenn SchülerInnen und Lehrer in diesem Prozess *als Partner* funktionieren.

Die Entwicklung überfachlicher Kompetenzen hängt in erheblichem Maße vom Lehrer ab: Man kann andere nur dann zünden, wenn man selbst brennt. Wir brauchen also den fachlich guten, hoch motivierten, von sich selbst und seinem Fach überzeugten, humorvollen Lehrer.

Lernen muss sich in einer vertrauens- und freudvollen Atmosphäre vollziehen, dann können sich auch im Team überfachliche Kompetenzen rascher ausbilden. Aber

Lernen darf auch mal „weh tun". Man sollte sich auch mal quälen müssen. Ist die Grundmotivation da, dann übersteht man auch diese Phasen.

Auch hier spielt der Lehrer wieder eine *entscheidende* Rolle. Deshalb bin ich nach wie vor der Meinung, dass jeder Bewerber für ein Lehrerstudium eine Kompetenzbilanzierung durchlaufen müsste. Tests für eine fachliche Eignung sind wichtig, aber reichen allein überhaupt nicht aus.

## (15) Lehrer (15 Jahre lang), jetzt Bildungsberater: Blended Learning

Ein sehr spannendes und reflektierendes Interview.

Ich habe viele Punkte entdeckt, die wir in unseren Lernkonzeptionen versuchen umzusetzen.

Ich fand es sehr beeindruckend, wie die Gymnasiastin den emotionalen Aspekt des Lernens herausgearbeitet hat, der letztendlich auch unsere Überlegungen zum Kompetenzlernen prägt. Ich fände es schön, wenn wir in Deutschland Elemente wie die Abkehr von Fächern hin zu Kompetenzfeldern, das soziale Lernen in unterschiedlichen Zusammensetzungen, auch unter Einbeziehung der Medien, die im Alltag genutzt werden, und gezieltes Mentoring umsetzen würden.

Solche Beispiele bestätigen mich darin, dass wir in Deutschland ein grundlegend verändertes Schulsystem benötigen. Natürlich ist mir klar, dass auch in Neuseeland nicht alles Gold ist, was glänzt. Viel wichtiger ist aber, dass dort offensichtlich die Bereitschaft besteht, von tradierten Wegen abzugehen und einfach auch mal neue Wege auszuprobieren. Dies wird in Deutschland durch eine verkrustete Kultusbürokratie, vermutlich auch noch längere Zeit, verhindert. Erst wenn wir diese institutionelle Barriere und die Wissensbarriere, d. h. die Orientierung auf Bulimielernen (auswendig lernen, abprüfen, vergessen), überwinden, wird sich tatsächlich etwas verändern. Ich weiß, dass es eine ganze Reihe von Lehrern gibt, die Neues versuchen. Dies genügt aber nicht, es muss ein grundlegender Wandel erfolgen, der den ganzen Schulbereich mit einbezieht.

Dass dies möglich ist, zeigt u. a. Neuseeleand und das Beispiel Finnland. Meine Hoffnung, dass wir uns in Deutschland vom Diktat des OECD-bestimmten PISA-Wahnes lösen, ist leider gleich Null.

## (16) Vater/Mutter eines Grundschulkindes (D)

- „Freude am Lernen", eine freundliche Lehrer-Schüler-Beziehung und das Erzeugen von „Wissbegierde" wird in der Grundschule, die unsere Tochter (allerdings erst im 1. Schuljahr) besucht, angestrebt. Gerade das experimentelle oder spielerische Begreifen motiviert und weckt meines Erachtens das Interesse an Themen. Bereits im Übergang Kita → Grundschule wurde dies durch das Kinderbildungshaus gefördert, welches der Grundschule angegliedert ist und freiwillig besucht werden kann: http://www.paderborn.de/microsite/kinderbildungshaus/

- Es mag sein, dass eine Pseudo-Auswahl von Fächern einen Teil der Schüler motiviert. Wir vermuten, ein Großteil wird aber „das geringere Übel wählen" bzw. sich an anderen Kriterien orientieren (z.B. was gefällt mir absolut nicht (Ausschlusskriterien), was machen meine Freunde, was erwarten meine Eltern, wo können mich Eltern/Geschwister unterstützten, welchen Lehrer mag ich/bzw. mag ich nicht, wer vergibt „bessere" Noten, …).

  Hinzu kommt, dass im deutschen System i.d.R. Rahmenbedingungen existieren, z.B. stehen häufig Pflichtfächer aus dem „MINT"-Bereich im Stundenplan.

- Übergreifende Fächer kombinieren (Stichwort: Science) ist ein echter Mehrwert. Aus „einzelkämpfenden" Fachlehrern müssen „Kompetenzteams" werden. In der Industrie ist dies in interdisziplinären Teams & Projekten schon lange unabdingbar; in deutschen Schulen scheint hier noch Entwicklungsbedarf: Physik ist Physik und Mathe eben Mathe.

  Neben „kompetenten" Lehrern ist hier auch die „Organisation Schule" gefordert. Statt fixer Unterrichtszeiten muss bei Fragen flexibel umkoordiniert werden (→ Kompetenzen der Organisation).

- Im Austausch mit befreundeten Familien wird der Punkt „Projektarbeiten" bzw. „selbstgesteuertes Lernen" häufig kritisiert. Aufgaben werden einfach verteilt, die kontinuierliche Betreuung oder aber zielgerichtete Hinweise fehlen. Ebenso positives Feedback oder individuelle Motivation. Auch hier sind meines Erachtens Kompetenzanforderungen an die „Lehrerperson" zu stellen, ein Studium „Lehramt Mathematik" reicht keinesfalls aus bereits bei der Zulassung zum Studium müssten entsprechende Kompetenzen ermittelt werden.

- Computer als Hilfsmittel: Dies setzt einerseits entsprechende Investitionen voraus und andererseits auch Disziplin. Auch die Lehrkräfte müssen dann mit Computern arbeiten können.

  Gerade Internet motiviert auch Dinge „ohne zu überlegen" und „Meinungen" ohne Nachdenken zu übernehmen bzw. auch vom Thema abzuschweifen oder sich zu verzetteln („Lost in Hyperspace"). Sicherlich ist auch der englischsprachige Teil des Internets besser ausgebaut als der deutschsprachige. Wie bereits oben erwähnt, kann durch entsprechende Kompetenzentwicklung und entsprechende Begleitung ein neues Medium zielgerichtet genutzt werden. Die Frage ist allerdings, was am Ende bleibt. Hat der Computer oder die Recherche geholfen oder doch der persönliche Lernstil und das generelle Interesse am Thema? Der Computer sollte stets ein unterstützendes Hilfsmittel bleiben.

- Die Feedbackkultur erscheint uns sehr gut. Ein befreundetes Ehepaar aus Kanada berichtet ähnliches. Der Lehrer kann sozusagen jederzeit angerufen werden, kümmert sich persönlich und gibt aktiv Feedback (wobei in Kanada aus Sicht des Ehepaars ein oft „zu positives" Feedback – und keine objektive Meinungsmitteilung erfolgt ist).

- Teamfähigkeit erscheint uns in Neuseeland viel stärker entwickelt zu sein. Sowohl innerhalb der Lehrerschaft als auch bei den Schülern. Unterstützt durch längere „Schulverweilzeiten" bleibt scheinbar auch mehr Zeit für intensive interdisziplinäre Übungen. Das deutsche System scheint uns eher auf Einzelkämpfer ausgelegt zu sein bzw. „Eigennutzen geht vor Gesamtnutzen". Hut ab vor der Aussage: „Jeder unserer Lehrerinnen und Lehrer versucht, Ihren Job gut zu machen." Dies haben wir in unserem Kulturkreis selten bis nie vernommen…

## (17) Schul- und Bildungsberaterin (A)

Die Kompetenzreifung in einem Schulsystem am Beispiel Neuseeland findet meines Erachtens auf zwei Ebenen statt:

a.) Die Kooperation der Lehrkräfte im Rahmen der täglichen, selbstverständlichen Teamarbeit dürfte an neuseeländischen Schulen mehr forciert und gelebt werden, schon aufgrund der Tatsache, dass sich die Schule mehr oder weniger als offene Institution begreift, in der schon aufgrund der Historie (klassisches Einwanderungsland) Austausch, Integration und Flexibilität unabdingbar sind (zum Beispiel im Fach Science – was sich natürlich anbietet).

Die Kooperation mit Kollegen, die Reflexion seines eigenen Tuns mit einem „offenen" Blick auf das Ergebnis bei den Schülern, der wohlwollende Umgang mit jungen Menschen im Bewusstsein, dass Lernen ein aktiver Prozess ist, erleichtert und fördert die Interaktion und den Austausch mit den Schülern (Feedback, Mentor-Programm), was wiederum für die Reifung von Schlüsselkompetenzen bei Lehrkräften nur förderlich sein kann (Empathie, Empathie zulassen).

Die Gruppe (Lehrerteam) schafft mehr als das einzelne Individuum, sie bestärkt und motiviert sich und bietet Zugang zu einem großen Pool an Wissen, Erfahrungen, Meinungen (→ Wissensmanagement).

Dieser unverkrampftere Umgang miteinander lässt auch die einzelne Lehrkraft in ihrer gesamten Persönlichkeit reifen (Das Ich im DU).

b.) Neugier und Aktivität motivierend zu fördern scheint neuseeländischen Schulen besonders wichtig zu sein. Beides sind die Basis für selbstorganisiertes (sua sponte) und lebenslanges Lernen.

Mit ins Boot kommen die Arbeit in Gruppen, rege Kommunikation ‚Präsentation seiner Ergebnisse' und die Reflexionsmöglichkeit der eigenen Lernfortschritte.

Ich konnte in einem PBL Projekt an einer Schule ebenfalls genau das beobachten. Schülerinnen und Schüler sind neugierig und aktiv, mit Freude bei der Sache, bestimmen selbst oder in ihrer Gruppe ihr angestrebtes Lernziel bzw. die angestrebte Problemlösung, arbeiten sehr multidisziplinär/fächerübergreifend unter Einbeziehung neuer Medien und präsentieren die Ergebnisse verdichtet und sehr professionell. Anschließend werden Ergebnisse der Arbeit mit anderen Teilnehmern (kritisch) diskutiert und beleuchtet. Lehrpersonen übernehmen die Rolle der Lernbegleiter oder die Rolle eines Moderators.

Dieser gesamte Prozess des Lernens ist so umfangreich und tiefgreifend, dass diese Art des Lernens mit Sicherheit viele Schlüsselkompetenzen fördert und junge Menschen positiv prägt.

Natürlich gibt es im Unterricht Phasen, in denen ausgebildete Lehrkräfte entscheiden müssen, mit welchem didaktischen und methodischen Konzept gearbeitet werden muss. Auch ein sehr konventionell durchgeführter Frontalunterricht kann gut sein.

Lehrpersonen erreichen junge Menschen aber nur dann, wenn sie für ihr Fach, für allgemeine gesellschaftliche Werte und für den Schüler leidenschaftlich auftreten und wahres Interesse am Gegenüber zeigen. Nicht selten werden gute Lehrer von Schülern als sehr charismatisch beschrieben, die auch als Mensch ein hohes Maß an Idealen an den Tag legen – und das trotz (oder gerade wegen) ihrer Lockerheit und Offenheit!


## 6. Fazit: Herausforderungen an die Schule

→ *Eine neue Fehlerkultur*
- Das Bewerten von vorgefertigten Fragen mit nur einer richtigen Antwort muss drastisch reduziert werden.

→ *Die Schule braucht ein Bewertungssystem, das (überfachliche) Kompetenzen erfasst*
- Schulen müssen Wege finden, wie sie Kompetenzen, die nicht in Noten abgebildet werden können, eine hohe Bedeutung in ihren Bewertungssystemen geben können, ohne wieder in den Fehler zu verfallen, überfachliche Kompetenzen (Schlüsselkompetenzen) mit (Schlüssel-)Qualifikationen gleichzusetzen

→ *Emotionen, Herausforderungen und Gestaltungsfreude*
- Lernende müssen mit mehr komplexen, emotional aufgeladenen Herausforderungen konfrontiert werden, die sie zum selber Denken und Handeln herausfordern.

→ *Kompetenzentwicklung für Lehrende*
- Die Lehrenden müssen befähigt werden, überfachliche, komplexe und lebensnahe Herausforderungen zu gestalten und mit ihren Lernenden eine Reflexions- und lebendige Feedbackkultur zu entwickeln.
- Die Lehrenden müssen über Kompetenzen verfügen, um kompetenzorientiertes Lernen und Lehren gestalten zu können. Sie müssen künftig ihre Rolle hin zum Lernbegleiter wandeln und mit den Lernenden auf Augenhöhe kommunizieren.
- Pädagogische Hochschulen müssen die Studierenden in ihrer Ausbildung erleben lassen, was kompetenzorientiertes Lehren und Lernen ist.

- Konsequenter Sprung von der Vermittlungsdidaktik zur Aneignungsdidaktik. Damit ist verbunden, die Fachdidaktik nicht als die Didaktik des Faches und seiner Vermittlung, sondern als Frage der Aneignung durch die Lerner zu begreifen[9].
- Die Lehrenden müssen weggeführt werden von einer Zersplitterung der Themen in starr abgegrenzte Unterrichtsfächer und lernen, zu Schwerpunktthemen fächerübergreifend zusammenzuarbeiten und gemeinsam einen ganzheitlichen, hybriden Unterricht zu gestalten.

Das staatliche deutsche Schulwesen benötigt keine weiteren kostenspieligen Reförmchen und Optimierungen, sondern tiefgreifende Widerspruchslösungen im Rollenverständnis und in der Unterrichtsgestaltung. Ein wichtiger Schlüssel hierbei ist das Aufgeben der flachen, kumulativ begriffenen Wissenseinheitenorientierung, des „Mästens und der Vermessung des Schülergedächtnisses", der „Kompetenzraster"-Verabsolutierung. Die wirkliche Lösung liegt bei einem Neudefinieren von „Fach-Kompetenz" und deren gewinnende Umsetzung in den Schulräumen, der umseitigen Vorbereitung unserer Kinder auf das Leben mit allem Auf und Ab, der umfassenden Handlungs**fähigkeit**. Und damit sind keinesfalls ein Verrat an altsprachlicher Allgemeinbildung, das Verschwinden der Handschrift o.a. verbunden. Es geht nicht um das Abschaffen von Wissen. Im Gegenteil wird das Wissen aufgewertet durch die emotionale und volitive Verankerung im praktischen Tun der Lernenden.

## Literatur

Arnold, R. (2015). *Begriffe sind Fenster. Systemische Pädagogik von A bis Z.* Schneider Verlag Hohengehren: Baltmannsweiler.

Arnold, R. & Erpenbeck, J. (2014). *Wissen ist keine Kompetenz.* Schneider Verlag Hohengehren: Baltmannsweiler.

Arnold, R. & Pätzold, H. (2002). *Schulpädagogik kompakt.* Cornelson-Verlag: Berlin.

Deutschlandradio Kultur. *„Substanzlose Behauptungen"* (Moderation: Frank Meyer. Gast: Andreas Schleicher/PISA) am 20.05.2014.

Education Review Report zum Selwyn College – Kohimarama/Auckland PN49, November 2014.

Erpenbeck, J. & Sauter, W. (2013). *So werden wir lernen. Kompetenzentwicklung in einer Welt fühlender Computer, kluger Wolken und sinnsuchender Netze.* Springer Gabler: Berlin-Heidelberg.

Erpenbeck, J. & Sauter, W. (2015). *Die Kompetenzkatastrophe. Eine Streitschrift.* Springer Gabler: Berlin-Heidelberg.

Faulhammer, F. (2014). Vorbild für selbstbestimmtes Lernen. *Universitätszeitschrift upgrade 13*, Krems a.d. Donau.

Heyse, V. (Hrsg.) (2014). *Aufbruch in die Zukunft. Erfolgreiche Entwicklungen von Schlüsselkompetenzen in Schulen und Hochschulen.* Waxmann: Münster.

Heyse, V. & Erpenbeck, J. (2007). *Kompetenzmanagement.* Waxmann: Münster.

---

9  Ohne systematischen Aufbau von überfachlichen Kompetenzen/Schlüsselkompetenzen beim Lernenden ist das ein aussichtsloses Unterfangen: Aneignung muss systematisch angeeignet werden.

Heyse, V. & Erpenbeck, J. (2009). *Kompetenztraining. 80 Informations- und Trainingsprogramme.* (2., erweiterte Auflage). Schäffer-Poeschel: Stuttgart.

Heyse, V., Erpenbeck, J. & Ortmann, S. (Hrsg.) (2010). *Grundstrukturen menschlicher Kompetenzen.* Waxmann: Münster.

Heyse, V. & Giger, M. (Hrsg.) (2015). *Erfolgreich in die Zukunft. Schlüsselkompetenzen in Gesundheitsberufen. Konzepte und Praxismodelle für die Aus-, Weiter- und Fortbildung in Deutschland, Österreich und der Schweiz.* medhochzwei Verlag: Heidelberg.

Heyse, V. & Ortmann, S. (2008). *Talentmanagement in der Praxis.* Waxmann: Münster.

Hunziker, D. (2015a). *Hokuspokus Kompetenz? Kompetenzorientiertes Lehren und Lernen ist keine Zauberei.* Hep Verlag: Bern.

Hunziker, D. (2015b). *Kompetenzorientiertes Lernen in der Schule.* Vortrag auf dem 3. Bildungskongress, Zürich.

Klement, K. (2006). Individualisierung entwickeln. Methodische Trägerkriterien einer neuen Lernkultur. In Wolf, W., Freund, J. & Boyer, L. (Hrsg.), *Beiträge zur Pädagogik und Didaktik der Grundschule.* Jugend & Volk: Wien.

Klement, K. (2015). Rezension zu: *Aufbruch in die Zukunft.* Baden (b. Wien).

Kliebisch, U. W. (2011). *LehrerZiele. Kompetenzen haben, Kompetenzen vermitteln.* Schneider Verlag Hohengehren: Baltmannsweiler.

Klieme, E. et al. (2003). *Zur Entwicklung nationaler Bildungsstandards. Eine Expertise.* Berlin.

Klieme, E. & Leutner, D. (2006). Kompetenzmodelle zur Erfassung individueller Lernergebnisse und zur Bilanzierung von Bildungsprozessen. *Zeitschrift für Pädagogik, 52,* 6, 876-903.

KODE-NQF (2012). *Anerkennung und Validierung von non-formal und informell erworbenen Kompetenzen mit Zuordnung zum nationalen Qualifikationsrahmen.* EU-Abschlussbericht. Cham.

Liessmann, K.P. (2014). *Geisterstunde. Die Praxis der Unbildung.* Paul Zsolnay Verlag: Wien.

Open Letter to Andreas Schleicher, OECD/Paris (08.05.2014): http://oecdpisaletter.org *oder*: http://bildungwissen.eu/fachbeitraege/neinzupisaoffenerbriefanandreasschleicher.html

Osel, J. (2013). Die Vermessung der Schulwelt. *SZ,* Nr. 277 vom 30.11./01.12.2013.

Osel, J. (2015). Wunderwesen gesucht. *SZ,* Nr. 163/2015, Seite 7.

Osel, J. & Preuss, R. (2015). Numerus falsus. Abiturnote ist nicht gleich Abiturnote. Die Kultusminister tun aber weiter so, als wäre alles in Ordnung. *SZ,* Nr. 131/2015, Seite 2.

Pehofer, J. (2014). Rezension zu: *Aufbruch in die Zukunft.* Eisenstadt.

Prenzel, M., Gogolin, I. & Krüger, H.-H. (Hrsg.) (2008). Kompetenzdiagnostik. *Zeitschrift für Erziehungswissenschaft.* Sonderheft 8/2007. Wiesbaden.

Sauter, W. (2015). *Wenn Pädagogen träumen.* Blended Solution GmbH am 25. Mai 2015.

# Die Berufsorientierung des Reflexive Man
## Anmerkungen zur Rehabilitierung eines unvermeidbaren Anliegens der akademischen Kompetenzentwicklung

*Rolf Arnold*

## 1. Einführung

Kompetenz- und Berufsorientierung hat in der akademischen Welt noch immer einen niederen bis geringen Status. Dieser ist Ausdruck mächtiger Traditionen: Einerseits wirkt hier die Ausschlussthese von Wilhelm von Humboldt (1767–1835) und seiner Epigonen fort. Andererseits spiegelt sich in der Berufs- und Praxisdistanz der Alma Mater auch eine *Vorordnung der Theorie vor der Praxis*, welche ihre Wurzeln letztlich der Aufklärung verdankt: Die Reflexion der Vernünftigkeit der gesellschaftlichen Verhältnisse ist ebenso ihr vorrangiges Anliegen, wie die Frage nach deren Menschlichkeit und Gerechtigkeit. Beides – so das kritische Moment im aufklärerischen Denken – ergibt sich nicht durch den Lauf der Dinge, sondern muss durch evidente Beweise, theoretische Prüfung und politische Kraft zur Geltung gebracht werden.

*Wahrheit ist auch nicht bloß das, was funktioniert, sondern das, was verbessert.* Der Theorie als einer engagierten Betrachtung kommt deshalb ein Primat vor der gesellschaftlichen Praxis zu. Ihre Aufgabe ist die denkerische Konstruktion einer gesellschaftlichen Zukunft, die zum Ausdruck kommen will, aber noch nicht kann – eine Lesart, die nicht falsch, aber anfällig und unvollständig ist – mit unabsehbaren Folgen für die akademische Berufsorientierung und Berufsvorbereitung, wie im Folgenden noch gezeigt werden soll.

## 2. Wirkmächtige Denkgewohnheiten und ihre Überwindung

Die Auffassung vom Primat aller Theorie vor der Praxis zieht sich als erziehungs- und sozialwissenschaftliches Grundmotiv von der Geisteswissenschaftlichen Pädagogik (vgl. Matthes 2011, S. 46) bis zur Kritischen Theorie der Frankfurter Schule (vgl. Heller 2009) und ihren pädagogischen Ausdeutungen. Sie findet bei Theodor W. Adorno (1903–1969) am prägnantesten ihren Ausdruck. Für ihn war die Trennung von Theorie und Praxis „nicht nur Schein", sondern auch Schutz vor einer „Pseudoaktivität", welche „die Mittel fetischisiert" und „verselbständigt":

„Die Trennung markiert die Stufe eines Prozesses, der aus der blinden Vorherrschaft materieller Praxis hinausführt, potenziell hin auf Freiheit. (…) Durch Machtanspruch jene Trennung widerrufen dünkt sich idealistisch und ist repressiv. Der ohne Überschuss in die Praxis hineinbefohlene Geist würde Konkretismus" (Adorno 1969, S. 10).

Theorie ist nach dieser Wertschätzung nicht bloß die Schau dessen, was ist, sondern der tief analysierende – und freie – Blick auf das, was sein sollte, aber noch nicht sein darf. Theorie ist so gesehen auch Ausdruck von kritischer Reflexion, gehaltvoller Konstruktion, wertschätzendem Vergleich und kreativem Entwurf. Sie ist der gesellschaftlichen Praxis gewissermaßen vorgeordnet und degradiert auch die Frage, wie wir in Zukunft arbeiten werden, nicht zum Spielball der gesellschaftlichen Mächte. Berufspädagogische Theorie mischt sich vielmehr selbst in die Entwürfe ein und liefert Vorschläge, erprobt Konzepte und bewertet die zur bloßen Gewohnheit verselbständigten Formen des akademischen Lehrens und Lernens einerseits und der beruflichen Bildung andererseits, wie insbesondere die frühen Konzepte von Wolfgang Lempert gezeigt haben.

Für die Frage nach der *Berufsvorbereitung* ergeben sich aus einer solchen *Vorordnung der Theorie vor der Praxis* grundlegende Konsequenzen, die in der berufspädagogischen Debatte zum Verhältnis von Berufsbildung und Persönlichkeitsentwicklung ihren Ausdruck gefunden haben. Dieses Verhältnis wird in den subjekt- und gestaltungsorientierten Konzepten der Berufspädagogik in deutlicher Distanz zu den vorfindbaren beruflich-betrieblichen Anforderungen einerseits und dem Anspruch auf eine – noch unbekannte, aber gestaltbare – Vorbereitung konzipiert. In diesem Sinne sprechen Michael Brater u. a. von der „Gestaltungskompetenz" als der grundlegenden Kategorie eines zukunftserschließenden beruflichen Handelns.

Sie schreiben:

> „Es geht also um langfristige Nutzung, darum, nicht mehr Ressourcen zu verbrauchen, als nachwachsen, den Wohlstand dauerhaft zu sichern, ruinöse Ausbeutung im Sinne eines Raubbaus an den Ressourcen (zu denen auch die arbeitenden Menschen gehören) zu verhindern. In einem übertragenen Sinn geht es um die langfristige Sicherung einer zukunftsfähigen und lebenswerten wirtschaftlichen und gesellschaftlichen Entwicklung – die von den Kräften des Marktes oder sonstigen sozialen Kräften nicht von allein hergestellt wird, sondern der bewussten Gestaltung durch die Menschen bedarf. Das gilt für die allgemeine gesellschaftliche Entwicklung ebenso, wie für die Zukunft der Unternehmen und Betriebe: >Nachhaltig<, also zukunftsfähig werden sie sich nur entwickeln, wenn sie bewusst gestaltet werden und wenn daran möglichst viele Mitarbeiter teilhaben" (Brater u. a. 2011, S. 69).

Solche neuen Konzepte finden nur schwer Eingang in die berufliche oder gar die akademische Bildung, zu mächtig wirken die überlieferten Denkgewohnheiten als Denkschablonen. Die zählebigste dieser Denkschablonen ist dabei zweifelsohne die Vorstellung von der *Vorordnung der Allgemeinbildung vor der Berufsbildung*. Dieser zufolge gibt es Themen und Inhalte persönlichkeitsbildender Kraft und solche, denen eine solche Kraft abgesprochen werden muss, da ihr Zweck ein anderer sei. Unter Verdacht geraten dabei in einer schwachen denkerischen Pauschalierung sämtliche Inhalte, Themen und Fächer, die dem Lernenden auch einen „ökonomischen Nutzwert" stiften könnten. So konnte man z. B. in der Süddeutschen Zeitung vom 22.12.2014 ein Plädoyer für den Lateinunterricht lesen, in dem der ökonomische Nullwert geradezu als eine Art „Beleg" für die im Lateinunterricht tatsächlich gelingende Persönlichkeitsbildung genommen wird[1] – ohne weitere Evidenzbelege und ohne ein Bewusstsein darüber, welchen komplexen metakommunikativen Reifungsprozess eine gelingende Persönlichkeitsentwicklung tatsächlich darstellt (vgl. Arnold 2015; Kaiser & Kaiser 2012).

Die zählebige Denkschablone der Ausschlussthese geht davon aus, dass eine wahre Allgemeinbildung von jeglicher Berufsbildung streng separiert werden müsse. In der Sprache von Wilhelm von Humboldt liest sich dies so:

> „Was das Bedürfnis des Lebens oder eines einzelnen seiner Gewerbe erheischt, muss abgesondert, und nach vollendetem allgemeinen Unterricht erworben werden. Wird beides vermischt, so wird Bildung unrein, und man erhält weder vollständige Menschen, noch vollständige Bürger einzelner Klassen.
>
> Denn beide Bildungen – die allgemeine und die specielle – werden durch verschiedene Grundsätze geleitet. Durch die allgemeine sollen die Kräfte, d.h. der Mensch selbst gestärkt, geläutert und geregelt werden; durch die specielle soll er nur Fertigkeiten zur Anwendung erhalten. Für jene ist also jede Kenntnis, jede Fertigkeit, die nicht durch vollständige Einsicht der streng aufgezählten Gründe, oder durch Erhebung zu einer allgemeingültigen Anschauung (wie die mathematische und ästhetische) die Denk- und Einbildungskraft, und durch beide das Gemüth erhöht, todt und unfruchtbar. Für diese muss man sich sehr oft auf in ihren Gründen unverstandene Resultate beschränken, weil die Fertigkeit da seyn muss, und Zeit oder Talent zur Einsicht fehlt. So bei unwissenschaftlichen Chirurgen, vielen Fabrikanten u.s.f. Ein Hauptzweck der allgemeinen Bildung ist, so vorzubereiten, dass nur für wenige Gewerbe noch unverstandene, und also nie auf den Menschen zurück wirkende Fertigkeit übrigbleibe" (von Humboldt 1993, S. 188).

Die Ausschlussthese findet ihren Ausdruck auch darin, dass die Hochschulen und Universitäten ihr Selbstverständnis aus einer eher beobachtenden, analysierenden und bewertenden Distanz zur gesellschaftlichen Welt der Arbeit herleiten, nicht aus dem unmittelbaren Vertrautsein mit deren praktischen Anliegen oder gar einer unauflösbaren Verquicktheit zwischen Allgemeinbildung und Berufsbildung einerseits

---

1 Dort ist zu lesen: „Ein Fach, dessen ökonomischer Nutzwert nicht eins zu eins messbar ist, muss man pflegen. Bildung wird in der Gesellschaft nicht mehr als Wert per se definiert, es geht kaum um Bildung eines Menschen. Sondern um Bildung einer Arbeitskraft, um exakt anwendbares Wissen, das gefälligst in die Köpfe von Schülern zu verfrachten ist" (Osel 2014, S. 13).

und von Wissenschaft und Praxis andererseits, wie es u. a. bereits in der Vorstellung von Gottfried Wilhelm Leibniz (1646–1716), „theoria cum praxi" zu vereinigen[2], anklang. Es ging diesem Universalgelehrten um die wechselseitige Bezogenheit zweier elementarer Ausdrucksformen menschlichen Handelns, welche nicht losgelöst voneinander gedacht werden können, obgleich sie sich auch nicht vorschnell „als korrelative Kategorien von gleicher Mächtigkeit" (Laitko, S. 8) auffassen lassen, heißt es doch auch bei Leibniz „theoria cum praxi", nicht „praxi cum theoria" (vgl. Knobloch 1987).

Diese beobachtende Distanz zur jeweiligen Praxis ist nicht ganz verkehrt, vermag sie doch zunächst in einer Person Haltungen und Kompetenzen entstehen zu lassen, die auf eine vernünftige bzw. professionalisierte Problemlösung vorbereiten, ehe irgendein Schlendrian, eine Ernüchterung – wie der viel gefürchtete „Praxisschock" – oder die mit der Routine sich einschleifende „Schere im Kopf" dieses innovative Potenzial einschränken und zu einer „Pseudoaktivität" im Sinne Adornos verkommen lassen. Diese Einspurung des akademischen Selbstverständnisses setzt auf Menschenbildung in ihrem grundlegendsten Wortsinn, nicht auf unmittelbare berufliche Vorbereitung oder gar Ertüchtigung:

> „Der Universität ist vorbehalten, was nur der Mensch durch und in sich selbst finden kann, die Einsicht in die reine Wissenschaft. Zu diesem SelbstActus im eigentlichen Verstand ist notwendig Freiheit, und hülfreich Einsamkeit, und aus diesen beiden Punkten fließt zugleich die ganze äußere Organisation der Universitäten. Das Kollegienhören ist nur Nebensache, das Wesentliche, das man in enger Gemeinschaft mit Gleichgestimmten und Gleichaltrigen, und dem Bewusstsein, dass es am gleichen Ort eine Zahl schon vollendet Gebildeter gebe, die sich nur der Erhöhung und Verbreitung der Wissenschaft widmen, eine Reihe von Jahren sich und der Wissenschaft lebe" (von Humboldt 1993, S. 191).

Letztlich ist es eine subtile Gestaltungsfähigkeit des Subjektes, der hier das Wort geredet wird. Diese spricht auch aus zahlreichen der oft widersprüchlich daherkommenden Forderungen der betrieblichen Personalentwicklung, denen es keineswegs um eine praxeologisch verkürzte Anleitung Studierender oder gar die Verbannung der theoretischen Reflexion aus den Hochschulen und Universitäten geht. Insbesondere die Interessenvertretungen der Unternehmen beschweren sich zwar oft wortstark über den mangelnden Praxisbezug des Studiums an den Hochschulen und Universitäten, insistieren aber zugleich auf der Beibehaltung der Unterscheidung zwischen

---

2 Diese Forderung entstammt der „Denkschrift in Bezug auf die Einrichtung einer Societas Scientiarum et Artium in Berlin" vom 24./26. März 1700. Dort heißt es: „Wäre demnach der Zweck theoriam cum Praxis zu vereinigen, und nicht allein die Künste und die Wissenschaften, sondern auch Land und Leute, Feldbau, Manufacturen und Commercien, und, mit einem Wort, die Nahrungsmittel zu verbessern, überdies auch solche Entdeckungen zu tun, dadurch die überschwängliche Ehre Gottes mehr ausgebreitet, und dessen Wunder besser als bisher erkannt, mithin die christliche Religion, und auch gute Policey, Ordnung und Sitten theils bey heidnischen, theils noch rohen, auch wol gar barbarischen Völkern gepflanzt oder mehr ausgebreitet würden" (Leibniz 1991, S. 217).

beruflicher und hochschulischer Bildung – auch und weil sie auf das innovative Potenzial gerade derer setzen, die nicht nur und noch nicht einmal in erster Linie am Puls der Praxis gelernt haben. Sie wissen – um es in den Worten von Dirk Baecker zu sagen –

> „(…) dass Praxis blind macht. Sie suchen nicht nach Leuten, die ihre Blindheit teilen" (Baecker 1999, S. 64).

Wissenschaftliche Bildung zielt demgegenüber auf Professionalität. Diese – verstanden als die Fähigkeit, komplexe und unvorhersehbare Probleme situativ sowie fachlich angemessen selbständig bewältigen zu können – benötigt selbstschärfende Kompetenzen. Bei diesen handelt es sich um Kompetenzen, die den Lernenden auch in die Lage versetzen, zu erkennen, welche Kompetenzanpassung er benötigt und diese gewissermaßen selbst zu gewährleisten – reflexive Kompetenzen, die gewissermaßen die einzige Kontinuität in einer ansonsten sich eskalierend verändernden betrieblichen Wirklichkeit darstellen. Auf welche Praxis hin soll eine Berufsvorbereitung denn auch erfolgen, wenn es z.B. die heute relevanten Positionen vor zehn Jahren überhaupt noch nicht gegeben hat und sich in 10 Jahren die Menschen mit beruflichen Handlungsanforderungen konfrontiert sehen werden, die heute noch nicht erkennbar sind? Das einzig Kontinuierliche ist der Wandel selbst, dessen Gestaltung es mit den Lernenden einzuüben gilt. Dann ist jede Form, auf den professionellen Umgang mit Unsicherheit und Ungewissheit sowie Komplexität vorzubereiten, eine Berufsvorbereitung im eigentlichen Sinne des Wortes.

Reflexions- und Selbstreflexionsfähigkeit sind wesentliche Elemente solcher reflexiven Kompetenzen. Sie dienen vor allem der Stärkung des eigenen Anpassungs- und Gestaltungsvermögens derjenigen, die sich auf eine berufliche Tätigkeit vorbereiten. Diese lernen und üben nicht nur die Vorbereitung auf Zukünftiges, sondern stärken ihre Fähigkeiten zum fachlich und außerfachlich angemessenen Umgang mit unsicheren Lagen. Denn das Zukünftige vermag nur dann wirklich in Erscheinung zu treten, wie uns die Systemiker des MIT in Boston zeigen, wenn wir über die Fähigkeiten verfügen, nicht bloß vom Vergangenen her zu denken, weil dieses uns auch festlegt. C.O. Scharmer berichtet in diesem Zusammenhang von einem Workshop, auf welchem eine Lehrerin feststellte:

> „Wir organisieren unsere Schule um mechanische Modelle des Lernens herum. Alles geht darum, dass die Schülerinnen und Schüler alte Wissensbestände auswendig lernen. Das prüfen wir. Aber, dass wir den Kindern beibringen, ihre intellektuelle Neugierde und ihre Fähigkeiten für Kreativität und Imagination zu erschließen, das fehlt" (Scharmer 2009, S. 151).

Grundlegend für das Konzept einer zeitgemäßen Berufsvorbereitung ist deshalb auch die paradoxe These der reflexiven Soziologie, dass die beste Vorbereitung auf zukünftige Ernstsituationen darin bestehe, sich nicht (nur) auf diese vorzubereiten, sondern sich mit den eigenen Formen des Denkens, Beobachtens und Bewertens zu beschäftigen – eine provozierende Infragestellung der vorfindbaren Praxen an Hochschulen und Universitäten. Diese sind dem Vorbereitungsanspruch verpflichtet und sie haben oft noch überhaupt nicht realisiert, dass die Vorbereitung auch nicht mehr das ist, was sie einmal gewesen ist oder hatte sein können. In ihr wird das „Learning from the Past" (sensu Scharmer 2009) gewissermaßen institutionalisiert – eine Vorkehrung, die nur behaupten, aber nicht belegen kann, dass sie die Nachwachsenden auch auf eine ungewisse und unsichere Zukunft angemessen vorbereite.

Lediglich vereinzelte berufspädagogische Beiträge zur Soziologie der Zweiten Moderne argumentieren in die Richtung eines „Learning from the Future" (sensu Scharmer 2009), wenn sie darauf fokussieren, dass angesichts der Unübersichtlichkeiten und Ungewissheiten der zukünftigen Arbeitsmärkte eine „radikale Innenleitung" gefragt sei, deren Ausbildung und Stärkung nur im Wege der Didaktik eines handlungsorientierten Erlebens gelingen kann (vgl. u. a. die Arbeiten vom M. Brater – z. B. in Beck 1997). Es geht demnach darum, die berufliche Vorbereitung *im Sinne einer selbstreflexiven Qualifizierung* zu gestalten und insbesondere die ungewollte Nebenwirkung jedes Vorbereitungslernens zu vermeiden, die darin besteht, dass sie antizipierend informiert, sensibilisiert und qualifiziert, aber genau dadurch auch festlegt, wo es doch vielleicht darum ginge, auch die Offenheit und Flexibilität für den Umgang mit dem Neuen anzuregen und lebendig zu erhalten (vgl. Senge & Scharmer u. a. 2005, S. 13).

## 3. Die vier Dimensionen einer Integrativen Konzeption akademischer Berufsvorbereitung

Die bisherigen Ausführungen zeigen deutlich, dass die Gestaltung eines berufsvorbereitenden Studiums kein leichtes Unterfangen ist. Es bedarf einer Fülle von Theoriearbeit, um sich der Praxis zuzuwenden. Dazu gehört auch, sich mit den zu institutionellen Festlegungen geronnenen Denkgewohnheiten vertieft auseinanderzusetzen, um zu wirklich tragfähigen Ausdeutungen wohlfeil daherkommender Forderungen, wie Praxisorientierung oder Berufsvorbereitung, zu gelangen und nicht auf den Ergebnissen eines behauptenden Denkens stehen zu bleiben.

Die in den Fakultäten und Hochschulleitungen Verantwortung Tragenden sehen sich bei diesem Bemühen um tragfähige Konzepte u. a. mit folgenden Fragestellungen konfrontiert:
- Welche – heimlichen – Vorstellungen von akademischer Bildung leiten unsere Bemühungen?
- Wie definieren wir Theorie und wie üben wir mit den Studierenden die Formen eines starken Denkens, welches um die „Fabrikation von Erkenntnis" weiß und mit den dabei wirksamen Mechanismen der Beobachtung, des Schlussfolgerns und Entscheidens konstruktiv umzugehen weiß?
- Wie bereiten wir den Geist der Lernenden auf die Vermeidung von eigener Erstarrung, Rechthaberei und Borniertheit vor, um sie für ein lebenslanges Lernen auch tatsächlich – und nicht bloß rhetorisch – zu öffnen?

- Wie gehen wir nüchtern mit dem Primat der Theorie um und begegnen zugleich der vorfindbaren Berufspraxis in einer wertschätzenden, aber gleichwohl veränderungsoffenen Haltung – ohne Bevormundung, Anmaßung oder Dünkel?

Die dabei zu klärenden Fragen und die zu treffenden Entscheidungen bewegen sich jedoch nicht nur in der Spannungslage zwischen Theorie und Praxis, sondern auch zwischen Anpassung und Gestaltung, wie folgende Übersicht zeigt. In diesem Spannungskreuz lassen sich Berufsvorbereitungskonzepte ganz unterschiedlicher Durchdringung und Komplexität identifizieren:

Abb. 1:   Die vier Formen einer akademischen Berufsvorbereitung

| **Berufsvorbereitung 1. Ordnung:** | **Theorie** | **Berufsvorbereitung 3. Ordnung:** |
|---|---|---|
| Berufsvorbereitung gelingt durch eine Antizipation der zukünftigen Praxis, z. B.<br>- durch Lehrbeauftragte aus der Praxis<br>- durch Kompetenzprofile, die situationsorientiert sind<br>- durch eine berufsdidaktische Analyse der vorgesehenen Inhalte | | Berufsvorbereitung gelingt durch eine theoretische Befassung mit Fragen einer vernünftig gestalteten Praxis, z. B.<br>- durch Beteiligung an Recherche- und Evaluierungsarbeiten über die Qualität vorfindbarer Praxis<br>- durch Bearbeitung betrieblicher Projekte (z. B. als Arbeitsstipendiaten)<br>- durch professionelle<br>- (Selbst-)Reflexion im Kontext idealtypischer beruflicher Situationen |
| **Anpassung** | **Die Vier Dimensionen einer Integrativen Konzeption akademischer Berufsvorbereitung** | **Gestaltung** |
| **Berufsvorbereitung 2. Ordnung:** | **Praxis** | **Berufsvorbereitung 4. Ordnung:** |
| Berufsvorbereitung gelingt durch das Erleben der zukünftigen Anforderung, z. B.<br>- durch Berichte von Ehemaligen,<br>- durch gezielte Berufspraktika in realtypischen Berufsfeldern bzw. Domänen<br>- durch Duale oder projekt-orientierte Studiengänge | | Berufsvorbereitung gelingt durch die Beteiligung an der Veränderung von Praxis, z. B.<br>- durch Mitwirkung an Innovationsprojekten,<br>- durch Beteiligung an Experimenten in der betrieblichen Praxis,<br>- durch Einübung des Umgangs mit idealtypischen Situationen eines Berufsfeldes bzw. einer Domäne |

Da sind zunächst die Konzepte, die sich in einer einfachen Hinbewegung auf die betrieblichen Verwendungskontexte darauf beschränken, die Anforderungen der Praxis als das zu nehmen, was sie ihnen zu sein scheinen *(=Berufsvorbereitung 1. Ordnung)*. Diese Beschränkung ist nicht naiv, geht es diesen Konzepten doch darum, die akademische Qualifizierung transparent auf die zuvor präzisierten Kompetenzprofile auszurichten und die möglichen akademischen Inhalten einer klaren didaktischen Analyse zu unterwerfen, um zu ermitteln, welche Relevanz ihnen im Hinblick auf die zu gestaltenden Praxissituationen zukommen kann. Kein Bildungsprogramm scheint ohne eine solche Prüfung wirklich auszukommen, obgleich die Grundlagen einer solchen Prüfung in den rasant sich wandelnden Arbeitsmärkten einem solchen *Bemühen um Antizipation und Präzision* mehr und mehr entgleiten.

Deshalb setzen die Konzepte einer *Berufsvorbereitung 2. Ordnung* mehr auf *das Erleben* selbst als ausschließlich auf die Antizipation und Präzision. Ihnen geht es um die *möglichst dichte Einbeziehung realtypischer Situationen* – in indirekter Form (z. B. durch Kontakte zu ehemaligen Absolventen) oder in direkter Form (z. B. durch Praktika oder Duale Studienstrukturen). Dieser Konzeption der Berufsvorbereitung geht es weniger um die prognostische Tauglichkeit des berufspraktischen Erlebens, indem die Studierenden möglichst nur mit solchen Situationen in Berührung kommen, denen sie später auch selbst ausgesetzt sein werden. Es geht den Konzepten einer Berufsvorbereitung 2. Ordnung vielmehr darum, Lernende dem Handlungsdruck jeglicher Praxis auszusetzen, der stets zur Entscheidung und Gestaltung der Folgen der eigenen Entscheidungen drängt, ohne diesem tatsächlich ausweichen zu können, so wie man einer theoretischen Reflexion ausweicht, indem man das Buch zuschlägt oder etwas anderes liest. Diese Konzepte haben zwei wesentliche Aspekte des Beruflichen durchaus im Blick: *die Unmittelbarkeit der Handlungsanforderungen* und *die Unausweichlichkeit von Gestaltungsfolgen*.

Für die Konzepte einer *Berufsvorbereitung 3. Ordnung* ist die Frage nach den Möglichkeiten einer vernünftig gestaltbaren Praxis grundlegend. Es geht diesen Konzepten um eine idealtypische Praxis mit ihren noch impliziten Potenzialen einer Verbesserung – für die Einzelnen und die Gesellschaft als Ganzem. Zu erwähnen sind in diesem Zusammenhang insbesondere die Theorien einer reflexiven Professionalisierung, in denen berufliche Praxis sich verändern „darf", da die Berufseinsteiger gezielt auch in anderen Kategorien als denen der Praxis zu denken und handeln gelernt haben. Diesen Effekt hat der Koblenzer Erziehungswissenschaftler Reinhard Voß im Blick, wenn er darauf verweist, dass

> „der von Lehrerinnen und Lehrern individuell wie sozial neu erschaffene Sinn für ihr Berufsleben zunächst immer Eigensinn (ist). Er zielt darauf ab, den eigenen wie gemeinsamen Lebenssinn zu entwerfen, neue Schul- wie Unterrichtswirklichkeiten zu gestalten, den notwendigen >Wandel der Lernkulturen< (Arnold/Schüßler 1998) zu konstruieren, ggf. auch gegen das politische Establishment. Denn: Auf die Politik allein können wir uns nicht verlassen. Wir werden es in weiten Teilen selbst tun müssen!" (Voß 1999, S. 14)

Die Konzepte einer *Berufsvorbereitung 4. Ordnung* sind schließlich der Frage nach den Notwendigkeiten und Möglichkeiten einer gezielten Veränderung der beruflichen Praxis gewidmet – gemäß dem Kurt Lewin zugeschriebenen Leitsatz „You can not understand a system unless you tried to change it". Dies bedeutet, dass sich die innere Substanz eines systemischen Kontextes erst in Veränderungsprozessen offenbart. Deshalb muss eine praxisbezogene Vorbereitung, die ihrem Namen gerecht werden will, Veränderungsprozesse initiieren, Partizipation an diesen Prozessen ermöglichen und professionelle Innovation erlebbar gestalten – eine studienorganisatorisch und didaktisch schwierige, aber gleichwohl nicht traditionslose aktive Professionalisierung.

## 4. Grundlinien einer Strategie berufsvorbereitenden akademischen Lernens

Inhalte und Struktur der Studienpläne an deutschen Hochschulen folgen einer disziplinären Logik, keiner Berufsfeld- oder gar Lernfeld-Logik. Auch die in den durch die unterschiedlichen Studiengänge nahegelegten typischen Geschäftsprozesse konnten sich bislang kaum gegen die überlieferten Formen der Konstitution von Fachgebieten, Instituten oder Fakultäten durchsetzen. Zudem haben die Einsichten in die Subjektivität und Subjektgebundenheit jeglicher Kompetenzreifung (vgl. Arnold & Erpenbeck 2014) bislang keinerlei Niederschlag in den hochschuldidaktischen Szenarien gefunden. Anders ist dies in der beruflichen Bildung, die sich bereits in den 1990er Jahren von der curricularen Prädominanz disziplinärer Gestaltungsprinzipien lösen und sich stärker subjekt-, handlungs- und geschäftsprozessorientierten Formen der Gestaltung berufsorientierter Lernprozesse zuwenden konnte – auch dies ein deutlicher Hinweis darauf, dass „die höhere Bildung von der beruflichen Bildung lernen (kann)" und „die Verbindung von institutionalisiertem Lernen und praktischem Tun neue Lernfelder und -orte (eröffnet)" (Böhle 2010).

Bislang sind Studienordnungen und Studienpläne fast ausschließlich Ausdruck eines Helikopterblickes auf das jeweilige Fach und folgen nicht den Anforderungsentwicklungen in den korrespondierenden Berufsfeldern – eine Selbstbeschränkung, welche der Wissenschaftsrat bereits Ende der 19990er Jahre scharf kritisierte. So heißt es in seiner „Stellungnahme zum Verhältnis von Hochschulbildung und Beschäftigungssystem" aus dem Jahre 1999:

> „In vielen Fächern, deren Absolventen dauerhaft erhebliche Probleme auf dem Arbeitsmarkt haben, werden Strukturen und Inhalte der universitären Studiengänge bislang ausschließlich aus der Forschungsperspektive der Fachdisziplin heraus entwickelt. Darin kommt ein Defizit institutioneller Verantwortung zum Ausdruck" (Wissenschaftsrat 1999, S. 59).

Doch wie könnte eine berufsvorbereitende Gestaltung von Studium und Lehre an deutschen Hochschulen aussehen? An welchen curricularen Dimensionen hätte sich dies zu orientieren, wenn die jeweiligen Fächer mit ihren Fragestellungen, Themen und Vorgehensweisen kompetenzorientiert ergänzt, erweitert oder gar abgelöst werden sollen? – Fragen, die hier nicht abschließend geklärt, wohl aber durch den Vorschlag von zehn „Leitfragen zur Gestaltung einer Vorbereitung im Studium" einer pragmatischen Handhabung zugeführt werden können.

Abb. 2:  Dimensionen einer Berufsvorbereitung im Studium

| Dimension | Leitfragen zur Gestaltung einer Berufsvorbereitung im Studium | Bezug |
|---|---|---|
| Bedarf | 1. Was wissen wir (z.B. durch Arbeitsmarktstudien, Expertisen) über die Anforderungen und Entwicklungen in den anvisierten Berufsfeldern und den mit diesen korrespondierenden Domänen?<br><br>2. Wie lassen sich diese zu prägnanten und präzisen Anforderungsprofilen (=Kompetenzprofilen) verdichten? | Berufs-vorbereitung 1. Ordnung |
| Emotion | 3. Wie lassen sich die realtypischen – dichten – Entscheidungs- und Handlungssituationen der anvisierten Berufsfelder erlebensintensiv in den Studienprozess integrieren?<br><br>4. Welche persönlichen Fähigkeiten zum Umgang mit unmittelbaren Handlungsanforderungen und unausweichlichen Gestaltungsfolgen sollten angebahnt und systematisch geübt werden? | Berufs-vorbereitung 2. Ordnung |
| Reflexion | 5. Welches sind die idealtypischen Kriterien einer professionellen Problemlösung in den anvisierten Berufsfeldern der gesellschaftlichen Praxis?<br><br>6. Welche berufsethischen und instrumentellen Verbesserungen sind unverzichtbare Bestandteile einer professionellen Praxis? | Berufs-vorbereitung 3. Ordnung |
| Unsicherheit | 7. Was bedeutet Veränderung, und wie kann mit der persönlichen Verunsicherung so umgegangen werden, dass diese Wandel nicht torpediert, sondern zu gestalten hilft?<br><br>8. Was sind die Kriterien einer professionellen Innovation in den anvisierten Berufsfeldern und den mit diesen korrespondierenden Domänen? | Berufs-vorbereitung 4. Ordnung |
| Fortschritt | 9. Wie gelingen Wandlungsprozesse durch komplexe und sachgemäße, aber stets auch wirkungsunsichere Formen der Intervention und Interaktion?<br><br>10. Was bedeutet gelingende Problemlösung in den anvisierten Berufsfeldern und welche kognitiven und emotionalen Voraussetzungen sollten Professionals in sich entwickeln und perfektionieren? | |

# Literatur

Adorno, T.W. (1969). Marginalien zu Theorie und Praxis. *Die Zeit* Nr. 33. vom 18. August 1969, S. 10.

Arnold, R. (2015). *Leadership by Personality. Von der Emotionalen zur Spirituellen Kompetenz.* Wiesbaden.

Arnold, R. & Erpenbeck, J. (2014). *Wissen ist keine Kompetenz. Dialog zur Kompetenzreifung.* Schneider Verlag Hohengehren: Baltmannsweiler.

Arnold, R. & Schüßler, I. (1998). *Wandel der Lernkulturen.* Darmstadt.

Baecker, D. (1999). Die Universität als Algorithmus. Formen des Umgangs mit der Paradoxie der Erziehung. *Berliner Debatte Initial, 3*/1999, 63-75.

Beck, U. (Hrsg.) (1997). *Kinder der Freiheit.* Frankfurt.

Böhle, F. (2010). Kann die höhere Bildung von der beruflichen Bildung lernen? Die Verbindung von institutionalisiertem Lernen und praktischem Tun eröffnet neue Lernfelder und -orte. *Berufsbildung in Wissenschaft und Praxis, 39* (2010), 2, 6-9.

Brater, M., Freygarten, S., Rahmann, E. & Rainer, M. (2011). *Kunst als Handeln – Handeln als Kunst. Was die Arbeitswelt und Berufsbildung von Künstlern lernen können.* Bielefeld.

Heller, D. (2009). Die Frankfurter Schule – Das Primat der Theorie. In Straßner, A. (Hrsg.), *Sozialrevolutionärer Terrorismus. Theorie, Ideologie, Fallbeispiele, Zukunftsszenarien* (S. 125-144). Wiesbaden.

Kaiser, A. & Kaiser, R. (2012). *Metakognitiv fundierte Bildungsarbeit. Leistungsfördernde Didaktik zur Steigerung der Informationsverarbeitungskompetenz im Projekt KLASSIK.* Bielefeld.

Knobloch, E. (1987). Theoria cum praxi. Leibniz und die Folgen für Wissenschaft und Technik. *Studia Leibnitiana, 19* (1987), 2, 129-147.

Laitko, H. *Theoria cum praxi. Anspruch und Wirklichkeit.* Verfügbar unter: www.leibniz societaet.de/wp-content/uploads/2012/11/01_laitko.pdf.

Leibniz, G.W. (1991). Denkschrift in Bezug auf die Einrichtung einer Societas Scientiarum et Artium in Berlin vom 24./26. März 1700. In Hartkopf, W. & Wangermann, G. (Hrsg.), *Dokumente zur Geschichte der Berliner Akademie der Wissenschaften von 1700–1990* (Dokument Nr. 18, S. 219ff.). Heidelberg u. a.

Matthes, E. (2011). *Geisteswissenschaftliche Pädagogik: Ein Lehrbuch.* Oldenburg.

Osel, J. (2014). In der Bedeutung geblieben. Latein ist die Basis aller Sprache, ein Fenster zur Kultur. *Süddeutsche Zeitung* Nr. 294 (22.12.2014), S. 13.

Senge, P. u.a. (2008). *The Necessary Revolution. How Individuals and Organizations Are Working Together to Create a Sustainable World.* New York.

Senge, P., Scharmer, O. u.a. (2005). *Presence. Exploring profound Change in People, Organizations and Society.* London.

Scharmer, C.O. (2009). *Theorie U. Von der Zukunft her führen. Presencing als soziale Technik.* Heidelberg.

von Humboldt, W. (1993). Der Königsberger und der Litauische Schulplan (1809). In Ders., *Schriften zur Politik und zum Bildungswesen* (S. 168-195). Bd. 4 der gesammelten Werke. Stuttgart.

Voss, R. (Hrsg.) (1999). *Die Schule neu erfinden. Systemisch-konstruktivistische Annäherungen an Schule und Pädagogik.* 3. Auflage. Neuwied.

Wissenschaftsrat (2014). *Stellungnahme zum Verhältnis von Hochschulbildung und Beschäftigungssystem.* Verfügbar unter: http://www.wissenschaftsrat.de/texte/4099-99.pdf, Zugriff am 31.12.2014.

# II.
# Kompetenzorientierung in
# großen und mittleren Unternehmen

# Professionalisierung der kompetenzorientierten Personalentwicklung bei der Bundesagentur für Arbeit

*Michael Kühn, Steffen Niemann*

## 1. Herausforderungen für die Bundesagentur für Arbeit?

Die Veränderungen und Trends in unserer Gesellschaft und insbesondere in der Arbeitswelt fordern die Bundesagentur für Arbeit (BA) auf zwei Ebenen heraus. Die BA muss sich zum einen mit ihrem arbeitsmarktpolitischen Auftrag auf den Fach- und Nachwuchskräftebedarf, aber insbesondere auch auf die zunehmende Digitalisierung der Arbeitswelt 4.0 einstellen. Immer wichtiger wird die Fokussierung der BA auf die eigentliche Kernkompetenz der beruflichen Beratung und Orientierung, bei gleichzeitiger Nutzung der zunehmend digitalen und offenen Kommunikationskanäle und -medien. In Zeiten der frei verfügbaren Datensammlung (Big Data) und der damit verbundenen technischen Möglichkeiten zur Wertschöpfung wird klar, dass die schier unbegrenzten Innovationen auch auf dem Arbeitsmarkt weitreichende Auswirkungen haben werden. Ob als Chance oder als Risiko bewertet, die BA muss mit ihrem Leistungsportfolio darauf reagieren und sich entsprechend positionieren. Dies bewirkt auch veränderte Anforderungen an die Kompetenzen ihrer Beschäftigten. Zum anderen ist die BA auch unmittelbar als Arbeitgeberin des öffentlichen Dienstes von den Veränderungen betroffen. Der demographische und auch kulturelle Wandel bestimmt schon heute die Quantität und Qualität der Bewerberinnen und Bewerber. Es sind sowohl Restriktionen im Bewerberangebot als auch der zu Recht gehobene Anspruch an eine Arbeitgeberattraktivität, die sich auch im öffentlichen Dienst nicht nur über sichere und geregelte Arbeitsverhältnisse definiert. Gleichzeit prägt der demographische und kulturelle Wandel die Ansprüche und Werte der Mitarbeiterinnen und Mitarbeiter in der BA. Immer wichtiger und grundlegend für die Leistungsbereitschaft und -fähigkeit von Beschäftigten sind Selbstbestimmung im Arbeitshandeln, die Sinnhaftigkeit der Aufgaben und Ziele sowie die Möglichkeit zum Einbringen und zur Entwicklung der eigenen Kompetenzen. Diese Ansprüche wachsen Hand in Hand mit der Änderung der Rahmenbedingungen von moderner Arbeit, wie der Flexibilisierung von Arbeitszeit und Arbeitsort und einer besseren Vereinbarkeit von Beruf und Familie/Privatleben. Der maßgebliche Erfolgsfaktor der BA sind engagierte und kompetente Mitarbeiterinnen und Mitarbeiter – nur mit ihnen kann eine Leistungs- und Innovationsfähigkeit der BA auch für die Zukunft sichergestellt werden. Deshalb ist es umso wichtiger, in dem ganzheitlichen Personalmanagement der BA diesen Wandel wahrzunehmen, kritisch die Folgerungen daraus abzuleiten und entsprechend proaktiv zu agieren. Der zukünftige Erfolg der BA wird daran sowie an der neuen Arbeitswelt entschieden, die schon heute Maßstäbe setzt. Es geht darum, erfolgskritische Kompetenzen und Potenziale der Mitarbeiterinnen und Mitarbeiter zielgerichtet und entsprechend zukünftiger Personalbedarfe zu identifizieren, zu entwickeln, sie einzusetzen und nachhaltig an die Organisation zu binden. Die Basis dessen ist das Kompetenzmanagement, welches handlungsleitend für die Umsetzung von Personalentwicklung im modularen Personalentwicklungssystem der BA ist. Im Folgenden wird die Grundlage der Personalarbeit aufgezeigt und dargestellt, wie die BA im Personalmanagement auf die veränderten Anforderungen reagiert und sich professionalisiert.

## 2. Konzeption und Management des Kompetenzmodells der BA

Die BA hat bei der Konzeption und Entwicklung ihres Kompetenzmanagements ihre besonderen strukturellen und kulturellen Bedingungen sowie ihre zahlreichen Organisationsentwicklungsprozesse antizipiert. Grund dafür war nicht nur die Größe der Organisation in einer flächendeckenden Verteilung der 156 Agenturen für Arbeit mit ihren 10 Steuerungseinheiten, den Regionaldirektionen, und der Zentrale in Nürnberg (dreigliedriger Verwaltungsaufbau). Ebenfalls zu berücksichtigen waren die besonderen Dienststellen, wie z. B. die organisationseigene Hochschule, das IT-Systemhaus oder das Institut für Arbeitsmarkt- und Berufsforschung mit ihren jeweils spezifischen Anforderungsprofilen. Aber besonders die politisch intendierten Veränderungen, u. a. die Einführung der Jobcenter als Einrichtungen zweier Träger (der BA sowie einer jeweils kommunalen Seite), haben immer wieder deutlich gemacht, wie wichtig ein stringentes und wissenschaftlich fundiertes, aber zugleich pragmatisch anwendbares und flexibles Kompetenzmanagement ist. Das Kompetenzmanagement und die Personalentwicklung der BA sind dabei so attraktiv, dass die überwiegende Zahl der eigenständig agierenden Jobcenter mit ihrem Personalentwicklungskonzept auf die Vorarbeit der BA vertraut und das Kompetenzmanagement übernommen hat.

Veränderungsvorhaben brauchen in einer großen Organisation wie der BA erfahrungsgemäß eine längere Zeit, bis die volle Wirksamkeit erreicht ist. So war und ist es erforderlich zu akzeptieren, dass auch das Kompetenzmanagement und der darauf basierende kompetenzorientierte Personalentwicklungsansatz der BA Zeit und eine nachhaltige Umsetzung braucht, bis das Denken und Handeln in Kompetenzen bei Führungskräften, HR-Experten (interne Personalberaterinnen und Personalberater) sowie in der Mitarbeiterschaft verankert ist. 2005 hat die strategische Personalentwicklung im Zuge der Reform der BA begonnen, abgeleitet aus den geschäftspolitischen Zielen ein einheitliches Kompetenzmodell zu entwickeln. Konkret wurden mittels der Organisationsstrategie „erster Dienstleister am Arbeitsmarkt" die Kernkompetenzen im Leistungsportfolio der BA herausgestellt. Hieraus leitete sich das grundlegende Modell individueller Kompetenzen ab, das bis heute Bestand hat. Seit seiner Einführung dient es der einheitlichen und damit transparenten und verbindlichen Steuerung der wertschöpfenden Prozesse der Personalarbeit, wie Personalrekrutierung, Personalentwicklung, Qualifizierung und Personaleinsatz. Damit hat sich die BA von der reinen Beachtung der Formalqualifikationen als Zugangsvoraussetzungen für bestimmte Dienstposten verabschiedet. Sie verschreibt sich einem Kompetenzverständnis, in dem den Handlungsmöglichkeiten eines Beschäftigten, dessen Fähigkeiten, Einstellungen, Bedürfnissen, Motiven, Leistungsbereitschaft und eigenen Werten, eine zentrale Rolle zukommt (vgl. Heyse, Erpenbeck & Ortmann, 2007). Weil Berufs- und Lebenserfahrung wesentlich für die Kompetenzentwicklung sind, können damit auch fehlende Formalqualifikationen bei der Karriereentwicklung kompensiert werden.

In einer Anforderungsanalyse wurden aufbauend auf dem KODE®X Verfahrenssystem (vgl. Heyse & Erpenbeck, 2007) im Rahmen der vier Grundkompetenzen insgesamt 15 Schlüsselkompetenzen für das Kompetenzmodell der BA identifiziert (Abb. 1). Diese Schlüsselkompetenzen sind organisationsspezifisch angepasst und auf jeweils sechs Ausprägungsniveaus ausdefiniert worden. Entscheidend ist, dass die Schlüsselkompetenzen nicht isoliert betrachtet werden, sondern daraus verschiedene Querschnittskompetenzen abgeleitet werden können. Solche Querschnittskompetenzen, wie interkulturelle Handlungsfähigkeit oder (digitale) Medienkompetenz, setzen sich aus mehreren Schlüsselkompetenzen auch unterschiedlicher Grundkompetenzen zusammen. Die Medienkompetenz umfasst beispielsweise die Schlüsselkompetenzen „Ergebnisorientiertes Handeln", „Dialogfähigkeit", „Lernbereitschaft" und „Veränderungskompetenz". Diesem Verständnis entsprechend hat die BA auf eine differenzierte Definition von Führungskompetenz verzichtet und betrachtet diese auch als Querschnittskompetenz im Schwerpunkt mit Schlüsselkompetenzen der personalen sowie Aktivitäts- und Umsetzungskompetenzen (Grundkompetenzen). Das Kompetenzmodell der BA ist damit geeignet, auf die neuen Anforderungen flexibel und für alle Anwenderinnen und Anwender nachvollziehbar zu reagieren. Sämtliche Dienstpostenbeschreibungen der BA beziehen sich auf einen Stamm von ca. 70 Tätigkeits- und Kompetenzprofilen mit jeweils spezifischen Qualifikationen/Berufserfahrungen, Kernaufgaben/Verantwortlichkeiten, fachlich-methodischen Anforderungen sowie Kompetenzanforderungen. Sie sind die Basis der Personalentwicklung und qualitative Grundlage für die Fach- und Organisationskonzepte.

Abb. 1: Die 15 Schlüsselkompetenzen als Grundlage für das Kompetenzmodell der BA

Wesentliche Erfolgsfaktoren für die Umsetzung des Kompetenzmodells in der BA sind die stringente Entwicklung und die grundlegende Anwendung in den kompetenzbasierten Personalfunktionen. Das eingeführte Kompetenzmodell hat einen längeren Reifeprozess durchlaufen und damit Zeit bekommen, in den Köpfen von Führungskräften und Mitarbeiterinnen und Mitarbeitern fest verankert zu werden. Wichtig war, der Organisation nur das zuzumuten, was dem jeweiligen Entwicklungsschritt entsprach und so eine Anschlussfähigkeit zum eigenen Handeln zu garantieren. Zudem ist es entscheidend für die Einbettung des Kompetenzmodells in der Organisation, dass die Auswahl und Skalen der Kompetenzausprägung beständig ohne große Veränderungen bleiben. Die Organisation und ihre Beschäftigten nicht zu überfordern und zu viel auf einmal umzusetzen, kann nur über sinnvolle und verantwortungsvolle weitere Entwicklungsschritte in Richtung Professionalisierung der kompetenzbasierten Personalentwicklung erfolgen. Die wesentlichen Entwicklungsschritte im Hinblick auf die Identifizierung, Einschätzung und Förderung individueller Kompetenzen aus den Bereichen der Personalentwicklung sind nachfolgend dargestellt.

## 3. Weiterentwicklung des Personalentwicklungssystems der BA

Das modulare Personalentwicklungssystem ist seit Einführung des Kompetenzmanagements der systematische Rahmen für die kompetenzbasierte Einschätzung des Leistungs- und Entwicklungspotenzials der Mitarbeiterinnen und Mitarbeiter (vgl. Behrens & Becker, 2013). Es dient der Ableitung von Entwicklungsmaßnahmen für Potenzialträgerinnen und Potenzialträger, mit denen institutionelle Entwicklungspfade für die Fach- und Führungskarrieren vereinbart werden.

Im Rahmen einer Revision wurden 2013 Handlungsbedarfe erkannt, die zu einer Optimierung des Personalentwicklungssystems geführt haben. Wesentliches Ergebnis einer der Weiterentwicklung zu Grunde liegenden Analyse war, dass das bestehende System durch die Anwenderinnen und Anwender als gut verständlich und sehr ausdifferenziert konzipiert bewertet wurde. Das Denken und Handeln in Kompetenzen sowie die systematischen Zusammenhänge in der Personalentwicklung sind in der Organisation inzwischen fest verankert. Dennoch galt es, die Wirksamkeit von Personalentwicklung insbesondere bei der Förderung von Potenzialträgerinnen und Potenzialträgern zu steigern sowie die gestalterische Umsetzung von Personalentwicklung zu optimieren. Dabei wurden Verbesserungsbedarfe in den Bereichen Konzept und Prozess sowie in der praktischen Anwendbarkeit deutlich. Die übergreifenden Ziele bei der Weiterentwicklung des Personalentwicklungssystems der BA waren die Verbesserung einer wertschätzenden Organisationskultur und die Steigerung der Leistungsfähigkeit und -bereitschaft aller Beschäftigten. Der Leistungs- und Entwicklungsdialog (LEDi) sollte als Verfahren der BA zur Beurteilung und Entwicklungsvereinbarung hinsichtlich der Qualität und Wirksamkeit der Gesprächsführung zwischen Führungskräften und ihren Mitarbeiterinnen und Mitarbeitern gestärkt werden. Auch Führungskräfte untereinander sollten die Möglichkeit bekommen, sich im Rahmen der neu eingeführten Potenzialgespräche gegenseitig in ihrer Beurteilung von Leistung, Kompetenzen und Potenzial zu unterstützen sowie sich über konkrete Fragen der Personalentwicklung auszutauschen.

Bewusst wurde darauf verzichtet, im Kompetenzmodell umfassende Veränderungen vorzunehmen. Auch wurden keine zusätzlichen oder strukturell andersartigen Dokumentationspflichten im Zuge der Weiterentwicklung implementiert. Gute Führung (Mitarbeiterführung auch im Sinne der Personalentwicklung) wird nicht über zusätzliche Dokumentationspflichten im LEDi gefördert, sondern durch den bewussten Dialog über die in der Führungsmannschaft geteilten Beurteilungseinschätzungen und Ableitungen für eine stärken- und ressourcenorientierte Personalentwicklung. Potenzialgespräche als neues Instrument im PE-System der BA (siehe Abb. 2) sind Dialogplattformen für Führungskräfte einer Ebene in einem Organisationsbereich, die vom jeweils nächsthöheren Vorgesetzten geleitet und durch die Personalberatung als Fachexpertinnen und Fachexperten moderiert werden.

Abb. 2: Das Zielbild für die Weiterentwicklung im PE-System der BA

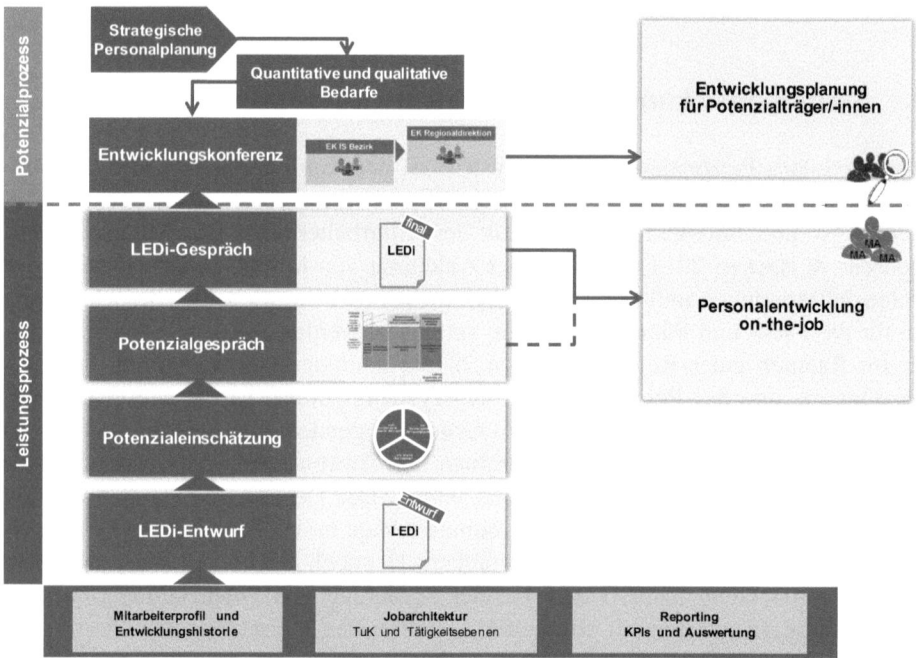

Auf einer solchen Dialogplattform können sich Beispiele für gute Führung zeigen und andere Führungskräfte überzeugen und mitreißen. Der qualifizierte Dialog und Austausch über bedarfsorientierte Entwicklungsmöglichkeiten wird gefördert. Führungskräfte haben die Möglichkeit, aufbauend auf dem Kompetenzmodell, ein auf den jeweiligen Arbeitsbereich konkretisiertes Verständnis von Leistung und Kompetenzen sowie Potenzial für vertikale oder horizontale Entwicklung zu schaffen. Die leitenden Vorgesetzten wiederum haben durch die Potenzialgespräche unmittelbar die Möglichkeit, sich ein Bild von der Führungskompetenz zu machen: Wie fordert die Führungskraft ihre Beschäftigten, schafft sie Beobachtungssituationen, fördert sie die Entwicklung der Kompetenzen und schafft sie Leistungsanreize für eine fachliche Mobilität von Potenzialträgerinnen und Potenzialträgern? Personalentwicklung wird in dem geschützten Raum der Potenzialgespräche unmittelbarer und greifbarer für Führungskräfte und bietet ein Vielfaches an Unterstützung für alle Facetten der Personalentwicklung, wie die Förderung von u. a. Potenzialträgerinnen und Potenzialträgern, High-Performern und auch leistungsgewandelten Beschäftigten.

Neben anderen Aspekten der Weiterentwicklung im PE-System der BA haben Neuerungen ebenfalls direkten Bezug zum Kompetenzmodell, erweitert es doch die Aussagekraft einer Einschätzung hinsichtlich des Potenzials einer vertikalen Entwicklungsfähigkeit. Bislang gab es in der BA uneinheitliche Ansätze, Potenzial für eine mögliche vertikale Entwicklung anhand der Leistungs- und Kompetenzbeurteilung oder anderer Einflussfaktoren zu orientieren. An dieser Stelle zeigt sich eine Schwierigkeit, die insbesondere dem Kompetenzverständnis der BA geschuldet ist: Im Verständnis der BA ist Kompetenz der Einsatz und das Zusammenspiel aller Faktoren (Fähigkeiten, Einstellungen, Bedürfnisse, Motive, Leistungsbereitschaft und Werte) im konkreten Handeln. Für die Einschätzung der Entwicklungsfähigkeit von Beschäftigten auf höherwertige Tätigkeitsebenen, kann mitunter dieses konkrete Arbeitshandeln noch gar nicht beobachtet werden, wenn die Tätigkeit noch nicht oder nur ansatzweise im Rahmen von Personalentwicklungsmaßnahmen ausgeführt wurde. Die Einschätzung von Leistung und Kompetenzen kann im Grunde immer nur in der Rückschau und damit an Arbeitsergebnissen und -tätigkeiten konkretisiert werden. Dem gegenüber erfolgt die Potenzialeinschätzung für noch nicht ausgeführte Tätigkeiten (besonders auf höherer Ebene) immer in der Vorausschau. Für diese Einschätzung müssen entweder exemplarische Beobachtungssituationen geschaffen werden oder die Einschätzung beschränkt sich auf Potenzialindikatoren, die mit einem höheren Unsicherheitsfaktor zukünftiges Potenzial erkennbar machen. Potenzialkriterien (vertikal) im Verständnis der BA liegen demzufolge in einer schnelleren Kompetenzentwicklung für das Anforderungsprofil von höherwertigeren Tätigkeiten mit mehr Verantwortung und komplexeren Aufgaben. Der von der BA definierte Zusammenhang von Leistungs- und Kompetenzeinschätzung – hinsichtlich konkreter Anforderungsprofile der Stellen und Erwartungen der Vorgesetzten einerseits und der Potenzialeinschätzung für eine vertikale Entwicklungsfähigkeit andererseits – ist in Abbildung 3 verdeutlicht.

Abb. 3:    Das vorausschauende Verständnis von vertikaler Potenzialaussage

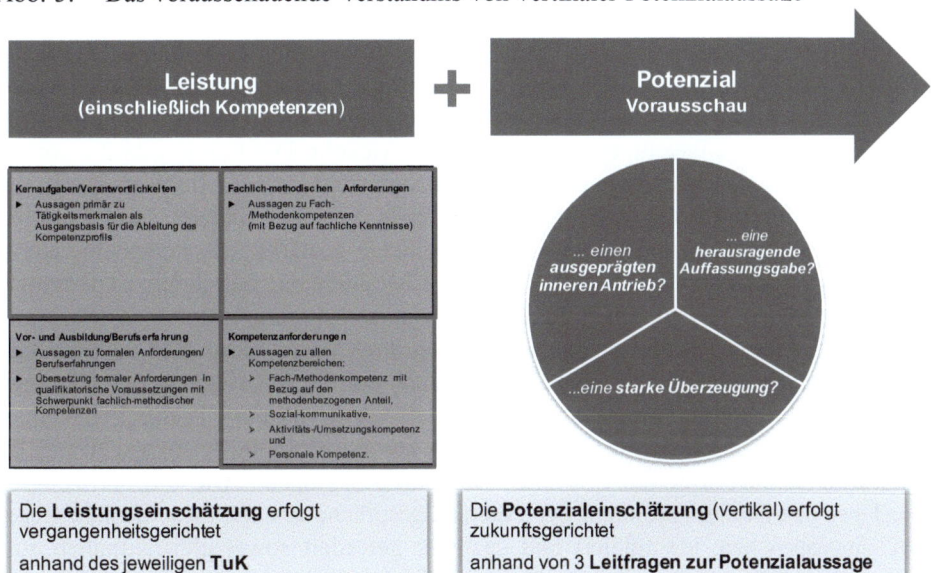

Diese Potenzialkriterien (vertikal) sind in Workshops mit HR-Expertinnen und -Experten erarbeitet worden, und bilden sich aus insgesamt nur drei Fragestellungen als für die BA spezifische Voraussetzungen für eine vertikale Entwicklung. Im Unterschied zum Kompetenzmodell wurden keine zusätzlichen Verhaltensbeschreibungen unterschiedlicher Anforderungsniveaus erarbeitet. Diese sind nach der bereits vorgestellten Auffassung von vertikalen Potenzialkriterien durch die noch nicht in Gänze möglichen Arbeitsbeobachtungen höherwertiger Aufgaben auch nicht praktikabel. Die Potenzialkriterien sind vielmehr als moderierende Variablen zu betrachten, die erst in ihrem Zusammenspiel wirksam werden und damit eine erwartete Entwicklungsfähigkeit mit größerer Wahrscheinlichkeit voraussagen. Auch hinsichtlich der Fach- und Führungskarrieren gibt es bei den Potenzialkriterien (vertikal) keine Unterscheidung. Sie sollen pragmatische und gleichzeitig allgemeingültige Kriterien sein, die geeignet erscheinen, für die verschiedensten Organisationsbereiche der BA und auch hinsichtlich unterschiedlicher Tätigkeitsebenen, ein Verständnis für die Entwicklungsfähigkeit auf höherwertige Aufgaben zu entwickeln. Durch den eingangs festgestellten Handlungsbedarf, die Personalentwicklung hinsichtlich ihrer konkreten Umsetzung und Wirksamkeit zu verbessern, hat man sich in der Weiterentwicklung des PE-Systems entschieden, für die Einschätzung dieser Potenzialkriterien (vertikal) keine gesonderte Dokumentationspflicht im Beurteilungsverfahren bzw. im Potenzialprozess zu implementieren. Der Erfolgsfaktor im Umgang mit den Potenzialkriterien (vertikal), wie auch mit den Einschätzungen von Leistung und Kompetenzen, liegt im Dialog und Abgleich zwischen den Führungskräften als Teilnehmerinnen und Teilnehmer an den Potenzialgesprächen. Dieses neue Instrument der Potenzialgespräche ist geeignet, neben der unterstützenden und gestaltenden Funktion auch die qualitativ bessere und bedarfsorientiertere Umsetzung von Personalentwicklung zu fördern.

Die Rückmeldungen aus den 2015 erstmalig durchgeführten Potenzialgesprächen zeigen eindrucksvoll, dass sich über diese sowohl Führungskräfte als auch Personalberaterinnen und Personalberater als HR-Business-Partner für ihre Führungskräfte deutlich in ihren jeweiligen Rollen weiterentwickeln. Die Führungskräfte werden als erste Personalentwicklerinnen und Personalentwickler ihrer Mitarbeiterinnen und Mitarbeiter durch die gegenseitige Unterstützung und den Abgleich ihrer Einschätzungen, Bewertungen und Entwicklungsvorschläge gestärkt. Die Personalberaterinnen und Personalberater haben ihrerseits die Möglichkeit, mit ihrem Expertenwissen unmittelbarer und in einem zusammenhängenden Forum Impulse zu setzen und damit auch Führungskräfte besser hinsichtlich ihrer Verantwortung in der Personalentwicklung zu unterstützen. Dabei geht es auch um die Entwicklung der Führungskompetenz durch eine bewusstere Auseinandersetzung mit dem Thema Personalentwicklung – von der Talentförderung bis hin zur Entwicklung leistungsgewandelter Beschäftigter oder weiterer speziellen Beschäftigtengruppen, wie z. B. Teilzeitkräften. Über das Dialoginstrument der Potenzialgespräche können diese „stillen Reserven" angesprochen, identifiziert und gezielter gefördert sowie gleichermaßen auch die personalpolitischen Ziele wie u. a. zur Gleichstellung von Frauen und Männern sowie zur Vereinbarkeit von Beruf und Familie/Privatleben verfolgt werden.

Die Weiterentwicklung des PE-Systems stützt sich auf drei Säulen. Neben den inhaltlich-konzeptionellen Veränderungen wird eine stärkere Verantwortlichkeit für Personalentwicklung adressiert. Bereits genannt wurden die Führungskräfte, die als erste Personalentwicklerinnen und Personalentwickler das zentrale Element der Personalentwicklung sind. An der Seite der Führungskräfte übernehmen die Personalberaterinnen und Personalberater die Expertenfunktion für Personalprozesse in der BA von der Rekrutierung über die Personalentwicklung bis hin zur Beratung in personalpolitischen Themen. Neben diesen beiden Säulen werden zukünftig stärker auch die Mitarbeiterinnen und Mitarbeiter in die Verantwortung genommen, für ihre eigene Personalentwicklung proaktiv tätig zu werden. Im Rahmen eines Empowermentansatzes sollen Mitarbeiterinnen und Mitarbeiter stärker als bislang die Möglichkeit haben, eigene Erwartungen und Entwicklungsperspektiven in den LEDi einzubringen. Auch technisch wird zusätzlich im SAP-Talentprofil die Funktion geöffnet, eigene auch extern erworbene Qualifikationen (Sprachkenntnisse, Weiterbildungen, Zertifikate und Kompetenzen) sowie externe Berufserfahrungen zu pflegen und damit für die Organisation transparent zu machen. Über diesen Empowermentansatz sollen insbesondere die motivierten und engagierten Mitarbeiterinnen und Mitarbeiter angesprochen werden, welche die Fähigkeiten haben und die Bereitschaft zeigen, sich über ihre aktuellen Kompetenzanforderungen hinaus für andere Tätigkeitsbereiche in der BA anzubieten. Diese Selbstverantwortung der Beschäftigten ist besonders für die hierarchisch geprägte Organisationskultur und die dezentral ausdifferenzierte Struktur der BA eine besondere Herausforderung, die einen langen Atem und viel Überzeugungsarbeit bedeutet. Es braucht eine ausreichend lange Zeit, bis die Vorteile einer stärkeren Arbeitgeberattraktivität und einer wirksameren Nutzung von Potenzialen der Beschäftigten anerkannt und mitgetragen werden.

## 4. Erweiterung des Kompetenzdiagnostik- und Entwicklungsverfahrens KODE®

Die BA hat schon seit mehreren Jahren das Verfahren KODE® als festen Bestandteil in die Personalentwicklung integriert, bediente damit aber zunächst nur spezifische Anwendungsbereiche bzw. ausgewählte Zielgruppen. In einem ersten Implementierungsschritt wurde mit dem Einsatz von KODE® bei Teilnehmerinnen und Teilnehmern für das Förder-Assessment-Center begonnen. Dieses Förder-AC steht für Potenzialträgerinnen und Potenzialträger an der Schwelle zur ersten Funktion einer Führungskarriere. KODE® wird dabei zur Standortbestimmung in Vorbereitung auf das Förder-AC angewendet. Es dient über die Selbsteinschätzung der Selbstreflexion zur persönlichen Ausprägung der vier Grundkompetenzen. Im Auswertungsgespräch können im Hinblick auf die Führungskompetenzen bereits vor dem Förder-AC Entwicklungsempfehlungen besprochen und vereinbart werden. Die Teilnehmerinnen und Teilnehmer haben so die Möglichkeit, sich mit den eigenen Kompetenzen kritisch zu befassen und diese eigenverantwortlich zu entwickeln. Interessant für die Teilnehmerinnen und Teilnehmer ist insbesondere der Abgleich der Selbsteinschätzung mit der Fremdeinschätzung aus dem Förder-AC. Damit wird eine intensive

Auseinandersetzung mit den eigenen Fähigkeiten, Einstellungen, Werten und auch Erfahrungen als Einflussfaktoren für Führungskompetenz möglich. In einem weiteren Implementierungsschritt wurde das Verfahren KODE® z. B. für Berufsrückkehrerinnen und Berufsrückkehrer nach längerer Abwesenheit oder auch im Rahmen des beruflichen Eingliederungsmanagements geöffnet. Auch hierbei resultiert aus einer Selbsteinschätzung im Auswertungsgespräch die bewusste Auseinandersetzung mit dem persönlichen Kompetenzprofil. Je nach Ausgangfrage für die Anwendung des Verfahrens können Entwicklungsperspektiven aufgezeigt und Entwicklungsschritte vereinbart werden, die stärkenorientiert auf das persönliche Kompetenzprofil der Mitarbeiterin oder des Mitarbeiters aufbauen. Damit werden für die Organisation weitere Potenziale der Beschäftigten nutzbar gemacht und dort eingesetzt, wo entsprechende Bedarfe bestehen. Zusätzlich wird dieser Ansatz auch die Leistungsfähigkeit und Leistungsbereitschaft der Beschäftigten fördern. Über das Verfahren KODE® wird für zunehmend mehr Beschäftigtengruppen, neben dem LEDi als Dialoginstrument zwischen Führungskraft und Beschäftigten, die Personalentwicklung noch stärker individualisiert und damit ressourcenorientiert ausgestaltet. Auch hierbei wird die zunehmend stärkere Selbstverantwortung der Mitarbeiterinnen und Mitarbeiter deutlich.

Für den Einsatz des Verfahrens wurden in der BA bereits über 200 interne KODE®-Beraterinnen und -Berater ausgebildet und regelmäßig über Qualifizierungen und Erfahrungsaustausche in ihrer Auswerte- und Beratungskompetenz weiterentwickelt. In der Regel bekommen die internen Personalberaterinnen und Personalberater in ihrer Funktion als HR-Business-Partner die Lizenzausbildung zusätzlich angeboten. Die Ausbildung ist damit ausdrücklich keine Pflichtqualifikation für den Dienstposten. Die Verantwortung für die Auswahl der Teilnehmerinnen und Teilnehmer der Lizenzausbildung sowie spätere Anwendungsfelder des KODE® liegen bei den regionalen Steuerungseinheiten (der Regionaldirektionen). Dabei variieren die Anwendungsintensität und auch die Qualität der Auswerte- und Beratungsgespräche von Region zu Region. Um eine höhere Qualität zu erreichen und die Personalentwicklung durch KODE® insgesamt weiter zu professionalisieren, geht die BA ab 2015 neben anderen Maßnahmen auch einen eigenen Weg der Qualifizierung ihrer internen KODE®-Beraterinnen und -Berater im Anschluss an die Lizenzausbildung.

Die bis dato schon bei externen Anbietern in Anspruch genommenen Qualifizierungen zur Vertiefung der Fach- und Methodenkenntnisse zu KODE® sowie der Beratungskompetenz im Umgang mit den KODE®-Auswertungen haben gezeigt, dass für eine entsprechende Qualität der Auswertungs- und Beratungsgespräche die regelmäßige Teilnahme an solchen Qualifizierungen neben der regelmäßigen Anwendung des Verfahrens unerlässlich ist. Um die institutionelle Kompetenz für Anwendung und Wirksamkeit des KODE®-Verfahrens zu stärken, wurde der Schritt der zukünftig internen Qualifizierung durch insgesamt acht eigene KODE®-Trainerinnen und -Trainer entschieden. Damit können Qualitätsstandards und Aktualität des Wissens noch effektiver und spezifischer sichergestellt werden. Bei der Auswahl der internen Trainerinnen und Trainer wurde insbesondere darauf geachtet, dass eine langjährige Erfahrung als Personalberaterin oder Personalberater sowie im Umgang mit KODE® vorhanden ist. Zusätzlich ist für die BA-interne Zertifizierung als Trainerin oder Trainer eine fundierte methodisch-didaktische Kompetenz zwingende Voraussetzung. Nur so kann gewährleistet werden, dass die Qualifizierungen besonders in den beratungsintensiven Sequenzen fachlich hochwertig und mit einer starken Transferorientierung in die konkreten Beratungssituationen durchgeführt wird. Durch diese für die BA in einer Train-the-trainer-Maßnahme ausgebildeten und nachfolgend noch begrenzt supervidierten Trainerinnen und Trainer werden dann zwei unterschiedliche Qualifizierungsmaßnahmen für alle internen KODE®-Beraterinnen und -Berater angeboten.

In der ersten Qualifizierung „KODE® Selbstbild-Intensivtraining" wird ein ergänzendes Angebot zur Lizenzausbildung geschaffen. Im Kern geht es um die intensivere Auseinandersetzung mit dem Auswerteprozess sowie dem Auswertegespräch mit Schwerpunkt auf Kompetenzbilanzen. Hierin liegt ein wesentlicher Erfolgsfaktor des KODE®-Verfahrens, indem nicht nur Aussagen über die Ausprägung der Grundkompetenzen getroffen werden, sondern auch hinsichtlich der unterschiedlichen Dimensionen vom eigenen Handlungsideal bis hin zum konkreten Handlungsresultat. Um in der Auswertung der Selbsteinschätzung besonders die auftretenden Unterschiede der Kompetenzbilanz fundiert zu thematisieren, wurde auf diese BA-eigene Erweiterung zur Lizenzausbildung großer Wert gelegt. Die zweite Qualifizierung „KODE® Personalentwicklungs- und Karriereberatung" zahlt an der Stelle schon auf eine mögliche Weiterentwicklung sowohl in der inhaltlichen Anwendung des Verfahrens als auch hinsichtlich weiterer Zielgruppen ein. Neben der Fach- und Methodenkompetenz steht insbesondere die Beratungskompetenz der Beraterinnen und Berater in Zusammenhang mit den Auswertungsgesprächen zu KODE® im Fokus. Wie komme ich vom Kompetenzprofilabgleich in einem systematischen Beratungsprozess zur Ableitung individueller Kompetenzentwicklungsmöglichkeiten und -schritte? Diese Fragestellung gibt die Richtung vor, wie das Verfahren zukünftig noch intensiver und in erster Linie auch nachhaltiger in Personalentwicklungs- und besonders auch Potenzialentwicklungsprozesse der BA eingebunden werden kann.

## 5. Weitere Handlungsmöglichkeiten der BA zur Verbesserung des kompetenzorientierten Ansatzes in der Personalentwicklung

Bis hierhin sollte deutlich werden, über welche Schritte die BA bereits jetzt ihren kompetenzbasierten Personalentwicklungsansatz professionalisiert und damit zukunftssicher aufgestellt hat. Dabei wurde bewusst der Fehler vermieden, ein theoretisches Kompetenzmodell nicht stringent und wirksam in der praktischen organisationalen Anwendung zu verankern, wie es in vielen anderen großen Organisationen zu beobachten ist. Als nur kleine Auswahl der Weiterentwicklungen in der Personalentwicklung – mit besonderem Fokus auf das zugrunde liegende Kompetenzmanagement –, sind weitere Entwicklungsschritte notwendig und zum Teil auch schon geplant. In erster Linie wird es darum gehen, die notwendige stärkere Individualisierung der Personalentwicklung auf zunehmend spezielle und herausfordernde Bedarfe zu begleiten und zu ermöglichen. Der Ausbau der BA hin zu einer lernenden Organisation mit allen Facetten ihrer Entwicklung sowie der Umgang mit einer zunehmenden Diversität auch im Personalmanagement geben dabei den Takt vor. Dazu zählt, sowohl konzeptionell-technische Voraussetzungen zu schaffen, als auch noch stärker in die Befähigung von Personalberaterinnen und Personalberatern sowie der Führungskräfte zu investieren. Dabei ist besonders darauf zu achten, dass die Rolle der Personalberatung deutlich geschärft wird. Die Begleitung von Personalentwicklungsprozessen ist nur durch eine individuelle und kompetente Beratung durch die Personalberaterinnen und Personalberater erfolgreich, weil Führungskräfte alleine zum Teil mit der Komplexität und notwendigen aber fehlenden fachlichen Expertise in zunehmend mehr Beratungssituationen überfordert sind, wie z.B. im Disability Management oder auch Karriereentwicklungsplanungen bei gleichzeitigen Familien- und Betreuungspflichten. Besonders aber für die erwartete stärkere Selbstverantwortung der Mitarbeiterinnen und Mitarbeiter müssen noch weitere Rahmenbedingungen geschaffen werden, damit dieser Empowermentansatz seine Wirkung entfalten kann. Nicht zuletzt sind es die bereits erwähnten Herausforderungen der Arbeitswelt 4.0, die in naher Zukunft einen kritischen Blick auf das Kompetenzmodell der BA notwendig machen. Wir werden uns die Fragen stellen: Hat die BA noch die richtigen Schlüsselkompetenzen als Grundlage für die individuellen Kompetenzanforderungen? Muss oder kann die BA das Kompetenzmodell nebst dem Kompetenzmanagement vor dem Hintergrund der sich immer schneller ändernden Rahmenbedingungen optimieren, damit es flexibler auf spezifische Anforderungen reagieren kann? Dabei an der bewährten Kompetenzkultur festzuhalten und den Blick immer auf das Pragmatische und Notwendige zu richten und keine wissenschaftliche Theoriearbeit der Organisation zu verordnen, wird weiterhin den Erfolg des Kompetenzmanagements in der BA ausmachen und garantieren.

## Literatur

Behrens, B. & Becker, R. (2013). Strategisches Personal- und Kompetenzmanagement in der Bundesagentur für Arbeit. In Erpenbeck, J., Rosenstiel, L. v. & Grote, S. (Hrsg.), *Kompetenzmodelle von Unternehmen*. Schäffer-Poeschel-Verlag: Stuttgart.

Heyse, V. & Erpenbeck, J. (Hrsg.) (2007). *Kompetenzmanagement. Methoden, Vorgehen, KODE® und KODE®X im Praxistest*. Waxmann: Münster.

Heyse, V., Erpenbeck, J. & Ortmann, S. (Hrsg.) (2007). *Grundstrukturen menschlicher Kompetenzen. Praxiserprobte Konzepte und Instrumente*. Waxmann: Münster.

# Kompetenzentwicklung in der Praxis.
## Strategie und Umsetzung – unter Einbeziehung von KODE® und KODE®X in der TÜV NORD GROUP seit über 10 Jahren

*Ludger Halasz, Roman Knipprath*

## 1. TÜV NORD GROUP

„Die TÜV NORD GROUP ist ein weltweit führender Technologie-Dienstleistungskonzern mit dem klaren Auftrag, seine Kunden mit Umsicht und Weitblick in die Zukunft zu begleiten." (www.tuev-nord-group.com 2015) sagt der Vorstandsvorsitzende Dr. Guido Rettig. Vor über 140 Jahren zur Dampf- und Druckkesselüberprüfung gegründet, stellt sich der Konzern heute weiteren Herausforderungen rund um die technische Sicherheit. Während Mitte des 19. Jahrhunderts weder Automobil- noch IT-Sicherheit zu den gesellschaftlichen Herausforderungen zählten, sind heute Prüfdienstleistungen für Weltraumsatelliten oder moderne Gasturbinenkraftwerke längst zum Standard geworden. Durch die langjährige Begleitung der Kunden und den stetigen Ausbau des bestehenden Portfolios zählt die TÜV NORD GROUP heute stärker denn je als kompetenter Partner für das Thema Sicherheit; sowohl als Sachverständiger als auch als Wissenspartner. Der Konzern ist heute in rund 70 Ländern mit über 80 Gesellschaften tätig. Mehr als 10.000 Mitarbeiter kümmern sich weltweit um die Kunden der TÜV NORD GROUP.

„Entscheiden und Handeln in der TÜV NORD GROUP bedeutet immer das Entscheiden und Handeln von Personen, sei es als Führungskraft oder als Mitarbeiterin bzw. Mitarbeiter." (www.tuev-nord-group.com 2015) Auch wenn die Grundsätze des unternehmerischen Handelns immer die Basis bilden, müssen sich alle bewusst sein, dass eigenes persönliches Handeln Gegenstand der Bewertung ist. Hierfür gelten die vier unternehmensethischen Grundwerte: Vertrauen, Würde, Gewissen und sozialverträgliches Miteinander.

Schon in diesem Auszug der Konzernleitlinien wird deutlich, inwiefern die systematische Förderung von Selbstorganisationsdispositionen der Mitarbeiter zu einem unternehmerischen Mehrwert in Bezug auf Wirtschaftlichkeit und Beschäftigungsfähigkeit führt.

### 1.1 TÜV NORD GROUP Personalentwicklung – Auswahl, Entwicklung und Qualifizierung

Neben anderen zentralen Verantwortungsbereichen, wie z.B. Kommunikation oder Controlling, ist auch die Personalentwicklung Aufgabe der Holdinggesellschaft. Von zentraler Stelle aus werden durch die Definition von konzernweit einheitlichen Randbedingungen die unterschiedlichen Anforderungen der Teilgesellschaften systematisch bedient. Dadurch schafft die Personalentwicklung konzernweit einheitliche und vergleichbare Standards mit Wiedererkennungswert.

Die Arbeit des Corporate Center Personalentwicklung unterscheidet sich nach Handlungsfeldern und Handlungsarten. Die Handlungsfelder sind drei: Auswahl, Entwicklung und Qualifizierung von Mitarbeitern und Führungskräften.

Im Sektor der Qualifizierung geht es um eine Bereitstellung von überfachlichen Weiterbildungsangeboten, die heute sowohl wissens- als auch kompetenzbasierte Trainings beinhalten. So umfasst das interne Qualifizierungsangebot fachliche Pflichtseminare, typische Excelkurse und Sprachtrainings einerseits. Auf der anderen Seite befindet sich eine Vielzahl von kompetenzbasierten Angeboten zu Kommunikationstrainings, Zeitmanagementworkshops und Konfliktlösungsseminaren. Dadurch, dass sich die von etablierten Trainern angebotenen Qualifizierungen exklusiv an die Mitarbeiter der TÜV NORD GROUP richten, gibt es eine stetige interne Vernetzung von entfernten Kollegen aus unterschiedlichen Arbeitsbereichen. Dies fördert zusätzliche Transparenz und Verständnis für andere Produkte und Dienstleistungen als die aus dem eigenen Arbeitsumfeld.

Stellenbesetzungsverfahren benötigen einen professionellen Auswahlprozess. Sie beginnen in der Regel schon bei der Positionierung des Firmennamens am Stellenmarkt. In Zeiten des Fachkräftemangels kümmern sich mehr und mehr Unternehmen um ein adäquates Employer Branding (www.wirtschaftslexikon.gabler.de 2015), um attraktiv für die attraktivsten Bewerber zu sein. Eine gut formulierte Anzeige gibt möglichst viele Informationen in einer übersichtlichen Form wieder, so dass der Bewerber eine eigene, zutreffende Vorstellung gewinnt, was der Arbeitgeber von seinem neuen Mitarbeiter erwartet.

Schon der Prozess des so genannten Employer Brandings sowie die Ausgestaltung einer konkreten Stellenanzeige sind Arbeitsfelder des Corporate Centers Personalentwicklung. Ein integrativ wichtiger Bestandteil für einen optimalen Auswahlprozess ist das Einstellungsinterview, welches entweder durch die Mitarbeiter der Personalentwicklung konzipiert oder, bei relevanten Stellen, eigenständig durchgeführt wird. Bei Führungspositionen wird stets das gesamte Auswahlverfahren durch die Personalentwicklung gestaltet. All dies sind positionsspezifische Auswahlprozesse.

Weniger prominent, aber in der beruflichen Praxis häufig von noch höherer Relevanz, ist die Auswahl von Mitarbeitern im Sinne von Identifikation von Potenzialträgern; beispielsweise um eine Gruppe von Nachwuchsführungskräften zu identifizieren. Hierbei handelt es sich um eine perspektivische Auswahl von Mitarbeitern, die in ihrer jetzigen Rolle durch besonders gute Leistung aufgefallen sind und bei denen vermutet wird, dass diese auch an anderer Stelle gute Leistung erbringen werden.

Die Entwicklung von Mitarbeitern ist ein klassisches Handlungsfeld jeder Personalentwicklung und gliedert sich in der TÜV NORD GROUP in die Bereiche:
- berufliche Erstausbildung
- On-Boarding von Young Professionals und Berufseinsteigern
- Fachkräfteentwicklung
- Führungskräfteentwicklung

Die Funktionen, die die Personalentwicklung hier wahrnimmt, sind differenziert zu betrachten. Zum einen sollte sie den betreffenden Mitarbeitern Orientierung geben können, was ein einzelner Entwicklungsprozess beabsichtigt und wie dieser im Gesamtkontext der TÜV NORD GROUP zu verorten ist (vgl. Rusch, 1994, S. 65ff.). Die zweite ist die beratende Funktion, dass Mitarbeitern individuelle Antworten auf ihre Fragen bezüglich ihrer persönlichen Situation und ihrer Karrieremöglichkeiten gegeben werden können. Drittens ist die Entwicklung von Mitarbeitern häufig eine vorbereitende Maßnahme, um beispielsweise zukünftigen Marktanforderungen gerecht werden zu können, die der Markttrend erst in mehreren Jahren fordern wird.

Ein veranschaulichendes Beispiel aus der Praxis ist die erhöhte Produktion von Hybrid- und Elektrofahrzeugen (vgl. www.de.statista.com 2015). Viele der führenden Autobauer entdeckten nach der letzten Branchenkrise, dass eine alternative Kraftstoffart nötig ist, um sinkenden Erdölvorkommen und steigenden Umweltanforderungen mittel- bis langfristig gerecht werden zu können. Die Entwicklung von Hybrid- und Elektrofahrzeugen wurde fokussiert und nach Produktreife die Stückzahl in der Produktion erhöht. Ohne in technische Details einzutauchen ist klar, dass auch die Hauptuntersuchung eines Hybridfahrzeugs in vielen Teilen anders zu gestalten ist als die Hauptuntersuchung eines KFZ mit konventionellem Kraftstoffantrieb. Sicherlich wird der Kunde eines solchen Fahrzeuges bei Vorführung Antworten auf den nun abweichenden Prüfvorgang verlangen. Da auch Hybrid- und Elektrofahrzeuge mit Neuwagenzulassung erst nach drei Jahren im Rahmen der Hauptuntersuchung vorgeführt werden müssen, bleibt eben dieser Zeitraum, um ausreichend viele Mitarbeiter auf Kundenfragen und abgeändertes Prüfverfahren vorzubereiten. In Kapitel 2.3 wird dieses Beispiel noch einmal aufgenommen.

Ändern sich nun strategische Ausrichtungen in Teilen oder dem gesamten Konzern, kann dies zeitnah in Auswahlprozessen, bei Entwicklungsprogrammen sowie begleitenden Trainings positioniert und dadurch die Beschäftigungsfähigkeit der Mitarbeiter maßgeblich unterstützt werden. Es ist möglich, auf Anforderungsänderungen schnell und zentral über drei Kanäle (Auswahl, Entwicklung und Qualifizierung) zu reagieren.

Die Handlungsart des Corporate Centers ist gleichermaßen strategisch wie operativ. Strategisch ist die Arbeit z. B. bei der Entwicklung von Instrumenten und Prozessen. Operativ ist sie bei der Implementierung, häufig auch bei der Umsetzung, von fertigen Prozessen. Ein regelmäßiges Controlling im Nachgang ist der Beginn eines Qualitätssicherungsprozesses, der die angestoßene Arbeit stetig optimiert.

## 2. Diversifikation als Herausforderung

Selbst wenn der Aspekt Sicherheit bis heute der rote Faden im Konzernportfolio ist, ist die Arbeit an Satelliten, Automobilen, Windkraftwerken, Pipelines, auf dem Datenhighway und bei der Erschließung neuer Rohstofffelder im unerschlossenen Gelände sehr unterschiedlich. Bei dem hohen Diversifikationsgrad der Beschäftigungsfelder der heutigen TÜV NORD GROUP ist schon bei kurzer Betrachtung schnell klar, dass die formalen Qualifikationen, die Mitarbeiter in unterschiedlichen Positionen benötigen, kaum miteinander vergleichbar sind. Wissen und Qualifikation erlangte in den letzten Jahrzehnten für Sachverständige ein exponentiell hohes Spezialistentum; der einstige Dampfkessel als klassisches Prüfobjekt findet seine modernen Stellvertreter in nahezu allen Haushalts-, Industrie- und Wirtschaftsbereichen der Gegenwart (vgl. www.tuev-nord-group.com 2015). Während ein Sachverständiger um 1950 noch sämtliche vorgeführten Automobile auf ihre Straßenverkehrstauglichkeit hin überprüfen konnte, können heute zwei unterschiedliche Experten verlangt sein, wenn es um Elektrofahrzeuge oder gasbetriebene Automobile geht. Die Vielfältigkeit der bestehenden Normen lässt weiter vermuten, dass für einen sicheren Umgang mit den Regelwerken nicht nur unterschiedliche Basisqualifikationen, sondern auch unterschiedliche Expertisen benötigt werden. All diese Anforderungen, denen ein Mitarbeiter auf einer Position entsprechen muss, sind in der TÜV NORD GROUP in Rollenbeschreibungen, so genannten *Job Analysen,* definiert. In Job Analysen sind neben der Definition der Qualifikationen auch die Aufgaben, Herausforderungen und Verantwortungen, die ein Stelleninhaber erfüllen soll, beschrieben. Während eine binäre Zuordnung durch formale Beschreibung von Qualifikationen möglich ist, wird es bei der Beschreibung von Verantwortungsbereichen, die z. B. Expertisen im Bereich Führung oder Vertrieb betreffen, schwerer. Welche Qualifikation bildet hier eine sinnvolle Basis zur optimalen Ausübung einer solchen Stelle? Sollte eine Führungskraft über dieselben Qualifikationen und dasselbe Wissen über Normen verfügen wie alle seine Mitarbeiter? Sicherlich lässt sich die zweite Frage mit einem schnellen Nein beantworten, während die erste Frage nur eine Vermutung zulässt: die geforderten Qualifikationen geben, wenn überhaupt, nur eine Teilantwort, um den richtigen Bewerber für eine Führungs- oder Vertriebsposition zu finden (vgl. Erpenbeck & Rosenstiel, 2003, S. XXI ff.). Es ist Weiteres nötig.

## 2.1 Die strategische Jobfamilie als Antwort auf Diversifikation

Um diese Frage adäquat und systematisch beantworten zu können, hat die Personalentwicklung vor ca. 10 Jahren ergänzend zu ihrer strategieorientierten Ausrichtung die Idee einer kompetenzbasierten Rollenbeschreibung aufgegriffen (vgl. Heyse, Erpenbeck & Ortmann, 2010, S. 21ff.). Indem der Job Analyse eine Kompetenzanalyse hinzugefügt wird, ergibt sich eine strategische Jobfamilie, die zur Herstellung bzw. Erhaltung der Beschäftigungsfähigkeit weitere Betrachtungsmöglichkeiten eröffnet (vgl. Ortmann, 2010, S. 281ff.). Während bislang die einheitliche Beschreibung des geforderten Wissens und der geforderten Qualifikationen alleiniges Kriterium für Auswahl und Entwicklung von Mitarbeitern sowie die Bereitstellung von Qualifikationsmöglichkeiten war, gewinnen so alle Beteiligten Möglichkeiten hinzu für Entscheidungen bei der Stellenbesetzung, der Konzeption von Entwicklungsprogrammen oder der persönlichen Karriereplanung. Denn die Kompetenzanalyse bildet Schlüsselkompetenzen ab, bei deren Förderung die Arbeitsergebnisse schneller und leichter erreicht werden und deren Berücksichtigung in Auswahlprozessen zielführend ist. Da das heutige KODE®-System, beginnend bei der KODE®-Selbsteinschätzung bis hin zu der Option, Verhaltensanker zu individualisieren, zahlreiche Möglichkeiten der Verzahnung mit anderen betriebsinternen Elementen der Personalentwicklung bietet, war es bei der damaligen Einführung in Bezug auf die Belange der TÜV NORD GROUP das zutreffendste Instrument am Markt und lieferte auch auf viele, erst nach Einführung entstandene, neue Fragen adäquate Antworten. Dort wo KODE® bislang keine ausreichenden Lösungen bieten konnte, eröffnen sich durch Adaption und Verzahnung mit weiteren am Markt etablierten Verfahren neue Möglichkeiten.[1]

Abb. 1: Methodische Verzahnung KODE

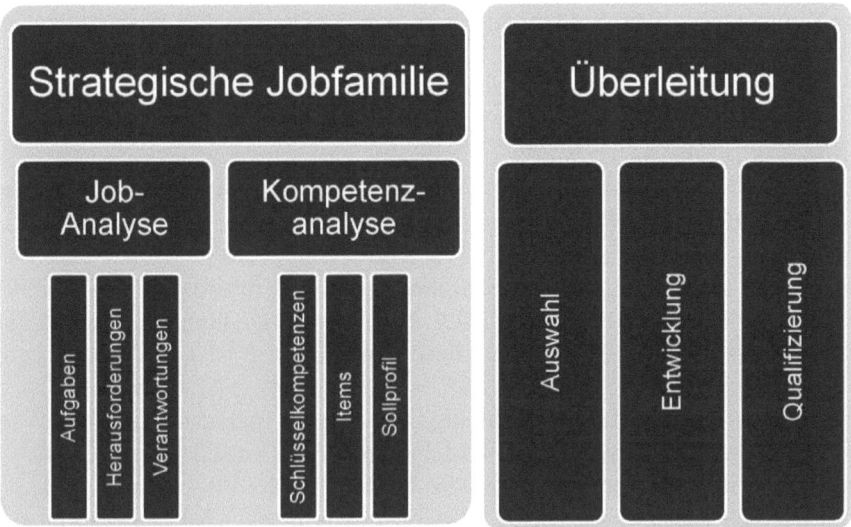

Eine Kompetenzanalyse besteht dabei aus drei Teilen: Der Auswahl der Schlüsselkompetenzen aus dem Kompetenzatlas, der sprachlichen Modifizierung von Verhaltensankern und der Definition eines Soll-Korridors, in welcher Ausprägungshöhe ein Mitarbeiter über Kompetenzen verfügen sollte, der eine entsprechende Rolle besetzt. In der Regel werden Führungskräfte und entsprechende Rolleninhaber an der Kompetenzanalyse im Rahmen eines Workshops beteiligt. In einem ersten Schritt sprechen sich dabei alle Workshop-Teilnehmer für aus ihrer Sicht wichtige Kompetenzen aus. In der Regel gibt es hier schon Mehrfachnennungen, aus denen sich ein Gruppentrend herauslesen lässt. Nachdem durch Ranking und folgender Diskussion die Workshop-Teilnehmer Schlüsselkompetenzen identifiziert haben, werden in einem nächsten Schritt die zu den Schlüsselkompetenzen zugehörigen Verhaltensanker sprachlich modifiziert. Dabei wird aber nicht der Aussagekern des Verhaltensankers berührt, sondern gegebene Beispiele und Bezugswörter entfernt und durch Beispie-

---

1 Zwei Beispiele aus der Praxis der letzten Jahre sind die Verzahnungen mit der Motivstrukturanalyse nach Dr. Huber sowie der Übersetzung von Verhaltensankern aus dem Kuhlschen Persönlichkeitsmodell der Handlungssteuerung.

le aus der realen Praxis der TÜV NORD GROUP ersetzt. Wenn in einem Verhaltensanker z. B. vom Unternehmen gesprochen wird, würde man in einer überarbeiteten Version den Namen der Teilgesellschaft an dieser Stelle finden. Wenn zum Beispiel von BWL-Instrumenten allgemein die Rede ist, wäre die sprachliche Modifikation diese, dass der Begriff BWL-Instrumente gegen den Begriff von in der Praxis angewendeten Instrumenten ersetzt wird, was beispielsweise ein SAP-Monatsblatt sein kann. Auch hat die Vergangenheit gezeigt, dass einzelne Verhaltensanker ersatzlos gestrichen werden können, ohne einen Definitionsverlust zu verursachen. Nachdem die Schlüsselkompetenzen ausgewählt und die Verhaltensanker modifiziert wurden, geht es um eine gemeinsame Einschätzung, in welchem Ausprägungsgrad die einzelnen Kompetenzen dem Stelleninhaber am meisten helfen. Die Ausprägungsbreite und Ausprägungshöhe des Soll-Korridors geben dabei Aufschluss über die Wichtigkeit einer Kompetenz in Bezug auf eine strategische Jobfamilie.

## 2.2 Der KODE®-Baukasten und seine Verwendungsmöglichkeiten in der TÜV NORD GROUP

Weiter oben in Kapitel 1.2 wurde ausgeführt, dass die Herausforderungen der Personalentwicklung in der TÜV NORD GROUP durch die Handlungsart und das Handlungsfeld unterschieden werden. Der Einsatz von KODE® ist in beiden Kategorien möglich.

Die in Entwicklung, Implementierung, Umsetzung und das Controlling unterschiedenen Handlungsarten zeigen den Mehrwert für die Entscheidung, KODE® zum internen Leitsystem zu machen, am besten. Während in der Entwicklung große Achtsamkeit auf den Einsatz von KODE®-basierten Wordings, Analyseverfahren u.v.m. gelegt wird[2], helfen schon bekannte Instrumente bei der Implementierung von neuen Verfahren. In der Regel werden Instrumente zu nicht schon geklärten Zielfragen entwickelt, sodass die jeweilige Implementierung dabei hilft, einen bekannten, aber bislang nicht gelösten, blinden Flecken auszuwischen. Durch die weitere Umsetzung wird es möglich, dass das System KODE® auch von Dritten angewendet wird, es also auch in Abwesenheit von Mitarbeitern der Personalentwicklung ebenfalls zu einer konsequenten Anwendung kommt. Ein Beispiel für das KODE®-gestützte Controlling wäre eine Vorher-Nachher-Analyse durch den Einsatz von KODE®X. 360-Grad-Feedbacks haben sich in den letzten Jahren als sehr erfolgreich erwiesen und helfen der Fokusperson, ihr Verhalten auf Dritte zu reflektieren, zu bilanzieren und,

---

2 Beide erwähnten KODE®-Alternativen waren in der jeweiligen Arbeitssituation elementar und konnten nicht herausgelöst und durch KODE®-Elemente ersetzt werden. Daher entschied man jeweils, die Systeme parallel laufen zu lassen, für die Mitarbeiter aber eine Übersetzung zu schaffen, um die Orientierung aufrecht erhalten zu können. Viele am Markt etablierte Trainer, die auch kompetenzbasierte Trainings innerhalb der TÜV NORD GROUP umsetzen, bevorzugen es, in die eigenen Trainings kurze verhaltensorientierte Persönlichkeitsanalysen, wie zum Beispiel DISC, einzubauen. Während in der Vergangenheit häufig dieser Kurzeinsatz innerhalb einer Qualifizierung zu Irritationen führte, ist die Zahl dieser zurückgegangen, seit Trainer beim Einsatz von DISC den Bezug zu KODE®, Verhalten und Kompetenz ebenso kenntlich machen, wie die Personalentwicklung dies in z. B. KODE®-Auswertungsgesprächen macht.

unterstützt durch Qualifizierungsangebote, zu optimieren (vgl. Scherm, 2003, S. 309ff.). Inwieweit nun eine Optimierung des eigenen Verhaltens stattgefunden hat, können am besten die Menschen beurteilen, die die Fokusperson täglich erleben. Auf diese Weise kommt KODE®X auch als Controlling-Instrument zum Einsatz.

In den Handlungsfeldern Auswahl, Entwicklung und Qualifizierung werden diverse Bausteine der KODE®-Familie zur Anwendung gebracht.

Abb. 2: Strategieorientierte Anforderungen

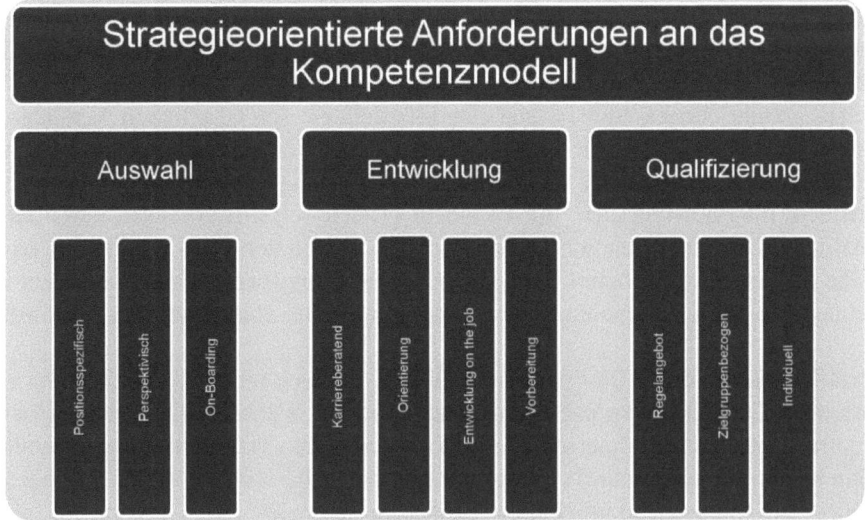

Einen ersten Einblick in die enge Verzahnung der drei Handlungsfelder ermöglichte schon das Beispiel der Markteinführung von Hybridfahrzeugen in Kapitel 1.2, welches es hier weiter auszuführen gilt. Es wurde festgestellt, dass sich neben der Änderung von zukünftigen Prüfverfahren, resultierend aus dem Einsatz einer neuen Technologie, auch die Wissensbasis des Kunden und damit seine Erwartungshaltung gegenüber dem Sachverständigen ändern. Aufgrund der Komplexität der Anforderungsänderung sowie dem großen Bestandspool an Sachverständigen mit der Aufgabe der Durchführung von konventionellen Hauptuntersuchungen entschied man damals, statt herkömmlicher Qualifizierungsangebote ein Entwicklungsprogramm zu konzipieren. Vorangestellt war die Auswahl aus dem Bestandspool, welche Sachverständige die besten Voraussetzungen hatten, diese neue Marktanforderung zu bedienen.

Im ersten Schritt wurde die strategische Jobfamilie analysiert und aus ihr herausgearbeitet, welche Dinge sich durch die veränderte Marktanforderung auch hier ändern sollten. Zum einen waren dies auf Seiten der Job Analyse die Qualifikationen. Zum anderen waren die in der Kompetenzanalyse gelisteten Kompetenzen teilweise hinfällig bzw. es kamen weitere Kompetenzen hinzu, welche zuvor nicht als Schlüsselkompetenz benannt waren. Die erneute Analyse zeigte, dass die KODE®-Kompetenzen „Offenheit für Veränderung" und „Konfliktlösungsfähigkeit" nun von solcher Wichtigkeit waren, dass sie als Schlüsselkompetenz aufgenommen wurden, die „Kundenorientierung" von höherer Wichtigkeit war als zuvor und dadurch eine andere Ausprägung im Soll-Korridor erhielt. Sogar komplementär war die Kompetenz „Ausführungsbereitschaft", da es auch darum ging, mit neuem Wissen zurück an die alte Prüfstation zu den alten Kollegen und Vorgesetzten zu kehren und ein zweites Prüfverfahren nach zentraler Anweisung dezentral zu integrieren.

Nach Bildung dieser nun erforderlichen neuen Jobfamilie hatten sowohl die Personalreferenten, die damit beauftragt waren, entsprechende Mitarbeiter aus dem Bestandspool zu identifizieren, als auch die Mitarbeiter des Bestandspools, die um die neuen ausgeschriebenen Stellen und die Möglichkeit der beruflichen Veränderung wussten, ausreichend Orientierungsmöglichkeit und der Veränderungsprozess eine zielführende und transparente Darstellung. Die Personalreferenten konnten bislang verwendete Interviewleitfäden, die zu einem großen Teil aus arbeitsbasierten Kompetenzfragen bestanden, um Fragen zu den neu identifizierten Kompetenzen ergänzen, die Fragen zur erwähnten Kompetenz „Ausführungsbereitschaft" streichen und so schnell ihre Arbeit aufnehmen bzw. unter erweiterter Rahmenbedingung fortführen.

Parallel hierzu konnte im Feld der Qualifizierung eine modulare Fortbildung zum fokussierten Entwicklungsprozess angeboten werden. Während die technologischen und normenspezifischen Unterschiede in konventionellen Wissenstrainings vermittelt werden sollten, wurden neue Trainings zur kompetenzbasierten Förderung bezgl. des Umgangs mit Kunden und möglichen Konflikten konzipiert.

Nach dem Auswahlprozess gab es mit allen Beteiligten eine Kick-Off-Veranstaltung, um Ziel und Vorgehensweise zu klären. Eine KODE® Selbst- und KODE®X Selbst- und Fremdeinschätzung half den Mitarbeitern, ein Feedback zu Absicht und Wirkung ihres Verhaltens zu erhalten und auf dieser Grundlage individuelle Schwerpunkte für den Verlauf des Entwicklungsprogrammes zu definieren. Regelmäßige Netzwerktreffen und moderierte Dialoge mit den hierarchisch höher zu verortenden Entscheidern hielten den inhaltlichen Faden über den gesamten Verlauf der einzelnen Qualifizierungen aufrecht. Nach erfolgreicher Absolvierung des Entwicklungsprogrammes hilft den beteiligten Mitarbeitern ein erneutes KODE®X Selbst-/Fremdeinschätzungsfeedback, um eine neue Verortung und ein genaueres Urteil zu der eigenen Performance zu bilden.

Abb. 3: Instrumentenmix

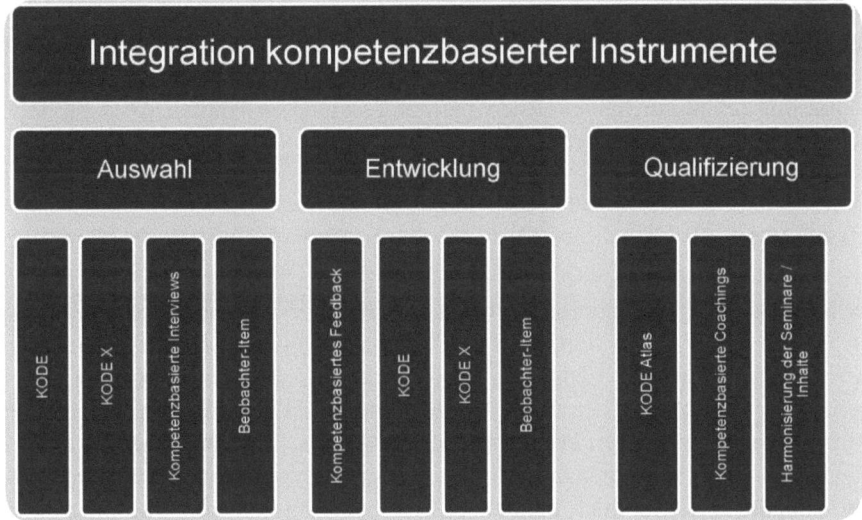

## 3. Bilanz nach 10 Jahren kompetenzbasierter Personalentwicklungsarbeit

Wie in Kapitel 2.2 erwähnt, hat die TÜV NORD GROUP KODE® vor ca. 10 Jahren zum ersten Mal kennengelernt und als mehrwertproduzierendes Instrument innerhalb der Personalentwicklung erkannt. Einführungsprozesse sind immer auch Veränderungsprozesse, und um Veränderungen gewinnbringend einzuführen, müssen Ängste aller Beteiligten nicht nur gewürdigt, sondern auch adäquat behandelt werden (vgl. Czichos, 1990, S. 48-49). Gleichzeitig gilt es, allen Beteiligten gegenüber den Mehrwert der Veränderung deutlich zu machen. Kommunikation über und Transparenz zu KODE® war gerade in der Einführungsphase von großer Bedeutung. Die Umsetzungsgeschwindigkeit spielte eine weitere Schlüsselrolle bei der erfolgreichen Implementierung, wobei die Kunst in der Wahl eines angemessenen Tempos bestand und nicht in der Zielerreichungsgeschwindigkeit. Das Tempo sollte Mitarbeiter und Führungskräfte nicht verunsichern, aber auch nicht so gering sein, dass es einem Stillstand gleicht.

Ein weiterer Erfolgsfaktor, welcher manchmal auch von Personalern unterschätzt wird, ist die Akzeptanz in der Mitbestimmung. § 95 BetrVG regelt die Mitbestimmungsrechte der Betriebsräte in Personalauswahlverfahren. Auch hier war in den vergangenen Jahren eine offene und transparente Kommunikation zielführend. So verfügt die TÜV NORD GROUP bis heute über keinerlei Betriebsvereinbarungen zu dem Einsatz von KODE® in Auswahl- oder Entwicklungsprozessen, sondern wird durch die Betriebsräte stetig geduldet, da man auch hier den Mehrwert nicht nur für das Unternehmen, sondern auch für den einzelnen Mitarbeiter erkannt hat.

Die letzte Beigabe zu einem kontinuierlichen und erfolgreichen Integrationsprozess bestand darin, einen externen Partner zu finden, welcher den Prozess durch seine Beratungs- und Unterstützungskompetenz stetig begleitet. Mit dem Unternehmen elementM, Mitglied im CEKOM-Netzwerk, konnte schon vor Jahren der enge Schulterschluss mit einem solchen externen Partner geschlossen werden. Dies hat sich in zahlreichen Fällen als richtig erwiesen.

## 4.    Ausblick

Sicherlich ist der Implementierungsprozess von KODE® bis zum heutigen Tag nicht abgeschlossen in der TÜV NORD GROUP. Die nächsten strategischen Herausforderungen sind dabei zweierlei. Zum einen wird es in den nächsten Jahren um eine Fokussierung der Ausweitung der strategischen Jobfamilien gehen. Auch wenn das Beispiel in Kapitel 1.2 vermuten lässt, dass der Konzern schon sämtliche Job Analysen um Kompetenzanalysen ergänzt hat, um strategische Jobfamilien abzubilden, sind weitere vonnöten. Letztendlich handelt es sich beim Implementierungsprozess auch immer um einen kaskadierten Top-Down-Prozess, der erst in einem zweiten Schritt den Anspruch auf Vollständigkeit erfüllen kann.

Die zweite Herausforderung liegt in der Schärfung des Performanz-Potenzial-Portfolios, um die diagnostischen Möglichkeiten im Bereich der perspektivischen Personalauswahl weiter zu vergrößern. In diesem Punkt wird sich erneut zeigen, inwiefern KODE® eine solch breite Antwort liefern kann oder ggf. um weitere adaptierbare Instrumente ergänzt oder sogar ausgetauscht werden muss.

## Literatur

Czichos, R. (1990). *Change-Management*. München: Ernst Reinhardt Verlag.

Erpenbeck, J. & Rosenstiel, L. v. (2003). Einführung. In J. Erpenbeck & L. v. Rosenstiel (Hrsg.), *Handbuch Kompetenzmessung* (S. IX-XL). Stuttgart: Schäfer-Poeschel Verlag.

Heyse, V., Erpenbeck, J. & Ortmann, S. (2010). *Grundstrukturen menschlicher Kompetenz. Praxiserprobte Konzepte und Instrumente*. Münster: Waxmann.

Ortmann, S. (2010). Implementierung eines hybriden Systems für Kompetenz- und Performance-Management durch Zusammenführung von KODE®X und die Balanced Scorecard. In V. Heyse, J. Erpenbeck & S. Ortmann (Hrsg.), *Grundstrukturen menschlicher Kompetenzen* (S. 275-319). Münster: Waxmann.

Rusch, G. (1994). Kommunikation und Verstehen. In K. Mertin, S. J. Schmidt & S. Weischberg (Hrsg.), *Die Wirklichkeit der Medien* (S. 60-78). Opladen: Westdeutscher Verlag.

Scherm, M. (2003). !Response 360°-Feedback. In J. Erpenbeck & L. v. Rosenstiel (Hrsg.), *Handbuch Kompetenzmessung* (S. 309-323). Stuttgart: Schäfer-Poeschel Verlag.

## Internetquellen

www.tuev-nord-group.com (2015). *Geschichte TÜV NORD GROUP*. Verfügbar unter: http://www.tuev-nord-group.com/de/unsere-marken/geschichte-550.htm [05.06.2015].

www.tuev-nord-group.com (2015). *Unternehmensleitlinien*. Verfügbar unter: http://www.
   tuev-nord-group.com/de/leitlinien-553-leitlinien-unser-selbstverstaendnis-591.htm
   [01.06.2015].

www.tuev-nord-group.com (2015). *Zitat Dr. Rettig*. Verfügbar unter: http://www.tuev-nord-
   group.com/de/leitlinien-553-leitlinien-unser-selbstverstaendnis-591.htm [01.06.2015].

www.statista.com (2015). *Neuzulassung Hybrid- und Elektroautos*. Verfügbar unter: http://
   de.statista.com/statistik/daten/studie/265995/umfrage/anzahl-der-elektroautos-in-
   deutschland/ [05.06.2015].

www.wirtschaftslexikon.gabler.de (2015). *Definition Employer Branding*. Verfügbar unter:
   http://wirtschaftslexikon.gabler.de/Definition/employer-branding.html [01.06.2015].

# Vom Wissen, Wollen, Könnte … zum Können!

## Personalentwicklung und Talentmanagement müssen alters- und geschlechtsunabhängig begriffen werden

*Wolfgang Bornträger*

## Ein praxisorientierter Ansatz[1]

> Das Wichtigste ist die Sicht. (Philip Rosenthal)

## 1. Aus der Nah-Sicht eines Personalberaters und Personalentwicklers

- Ein Blick hinaus über den Tellerrand der derzeitigen Krisen (!): Die Rahmenbedingungen für den Arbeitsmarkt haben sich spürbar verändert und in einer alternden Gesellschaft muss die Beschäftigungsfähigkeit bis ins hohe Alter gefördert werden und eben nicht der vorzeitige Ausstieg aus dem Erwerbsleben (Astheimer, 2009). Die Hoffnung, dass Auszubildende, Arbeitslose und Einwanderer in nennenswertem Umfang die freigewordenen Arbeitsplätze einnehmen können, ist trügerisch, hat sich in den meisten Fällen nicht bewahrheitet und benötigt erhebliche Investitionen, die erst langfristig ihre Wirkung voll entfalten.
- *Unternehmen müssen sich zielgerichtet mit „Altersmanagement" befassen* und die Kompetenzen („persönliche Stärken" und Potentiale) der Mitarbeiter, insbesondere der spezialisierten Fachkräfte und der Führungskräfte, identifizieren und altersentsprechend weiterentwickeln. Warum nicht auch als „Ideenentwickler" nutzen? Auf interne Personalressourcen aus Gründen des Alters oder weil man Diversity Management als gering erachtet zu verzichten, ist kurzsichtig.
- Es sollten sich alle Beteiligten (Arbeitgeber, Gewerkschaften, Politiker, jeder einzelne Beschäftigte) darüber Gedanken machen, wie die Arbeitswelt, wie das Tarifsystem, wie die betriebliche Personalpolitik und Personalentwicklung, wie die persönliche Weiterbildung altersgerecht ausgestaltet, mitgestaltet und miteinander vernetzt werden können. Alte Denk-Trampelpfade, zumal in der Tarifpolitik, sind zu verlassen.
- Lebenslanges Lernen ist keine Phrase.
  In formalen Bildungsgängen erworbenes (Fach-)Wissen ist notwendig. Die Bestätigung durch eine Note ist zeitpunktbezogen und damit im Zeitablauf nur noch bedingt aussagekräftig und vergleichbar. *Erworbene Kompetenzen sind deshalb in die Überlegungen einzubeziehen. Kompetenzen sind darstellbar.* Unter diesem

---

1 Aus Gründen der Lesbarkeit wurde zumeist die traditionelle Formulierung gewählt, die Begriffe wie Mitarbeiter/Teilnehmer/Kandidat etc. beinhalten immer sowohl die männliche als auch die weibliche Form.

Gesichtspunkt müssen sich Unternehmen z.B. auch viel stärker dem Themenkomplex „Wiedereinstieg ins Berufsleben" von Frauen und Männern nach einer Elternzeit oder einer längeren „Aus-Zeit" widmen. Wenn nämlich von Kompetenzen die Rede ist, kann endlich auch das Unwort „überqualifiziert" aus dem Sprachgebrauch der Handelnden getilgt werden.

In der betrieblichen Fortbildung gilt es vom „Gießkannenprinzip" fortzukommen und „Individualisierte Entwicklungspfade" aufzuzeigen (Coenenberg & Bornträger, 1981).

- Was überdacht werden sollte: Im Recruiting wird häufig mit Checklisten und Standardprofilen gearbeitet. Ergebnis: Man sucht mit Standardprofilen und erhält Standardmitarbeiter, die interessantesten Bewerber, oder besser „Talente", diejenigen mit Kompetenzen und Potential, gehen durch die Lappen. Computergestützte Bewerbungssysteme mit Standardtools und Standardeingabemöglichkeiten erweisen sich häufig als „Potentialkiller" (Sothmann, 2015).

  Nach wie vor unabdingbar ist das persönliche Gespräch zwischen erfahrenem Entscheider auf Unternehmensebene (es muss nicht immer „der Personaler" sein) und dem Kandidaten, zumal im Führungskräftebereich (Fernandez-Araoz, 2014).

- Bei der Personalsuche und -auswahl gilt die Feststellung:

  *Auf die Lernfähigkeit kommt es an*, darauf, ob die Fach- und Führungskräfte Potentiale haben, sich auf neue Situationen einzustellen, neue Fähigkeiten zu erlernen. Offenheit für Veränderungen, Konfliktlösungsfähigkeit, Gestaltungswille, Kommunikations- und Kooperationsfähigkeiten sowie Glaubwürdigkeit und Werthaltung sind Schlüsselkompetenzen, die nicht durch reine Informationsvermittlung erworben werden können.

## 2. Weit-Sicht: Muss es beim „ewigen Talent" bleiben?

Im Alltagsgebrauch bezeichnet man jemanden der Potential hat gerne als „Talent" (Burger, 2009). In der Selbstorganisationstheorie versteht man unter Talent das Produkt der Wechselwirkung von Erbanlagen, frühen Kindheitsprägungen, erlebten Umwelteinflüssen und dem Willen etwas aus „seinem Talent" zu machen: d.h. unaufgefordert Dazu-Lernen, um auf bestimmten Gebieten hohe, über dem Durchschnitt vergleichbarer Personen liegende Leistungen hervorzubringen (Heyse & Ortmann, 2008).

In Unternehmen basiert ganz allgemein die Bewertung „Talent" auf Beobachtungen des Verhaltens in der Vergangenheit und Gegenwart und auf einer vorsichtigen (Leistungs-)Prognose (Weitz, 2009). Doch die Vergangenheit garantiert keine zuverlässige Vorhersage für zukünftigen Erfolg. Zudem: was in einem Unternehmen ein Talent ist, kann in einem anderen Umfeld ganz anders gesehen und beurteilt werden! (Schaper, 2009).

In den meisten Unternehmen wird „Talentmanagement" meist als „Förderung von Jüngeren" oder als „Förderung von akademischen Führungs(-nachwuchs-)kräften" angesehen. Das ist in Deutschland u. a. wegen des demographischen Wandels, dem Wettbewerbsdruck und dem erkennbaren Mangel an spezialisierten Fachkräften und Führungskräften zu kurz gegriffen.

Das Beispiel großer US-amerikanischer Konzerne, einseitige und ausschließliche „Talent-Denke" i.S. von Förderung von jungen Hochschulabsolventen zu betreiben (wie z. B. Enron u. a.) mündete vor Jahren in einem Desaster und sollte heute eher abschreckend wirken.

Deshalb: „Talent-Denke" ist keine Religion, kein für ewig in Stein gemeißelter Glaubenssatz. Vielmehr: *„Talente" sind alters- und geschlechtsunabhängig. Sie sind über alle Hierarchiestufen und Funktionen hinweg zu identifizieren, systematisch weiterzuentwickeln, zur Entfaltung zu bringen und zu halten.*

Der auf strategische Aspekte (z. B. KODE®X-Anforderungsanalysen) ausgerichtete Talentmanagementansatz von Heyse und Ortmann (2008) kommt einer Zukunftsorientierung am Nächsten.

Talentmanagement geht in diesem Sinne über Kompetenzmanagement hinaus. Dieser Ansatz ist unseres Erachtens richtig. Eine eingehende Betrachtung bleibt hier allerdings anderen Beiträgen vorbehalten.

Kann man „Talente" identifizieren, entwickeln und ein Talentmanagementsystem etablieren? Ja! Man kann, wenn man die Einsicht hat (Wissen) und die Voraussetzungen schafft (Wollen). Man MUSS.

## 3.  Ein-Sicht: Der Schlüssel heißt: durch kompetenzbasierte Personalentwicklung Potentiale identifizieren und gezielt fördern

Als Personalberater erleben wir, dass Unternehmen zumeist „qualifikationsorientiert" rekrutieren (und fördern) d. h. nur auf Basis von Lebensläufen, Zeugnisnoten („Was hat jemand gelernt/studiert?") und vornehmlich nicht standardisierten Interviews. Sie lassen damit die Betrachtung von relevanten Potentialen für *zukünftige Herausforderungen* außen vor. „Talente" bleiben unentdeckt, weil ihre besonderen Fähigkeiten auf unterschiedlichen Gebieten liegen können und unterschiedliche Kompetenzen erfordern. Diese besonderen Fähigkeiten nennt man *Selbstorganisationsfähigkeiten.*

Um Mißinterpretationen vorzubeugen: In dem hier betrachteten Sinne verstehen wir unter Kompetenzen komplexe, zum Teil über Jahre hinweg verdeckte Potentiale („Könnte und Können"), es sind Verhaltensausprägungen, d. h. wie jemand selbstorganisiert handelnd an eine nicht routinemäßige Problemlösung herangeht (Erpenbeck & v. Rosenstiel, 2003). Das gilt für alle Altersgruppen, das gilt für Fach- u Führungskräfte aller Hierarchien, Männer und Frauen.

*Kompetenzdiagnostik hilft also zu erkennen, wie Menschen in für sie neuen, komplexen Situationen (z. B. bei Veränderungsprozessen) selbstorganisiert zu beruflichen Lösungen und Entscheidungen kommen und wo dabei ihre Stärken und Ressourcen liegen (Heyse, Erpenbeck & Max, 2004).*

Kompetenzen sind darstellbar. Die Instrumente stehen dem Einzelnen durch KODE®-Selbsteinschätzung und – in spezieller Form einer Organisationsentwicklung mit Hilfe von KODE®X – Unternehmen zur Verfügung (Heyse & Ortmann, 2008).

Die Vorteile des kompetenzbasierten Ansatzes für ein Unternehmen:

- *Systematisierung* von Auswahl und Entwicklungsprozessen im Unternehmen
  Übersicht: *Wer kann Was und wird Wo gebraucht?*
- *Planbarkeit* für effizienten und effektiven Einsatz von Trainings- und Weiterbildungsmaßnahmen –
  *Fokussierung statt „Gießkannenprinzip"*
- *Bindung der Mitarbeiter* an das Unternehmen –
  *Gute Mitarbeiter erkennen, fördern und halten!*
  *„Stärken-Management" statt „Schwächen-Dokumentation"*
- *Zukunftsgerechte Ausgestaltung und Besetzung* der Arbeitsplätze –
  *Alters- u. geschlechtsunabhängig der richtige Mitarbeiter/die richtige Mitarbeiterin am richtigen Platz mit den richtigen (fachlichen Qualifikationen und überfachlichen) Kompetenzen*
- *Flexible und modulare Methodik –*
  *Höhere Anpassungsfähigkeit mit einheitlichem System*

Als *ein wichtiges Instrument innerhalb* eines modular integrativ aufgebauten Personalentwicklungsansatzes eignet sich unseres Erachtens nach bestens das KODE®-/KODE®X-System (Erpenbeck & v. Rosenstiel, 2003). Es hat den wesentlichen Vorteil, dass es als objektivierendes Einschätzungsverfahren für den Vergleich von Kompetenzausprägungen keine „Schablone" ist, sondern es kann an die jeweiligen Bedarfe, spezifischen betrieblichen Ziele, Strategien, Hierarchien, Unternehmenskultur und interkulturellen Besonderheiten angepasst werden (Kochmann, 2007).


# 4.    Klar-Sicht: Ein Praxisbeispiel – „WB Technologie GmbH"

## 4.1    Die Ausgangssituation

Das mittelständische Technologieunternehmen „WB Technologie GmbH" mit einer Unternehmerpersönlichkeit an der Spitze, ist kontinuierlich gewachsen und bereitet die weitere Expansion durch die Übernahme eines Wettbewerbers vor. Das Unternehmen hat zwei Tochterunternehmen, die Standorte liegen im ländlichen Raum. Sein Produktionsstandort in den USA soll erweitert werden, um den dortigen Markt besser beliefern zu können. Das Unternehmen hat insgesamt knapp unter 1000 Mitarbeiter. Führungskräfte und Mitarbeiter verfügen über hervorragende fachlich-methodische Qualifikationen und sind gegenüber neuen Entwicklungen aufgeschlossen. Die Wissensträger sind schon lange im Unternehmen. Die mit der Expansionsstrategie einhergehenden Herausforderungen stellen für einen Großteil der Führungsnachwuchs-/Führungskräfte neue Anforderungen dar, auf die sie gezielt vorbereitet werden sollen. Um diese aktiv und offensiv annehmen und bewältigen zu können, wurde seitens der Geschäftsleitung 2013 innerhalb des Personalwesens die Abteilung „Personalentwicklung" neu geschaffen und einer systematischen Personal- und Führungskräfteentwicklung breiter Raum gewidmet. Ein wesentlicher Baustein ist die „Entwicklung einer innovativen und kompetenzbasierten Personalentwicklung".

## 4.2 Die Zielvorgaben

Es sollte ein System aufgebaut werden, das
- die erfolgskritischen Zielgruppen identifiziert,
- die Kompetenzdimensionen der entsprechenden Führungs-/ Führungsnachwuchskräfte einerseits persönlich, andererseits auch hinsichtlich ihrer (Führungs-)Rolle und Position im Unternehmen herausarbeitet,
- die strategieorientierte Besetzung langfristig sichert,
- „Talente" über interne Hierarchiegrenzen hinweg identifiziert,
- Personen mit Potential lockt, bindet,
- Perspektiven aufzeigt und
- das Unternehmen als attraktiven Arbeitgeber darstellt.

Für die „WB Technologie GmbH" war es wichtig, nicht nur bei der Auswahl des Personals sondern auch bei der Beurteilung der Beschäftigten im Hinblick auf deren Entwicklung die Potenziale und die Entwicklungswünsche früh zu erkennen und passgenaue Personalentwicklungsmaßnahmen anzubieten, die kompetenzorientiert sind und deshalb weit über eine bloße Fortbildung hinausgehen.

## 4.3 Die Fragestellungen

- „Welche Kompetenzen (persönliche Stärken/Potentiale) haben unsere Mitarbeiter und Führungskräfte?"
- „Passen die Mitarbeiter und Führungskräfte zur zukünftigen Strategie?"
- „Wie erreiche ich eine Steigerung der Wettbewerbsfähigkeit: Besser als andere?"

## 4.4 Die betrieblichen Rahmenbedingungen

- Wissenschaftliche Fundierung
- Beachtung von Zeitansatz und Belastung (möglichst „bei laufendem Motor im Job")
- Umsetzbarkeit, d.h. Einführung möglichst ohne bürokratischen Aufwand
- Nachvollziehbarkeit und Plausibilität für Geschäftsführung und Teilnehmer („motivierende Einbindung der Mitarbeiter von Anfang an")

- Fokus: „Stärkenmanagement und -entwicklung", statt „Schwächendokumentation"
- Freiwilligkeit, damit das Verfahren auch für die Eigenentwicklung genutzt werden kann
- Vertraulichkeit

## 4.5 Die Verfahrensüberlegungen

Bei den mehrheitlich technisch orientierten Teilnehmern und Teilnehmerinnen, die sich zuvor in der Regel noch nie mit Persönlichkeitsaspekten strukturiert auseinandergesetzt haben, galt es ein Modell anzubieten, das sie behutsam, nachvollziehbar und für sie überwiegend berufs- und praxisrelevant in psychologische Themen einführt, ohne sie zu überfordern. Weiterhin war bedeutsam, ein Instrument einzusetzen, das die Auswertung schnell auf die relevanten Punkte bringt und sich nicht in der Diagnose erschöpft, sondern Entwicklungen unmittelbar induzieren kann.

*Vor diesem Hintergrund wurde ein multimethodaler Ansatz (Kochmann, 2007) gewählt:*

KODE® bzw. KODE®X mit dem EDV-gestützten Selbst- und Fremdbeurteilungsverfahren (Online-Selbst-/Fremdeinschätzungsfragebögen) zu berufsbezogenen Kompetenzdimensionen (Heyse & Ortmann, 2008), ergänzt durch persönliche Vier-Augen-Feedbackgespräche zu den Kompetenzausprägungen, der beruflichen Biographie und der gegenwärtigen Position/Funktion im Unternehmen.

Aus den Erkenntnissen bisheriger durchgeführter Führungskräfteentwicklungsmaßnahmen wurde von den Beratern ein schrittweises, zeitlich aufeinander abgestimmtes und integriertes Vorgehen gewählt.

Der Betriebsratsvorsitzende wurde in einem Gespräch über das Verfahren informiert und es wurden Regelungen wegen möglicher datenschutzrechtlicher Bestimmungen getroffen.

Für die gesamte Dauer des Prozesses wurde für die Berater und für die Teilnehmer als Ansprechpartner und „Brücke" zur Geschäftsleitung die Leiterin Personalentwicklung bestimmt.

## 4.6 Die schrittweise Durchführung

*1. Schritt:*
*Moderierte Strategiediskussion in einem 1-tägigen Workshop:*

Teilnehmer: Geschäftsführung/Personalleitung/PE/Entscheider der wichtigsten Unternehmensbereiche (Bereichsleiter), insgesamt 10 Personen

In einer strukturierten Diskussion wurde die zukünftige Unternehmensstrategie als Grundlage für alle weiteren Schritte definiert. Erst die Standortbestimmung, dann die

Maßnahmen. „Was müssen die Mitarbeiter dafür können?", „Auf welche besonders wichtigen Kompetenzen ist zu achten?"

Weiterhin erfolgte eine Priorisierung auf erfolgskritische Zielgruppen.

Wegen der „Handhabbarkeit" sollte in einer Pilotphase eine Beschränkung auf die Bereiche „Entwicklung", „Kaufmännische Verwaltung" und „Vertrieb" erfolgen.

Mit KODE®X wurden Anforderungen definiert, analysiert und die „Soll-Profile" erarbeitet, aus dem Kompetenzatlas mit den 64 Teilkompetenzen die 13 relevanten und positionsspezifischen konkretisiert, im Handbuch neu definiert und zur weiteren Verwendung hinterlegt.

Abb. 1: Entwickeltes Anforderungsprofil „Entwicklung" mit Kompetenzkanal

| Einschätzungsskala | weniger ausgeprägt | teilweise ausgeprägt | ausgeprägt | deutlich ausgeprägt | stark ausgeprägt | sehr stark ausgeprägt | übermäßig ausgeprägt |
|---|---|---|---|---|---|---|---|
| 1. Innovationsfreudigkeit | 1 2 | 3 | 4 5 | 6 **7** | **8 9** | 10 | 11 12 |
| 2. Ergebnisorientiertes Handeln | 1 2 | 3 | 4 5 | 6 7 | **8 9** | 10 | 11 12 |
| 3. Fachwissen | 1 2 | 3 | 4 5 | 6 7 | **8 9** | 10 | 11 12 |
| 4. Analytische Fähigkeiten | 1 2 | 3 | 4 5 | **6 7** | **8** 9 | 10 | 11 12 |
| 5. Experimentierfreude | 1 2 | 3 | 4 5 | **6 7** | **8** 9 | 10 | 11 12 |
| 6. Konzeptionsstärke | 1 2 | 3 | 4 **5** | **6 7** | 8 9 | 10 | 11 12 |
| 7. Problemlösungsfähigkeit | 1 2 | 3 | 4 5 | 6 7 | **8 9** | 10 | 11 12 |
| 8. Projektmanagement | 1 2 | 3 | 4 5 | **6 7** | **8** 9 | 10 | 11 12 |
| 9. Systematisch-methodisches Vorgehen | 1 2 | 3 | 4 5 | **6 7** | **8** 9 | 10 | 11 12 |
| 10. Eigenverantwortung | 1 2 | 3 | 4 5 | 6 7 | **8 9** | **10 11** | 12 |
| 11. Einsatzbereitschaft | 1 2 | 3 | 4 5 | 6 **7** | **8 9** | 10 | 11 12 |
| 12. Ganzheitliches Denken | 1 2 | 3 | 4 **5** | **6 7** | 8 9 | 10 | 11 12 |
| 13. Lernbereitschaft | 1 2 | 3 | 4 5 | **6 7** | **8** 9 | 10 | 11 12 |

Abb. 2: Kompetenzatlas mit den 13 Kompetenzdimensionen des Anforderungsprofils „Entwicklung"

**Abb. 3:** Definitionen – Workshopdefinition „Innovationsfreudigkeit" und „Ergebnisorientiertes Handeln"– Auszug.

**1 Innovationsfreudigkeit**

– Sucht und realisiert aktiv positive Veränderungen von Produkten und Produktionsmethoden

- Ist Neuem gegenüber aufgeschlossen
- Setzt Neuerungen gern aktiv um
- Sammelt Erfahrungen und schafft durch kontinuierliches Lernen die Voraussetzungen, um innovativ wirken zu können

**Erläuterung:**

Innovationsfreudigkeit bezeichnet die personal verankerte positive Bewertung und die entsprechend aktiv und unter hohem persönlichen Einsatz praktizierte Suche und Realisierung von Neuem.

Die Neuerungen können sich dabei auf neue Produkte, neue Produktions- und Organisationsmethoden, neue Marktbeziehungen und neue arbeitsgruppen- oder unternehmensübergreifende Vernetzungen beziehen. Sie schließen ein, ungewöhnliche Problemlösungswege im Rahmen der Tätigkeit zu erkennen und richtig anzuwenden, Alternativen herauszuarbeiten und um realistische zielgerichtete Entscheidungen zu treffen.

Voraussetzung der Innovationsfreudigkeit ist eine aktive und intensive Umweltexploration.

Sie umfasst mehr als nur spezifische Wissensanteile und setzt eine systematische Informationsbeschaffung und -verarbeitung voraus, die das Wissen um wichtige Meinungsbildner und Multiplikatoren für die Arbeit des Unternehmens einschließt und Aufbau und Pflege entsprechender sozialer aktiv Beziehungen betreibt.

**Bei Übertreibung:**

Ändert zu viel gleichzeitig, betreibt Veränderungen um ihrer selbst Willen und verunsichert dadurch andere...

**2 Ergebnisorientiertes Handeln**

- Verfolgt und realisiert Ziele bewusst mit großer Willensstärke, Beharrlichkeit und Aktivität und gibt sich erst zufrieden, wenn klare Ergebnisse vorliegen
- Legt bei zeitweiligen Schwierigkeiten bei der Sicherung von Ergebnissen eine große Ausdauer an den Tag
- Wird durch die Erwartung von konkreten Ergebnissen motiviert

**Erläuterung:**

Ergebnisorientiertes Handeln ist eine auf solidem fachlich-methodischem Wissen, auf Erfahrungen und komplexem Können beruhende Aktivität, die der Erreichung vorgegebener oder selbst gesetzter geistiger oder praktischer Ziele dient.

Diese Aktivität wird mit Willensstärke und Beharrlichkeit auch unter Widerständen und Belastungen verfolgt.

Im Gegensatz zu rein affektgebundenem oder aber durch äußere Vorgaben bestimmtem

Ergebnis:
Auf Basis der Unternehmensziele und -strategien wurden im Workshop *genau die Kompetenzen* und Kompetenzprofile ermittelt, die die „WB Technologie GmbH" in den vorher definierten Bereichen „Entwicklung", „Kaufmännischer Bereich" und „Vertrieb" *in Zukunft benötigt.* Damit wurde eine Basis für den Abgleich individueller Kompetenzausprägungen der Fach-/Führungskräfte mit den definierten, zielbezogenen Unternehmensanforderungen geschaffen.

40 Fach-/Führungs- und Führungsnachwuchskräfte aus den o.g. Bereichen haben sich für die Pilotphase gemeldet. Aus Gründen der Einbindung in Projektarbeiten, Unabkömmlichkeit u.a. erhielten acht potentielle Teilnehmer die verbindliche Zusage zur Teilnahme an dem KODE®-/KODE®X-Durchlauf zum nächstmöglichen Zeitpunkt.

*2. Schritt:*
*Kick-off Veranstaltung*

Teilnehmer: 32 Teilnehmer in der Pilotphase und deren Vorgesetzte/Bereichsleiter

Die 32 Personen aus den relevanten Bereichen wurden persönlich informiert und in den Prozess und die Zielsetzungen eingewiesen. Verständnisfragen und Fragen zum weiteren zeitlichen Ablauf konnten geklärt werden. Verantwortliche Ansprechpartner wurden benannt. Um größtmögliche Vertraulichkeit und Nachvollziehbarkeit zu gewährleisten wurde vereinbart, die Ergebnisse der Auswertung der Selbsteinschätzungsfragebögen KODE® durch die Berater nur den jeweiligen Teilnehmern und Teilnehmerinnen in einem persönlichen Feedbackgespräch zu interpretieren und ihnen die schriftliche Ausarbeitung zu übergeben.

Ergebnis:
Alle Teilnehmer waren informiert und erhielten eine klare Vorstellung über Projektziel und Projektablauf.

*3. Schritt:*
*Einsatz der Kompetenzdiagnostik Selbst- u. Fremdeinschätzungsfragebögen (KODE®/KODE®X).*

Die KODE® Selbsteinschätzungsfragebögen wurden nach der Kick-off Veranstaltung zusammen mit einer klaren Erläuterung (Hinweise zum Ausfüllen des KODE®-Fragebogens/Beurteilungsgrundsätze/Informationen zum KODE®X-Fragebogen) an die Teilnehmer und Teilnehmerinnen per Mail verschickt. Die bearbeiteten Fragebögen wurden anschließend von den Beratern ausgewertet.

Zu einem späteren Zeitpunkt wurden die KODE®X-Fragebögen Selbst-/Fremdeinschätzung übermittelt, jeder Teilnehmer nahm eine Selbsteinschätzung vor und wurde parallel durch je einen Bereichsleiter und je einen Kollegen bzw. eine Kollegin fremdbeurteilt (360°).

Das gesamte Prozedere geschah online, da ein Einsatz „bei laufendem Betrieb" gewünscht wurde.

Ergebnis:
Die Teilnahmebereitschaft betrug 100%. Die Rücklaufquote betrug ebenfalls 100%. Dieses Ergebnis ist als außergewöhnlich gut einzustufen, zumal die Umsetzung der Expansionsstrategie die volle Konzentration der Führungskräfte erforderte.

Das aktive Einbeziehen und Informieren aller Mitarbeiter förderte die Akzeptanz, das Engagement und die positive Grundeinstellung jedes Einzelnen.


*4. Schritt:*
*Beginn des eigentlichen Diagnostikprozesses und der Individuellen Feedbackgespräche mit allen Teilnehmern der Pilotphase.*

Die Auswertungen der Kompetenzdiagnostik KODE®-Selbsteinschätzung wurden gemeinsam mit dem jeweiligen Berater analysiert und reflektiert.

Für die Schritte 3 und 4 war ein Zeitraum von 3 Monaten vorgesehen, der knapp überschritten wurde.

Ergebnis:
Durch die individuelle Interpretation erhielten die Teilnehmer wichtige Erkenntnisse über ihre persönlichen Stärken und Potentiale (Zeitdauer pro Person etwa 2 Stunden). Es konnten erste individuelle Lern-/Entwicklungsziele und erkannte Optimierungsfelder abgeleitet werden. Die Teilnehmer, die sich zuvor in der Regel noch nie mit Persönlichkeitsaspekten auseinandergesetzt hatten, waren über die Auswertungs- und Feedbackgesprächsergebnisse überwiegend positiv überrascht.

Abb. 4:   KODE®-Profil Selbsteinschätzung Bruno S. Wieck, Bereich Entwicklung

| Individuelle Basiskompetenzen | personale | aktivitäts- bezogene | fachlich- methodische | soziale |
|---|---|---|---|---|
| Unter *normalen* Bedingungen | 26 | 19 | 32 | 43 |
| Unter *schwierigen* Bedingungen | 29 | 24 | 33 | 34 |
| Differenz | 3 | 5 | 1 | -9 |
| Durchschnitt | 28 | 22 | 32 | 38 |

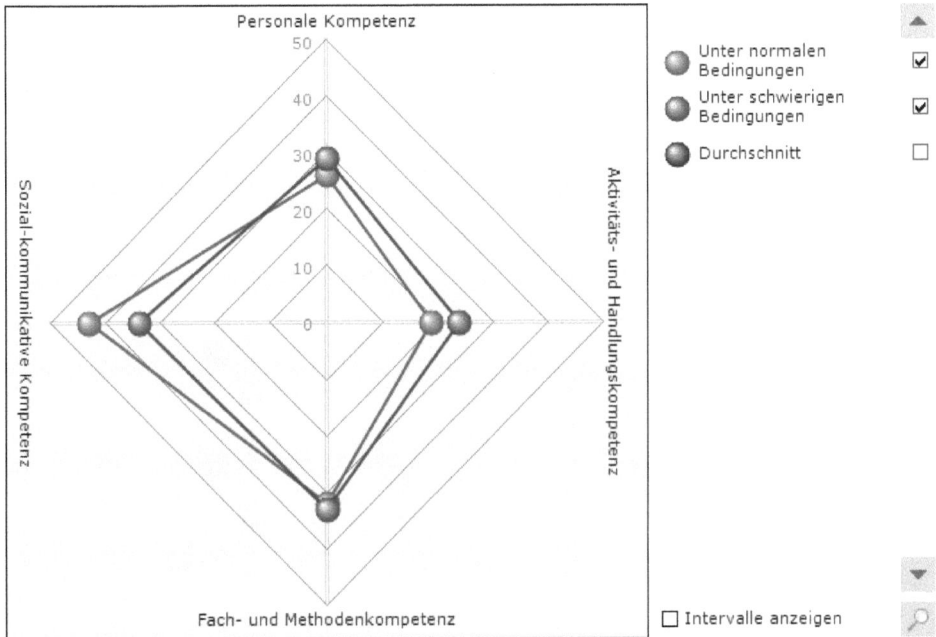

5. *Schritt:*
*Abstimmungsworkshop: Präsentation für die Geschäftsführung*
*Auswertung der KODE®X-Selbst-/Fremdeinschätzungsfragebögen.*
*Ergebniserörterung und Ableitung konkreter Maßnahmen.*

Teilnehmer: Geschäftsführung/Personalleitung/Bereichsleiter „Technik"/Bereichslei-ter „Kaufmännische Verwaltung"/Bereichsleiter „Vertrieb".

Vor-Sichtige Anmerkung:
Dieser Teil des KODE®X-Prozesses ist als verfahrenskritisch anzusehen, da es bei ungeübten Betrachtern der einzelnen Auswertung zu möglicherweise voreiligen Schlussfolgerungen kommen kann. Denn: Zur validen Interpretation ist das relative

Verhältnis der Übereinstimmung oder Abweichung von Selbst- und Fremdbild wesentlich und relevanter, als die absolute Betrachtung der Skalenwerte oder Prozentangaben in den Grafiken (Heyse & Ortmann, 2008).

Es wurde seitens der Berater darauf hingewiesen, dass diese Interpretationsangebote keinesfalls Festschreibungen oder Prognosen sind, sondern Gesprächs- und Reflexionsangebote. Sie gehen auf beobachtetes Verhalten Dritter zurück, können jedoch die individuellen lebensgeschichtlichen Besonderheiten der zur Einschätzung stehenden Person nicht widerspiegeln (Kochmann, 2007).

Aus diesem Grunde wurde der Abstimmungsworkshop diszipliniert moderierend begleitet.

Abb. 5:  KODE®X-Fragebogen (Auszug) Beurteilung Bruno S. Wieck durch Bereichsleiter

Bruno S. Wieck

Erstellt am 15.12.2014

Fremd. Führungskraft
Erstellt durch Otto V. Magdeburg

Skala: 1–3 weniger ausgeprägt / teilweise ausgeprägt / ausgeprägt; 4–6 deutlich ausgeprägt; 7–9 stark ausgeprägt / sehr stark ausgeprägt; 10–12 übermäßig ausgeprägt

| Kriterium | Bewertung (1–12) |
|---|---|
| **1. Innovationsfreudigkeit** | 7 |
| Sucht und realisiert aktiv positive Veränderungen von Produkten und Produktionsmethoden | 6 |
| Ist Neuem gegenüber aufgeschlossen | 7 |
| Setzt Neuerungen gern aktiv um | 6 |
| Sammelt Erfahrungen und schafft durch kontinuierliches Lernen die Voraussetzungen, um innovativ wirken zu können | 8 |
| **2. Ergebnisorientiertes Handeln** | 7 |
| Verfolgt und realisiert Ziele bewusst mit großer Willensstärke, Beharrlichkeit und Aktivität und gibt sich erst zufrieden, wenn klare Ergebnisse vorliegen | 7 |
| Legt bei zeitweiligen Schwierigkeiten bei der Sicherung von Ergebnissen eine große Ausdauer an den Tag | 6 |
| Wird durch die Erwartung von konkreten Ergebnissen motiviert | 9 |

Abb. 6:    Profil Bruno. S. Wieck – Selbst-/Fremdeinschätzungen Bereichsleiter und Kollege

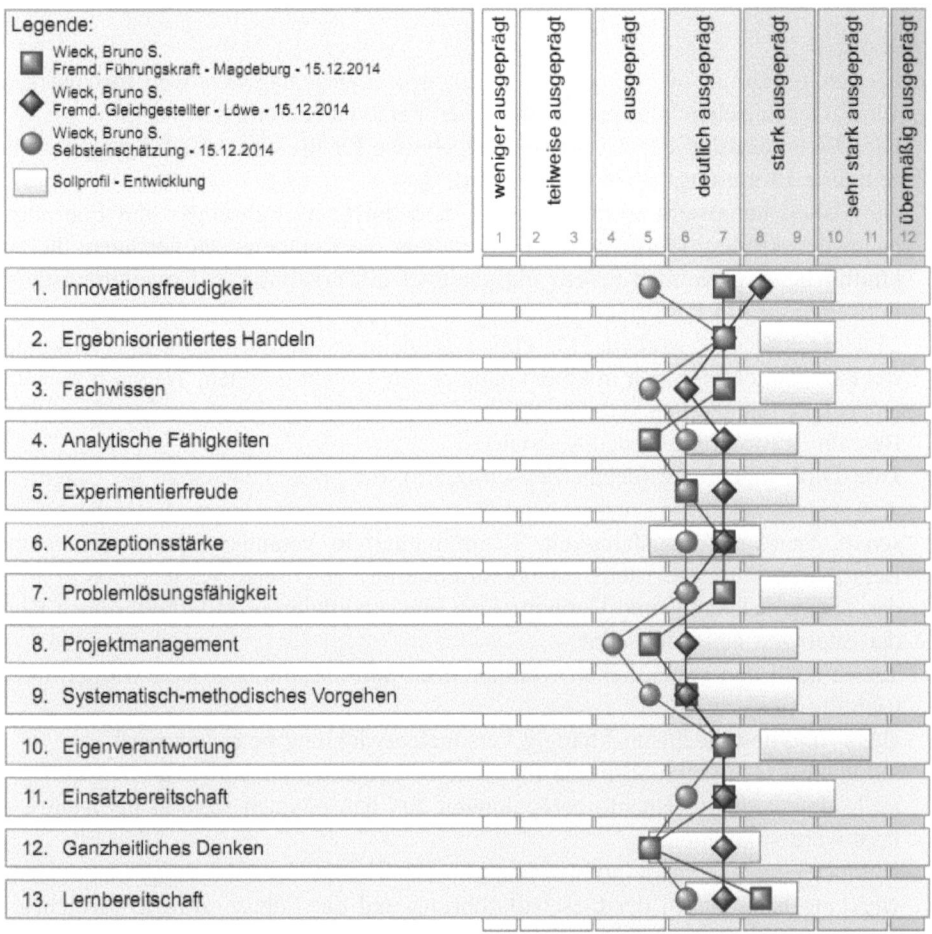

Die Ergebnisse des KODE®X-Verfahrens wurden sowohl den einzelnen Teilnehmern als auch deren Vorgesetzten/Personalentwicklung zugänglich gemacht. Gemäß der Fokussierung auf „Stärkenmanagement" wurde hervorgehoben, dass eine außerhalb des Kompetenzkanals (z.B. wenig ausgeprägt/übermäßig ausgeprägt) liegende Teilkompetenz nicht als Sanktionsgrundlage oder faktisches Defizit zu bewerten ist. *Vielmehr ist dies ein mögliches Entwicklungsfeld*, bei dem empfohlen wurde, entlang der strategischen Zielsetzung der „WB Technologie GmbH" bzw. des Bereichs mit jedem Teilnehmer in den Dialog zu treten. Grundtendenz der Vermittlung: Lernen über die Stärken und Schwächen nachzudenken, an ihnen zu arbeiten und die Stärken zu erweitern.

Durch dieses Vorgehen soll Glaubwürdigkeit und Verantwortlichkeit für die nächsten Entwicklungsschritte herbeigeführt aber auch die Transparenz ermöglicht werden, wo die persönliche Entwicklung anzusprechen sein wird, um den fördernden/fordernden Personalentwicklungsansatz zu stärken.

Ergebnis:
Die Geschäftsführung wurde darin bestärkt, den eingeschlagenen Weg fortzusetzen, um eine „Gesamtschau" des erfolgskritischen Personals zu erhalten.

Die Dokumentation der Auswertungsergebnisse für die Geschäftsführung und die gemeinsame Erörterung haben dazu geführt, dass

- Gewissheit hergestellt werden konnte, dass die Fach-/Führungs- und Führungsnachwuchskräfte im Großen und Ganzen über die Kompetenzen verfügen, die zukünftig benötigt werden („Sehr gut geeignet mit erkennbaren Erweiterungsmöglichkeiten", „Top Performer, Breite Einsetzbarkeit").
- „Talente entdeckt" wurden. D.h. einige Teilnehmer wurden wegen ihrer besonderen Fähigkeiten plötzlich in einem ganz anderen Licht gesehen. Wegen bisher unentdeckter Fähigkeiten wurden Wechsel bereichsübergreifend initiiert (u.a. vom Bereich Entwicklung in den Vertrieb).
- zwei Dipl.-Ingenieure (ehem. Zeit-Offiziere), die noch nicht lange im Unternehmen waren, zukünftig entsprechend ihrer Kompetenzauswertung Leistungsbereitschaft, Problemlösungsfähigkeit, Teamfähigkeit in Veränderungssituationen und Belastbarkeit/Stressresistenz „stärkenorientierter" eingesetzt werden.
- das Thema Rückkehr und Unterstützung von qualifizierten Mitarbeiterinnen nach der Elternzeit behandelt wird.
- Teams nach den persönlichen Kompetenzen neu zusammengesetzt wurden (Vertrieb/Entwicklung).
- alters- und geschlechtsunabhängig Personalentwicklung betrieben wird
- individuelle Entwicklungspfade für einzelne „Talente" erörtert und
- auch altersbedingte Nachfolgeregelungen aus den eigenen Reihen ins Auge gefasst werden konnten.
- Kompetenzmanagement nicht mehr nur ein Thema der Abteilung Personalentwicklung ist, sondern der Geschäftsführung und der Führungskräfte/Bereichsleiter.

**Abb. 7:**  Kompetenz – Potential Portfolio Allgemein

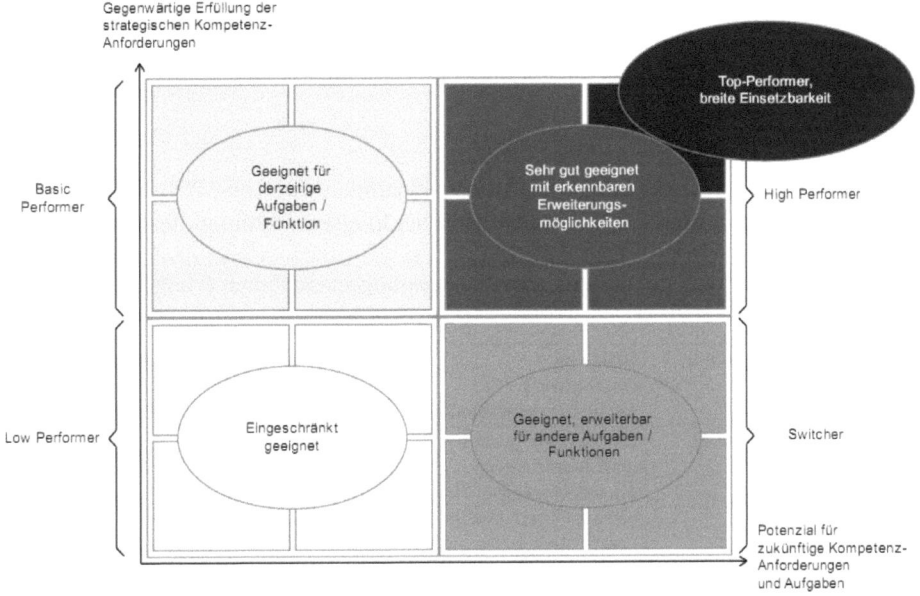

**Abb. 8:**  Kompetenz – Potential Portfolio Bereich „Entwicklung"

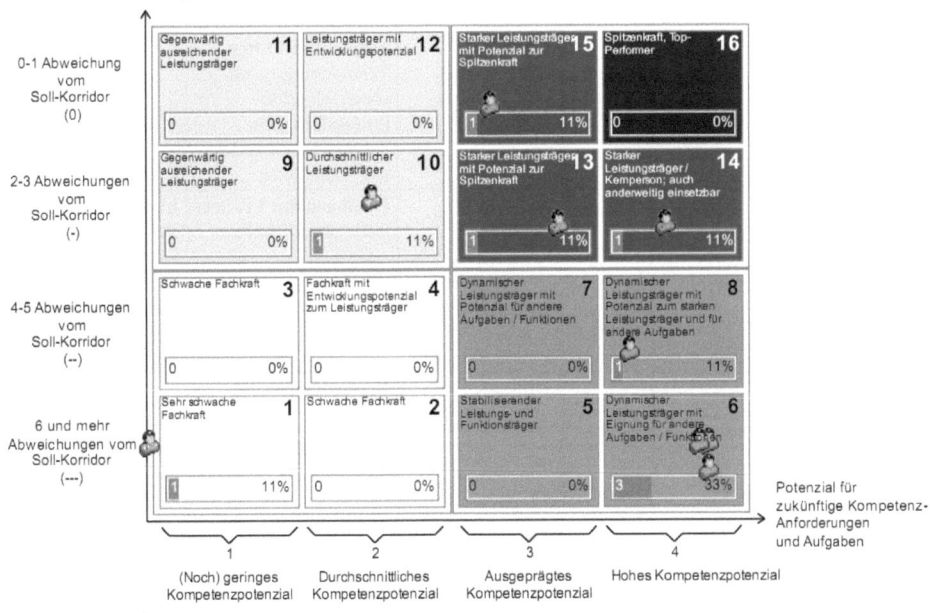

*6. Schritt:*

*Information aller Teilnehmer über geplante Kompetenzentwicklungsmaßnahmen, kompetenzorientierte Trainings etc.*

Mit dem 6. Schritt endete die Pilotphase.

Ergebnis:

In diesem Schritt wurden konkrete Einzelmaßnahmen zwischen Personalentwicklung und Teilnehmern erörtert und in einer „Entwicklungsempfehlung" festgelegt.

Abb. 9:   Optimierungsfelder und erste Entwicklungsmaßnahmen (vorläufig/Stand: Febr./März 2015) – Auszug

| Name | Anmerkung | Dringend empfohlene (***) Entwicklungsmaßnahmen | Empfohlene (**) Entwicklungsmaß-nahmen | Optionale (*) Ent-wicklungsmaßnahme evtl. als Incentive |
|---|---|---|---|---|
| Otto Poll | | **Einzelcoaching oder im Rahmen einer Teamentwicklung:** Dialog- und Kundenorientierung, Ergebnisorientiertes Handeln, Beziehungs-management Rollen- und Aufgaben-klärung | **Interkulturelles Training** Business-Kultur | |
| Sven Bast | Bereits eingeleitet im Febr. 2015 | | **Unterjährige Feedbackgespräche** mit FK über Rolle und zukünftige Aufgaben | **Förderung berufsbegleitendes Studium** Vereinbarung mit FK über auszubauende Marktkenntnisse. |
| Siegfried Hagen | | | **Teamentwicklung:** Veränderungsbereit-schaft, Konflikt-lösungsfähigkeit, Kommunikationsfähig-keit, Delegieren | |
| Simon Kalt | | | **Feedback mit FK** über Rolle und zukünftige Aufgaben | **Einzelcoaching:** Reflexion über Führungsrolle und Umgang mit Autoritäten, ggf. **Training** Verhandlungsführung |
| Jana Gesche | | | **Teamentwicklung:** Konfliktlösungs-fähigkeit, Ent-scheidungsfähigkeit | |
| Heinz Klotten | Maßnahme bereits aktiv mit Vorgesetzen besprochen. | **Teamentwicklung/ Einzelcoaching:** Integrationsfähigkeit, Team-fähigkeit, Konfliktfähigkeit, Verständnisbereitschaft und Beziehungsfähigkeit | | |

Durch die enge Einbindung der Teilnehmer und Transparenz des Vorgehens von Anfang an wurden positive Multiplikatoren gewonnen und Promotoren auf Geschäftsleitungsebene für die weitere kompetenzbasierte Personalentwicklung mit KODE®/KODE®X.

*7. Schritt:*
*Fortführung der Evaluierungsmaßnahme*
*im Unternehmen auf der Ebene Bereichsleiter (Ebene unterhalb der Geschäftsführung)*

Auf Grund des überzeugenden Verlaufs und der Ergebnisse wurde seitens der Geschäftsführung die Implementierung des Kompetenzdiagnostikverfahrens beschlossen.

Zugleich erfolgte die Durchführung des multimethodalen Einsatzes auf der Ebene der Bereichsleiter (15 Personen). Die Fremdeinschätzungen erfolgten durch die Geschäftsleitung und Bereichsleiterkollegen/Personalleitung. Die bisherigen Workshops wurden moderierend begleitet.

Der Prozess befindet sich in der Abschlussphase.

Im Hinblick auf die sich in der Umsetzung befindlichen Expansionsstrategie des Unternehmens, der damit einhergehenden Veränderungen und der persönlichen Entwicklung sollten die folgenden Kompetenzen bei den Bereichsleitern besonders ausgeprägt sein
- Motivation
- Werthaltung
- Offenheit für Veränderungen/Lernfähigkeit
- Engagement
- Gestaltungswille
- Marktkenntnis, Kundenorientierung
- Ergebnisorientiertes Handeln
- Teamführung vor allem in Veränderungssituationen

Weitere Maßnahmen, die unternehmensseitig beschlossen wurden:

- Ausbildung von eigenen KODE®-/KODE®X-Analysten.
- Konzeption eines kompetenzorientierten Managementaudits (mit AC) auf der Grundlage des multimethodalen Ansatzes.
- Individuelle Fördermaßnahmen zur Stärkung und Weiterentwicklung von „Talenten" (Fach- u Führungskräfte mit Potential), Betrauen mit herausfordernden Aufgaben, Realisierung von „Karrieresprüngen". Kompetenzorientierte Trainings, Selbsttrainings mit modularen Informations- und Trainingseinheiten (KODE®).
- Ein Mentoringprogramm, ebenfalls zur schnelleren Integration ausgewählter Fach- und Führungskräfte des übernommenen Unternehmens gedacht, wird entwickelt.

- Schulungstraining für Bereichsleiter: KODE®-/KODE®X-Ergebnisse als Führungsinstrument nutzen lernen und Feedbackgespräche führen.

*Weitere geplante Schritte:*
Ermittlung eines Kompetenzpotentialportfolios nach Abschluss der Übernahme des Wettbewerbers

Systematische Erfassung der Ergebnisse der kompetenzbasierten Personalentwicklung, Anlegen einer Kompetenzpotentialdatei zur Nutzung weiterer Maßnahmen und als Basis eines späteren Talentmanagements (Heyse & Ortmann, 2008)

## 4.7 Rück-Sicht: Bisherige Ergebnisse aus Beratersicht

Seit Beginn der ersten Gespräche zum Aufbau einer innovativen und kompetenzorientierten Personalentwicklung sind 10 Monate vergangen (Beginn des Strategieworkshops im November 2014. Ende der Pilotphase Mitte März 2015). Anschließend erfolgte die Schrittweise Implementierung des Verfahrens.

Von den bisher teilnehmenden Personen waren 40% weiblich. Eine Mitarbeiterin (Kaufm. Angestellte) ist erst vor wenigen Wochen aus der Elternzeit zurückgekommen. Über die Hälfte aller Teilnehmer hatten einen Hochschulabschluss (Ingenieurwissenschaftlich, Informatik oder wirtschaftswissenschaftlich), die anderen eine kaufmännische oder technische Berufsausbildung und langjährige Berufserfahrung. Ca. 70% der Teilnehmer waren schon länger als 10 Jahre im Unternehmen.

Die Bandbreite der Altersstruktur der Teilnehmer bewegte sich zwischen 28 und 56 Jahren, wobei die Führungskräfte und Führungsnachwuchskräfte aus dem Pilotprojekt in die Altersgruppe unter 40 Jahre fielen, die Bereichsleiter eine Altersstreuung von 38 Jahren bis 56 Jahren vorwiesen.

Die Zusammenarbeit zwischen den Altersgruppen war unter Berücksichtigung der Hierarchie von Professionalität und gegenseitigem Respekt geprägt, zwischen den jüngeren Teilnehmerinnen und Teilnehmern war ein gewisses spielerisches Wettbewerbsdenken („Wer ist besser?" „Welcher Bereich ist wichtiger?") zu erkennen, blieb aber unproblematisch. Im Prozessverlauf entwickelte sich bei dem einen oder anderen ein herausfordernder Ehrgeiz.

Seitens der Teilnehmer und Teilnehmerinnen in der Pilotphase wurde positiv vermerkt, dass der Sinn, der Nutzen und die Vorgehensweise hinsichtlich der Einführung eines Kompetenzmanagements von Anfang an transparent kommuniziert wurden. Seitens der Bereichsleiter wurde ein Verbesserungspotential im „bürokratischen" Aufwand gesehen. Gemeint war hier das strikte Zeitmanagement der Workshops und der Feedbackgespräche, zusätzlich zu der mit der Übernahme des Wettbewerbers bereits einhergehenden Mehrbelastung dieser Gruppe.

Die positiven Ergebnisse zeigen, dass eine alters- und geschlechtsunabhängige Personalentwicklung in die richtige Richtung geht.

*Folgende Zielvorgaben wurden unter Berücksichtigung des Zeitablaufs erreicht:*
- Die erfolgskritischen Zielgruppen wurden identifiziert.
- Die strategieorientierten Anforderungsprofile/Soll-Profile wurden erarbeitet.
- Die Kompetenzen der Führungs-/Führungsnachwuchskräfte wurden im Soll-Ist-Vergleich ermittelt.
- „Talente" wurden entdeckt.
- Perspektiven werden aufgezeigt.
- Die positive Multiplikation der Maßnahmen auf dem externen Arbeitsmarkt hat erste Rückmeldungen bezüglich des Unternehmensimages ergeben (Motto: „Die tun was").
- Die Geschäftsführung ist Promotor des Kompetenzmanagementprozesses.
- Der Kosten-Nutzen-Aufwand wird überaus positiv gesehen.

Die Übernahme des Wettbewerbers und die Integrationsphase einzelner Führungskräfte an den norddeutschen Unternehmensstandorten erfolgten im Februar 2015. Die Zahl der Mitarbeiter hat sich fast verdoppelt, ebenso die Zahl der inländischen Standorte.

*Das Kennen der Kompetenzen der Führungs- und Führungsnachwuchskräfte und Berücksichtigung derselben waren laut Aussage der Geschäftsführung wesentlicher Rückhalt bei dem mit der Übernahme des Wettbewerbers verbundenen und noch laufenden Veränderungsprozess.*

## 5. Aus-Sicht: Weitere Empfehlungen auf Grund der KODE®-/KODE®X-Auswertungen und der Feedbackgespräche

Neben den individuellen Maßnahmen wurde empfohlen, einen ganzheitlichen, strategisch klug eingebundenen Ansatz für die zukünftige Führungskräfteentwicklung zu verfolgen. Einer ersten Einschätzung nach sind sowohl in struktureller Hinsicht als auch bezogen auf eine neu entstehende gemeinsame Unternehmenskultur wesentliche Veränderungen zu erwarten. Diese werden hinsichtlich Aufgabenbeschreibungen, Befugnissen und Verantwortungsbereichen strukturelle Anpassungen erfordern. Hinsichtlich des Aspekts der „Führungs- und Unternehmenskultur" wird es ebenfalls Auswirkungen geben, die im Rahmen der begonnenen kompetenzbasierten Führungskräfteentwicklung zu berücksichtigen sind.

Zusammenfassend haben sich schon folgende Kernthemen herausgestellt:

*Führung, Kommunikation und Struktur.*
*Führung*: Wie die KODE®-Ergebnisse aber auch die Einzelinterviews sowie unsere Eindrücke entlang des laufenden Prozesses zeigten, besteht ein großer Handlungsbedarf, das Thema Führungsrolle und -verantwortung stärker im Bewusstsein aller Führungskräfte zu verankern, und die Führungskompetenz bei der „WB Technologie GmbH" insgesamt hierarchieübergreifend zu erhöhen.

*Kommunikation*: Wir sehen einen großen Handlungsbedarf im Bereich der Steigerung wirksamer und professioneller interner Kommunikation (Wie stelle ich sicher, dass meine Botschaft ankommt? Wie gebe ich ein strukturiertes Feedback? Wie führe ich professionell Mitarbeitergespräche?) und im Bereich Konfliktmanagement (Was erlebt wer als Konflikt? Wie erkenne ich Konflikte? Wie spreche ich Konflikte angemessen an? Wie löse bzw. manage ich Konflikte? Wie überbringe ich „unangenehme Botschaften" und konfrontiere angemessen?)

*Struktur*: Im Rahmen der Einzelgespräche erhielten wir von einigen Teilnehmern die Rückmeldung, dass Unsicherheiten und Irritationen bestehen auf Grund von z.T. ungeklärten und z.T. nur sehr vage geklärten und definierten Verantwortungsräumen und Befugnissen.

Ein Zustand, der im Zuge des gerade stattfindenden Übernahme- und Integrationsprozesses eines Wettbewerbers, nicht verwundert. Hier wäre es angebracht, sich mit dem Thema „Resilienz" näher zu beschäftigen. Auf der Ebene der Mitarbeiter, der Führungskräfte und der Organisation sind *die benötigten spezifischen Fähigkeiten* herauszuarbeiten und zu stärken, um trotz turbulenter und kritischer Situationen gleichzeitig stabil und handlungsfähig zu sein.

## 6. Voraus-Sicht: Ein Entwicklungsprozess – (noch) kein Königsweg

Personalentwicklung in Form von „Talentmanagement" oder „Kompetenzmanagement" gibt es bereits – mehr oder weniger systematisch, meist ad hoc der Situation geschuldet, weniger der *Betrachtung von relevanten Kompetenzen für zukünftige Herausforderungen.*

Einige international tätige Konzerne erweitern ihre „Qualifikations-Denke" um die „Kompetenz-Denke" (Bornträger, 2006) und treiben aus guten Gründen diesen Ansatz voran. Ein Entwicklungspotential ist bei KMU und mittelständischen Unternehmen zu sehen (Röhl, 2015). Die „Kompetenz-Denke" und folgend die Kompetenzerfassung von Personen, sollte auch gezielt dafür eingesetzt werden, den Wiedereinstieg ins Berufsleben nach einer „Aus-Zeit" zu erleichtern (Panzer & Sendler, 2004). Eigene Erfahrungen beim Projekt „KomBi – Kompetenzen entwickeln – Fachkräfte binden" (isw GmbH, 2014) sind überaus positiv. Die Kompetenzentwicklung in der Elternzeit durch eine Kombination aus Coaching, Workshops und Beratungsangeboten, um die in der Elternzeit erworbenen Kompetenzen zu reflektieren und beruflich nutzbar zu machen, sollte von vielen Unternehmen aufgegriffen und organisationsspezifisch zukunftsorientiert weiter ausgebaut werden.

Es gilt: Mit Hilfe eines modular integrativ aufgebauten Personalentwicklungsansatzes mit dem Instrument der Kompetenz-Diagnostik und -Entwicklung (KODE®/KODE®X) und mit den dabei im Mittelpunkt stehenden, notwendigen Feedbackgesprächen können die Maßnahmen in ein Gesamtsystem eingebettet und punktgenau für den Einzelnen umgesetzt werden – und das unter Beachtung der spezifischen Situation des Unternehmens. Das ist ein Prozess, der im Allgemeinen moderierend begleitet werden muss. Wir halten das für äußerst wichtig in Veränderungsprozessen und allgemein beim Change-Management-Ansatz.

*Eigene Erfahrungen und externe Untersuchungen zum Thema Kompetenzmanagement zeigen, dass für eine übergroße Mehrheit der Unternehmen das Nutzen-Aufwand-Verhältnis positiv oder zumindest ausgeglichen ist* (Fraunhofer Institut IAO, 2013).

Zuver-Sicht:
Ein (mittelständisches) Unternehmen wird i.d.R. geprägt von seinen Unternehmerpersönlichkeiten und dem Wissen, Wollen (der Motivation), Können, den Wertvorstellungen und dem hohen Engagement aller Mitarbeiter. Deshalb ist das Kennen der Kompetenzen und die Einsicht der Mitarbeiter über ihre Kompetenzen für zukünftige Herausforderungen wichtig.

*Menschen zu hoher gemeinschaftlicher Leistung zu befähigen, heißt heute mehr denn je ihre persönlichen Stärken alters- und geschlechtsunabhängig zu identifizieren, zu nutzen, weiter zu entwickeln und zu binden* (Wucknitz & Heyse, 2008).

Alters- und geschlechtsunabhängige, kompetenzbasierte Personalentwicklung und richtig verstandenes, angewandtes Talentmanagement sind überlebensnotwendig, weil der – monetäre – Wert eines Unternehmens längst nicht mehr nur auf Kriterien der klassischen Bilanz fußt. Die hohe Bewertung technologiegetriebener „Start Ups" zeigt: Wissen, Know-how, Qualifikationen und Kompetenzen, identifizierte Potentiale aller Mitarbeiter und Mitarbeiterinnen gehören zweifelsohne dazu.

Nach unserer Erfahrung ist es das „Könnte", das es zu ermitteln und richtig zu nutzen gilt! Vom „Könnte zum Können": Einen Königsweg gibt es allerdings (noch) nicht, aber anzufangen lohnt sich. Es ist eine große Chance.

> Das konkrete Projekt wurde von Dr. Kai Kochmann, Geschäftsführender Gesellschafter der reflacta GbR und Dr. Wolfgang Bornträger, Partner, HR Excellence Group GmbH konzipiert und durchgeführt. Beide sind langjährige lizenzierte KODE®-/KODE®X-Analysten und Berater und verfügen über die Doppelqualifikation: langjährige unternehmerische Tätigkeiten in Leitungsfunktionen von Unternehmen und hervorragende Coaching- und Führungskräfteentwicklungsexpertise. Das Unternehmen und die Personen wurden anonymisiert, Namensakronyme aus der Braunschweiger Geschichte entlehnt.
>
> HR Excellence Group GmbH war Kooperationspartner der isw GmbH beim Projekt „KomBi – Kompetenzen entwickeln – Fachkräfte binden".

# Literatur

Astheimer, S. (2009). Arbeit statt Rente. *Frankfurter Allgemeine Zeitung,* Nr. 98 vom 28.04.2009, S. 11.

Bornträger, W. (2006). *Personalsuche und Personalentwicklung mit Hilfe der Kompetenzdiagnostik-Erweiterung der Qualifikations-Denke zur Kompetenz-Denke.* Unveröffentlichtes Vortragsmanuskript. Marketing-Club Braunschweig. 14.10.2006.

Bornträger, W. (2009). Entdecke die Möglichkeiten. *Der Familienunternehmer.* Ausgabe April 2009, S. 15-16.

Burger, A. (2009). Talentmanagement zwischen Ideal und Wirklichkeit. In Weitz, A. (Hrsg.), *Talentmanagement im Mittelstand* (S. 55–67). Lengerich: Pabst.

Coenenberg, A.G. & Bornträger, W. (1981). Lebenslanges Lernen – das gilt für jedermann. *Blick durch die Wirtschaft,* 11.05.1981, S. 1.

Erpenbeck, J. & von Rosenstiel, L. (Hrsg.) (2003). *Handbuch Kompetenzmessung.* Stuttgart: Schäffer-Poeschel.

Fernandez-Araoz, C. (2014). Talentmanagement im 21. Jahrhundert. *Harvard Business Manager,* Ausgabe August 2014, S. 18-31.

Fraunhofer Institut IAO (2013). *Studie Kompetenzmanagement 2013.* Seminarunterlagen zur Studie. Tagung 24. Juni 2014. Fraunhofer Institut IAO, IAT Universität Stuttgart.

Heyse, V. & Erpenbeck, J. (Hrsg.) (2007). *Kompetenzmanagement.* Münster: Waxmann.

Heyse, V., Erpenbeck, J. & Max, H. (Hrsg.) (2004). *Kompetenzen erkennen, bilanzieren und entwickeln.* Münster: Waxmann.

Heyse, V. & Ortmann, S. (2008). *Talentmanagement in der Praxis.* Münster: Waxmann.

Isw GmbH (2014). *KomBi – Kompetenzen entwickeln – Fachkräfte binden,* Veranstaltungsreihe 2013/2014 gefördert im Rahmen der Bundesinitiative „Gleichstellung von Frauen in der Wirtschaft" (www.bundesinitiative-gleichstellen.de), Magdeburg 2014.

Kochmann, K. (2007). Erfahrungen beim Einsatz von KODE® und KODE®X im interkulturellen Kontext – Eine Fallstudie. In Heyse, V. & Erpenbeck, J. (Hrsg.), *Kompetenzmanagement* (S. 217-232). Münster: Waxmann.

Panzer, Ch. & Sendler, L. (2004). Kompetenzbilanzierung als Grundlage für einen Wiedereinstieg in den Arbeitsmarkt. In Heyse, V., Erpenbeck, J. & Max, H. (Hrsg.), *Kompetenzen erkennen, bilanzieren und entwickeln* (S. 74-81). Münster: Waxmann.

Röhl, A. (2015). Mehr Erfolg durch Kompetenzmanagement – Chancen und Anforderungen. *EY-Public Newsletter,* März 2015.

Schaper, N. (2009). Wozu benötigt die Personalpraxis Talentmanagementansätze –Grundlegende Fragen und Lösungsansätze. In Weitz, A. (Hrsg.), *Talentmanagement im Mittelstand* (S. 13-35). Lengerich: Pabst.

Sothmann, P. (2015). Silokultur in den Personalabteilungen. *Frankfurter Allgemeine Zeitung.* Briefe an die Herausgeber, 18.05.2015, S. 18.

Weitz, A. (Hrsg.) (2009). *Talentmanagement im Mittelstand.* Lengerich: Pabst.

Wucknitz, U.D. & Heyse, V. (2008). *Retention-Management. Schlüsselkräfte entwickeln und binden.* Münster: Waxmann.

# III.
## Kompetenzorientierung für die
## Flughafensicherheit, Flugsicherheit und Luftsicherheit

# Der Faktor Mensch – Höhere Performance bei der Fluggastkontrolle durch neue kompetenzbasierte Strategien und Verfahren für die Auswahl, Aus- und Fortbildung von Kontrollpersonal (DEFAKTOS)

*Rudolf Ochs*

## 1. Einführung

Das gewählte Reiseziel mit dem Flugzeug schnell und sicher erreichen zu können, ist heutzutage nahezu für jeden Flugpassagier eine Selbstverständlichkeit. Dieser Beitrag soll einerseits bewusst machen, wie hoch die Anforderungen an das Personal sind, welches Sicherheitskontrollen an den Flughäfen durchführt. Andererseits soll dargestellt werden, wie durch die Forschungsarbeit im Projekt DEFAKTOS[1] ermittelt wird, ob bzw. inwieweit durch den Einsatz von Verfahren zur Kompetenzanalyse und -entwicklung bei der Auswahl, Aus- und Fortbildung von Fluggastkontrollpersonal die Performance im Kontrollprozess gesteigert werden kann. Das Forschungsprojekt hat noch eine Restlaufzeit bis zum 31.01.2016. Dieser Beitrag verschafft einen ersten Überblick und fasst bisherige Erkenntnisse zusammen.

### 1.1 Sicherheit im Luftverkehr

Moderne Verkehrssysteme sind auf eine gute und sichere Infrastruktur angewiesen. Hierzu zählen Straßenverkehr, Schienenverkehr, Schiffsverkehr und Luftverkehr. In Zeiten der Globalisierung trägt insbesondere der Luftverkehr weltweit zur Mobilität und Vernetzung von Menschen und Gütern bei. Dadurch kommt diesem Bereich eine sehr hohe gesellschaftliche und volkswirtschaftliche Bedeutung zu. Als Exportnation profitiert Deutschland besonders stark vom weltweiten Luftverkehr. Dieser hat sich in den vergangenen vier Jahrzehnten vervierfacht, Tendenz weiter steigend.[2] Deutschland verzeichnete 1,8 Mio. Flüge im Jahr 2012 und 180,2 Mio. beförderte Passagiere. Am Flughafen Frankfurt/Main steigen jährlich ca. 30 Mio. Passagiere um.[3] Allein zur Bewältigung der damit einhergehenden Aufgaben und Dienstleistungen sind dort in der Flughafeninfrastruktur auf einer Fläche von etwa 23 km² ca. 75.000 Personen tätig.

---

1  DEFAKTOS ist ein Forschungsprojekt aus dem Themenfeld „Sicherheit im Luftverkehr", gefördert vom Bundesministerium für Bildung und Forschung (BMBF).
2  Siehe hierzu: http://de.statista.com/statistik/daten/studie/311643/umfrage/flugverkehr-entwicklung-nach-rpk-weltweit/ [11.08.2015].
3  Vgl. Friese, U. & Knop, C., Frankfurt bitte mit London und Paris vergleichen, *Frankfurter Allgemeine Zeitung* v. 20.06.2015, S. 32.

Sicherheit steht im Luftverkehr an erster Stelle. Ein Blick in die Statistik zeigt auf, dass in der Vergangenheit weltweit zahlreiche terroristische Bedrohungen und Anschläge im Luftverkehr zu verzeichnen waren. Insbesondere die Terroranschläge am 11.09.2001 in den Vereinigten Staaten von Amerika gaben Anlass, die bis dato gültigen Sicherheitsregularien und Schutzmaßnahmen eingehend zu überprüfen.[4] Einschneidende Veränderungen waren das Ergebnis. So wurden unter anderem Gesetze verschärft sowie neue Sicherheitsvorschriften zur Gefahrenabwehr in der Zivilluftfahrt eingeführt.[5] Zahlreiche Ereignisse in jüngster Vergangenheit zeigen auf, dass die Luftfahrt weiterhin ein attraktives Anschlagsziel bleibt und alle Maßnahmen immer wieder auf den Prüfstand gestellt bzw. weiter entwickelt werden müssen.[6]

Abb. 1: Abgrenzung von Begriffen zur Sicherheit im Luftverkehr

| |
|---|
| **Flughafensicherheit** *(airport security)* umfasst alle Maßnahmen in den Bereichen Security und Safety, die zur Gewährleistung der Angriffssicherheit (Schutz vor illegalen Handlungen), sowie zur Gewährleistung der technischen und operationellen Sicherheitsstandards (Betriebssicherheit) dienen. |
| **Flugsicherheit** *(flight security)* umfasst sowohl die Vermeidung von Flugunfällen durch Sicherheitsvorschriften, Kontrollen, Ausbildung und Training, als auch die Theorie, Untersuchung und Einordnung von Flugunfällen. |
| **Luftsicherheit** *(aviation security)*, beinhaltet eine „Kombination von Maßnahmen und personellen und materiellen Ressourcen, die dazu dienen, die Zivilluftfahrt vor unrechtmäßigen Eingriffen zu schützen, die die Sicherheit der Zivilluftfahrt gefährden"[7] (z. B. Flugzeugentführungen, terroristische oder Sabotage-Akte) |

## 1.2 Fliegen mit Hindernissen

Fällt die Wahl des Verkehrsmittels für eine berufliche oder private Reise auf das Flugzeug, dann meist deshalb, weil man damit möglichst schnell sein Ziel erreichen will. Jegliche Verzögerungen, sei es schon bei der Anreise, bei der Parkplatzsuche, bei der Gepäckaufgabe, beim Check-In, bei Sicherheitskontrollen oder letztendlich beim Boarding, werden als Beeinträchtigungen empfunden und sind daher nicht erwünscht. Sie führen vielmehr zu einer Unzufriedenheit, die jeder Fluggast auf seine Art und Weise verarbeitet und häufig gegenüber anderen zum Ausdruck bringt. Diese „anderen" sind häufig Teil des Flughafen- bzw. Sicherheitspersonals.

---

4  Bei diesen Terroranschlägen handelte es sich um vier koordinierte Flugzeugentführungen mit anschließenden Selbstmordattentaten auf wichtige Ziele und militärische Gebäude in den USA.
5  Stellv. für das Luftsicherheitsregelwerk: *Verordnung (EG) Nr. 300/2008 des Europäischen Parlaments und des Rates vom 11. März 2008 über gemeinsame Vorschriften für die Sicherheit in der Zivilluftfahrt und zur Aufhebung der Verordnung (EG) Nr. 2320/2002*, veröffentlicht im Amtsblatt der Europäischen Union, 09.04.2008.
6  Vgl. u. a. Neuwald, N. (2015). Luftsicherheit in Deutschland – Ein Überblick. *Deutsches Polizeiblatt für die Aus- und Fortbildung DPolBl*, 33, Ausgabe 1/2015, 2–5.
7  Art. 3 Abs. 2 der Verordnung (EG) 300/2008 über gemeinsame Vorschriften für die Zivilluftfahrt v. 11.03.2008, veröffentlicht im ABL L 97/72 vom 09.04.2008.

Aufgrund der Tatsache, dass sich Flugreisende zunehmend über das Internet oder Smartphone einchecken und, falls größeres Gepäck mitgenommen wird, dieses beim „Drop-Off" abgeben, ist nach Erreichen des Flughafens die Sicherheitskontrolle meist die erste Station mit bewusstem Kontakt zum Personal. Wenn es dann noch zu weiteren Verzögerungen kommt, beispielsweise bei der Kontrolle mitgeführter Gegenstände oder der Personenkontrolle, entlädt sich oft der angestaute Unmut beim dort tätigen Sicherheitspersonal. Man kann erahnen, welche Fähigkeiten hier über rein fachliche Qualifikationen hinaus benötigt werden, um entstehende Konflikte zu minimieren oder bestenfalls ganz zu vermeiden.

## 2. Sicherheitskontrollen am Flughafen

### 2.1 Der Kontrollprozess

Sicherheitskontrollen an Flughäfen zählen zu den wichtigsten Präventionsmaßnahmen im Passagierverkehr. Durch sie soll verhindert werden, dass Attentäter bzw. Hilfsmittel zur Durchführung von Anschlägen an Bord gelangen. Das bei den Fluggastkontrollen eingesetzte Sicherheitspersonal (Berufsbezeichnung: „Luftsicherheitsassistent/in") hat daher die Aufgabe, verbotene Gegenstände aufzuspüren, das heißt Sprengstoffe, Waffen oder andere gefährliche Geräte sowie Gegenstände oder Stoffe, die für unrechtmäßige Eingriffe verwendet werden können und die Sicherheit der Zivilluftfahrt gefährden.[8] Hierfür steht ein umfangreiches technisches Equipment zur Verfügung. Dies reicht von der Handsonde über den Torrahmen (neuerdings auch Körperscanner), Röntgengerät und Flüssigkeitsscanner bis hin zum Sprengstoffspürgerät.

An deutschen Flughäfen werden die Zugangskontrollen zu den Sicherheitsbereichen überwiegend von privaten Sicherheitsunternehmen im Auftrag der Bundespolizei durchgeführt, wofür dem Fluggastkontrollpersonal die erforderlichen Hoheitsrechte übertragen werden („Beleihung"). Nach Angaben des Bundesverbandes der Deutschen Fluggesellschaften e.V. (BDF) (2012) sind private Sicherheitsdienste für die deutschen Fluggesellschaften (BDF-Mitglieder) ein unverzichtbarer Partner bei der gewissenhaften und sorgfältigen Durchführung von jährlich mehr als 70 Millionen Passagierkontrollen mit über 6.000 Luftsicherheitsassistent/innen. Insgesamt wurden im Jahr 2010 auf deutschen Flughäfen rund 167 Millionen Passagiere abgefertigt.[9]

Der Kontrollprozess für Fluggäste und das Handgepäck wird von einem Team an vier Positionen durchgeführt. Die Reisegepäckkontrolle erfolgt an zwei Positionen, wobei diese in abgesetzten Räumlichkeiten stattfindet (siehe Abb. 2).

---

8   Verordnung (EG) Nr. 300/2008 des Europäischen Parlaments und des Rates vom 11. März 2008, Artikel 3.

9   Engel, M. (Geschäftsführer des Bundesverbandes der Deutschen Fluggesellschaften e. V.): Luftsicherheit und Wirtschaftlichkeit – Geht das?, *DSD – Der Sicherheitsdienst,* 64. Jahrgang, Ausgabe 1/2012, S. 11 und 12.

Abb. 2: Die Prozesse Fluggast- und Handgepäck- sowie Reisegepäckkontrolle

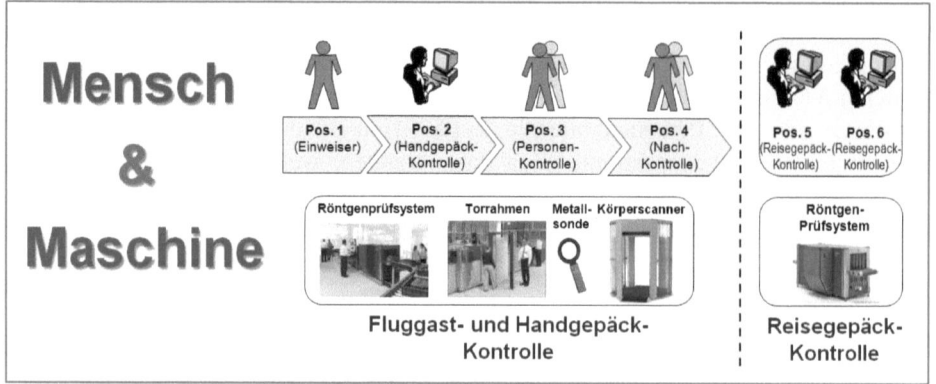

## 2.2 Anforderungen an Fluggastkontrollkräfte

Nicht nur die Tätigkeiten an den einzelnen Positionen variieren, sondern auch die Anforderungen an das Kontrollpersonal, die immer komplexer werden und immer mehr Sensibilität erfordern. So wird auch bei stetig steigendem Passagierdurchsatz die Erfüllung von höchsten Sicherheitsstandards gefordert. Hierzu zählen sowohl Kenntnisse über umfangreiche gesetzliche Bestimmungen und Regularien als auch hohe Zuverlässigkeit, Kunden- und Serviceorientierung, Beachtung ethischer Grundsätze, Diskriminierungsfreiheit und Schutz der Privatsphäre. Wenn vom Sicherheitspersonal zudem auch schnelle, objektive und richtige Einschätzungen von kritischen Situationen, das Vermeiden bzw. frühzeitige Erkennen und Bewältigen von Konflikten, die Bedienung neuester Technik, reibungslose Teamarbeit sowie Bereitschaft zu lebenslangem Lernen gefordert werden, dann wird deutlich, wie hoch die Anforderungen an Menschen sind, die diese Aufgaben zu erfüllen haben.

Es gilt zu berücksichtigen, dass bei der Arbeit am Monitor („Screenen") völlig andere Anforderungen an das Kontrollpersonal gestellt werden. Während bei den Positionen 1, 3 und 4 der Umgang mit Menschen im Vordergrund steht, ist bei den Positionen 2, 5 und 6 ein ausgeprägtes Detektionsvermögen erforderlich. Dies bedeutet, auch bei hohem Zeitdruck unter seltenen Objekten mit unnatürlichen Erscheinungsformen in unterschiedlichsten Behältnissen verbotene Gegenstände sicher zu identifizieren. Da die Gegenstände nicht immer in derselben Ansicht zu sehen sind, müssen sie mit hoher Aufmerksamkeit und Konzentration mit dem visuellen Langzeitgedächtnis abgeglichen werden. Gegenstände müssen mental rotiert oder zu einem Ganzen zusammengeführt werden. Aufgrund dieser Belastungen zählt zu den Vorgaben, dass das eingesetzte Team nach dem Rotationsprinzip in einem Intervall von 20 Minuten auf die nächstfolgende Position wechselt. Dies erfordert somit von jedem Teammitglied, dass es alle Kontrolltätigkeiten beherrscht bzw. auch über die dafür erforderlichen Fähigkeiten verfügt (siehe Abb. 3).

Abb. 3:    Heutige und künftige Herausforderungen bei der Fluggastkontrolle

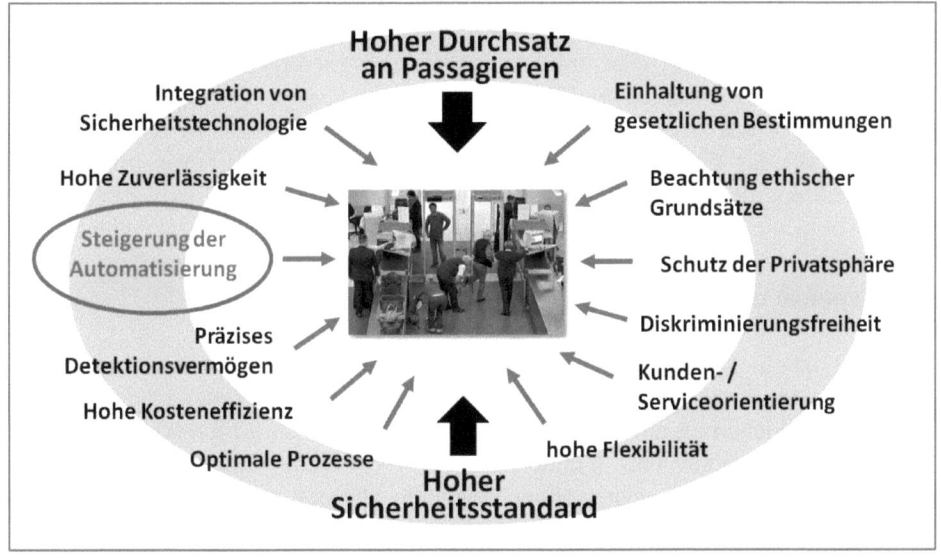

Hier wird erkennbar, dass eine angemessene Untersuchung dieser unterschiedlichen Tätigkeiten und Anforderungen sowie eine Überprüfung auf Optimierungspotential die Einbindung von spezieller Expertise erforderlich machte, was dann letztendlich mit dem Teilprojekt „Kognitive Ressourcen" auch entsprechend eingeplant wurde.

## 2.3   Exkurs: Berufliche Handlungsfähigkeit

Dem Berufsbildungsgesetz ist zu entnehmen, dass eine Qualifikation nicht alleiniger Garant für die berufliche Handlungsfähigkeit ist. Vielmehr umfasst die berufliche Handlungsfähigkeit „die für die Ausübung einer qualifizierten beruflichen Tätigkeit in einer sich wandelnden Arbeitswelt notwendigen beruflichen Kenntnisse, Fertigkeiten und Fähigkeiten".[10] Das bedeutet, dass man für eine qualifizierte berufliche Tätigkeit auch über die Fähigkeiten („Kompetenzen") verfügen muss, um Wissen und Können entsprechend der jeweiligen Situation bzw. Anforderung gezielt einsetzen zu können.

In der Sicherheitsbranche ist hingegen noch häufig die Auffassung anzutreffen, dass eine Verbesserung der Dienstleistungsqualität und damit einhergehend die Erhöhung des Sicherheitsniveaus nahezu nur durch eine höhere fachliche Qualifizierung des Sicherheitspersonals zu erzielen sei. Auch bei der Auswahl, Aus- und Fortbildung von Luftsicherheitsassistenten werden die oben genannten Kompeten-

---

10  Der Begriff berufliche Handlungsfähigkeit (oder auch Handlungskompetenz) stellt das übergeordnete Ziel beruflicher (Aus-)Bildung dar und ist im § 1 Absatz 3 Berufsbildungsgesetz rechtlich verankert. In Abgrenzung hierzu steht der Begriff Kompetenz auch für „Befugnis", d.h. Rechte und Pflichten, die einem Stelleninhaber oder Funktionsträger übertragen werden.

zen kaum berücksichtigt. Dies gilt sowohl für Anforderungs- bzw. Auswahlkriterien, als auch die Personalentwicklung.[11] Wie schon eingangs beschrieben führt das Fluggastkontrollpersonal eine interaktive Tätigkeit aus, die nur im Team effizient zu bewältigen ist und somit eine hohe soziale Kompetenz erwarten lässt. Daher kann Fachqualifikation nicht allein zielführend sein.[12]

Diese These war der entscheidende Impuls, eine Projektidee zu entwickeln und sich damit für das Forschungsprojekt „Neue Strategien und Verfahren für die Aus- und Fortbildung des Fluggast-Kontrollpersonals" (DEFAKTOS) zu bewerben.

## 3. Aspekte der Wirtschaftlichkeit von Sicherheit

Sicherheit ist für Fluggesellschaften und Flughafenbetreiber unverzichtbar und hat allerhöchste Priorität. Sicherheit ist Grundvoraussetzung für deren wirtschaftlichen Erfolg. Ohne Sicherheit am Boden und im Flugbetrieb kann Luftverkehr nicht stattfinden. Denn Passagiere bzw. Kunden, die sich nicht sicher fühlen, meiden Flugreisen so weit wie möglich oder wählen Flughäfen, die den gewünschten Sicherheitsstandard bieten.

Sicherheit gibt es aber nicht zum Nulltarif. Die Fluggesellschaften entrichten für Passagierkontrollen an deutschen Flughäfen pro Jahr Luftsicherheitsgebühren in Höhe von rund 450 Millionen Euro.[13] Sie sehen sich mit stetig neuen bzw. auch erhöhten Sicherheitsanforderungen konfrontiert, die hohen organisatorischen und finanziellen Aufwand verursachen. Dies führt nicht nur zu höheren direkten Kosten pro Flug, sondern meist auch zu deutlich verlängerten Abfertigungszeiten.

Neue sicherheitstechnische Maßnahmen müssen in die vorhandenen Abläufe integriert werden. Sie dürfen keine vermeidbaren zusätzlichen Belastungen beinhalten und mit den jeweils verwendeten Techniken sollte sich zusätzlicher Nutzen sowohl für Kunden als auch Betreiber einstellen.[14]

Aufgrund der Tatsache, dass – wie bei es bei Dienstleistungen generell der Fall ist – auch im Leistungserstellungsprozess der Fluggastkontrolle die Personalkosten den weitaus größten Teil der Gesamtkosten ausmachen, wird zunehmend in Innovation und Entwicklung von technologiegestützten Verfahren investiert, um Personalkosten zu reduzieren und dadurch die Effizienz und Wirtschaftlichkeit der Fluggastkon-

---

11  Vgl. Richtlinien über die Anforderungen an Luftsicherheitsassistenten zum Vollzug des §5 LuftSIG auf deutschen Flughäfen, Bundesministerium des Innern, 10.07.2006.
12  Bei der Qualifikation zum Luftsicherheitsassistenten oder zur Luftsicherheitsassistentin handelt es sich nicht um einen Ausbildungsberuf, sondern um eine Schulung von (mindestens) 34 Stunden und eine Prüfung durch die Bundespolizei. Dies entspricht dem Grundsatz „So wenig wie möglich, aber so viel wie nötig", so dass es auf den ersten Blick sehr schwierig erscheint, ohne großen Mehraufwand auch die benötigten zusätzlichen Fähigkeiten in angemessener Weise zu berücksichtigen.
13  http://www.bdf.aero/themen/sicherheit/luftsicherheitsgebuehren/ [11.08.2015].
14  Vgl. *AIRPORT-SECURITY* – Biometrische Applikationen zur Verbesserung der Sicherheit auf Flughäfen – Ein Diskussionsbeitrag, Herausgeber: DFK – Deutsches Forum für Kriminalprävention, Bonn, 03/2004.

trolle zu erhöhen.[15] Aktuelle Testergebnisse wie z. B. beim Körperscanner belegen jedoch, dass die derzeit verfügbare Technik die an sie gestellten Anforderungen noch nicht in ausreichendem Maß erfüllt. Deshalb wird in den nächsten Jahren auch nicht mit einer Reduzierung des Faktors Mensch im Kontrollprozess zu rechnen sein.

Umso mehr gilt es daher, die Kostentreiber der Dienstleistung wie Abwesenheit und Fluktuation so weit wie möglich zu minimieren und Lösungen dafür zu finden, wie die Motivation und Bindung der Beschäftigten gesteigert werden kann. Zu den spezifischen Rahmenbedingungen der Luftfahrt wurde ein eigenes Teilprojekt aufgenommen, um mögliches Optimierungspotential näher zu erforschen.

## 4. Forschungsprojekt DEFAKTOS

### 4.1 Forschungsbedarf zum Faktor Mensch

Da jedes Jahr im Luftverkehr fünf Prozent mehr Passagiere zu bewältigen sind, darunter zunehmend ältere Reisende, ist mit erhöhtem Aufwand für Kontrollen sowie für Serviceleistungen zu rechnen. Diese Intensivierung wird somit einen signifikant steigenden Bedarf an geeignetem Sicherheitspersonal hervorrufen. Aufgrund des demografisch bedingten Fachkräftemangels, der seit geraumer Zeit bereits spürbar eingesetzt hat, zeichnet sich ein Personalengpass ab, der zur Beeinträchtigung des angestrebten Sicherheitsniveaus führen kann.

Eine Herausforderung besteht darin, bei steigendem Personalbedarf und einer Verknappung der Ressourcen auch künftig über eine ausreichende Anzahl an geeignetem, qualifiziertem, motiviertem sowie kompetentem Personal zu verfügen, das aufgrund der getätigten Investitionen sowie zur Vermeidung eines Know-how-Abflusses mit hoher Sicherheitsrelevanz langfristig im Unternehmen gebunden werden soll.

In der Praxis zeigt sich, dass zur Besetzung von Positionen in der Fluggastkontrolle zur Bewertung der Passung von Bewerbern bzw. des Potentials heute traditionell immer noch überwiegend Nachweise über formal erworbene sowie mess- und zertifizierbare Kenntnisse und Fertigkeiten herangezogen werden.[16] Somit wird vermutlich viel Potential verschenkt, da nicht alle geforderten Abschlüsse nachgewiesen werden können. Es ist also höchste Zeit auch zu überprüfen, was der einzelne Bewerber tatsächlich kann, und nicht nur das, was er wie lange gelernt hat.

Eine weitere Herausforderung ergibt sich aus der oben dargestellten Sicherheitslage, bei der zu erwarten ist, dass sie in Zukunft immer vielfältigere Bedrohungsformen für den Luftverkehr aufzeigen wird. Aus diesem Grund dürfen in der gesamten Sicherheitskette gerade Fluggastkontrollkräfte als Menschen nicht das schwächste Glied darstellen. Sowohl aus ökonomischen, als auch aus sicherheitsrelevanten As-

15 Stellv. Engel, M., Luftsicherheit und Wirtschaftlichkeit – Geht das? In *DSD 1-2012*, S. 11 f.; Zwirner, M., Flughafensicherheit aus wirtschaftlicher Sicht. In *CRISIS PREVENTION*, 31.03.2013. Verfügbar unter http://crisis-prevention.de/bos-katastrophenschutz/nichtpolizei liche-gefahrenabwehr/flughafensicherheit-aus-wirtschaftlicher-sicht [24.06.2015].

16 a.a.O.

pekten erscheint es daher zwingend erforderlich, bei der Fluggastkontrolle alle vorhandenen Synergie- und Einsparpotentiale zu ermitteln und voll auszuschöpfen.

Zwar liegen zahlreiche Studien und Erhebungen in Bezug auf Sicherheitsmarkt und Sicherheitswirtschaft vor,[17] jedoch beschränken diese sich nahezu ausschließlich auf die Betrachtungen von Marktpotential, Entwicklungstrends und Strategien auf der nationalen bzw. europäischen Ebene, überwiegend im Bereich Sicherheitstechnik. Erste Untersuchungen wurden bisher für Sicherheitskräfte durchgeführt, die in anderen Bereichen eingesetzt werden. Hierzu zählen das EU-Projekt DESSSQual[18], mit einem Vergleich von Sicherheitsqualifikationen und der Entwicklung von Standards für die Anforderungen an die Ausbildung, sowie KOMSI[19], mit der Entwicklung eines Bewertungsverfahrens für Sicherheitsqualifikationen mit Bezug auf ECVET (European Credit Transfer System) und EQF (European Qualification Framework).

## 4.2 Das Nationale Sicherheitsforschungsprogramm

Die Bekanntmachung „Sicherheit im Luftverkehr", die vom Bundesministerium für Bildung und Forschung (BMBF) im Rahmen des nationalen Programms „Forschung für die zivile Sicherheit" der Bundesregierung herausgegeben wurde (Laufzeit 2012–2017), verfolgte das Ziel, mit innovativen Lösungen die Sicherheit im Luftverkehr weiter zu erhöhen und neuen Bedrohungen anzupassen. In der Bekanntmachung lagen die Schwerpunkte insbesondere auf technologischen Innovationen und Entwicklungen.[20] Trotz dieses Umstands wurde die Chance genutzt, sich mit einem Projektvorschlag zu beteiligen, dessen Fokus auf dem Menschen lag. Umso größer war die Freude, als vom BMBF die Mitteilung einging, dass die eingereichte Projektidee gefördert würde.

## 4.3 Forschungsziele von DEFAKTOS

Das Projekt zielt darauf ab, den „Faktor Mensch" im Prozess der Fluggastkontrolle näher zu untersuchen und Möglichkeiten zur Steigerung der Effizienz und Quali-

---

17 Stellv. Berenberg Bank / *HWWI: Strategie 2030 – Sicherheitsindustrie,* 07/2008; vom BMWT geförderte Studie „Der Markt für Sicherheitstechnologien in Deutschland und Europa – Wachstumsperspektiven und Marktchancen für deutsche Unternehmen", Schlussbericht *VDI/VDE-IT* und *ASW,* 2009.

18 DESSSQual: Defining European Standards for Security Staff Qualification, ein im Rahmen von Leonardo da Vinci gefördertes EU-Projekt. Weitergehende Informationen auf der Projekt-Homepage: http://www.desssqual.de/

19 KOMSI: Kompetenzprofile für formelles und informelles Lernen und ihre europäische Zertifizierung in den Sicherheitsberufen. Ein im Rahmen von Leonardo-da-Vinci-Innovationstransfer gefördertes EU-Projekt zur Entwicklung eines Bewertungsverfahrens für Sicherheitsqualifikationen mit Bezug zu ECVET und EQF, um dieses unter Anwendung des CEMES-Systems (Competence Evaluation Method for European Specialists) mit Prüfungsfragen und -aufgaben zu hinterlegen. Weitergehende Informationen auf der Projekt-Homepage: http://www.komsi.eu/node/11

20 Schavan, Vorwort zum *Rahmenprogramm der Bundesregierung „Forschung für die zivile Sicherheit 2012–2017".*

tät zu erforschen, damit das Kontrollpersonal in der Lage ist, auch im Hinblick auf künftig zu erwartende Herausforderungen weiter einen entscheidenden Beitrag zur Erreichung der angestrebten Schutzziele in der Luftsicherheit leisten zu können.[21]

Im Teilprojekt Berufliche Handlungsfähigkeit, auf das hier näher eingegangen werden soll, werden unter anderem folgende Ziele angestrebt:

- Passgenauere Personalauswahl

Durch Einsatz von kompetenzbasierten Auswahlkriterien in einem Verfahren zur Vorauswahl sollen bessere Aufschlüsse über die Eignung zur Verfügung stehen

- Profilgesteuerte Aus- und Fortbildung

Durch Implementierung einer modularen Kompetenzentwicklung sollen sich heutige Trainings noch mehr an der Praxis und tatsächlich vorhandenem Bedarf orientieren

Zur Gewährleistung einer standardisierten und systematischen Vorgehensweise werden in allen Projektschritten, das heißt sowohl zur Bestimmung der strategisch wichtigen Schlüsselkompetenzen als auch für die Erarbeitung von Soll-Kompetenzprofilen und das Matching mit Ist-Kompetenzprofilen der Referenzgruppen, die Verfahren KODE® und KODE®X sowie Competenzia® als Software für die Auswertung eingesetzt.

## 4.4 Die Verbundpartner

Um einen ganzheitlichen und prozessorientierten Forschungsansatz zu erreichen, mussten **über die Kompetenzdiagnostik hinaus noch weitere** Disziplinen einbezogen werden. So konnten spezialisierte Forschungseinrichtungen wie das Institut Arbeit und Qualifikation (IAQ) der Universität Duisburg-Essen als Verbundpartner bzw. die Arbeitseinheit Neuropsychologie der Ruhr Universität Bochum (RUB) zusätzlich als Koordinator gewonnen werden. Die Verbundpartner sind mit Teilprojekten beteiligt, die die unterschiedlichen Aspekte der Personal- und Dienstleistungsqualität bei der Fluggastkontrolle in vollem Umfang abdecken. Diese Aspekte umfassen kognitive Funktionen, die berufliche Handlungsfähigkeit sowie die vorherrschenden Arbeits- und Rahmenbedingungen. Der erforderliche Praxisbezug wird durch assoziierte Partner gewährleistet. Diese setzen sich aus Unternehmen, die zahlreiche Dienstleistungen im Bereich der Luftsicherheit anbieten sowie der Bundespolizei als Endnutzer zusammen.

---

21 Siehe hierzu: Informationsbroschüre zum Projekt DEFAKTOS. Verfügbar unter: http://ochs-consulting.com/index.php?id=91

## 4.5 Forschungsdesign mit KODE®/KODE®X

Im Forschungsprojekt DEFAKTOS wird der gesamte Leistungserstellungsprozess der Fluggastkontrolle betrachtet, d.h. von der Bewerberauswahl über die Ausbildung, den Einsatz bis zu Fortbildungsmaßnahmen. Dabei werden alle Anforderungen an die Kontrollkräfte ermittelt und analysiert – und zwar unter dem Aspekt der von ihnen zu bedienenden Technik (Mensch <> Maschine), der erwarteten Aufgabenbewältigung (Mensch <> Mensch) sowie der Arbeitsmarktpolitik (Mensch <> Motivation). Zur Steigerung der Wertschöpfung werden Erkenntnisse über Arbeitseffizienz und Rahmenbedingungen, **über die** Feststellung und Entwicklung eines kognitiven Leistungsprofils sowie der Kompetenzdiagnostik und -entwicklung einbezogen.

Dieser Beitrag befasst sich mit dem Teilprojekt „Berufliche Handlungsfähigkeit", da in diesem die Schlüsselkompetenzen ermittelt werden, die erforderlich sind, damit Fluggastkontrollkräfte auch künftig über die größtmögliche Handlungsfähigkeit bei der Wahrnehmung ihrer Aufgaben verfügen. Hierfür wird auch bei Referenzgruppen erforscht, ob und in welchem Umfang Schlüsselkompetenzen bereits vorhanden bzw. entsprechend ausgeprägt sind bzw. welcher Bedarf noch für die Entwicklung von Kompetenzen besteht.

## 4.6 Der Projektverlauf

### 4.6.1 Lagebild Luftsicherheit

Ziel des ersten Arbeitspaketes war die Erstellung eines Lagebildes, das unter Berücksichtigung heutiger und künftiger Herausforderungen alle relevanten Tätigkeiten, Anforderungen, Prozesse sowie Einflussfaktoren der Fluggastkontrolle beinhaltet, um darauf basierend ein Diagnostikkonzept zu erstellen. Hierzu wurden anhand von strukturierten Interviewleitfäden zahlreiche Expertengespräche geführt, um Probleme bei der Personalrekrutierung und -entwicklung, die Faktoren für Qualität und Effizienz in Kontrollprozessen, die Dienstleistungsqualität und heutige sowie künftige Bedrohungsformen einschließlich personeller, technischer und organisatorischer Aspekte zu erfassen. Hierzu wurde auch eine Prozessanalyse durchgeführt (siehe Abb. 4).

Abb. 4:　Analyse des leistungserstellungsprozesses Fluggastkontrolle

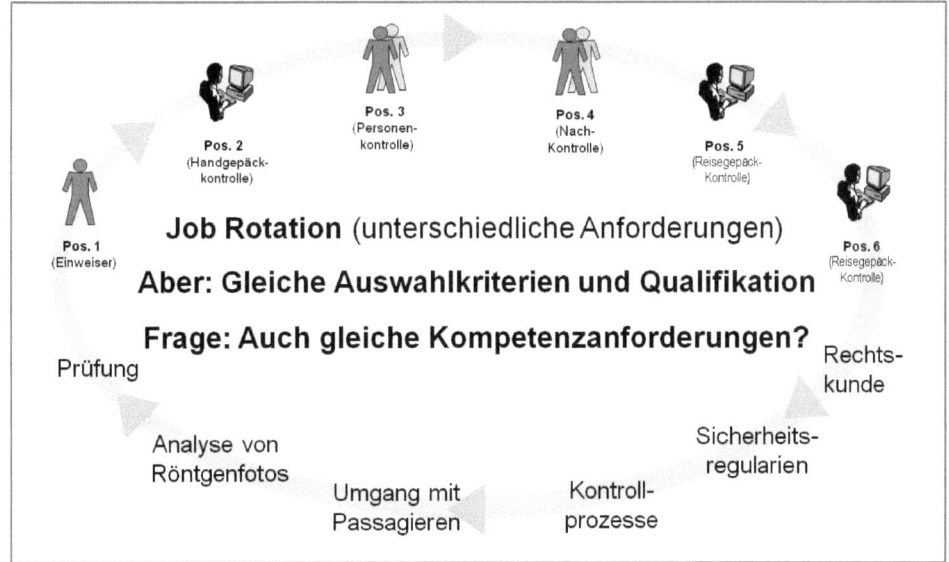

Als Ergebnis liegen wichtige Erkenntnisse über relevante Prozesse und vor allem die Sicherheitslage vor, so dass eine Folgenabschätzung vorgenommen werden konnte, die aufzeigt, inwieweit sich künftig zu erwartende Bedrohungen für die Sicherheit im Luftverkehr speziell auf die Fluggastkontrolle auswirken können.

Anschließend wurden alle Ergebnisse mit einem szenario- und prozessorientierten Ansatz ausgewertet und zu einem Lagebild zur Fluggastkontrolle verdichtet. Darauf basierend wurde ein Untersuchungs- und Erhebungsdesign zur Kompetenzanalyse entwickelt, in dem der Einsatz von KODE® (Kompetenzdiagnostik und Entwicklung) und KODE®X (Kompetenzexplorer) Berücksichtigung fand. [22]

### 4.6.2　Soll- und Ist-Kompetenzprofile

Ziel dieses Teilarbeitspaketes war es zu ermitteln, welche strategisch wichtigen Schlüsselkompetenzen Fluggastkontrollkräfte künftig benötigen und wie diese bei einer Referenzgruppe von Beschäftigten schon vorhanden bzw. ausgeprägt sind.

Dazu wurde mit Experten und Expertinnen aus den Reihen der assoziierten Partner zunächst der zweitägige Workshop „Szenarien" durchgeführt, in dem folgende Fragen des Teilprojektes erörtert und beantwortet wurden:

---

[22] Erpenbeck, J., *KODE® – Kompetenz-Diagnostik und -Entwicklung* sowie Heyse, V., KODE®X-Kompetenz-Explorer in: Erpenbeck, John & von Rosenstiel, Lutz (Hrsg.), *Handbuch Kompetenzmessung*, Stuttgart: Schäffer-Poeschel, 2003, 365–385.

- Mit welchen besonders schwierigen Situationen und kritischen Ereignissen wurden bzw. wird das Kontrollpersonal auf den einzelnen Positionen bei der Fluggastkontrolle konfrontiert?
- Durch welches Verhalten bzw. welche Indikatoren zeigt sich bei den einzelnen Positionen, inwieweit kritische Situationen vom Kontrollpersonal erfolgreich oder unzureichend bewältigt werden?

Erstaunlich und zugleich beeindruckend waren die Beispiele und Schilderungen, die von den Teilnehmerinnen und Teilnehmern zu Abläufen und besonderen Ereignissen bei der Kontrolle von Fluggästen eingebracht wurden. Es wurde erkennbar, dass das Kontrollpersonal häufig eine „Pufferfunktion" einnimmt und dass es häufig eher als „Flugverhinderer" gesehen wird.

Einen Monat später fand der ebenfalls zweitägige Workshop „Anforderungsanalysen" mit den gleichen Teilnehmer/inne/n statt. Auf Basis der bereits im ersten Workshop mit Hilfe der Critical Incident Methode erarbeiteten Szenarien wurden nun mit dem Tool KODE®X Analysen durchgeführt, bei denen alle Anforderungen berücksichtigt wurden, die an den sechs Positionen an die Kontrollkräfte gestellt werden. Hierzu wurden die relevanten Kompetenzen aus dem KODE®-Atlas ausgewählt und in eine Rangfolge gesetzt. Als Ergebnis lagen Soll-Kompetenzprofile mit zunächst 16 Schlüsselkompetenzen vor, über die Kontrollkräfte zur optimalen und effizienten Durchführung ihrer Aufgaben verfügen sollten.

Interessant waren die unterschiedlichen Meinungen und Beiträge der Beteiligten, die zu intensiven Diskussionen führten, bevor man sich auf die Kompetenzen sowie die jeweils zulässigen Bandbreiten verständigte – obwohl die Vorgaben für alle gleich waren. Einflussfaktoren hierfür sind unterschiedliche Organisationen und auch voneinander abweichende örtliche Gegebenheiten an den Flughäfen.

Im nächsten Schritt wurden bei einer Referenzgruppe die Ist-Kompetenzprofile von 250 Luftsicherheitsassistent/inn/en ermittelt, was ungefähr 40 % der Beschäftigten in den Unternehmen der assoziierten Partner entsprach. Die Erhebung wurde anfangs mit KODE®-Fragebögen als Paper-Pencil-Verfahren durchgeführt, was sich jedoch organisatorisch nicht bewältigen ließ. Die Ursache hierfür war der geringe Vorlauf für die Schichtplanung, so dass auf das flexible Online-Verfahren umgestellt wurde.

Besonders zu erwähnen ist, dass auch Fluggastkontrollkräfte von drei Standorten der Bundespolizei teilgenommen haben. Nahezu alle verfügen über große Erfahrungen aufgrund jahrzehntelanger Tätigkeit. Wenn auch anonymisiert, so stehen damit doch sehr vielfältige Daten für den Vergleich unterschiedlichster Parameter zur Verfügung.

### 4.6.3 Kompetenzanalyse und -bilanzierung

Zunächst wurden die Soll- und Ist-Kompetenzprofile im Hinblick auf den Grad einer Abweichung ausgewertet. Dies geschah sowohl für Veränderungen bei normalen als auch bei schwierigen Bedingungen. Zudem wurden alle Ergebnisse in Bezug auf die jeweiligen Anforderungen an Fluggastkontrollkräfte an den sechs Positionen der Fluggastkontrolle mit Hilfe der KODE®/KODE®X-Brücke analysiert.

Um weitere Erkenntnisse zu den mittels KODE® gewonnenen Selbsteinschätzungen zu erlangen, wurde im nächsten Schritt bei einer Stichprobe aus der Referenzgruppe eine Befragung mit KODE®X-Bögen durchgeführt. Diese beinhaltete sowohl eine Selbsteinschätzung durch die Beschäftigten als auch eine Fremdeinschätzung durch deren Vorgesetze.

Auf Grundlage der gewonnenen Erkenntnisse über Passungen und Abweichungen wurden die Kompetenzen aus allen sechs Soll-Kompetenzprofilen zusammengefasst, so dass nun 26 Kompetenzen im vorläufigen Meta-Profil enthalten waren. Nach einer weiteren Analyse wurde die Zahl letztendlich auf 16 Kompetenzen reduziert.


### 4.6.4 Kompetenz- und Qualifikationserwerb

Momentan befindet sich das Projekt in einer Phase, in der bei der Referenzgruppe ermittelt wird, wie vorhandene Kompetenzen und Qualifikationen erworben wurden, um diese Ergebnisse im Anschluss statistisch auszuwerten.

Zur Durchführung dieser Interviews wurde ein strukturierter Leitfaden entwickelt, der Fragen zum beruflichen Werdegang und zu als wichtig erachteten Stationen bei der privaten und beruflichen Entwicklung enthält. Neben der persönlichen Einschätzung von drei für die Fluggastkontrolltätigkeit besonders wichtigen Kompetenzen sind auch Elemente eines arbeitsbasierten Kompetenz-Interviews nach KODE® enthalten. Darüber hinaus wurde erfragt, welche Qualifikationen für die Tätigkeit als besonders wichtig erachten werden. Es wurden auch konkrete Vorschläge zur Verbesserung der heutigen Aus- und Fortbildung erfasst. Als Ergebnis liegen inzwischen alle Lern- und Kompetenzbiografien vor, die durch eine Schilderung von konkreten Sachverhalten abgesichert oder aber in Frage gestellt sind.

Im weiteren Verlauf werden die Aus- und Fortbildungsangebote von verschiedenen Bildungseinrichtungen für Luftsicherheitsassistent/inn/en erhoben und anhand der Curricula quantitativ verglichen. Unter Einbeziehung aller gewonnenen Erkenntnisse erfolgt anschließend eine Auswertung, die zur Identifizierung von künftigen Aus- und Fortbildungsschwerpunkten sowie zur Ermittlung des Bedarfs für die Modifizierung bestehender Programme dienen soll. Insbesondere im Hinblick auf die Möglichkeiten einer Implementierung von Verfahren zur Kompetenzentwicklung.


### 4.6.5 Statistische Auswertung

Die Ergebnisse der gesamten Arbeitspakete werden aufbereitet und nach bereits definierten Kriterien des Kompetenz-Diagnostik-Konzeptes ausgewertet. Hierzu zählen die Verteilung der Stichprobe nach Alter, Geschlecht und Berufserfahrung sowie eine vergleichende Darstellung der positionsbezogenen Kompetenzen und strategischen Merkmale. Zudem werden Beziehungen zwischen Alter und Passung untersucht.

In einer tabellarischen Übersicht stehen ein Vergleich der Soll-Kompetenzprofile von sechs verschiedenen Tätigkeitsbereichen sowie die Ergebnisse des Vergleichs der mit KODE® bzw. KODE®X erfassten Soll-/Ist-Kompetenzprofile der Referenzgruppe zur Verfügung. Analyseergebnisse und statistische Auswertungen dienen als Grundlage zur Definition von Kriterien für ein kognitives und kompetenzbasiertes Anforderungs- und Leistungsprofil für Flugastkontrollkräfte (siehe Abb. 5).

Abb. 5:  Vergleich der Soll-Profile für die einzelnen Positionen

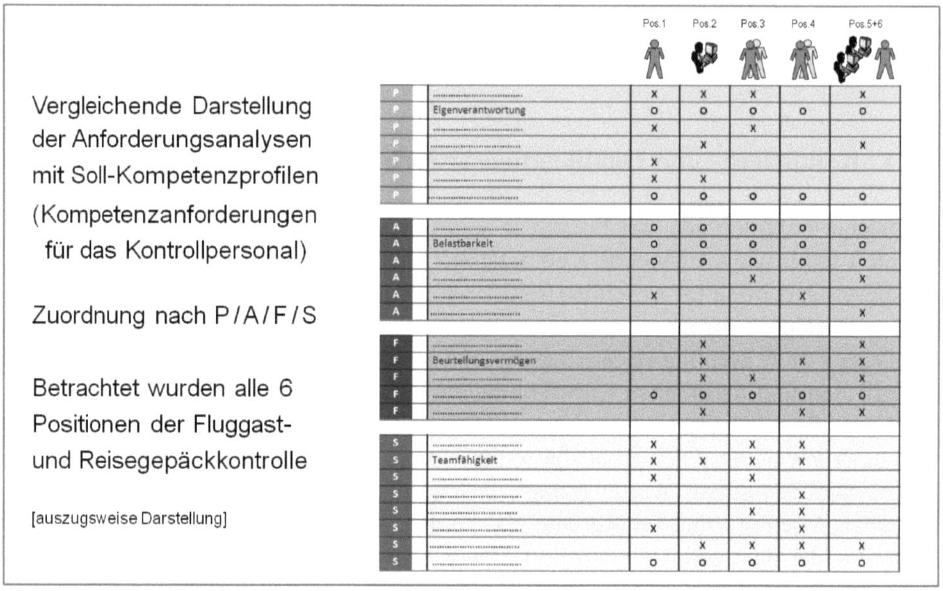

### 4.6.6  Modellierung und Erprobung

Die Projektphase der Modellierung und Erprobung hat gerade begonnen. Ziel ist, alle Ergebnisse des Teilvorhabens „Berufliche Handlungsfähigkeit" zu extrahieren, zu beschreiben und im Hinblick auf mögliche Auswirkungen auf Personal und Prozesse auszuwerten. Hierzu zählt auch die Prüfung, inwieweit Fluggastkontrollkräfte den erforderlichen Stärken (Kompetenzen) entsprechend ausgewählt bzw. eingesetzt werden können. Je nach Erkenntnisgewinn wäre ggf. sogar durch den innovativen Ansatz einer Abkopplung der Position „Bildschirmauswertung" das Rotationsprinzip – und damit die einheitliche Aus- und Fortbildung – zu modifizieren und dadurch auch zu optimieren.

Diese Ergebnisse sollen gemeinsam mit den Resultaten der anderen Teilvorhaben „Kognitive Funktionen" sowie „Arbeits- und Rahmenbedingungen" zu einem Modell eines kognitiven und kompetenzbasierten Anforderungs- und Leistungsprofils zusammengeführt werden. Dieses soll im Anschluss in einem Testlauf bei den Verbundpartnern unter realen Bedingungen unter Anwendung von KODE® und KODE®X erprobt werden, so dass nach der Analyse- und Auswertungsphase bei Bedarf Nach-justierungen an den Parametern vorgenommen werden können.

## 5. Ausblick

Angestrebt wird, dass mit Hilfe der gesamten Projektergebnisse die für die Bild-schirmauswertung erforderlichen kognitiven Fähigkeiten erhöht, die erforderlichen Kompetenzen gezielt weiterentwickelt sowie die Rahmenbedingungen für Fluggast-kontrollpersonal verbessert werden können. Hierfür ist geplant, das Basiskonzept un-ter Einbeziehung der Ergebnisse der Teilvorhaben aller Verbundpartner zu einem IT-gestützten Tool weiterzuentwickeln.

# Kompetenzprofil österreichischer Fluglotsen
## Ergebnisse einer wissenschaftlichen Studie

*Florian Kalina*

## 1. Ausgangssituation

Fluglotsen müssen besondere Fähigkeiten besitzen und immer hoch konzentriert arbeiten, da ein einziger Flugverkehrsleiter täglich für bis zu 25.000 und jährlich für bis zu 5.000.000 Passagiere Verantwortung trägt. Um diesen Beruf ausüben zu können, sind daher ganz spezielle Kompetenzausprägungen notwendig. Diese zu ermitteln war das Hauptziel einer Masterarbeit. Um dem Anspruch gerecht zu werden, auf dem aktuellen wissenschaftlichen Stand Erkenntnisse zu gewinnen, wurde die wissenschaftlich ausgewiesene Methode KODE® angewendet. Dazu wurden folgende zwei Kompetenzprofile ermittelt und einander gegenübergestellt.

- Das IST-Profil der Fluglotsen und in der Ausbildung befindlichen Trainees mittels einer Fragebogenbefragung.
- Das SOLL-Profil mittels einer Expertenbefragung im Rahmen eines Workshops.

Über das wissenschaftlich-analytische Erkenntnisinteresse hinaus sollte die praktische Anwendbarkeit des Instrumentariums KODE® für die Selektion und das Training von Flugverkehrsleitern überprüft werden.

Die Bedeutung des Instruments wird verständlich, wenn man sich die tägliche Arbeit der Fluglotsen vor Augen führt.

Über Österreich fliegen täglich bis zu 4000 kontrollierte Luftfahrzeuge (vgl. *www.austrocontrol.at,* 09.09.2015). Dass das nicht nur sicher, sondern auch geordnet und rasch abläuft, dafür sorgen die Fluglotsen vor den Radarschirmen in der Überflugskontrollzentrale in Wien. Der Luftverkehr macht keine Pausen, Flugzeuge bleiben während des Fluges nicht stehen und können auch nicht im Stand umdrehen. Die Hauptaufgabe der Fluglotsen ist, darauf zu achten, dass sich Flugzeuge nicht zu nahe kommen. Dementsprechend muss der Flugverkehr vorausschauend geplant werden.

Die Bewegungen im dreidimensionalen Raum stellen eine besondere kognitive Herausforderung dar. Darüber hinaus sind eine überdurchschnittlich hohe psychische Belastbarkeit und Multitasking-Fähigkeit gefragt. Daher ist es entscheidend zu ermitteln, welche Menschen in der Lage sind, diesen Anforderungen gerecht zu werden. Aus der konkreten Beschreibung der Aufgaben eines Fluglotsen (auch in seiner Weiterentwicklung) wird deutlich, dass sich hier ein Zugriff auf den Kompetenzansatz geradezu anbietet, zumal Kompetenzen als die Fähigkeiten beschrieben werden, in komplexen, dynamischen und z.T. nur schwer überschaubaren Situationen handlungsfähig zu sein.

Da Kompetenzen weiterentwickelt und auch gemanagt werden müssen, stellen sie nicht nur das theoretische Modell für die Auswahl von geeigneten Bewerbern dar, sondern auch für die Weiterbildung und die Organisationsentwicklung.

Die zentralen Forschungsfragen fokussierten vor allem auf folgende Punkte:

- Wie sieht das gewünschte Kompetenz-SOLL-Profil österreichischer Fluglotsen aus?
- Wie sieht das Kompetenz-IST-Profil fertig ausgebildeter Fluglotsen aus?
- Wie sieht das Kompetenz-IST-Profil von Trainees aus?
- Welche Unterschiede gibt es zwischen den ermittelten Profilen?
- Welchen Erklärungswert bietet das KODE® Kompetenzermittlungsverfahren für das Kompetenzprofil der österreichischen Fluglotsen?

## 2.    Methode

Zur Durchführung der Studie wurden zwei Methoden angewandt. Einerseits die quantitative Erhebung der Kompetenzausprägung der österreichischen Fluglotsen mittels KODE® (Kompetenz-Diagnostik und -Entwicklung) und andererseits ein Expertenworkshop mit dem Ziel der Erstellung eines Kompetenz-SOLL-Profils, welches die Möglichkeit schafft, den aktuellen IST-Stand mit den SOLL-Werten zu vergleichen.

Zur Erhebung des aktuellen durchschnittlichen Kompetenzprofils wurde KODE® als ein quantitatives Kompetenzermittlungsverfahren eingesetzt, welches die Ausprägungen der vier Grundkompetenzen personale Kompetenz (P), Aktivitäts- und Handlungskompetenz (A), Fach- und Methodenkompetenz (F) und sozial-kommunikative Kompetenz (S) sowohl unter normalen als auch unter schwierigen Bedingungen erfasst. Der Test zeigt mittels Selbst- oder Fremdeinschätzungsbögen nicht nur die Ausprägung der vier Grundkompetenzen, sondern auch das Ideal, die Erwartung, den Vollzug und die Resultate bezogen auf die eigenen Handlungen. KODE® kann so nicht nur den Förderbedarf, sondern auch überzogene Handlungsweisen feststellen. Dabei ist hinsichtlich der Akzeptanz des Instruments wichtig, dass es bei den Ergebnissen auch kein gutes oder schlechtes Kompetenzprofil gibt, es existieren lediglich unterschiedliche Ausprägungen.

Für den Einsatz von KODE® innerhalb einer wissenschaftlichen Arbeit sind die Gütekriterien des verwendeten Verfahrens von größter Bedeutung. Die Beurteilung nach den Kriterien der Objektivität, Validität und Reliabilität ist durchweg positiv. Bei der Validität wird zwischen der sozialen Validität oder Akzeptanz, welche als „sehr hoch" eingestuft wird und der im Vergleich mit anderen Verfahren ermittelten Konstruktvalidität, die als „mittel bis hoch" bewertet wird, unterschieden. Dies sind ausgezeichnete Werte und sie untermauern die Wahl als Auswertungstool für die in dieser Arbeit durchgeführte Studie.

# 3. Das Soll-Profil

Im Expertenworkshop, in dem Manager, Trainingsmanager, Trainer sowie weibliche als auch männliche Fluglotsen zusammentrafen, konnten 18 Teilkompetenzen ermittelt werden, die vorwiegend für die Arbeit von Fluglotsen erforderlich sind. Danach wurden die einzelnen Teilkompetenzen, die von den Experten für besonders wichtig gehalten wurden, einem weiteren Ranking unterzogen. Dies geschah dadurch, dass für die ausgewählten Kompetenzen ein Korridor definiert wird, innerhalb dessen die Ergebnisse liegen sollen, um den Anforderungen möglichst gut zu entsprechen. Ein solches, in vielen Berufsbereichen noch kaum bekanntes Verfahren, schafft in dem Zusammenfügen von Expertenerfahrungen und empirischen Ergebnissen, die mit Hilfe von wissenschaftlich fundierten Instrumenten gewonnen werden, eine gesicherte Grundlage für die Auswahl und Weiterentwicklung von geeignetem Personal.

Für die ATCO (*Air Traffic Control Officer,* engl. für Fluglotse) sehen die auf diesem Wege ermittelten Korridore folgendermaßen aus:

Abb. 1: Soll-Profil

| Anforderungsanalyse Sollprofil | | Querschnitts- und funktionsspezifische Sollprofile ATCO Soll Profil | | | | | | | | | | | |
|---|---|---|---|---|---|---|---|---|---|---|---|---|---|
| | | 1 | 2 | 3 | 4 | 5 | 6 | 7 | 8 | 9 | 10 | 11 | 12 |
| Belastbarkeit | A/P | | | | | | | | | | | | |
| Entscheidungsfähigkeit | A/P | | | | | | | | | | | | |
| Eigenverantwortung | P | | | | | | | | | | | | |
| Analytische Fähigkeiten | F/P | | | | | | | | | | | | |
| Fachwissen | F | | | | | | | | | | | | |
| Problemlösungsfähigkeit | S/A | | | | | | | | | | | | |
| Teamfähigkeit | S/P | | | | | | | | | | | | |
| Kommunikationsfähigkeit | S | | | | | | | | | | | | |
| Disziplin | P/F | | | | | | | | | | | | |
| Planungsverhalten | F | | | | | | | | | | | | |
| Zuverlässigkeit | P/F | | | | | | | | | | | | |
| Gewissenhaftigkeit | S/F | | | | | | | | | | | | |
| Pflichtgefühl | S/F | | | | | | | | | | | | |
| Lernbereitschaft | P/F | | | | | | | | | | | | |
| Beurteilungsvermögen | F/P | | | | | | | | | | | | |
| Ergebnisorientiertes Handeln | A/F | | | | | | | | | | | | |
| Initiative | A | | | | | | | | | | | | |
| Einsatzbereitschaft | P/A | | | | | | | | | | | | |

Zusätzlich vermerkt sind die hinter diesen Anforderungen liegenden Grundkompetenzen, die einer schnellen Vorselektion für Bewerber dienen oder bei schon eingestellten Mitarbeitern eine Orientierung für deren Weiterbildungsbedarf liefern können.

# 4. IST-Profil

Das IST-Profil wurde mit Hilfe des KODE®-Einschätzungsbogens ermittelt. Von den 132 in die Befragung einbezogenen Fluglotsen schickten 69 (also 52,3%) den Fragebogen auswertbar zurück.

In der Summe ergaben sich folgende Werte für die 4 Grundkompetenzen unterschieden nach normalen Situationen und schwierigen Situationen.

Abb. 2:    Summarisches Ist-Profil

| | P | | A | | F | | S | | Kontrollsumme | |
|---|---|---|---|---|---|---|---|---|---|---|
| | **Normale Situationen** | | | / | *Schwierige Situationen* | | | | | |
| ATCO | **31** | *30* | **28** | *28* | **30** | *35* | **31** | *27* | **120** | *120* |

Das so ermittelte Ist-Profil stellt ein summarisches Ergebnis des Status quo dar, das noch keinen Hinweis auf die Passung der einzelnen Mitarbeiter oder Bewerber liefert. Es kann lediglich einen Hinweis geben, inwieweit eine Passung generell gelungen ist und inwieweit sich die Gruppen der Befragten voneinander unterscheiden.

Zu dem ersten Aspekt, also der generellen Passung, können die Interpretationsangebote Auskunft geben, die KODE® für die einzelnen Teilkompetenzen bzw. deren Kombinationen, die bei den Befragten ermittelt werden, anbietet. Nach den offerierten Freitextauswertungen wird sich eine Person mit einem solchen Kompetenzprofil folgendermaßen verhalten: Sie

- handelt verlässlich und verantwortungsbewusst und setzt auf eine vertrauliche Zusammenarbeit mit anderen.
- arbeitet unter ungünstigen Bedingungen gut mit anderen zusammen.
- handelt auch unter ungünstigen Bedingungen leistungsorientiert und gründlich.
- geht mit Zahlen, Daten, Fakten sicher um und erkennt aus der Informations- und Datenvielfalt Wesentliches.
- hat besondere Stärken in der Aufarbeitung von Daten, im Auffinden logischer und methodischer Schlussfolgerungen sowie in der Optimierung rationalen Handelns.
- handelt mit hoher Arbeitsdisziplin, starkem Pflichtgefühl und Aufgabenbewusstsein.
- erbringt Hochleistungen auf der Basis methodisch sicherer Lösungen.
- ist sehr zuverlässig und verantwortungsbewusst und garantiert die abgesprochenen Leistungen in dem vereinbarten Zeitraum.
- löst gern Probleme und sucht nach Alternativen sowie Ergänzungen zu bestehenden Praktiken.

Diese Beschreibung trifft die allgemeinen Anforderungen an einen Fluglotsen nahezu perfekt.

Zu dem zweiten Aspekt, also der internen Unterscheidung, liefert die nachfolgende Abbildung die grundlegenden Daten in einem Überblick.

Abb. 3:   Gruppen im Vergleich

| | P | | A | | F | | S | | Kontrollsumme | |
|---|---|---|---|---|---|---|---|---|---|---|
| | Normale Situationen  /  Schwierige Situationen | | | | | | | | | |
| ATCO | 31 | 30 | 28 | 28 | 30 | 35 | 31 | 27 | 120 | 120 |
| Trainee | 29 | 29 | 27 | 28 | 32 | 36 | 32 | 27 | 120 | 120 |
| männlich | 31 | 29 | 28 | 29 | 31 | 35 | 30 | 27 | 120 | 120 |
| weiblich | 32 | 33 | 29 | 26 | 26 | 34 | 33 | 27 | 120 | 120 |
| OJTI | 31 | 29 | 27 | 29 | 32 | 36 | 30 | 26 | 120 | 120 |
| Nicht-OJTI | 32 | 30 | 28 | 28 | 28 | 34 | 32 | 28 | 120 | 120 |
| <25 | 30 | 28 | 23 | 24 | 31 | 38 | 36 | 30 | 120 | 120 |
| 25-35 | 31 | 29 | 29 | 30 | 30 | 35 | 30 | 26 | 120 | 120 |
| 36-45 | 32 | 30 | 29 | 28 | 30 | 35 | 29 | 27 | 120 | 120 |
| >45 | 31 | 29 | 24 | 24 | 29 | 32 | 36 | 35 | 120 | 120 |

## 4.1   Differenzielle Auswertung nach den Sozialdaten

*Vergleich männlich/weiblich*
In normalen Situationen zeigt sich eine höhere sozial-kommunikative Kompetenz (S) bei weiblichen ATCOs. Auffällig ist der Unterschied in der Fach- und Methodenkompetenz (F). Hier liegen weibliche Fluglotsen fünf Punkte unter den männlichen Fluglotsen und haben damit auch das schlechteste Ergebnis aller Teilgruppen. In schwierigen Situationen liegen weibliche ATCOs bei der personalen Kompetenz (P) höher, während bei männlichen Kollegen die Aktivitäts- und Handlungskompetenz (A) stärker ausgeprägt ist. Die personale (P) und die sozial-kommunikative Kompetenz (S) sind hier ausgeglichen.

*Vergleich OJTI* (On Job Training Instructor)/*Nicht-OJTI*
Bei diesem Vergleich zeigen sich personale und Aktivitäts- und Handlungskompetenz sehr ähnlich. Die Fach- und Methodenkompetenz ist bei OJTIs stärker ausgeprägt, was nicht nur wenig überraschend, sondern bewusst gewollt ist. Auffällig ist, dass OJTIs eine geringere sozial-kommunikative Kompetenz besitzen. Dieses Ergebnis ist überraschend, da gerade im Training der Fluglotsen diese Kompetenz wichtig ist und in der Trainerausbildung darauf Wert gelegt wird.

*Vergleich der Altersgruppen*
Der Vergleich zeigt, dass die Gruppe der unter 25-Jährigen und die der über 45-Jährigen ähnliche Profile haben und die Gruppen der 25- bis 35-Jährigen und der 36- bis 45-Jährigen ein nahezu deckungsgleiches Profil besitzen. Die unter 25-Jährigen und die über 45-Jährigen haben eine wesentlich höhere sozial-kommunikative Kompetenz in normalen Situationen. Die Gruppe >45 behält diesen hohen Wert in S auch in schwierigen Situationen, dafür legt sie den Schwerpunkt nicht so stark auf F, wie das bei den Jüngeren der Fall ist. Die Gruppe <25 hat auch diesen hohen S-Wert in

normalen Situationen, fällt jedoch in schwierigen Situationen hier ab. Auch wenn der Wert gegenüber dem Durchschnitt trotzdem leicht erhöht bleibt, legt sie den Schwerpunkt auf F und erzielt dort den absolut höchsten Wert.

## 4.2 Vergleich Verhalten in normalen und schwierigen Situationen

Während das generelle Ist-Profil hinsichtlich der Kompetenzverteilung weitgehend ausgeglichen ist, zeigt sich doch in schwierigen Situationen eine deutliche F/P-Kombination. Eine solche Kombination entspricht der überlebenswichtigen Notwendigkeit, gerade in kritischen Situationen persönlich stabil und fachlich kompetent zu handeln. Dies spiegeln auch die Interpretationsangebote nach KODE® für eine starke F/P-Ausprägung unter schwierigen Arbeits- und Lebensbedingungen wieder, vorausgesetzt die Kompetenz wird nicht übertrieben. Danach zeigt der *ATCO* folgende allgemeine Stärken: Er[1]

- handelt auch unter ungünstigen Bedingungen leistungsorientiert und gründlich.
- sucht kontinuierlich nach Möglichkeiten, das Wissen über die eigene Tätigkeit im Arbeitsbereich, im Unternehmen und Markt zu vervollkommnen und zu erweitern.
- verfügt über ein gefestigtes Werte- und Normenwissen und vertritt aktiv die daraus abgeleiteten Handlungsvorschläge.
- erfasst schnell neue Anforderungen und Aufgaben, beherrscht Methoden des abstrakten Denkens und kann sich klar ausdrücken.
- bemüht sich aktiv um Sachlichkeit und geht emotional geladenen Diskussionen aus dem Wege bzw. hält sich eher zurück.
- unterscheidet prägnant Wesentliches von Unwesentlichem, verdichtet die Informationsflut und bringt Sachverhalte schnell auf den Punkt.
- erkennt schnell Tendenzen und Zusammenhänge und leitet daraus die richtigen Schlüsse und Strategien ab.
- geht mit Zahlen, Daten, Fakten sicher um und erkennt aus der Informations- und Datenvielfalt Wesentliches.
- verfügt über ein breites fachlich-methodisches Wissen, um Sachverhalte und Problemsituationen einzuschätzen.
- handelt auf Basis eines gefestigten Erfahrungs- und Wertehintergrunds, um auch bei unsicherem oder fehlendem Wissen überzeugende Auffassungen zu entwickeln.
- macht die eigenen Auffassungen anderen verständlich und realisiert sie tatkräftig.
- handelt lernoffen, lässt sich von der Praxis „belehren" und steigert damit fortlaufend die eigene Urteilsfähigkeit.
- setzt sich für eine größtmögliche Objektivität ein und vermeidet Unsachlichkeit und emotional getragene Auseinandersetzungen.
- hat besondere Stärken in der Aufarbeitung von Daten, im Auffinden logischer und methodischer Schlussfolgerungen sowie in der Optimierung rationalen Handelns.

---

1  Für eine bessere Lesbarkeit wurde die männliche Form verwendet, jedoch beziehen sich die Erkenntnisse auf männliche und weibliche ATCO gleichermaßen.

- handelt mit hoher Arbeitsdisziplin, starkem Pflichtgefühl und Aufgabenbewusst-sein.
- setzt sich in Gesprächen und bei Aufgabenlösungen für eine größtmögliche Objektivität ein.
- sieht in der Anerkennung des eigenen hohen fachlichen (Detail-)Wissens und der persönlich hohen Lernbereitschaft eine Bestätigung des eigenen Ideals der Selbstverwirklichung.
- setzt das eigene umfassende fachliche und methodische Wissen gezielt ein.
- erbringt Hochleistungen auf der Basis methodisch sicherer Lösungen.

*Stärken im Umgang mit der Zeit*
- Der ATCO gibt sich nicht mit oberflächlichen Lösungen zufrieden und geht Problemen auf den Grund.
- Er ist zielbeharrlich und verliert die Probleme und Aufgaben auch bei zeitweiligen Schwierigkeiten nicht aus dem Blick.
- Er ist sehr zuverlässig und verantwortungsbewusst und garantiert die abgesprochenen Leistungen in dem vereinbarten Zeitraum.
- Er strebt Hochleistungen an und setzt sich konsequent und zeitintensiv für diese ein.
- Er ist sehr lernoffen, sucht selbst nach den notwendigen Informationen und Arbeitsmitteln und verkürzt damit die eigenen Lernwege.
- Er gewährleistet eine hohe Genauigkeit der Ergebnisse, eine hohe Sachlichkeit in der Darstellung und dadurch Entscheidungserleichterungen und Zeitgewinne für Dritte.

*Stärken im Lernverhalten*
- Der ATCO ist Hochleistungsorientiert und lernt dementsprechend diszipliniert und konzentriert.
- Er hat eine sehr ausgeprägte Lernbereitschaft und Wissensorientierung.
- Er löst gern Probleme und sucht nach Alternativen sowie Ergänzungen zu bestehenden Praktiken.
- Er geht der Sache auf den Grund und versucht, Zusammenhänge zu verstehen.
- Der ATCO sucht den Kontakt zu ausgewiesenen Fachexperten und deren umfassendem Wissen und Erfahrungen.
- Er bevorzugt Informationen „aus erster Hand" mit umfangreichen Detailhinweisen.
- Er ist beim Lernen ernsthaft bei der Sache und stellt vieles andere zurück.
- Er verfügt über ein ausgeprägtes ganzheitliches Denken.
- Er ist in hohem Maße zielbeharrlich und lässt sich auch durch länger währende Schwierigkeiten nicht von den Lernzielen abbringen.
- Der ATCO ist an der Lösung langfristiger Fragen und Probleme interessiert und betreibt dazu auch gründliche Analysen.

# 5. Zum Einsatz von KODE® bei der Auswahl und Weiterbildung von Fluglotsen

Eine erste aber grundlegende Orientierung bietet die Verortung der Teilkompetenzen in dem Soll-Profil innerhalb des Kompetenzatlasses.

Abb. 4: Teilkompetenzen im Kompetenzatlas

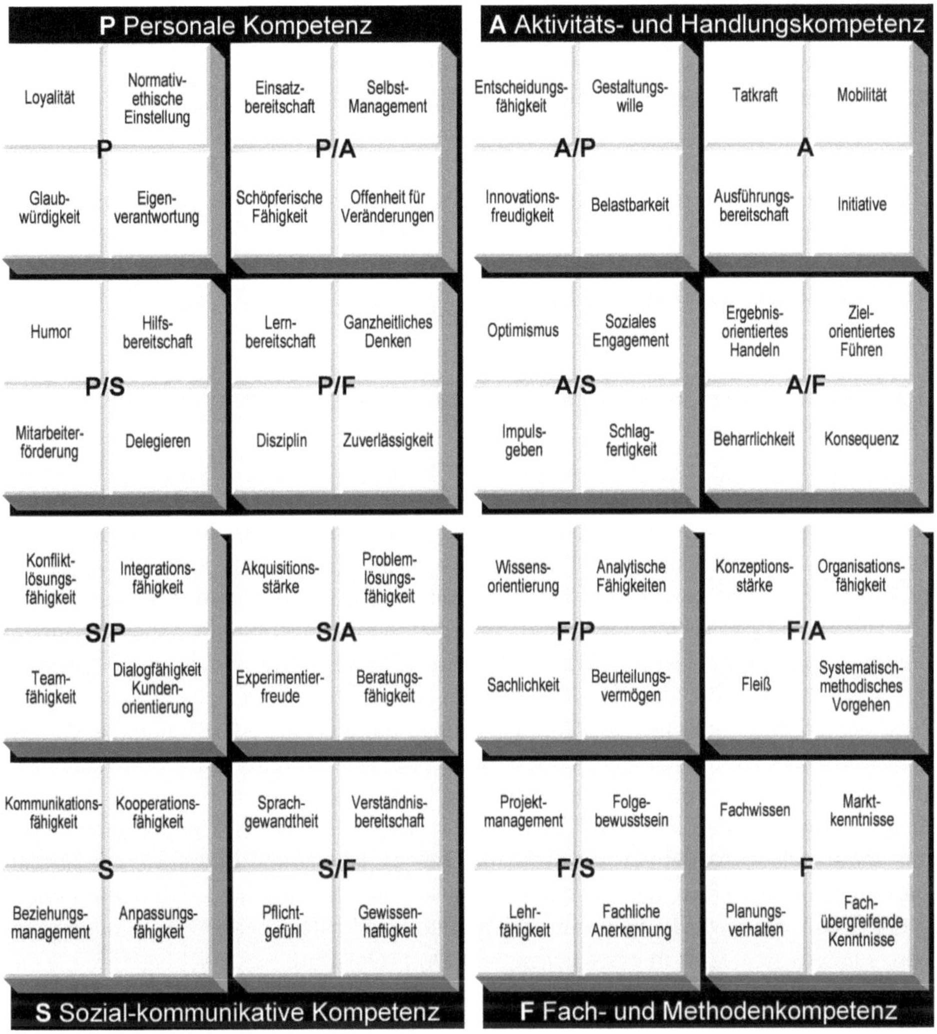

**P Personale Kompetenz**

| Loyalität | Normativ-ethische Einstellung | Einsatz-bereitschaft | Selbst-Management |
|---|---|---|---|
| **P** | | **P/A** | |
| Glaub-würdigkeit | Eigen-verantwortung | Schöpferische Fähigkeit | Offenheit für Veränderungen |
| Humor | Hilfs-bereitschaft | Lern-bereitschaft | Ganzheitliches Denken |
| **P/S** | | **P/F** | |
| Mitarbeiter-förderung | Delegieren | Disziplin | Zuverlässigkeit |

**A Aktivitäts- und Handlungskompetenz**

| Entscheidungs-fähigkeit | Gestaltungs-wille | Tatkraft | Mobilität |
|---|---|---|---|
| **A/P** | | **A** | |
| Innovations-freudigkeit | Belastbarkeit | Ausführungs-bereitschaft | Initiative |
| Optimismus | Soziales Engagement | Ergebnis-orientiertes Handeln | Ziel-orientiertes Führen |
| **A/S** | | **A/F** | |
| Impuls-geben | Schlag-fertigkeit | Beharrlichkeit | Konsequenz |

**S Sozial-kommunikative Kompetenz**

| Konflikt-lösungsfähigkeit | Integrations-fähigkeit | Akquisitions-stärke | Problem-lösungsfähigkeit |
|---|---|---|---|
| **S/P** | | **S/A** | |
| Team-fähigkeit | Dialogfähigkeit Kunden-orientierung | Experimentier-freude | Beratungs-fähigkeit |
| Kommunikations-fähigkeit | Kooperations-fähigkeit | Sprach-gewandtheit | Verständnis-bereitschaft |
| **S** | | **S/F** | |
| Beziehungs-management | Anpassungs-fähigkeit | Pflicht-gefühl | Gewissen-haftigkeit |

**F Fach- und Methodenkompetenz**

| Wissens-orientierung | Analytische Fähigkeiten | Konzeptions-stärke | Organisations-fähigkeit |
|---|---|---|---|
| **F/P** | | **F/A** | |
| Sachlichkeit | Beurteilungs-vermögen | Fleiß | Systematisch-methodisches Vorgehen |
| Projekt-management | Folge-bewusstsein | Fachwissen | Markt-kenntnisse |
| **F/S** | | **F** | |
| Lehr-fähigkeit | Fachliche Anerkennung | Planungs-verhalten | Fach-übergreifende Kenntnisse |

Durch diese Visualisierung wird die Verteilung der Kompetenzen für einen Fluglotsen auf die 4 Grundkompetenzen und deren Schnittmengen deutlich.
- 10 tragen wesentliche Anteile der personalen Kompetenz in sich.
- 10 tragen wesentliche Anteile der Fach- und Methodenkompetenz in sich.

- 6 sind der Aktions- und Handlungskompetenz zuzuordnen und
- 5 sind der sozial-kommunikativen Kompetenz zuzuordnen.

Insofern verdienen die ersten beiden Grundkompetenzen und deren gemeinsame Schnittmengen mit anderen eine besondere Beachtung.

## 5.1 Vergleich SOLL-Profil/IST-Profil der Bewerber und Nutzen für das Auswahlverfahren

Das Soll-Profil bietet schon eine erste Orientierung hinsichtlich der Kriterien, auf die bei den Bewerberinnen und Bewerbern zu achten ist. Allein die Verteilung der als vorrangig ausgewählten Teilkompetenzen auf die Grundkompetenzen verdeutlicht, dass sowohl die Personale Kompetenz als auch die Fach- und Methodenkompetenz dominieren. Insofern spricht dies für die Berücksichtigung von Kandidaten, deren Kompetenzprofil auch diese Schwerpunkte aufweist. Es geht also darum Personen zu gewinnen, die ein großes Verantwortungsbewusstsein mit einer Vorliebe für genaues, analytisch überprüftes Handeln aufweisen.

## 5.2 Vergleich SOLL-Profil/IST-Profil und Nutzen für die Aus- und Weiterbildung

Dort, wo das Soll-Profil noch nicht erreicht ist, weisen die Interpretationsangebote die Richtung für die Inhalte der Aus- und Weiterbildung und der Kriterien für die Messung des Entwicklungsfortschrittes sowohl in der Aus- als auch in der Weiterbildung. Um das Potential von KODE® voll auszuschöpfen wird eine kontinuierliche Begleitung der Trainees während der Ausbildung empfohlen. Eine Unterstützung könnte so aussehen, dass zu definierten Zeitpunkten im Training Zwischentestungen des Kompetenzprofils durchgeführt werden. Dadurch kann einerseits die Entwicklung der Trainees dokumentiert und es können andererseits Abweichungen von diesem IST-Profil zu dem SOLL-Profil ermittelt werden. Darauf aufbauend können zusätzliche Trainings- und Coaching-Einheiten entwickelt werden, die gezielt auf jeden Trainee zugeschnitten sind. Dadurch kann etwaigen Fehlentwicklungen oder Defiziten zeitgerecht entgegengewirkt werden. Dies bedeutet eine enorme Unterstützung für den Trainingserfolg, da sich der Trainee auf die eigentlichen Lehrinhalte konzentrieren kann. Dies würde nicht nur die Qualität und Professionalität des Trainings heben, sondern sich auch in einer geringeren Drop-Out-Rate niederschlagen.

Die Studie hat sich rein auf den Überflugbereich im Area Control Center Wien konzentriert. Jedoch sind die gewonnenen Erkenntnisse dermaßen zahlreich, dass eine Ausweitung der Studie auf den Terminal-Bereich, also Anflug- und Flugplatzkontrollstellen in Wien-Schwechat und den Flughäfen in den anderen Bundesländern höchst empfehlenswert ist.

# Literatur

Austro Control GmbH (Hrsg.) (2013). *Handbuch Local Unit Training Plan ATM/ENRO/ ACC*. 5. Aufl. Wien.

Erpenbeck, J. (2007). Kode® – Kompetenz-Diagnostik und -Entwicklung. In Erpenbeck, J. & Rosenstiel, L. v. (Hrsg.), *Handbuch Kompetenzmessung. Erkennen, verstehen und bewerten von Kompetenzen in der betrieblichen, pädagogischen und psychologischen Praxis* (S. 489–503). 2., überarb. und erw. Aufl. Stuttgart.

Erpenbeck, J. (2010). Kompetenzen – eine begriffliche Klärung. In Heyse, V., Erpenbeck, J. & Ortmann, S. (Hrsg.), *Grundstrukturen menschlicher Kompetenzen. Praxiserprobte Konzepte und Instrumente* (S. 13–20). Münster.

Gessler, M. (2010). Das Kompetenzmodell. In Bröckermann, R. & Müller-Vorbrüggen, M. (Hrsg.), *Handbuch Personalentwicklung. Die Praxis der Personalbildung, Personalförderung und Arbeitsstrukturierung* (S. 43–62). 3., überarb. und erw. Aufl. Stuttgart.

Heyse, V. (2007a). KODE®X-Kompetenz-Explorer. In Erpenbeck, J. & Rosenstiel, L. v. (Hrsg.), *Handbuch Kompetenzmessung. Erkennen, verstehen und bewerten von Kompetenzen in der betrieblichen, pädagogischen und psychologischen Praxis* (S. 504–514). 2., überarb. und erw. Aufl. Stuttgart.

Heyse, V. (2007b). Strategien – Kompetenzanforderungen – Potenzialanalysen. In Heyse, V. & Erpenbeck, J. (Hrsg.), *Kompetenzmanagement. Methoden, Vorgehen, KODE® und KODE®X im Praxistest* (S. 11–180). Münster.

Heyse, V. & Erpenbeck, J. (2009). *Kompetenztraining. 64 modulare Informations- und Trainingsprogramme für die betriebliche, pädagogische und psychologische Praxis*. 2., überarb. und erw. Aufl. Stuttgart.

Lang-von Wins, T. (2007). Die Kompetenzhaltigkeit von Methoden moderner psychologischer Diagnostik-, Personalauswahl- und Arbeitsanalyseverfahren sowie aktueller Management-Diagnostik-Ansätze. In Erpenbeck, J. & Rosenstiel, L. v. (Hrsg.), *Handbuch Kompetenzmessung. Erkennen, verstehen und bewerten von Kompetenzen in der betrieblichen, pädagogischen und psychologischen Praxis* (S. 758–792). 2., überarb. und erw. Aufl. Stuttgart.

Schäffner, L. & Bahrenburg, I. (2010). *Kompetenzorientierte Teamentwicklung*. Münster.

Seeber, S. & Nickolaus, R. (2010). Kompetenz, Kompetenzmodelle und Kompetenzentwicklung in der beruflichen Bildung. In Nickolaus, R., Pätzold, G., Reinisch, H. & Tramm, T. (Hrsg.), *Handbuch Berufs- und Wirtschaftspädagogik* (S. 247–256). Bad Heilbrunn.

# Kompetenzen eines Flugkapitäns

*Lothar Schäffner*

## 1. Vorbemerkung eines ängstlichen Fluggastes

Welche Kompetenz ein Flugkapitän haben muss, ist nicht nur eine Frage an die Bewerber für eine entsprechende langfristige und auch teure Ausbildung, sondern auch an die Auswahlgremien, die über den Erfolg einer solchen Bewerbung entscheiden. Sie geht aber darüber hinaus insgeheim alle an, die ihr Leben einer Person anvertrauen, die mit Ihnen den sicheren Boden verlässt, um sie auf dem Luftwege zu ihrem Ziel zu bringen. Gerade dieses Abheben dürfte die Quelle für Ängste sein, die selbst erfahrene Fluggäste immer noch latent haben, wenn sie in ein Flugzeug steigen. Ich selbst gehöre zu den Passagieren mit erheblichen Flugängsten, die nur im Notfall fliegen, und ein solcher ist gegeben, wenn ich dienstlich eine Strecke zurückzulegen habe, die sich nicht anders ohne einen Expeditionsaufwand bewältigen lässt. Die Ängste schlagen sich in einer extremen Aufmerksamkeit nieder, die auf irgendwelche Signale gerichtet ist, dass etwas nicht stimmt. Dazu gehören die Motorengeräusche oder deren vermeintliches Aussetzen genauso dazu wie die Stimme des Piloten, die möglicherweise Anzeichen von Gefahr zu erkennen gibt. Auch die inhaltlichen Informationen unterliegen einer überreizten Deutung. Warum erfahren wir, wie hoch wir gerade fliegen? Ist dies normal oder sollen wir nur vorher wissen, wie tief wir fallen und warum sagt man uns, wie kalt es gerade da draußen ist? Müssen wir etwa aussteigen – nein das ist sowieso nicht möglich. Und warum meldet sich der Copilot und nicht der Chefpilot? Vielleicht, weil dieser gerade schweißüberströmt versucht, sein und unser Leben zu retten?

Solche Gedanken kommen uns weniger in den Sinn, wenn wir mit einem Verkehrsmittel reisen, das Bodenhaftung behält, auch wenn es wohl gleichermaßen gefährlich ist, mit einem ICE in einem kilometerlangen Tunnel oder auf einer Hochbrücke stehen zu bleiben. Doch der Traum vom Fliegen ist immer auch verbunden mit dem Albtraum, ausgeliefert zu sein. So ist schlicht und einfach festzuhalten: Wenn ein Flugzeug erst in der Luft ist, wird der Passagier dies ohne das funktionierende technische System Flugzeug und ohne, dass dieses von einem Menschen gesteuert und beherrscht wird, nicht überleben.

Als ich diese Befürchtungen bei einem Vortrag vor Mitarbeiterinnen und Mitarbeitern einer Fluggesellschaft erörterte, löste dies eine kleine Welle von Bemühungen aus, diese Ängste als unbegründet erscheinen zu lassen. Dazu gehörten eine Einladung in einen Flugsimulator, die ich allerdings nicht annahm und die, in einem Cockpit auf einer Dienstreise in ein europäisches Ausland mitzufliegen.

Daraus entwickelte sich Ende der 90er Jahre ein längerfristiges Kooperationsverhältnis zwischen der Luftfahrtgesellschaft und meinem Institut. Im Zentrum stand dabei zunächst die Transfersicherung der Weiterbildungsmaßnahmen für Mitarbeiterinnen und Mitarbeiter am Check-in und am Gate mit dem Ziel, durch deren Verhalten dort die Kundenzufriedenheit zu erhöhen.[1]

Gerade dieses Projekt mit all den persönlichen Kontakten, die sich dabei ergaben, ermöglichte mir einen guten Einblick in das Tagesgeschäft einer Luftfahrtgesellschaft.

Letzte und langfristigste Maßnahme war die Begleitung einer Dissertation, die die Verhaltensanforderungen an Flugzeugführer in High-Tech-Cockpits und deren Konsequenzen für die Aus- und Weiterbildung der Kapitäne zum Thema[2] hatte. Auf die Ergebnisse dieser wissenschaftlichen Arbeit beziehen sich in erster Linie die nachfolgenden Ausführungen.

## 2.    Das komplexe Arbeitsfeld eines Flugkapitäns

Solveig Proske betrachtet das Cockpit als ein Arbeitsfeld, das im Laufe der Zeit an Komplexität zugenommen hat. Komplexität entsteht dabei nicht nur aus der großen Anzahl der verschiedenen Aufgaben, die zu bewältigen sind, sondern auch durch die Vielzahl der Schnittmengen bzw. Verknüpfungspunkte zwischen diesen Aufgaben. Sie entsteht also durch die vielfältige Interaktion von Systemen und Systemelementen. Damit sind folgende Kriterien erfüllt, die nach Dörner (1996) Komplexität ausmachen:
* Existenz von vielen voneinander abhängigen Merkmalen
* Intransparenz
* Dynamik
* Zeitdruck
* Unvollständigkeit oder gar Unkorrektheit der Kenntnisse aller Systemeigenschaften

Im Mittelpunkt einer Kompetenzanalyse steht dabei das Verhalten des Menschen in komplexen Mensch-Maschinen-Systemen. Von der Interaktion zwischen dem Piloten und den Komponenten hängt der Erfolg eines Fluges ab. Schon allein dadurch wird deutlich, dass die Steuerung eines Flugzeuges sich nicht auf fliegerische Leistungen reduzieren lässt. Dies trifft zum Teil schon auf den „normalen" Piloten zu, im Wesentlichen aber auf den Kapitän, der ein höheres Verantwortungspotenzial hat und auch haben muss.

Umgang mit Komplexität stellt sich je nach Berufsumfeld unterschiedlich dar. Während innerhalb eines wissenschaftlichen Diskurses in einer Alma Mater Komplexität durchaus weiter aufgebaut bzw. entfaltet werden kann, gibt es berufliche Anforderungen, die umgekehrt die Reduktion von Komplexität geradezu erzwingen, vor

---

1   Dieses Projekt ist ausführlich beschrieben in Schäffner, 2002, S. 251-302.
2   Solveig S. Proske: „Entwicklung eines Systems integrierter Kompetenzdimensionen für verantwortliche Flugzeugführer (Kapitäne) durch Analyse von Verhaltensanforderungen an Flugzeugführer in High-Tech-Cockpits und Herausarbeitung von Konsequenzen für Aus- und Weiterbildungsaktivitäten der Kapitäne am Beispiel der Deutschen Lufthansa". Dissertation. Fachbereich Erziehungswissenschaften der Universität Hannover, 2006.

allem, wenn es darum geht, zu handeln und welche Tätigkeit erfordert dies mehr als das Steuern eines Flugzeuges mit einer Vielzahl von Personen an Bord, ob als Passagiere oder Flugbegleiter. Der Zwang zu schnellen, geradezu überlebensnotwendigen Entscheidungen führt zwangsläufig zu einem Verhalten, das in Entscheidungssituationen nicht unüblich ist, aber gerade in einem Flugzeug ein hohes Gefährdungspotenzial in sich birgt. Zu diesem Verhalten gehört, wie Dietrich Dörner in seiner „Logik des Misslingens" (1996) herausarbeitet, vor allem:

- Der Zwang zu immer schneller auszuführenden (Re-)Aktionen.
- Die Vereinfachung komplexer Probleme.
- Die reduktive Hypothesenbildung.
- Die Konzentration auf bereits Bekanntes.
- Das Handeln in vorgeprägten Ritualen.
- Die Übersteuerung und Überdosierung von Maßnahmen unter Zeitdruck vor allem durch die Unterschätzung exponentieller Abläufe.

Gerade solche Scheinlösungen zum Umgang mit Komplexität fordern von einem Flugzeugführer entsprechende Kompetenzen, diesen wirksam zu begegnen, zumal Kompetenzen als *die Fähigkeiten (aber auch die Bereitschaft) von Menschen* definiert sind, *sich in offenen und unüberschaubaren, komplexen und dynamischen Situationen selbstorganisiert zurechtzufinden.* Insofern kann man zu Recht behaupten, dass auf die Tätigkeit eines Flugkapitäns der Titel dieses Buches „Kompetenz ist viel mehr" besonders zutrifft.

## 3.  Anforderungsanalyse und Auswertung von Unfallberichten als Grundlage der Kompetenzbestimmung

Proske greift den Kompetenzbegriff auf und kommt nach einer ausführlichen Diskussion kompetenztheoretischer Ansätze und Modelle zu dem Schluss, dass der Selbstorganisation in diesen Konzepten die zentrale Bedeutung zukommt. Was dies konkret für einen Flugkapitän bedeutet ist dann Gegenstand ihrer umfangreichen empirischen Untersuchung. In einer „Literaturstudie" bemüht sie sich auch um die Auswertung unterschiedlicher Quellen, die vor allem die Funktion der Führung im Fokus hat, wie z.B.

- die Anforderungsanalyse für Führungskräfte in der Wirtschaft allgemein aus der führungstheoretischen Diskussion der 90er Jahre[3],
- eine Analyse der Lufthansa internen Publikationen zur Anforderung an Führungskräfte und
- eine Analyse der Anforderungsmerkmale an Piloten.

Eine zusätzliche Quelle zur Beschreibung der Anforderungen an einen Kapitän ist für Proske die Ursachenforschung bei Flugunfällen.

---

3  So z.B. Wunderer 1993, Neuberger 1994, Malik 1996, von Rosenstiel et al. 1999, eingeschlossen eine Rückbesinnung auf die Ansätze von Blake & Mouton 1964 und 1978 (mit dem in Managerkreisen allgemein bekannten GRID-Modell, Hersey, Blanchard & Johnson 1977).

„Wie die Statistiken der International Air Transport World Association ausweisen, liegen wesentliche Unfallursachen im Nichtbefolgen von Standards und Verfahren, bei Fehlern im Management der Cockpitressourcen oder im Zusammenbruch
der Kommunikation. Dazu gehören auch Kommunikationsfehler, Mangel an erwar-
teter Unterstützung, Trägheit, Nachlässigkeit und Vergesslichkeit, Langeweile, falsche Beurteilungen und das Treffen falscher Entscheidungen. Mangelndes Training
oder Kompetenzdefizite tragen nicht unwesentlich zur Erhöhung der Unfallrate bei."
(Proske, 2006, S. 260). So weist Proske auf einen Fall hin, bei dem ein relativ harm-
loses technisches Problem die Aufmerksamkeit der gesamten Crew so in Bann zog,
dass sie die Signale einer anderen Gefahr übersahen, und das Flugzeug abstürzte.
Auch wenn inzwischen technische Systeme implementiert sind, die den Menschen
als Fehlerquelle ausschließen sollen, entsteht dort ein Nachfolgeproblem, das nicht,
wie beabsichtig die Komplexität reduziert, sondern gerade in Notfällen noch erhöht.
Wenn der Computer irrt, weil das technische Design bestimmte Vorkommnisse ausschließt, diese dann doch wider alle Erwartungen auftreten, muss der Pilot, die ihm
weggenommene Steuerungsfunktion wieder übernehmen. Dies wiederum erfordert
ein kompliziertes Verfahren, das gerade wegen der Seltenheit nicht durch Routine
beherrschbar ist.[4]

## 4.    Die besondere Führungsrolle des Flugkapitäns

Was die analytischen Recherchen über die Anforderungen an einen Flugkapitän vor
allem in seiner Funktion als Führungskraft konkret bedeuten, kann man vor allem
mit Hilfe der Rollentheorie erfassen. Die Rollen der Crew an Bord entsprechen der
Vorstellung von Rollen als normative Regelungen von Verhaltensweisen und deren
Übereinstimmung mit den verbindlichen Verhaltenserwartungen. Insofern spiegelt
sich in diesen ein traditionelles Verständnis von der Übernahme von Rollen, die entgegen späterer Rollenansätze die Gestaltungsfreiheit relativ begrenzt hält. Der Sach-
zwang, der mit der Steuerung eines Flugzeuges verknüpft ist, lässt wohl keine andere Rolleninterpretation zu. Der Handlungszwang, der mit einem Flug verbunden ist,
bietet zweifellos keinen Platz für einen Diskurs, welches in einer konkreten Situation wohl die angemessene Handlungsstrategie wäre. Dies bedeutet jedoch nicht, dass
der Kapitän als Führungskraft nicht auch einem Set von verschiedenen Rollenerwar-
tungen gleichzeitig ausgesetzt ist, so z.B. als Vorgesetzter, Kollege und Mitarbeiter
gleichermaßen. Damit muss er letztlich umgehen lernen und situativ jeweils kurzfristig die richtigen Entscheidungen treffen. Gerade eine klare Abgrenzung der Rollen
innerhalb der Crew ist die Voraussetzung für deren erfolgreiches Agieren. Dem Kapitän obliegt es dabei „die Prioritäten in der Aufgabenabarbeitung klarzustellen und
dafür Sorge zu tragen, dass sie eingehalten werden. Er muss z.B. einen diesbezügli-
chen Informationsfluss aufrechterhalten und die klare Kommunikation zwischen allen Crewmitgliedern sichern, damit jeder zu jeder Zeit weiß, wofür er verantwortlich

---

4    Diese Probleme sind während der Spekulation unter Fachleuten anlässlich des Flugzeugabstur-
     zes am 24.03.2015 bevor die eigentliche Ursache ermittelt war in der Öffentlichkeit deutlich
     geworden.

ist. Die Rolle des Kapitäns umfasst die Überwachung und Kontrolle der einzelnen Verantwortungsbereiche"[5]. Er wird zu einem gewissen Grade zum Supervisor von komplexen Systemen, deren Stand er nicht direkt ermitteln kann, sondern über irgendwelche Symbole bzw. Signale vermittelt bekommt, die wiederum eine Interpretation erfordern. Diese zu überwachenden Bereiche sind offensichtlich weiter angewachsen. Aufgrund von Sparmaßnahmen, zu denen sich die Fluglinien angesichts der Wettbewerbssituation genötigt sehen, sind ehemalige Sonderfunktionen wie z. B. die des Rampenagenten abgeschafft worden und der Kapitän selbst muss notfalls erforderliche Maßnahmen treffen, wenn das Cleaning oder das Catering nicht rechtzeitig fertig geworden sind. Zudem wächst mit der Größe der Flugzeuge auch die Anzahl der Flugbegleiter, die bei einer A 380 die eines mittleren Unternehmens erreichen kann. Schließlich nimmt auch die Anzahl der Flugbewegungen und der Flughäfen zu.

Trotz der letztendlichen Verantwortung des Kapitäns ist heute das Verständnis nicht mehr zeitgemäß, dass es beim Fliegen vor allem auf die Fähigkeiten des Piloten ankommt. Ein Wechsel von dem Rollenverständnis des Heroen, der sein Flugzeug sicher von einem Ort zu einem anderen bringt und dabei all den Gefahren trotzt, mag zu einem Kampfflieger wie von Richthofen passen. Im Zeitalter der zivilen Luftfahrt, in der eine zunehmende Zahl von Passagieren von einer immer größer werdenden Crew befördert wird, erscheint solch eine Vorstellung nicht nur anachronistisch, sondern auch geradezu absurd. Ein Flugzeug im Luftraum zu bewegen, ist keine Kampfhandlung, sondern ein interaktives Verfahren an dem andere Personen und Institutionen in der Verantwortung für die fliegenden Maschinen teilnehmen. Innerhalb der Maschine bedeutet dies, dass der Pilot nun in seiner Funktion als Kapitän zusätzlich zu den „Stick-and-Rudder"-Fähigkeiten nun auch solche zeigen muss, die dem erfolgreichen Management und der überzeugenden Führung zuzurechnen sind. Insofern gelten auch hier die allgemeinen Führungsempfehlungen, die davor warnen, als Führungskraft alles selbst zu machen und in einer Mischung aus falsch verstandener Fürsorge, mangelndem Zutrauen in andere und der eigenen Absicherung, immer gleich vorsorglich selbst einzugreifen. Ein solches Verhalten demotiviert nicht nur die Mitarbeiter und hält sie von ihrer eigenen Kompetenzentwicklung fern, sondern überlastet die Führungskraft selbst mit allen Fehlerpotenzialen, die daraus entstehen können.

Die existenzielle Bedeutung für die Crew und auch die Fluggäste, keinen Fehler zu machen bzw. zuzulassen, wird anders als in Unternehmen, in denen Fehler auch im Nachhinein korrigiert oder zumindest kompensiert werden können, die Abwägung zwischen einer hierarchisch begründeten Entscheidung möglicherweise auch über die Köpfe der anderen Crewmitglieder hinweg, und dem Vertrauen in die Kompetenz eines Teams, die höher sein kann als die Summe der Kompetenzen der einzelnen, auch weiterhin zu einem Dauerthema machen.[6] So wird in Kreisen von Fliegern und Technikern, die professionell mit der Luftfahrt zu tun haben, kolportiert, dass in Kulturkreisen mit einer starken hierarchischen Orientierung, sich Crewmitglieder

---

5  Proske, 2006, S. 92.
6  Dieses Thema wird durch den vom Copiloten gezielt herbeigeführten Flugzeugabsturz in den französischen Alpen noch um eine weitere dramatische Dimension erweitert.

vielleicht *einmal* trauen, ihren Chef zu korrigieren bzw. auf eine Gefahr hinzuweisen, die dieser übersehen hat. Wenn dieser dies energisch zurückgewiesen hat, würden sie dies nicht ein zweites Mal wagen und lieber sehenden Auges mit dem Chef in den Tod fliegen. Insofern ist dies auch ein Thema für die Ausbildung von Piloten aus diesen Kulturkreisen, wenn sie z. B. in deutschen Trainingszentren stattfindet.

## 5. Führung im Spagat zwischen Teamarbeit und alleiniger Verantwortung

Wie gut dieser Spagat zwischen eindeutiger Führungsaufgabe und letztendlich notwendiger Entscheidungsgewalt zustande gebracht wird, hängt davon ab, ob der Kapitän „unter anderem ein gutes Entscheidungsverhalten zeigt, vor allem in Situationen und unter Umständen, wo keine klare und sofort und eindeutig erkennbare Antwort verfügbar ist. Für ein gutes Führungsverhalten ist die Fähigkeit eines Kapitäns zur Herstellung einer Atmosphäre ausschlaggebend, die einerseits unmissverständlich die Führungsrolle klarmacht, andererseits aber gleichzeitig Mitarbeit und konstruktive Kritik durch Mitarbeiter ermutigt" (Proske, 2006, S. 96).

Auch wenn immer häufiger in Arbeitsvollzügen die zunehmende Bedeutung des Teams betont wird, muss doch eines unmissverständlich klargestellt werden: Es geht bei der Fliegerei nicht um die Einführung von Gruppenarbeit wie sie in den 90er Jahren in vielen Unternehmen vor allem in der Produktion vorangetrieben und in einigen Projekten auch von mir betreut wurde. Man kann diesen Unterschied in ihrer entscheidenden Nuance mit Hilfe des folgenden Modells verdeutlichen, welches wir für derartige Projekte entwickelt haben, in denen vor allem die bisherige Team- oder Schichtleiter durch die Entscheidungskompetenz des Teams ersetzt wurden.

Herzstück in diesem Modell ist die gemeinsame gegenseitige Verantwortung des Teams. Diese bleibt auch in einem Flugzeug zu einem gewissen Grade bestehen, als keiner der Crewmitglieder wegsieht, wenn er einen Fehler bemerkt, ob von ihm selber oder jemand anderem verursacht. Die letztendliche Verantwortung lässt sich in einem Flugzeug aber nicht durch ein Team tragen, sie bleibt bei einer einzelnen Person, dem Kapitän. Alle anderen Faktoren, die ein funktionierendes Team ausmachen, bleiben in ihrer Bedeutung innerhalb der Crew eines Flugzeuges jedoch unberührt. Das Team lebt von den unterschiedlichen Fähigkeiten seiner Mitglieder und wird zusammengehalten durch die Fäden der Kommunikation mit Hilfe einer Kraft, die von der gemeinsamen gegenseitigen Verantwortung ausgeht, die trotz der letztendlichen Entscheidung des Kapitäns existent bleibt. Zum Ausdruck kommt dies durch die Atmosphäre, die im Team herrscht und diese wird, wie Führungstheorien heute belegen[7], im Wesentlichen durch die Führungskraft bestimmt. Die in den alltäglichen Sprachgebrauch übernommene Metapher „der Fisch fängt vom Kopf an zu stinken", lässt auch eine weniger drastische Formulierung zu: Von oben wird die Atmosphäre ausgebreitet. Dies heißt, dass es einer Führungskraft gelingen kann, auch wenn sie die letzte Entscheidung hat, für ein positives Klima in einer Flugzeugcrew zu sor-

---

7   So z. B. Golemann, 1997.

Abb. 1: Teamkriterien nach Schäffner und Bahrenburg, 2010, S. 18

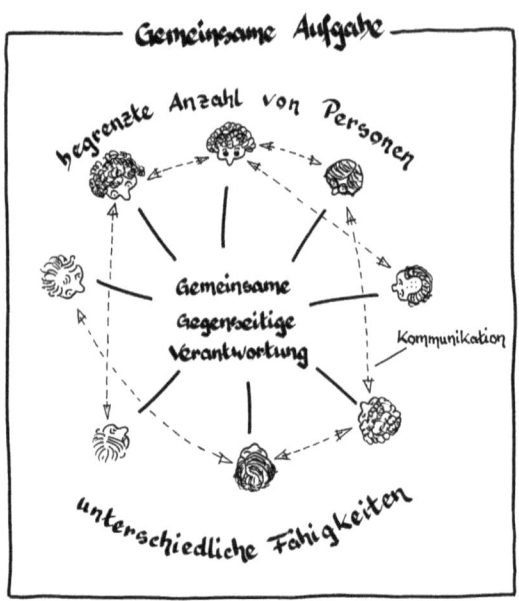

gen. Die Basis dafür liefert seine Stellung, die nicht der des abgehobenen Managers entspricht, der von irgendeiner Kommandozentrale von der er aus das operative Geschehen nicht einsehen kann, globale Anweisungen gibt. Er hat vielmehr den Rang einer „mitarbeitenden Führungskraft", die die Folgen seiner Entscheidungen selbst sehen kann und im schlimmsten Falle mit(er)tragen muss.

Ein Mittel dazu ist die „ständige Anteilnahme an der Gruppe oder dem Team durch Beachtung persönlicher Beziehungen und Ermutigung zu Harmonie und Kooperation zwischen den Teammitgliedern" (Proske, 2006, S. 97). Allerdings ist die Kommunikation kein Selbstzweck, sondern dem Sachziel eines Fluges unterzuordnen.

Insofern schafft der Kapitän im Idealfall „eine Atmosphäre, die es seinen Besatzungsmitgliedern ermöglicht
- häufig miteinander zu kommunizieren,
- Informationen über den Status des Fluges auszutauschen,
- den Erhalt von Informationen zu bestätigen,
- präzise mit eindeutigem Inhalt der Nachrichten zu kommunizieren,
- Kommandos auszuführen und wenn erforderlich selbst auch zu geben.

Einen besonderen Einfluss auf die Schaffung einer positiven Teamatmosphäre hat das Führungsverhalten des Kapitäns vor allem in den ersten Minuten des Zusammenseins einer Crew. Die Alltagsweisheit *die ersten Minuten entscheiden*, gilt also nicht erst bei einem Vorstellungsgespräch oder einem anderen Anlass der persönlichen Kontaktaufnahme, sondern auch für den Teamgeist, auch wenn dessen Haltbarkeit organisationsbedingt nicht auf Dauer angelegt ist. So fand Ginett (1987) heraus, „dass effektive Kapitäne fähig sind, in diesen ersten Minuten des Zusammenseins etwas zu tun, das genau das Dilemma betrifft, in dem sich jeder Kapitän befindet: Autorität und gegenseitige Abhängigkeit so auszubalancieren, dass eine Atmosphäre geschaffen wird, die einerseits unmissverständlich seine Führungsrolle verdeutlicht, andererseits aber gleichzeitig seine Besatzungsmitglieder zu Mitarbeit, Kooperation und vor allem konstruktiver Kritik ermutigt" (nach Proske, 2006, S. 98). Insofern kommt den Pre-Flight-Briefings eine besondere Rolle nicht nur für die Sach-, sondern auch für die Beziehungsebene zu. Und entscheidender Träger dieser Rolle ist die Kommunikation nicht nur auf der Sachebene, sondern auch durch die Art und Weise wie diese geführt wird. Wie wichtig diese Phase vor Beginn des Fluges ist, wurde in den Kommentaren deutlich, die sich rund um den Amokflug vom 24.03.2015 rankten. In einem solchen Kommentar wird ausdrücklich darauf hingewiesen, dass man sich die Leute im Cockpit nicht als Team oder Partner vorstellen darf, die sich gut und lange kennen. Sie werden jedes Mal neu zusammengesetzt und dies durchaus mit einem zusätzlich Sicherheit schaffenden Kalkül. Dadurch soll verhindert werden, dass zu viel Vertrautheit entsteht. „Jeder soll so arbeiten, wie es die Vorschriften verlangen, nicht wie ein altes Paar, das sich eigene Regeln gibt".[8]

Unter solchen Voraussetzungen jeweils einen Teamgeist für eine kurze Zeit immer wieder neu zu entfalten stellt sich somit wiederum als eine besondere Herausforderung an den Flugkapitän dar.

Insofern liegt es nahe, hinsichtlich der Führungsanforderungen an einen Flugkapitän die Verbindung zum Begriff der *sozialen Intelligenz* im Sinne Golemanns herzustellen und darüber hinaus mit der *Personalen Identität* im Sinne von Heyse und Erpenbeck.

## 6.  Kompetenzprofil für Flugkapitäne nach KODE®

Vor dem Hintergrund ihrer Literaturanalyse hat Proske ein Analyseinstrument zur detaillierten Kompetenzbestimmung entwickelt, das sie nach dem Konzept KODE® strukturiert, so wie es vor allem von Heyse und Erpenbeck entwickelt und im Laufe von nunmehr über 15 Jahren weiter entfaltet und verbreitet wurde.

Zunächst versucht sie gewissermaßen als eine Vorstudie, in Annäherung an KODE® 23 Teilkompetenzen auszuwählen und Flugkapitäne danach zu befragen, welche davon wichtig seien. Das Ergebnis (dokumentiert in Abb. 2) gibt einen ersten Hinweis auf die erforderlichen Kompetenzen und macht unmissverständlich deutlich, dass der überfachlichen und dabei insbesondere der personalen und sozial-kommunikativen Kompetenz eine relative Dominanz zukommt.

---

8   Spiegel 14/2015, S. 27. Vor dem Hintergrund wurde nun die Frage gestellt, ob die psychischen Probleme des Copiloten durch einen intensiveren Umgang miteinander früher erkannt hätten werden können.

Abb. 2: Ranking Teilkompetenzen nach Proske, 2006, S. 165

In einem nächsten Schritt – und hier liegt ein besonderer methodischer Verdienst von Proske – bemüht sie sich um eine Operationalisierung dieser Kompetenzen. Sie differenziert dabei diese weiter in Verhaltensindikatoren aus und verdeutlicht sie schließlich durch Verhaltensbeispiele. Zwei Beispiele mögen dies veranschaulichen:

Die der Personalen Kompetenz zugeordnete Teilkompetenz Selbstorganisation erfordert u. a. den Verhaltensindikator „hält die eigene Motivation und Leistungsfähigkeit dauerhaft aufrecht, demonstriert und übt situative Aufmerksamkeit aus". Diese zeigt er wiederum dadurch, dass er nicht durch das Briefing eilt und keine Hast zum Feierabend zeigt (Proske, 2006, Anhang 1 CCCXXX1).

Hinsichtlich der Kooperation und Teamfähigkeit identifiziert Proske u. a. den Verhaltensindikator „geht aktiv auf andere zu". Das entsprechende Verhaltensbeispiel wäre „kann ich Ihnen etwas abnehmen?"

In einer Hauptstudie erfolgt eine differenzierende Auswertung vor allem hinsichtlich des Zusammenhang der Bedeutung der einzelnen Teilkompetenzen[9] und des von den befragten Kapitänen geäußerten Weiterbildungsbedarfs für die Entwicklung eben dieser Kompetenzen. Der Weiterbildungsbedarf soll zwar nicht Gegenstand dieses Beitrages sein, allerdings kann aus den von den Kapitänen geäußerten Wünschen zusätzlich auf die Bedeutung von Kompetenzen geschlossen werden. Vor allem trifft dies auf die Verantwortung des Kapitäns für seine Mitarbeiterinnen und Mitarbeiter zu, die sich nicht loslösen lässt von seiner generellen Verantwortung für sein Flugzeug und seine Passagiere. Dieser Bedarf lässt sich zusammengefasst, in den ge-

---

9   Im Unterschied zu der Vorstudie, wo es nur darum ging, welche der Kompetenzen benannt wurden, werden sie in der Hauptstudie einem Ranking untereinander unterzogen.

wünschten Weiterbildungsmaßnahmen für die Aufgabe einer „*mitarbeiterorientierten Führung*" erkennen (Proske, 2006, S. 168f.).

Wer sich mit Befragungen zur Einschätzung von Kompetenzanforderungen befasst, weiß, wie schwierig es ist, Menschen zu einem Ranking in der Beurteilung von Kompetenzen zu veranlassen. Selbst solche, die über eine hohe Qualifikation verfügen, sich in ihrem Beruf bewährt haben und möglicherweise schon Mitarbeiter beurteilt, ausgewählt und sogar eingestellt haben, tun sich schwer, eine Auswahl zu treffen. Legt man ihnen den Kompetenzatlas nach KODE® oder sogar nur eine reduzierte Liste von Teilkompetenzen vor, halten sie auf einmal alle für wichtig. Proske gelingt es mit der Operationalisierung der einzelnen Kompetenzen hin zu einem beobachtbaren Verhalten einen Fragebogen zu kreieren, der von 74 der 121 befragten Flugkapitäne so ausgefüllt werden konnte, dass eine korrekte Auswertung möglich war.

Die Ergebnisse lassen sich wie folgt zusammenfassen:

Ordnet man die als besonders wichtig hervorgehobenen Teilkompetenzen den vier Grundkompetenzen zu, so zeigt sich, wie schon in der Vorstudie, eindeutig, dass sowohl die **Personale Kompetenz** als auch die **Sozial-kommunikative Kompetenz** die wichtigsten Voraussetzungen darstellen, den komplexen Anforderungen eines Flugkapitäns gerecht zu werden.

Diese Kompetenzen sind es, die aus einem fliegerischen Experten einen Kapitän machen.

Innerhalb der **Personalen Kompetenz** sind vor allem
- Souveränität, Zivilcourage und Stehvermögen,
- Selbstorganisation und
- Beherrschen von Komplexität

gefragt.

Dabei belegen die *Souveränität, Zivilcourage und Stehvermögen* eindeutig den ersten Rang. Was darunter zu verstehen ist macht Proske u. a. durch folgende Verhaltensindikatoren deutlich, die sie dieser Teilkompetenz zuordnet:
- ist unabhängig in der Meinungsbildung und vertritt den eigenen Standpunkt klar und deutlich,
- vertritt auch abweichende Ansichten mit Nachdruck,
- akzeptiert auch abweichende Positionen der anderen CMs,
- verhält sich authentisch,
- hakt nach, kontrolliert, fordert Meldungen ein,
- bleibt sachlich, selbst wenn er angegriffen wird,
- zeigt Präsenz.

*Selbstorganisation* als ein Verhaltensindikator ist sicherlich ein Schlüsselmoment, auf das es zentral beim Nachweis der Kompetenz als Flugkapitän ankommt.

Der *Umgang mit Komplexität* weist durchaus große Schnittmengen mit der Handlungskompetenz und vor allem der Fach- und Methodenkompetenz auf. Für die letztere Annahme spricht, dass innerhalb der Fach- und Methodenkompetenz dem

- interdisziplinären Wissen

eindeutig der erste Rang gebührt.

Innerhalb der **Sozialen Kompetenz** kommt es nach den Ergebnissen von Proske vor allem an auf
- das Konfliktmanagement,
- die Mitarbeiterorientierte Führung und
- Kritikfähigkeit und Feedback.

(Proske, 2006, S. 165ff.)

Auch diese Teilkompetenzen hat Proske durch entsprechende Verhaltensindikatoren verdeutlicht. Für das *Konfliktmanagement* werden u. a. folgende skizziert:
- erkennt Konflikte frühzeitig analysiert sie und reagiert angemessen,
- erkennt wo und wodurch Konflikte entstehen,
- stellt sich Konfliktsituationen, weicht nicht aus,
- ist konstruktiv bei der Konfliktlösung und strebt tragbare Lösungen an,
- hört aktiv zu,
- filtert gemeinsame Interessen aus unterschiedlichen Standpunkten heraus,
- reagiert auf Unregelmäßigkeiten rechtzeitig und angemessen.

Die Anforderungen vor allem hinsichtlich Personalkompetenz und der Sozialkompetenz spiegeln sich zusammenfassend wieder in der Rolle des Kapitäns als Vorgesetzter. Insofern geben die Antworten auf den Schulungsbedarf in Bezug auf eine Vielzahl von Verhaltensindikatoren Auskunft, die *Mitarbeiterführung* im Grunde genommen ausmachen. Zu diesen gehören u. a.:
- gibt seiner Crew Orientierung auch für Ausnahmesituationen,
- ist für die Crew ansprechbar und gibt dies auch zu erkennen,
- tritt aktiv und engagiert in Erscheinung,
- motiviert Teammitglieder und
- gibt Unterstützung,
- bezieht die Crew in Entscheidungen ein und bezieht den Purser bei Entscheidungen, die den Kabinenteil betreffen, mit ein,
- setzt Ziele und klärt Verbindlichkeiten,
- überträgt Mitarbeitern herausfordernde Aufgaben und Verantwortung,
- fördert die fliegerischen Erfahrungen und Kenntnisse der Cockpitcrew,
- beobachtet die Leistungsfähigkeit anderer Crewmitglieder.

Vor allem die Kritikfähigkeit und das Feedbackverhalten werden als Führungsfähigkeit besonders hervorgehoben, als da u. a. sind:
- übt sachlich angemessen und konstruktiv Kritik und fordert ebensolches Feedback und setzt dieses konstruktiv um,
- führt gegebenenfalls ein Debriefing zur Kritik durch.

Vor dem Hintergrund dieser Ergebnisse erscheint es sinnvoll zu sein, die Testmöglichkeiten über den grundlegenden KODE®-Test hinaus zusätzlich verfeinernd zu ergänzen und nach Mitteln zu suchen, die Verhaltensindikatoren für die 4 Grundkompetenzen zu überprüfen, die nach dem Ergebnis der Hauptstudie von den erfahrenen Piloten als für den Flugkapitän von besonderer Wertigkeit benannt werden. Meine eigenen Erfahrungen mit der Konstruktion und Durchführung von Assessments haben gezeigt, dass hier der Schlüssel für die Qualität eines Auswahlverfahrens liegt. Solange die Assessoren[10], also die Beobachter der einzelnen Bewerber bei dem Absolvieren der einzelnen Aufgaben innerhalb des Assessments fragen, wie man denn bestimmte Kompetenzen in den einzelnen Übungen erkennen könne, ist die Konstruktion des Assessments noch nicht gelungen. Erst wenn die Verhaltensindikatoren auf ein beobachtbares Verhalten heruntergebrochen sind, werden solche Fragen verstummen und dies wiederum ist ein gutes Zeichen, dass das Auswahlinstrument greift. Bezogen auf die überfachlichen Kompetenzen bei der Auswahl von späteren Flugzeugführern, sind es:

Für die *Personale Kompetenz* in Rangfolge ihrer Bedeutung in aller erster Linie[11]:
1. auf gegenseitige Überwachung und Ansprache von Abweichungen achten
2. Prioritäten setzen
3. Glaubwürdigkeit und Authentizität vermitteln
4. sachlich bleiben, selbst wenn man angegriffen wird
5. festgelegte Verfahren (SOPs), Vorschriften und Regeln einhalten
6. auf gegenseitigen Respekt und Akzeptanz achten
7. Symptome von psychischem Stress und Ermüdung bei sich und anderen erkennen
8. Zeit, Arbeit und Ressource optimal einsetzen
9. ein angemessenes Auftreten sowohl gegenüber Mitarbeitern, Kunden als auch Vorgesetzten zeigen
10. für Redundanz zu anderen Crewmitgliedern sorgen
11. Zweifel und Bedenken äußern, auch wenn sie nicht klar benennbar sind
12. Wesentliches zuerst bearbeiten
13. die eigenen Ressourcen sinnvoll einteilen
14. alle Informationsquellen nutzen

Für die *soziale Kompetenz* sind es:
1. Unstimmigkeiten ansprechen
2. den Purser bei Entscheidungen, die den Kabinenbereich betreffen, mit einbeziehen
3. anderen aktiv zu hören
4. gute Umgangsformen zeigen
5. sich konstruktiv bei der Konfliktlösung zeigen und tragbare Lösungen anstreben
6. sich Konfliktsituationen stellen und nicht ausweichen

---

10 Diese Beobachter werden bevorzugt aus der Ebene unterhalb des Vorstandes rekrutiert. Es sind Entscheidungsträger, die noch genügend Kontakt zu der Ausführungsebene haben.
11 Dabei werden nur die Verhaltensindikatoren aufgenommen, die in einer Rangliste aller Verhaltensindikatoren im Arithmetischen Mittel einen Spitzenwert 4.0 und darüber erhalten haben (vgl. Proske, Anhang 5.2, CCCLXV).

7. den Gesprächspartner ausreden lassen, statt ihn aufgrund seines Dienstranges zu unterbrechen

Für die *Handlungskompetenz* ist es:
1. stellvertretend für das Unternehmen als Vorbild gegenüber der Crew, Mitarbeitern und Kunden auftreten (Proske, 2006, Anhang 4.1 und 4.2)

Damit ist das Kompetenzmodell KODE® also grundsätzlich geeignet, einen Beitrag zur Auswahl der richtigen Bewerber zu leisten.

Es dient, wie die Ergebnisse der empirischen Studie von Proske aufzeigen genauso der begründeten Ableitung von Weiterbildungsmaßnahmen. Zweifellos wird die zu füllende Lücke zwischen mitgebrachten Kompetenzen und den Anforderung am Arbeitsplatz Cockpit kleiner sein, wenn die Auswahl der Bewerber gezielt erfolgt ist. Weiterbildung wird aber auch im Falle einer optimalen Auswahl immer nötig sein, da die sich verändernde Realität im Berufsfeld Fliegen, einen Anpassungsbedarf mit sich bringt und zudem Weiterbildung auch eine persönlichkeitsbildende Wirkung hat, die über eine bloße Anpassung hinausreicht. Solche persönlichkeitsfördernde Maßnahmen sind besonders dort notwendig, wo es stark auf die Personale Kompetenz ankommt und der Beruf eines Flugkapitäns gehört zweifellos dazu.

Gerade die Flugzeugkatastrophe vom 24.03.2015, die vom Copiloten bewusst herbeigeführt wurde, belegt nochmals auf geradezu makabre Art und Weise die Bedeutung der Personalen Kompetenz für die Arbeit eines Flugkapitäns. Loyalität, Eigenverantwortung, Glaubwürdigkeit und eine normativ-ethische Einstellung als Grundpfeiler dieser Grundkompetenz zusammen mit Disziplin, Zuverlässigkeit und Einsatzbereitschaft sind wesentliche Voraussetzungen dafür, einem Menschen die Führung eines Flugzeuges und dessen Insassen anzuvertrauen. Insofern sind alle Möglichkeiten auszuschöpfen im Vorfeld durch geeignete Verfahren zu ermitteln, ob Menschen dafür geeignet sind und sie in entsprechenden überfachlichen Weiterbildungssequenzen in diesen Fähigkeiten weiterzuentwickeln.

## 7. Die Teilung der Verantwortung mit den Fluglotsen

Die Führungsverantwortung des Kapitäns innerhalb des „Hoheitsbereiches" seines Flugzeuges bedeutet jedoch keinesfalls, dass er es steuern kann wohin und auf welchem Wege er will. Denn eines ist von vornherein festzuhalten:

*Das Kommando im Luftraum haben die Fluglotsen.*
Die Bedeutung der Personalen Kompetenz wird auch bei dieser zweiten Personengruppe hervorgehoben, die für ein sicheres Fliegen sorgt. Es sind die Fluglotsen, die den gesamten Verkehr im Luftraum lenken und dabei das Sagen haben. Sowohl in der Untersuchung von Kalina (in diesem Band) als auch bei einer Expertenbefragung für diesen Beitrag, wird die Personale Kompetenz insgesamt, aber auch bei beiden einzeln, vorrangig für erforderlich gehalten. Als Experte hat sich der Pressesprecher der DFS Deutsche Flugsicherung GmbH, Axel Raab, zu einem Interview bereit er-

klärt. Er war früher selbst für einige Jahrzehnte als Fluglotse im Kontrollzentrum Frankfurt (heute Langen) tätig.

An zweiter Stelle folgen in der Untersuchung von Kalina die Fachkompetenz (sogar in der gleichen Gewichtung wie die Personale Kompetenz) und nach Auffassung von Raab die Aktivitäts- und Handlungskompetenz. Dies ist ein Unterschied, der an anderer Stelle noch thematisiert wird. Was wichtiger ist, ist die relativ geringe Bedeutung der sozialkommunikativen Kompetenz sowohl in der Einschätzung durch Kalina als auch in der durch Raab. Das mag zunächst einmal verblüffend erscheinen, da die Fluglotsen im Grunde genommen den ganzen Tag vor allem eines tun: kommunizieren und dies sowohl mit dem Piloten als auch untereinander.

Bei ihren kommunikativen Aktivitäten führen die Lotsen jedoch kein Gespräch im üblichen Sinne. Es handelt sich keinesfalls um einen Smalltalk und ist auch kein Gespräch nach dem üblichen Muster des kybernetischen Kommunikationsmodells. Hier findet keine Verständigung statt, bei der ein Sender etwas im Sinne einer kodierten Äußerung sagt, die ein Empfänger dann dekodieren muss. Es finden auch keine elaborierten Feedbackschleifen statt, in denen der Empfänger zurückmeldet, was bei ihm angekommen sei und der Sender ihm bestätig, dass er dies richtig verstanden habe oder dies negiert und in diesem Fall dann noch einen zweiten oder sogar noch mehrere Versuche macht, sich verständlich zu machen. Das Feedback reduziert sich auf das Sich-Vergewissern, ob man die eindeutige Anweisung ebenso eindeutig verstanden hat. Das zentrale „Zauberwort" ist in diesem Feld nicht „bitte", sondern „roger". Die Reduzierung auf das Wesentlich und vor allem Eindeutige wird erreicht, indem man die Begriffe ihrer möglichen schillernden Semantik beraubt. Übrig bleiben Codes, die so eindeutig sind, dass kein Interpretationsspielraum zur Gefahrenquelle werden kann.

Im Grunde genommen findet auch kein (Meinungs-)Austausch zwischen dem Fluglotsen und dem Piloten statt, sondern es handelt sich um die Weitergabe einer Information bzw. um eine Anweisung, sich so und nicht anders zu verhalten. So ist möglicherweise auch der Unterschied im unterschiedlichen Ranking der nächstplatzierten Kompetenz zu deuten. Während Kalina eher den Inhalt der Kommunikation bewertet und diesen auf der Sachebene platziert, hebt Raab den Anweisungscharakter hervor, den der Sprachbeitrag des Lotsen enthält. Beide Aspekte hängen, was die Sicherheit des Fliegens betrifft, unmittelbar zusammen.

Die zentrale Aufgabe des Fluglotsen ist es, dem Piloten den sicheren Weg durch den Luftraum, durch den anderen Flugverkehr zu weisen. In einem dreidimensionalen Raum kommen neben den Anweisungen „nach rechts oder links" noch die „nach oben oder unten" hinzu. Dies hat in einer unmissverständlichen Art und Weise zu erfolgen. Erfahrungen in der Flugpraxis haben dabei folgende Quelle eines Missverständnisses zu Tage gefördert. So hat es sich herausgestellt, dass folgende Aufforderung des Lotsen an den Piloten „*climb to flight level 70*" schon mal mit einer

Anweisung verwechselt wurde, „*auf flight level 270*" *(Flugfläche) 270 zu steigen*[12], also wurde *to* als *two* missverstanden, vielleicht weil der Lotse *flight level* vergessen hat. Damals ist zwar nichts passiert. Wenn jedoch festgestellt wird, dass solche Missverständnisse mehrfach auftauchen, wird nach einer klärenden Lösung gesucht. Die besteht heute dahin, dass das *to* weggelassen wird und es heißt heute nur noch „climb flight level..."

Ein inhaltliches Missverständnis mit einer katastrophalen Auswirkung hat sich 1977 beim Zusammenstoß zweier Jumbos ereignet. Raab schildert den Vorgang folgendermaßen:

„Der Pilot einer KLM-Maschine stand auf der Bahn zum Start bereit und sagte „*we are ready for take off*". Der Fluglotse hätte sagen müssen „*roger, call you back*", hat aber nur „*ok*" gesagt. Ok ist aber keine zugelassene Sprechgruppe. Der Pilot meinte daraufhin er könne nun starten und hat das „*cleared for take off*" gar nicht abgewartet und die Gase reingeschoben, weil er es eilig hatte. Der Copilot wies ihn noch darauf hin, dass noch ein anderer Jumbo auf der Bahn sei. Der Pilot hörte nicht darauf, sondern wies darauf hin, der Lotse habe doch ok gesagt, und das Ende ist bekannt: knapp 600 Tote."

Dieses Missverständnis wurde nicht zuletzt durch die Eile unterstützt, die der Pilot an den Tag legte, und diese Eile wiederum schien ihm geboten, um noch vor einem stärker werdenden Nebel Teneriffa verlassen zu können. Dieser Wunsch hatte u. a. auch die Ursache in den arbeitsrechtlichen Bedingungen, unter denen Piloten arbeiten. Die Zeit, in der er noch fliegen durfte lief ab, was dann, wenn er in der Luft ist, nicht mehr relevant gewesen wäre.

Zur Vermeidung einer Gefahrensituation hätte es gereicht, wenn er nachgefragt hätte „*does it mean we are cleared for take off?*". Dies hat er aber nicht getan. Seit dem Unglück sind die „Sprechgruppen", wie die eindeutigen Codes genannt werden, so geändert worden, dass das *ready for take off* nicht mehr gesagt werden darf. Das heißt nun *ready for depature*. Es darf *take off* nur noch mit *cleared for take off* und *cleared* nur noch mit *cleared for take off* oder *cleared to land* benutzt werden.[13]

Weniger spektakulär, weil in der Öffentlichkeit weniger thematisiert und auch nicht von so schrecklichen Unglücken betroffen, ist der zweite Kommunikationskanal auf dem Fluglotsen ihre Informationen weitergeben. Es ist der zwischen den Fluglotsen untereinander. Es geht hierbei um die Weitergabe der Flugzeuge zwischen den einzelnen Sektoren, in die der zu überwachende Luftraum eingeteilt wird und innerhalb derer die Lotsen meist mehrere Flugzeuge gleichzeitig begleiten. Dabei kommt auf den Koordinationslotsen eine Fülle von Arbeit zu, die unabhängig von einer zunehmenden Automatisierung der Informationsweitergabe z. B. über Verspätungen der Flieger oder Abweichungen vom Kurs, eine große Belastung darstellt. Diese

---

12 Also wurde 270 Tsd. Fuß statt 70 Tsd. Fuß (ca. 8200m statt 2100m) verstanden.
13 *Cleared into position and hold (in die Position gehen und dort halten = stehen bleiben)* gibt es auch nicht mehr dies heißt heute *line up* (Reihe dich auf).

wird umso stärker je größer der jeweilige Flughafen ist, von dem dort Flieger kreuz und quer in alle Richtungen starten und von allen Richtungen ankommen und landen. Gerade die Dichte der großen Flughäfen Frankfurt, Köln, Düsseldorf, Stuttgart, Nürnberg und München macht vor allem den Südwesten Deutschlands zu einem der komplexesten Lufträume der Welt. Selbst wenn die Fluglotsen für die einzelnen Segmente z.T. in einem der 4 großen Kontrollzentren in Deutschland räumlich nebeneinander sitzen, bleibt die Notwendigkeit einer Kommunikation mit Hilfe einer eindeutigen Begrifflichkeit bestehen.

All diese Sprachregelungen, ob zwischen dem Lotsen und dem Piloten oder unter den Fluglotsen selbst, sind Absicherungsmaßnahmen, damit durch Nachlässigkeit in der Kommunikation keine Gefahren heraufbeschworen werden können. Allerdings können solche Maßnahmen nur funktionieren, wenn die beteiligten Menschen aufgrund ihrer Persönlichkeitsstruktur in der Lage sind, dies zu können und auch zu wollen. Gerade die Bedeutung des Fluglotsen für den sicheren Weg des Flugzeuges legt es nahe, ihm ebenso wie dem Piloten die entsprechenden Grundfähigkeiten auf dem Feld der Personalen Kompetenz abzuverlangen. Sowohl die Studie von Kalina als auch die Aussagen von Raab bestätigen dies.

Das nachfolgende Beispiel verdeutlicht zugleich, wie schwierig es ist, das Vorhandensein und vor allem auch das Fehlen solcher Kompetenzen zu entdecken. Das einzige Mittel ist, die Überprüfung der Bewerber mit größter Perfektion und mit dem Einsatz vielfältiger Methoden und größter Aufmerksamkeit der Beobachter, möglichst professionell zu gestalten. So berichtet Raab eindrucksvoll von einem Auswahlverfahren für Bewerber der Fluglotsenausbildung. Dort hat sich einer der Kandidaten bei den kognitiv-fachlichen Tests so gut geschlagen, dass seine Aufnahme fast schon sicher schien. Bei einem abschließenden Gespräch wurde seine familiäre Situation zu Thema. Er verwies darauf, dass er mit seiner Mutter und einem weiteren nahen Familienangehörigen zusammenlebt. Mit diesem allerdings würde er schon seit Jahren kein Wort wechseln, da es zwischen ihm und diesem zu einem schweren Zerwürfnis gekommen sei. Die Auswahlkommission war durch diese Information irritiert und diskutierte lange, ob man jemandem, der mit einem anderen Menschen eng zusammenlebt und jegliche Kommunikation verweigert, die Teamfähigkeit attestieren könne, die in einem Kreis von Kollegen immens wichtig ist, gerade wenn diese ihre Kontrollfunktion über den Luftraum abgesichert wahrnehmen sollen. Die gemeinsame gegenseitige Verantwortung ist bei der Überwachung der Bildschirme und der sonst noch zur Verfügung stehenden Informationen gerade bei Fluglotsen ein Muss. Die Gewissheit, dass noch ein Kollege Acht gibt, ist eine unbedingt notwendige Rückversicherung für das Leben von Crew und Fluggästen. Wie Recht die Auswahlkommission hatte, wurde durch das Verhalten des Kandidaten im Nachhinein deutlich, als er von der Ablehnung und deren Begründung erfuhr. Er war außer sich, verließ den Raum mit lautstarkem Protest und hämmerte von außen noch mehrmals gegen die Tür. Man kann sagen: das ist nochmals gut gegangen, dass dieser Kandidat abgelehnt wurde.

Nicht jeder Fall ist aber so eindeutig und entlarvend. Schwachstellen in der Persönlichkeit der Bewerber sind nicht immer so leicht zu erkennen, wie uns im März 2015 wieder erschreckend vor Augen geführt wurde.

Jemand, der sich so verhält wie der Bewerber in dem geschilderten Fall, würde das Fundament der Zusammenarbeit der Fluglotsen untereinander gefährden und diese Zusammenarbeit muss in der tagtäglichen Arbeit nach dem Prinzip der gemeinsamen gegenseitigen Verantwortung erfolgen, wie wir es für die Teamarbeit als zentrales Prinzip gefordert haben[14]. Dabei treffen Eigenverantwortung und Loyalität in einer Weise zusammen, die das eigene Bemühen, Bestes zu geben mit der Bereitschaft verknüpfen, den anderen Kollegen gleiches zu ermöglichen. Wer sich an den Erfolg der Fluglotsen erinnert, die als nichtstreikberechtigte Beamte in den 70er Jahren mit dem Mittel eines Bummelstreiks ihre Forderungen durchgesetzt haben, kann den Korpsgeist ahnen, den Fluglotsen zu entwickeln in der Lage sind, und dies nicht nur, wenn es um die materiellen Rahmenbedingungen geht. Auch hier ein Beispiel von Raab:

Ende der 70er und Anfang der 80er Jahre fand eine heftige Auseinandersetzung um den Bau der Startbahn West am Frankfurter Flughafen statt, in der sich Gegner und Befürworter einen erbitterten Kampf lieferten, der weit in die Gesellschaft hineingetragen wurde. Ein sichtbares Zeichen der Gegner war ein Button gegen die Startbahn West. Auch einige der Fluglotsen trugen solche Buttons, obwohl ihre berufliche Existenz ja vom Flughafen Frankfurt abhing. Sie plädierten, wenn schon Umwelt zerstört werden muss, eher für eine umfassende Lösung durch eine Parallelbahn im Süden. Der Button am Revers wurde u. a. von dem Personal der Flughafenkantine als eine derartige Provokation aufgefasst, dass es die Träger solcher Buttons nicht mehr bediente. Das war für Axel Raab nun der Anstoß, sich selbst solch einen Button anzustecken. Die Folge wiederum war eine „eindringliche Bitte" seines Vorgesetzten, diesen wieder abzunehmen. Dieses Bemühen wurde darauf von den Fluglotsen konterkariert, denn sie kamen am folgenden Tag alle mit einem solchen Button zum Dienst. Damit war einer möglichen Konsequenz von Seiten der Vorgesetzten, die Buttonträger, vom Dienst freizustellen, ein Riegel vorgeschoben. Denn ohne Fluglotsen in der erforderlichen Besetzung ist ein Flugbetrieb nicht aufrechtzuerhalten. Vor dem Hintergrund solcher Beispiele ist es schwierig, sich in einer derartigen Gemeinschaft einen Kollegen vorzustellen, der aufgrund eines persönlichen Streits mit einem anderen nicht mehr spricht.

Eine stabile Persönlichkeit vor dem Hintergrund der Verantwortung für eine existenziell bedeutsame Sachaufgabe braucht der Lotse auch hinsichtlich seiner Führungsrolle gegenüber dem Flugkapitän, wenn es um die Steuerung des Flugzeuges beim Start, im Luftraum und dann wieder bei der Landung geht. Schon von der Sache her, muss der Lotse das Kommando haben. Der Pilot würde zwar z. B. den Weg von Frankfurt nach Hamburg alleine finden, aber er weiß nicht, was ihm entgegen, von recht oder von links kommt. Er sieht höchstens, wenn er ein Kontrollwarnsystem besitzt, die Flugzeuge in unmittelbarer Umgebung. Er kann dabei nur feststellen, dass

---

14 Schäffner & Bahrenburg, 2010.

sie ihm in einer gewissen Höhe entgegenkommen, nicht aber, was sie machen, ob sie nach unten oder oben gehen, nach links oder rechts abdrehen.

Der Fluglotse dagegen hat den Überblick auf seinem Radarschirm.

Aufgrund solcher Voraussetzungen gibt nun in der tagtäglichen Arbeitspraxis ein möglicherweise junger Mann einem gestandenen Jumbokapitän Anweisungen. Und derjenige, der für seine Schutzbefohlenen allein schon sichtbar durch die 4 Streifen auf seiner Uniform als Kapitän zu erkennen ist, muss den Anweisungen des Greenhorn im T-Shirt folgen und entweder nach rechts oder links abdrehen oder steigen bzw. sinken. Was hier den konfliktbehafteten Stoff einer Vorabendserie im Fernsehen abgeben könnte, ist aber eine Realität, in die sich ein junger Fluglotse erst hineinfinden muss; möglicherweise auch gegen die Versuche des hochdekorierten Uniformierten, doch dessen Wünschen gerecht zu werden, vielleicht doch etwas schneller fliegen oder später runtergehen zu dürfen. Raab hält aufgrund langjähriger Erfahrungen als Schlussfolgerung fest:

„Es kommt darauf an, dass ich bei meinen Anweisungen nicht zögerlich, sondern bestimmt bin. Man muss sich die Piloten erziehen, die z.T. ein starkes Selbstbewusstsein vor sich hertragen, das zu einem gewissen Teil auch auf die anderen Mitarbeiter einer Fluglinie ausstrahlt."

Um solchen Anforderung gerecht werden zu können, braucht der Fluglotse, vor allem folgende *körperliche und kognitive Fähigkeiten* wie
* Multitasking,
* ein zweidimensionales Radarbild in eine dritte Dimension im Sinne eines ausgeprägten räumlichen Vorstellungsvermögens umwandeln zu können,
* lange die Konzentration zu halten,
* sich Dinge detailliert zu merken,
* Stress auszuhalten,
* im Team sehr eng zusammenzuarbeiten,
* sich auf englisch verständigen zu können.

Diese Fähigkeiten müssen allerdings ergänzt werden durch *persönliche Kompetenzen* wie
* Loyalität,
* Normativ-ethische Einstellung,
* Glaubwürdigkeit,
* Eigenverantwortung,
* Hilfsbereitschaft,
* Disziplin,
* Zuverlässigkeit.

All die hier zusammengefassten Kompetenzen wiederum sind Voraussetzungen dafür, dass die für den sicheren Flugverkehr Verantwortlichen ihre Machtstellung weder im Wettbewerb gegenüber anderen oder in der Kompensation persönlicher Krisen zum Schaden der ihnen anvertrauten Menschen missbrauchen.

KODE® scheint das Potenzial zu besitzen, bei der Auswahl und Entwicklung von Personen die diagnostische Hilfe bei einem zentralen Merkmal leisten zu können, das äußerst wichtig aber nur schwer für andere zu erkennen ist. Während die Aktions-, die Sozial-kommunikative Kompetenz und die Fachkompetenz in der Interaktion mit anderen gut wahrnehmbar zu Tage tritt, trifft dies auf die Personale Kompetenz nicht in gleichem Maße zu. Werteorientierungen finden nicht unbedingt eine direkte und eindeutige Abbildung im alltäglichen Handeln und sind weder durch kognitive Tests noch durch Arbeitsproben zu überprüfen. Wohl kann aber ein nicht bewertend angelegter Test wie KODE® Auskunft geben, inwieweit das Handeln der Bewerber und auch der Mitarbeiter durch ein Grundmuster mit angelegt ist, das der Personalen Kompetenz entspricht. Und in einer weiteren Vermutung kann man davon ausgehen, wer eine normativ-ethische Einstellung zum Handlungsprinzip macht, verhält sich entsprechend der zentralen Aspekte der Personalen Kompetenz gegenüber anderen Menschen verantwortlich, glaubwürdig und loyal. Die daraus resultierende Zuverlässigkeit ist das Gefühl, das Menschen brauchen, wenn sie sich den Maschinen und Menschen anvertrauen, die sie sicher durch die Luft befördern sollen.

## Literatur

Blake, R. R. & Mouton, S. J. (1964). *The managerial grid*. Huston: Gulf.

Blake, R. R. &. Mouton, S. J. (1978). *The new managerial grid*. Huston: Gulf.

Dörner, D. (1996). *Die Logik des Misslingens. Strategisches Denken in komplexen Situationen*. Reinbek bei Hamburg: Rowohlt.

Dörner, D. (2003). *Die Logik des Misslingens*. Reinbek bei Hamburg: Rowohlt.

Ginnett, R. C. (1987). *First encounters of the close kind: The formation process of airline flight crews*. Unpublished doctoral dissertation, Yale University, New Haven, CT.

Goleman, D. (1997). *Emotionale Intelligenz*. München: DTV.

Hersey, P. H., Blanchard. K. H. & Johnson, D. E. (1977). *Management of organizational behavior*. Englewood Cliffs, NJ: Prentice-Hall.

Heyse, V. & Erpenbeck, J. (2004). *Kompetenztraining. 64 Informations- und Trainingsprogramme*. Stuttgart: Schäffer-Poeschel.

Malik, F. (1996). *Strategie des Managements komplexer Systeme*. Bern: Verlag Paul Haupt.

Neuberger, O. (1994). *Personalentwicklung*. Stuttgart: Enke.

Proske, S. (2006). *Entwicklung eines Systems integrierter Kompetenzdimensionen für verantwortliche Flugzeugführer (Kapitäne) durch Analyse von Verhaltensanforderungen an Flugzeugführer in High-Tech-Cockpits und Herausarbeitung von Konsequenzen für Aus- und Weiterbildungsaktivitäten der Kapitäne am Beispiel der Deutschen Lufthansa*. Dissertation. Fachbereich Erziehungswissenschaften der Universität Hannover.

Rosenstiel, L. v., Regnet, E. & Domsch, M. (1999). *Führung von Mitarbeitern. Handbuch für erfolgreiches Personalmanagement*. Stuttgart: Schäffer-Poeschel Verlag.

Schäffner, L. (2002). *Der Beitrag der Veränderungsforschung zur Nachhaltigkeit von Organisationsentwicklung*. München und Mering: Rainer Hampp.

Schäffner, L. & Bahrenburg, I. (2010). *Kompetenzorientierte Teamentwicklung*. Münster: Waxmann.

Wunderer, R. (1993). *Führung und Zusammenarbeit. Beiträge zu einer Führungslehre*. Stuttgart: Schäffer-Poeschel.

# Initiative der ACT SKoM GmbH und der CeKom GmbH zur (weiteren) Erhöhung der Flugsicherheit, insbesondere der Stärkung der Flugkapitäne – ausgehend vom Fall Andreas Lubitz

*Volker Heyse*

## 1. Vier schriftliche Initiativen am 7. April 2015

Die ACT SKoM GmbH (Audit-Coaching-Training Strategisches Kompetenzmanagement) sowie die CeKom GmbH (Centrum für Kompetenzbilanzierung) unterbreiteten kurz nach der Germanwings-Flugzeugkatastrophe aus eigener ethischer Verantwortung und Verpflichtung gegenüber dem Gemeinwohl folgenden vier Organisationen konkrete Vorschläge zur weiteren Erhöhung der Flugsicherheit bei erweiterter Beachtung des menschlichen Faktors:

- Deutsche Lufthansa AG (Vorstandsvorsitzender)
- Germanwings GmbH (Sprecher der Geschäftsleitung)
- DFS Deutsche Flugsicherung GmbH (Vors. Geschäftsführung)
- Pilotenvereinigung Cockpit (Vorstand).

Der nachfolgende Text wurde einzeln an die aufgeführten Adressen geschickt (Mail und Brief):

 und

ACT SKoM GmbH
Zur Hohen Linie 13
D – 93055 Regensburg

CeKom® GmbH · Centrum für Kompetenzbilanzierung (D/CH)
Zur Hohen Linie 13
D – 93055 Regensburg

An die
Germanwings GmbH
Herrn ......
Germanwings-Straße 1
D-51147 Köln

Regensburg, den 7. April 2015

Sehr geehrter Herr ......,

Bei der gegenwärtig breit in der Öffentlichkeit ausgetragenen Suche nach Möglichkeiten der (weiteren) Erhöhung der Flugsicherheit, insbesondere der Stärkung der Flugkapitäne, fühlen wir, die Unterzeichner, uns angesprochen.

Im Rahmen unserer zwei Jahrzehnte während en wissenschaftlichen wie auch der sehr praktischen Arbeit an Methoden der Kompetenzerkennung und Kompetenzentwicklung beschäftigten wir uns seit Jahren auch mit verschiedenen Fragen der Boden- wie auch Flugsicherheit verschiedener Luftfahrtgesellschaften. Das begann mit der Unterstützung einer Promotion von *Frau Solveig S. Proske* (ehem. Lufthansa AG), die von Herrn Prof. Dr. Lothar Schäffner (Universität Hannover) betreut wurde. Sie trägt den Titel: „Entwicklung eines Systems integrierter Kompetenzdimensionen für verantwortliche Flugzeugführer (Kapitäne) durch Analyse von Verhaltensanforderungen an Flugzeugführer in High-Tech-Cockpits und Herausarbeitung von Konsequenzen für Aus- und Weiterbildungsaktivitäten der Kapitäne am Beispiel der Deutschen Lufthansa" (2006).

Im Mittelpunkt standen Kompetenzen als *Selbstorganisations-Voraussetzungen* in neuen, herausfordernden Handlungssituationen, *Handlungsfähigkeiten* in den Basiskompetenzgruppen Personale Kompetenz, Aktivitäts- und Handlungskompetenz, Fachlich-methodische Kompetenz und Sozial-kommunikative Kompetenz.

Gegenwärtig laufen weitere mehrjährige Untersuchungen und Praxisumsetzungen zur „Sicherung einer höheren Performance bei der Fluggastkontrolle durch neue kompetenzbasierte Strategien und Verfahren für die Auswahl, Aus- und Weiterbildung von Bodenkontrollpersonal" sowie nun in der Umsetzung bei der Austria Control GmbH/Österreichische Gesellschaft für Zivilluftfahrt mbH (Wien): „Kompetenzprofile österreichischer Fluglotsen; kompetenzbasierte Auswahl, Ausbildung und Erfolgsevaluation".

Die Lufthansa Flight Training (Advanced Human Factors Training) arbeitet seit sieben Jahren erfolgreich im Training und Coaching von Flugkapitänen mit kompetenzbasierten Erkennungs- und Handlungsfähigkeits-Entwicklungsverfahren.

Aus den aktuellen Ereignissen (Fall Andreas Lubitz) wird für uns klar:

* Es müssen bis dato bewährte Systeme der flugmedizinischen und psychologischen Kontrollen vor, während und nach der Flugkapitänausbildung nicht grundsätzlich in Frage gestellt werden. Allerdings sollten die eingesetzten Instrumente durch kompetenzorientierte Verfahren ergänzt bzw. inhaltlich erweitert werden. Fachwissen, Fertigkeiten allein sind noch keine Fach**kompetenz**.* Konzentrationsfähigkeit, Umgang mit (zeitlichem) Stress, Kommunikation im Cockpit und nach außen und viele andere hervorragend trainierte Skills allein sagen nur wenig aus über Werthaltungen, Selbstbewusstsein, Glaubwürdigkeit, die sinnvolle Einteilung der eigenen Ressourcen, Konfliktlösungsfähigkeit, die Loyalität und das Verantwortungsbewusstsein als „gehobener Dienstleister" gegenüber der Luftfahrtgesellschaft, der gesamten Crew und den Fluggästen. Das sind personale Schlüsselkompetenzen, die als besonders wichtig für Flugkapitäne wissenschaftlich nachgewiesen wurden und in der Diagnostik- und Kompetenzentwicklungspraxis noch zu kurz kommen. Der Fall Andreas Lubitz kann ausschließlich als pathologischer Sonderfall behandelt werden. *Oder er wird zum Anlass genommen*, um auch die bislang eingesetzten Untersuchungsinstrumente konstruktiv-kritisch einzuschätzen und durch moderne Instrumente, die es vor 20 Jahren noch nicht gab, zu erweitern oder zu ergänzen. Und ein solches ist

KODE® (Kompetenz-Diagnostik und -Entwicklung), das in den o.g. wissenschaftlichen und Praxis-Projekten (mehrsprachig) eingesetzt wird.

* Wie aus den angedeuteten Projekten hervorgeht, gibt es von verschiedenen Stellen des hoch komplizierten Prozesses der Boden- und Luftsicherheit erfolgreiche (Insel-)Lösungen (zum Teil in der eigenen Luftfahrtgesellschaft), die es lohnen, miteinander verbunden zu werden und auf den Bereich der Auswahl von Flugkapitänen, auf eine kompetenzbasierte Ausbildung und spätere Kompetenzvergleiche ausgedehnt zu werden. Das bedarf u.E. keiner großen Aufwände: Einerseits gibt es bei Lufthansa und Eurowings intern ausgebildete KODE®-Lizenzberater/innen und -Trainer/innen. Andererseits könnten in den flugmedizinischen und psychologischen Diensten einige Mediziner und Psychologen in zweitägigen intensiven Lizenztrainings kurzfristig die KODE®-Lizenzausbildung durchlaufen und kurzfristig ihr bisheriges Instrumentarium sinnvoll ergänzen.

* Aus der Ferne betrachtet gehen wir davon aus, dass Herr Andreas Lubitz über sehr gute Fach- und Methodenkompetenzen verfügte, über sehr gutes rein fliegerisches Wissen und Können, sowie über ausgesprochene Aktivitäts- und Handlungskompetenzen (persönliche Einsatzbereitschaft, Durchsetzungsfähigkeit und Mobilität, Flugmotivation und Leistungswille ...). Andererseits vermuten wir deutlich geringe *Personale* sowie auch geringe tiefe Sozial-kommunikative Kompetenzen. Diese können bei einer heutigen Auswahl auffallen und zu Entscheidungen führen. Oder während der Ausbildung kann heute versucht werden, solche Kompetenzentwicklungen anzuregen und Entwicklungserfolge zu evaluieren. Das sind also Möglichkeiten, die es *heute* gibt und die offensiv genutzt werden können.

Gern stellen wir Ihnen unsere konkreten Vorschläge persönlich vor und präzisieren sie für die erfolgreiche praktische Umsetzung und Hilfe bei der Lufthansa AG und ihren Töchtern.


Mit vorzüglicher Hochachtung

Prof. Dr. Volker Heyse (Regensburg/Wien)
Prof. Dr. John Erpenbeck (Berlin)
Prof. Dr. Lothar Schäffner (Hannover)
Prof. Dr. Norbert Kailer (Linz)

## 2. Resultate

### Erste Antwort: Lufthansa AG

Sehr geehrter Herr Professor Heyse,

Frau Dr. xxx und Herr yyy danken Ihnen für Ihre E-Mail vom 6. April 2015. Wir wurden gebeten, Ihnen in ihren Namen zu antworten.

Wir verstehen Ihr Engagement und Ihr Interesse. Das Ereignis vom 24. März 2015 ist noch sehr präsent und uns erreicht eine Vielzahl an Zuschriften, die einige Anregungen enthalten. In diesem Zusammenhang bedanken wir uns bei Ihnen für Ihre Vorschläge.

Vielen Dank auch im Namen von Germanwings, dass Sie uns geschrieben haben.

Mit freundlichen Grüßen

i.V. (.......)

Deutsche Lufthansa AG
Customer Relations
Postfach 710234 / P.O. Box 710234
D-60492 Frankfurt

### Zweite Antwort: Vereinigung Cockpit (VC)

Sehr geehrter Herr Heyse,
zunächst erst einmal vielen Dank für Ihre Email und den darin enthaltenen Informationen!
   Bitte erlauben Sie mir – als Leiter der Berufspolitik – im Namen der Vereinigung Cockpit (VC) zu antworten.
   Wir als Vereinigung Cockpit freuen uns immer wenn wir Hinweise zur Verbesserung oder Erweiterung der Kompetenzen der Cockpit-Crews bekommen. Allerdings sind unsere Eingriffsmöglichkeiten bei diesem Thema sehr begrenzt. Eine wie auch immer geartete Aus- oder Weiterbildung sowie eine Kompetenzerweiterung kann die VC weder in die Wege leiten noch durchführen, daher ist eine Ausführung Ihrer konkreten Vorschläge aus unserer Sicht im Augenblick nicht sinnvoll.
   Ich hoffe Sie können dies nachvollziehen und verstehen?!
   Allerdings können wir gerne ab dem 8. Juni einmal telefonieren, und Sie können Ihren Ansatz kurz erläutern, eventuell ergibt sich aus einem solchen Telefonat die

Möglichkeit für Sie im nächsten Jahr auf unserem Verkehrspilotentag eine Präsentation vor einem breiten Fachpublikum zu halten?

Wenn dies Ihre Zustimmung findet, kontaktieren Sie mich gerne telefonisch.

Ihnen wünsche ich in jeden Fall eine schöne Zeit!!
Herzliche Grüße
(.....)
Leiter Berufspolitik

VEREINIGUNG COCKPIT e.V.
Berufsverband der Verkehrsflugzeugführer in Deutschland
German Air Line Pilots' Association

Unterschweinstiege 10
60549 Frankfurt
Tel: +49 (0)69 695976-120
Mobil: +49 (0)176 16959120
Fax +49 (0)69 695976-150

...@vcockpit.de
www.VCockpit.de

## Dritte Antwort: Medizinischer Dienst der Deutschen Lufthansa AG

Feedback: Kein Bedarf

## 3. Fazit

Nachdem schnelle vermeintliche Lösungen gefunden wurden (Cockpit-Türverschluss, Doppelanwesenheit im Cockpit, Ärztekommunikation, Entschädigung der Opferfamilien) wird anscheinend wieder zur Routine übergegangen. Die von uns aufgeworfenen Fragen und Unterstützungsangebote sind vergessen. Die Differenz zwischen Alltagsroutine und den heutigen Möglichkeiten der persönlichen Stärkung der Flugkapitäne bleibt groß.

# IV.
# Kompetenzorientierung
# in Militär und Polizei (international)

# Die Ausrichtung der Theresianischen Militärakademie auf die Einheit von Tugenden, Werten und Kompetenzen in der künftigen Aus- und Weiterbildung von Offizierinnen und Offizieren

*Karl Pichlkastner, Reinhard Slanic*

## 1. Die Einheit von Tugenden, Werten und Kompetenzen. Die Ausrichtung der Theresianischen Militärakademie, einer der ältesten Militärakademien der Welt

### 1.1 Herangehensweise

Will man den Geist erfassen, der in der Militärakademie in der Burg in Wiener Neustadt vorherrscht, so müsste man einen Beobachter der Akademie beim Beobachten betrachten können. Ein Beobachter trifft Unterscheidungen, grenzt ab und konstruiert Vorstellungen, die informationsursächlich miteinander verbunden sind. Es ist also die jeweils durch den Beobachter beigemessene Bedeutung der Information maßgebend, welche in der Wechselwirkung mit seinen Erfahrungen ein für den jeweiligen Beobachter sinnvolles Bild ergibt. Sinnvoll ist es deshalb, weil Zusammenhänge erkennbar sind und Neues in Vertrautes stimmig integriert wird.

Der Beobachter des Beobachters richtet seinen Blick auf die Handlungen des Selektierens und Konstruierens und versucht diese vor dem eigenen Hintergrund der Annahmen und Werteinstellungen nachvollziehbar zu machen. Anders ausgedrückt geht es um das Verstehen dieser Handlungen vor dem Hintergrund des jeweiligen Vorverständnisses. Das Bemühen um das Offenlegen und kritische Hinterfragen der eigenen ‚Brille‘, welche eben dieses Vorverständnis des Interpretierenden darstellt, sowie das Ringen um die Integration von Bedeutungen sollen die Strukturen hinter den Sachverhalten weitgehend objektiv zu Tage bringen und diese somit verstehen lassen.

Diese Vorgangsweise wird gewählt, um die Frage beantworten zu können, wie sich die Einheit von Tugenden, Werten und Kompetenzen in der Offiziersausbildung darstellt. Beim Verstehen der traditionellen Gegebenheiten und der dafür relevanten Handlungen kommt man nicht umhin, den Blick auf die dafür maßgeblichen Manifestationen zu richten. Die Strukturen der Gegenwart und der Zukunft werden vor allem durch die Berücksichtigung möglicher Herausforderungen verstehbar. Bei Letzteren erfolgt eine unmittelbare Abstützung auf die Inhalte des Theresianischen Führungsmodells (vgl. Pichlkastner, 2015).

## 1.2 Vorverständnis

Grundlage für die oben beschriebene Herangehensweise ist ein Vorverständnis der Begriffe *Tugend*, *Werte* und *Kompetenz*, das im Folgenden dargelegt wird. Bei der (Aus-)Bildung von Offizierinnen und Offizieren geht es in erster Linie darum, sie für den Berufsvollzug ‚tauglich‘ zu machen. Es muss sichergestellt werden, dass sie ihre Aufgaben vor allem unter den Bedingungen eines Einsatzes erfüllen können. Dabei richtet sich der Blick auf ihre Handlungen, wobei dem ‚Kämpfen‘ besondere Aufmerksamkeit zu widmen ist – auch wenn „das militärische Kämpfen im engeren Sinn, d.h. das Handhaben von Waffen zum unmittelbaren Zweck der Tötung oder des Verwundens von Gegnern oder auch nur zum Zwecke der Drohung im Leben eines Soldaten, selbst im Krieg, immer nur kurze Zeiträume ein[nimmt]" (Bahrdt, 1987, S. 80). Die Auswirkungen dieser Tätigkeiten prägen jedoch immens die Erinnerung und das Selbstverständnis der Soldaten im Sinne der Herausbildung einer eigenen Kultur.

Das Handeln soll vor dem Hintergrund der Erfolgskriterien Effizienz (Prozessqualität und Ökonomie) und Effektivität (Ergebnisqualität) sowie der ethisch-moralischen Dimension bewertet werden, da es bei der (Aus-)Bildung von ethisch-moralisch verantwortungsvoll handelnden militärischen Führungskräften auch um Charakterbildung geht. „Der Charakter sind diejenigen Veranlagungen und Denkgewohnheiten, Gefühle und Handlungsweisen, die zusammen den Menschen ausmachen. Sie zusammen bestimmen, wer wir sind. Der Charakter ist abhängig davon, über wie viel Weisheit und Tugend ein Mensch verfügt" (Morris, 2000, S. 143). Folgt man den weiteren Gedanken von Morris, so ist die eigentliche Herausforderung nicht eine gute Handlung, sondern sich die Gewohnheit anzueignen, beständig Gutes zu tun. Weisheit ist eine Form des Verstehens dessen, wie wir leben und damit auch davon, wie wir den Berufsvollzug erfüllen sollen. Tugend ist die erlernte oder natürliche Veranlagung, in Übereinstimmung mit der Weisheit zu handeln; sie ist also gleichsam der sichtbare Ausdruck der Weisheit oder, wie es ein japanisches Sprichwort sagt: Weisheit und Tugend sind wie die zwei Räder eines Karrens (vgl. Morris, 2000, S. 143). Anders ausgedrückt ist die Frage nach jenem praktischen Wissen zu stellen, welches als Orientierungsmuster verinnerlicht werden muss, sodass es auf eine typische Weise das Handeln prägt und durch Authentizität Vertrauen schafft. „Vertrauen kann also besonders da entstehen, wo eine gefestigte Persönlichkeit dem Anderen Beständigkeit signalisiert" (Boschert, 2011, S. 53). Eine Basis für das Vertrauen bildet das Selbstvertrauen, ohne welches es kein Vertrauen, weder zu den anderen noch von den anderen, gibt (vgl. Boschert, 2011, S. 150).

„Es geht bei der Tugend aber nicht zuerst um einzelne Taten oder Kraftakte, sondern um Haltungen, Lebenseinstellungen, die für ethisches Handeln unverzichtbar und fundamental sind. […] Tugend ist wesentlich an die Person gebunden, bleibt immer personal" (Domek, 2012, S. 19f.). Es ist zudem bedeutend, ein Bewusstsein der eigenen Werte (geistige, materielle, religiöse wie auch soziale) zu haben, weil sie die Haltung ausdrücken, mit der man seiner Wirklichkeit begegnet und in ihr handelt. Boschert verweist zur Entwicklung dieser inneren Haltung einer Führungskraft auf die Reflexionsfähigkeit, das innere Gespräch zwischen dem ‚Ich‘ und dem ‚Selbst‘.

„Sie zeigt, wie ich zu mir selbst, zu den Grundelementen meines Selbst stehe. Die äußere Haltung dagegen zeigt, wie ich zur Umwelt, zu den Menschen, stehe" (Boschert, 2011, S. 129).

Der dritte zu klärende Begriff der Kompetenz kann wie folgt definiert werden: „Kompetenz deckt einen spezifischen Fähigkeitsbereich ab, nämlich den, selbstorganisiert in offenen Problemsituationen handeln zu können. Kompetenz ist also auf divergent-selbstorganisative Handlungs- und Tätigkeitssituationen ausgerichtet und wählt statt eines subjektzentrierten einen handlungsorientierten Betrachtungsfokus" (Erpenbeck, 2010, S. 1271).


## Aufklärung und Stiftung der Militärakademie

Bei der Auswahl der Manifestationen stößt man schnell auf die Stiftungsurkunde der damaligen Kaiserin Maria Theresia vom 14. Dezember 1751. Maria Theresia war wohl eher aus der Not heraus gezwungen, die ‚Militärakademie in der landesfürstlichen Burg in Wiener Neustadt' zu gründen. Entgegen allen vertraglichen Abmachungen musste sie in ihren ersten Regierungsjahren Erfahrungen mit dem Phänomen des Krieges machen. Sie erkannte, dass die Funktionstüchtigkeit von Streitkräften auch von einem geeigneten Offizierskorps abhängig war. Es war daher naheliegend, deren geistiges und moralisches Rückgrat in der Ausbildung grundzulegen. Immanuel Kant charakterisierte diese Zeit mit den bekannten Worten: „Aufklärung ist der Ausgang des Menschen aus seiner selbst verschuldeten Unmündigkeit. Unmündigkeit ist das Unvermögen, sich seines Verstandes ohne Leitung eines anderen zu bedienen." (zit. nach Brandt, 1999, S. 20–22) Das 18. Jahrhundert zeichnete sich durch wachsende Wissbegierde aus. Was man im Mittelalter noch als sündigen Hochmut verurteilte, wollte man nunmehr selbst ergründen. Dies führte zu Auseinandersetzungen um Einstellungen vor allem zu Fragen der Religion, der Moral und der Philosophie. Charakteristisch für die Aufklärung sind eine Distanz zu Tradition und Autorität, die Hochschätzung der Freiheit und die positive Bewertung der Fähigkeit zu rationalem Denken.

Einige skizzenhafte Schilderungen aus Durants „Kulturgeschichte der Menschheit" sollen zum Erhellen des Zeitgeists beitragen, um in der Folge eine Gegenüberstellung mit dem Zeitgeist der Postmoderne vornehmen zu können.

„Licht und Schatten lagen damals besonders nahe beieinander. […] Ein Vertreter des ersten Standes jener Zeit, Moritz von Sachsen, also einer der im Lichte stand, schrieb auch Beobachtungen wie diese in seinen philosophischen ‚Träumereien' nieder: ‚Was für ein Schauspiel bieten heute die Nationen! Einige wenige leben in müßigen Vergnügungen und Wohlstand auf Kosten der Menge dahin, die nur damit ihr Leben fristen kann, dass sie diesen wenigen immer neue Vergnügungen verschafft. Diese Sammlung von Unterdrückern und Unterdrückten stellt die sogenannte Gesellschaft dar. […] Für einen anderen Adeligen, den Marqis von Argenson, deutete sich 1749 eine kommende nationale Katastrophe in der Vernachlässigung moralischer Werte an:' Wir sind ständig mit kalter Berechnung beschäftigt; alles ist käufliches Ränkespiel […]." (Durant, 1965, S. 5)

Durant selbst umschreibt die geistige Situation um die Mitte des 18. Jahrhunderts so: „[…] das Rokoko war die Kunst einer genusssüchtigen Minderheit, die jedes Vergnügen auskosten wollte, bevor ihre gebrechliche Welt von der zu erwartenden Sintflut des Wandels verschlungen wurde! […] Und einer, der diese Sintflut mit bemerkenswertem Geschick überlebte und später kräftig dazu beitrug, dass im 19. Jahrhundert die Welt des ersten Standes wieder restauriert und gefestigt wurde, nämlich Talleyrand, bekannte selbstherrlich: ‚Wer nicht vor 1789 (Französische Revolution) gelebt hat, wird nie wissen, wie süß das Leben sein kann.'" (Durant, 1965, S. 5)

In dieser Zeit des Wandels und der Neuorientierung erkannte Maria Theresia, dass sich Berufseignung nicht im Fachlichen erschöpft, sondern dass auch ein Beitrag zur Charakterbildung zu leisten ist und dass die Bildung der Person nicht vernachlässigt werden dürfe. Vor diesem Hintergrund ist der Auftrag an den Oberdirektor FM Leopold Graf Daun „Mach er Mir tüchtige Officirs und rechtschaffene Männer darauß!"[1] zu sehen. Es wird deutlich, dass es einen Übergang vom Beruflichen zum allgemein Menschlichen gibt und dass moralischen Idealen ein entsprechender Stellenwert zukommt. Die Kaiserin hat damit vorausempfunden, was Goethe später mit „Die größten Vorteile im Leben überhaupt wie in der Gesellschaft hat ein gebildeter Soldat." (Hecker, 1907, Nr. 34) zum Ausdruck brachte.

Eine weitere Manifestation aus dieser Zeit sticht ins Auge; der Militär-Maria-Theresien-Ritter-Orden, welcher 1757 unter dem Eindruck der glänzenden Siege von Kolin als höchste militärische Auszeichnung geschaffen wurde. Artikel 3 der Statuten sah generell eine Ordensaufnahme nur für jene Offiziere vor, die „[…] nicht nur nach Ehre und Pflichten ihre Schuldigkeit […] geleistet, sondern über das durch eine besondere herzhafte That hervorgetan, oder kluge und […] ersprissliche Rathschläge nicht nur an Hand gegeben, sondern auch solche mit vorzüglicher Tapferkeit ausführen geholfen haben" (Hirtenfeld, 1857, S. 6). Es waren daher nur ganz hervorragende und in ihren Folgen weitreichende Taten, welche einen Offizier befugten, sich um diese Auszeichnung zu bewerben. Für die Ordenswürdigkeit war also entscheidend, dass eine über die Norm (Pflicht) hinausgehende Leistung zu erbringen war. Im Beurteilungsmaßstab des Artikels 21 ist festgelegt, dass „[…] alle diejenigen Thaten, welche ohne Verantwortung hätten unterlassen werden könnnen, aber dennoch unternommen worden, des Ordens würdig sind […]" (Hirtenfeld, 1857, S. 9).

Angesichts des skizzierten Vorverständnisses der drei zentralen Begriffe lässt sich nun fogern, dass mit der Stiftung der Militärakademie ein Paradigmenwechsel in der Offiziersausbildung herbeigeführt wurde, welcher in den grundlegenden Orientierungsmustern über seine Zeit hinausreichte. Neben der fachlichen Schulung und deren Einbettung in die umfassendere Bildung ist auch die Formung des Charakters Teil der Offiziersausbildung. Im „Wie" der Berufsausbildung sind also weitreichende Kompetenzen enthalten: Initiative, Selbstständigkeit und Eigenverantwortung sollen das Handeln prägen, welches als Bedingung höchstes berufliches Können fordert. Dieses muss zudem in ein reflektiertes ethisch-moralisches Wertegefüge eingebettet sein.

---

1 Kaiserin Maria Theresia (1751). Mündlicher Auftrag an Feldmarschall Graf Daun. Historisch viel zitierter Ausspruch jedoch mit Dokumenten nicht belegbar.

## Postmoderne und Akkreditierung als Fachhochschulstudiengang

Der Anerkennungsbescheid des Fachhochschulrates vom Juli 1997, welcher als Akkreditierungsbehörde den Antrag auf Durchführung des Fachhochschulstudiengangs *Militärische Führung* genehmigte, stellte sicherlich einen wichtigen Meilenstein in der Weiterentwicklung der Offiziersausbildung dar. Mit der Akkreditierung erfolgte eine formale Verankerung im postsekundären Bildungssystem. Seit diesem Zeitpunkt wird diese Ausbildung auf dem Fachhochschulrecht fußend als Diplomstudiengang und in der Folge als Bachelorstudiengang geführt.

Stellt man die Frage nach den gravierenden Veränderungen, so finden sich die Antworten kaum im curricularen Bereich. Vielmehr prägen die Durchführung die Ziele und leitenden Grundsätze des § 3 Fachhochschulstudiengesetz, wonach eine Berufsausbildung auf Hochschulniveau zu gewährleisten ist. Die Forderung nach Hochschulniveau lässt auch die Beziehung der Wissenschaft zu den Erfordernissen des Berufsfeldes in den Blickpunkt rücken. Wissenschaft führt nach Jaspers „dahin, zu wissen, wie und aus welchen Gründen und in welchen Grenzen und in welchem Sinne man weiß. Sie lehrt zu wissen mit dem Bewusstsein von der Methode des jeweiligen Wissens. Sie vollzieht Gewissheit, deren Relativität – nämlich die Bezogenheit auf Voraussetzungen und Untersuchungsmethoden – ihr entscheidendes Merkmal ist." (Jaspers, 1962, S. 11)

Militärische Organisationen können vordergründig nur schwer diese Relativität des Wissens akzeptieren, scheint doch dies dem Prinzip von Befehl und Gehorsam zu widersprechen. Bei genauerer Betrachtung wird jedoch deutlich, dass damit nicht jenes Handeln in unmittelbaren Gefahrensituationen gemeint ist, wo die Zeit zu den Erfolgsfaktoren zählt und daher automatisierte Handlungsgefüge unumgänglich sind. Es ist den Führungskräften jedoch zuzutrauen, dass sie berufsspezifische Handlungsmaximen soweit verinnerlicht haben, dass sie in den jeweiligen Situationen in der Lage sind, selbstständig differenzierte Maßnahmen zu treffen.

Gerade die Erfüllung von Einsatzaufgaben, deren Rahmen sehr oft ungewisse, sich dynamisch entwickelnde Lagen sind, verlangt vom Akteur, sich die Relativität getroffener Maßnahmen bewusst zu machen und dennoch initiativ im Sinne des Ganzen zu handeln. Beispielsweise wird diese Relativität bedingt durch den Umgang mit fehlenden Informationen und der Notwendigkeit des Treffens von Annahmen. Somit ist im Wesen eigentlich kein Widerspruch zu den Merkmalen der Wissenschaft zu erkennen. Eben diese Relativität in Verbindung mit der Reflexions- und Kritikfähigkeit sollte die innere Haltung der Offizierin und des Offiziers prägen; ein unbedingtes Streben nach verantwortungsvoller menschenorientierter Führung, wobei neben der Funktionalität auch das Recht und die Moral berücksichtigt werden. Nur so kann jenes Klima des Vertrauens entwickelt werden, welches die Unterstellten auch unter schwierigsten Bedingungen ihren Auftrag erfüllen lässt. Um es auf den Punkt zu bringen: Genauso wie Vertrauen und Kontrolle keine Gegensätze sind, einander bedingen und es auf ein sinnvolles Mischungsverhältnis ankommt, so verhält es sich auch bei Reflexions-, Kritikfähigkeit und Gehorsam.

Sucht man in den letzten Jahrzehnten nach einschneidenden Ereignissen mit weitreichenden Auswirkungen, so sticht das Jahr 1989 ins Auge: Fall der Berliner Mauer; einsetzender Niedergang des Warschauer Paktes und Zerfall der Sowjetunion; beginnende Prozesse zur globalen Neuordnung der politischen Machtverhältnisse. Die anfängliche Friedenseuphorie musste sukzessive den zunehmend asymmetrischen Konfliktformen weichen. Schon Clausewitz hat den Krieg mit dem Begriff des Chamäleons, als ein sich den wechselnden Bedingungen anpassendes Tier, beschrieben, welches sich dadurch der ‚Beobachtbarkeit' und ‚Greifbarkeit' seiner Feinde entzieht. Die Bedrohungsformen sind vielfältiger denn je geworden und kaum durchschaubar, weil den Interaktionen rivalisierender Akteure und Systeme auf Grund ihrer Komplexität eine schwer zu beeinflussende Dynamik innewohnt und daher Ungewissheit vorherrscht.

Herwig Münkler spricht in seinem Buch „Die neuen Kriege" (Münkler, 2004) von der Entstaatlichung von Kriegen, verweist auf die Verselbstständigung von bewaffneten Konflikten und deren enge Verflochtenheit mit dem Leben der meist mittelbar und zeitweilig auch unmittelbar involvierten Zivilbevölkerung. Die kaum zu durchschauende internationale Vernetzung der maßgeblichen Akteure zur Sicherstellung der benötigten Ressourcen ist eine weitere Facette dieser neuen gewaltsamen Konflikte.

Jean Ziegler kritisiert in seinem Buch „Ändere die Welt!" (Ziegler, 2015) die „Weltdiktatur der Oligarchien"; eine ungerechte Weltordnung mit ungleich verteiltem Zugang zu den Früchten des Fortschritts. Er bringt das Verteilungsproblem plakativ auf den Punkt: „Ein Kind, das an Hunger stirbt, wird ermordet." (Ziegler, 02.06.2015 – 17:23, ZDFheute.de – Interview)

Oben Angeführtes lässt die Frage nach den wesentlichen Inhalten postmoderner soziologischer Theorien stellen. Diese insistieren, dass Theorie eine Wirklichkeit nicht einfach entdeckt, sondern sie konstruiert. Was sich als soziale Realität darstellt, wie wir soziale Wirklichkeit beschreiben und erklären, hängt von den verwendeten Begriffen und der jeweiligen Perspektive ab. Konstruktivistische Sichtweisen betonen die Bedeutung von auf persönlichen Erfahrungen fußenden Wirklichkeitskonstruktionen für das Handeln der jeweiligen Menschen und dynamisieren das bislang (aus heutiger Sicht) eher statische Welt- und Menschenbild.

Heinz-Günther Vester arbeitet die Charakteristika der Postmoderne heraus, indem er James Rosenau zitiert, der eine „Verlagerung in der Orientierung der Menschen: (1) von bedenkenloser Gefolgschaft zur kritischen Befragung der Autoritäten; (2) von traditionellen Legitimitätskriterien zu performativen Kriterien der Legitimität – d.h., Legitimität ist weder fraglos gegeben noch aus Prinzipien ableitbar, sondern muss sich in Leistungen beweisen; (3) weg von Loyalitäten, die auf Nationalstaaten gerichtet waren, hin zu Loyalitäten mit variablen Bezugspunkten; (4) von entfernten Orten der Kontrolle zu nahen Kontrollpunkten" (Rosenau zit. in Vester, 1993, S. 183) beobachtet.

Mitbeeinflusst durch die Weiterentwicklung der Informations- und Kommunikationstechnik werden in der Gesellschaft und in deren Subsystemen Folgen sichtbar, welche die Grenzen zwischen privatem und öffentlichem Bereich immer diffuser und komplexer werden lassen. „Komplexität in einem komplexen Sinn stellt sich so richtig allerdings erst ein, wenn es um Anschlussfähigkeit geht; wenn also Systeme miteinander interagieren müssen oder wollen, die über keinen gemeinsamen Code verfügen. [...] Je differenzierter eine Gesellschaft, desto komplexer ist sie, weil es einerseits unzählige Varianten der Interpenetration von Subsystemen gibt, andererseits aber dafür keine geregelten Verfahren zur Verfügung stehen. [...] Der Komplexität ins Auge sehen hingegen heißt, mit der Eigengesetzlichkeit und der Unvereinbarkeit von Systemen umzugehen" (Liessmann, 2001, S. 10f.).

Zurückkommend auf das Vorverständnis werden heute keine wesentlichen Widersprüche zum Paradigma der Offiziersausbildung zur Gründungszeit der Akademie erkennbar. Sie wird ergänzt durch die Hereinnahme akademischer Grundsätze. Die Herausforderung des Umgangs mit Komplexität unterstreicht die Notwendigkeit einer breiten Bildung und einer charakterlich gefestigten Persönlichkeit, deren Rückgrat als Haltung zum Ausdruck kommt.

## 1.3  Theresianisches Führungsmodell

Das Theresianische Führungsmodell geht vom Auftrag der Stifterin aus und beleuchtet die beiden Elemente Tüchtigkeit und Rechtschaffenheit unter Berücksichtigung gegenwärtiger und künftiger Erfordernisse.

Beim Begriff der Tüchtigkeit wird der Definition von Wolfgang Brezinka gefolgt: „Tüchtigkeit ist die durch eigene Anstrengung erworbene, von der Gemeinschaft positiv bewertete, relativ dauerhafte Eigenschaft eines Menschen, bestimmten Erfordernissen voll und ganz genügen zu können" (Brezinka, 1987, S. 53). Das bedeutet, dass Tüchtigkeit immer mit Erfordernissen verbunden ist, die es zeitgemäß zu bestimmen gilt. Die Arten der Tüchtigkeit hängen von den Arten der Erfordernisse ab. Diese werden maßgeblich von den zugeordneten Aufgaben bestimmt.

Daher muss ein Blick in das Wesen der Organisationen getan werden, die den Aufgabenvollzug von Offizieren als Führungskräfte und Experten prägen. Dies soll helfen, fachliche und moralische Erfordernisse abzuleiten, die mit dem traditionellen Begriff der Tugend und mit der modernen Bezeichnung als „Kompetenzen" beschrieben werden. Wenngleich Kompetenzen sich eher auf die Aufgabe und ihren sachlichen Hintergrund und Tugenden sich auf das Selbst mit dessen ethisch-moralischer Verfasstheit beziehen, wird deutlich, dass in diesem Zusammenhang keine grundsätzliche Differenzierung zwischen diesen beiden Begriffen stattfindet.

Vor diesem Hintergrund sind nun die bei jungen Offizieren gewünschten Eigenschaften abzuleiten. Tüchtig zu sein bedeutet somit, dass sie sowohl über physische als auch über mentale Stärken verfügen müssen. Dies ist die Grundlage eines ,gesunden' Selbstwertgefühls (sich seiner Wirksamkeit und seines Wertes als Person bewusst sein) und wird häufig auch als Mut und Tapferkeit sichtbar. Es ist ein menschliches Grundbedürfnis, ein solches ,gesundes' Selbstwertgefühl zu entwickeln. „Das Selbstwertgefühl ist die Disposition, sich selbst als kompetent im Umgang mit den grundlegenden Herausforderungen des Lebens zu erfahren, und dass man es wert ist und es verdient glücklich zu sein" (Branden, 2009, S. 42).

Das Selbstwertgefühl besteht grundsätzlich aus zwei Komponenten, welche sich auf Grund ihrer Abhängigkeit auch wechselseitig beeinflussen. Die eine Komponente ist die Selbstwirksamkeit. Sie ist das Gefühl, Selbstvertrauen und Selbstsicherheit bezüglich der eigenen Fähigkeiten zu besitzen. Mit dem eigenen Denken und Handeln ist es möglich, den Herausforderungen des Lebens zu begegnen. Die andere Komponente des Selbstwertgefühls ist die Selbstachtung. Dieses äußert sich in einer bejahenden Haltung zu einem Recht auf ein glückliches Leben. Damit einher geht auch die Forderung nach Anerkennung, Respekt und Liebe.

„Die Selbst-Wirksamkeit erzeugt das Gefühl, dass man die Kontrolle über sein eigenes Leben hat" (Branden, 2009, S. 42). Das Selbst gestaltet und ist nicht nur passiver Zuschauer in einem Strudel der Ereignisse. „Die Selbstachtung ermöglicht ein wohlwollendes, nicht-neurotisches Gemeinschaftsgefühl mit anderen Individuen […]" (Branden, 2009, S. 42). Beide Komponenten sind wesentlich für die Ausprägung des Selbstwertgefühls. „Ein hohes Selbstwertgefühl ist also gleichbedeutend mit dem sicheren Gefühl, im Einklang mit dem Leben zu sein und in dieses Leben zu passen. Das heißt, es ist gleichbedeutend mit dem bereits beschriebenen Gefühl der eigenen Kompetenz und Wertigkeit" (Branden, 2009, S. 42).

Die Entwicklung einer den Aufgaben angemessenen körperlichen Leistungsfähigkeit einschließlich eines ausgeprägten Gesundheitsbewusstseins bildet die eine Komponente. Die andere Komponente bildet die mentale Stärke als eine Methode zur positiven Lebensgestaltung. Sie trägt dazu bei, initiativ nach geeigneten Vorstellungen zu suchen und diese „leidenschaftlichen" Gedanken in reales Verhalten und Handeln umzusetzen. Eine wichtige Bedeutung hat die Reflexionsfähigkeit, welche die beiden Komponenten verbindet und gleichsam als „Motor" der Entwicklung fungiert. Reflexionsfähigkeit ist eine Voraussetzung für Selbstführung und diese ist wiederum notwendige Bedingung für die Führung anderer.

Eine weitere wichtige Eigenschaft der Tüchtigkeit eines Offiziers oder einer Offizierin ist die interkulturelle Kompetenz. Sie baut auf dem Selbstwertgefühl auf und fördert die erforderliche Offenheit gegenüber dem sogenannten ‚Fremden'. Sie trägt insbesondere dazu bei, sich andere Kulturen, Personen, Nationen, Verhaltensweisen etc. betreffende Kenntnisse und Erfahrungen anzueignen, sich mit eigenen Wertvorstellungen, Erwartungen, Interessen und Bedürfnissen reflexiv auseinanderzusetzen und sich in jene des Gegenübers hineinzuversetzen. Sie wird letztlich im Einfühlungsvermögen (Empathie) als Steuerungshilfe für kognitive und emotionale Prozesse sichtbar, was eine wichtige Voraussetzung für das ethisch-moralisch verantwortungsvolle Handeln darstellt. Hier wird deutlich, dass der Übergang von der Tüchtigkeit zur Rechtschaffenheit fließend ist.

„Recht schaffen, bedeutet zum Recht helffen [sic], behülfflich [sic] seyn [sic], daß [sic] einem Recht wiederfahre; […] (Zedler, 1741, Sp. 1428–1429). Diese Defination aus dem 18. Jhd. hat in der heutigen Zeit nach wie vor seine Gültigkeit, wenn wir die Eigenschaften eines Menschen, welche von der eher persönlichen Dimension (Anstand, Anständigkeit, Aufrichtigkeit, Beständigkeit, Ehrlichkeit) über die soziale, eher zwischenmenschliche Dimension (Fairness, Geradheit, Geradlinigkeit, Integrität, Lauterkeit, Makellosigkeit, Redlichkeit, Unbescholtenheit, Unbestechlichkeit) bis zur gesellschaftlichen Dimension (Vertrauenswürdigkeit, Wahrhaftigkeit, Zuverlässigkeit, Loyalität) reichen, daraus ableiten.

Rechtschaffenheit leitet vom Beruflichen zum allgemein Menschlichen über und räumt moralischen Idealen den Vorrang ein. Man kommt auch nicht umhin, diese Eigenschaften in Verbindung mit dem umfassenderen moralischen Wert der Gerechtigkeit zu sehen, wobei sich dieses Orientierungsmuster sowohl im beruflichen wie auch im privaten Kontext im verantwortungsvollen Handeln des Menschen ausdrücken sollte. Es muss daher auch beim effizienten, effektiven und verantwortungsvollen Führungshandeln sichtbar werden.

Neben den Eigenschaften, die in Richtung des ‚das Recht einhalten' zielen, wird auch die Gerechtigkeit als Wert für das Führungshandeln sichtbar. Legalität und Moralität fordern von der Führungskraft adäquate Antworten ein, woraus sich eine besondere Verantwortung ergibt.

An die heutigen Anforderungen angepasst könnte Maria Theresias Forderung daher lauten: „Mach er mir physisch und mental starke sowie interkulturell kompetente Offiziere, die sich beim Führungshandeln ihrer Vorbildwirkung und Tiefe der Verantwortung bewusst sind."

Abb. 1: Theresianisches Führungsmodell (eigene Darstellung)

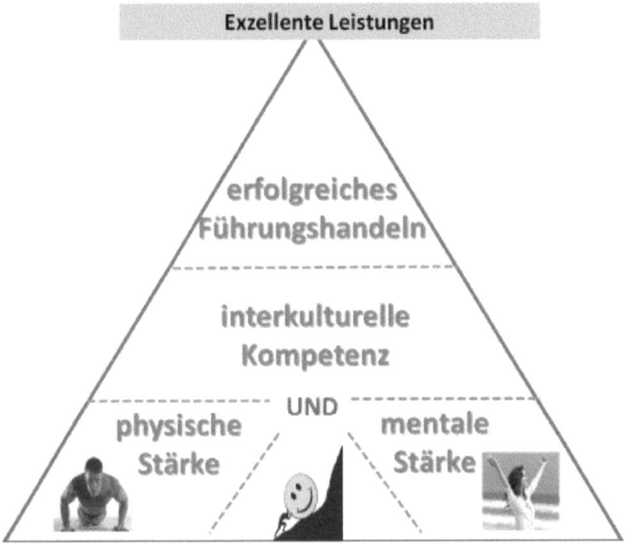

**Einheit von Tugenden, Werten und Kompetenzen**

Bei den in der Offiziersausbildung zu vermittelnden Kompetenzen wird vom Modell des Kompetenzatlas nach Heyse/Erpenbeck (vgl. Heyse & Erpenbeck, 2009, S. XXI) ausgegangen und in der Auseinandersetzung mit dem TFM ein Bezug zu den Kardinaltugenden hergestellt. Diese, auch Primärtugenden genannt, werden seit der Antike als eine Gruppe von vier Grundtugenden und in der spätantiken Patristik als Kardinaltugenden bezeichnet und stellen gemeinsam mit den Kompetenzen die größte Herausforderung in der Ausbildung von Führungshandeln in der Offiziersausbildung dar. Aus dem Handeln von Absolventen lässt sich auf die erworbenen Kompetenzen und Tugenden schließen. Der Berufsvollzug sollte von diesen geprägt sein. Um die Ausübung eines Berufs besser einschätzen zu können, richtet man den Blick auf die zu erledigenden wesentlichen Aufgaben einer Organisation. Betrachtet man das ‚Wie' des Aufgabenvollzugs („Jemand ist kompetent, weil er die Aufgaben regelmäßig auf eine bestimmte Art erledigt"), so sollten die vier Basiskompetenzen und davon abgeleitet die Kompetenzanforderungen sowie deren Ausprägungen sichtbar werden. Im Handeln und Verhalten drücken sich implizit auch die in einer Institution maßgeblichen Normen und Werte aus, welche durch die Personen internalisiert wurden und ihren Charakter in Form der Tugenden mitprägen.

Betrachtet man Kompetenz (die Fähigkeit, selbstorganisiert zu denken und zu handeln) und Tugend (Haltung aufgrund internalisierter Werte) als die zwei Seiten einer Medaille, so wird deren Zusammenhang deutlich. Es zeigen sich sowohl die Erfordernisse einer Organisation als auch deren Reflexion vor dem Hintergrund ethisch-moralischer Orientierungsmuster. So fließt in die Charakterbildung auch die Auseinandersetzung mit der Organisationskultur mit ein. Diese Betrachtungsweise erleichtert die Abstützung auf unterschiedliche ethisch-moralische Konzepte und ermöglicht – wie im Folgenden ausgeführt – beispielsweise die Hereinnahme der Kardinaltugenden in die inhaltliche Auseinandersetzung. Die Zuordnung der Kardinaltugenden zu den Basiskompetenzen erfolgte nach einer Prioritätenabwägung, wobei jede Kardinaltugend bei der Reflexion der Kompetenzen genutzt werden kann. In Abb. 2 soll die statische Zuordnung als Basis für weitere Überlegungen zu Zusammenhängen der gegenseitigen Beeinflussung von Tugenden und Kompetenzen dienen. Mögliche Schnittstellen werden vom jeweiligen Menschenbild bestimmt.

Abb. 2: Mögliche Zuordnung von Kompetenzen und Tugenden (eigene Darstellung)

Die personale Kompetenz orientiert sich an der Tugend, das rechte Maß zu finden und wird geprägt durch das Urteilen über die Folgen eigenen Handelns. In letzter Konsequenz geht es um die persönliche Verantwortung der Person, welche sich – bei fehlenden Normen oder in einem möglichen Spannungsfeld zwischen Legalität und Moralität – der Notwendigkeit eigener letzter Gewissensentscheidungen bewusst sein muss.

Die sozial-kommunikative Kompetenz orientiert sich an der Tugend der Gerechtigkeit. Diese spiegelt die Haltung von Menschen wider und kann jedem jederzeit und gegenüber jedermann wechselseitig abverlangt werden. Gerechtigkeit verlangt die Relativierung der eigenen Sympathien, Wünsche, Vorlieben und Interessen, wenn von diesen auch andere betroffen sind. Sie wird geprägt durch den Einsatz der eigenen kommunikativen und kooperativen Möglichkeiten. Die sozial-kommunikative Kompetenz umfasst die Gestaltung der Beziehungen zu Unterstellten, Vorgesetzten und Gleichgestellten im Sinne eines optimalen Zusammenwirkens vor dem Hintergrund der Berücksichtigung oft divergierender Werteinstellungen, Erwartungen, Interessen und Bedürfnisse.

Die Fach- und Methodenkompetenz orientiert sich an der Tugend der Klugheit und stützt sich auf fachliches und methodisches Wissen sowie Erfahrungen und Expertise. Sie beinhaltet die Fähigkeit Vorstellungen davon zu entwickeln, welche anzuwendenden Praktiken den Aufgabenvollzug bestmöglich unterstützen und welche Möglichkeiten der Weiterentwicklung sich bieten.

Die Aktivitäts- und Handlungskompetenz orientiert sich an der Tugend der Tapferkeit und wird wird durch den Antrieb geprägt, Gewolltes in Handlungen umzusetzen. In letzter Konsequenz geht es um den ‚Willen zum Sieg‘ (Schachmatt setzen, Handlungsfreiheit nehmen), welcher gleichsam als ‚Motor‘ fungiert und die vorangegangenen Kompetenzanforderungen auf eine typische Weise lebendig werden lässt.

Wie die Kompetenzen aus dem Handeln ‚herausstrahlen‘ und ob sie Vertrauen und Gefolgschaft bewirken, hängt von der Authentizität der Handlungen ab, weil man dem expliziten Handeln immer auch eine die Haltung prägende implizite ‚innere Antriebsstruktur‘ unterstellt.

## 2. Kompetenzbasierte Ausbildung der Offizierinnen und Offiziere an der Theresianischen Militärakademie und Entwicklungsverlaufskontrolle mit KODE®

Die gezielte Auseinandersetzung mit Kompetenzen setzt sich inzwischen auf allen Ebenen des institutionalisierten Bildungssystems durch (vgl. Erpenbeck, 2014, S. 166). Dahinter verbirgt sich das Ziel, Bildungsprozesse so zu gestalten, dass es nicht mehr primär um das vermittelte Wissen, sondern um die Fähigkeit geht, „in offenen Denk- und Problemlösesituationen kreativ und selbstorganisiert neue Wege zu beschreiten, um solches Wissen zu erzeugen und zu nutzen" (Arnold & Erpenbeck, 2014, S. 16). Damit ist Kompetenzorientierung eine konsequente Reaktion auf den Bedarf von Unternehmen, wissenschaftlichen Einrichtungen und staatlichen Organisationen, Fachkräfte in die Lage zu versetzen, in zukunftsoffenen Situationen Lösungen für komplexe Problemstellungen zu entwickeln.

Dies findet seinen Ausdruck nicht nur in bildungspolitischen Rahmungen, sondern vor allem darin, dass nahezu alle großen Unternehmen inzwischen mit Kompetenzmodellen arbeiten. Vor diesem Hintergrund sind Bildungseinrichtungen gefordert, mit modernen didaktischen Strategien zur Optimierung des Outcomes von Lehr-Lernprozessen beizutragen (vgl. Arnold, 2014, S. 17). Für den vorliegenden

Beitrag stellt sich die Frage, welche Anforderungen und Konsequenzen sich im Zuge einer stringenten Umsetzung von Kompetenzorientierung für die Gestaltung von Bildungsprogrammen und Lehr-Lernprozessen in der Ausbildung von Offizierinnen und Offizieren ergeben. Ausgangspunkt dessen stellt die Entwicklung von Kompetenzprofilen dar.

Der FH-BaStg MilFü setzte sich mit Beginn des Studienjahres 2014/15 zum Ziel, ein Kompetenz-Soll-Profil als Basis für die Kompetenzentwicklung am FH-BaStg MilFü und im Truppenoffizierslehrgang, von der Aufnahme bis zum Abschluss der Fachhochschulausbildung/zur Ausmusterung, zu manifestieren. Hierzu wurden die klassischen Umsetzungsschritte nicht in einem Workshop mit Experten gewählt, sondern der Top-down-Variante der Vorzug gegeben. Dabei wurden die Inhalte der vier Schritte von der Studiengangsleitung erarbeitet und jede/jeder Betroffene hatte die Möglichkeit, konstruktive Ergänzungen/Verbesserungen einzubringen. Somit wurden das haupt- und nebenberufliche Lehr- und Forschungspersonal, die Studierendenvertreter sowie betroffene Stakeholder zu Lösungen für komplexe Problemstellungen gemäß der beschriebenen Zielsetzung aufgefordert.

## 2.1   Die klassischen Umsetzungsschritte

### 2.1.1   Ableitung strategischer Ziele der Organisation

Um die Aufgaben in der Einstiegsfunktion als Truppenoffizier des ÖBH bzw. in einer analogen Funktion in einer zivilen Organisation wahrnehmen zu können, zielt das Studienprogramm des FH-BaStg MilFü darauf ab, Absolventinnen und Absolventen hervorzubringen, die
- vorwiegend fortgeschrittene Kenntnisse in den Teilgebieten des Studiengangs,[2] einschließlich eines kritischen Verständnisses der wichtigsten Theorien, Prinzipien und Methoden sowie einige vertiefte Wissensbestände auf dem aktuellen Stand der Forschung, nachgewiesen haben;
- in der Lage sind, ihr erworbenes Wissen vertikal und horizontal zu vertiefen;
- als Führungskräfte dieses Wissen ethisch-moralisch verantwortungsvoll und normenkonform während des Berufsvollzuges anwenden können und
- im Bewusstsein der Relativität des erworbenen Wissens dieses initiativ, umsichtig und zuversichtlich in ihrem Fachgebiet weiterentwickeln können (vgl. BMLVS, 2008, S. 19).

---

2   Die Teilgebiete des Studiums umfassen 1) einsatzbezogene Fachgebiete und Methoden, 2) Vertiefungsgebiete (Politikwissenschaft, Bildungswissenschaft, Wirtschaftswissenschaftliche Vertiefung/Betriebswirtschaft und Wirtschaftswissenschaftliche Vertiefung/Informatik), 3) interdisziplinäre Grundlagen persönlichen Handelns, 4) politische und wirtschaftliche Systeme, 5) berufsspezifische Querschnittgebiete sowie 6) sprachliche und kulturelle Kompetenzen.

### 2.1.2 Ableitung strategischer Kompetenzanforderungen (Teilkompetenzen)

Der gesetzlich festgelegte Bildungsauftrag verlangt eine praxisbezogene Ausbildung auf Hochschulniveau im FH-BaStg MilFü. Die künftigen Absolventinnen und Absolventen sollen dazu befähigt werden, die Aufgaben im Berufsfeld dem Stand der Wissenschaft und den aktuellen und zukünftigen Anforderungen der Praxis entsprechend zu lösen. Um diesem Anspruch gerecht zu werden, muss, neben dem Sichtbarmachen des Kompetenzerwerbes, auch der Kompetenzentwicklung (Kollegium/ BMLVS, 2013, Anlage-4 zu TOP 7) bereits im ersten Semester Rechnung getragen werden.

Abb. 3: Modifiziertes Kompetenzprofil (BMLVS, 2008, S. 19f.)

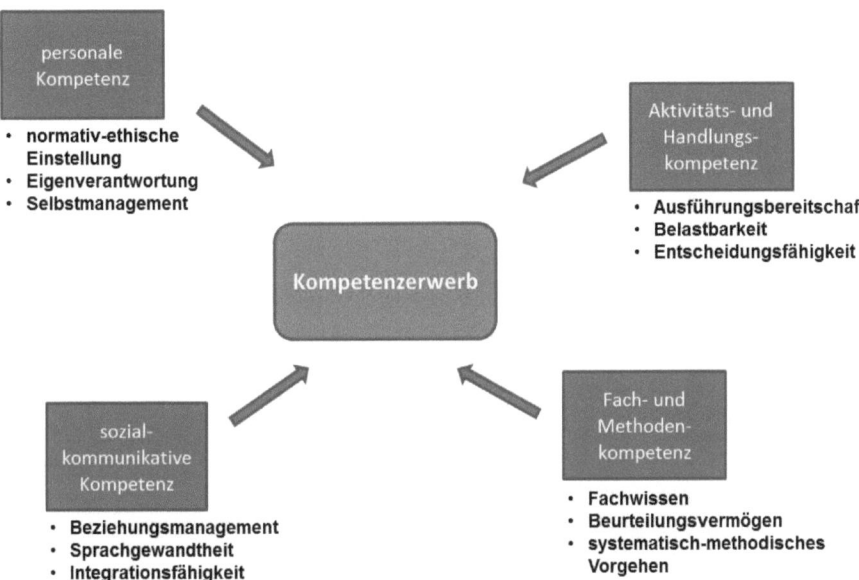

Das Kompetenzprofil (vgl. BMLVS, 2008, S. 19f.), welches die Absolventinnen und Absolventen nach dem sechsten Semester nachzuweisen haben, ist in o. a. Abb. 3 dargestellt. Dabei wurden die vier Basiskompetenzen mit den Kompetenzanforderungen entsprechend dem KompetenzAtlas nach Heyse und Erpenbeck (2010) geprüft, ergänzt und reduziert. Die Anforderungen wurden der curricularen Entwicklung angepasst und bilden die Basis des Kompetenzerwerbs ab dem ersten Semester.

### 2.1.3 Präzisierung der Kompetenzanforderungen

In diesem Schritt wurde ein Kompetenz-Soll-Profil erstellt, indem diejenigen Kompetenzen ermittelt wurden, die für die Erreichung einer gewollten Kompetenzausprägung der Studierenden notwendig sind. 12 Kompetenzanforderungen wurden ausgewählt und gemäß der strategischen Ziele für die Einstiegsfunktion als Truppenoffizier des ÖBH bzw. einer analogen Funktion in einer zivilen Organisation mit Handlungsankern unterlegt: normativ-ethische Einstellung, Eigenverantwortung, Selbstmanagement, Ausführungsbereitschaft, Belastbarkeit, Entscheidungsfähigkeit, Beziehungsmanagement, Sprachgewandtheit, Integrationsfähigkeit, Fachwissen, Beurteilungsvermögen, systematisch-methodisches Vorgehen. Dabei handelt es sich nicht um Persönlichkeitseigenschaften, sondern um selbstorganisierte, kreative Handlungsfähigkeiten. Dies sollen die Textergänzungen für Handlungsfähigkeiten im Kompetenzatlas zum Ausdruck bringen.

Abb. 4: Darstellung der ausgewählten Kompetenzanforderung im KompetenzAtlas

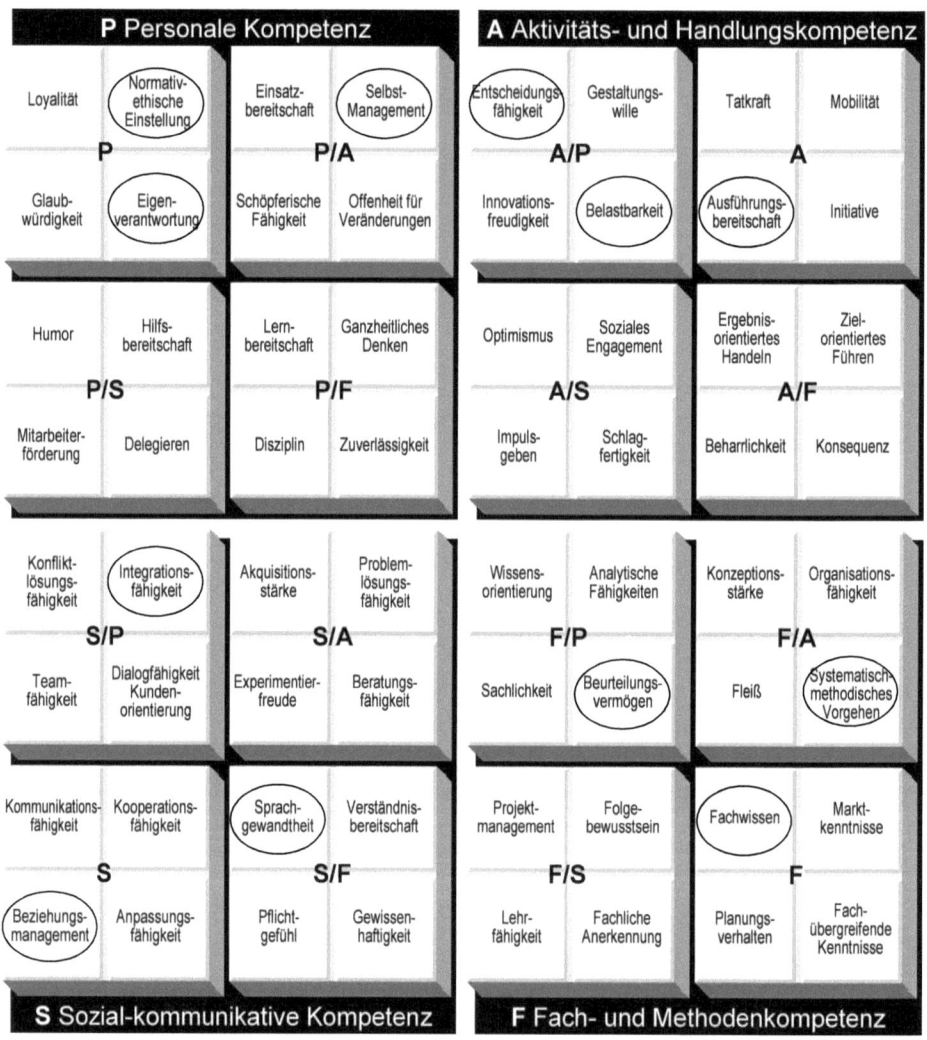

In einem weiteren Schritt werden Sollkorridore zu erarbeiten sein; einerseits für Studienwerber/innen sowie Studierende zu Beginn des Studiums und andererseits für fortgeschrittene Studierende und Absolvent/innen. Diese Profile ermöglichen erst, anhand von Selbst- und Fremdeinschätzungen über entsprechend elektronische Abfragen, Soll-/Ist-Vergleiche vorzunehmen und gezielte Kompetenzentwicklungsmaßnahmen einzuleiten.

### 2.1.4 Teilkompetenzen und deren Identifikationen

Die Kompetenzanforderungen im Qualifikationsprofil für Absolventinnen und Absolventen des FH-BaStg MilFü wurden überprüft und auf das Theresianische Führungsmodell (TFM) abgestimmt. Dabei wurden Möglichkeiten für die Kompetenzorientierung mit hochschulischem Praxisbezug, welcher den Erfordernissen des Berufsfeldes zu entsprechen hat, sowie für die Weiterentwicklung abgeleitet.

In folgenden Unterpunkten werden 12 herausgefilterte Kompetenzanforderungen aus dem Kompetenzatlas für Absolventinnen und Absolventen des FH-BaStg MilFü nach den oben geschilderten Gesichtspunkten einzeln betrachtet.

Diese Kompetenzanforderungen sollten nicht allzu trennscharf betrachtet werden. Die Zuordnung der Anforderungen im KompetenzAtlas bedeutet in erster Linie, dass das die Gewichtung einer Anforderung auf dieser und auf keiner anderen Basiskompetenzkombination liegt.

## 2.2 Die ausgewählten Kompetenzanforderungen

Im Folgenden werden die vier Basiskompetenzen kurz beschrieben und die diesen zugeordneten Kompetenzanforderungen dargestellt.

### 2.2.1 Personale Kompetenz

„Personale Kompetenzen sind die Dispositionen, reflexiv selbstorganisiert zu handeln, d.h. Selbsteinschätzungen vorzunehmen, produktive Einstellungen, Wertvorstellungen, Motive und Deutungen zu entwickeln, Motivationen und Leistungsvorsätze auf allen Ebenen zu entfalten und im Rahmen der Arbeit und andere Tätigkeiten Kreativität zu entwickeln und zu lernen." (vgl. Heyse, Erpenbeck & Ortmann, 2010, S. 81) Dieser Basiskompetenz werden die Kompetenzanforderungen
- normativ-ethische Einstellung (in Bezug auf selbstverantwortliches Handeln auf allgemeinen und organisationsspezifischen Normen und ethischen Grundlagen),
- Eigenverantwortung (als Verwirklichung des entsprechenden Verantwortungsbewusstseins) und
- Selbstmanagement (basierend auf Selbständigkeit und Eigenaktivität, auf Selbsterfahrung und Selbstkontrolle)
vorrangig zugeordnet.

## Normativ-ethische Einstellung

*Definitorische Einordnung und Relevanz*
„Normativ-ethische Einstellung ist die Bereitschaft, auf der Grundlage allgemein gültiger und z. B. im eigenen Unternehmen erarbeiteter Normen sowie ethischer und anderer Werte selbstverantwortlich zu handeln." (Heyse, Erpenbeck & Ortmann, 2010, S. 145)

*Einbettung im TFM*
Eine feste personale Verankerung von Norm- und Wertvorstellungen ist in handlungsmäßig offenen, unsicheren Situationen eine wichtige Voraussetzung für ein erfolgreiches Handeln.

*Curriculare Herausforderungen (Lernergebnis- und Kompetenzorientierung auf Basis der Aneignungsdidaktik)*
- Normativ-ethische Einstellungen werden in der Regel sehr früh und außerhalb des Berufsfeldes erworben, wie im Elternhaus, in persönlichen Beziehungen und Freundschaften oder im sozialen Umfeld.
- Das Vorhandensein dieser Einstellungen muss sorgfältig auf Basis von Erfahrungsberichten, Fallbeispielen u. ä. hinterfragt werden, um Kenntnisse und Fertigkeiten im Umgang mit diesen in verschiedenen Situationen zu erlangen.
- Die Glaubwürdigkeit im Sinne der normativ-ethischen Einstellung (als eine hohe Stabilität personaler Erlebnis-, Wahrnehmungs-, Intelligenz- und Gedächtnisleistungen) muss gelebt werden.
- Begründete – nicht blinde – Loyalität als sach- und emotionsverankerte Achtung anderer Personen und Interessen muss gelernt werden.

*Mögliche Berufsfelderfordernisse*
- Konsequent verantwortungsbewusst und wertorientiert handeln.
- Durchwegs ehrlich, pflichtbewusst und zuverlässig handeln.
- Mit hohen Ansprüchen an sich selbst und an andere handeln.
- Wichtige Werte in der Einheit/Teileinheit verankern.


## Eigenverantwortung

*Definitorische Einordnung und Relevanz*
„Eigenverantwortung ist die Ausnutzung des eigenen personalen Handlungsspielraums und der darin mögliche Verwirklichung des entsprechenden Verantwortungsbewusstseins." (Heyse, Erpenbeck & Ortmann, 2010, S. 129)

*Einbettung im TFM*
Der Militär-Maria-Theresien-Orden wurde „für aus eigener Initiative unternommene, erfolgreiche und einen Feldzug wesentlich beeinflussende Waffentaten, die ein Offizier von Ehre hätte ohne Tadel auch unterlassen können", an Offiziere verliehen. Bei

der Verleihung des Ordens kam es nicht auf Rang, Religion oder Abkunft, sondern nur auf militärischen Verdienst, insbesondere im Sinne der Eigeninitiative an.

*Curriculare Herausforderungen (Lernergebnis- und Kompetenzorientierung auf Basis der Aneignungsdidaktik)*
- Eigenverantwortung ist wesentlich moralisch bedingt und erfordert die persönliche Identifikation mit sittlichen, sozialen und politischen Wertforderungen, die insbesondere auf die künftigen Berufsfeldanforderungen anzuwenden sein werden.
- Dabei ist im Sinne der Sittlichkeit dem Individual-Egoismus Grenzen zu setzen, damit der Gemeinschaft durch eigensüchtige Handlungen Einzelner kein Schaden entsteht.
- Durch schöpferisches (kreatives) Handeln muss der individuellen Inaktivität, Gleichgültigkeit und erstarrten Routine entgegengewirkt werden.
- Die Lernbereitschaft erfordert eine hohe Entwicklungsbereitschaft und Selbstmotivation, um fehlendem fachlichen und methodischen Wissen und Erfahrungen entgegen zu wirken.

*Mögliche Berufsfelderfordernisse*
- Sich mit wichtigen, rein ökonomische Ziele übersteigende Wertvorstellungen für die eigene Arbeit und das Unternehmen identifizieren.
- Das eigene Handeln an eigenen klaren Wertvorstellungen und Maßstäben messen.
- Verantwortung für das Unternehmen und die Mitarbeiter aus freier Entscheidung wahrnehmen.
- Gewissenhaft, gründlich und umsichtig handeln.


## Selbstmanagement

*Definitorische Einordnung und Relevanz*
„Selbstmanagement ist die Fähigkeit, das eigene Handeln aktiv und weitgehend unabhängig von unterstützenden oder störenden Faktoren situationsentsprechend zu realisieren." (Heyse, Erpenbeck & Ortmann, 2010, S. 150)

*Einbettung im TFM*
Personale Kompetenz im erfolgreichen Führungshandeln z.B.
- Militär-Maria-Theresien-Orden (vgl. S. 184)
- Selbstwirksamkeit (vgl. S. 187f.)

*Curriculare Herausforderungen (Lernergebnis- und Kompetenzorientierung auf Basis der Aneignungsdidaktik)*
- Selbstmanagement muss auf Selbständigkeit und Eigenaktivität des Handelnden sowie auf Selbsterfahrung und Selbstkontrolle, einschließlich der notwendigen Selbstkritik, aufbauen. Es setzt eine hohe Stufe des Selbstbewusstseins, der eigenen Handlungsmöglichkeiten und -begrenzungen voraus.

- Die Einsatzbereitschaft muss als eine personale Grundhaltung verstanden werden. Mit ihr verbunden ist ein aktives, nachdrückliches und weitgehend vorbehaltloses Engagement der Persönlichkeit zugunsten geforderter und notwendiger Ziele.
- Durch Offenheit für Veränderungen (eine der wichtigsten personalen Voraussetzungen) sollen die Studierenden aktiv werden und aktiv bleiben. Jedes wirkliche Erfahrungslernen erfolgt in offenen Situationen.

Mögliche Berufsfelderfordernisse
- Gemäß den erkannten eigenen Möglichkeiten und Grenzen handeln.
- Gegebene Handlungsmöglichkeiten aktiv ausschöpfen und versuchen, diese bewusst auszuweiten.
- Planvoll und überlegt handeln, ohne durch Vorsicht den eigenen Wirkungsrahmen vorzeitig einzuengen.
- Selbständig die eigenen Erfahrungen und das eigene Wissen erweitern.

## 2.2.2 Aktivitäts- und Handlungskompetenz

„Aktivitäts- und Handlungskompetenzen sind die Dispositionen, gesamtheitlich selbstorganisiert zu handeln, d. h. Initiativen und Umsetzungsanstrengungen von Individuen, Teams und Unternehmen/Organisationen zu aktivieren und in die Bewältigung von Vorhaben zu integrieren." (Heyse, Erpenbeck & Ortmann, 2010, S. 81)

Dieser Basiskompetenz werden die Kompetenzanforderungen
- Ausführungsbereitschaft (in der Handlungen bzw. Arbeitstätigkeiten schnell, sachgemäß und mit hohem Nutzen realisiert werden),
- Belastbarkeit (inklusive der individuellen psychophysiologischen Reaktionen auf einwirkende Belastungen in Handlungssituationen) und
- Entscheidungsfähigkeit (das personale Vermögen, aktiv und selbstbestimmt die unterschiedlichen Handlungsmöglichkeiten voll zur Aufgaben-/Auftragserfüllung zu bringen)
vorrangig zugeordnet.

### Ausführungsbereitschaft

*Definitorische Einordnung und Relevanz*
„Ausführungsbereitschaft kennzeichnet die Aktivität, als notwendig erkannte Handlungen und Arbeitstätigkeiten schnell, sachgemäß und mit hohem Nutzen zu realisieren." (Heyse, Erpenbeck & Ortmann, 2010, S. 125)

*Einbettung im TFM*
Ausführungsbereitschaft wird relevant im Bereich erfolgreichen Führungshandelns. Effektivität, Effizienz sowie Ethik und Moral sind die notwendigen Kriterien für den Erfolg. Unter Effektivität ist das Maß der Zielerreichung zu verstehen, womit das

Verhältnis vom Angestrebten zum Erreichten gemeint ist. Der zugrundeliegende Aufwand spielt dabei keine Rolle. Effizienz stellt das Verhältnis von Input zu Output sowie von Leistung zu Kosten dar. Die Effizienz entspricht somit in zahlreichen Fällen der Wirtschaftlichkeit (vgl. Weinert, 2004, S. 547). Die Ethik und Moral im Kontext des Führungshandelns bedingt wiederum die Sittlichkeit der Handlungen.

*Curriculare Herausforderungen (Lernergebnis- und Kompetenzorientierung auf Basis der Aneignungsdidaktik)*
- Die Ausführungsbereitschaft setzt sachentsprechende und aktiv angeeignete Kenntnisse der Ausführungsbedingungen voraus sowie eine starke persönliche und soziale Motivation und die Fähigkeit, sich hohe aber realisierbare Handlungsziele zu setzen.
- Initiative wird als personale Fähigkeit zum aktiven, sachlichen, geistigen und handlungsmäßigen Engagement für einen Gegenstand, eine Aufgabe oder ein Ziel verstanden. Sie setzt zugleich die aktive Bindung daran und den persönlichen Einsatz dafür voraus. Ohne fremde Aufforderung oder Druck werden sinnvolle Ziele formuliert und in Ergebnisse umgesetzt.
- Ergebnisorientiertes Handeln ist eine auf solidem fachlich-methodischem Wissen, auf Erfahrungen und komplexem Können beruhende Aktivität, die der Erreichung vorgegebener oder selbst gesetzter geistiger oder praktischer Ziele dient. Diese Aktivität wird mit Willensstärke und Beharrlichkeit auch unter Widerständen und Belastungen verfolgt.

*Mögliche Berufsfelderfordernisse*
- Als notwendig erkannte Handlungen aktiv und schnell vorantreiben und sich selbst Erfolg versprechende Ziele setzen.
- Die Voraussetzungen des Handelns soweit erfassen, wie sie für die eigene Aktivität wichtig werden können.
- Sich auch auf unkonventionelle Weise das notwendige Wissen und die notwendigen Erfahrungen aneignen.
- Die eigenen Antriebe aus der Aufgabe selbst gewinnen – nicht aus dem Bestreben, es anderen (z. B. Vorgesetzten) „recht zu machen".

## Belastbarkeit

*Definitorische Einordnung und Relevanz*
„Unter Belastbarkeit wird vorwiegend die personale Fähigkeit verstanden, auch unter schweren seelischen, sozialen und körperlichen Anspannungen weitgehend Fehlreaktionen zu vermeiden und zielorientiert und sachlich zu handeln." (Heyse, Erpenbeck & Ortmann, 2010, S. 126)

*Einbettung im TFM*
Das Theresianische Führungsmodell (TFM) fordert physische *und* mentale Stärke als Grundlage eines „gesunden" Selbstwertgefühls (Selbstwirksamkeit und Wert

der Person). Die Entwicklung einer dem Aufgabenvollzug adäquaten körperlichen Leistungsfähigkeit einschließlich eines ausgeprägten Gesundheitsbewusstseins ist nur eine Komponente der Belastbarkeit. Die andere Komponente bildet die mentale Stärke als eine Methode zur positiven Lebensgestaltung. Sie trägt dazu bei, initiativ nach geeigneten Vorstellungen zu suchen und diese Gedanken in reales Verhalten und Handeln umzusetzen. Je intensiver die Gedanken sind, umso einfacher wird es, sie Realität werden zu lassen. Wichtig ist, dass tatsächlich beide Komponenten zur Geltung kommen. Das *und* verbindet sie, verweist auf die benötigte Reflexionsfähigkeit und fungiert gleichsam als ‚Motor' der Entwicklung.

*Curriculare Herausforderungen (Lernergebnis- und Kompetenzorientierung auf Basis der Aneignungsdidaktik)*
*   Belastbarkeit setzt umfassende persönliche Erfahrungen im Umgang mit Stress (seitens der Arbeitsbedingungen und -umwelt) und sozialen Konflikten voraus.
*   Mit zunehmender Komplexität und Dynamik im Arbeitsprozess und damit zunehmender Unübersichtlichkeit und Vorhersagbarkeit von Ereignissen und Folgen nehmen die Anforderungen an die Belastbarkeit von Führungskräften, Mitarbeitern, Teams und ganzen Organisationen zu.
*   Insbesondere gilt es, mit Risiken, Unbestimmtheiten und Widersprüchen mental anders umzugehen; sie als „normal" anzunehmen, Möglichkeiten der Selbstentwicklung in ihnen zu sehen und sie gestaltend anzunehmen.

*Mögliche Berufsfelderfordernisse*
*   Sich bei Unbestimmtheiten, Schwierigkeiten, Widerständen und unter Stress für einen überschaubaren Zeitraum gut organisieren.
*   Auch unter komplizierten Bedingungen Vorhaben realisieren und durch erhöhte Anforderungen herausgefordert und aktiviert werden.
*   Durch das eigene Verhalten auch anderen Mut machen, sich Belastungen stellen und diese als Herausforderungen für die Entwicklung der eigenen Person, der Gruppe, der Abteilung usw. annehmen.
*   Zurückliegende Konflikte und kritische Bewährungssituationen als persönliche Entwicklungs- und Reifeimpulse behandeln.

## Entscheidungsfähigkeit

*Definitorische Einordnung und Relevanz*
„Entscheidungsfähigkeit ist das personale Vermögen, aktiv und selbstbestimmt die unterschiedlichen Handlungsmöglichkeiten voll wahrzunehmen, um einen Auftrag oder eine Aufgabe zu erfüllen." (Heyse, Erpenbeck & Ortmann, 2010, S. 130)

*Einbettung im TFM*
Die Führungskraft hat klare Vorstellungen hinsichtlich der Frage „Was gilt es zu erreichen?" und von den Geführten wird insbesondere die Identifikation mit dem zu

Erreichenden gefordert. Dies kommt im Zusammenführen der Begriffe Leistung und Führen zum Ausdruck.

*Curriculare Herausforderungen (Lernergebnis- und Kompetenzorientierung auf Basis der Aneignungsdidaktik)*
- Selbstständige, kreative Zielsetzungen.
- Entscheidungen sind der Drehpunkt zwischen jedem Handlungsentschluss und der Handlungsausführung; Entscheidungsunfähigkeit führt zu Handlungsunfähigkeit.
- Je größer die Freiheitsgrade des Handelns sind, je unbestimmter sich Aufgaben und Ziele der Arbeit darstellen, desto wichtiger wird die Entscheidungsfähigkeit.
- Führungsfähigkeit setzt in besonderem Maße Entscheidungsfähigkeit voraus und schließt damit zugleich das Setzen von Zielen, das wirksame Entscheiden, Realisieren, Kontrollieren sowie das differenzierte Fördern von Menschen ein. Führungsfähigkeit bedeutet, Mitarbeiter zielorientiert, planvoll, organisiert und kontrolliert einzusetzen und zu steuern und selbst Vorbild zu sein. Ohne die Entscheidungsfähigkeit ist das nicht zu realisieren.

*Mögliche Berufsfelderfordernisse*
- Aktiv zwischen unterschiedlichen Handlungsmöglichkeiten entscheiden. Selbst gesetzte, eigene, kreative Ziele realisieren.
- Alternativen sowohl erkenntnismäßig wie wertemäßig beurteilen.
- In Fällen nicht berechenbarer Entscheidungen den eigenen emotionalen und erfahrungsmäßigen Hintergrund nutzen, um aktiv zu werden.
- Deutliche Prioritäten setzen, um zu handeln. Sich auf das Wesentliche konzentrieren.

## 2.2.3 Sozial-kommunikative Kompetenz

„Sozial-kommunikative Kompetenzen sind die Dispositionen, kommunikativ und kooperativ selbstorganisiert zu handeln, d. h. sich als Individuum, Team oder Unternehmen/Organisation mit anderen kreativ auseinander- und zusammenzusetzen, sich beziehungsorientiert zu verhalten, um gemeinsam neue Pläne und Ziele zu entwickeln." (Heyse, Erpenbeck & Ortmann, 2010, S. 81)

Dieser Basiskompetenz werden die Kompetenzanforderungen
- Beziehungsmanagement (Fähigkeit persönliche und arbeitsbezogene Beziehungen zu gestalten),
- Sprachgewandtheit (Fähigkeit fachliche und methodische Erkenntnisse, Einsichten und Erfahrungen zu kommunizieren) sowie
- Integrationsfähigkeit (Fähigkeit, mit anderen Personen erfolgreich zusammenzuwirken)
vorrangig zugeordnet.

## Beziehungsmanagement

*Definitorische Einordnung und Relevanz*
„Beziehungsmanagement kennzeichnet das Streben, mit unterschiedlichen Menschen in produktive Kommunikations- und Kooperationsbeziehungen zu treten bzw. zwischen unterschiedlichen Personen und Parteien zu vermitteln." (Heyse, Erpenbeck & Ortmann, 2010, S. 127)

*Einbettung im TFM*
Beziehungsmanagement wird im Kontext erfolgreichen Führungshandelns und als Basis interkultureller Kompetenz gefordert.

*Curriculare Herausforderungen (Lernergebnis- und Kompetenzorientierung auf Basis der Aneignungsdidaktik)*
- Beziehungsmanagement heißt, durch zielbewusstes, authentisches Handeln die eigene Anziehungskraft auf Partner, Mitarbeiter und Kunden zu verstärken und die Vertrauenswürdigkeit zu erhöhen. Es kennzeichnet zugleich die Fähigkeit, auch mit Wettbewerbern, Gegnern, Unentschlossenen etc. zeitweilige Partnerschaften zum Nutzen aller Beteiligten oder des Gemeinwesens einzugehen.
- Erfolgreich überdauernde, vertrauensbasierte Arbeits- und Kundenbeziehungen können via „Weiterempfehlung von Kunden" als wirksames Akquisemoment gelten.
- Mehr Wissen über komplexe Beziehungen in Projekten steigert die Arbeitseffizienz und lässt Projekte erfolgreicher und lukrativer werden.
- Notwendig ist ferner, die wichtigsten Bremsen des Beziehungsmanagements – eingefahrene Denk- und Verhaltensmuster, Ängste und Vorurteile – erfolgreich zu lösen.
- Kommunikationsfähigkeit als im Rahmen des Beziehungsmanagements wichtige Anforderung an Mitarbeiter und Führungskräfte meint vor allem die Eignung, in Gespräch, Verhandlung, Abstimmungsgespräch usw. mit einer oder mehreren Personen vorteilhafte Ergebnisse für die eigene Arbeitsgruppe oder das eigene Unternehmen zu erzielen, ohne die Verhandlungspartner zu frustrieren bzw. zu dauerhaften Widersachern zu machen. Die Kommunikationsfähigkeit umfasst Redegewandtheit sowie Kontakt- und Überzeugungsfähigkeit – auch gegenüber schwierigen Kommunikationspartnern. Bei Führungskräften gehört die Fähigkeit dazu, gute Kontakte zu unterschiedlichen Gesprächspartnern anzubahnen und intensiv zu nutzen.
- Das Bildungsmanagement erfordert zudem Anpassungsfähigkeit als individuelles Vermögen, sich in schwierigen persönlichen und sozialen Situationen – insbesondere im Rahmen der Arbeit mit anderen in Gruppen (Teams), Unternehmen und Organisationen – so einzubringen, dass die gemeinsamen Ziele schneller und besser erreicht werden.

*Mögliche Berufsfelderfordernisse*
- Zwischen unterschiedlichen Interessen(-gruppen) vermitteln. Auf Basis der persönlichen Integrationsfähigkeit und Toleranz Beziehungen stiften.
- Ein gewinnendes Wesen für das Management von Beziehungen wirksam einsetzen.
- Die eigenen Stärken und Schwächen sowie die der anderen unterschiedlichen Persönlichkeiten akzeptieren.
- Ein warmes, erfolgreiches Miteinander gestalten und damit auch unternehmerischen Erfolg erzielen. Dabei erfolgsversprechend die für das Beziehungsmanagement notwendige Balance zwischen sozialer Nähe und Distanz zu wahren.

**Sprachgewandtheit**

*Definitorische Einordnung und Relevanz*
„Sprachgewandtheit ist [...] das Vermögen, fachliche und methodische Erkenntnisse, Einsichten und Erfahrungen so zu kommunizieren, dass sie von anderen verstanden, akzeptiert und im Arbeitshandeln umgesetzt werden können." (Heyse, Erpenbeck & Ortmann, 2010, S. 151)

*Einbettung im TFM*
Sprachgewandtheit ist Voraussetzung für erfolgreiches Führungshandeln und interkulturelle Kompetenz.

*Curriculare Herausforderungen (Lernergebnis- und Kompetenzorientierung auf Basis der Aneignungsdidaktik)*
- Die Sprachgewandtheit umfasst nicht nur rhetorische Fähigkeiten, sondern auch das gesamte Spektrum nonverbaler Kommunikation sowie ein sicheres, akzeptiertes Auftreten.
- Sprachgewandtheit wird in Rollenspielen, Problemlösungsübungen, Diskussionen, Fallstudien, Präsentationen und vielen anderen sozialkommunikativen Situationen trainiert. Zunehmend bezieht das Verständnis von Sprachgewandtheit auch Fremdsprachen ein.
- Sprachgewandtheit fördert die Kooperationsfähigkeit als Vermögen zur Zusammenarbeit. Das bezieht die Fähigkeit ein, aus einzelnen Personen (zumindest zeitweilig) eine sich gegenseitig ergänzende und unterstützende Gemeinschaft zu gestalten, die Neuem gegenüber aufgeschlossen und handlungsbereit ist und sich gegenüber anderen Personen und Gruppen nicht ablehnend verhält.
- Sprachgewandtheit begünstigt die Verständnisbereitschaft und -fähigkeit als die Disposition, fremde Wissensbestände, Werte und Verhaltensweisen analysieren und verstehen zu können sowie die dabei gewonnenen Erfahrungen sozial kommunizieren zu können.

*Mögliche Berufsfelderfordernisse*
- Eigene Erfahrungen, Gedanken und Vorschläge sprachlich geschickt kommunizieren.
- (Arbeits-)Tätigkeiten anstoßen. Mit eigenen sprachlich überzeugenden Vorschlägen Beziehungen knüpfen.
- Sich schnell auf das Sprachniveau der Kommunikationspartner einstellen.
- Zahlreiche sprachliche (rhetorische) Mittel der Kommunikation verwenden. Neben der Wortwahl sind dies auch kontextuell gebundene (Ironie, Satire, Humor, Metapher, Anspielung) und redegebundene (Sprechrhythmus, Satzmelodie, Lautstärke, Betonung) Mittel.

## Integrationsfähigkeit

*Definitorische Einordnung und Relevanz*
„Integrationsfähigkeit kennzeichnet das personale Vermögen, unterschiedliche soziale Bestrebungen, Interessen und Aktionen zu gemeinsamem Handeln zu bündeln und für die Arbeit, das Unternehmen, die Organisation … wirksam werden zu lassen." (Heyse, Erpenbeck & Ortmann, 2010, S. 139)

*Einbettung im TFM*
Erfolgreiches Führungshandeln und interkulturelle Kompetenz erfordern auch Integrationsfähigkeit.

*Curriculare Herausforderungen (Lernergebnis- und Kompetenzorientierung auf Basis der Aneignungsdidaktik)*
- Integration wird nicht als ein zu erreichendes Ziel aufgefasst, sondern als das Prozessgeschehen selbst. Dabei sind integrative Prozesse diejenigen, bei denen „Einigungen" zwischen gegensätzlichen Sichtweisen, interagierenden Personen und Personengruppen zustande kommen. Einigung bedeutet dabei die Entdeckung des gemeinsam Möglichen bei Akzeptanz des Unterschiedlichen; sie ist die Synthese aus den notwendigen Polen Annäherung und Abgrenzung, die in einem dialektischen Verhältnis zueinander stehen. Psychisch geht es bei der Integrationsfähigkeit um das Wahrnehmen und den Ausgleich widerstreitender psychischer Anteile sowie um Probleme der Akzeptanz, u. a. von kulturell geprägtem Anderen.
- Integration bedeutet auch zu delegieren, d. h. gezielt persönliche Verantwortung auf andere zu übertragen, mit dem Ziel einer Verbesserung der gemeinsamen Arbeit.

*Mögliche Berufsfelderfordernisse*
- Zielorientiert unterschiedliche soziale Bestrebungen, Interessen und Handlungen bündeln. Erfolgreich Methoden einsetzen, psychische Konflikte und Handlungskonflikte rechtzeitig erkennen und diese neutralisieren.
- Zu integrierende Personen zu gemeinsamem Handeln bringen, sich dazu in deren widersprüchlichen psychischen Bedingungen und Sichtweisen einfühlen und als Vorbild wirken.
- Die institutionellen Rahmenbedingungen der Integration mitbestimmen oder sie zumindest aktiv nutzen.
- Die Notwendigkeit und Fruchtbarkeit von Integration fest im persönlichen Werte- und Normensystem verankern.

## 2.2.4  Fach- und Methodenkompetenz

„Fach- und Methodenkompetenzen sind die Dispositionen, gedanklich – methodisch selbstorganisiert zu handeln, d. h. einerseits, mit fachlichen Kenntnissen und fachlichen Fertigkeiten kreativ Probleme zu lösen, das Wissen sinnorientiert einzuordnen und zu bewerten, andererseits Tätigkeiten Aufgaben und Lösungen methodisch kreativ zu gestalten und von daher das gedankliche Vorgehen zu strukturieren." (Heyse, Erpenbeck & Ortmann, 2010, S. 81)

Dieser Basiskompetenz werden die Kompetenzanforderungen
- Fachwissen (Fähigkeit, neuestes Fachwissen einbeziehend zu handeln),
- systematisch-methodisches Vorgehen (Fähigkeit, Handlungsziele systematisch-methodisch zu verfolgen) und
- Beurteilungsvermögen (Fähigkeit, Sachverhalte zutreffend zu beurteilen)
vorrangig zugeordnet.

**Fachwissen**

*Definitorische Einordnung und Relevanz*
„Fachwissen repräsentiert den klassischen Bereich der Berufsausbildung und stützt sich in erster Linie auf das Wissen, das in der Schule, Ausbildung sowie bei betrieblichen und persönlichen Weiterbildungsmaßnahmen vermittelt wird." (Heyse, Erpenbeck & Ortmann, 2010, S. 133)

*Einbettung im TFM*
Erfolgreiches Führungshandeln erfordert umfangreiches Fachwissen.

*Curriculare Herausforderungen (Lernergebnis- und Kompetenzorientierung auf Basis der Aneignungsdidaktik)*
- Es werden diejenigen Qualifikationen angesprochen, die insbesondere zur Vorbereitung und Argumentation von Entscheidungen oder Empfehlungen eingesetzt werden müssen, um überzeugend und sicher argumentieren zu können.
- Zum Fachwissen ist auch allgemeines, generalisierendes Wissen hinzuzuzählen, das auch als Teil der Lebenserfahrung gilt. Während beispielsweise die Berufsausbildung für eine Führungskraft unterschiedlich erfolgt sein kann, sind jedoch generell mehrjährige Berufserfahrungen in gleichen oder vergleichbaren Positionen und Aufgaben und gute Branchenkenntnisse wichtig.
- Als fachliche Fähigkeiten und Fertigkeiten gelten die praktische Anwendung von Fach- und generalisierendem Wissen unter Einbeziehung von entsprechenden Hilfsmitteln (z. B. EDV) sowie der zielgerichtete Umgang damit.

*Mögliche Berufsfelderfordernisse*
- Fachliches und methodisches Detailwissen (betriebswirtschaftliche Kenntnisse, Vertriebs- und Verkaufserfahrungen, breite Produktkenntnisse, Kenntnisse der Wettbewerber-Produkte usw.) für die eigene Arbeit nutzen.
- Arbeitsprozesse sachgerecht organisieren. Adäquate Arbeits- und Organisationsmethoden entwickeln und diese einführen.
- Wirtschaftlich-politische Zusammenhänge auf der Grundlage einer übergreifenden Allgemeinbildung begreifen.
- Im Prozess der Arbeit, besonders auf informellem Wege lernen. Das fachlich-methodische Wissen, auch durch stetige formelle Weiterbildung, erweitern und vervollkommnen.

## Systematisch-methodisches Vorgehen

*Definitorische Einordnung und Relevanz*
„Systematisch-methodisches Vorgehen ist die Verflechtung von einem intensiven, drängenden Zugehen auf Probleme und Aufgaben, mit einer planvoll vorgehenden Analyse vor dem Hintergrund eines möglichst umfassenden fachlichen und methodischen Wissens." (Heyse, Erpenbeck & Ortmann, 2010, S. 152)

*Einbettung im TFM*
Systematisch-methodisches Vorgehen ist Voraussetzung für erfolgreiches Führungshandeln.

*Curriculare Herausforderungen (Lernergebnis- und Kompetenzorientierung auf Basis der Aneignungsdidaktik)*
- Unterstützungsverfahren (taktisches Führungsverfahren, Schemata, Parameter usw.) selbständig abrufen und im Rahmen der Problemlösung zur Anwendung bringen.
- Überblick im Problemlösungsvorgang – auch im Rahmen komplexer Aufgabenstellungen – behalten.

- Organisationsfähigkeit vereint die Komponente methodischen Wissens mit der Fähigkeit, dieses Wissen mit Tatkraft und Engagement praktisch umzusetzen.

*Mögliche Berufsfelderfordernisse*
- Aufgaben und Probleme intensiv und zielgerichtet durch Rückgriff auf den eigenen sowie auf den im Unternehmen vorhandenen Vorrat fachlichen und methodischen Wissens lösen.
- Sich in bestehende, feste Arbeits- und Unternehmensstrukturen einpassen und diese zu optimieren versuchen.
- Seine beste Leistungsfähigkeit bei Detaillösungen und Detailverbesserungen entfalten.
- Komplexe Probleme in bearbeitbare Teilprobleme und -schritte auflösen und so Risiken systematisch eingrenzen.

## Beurteilungsvermögen

*Definitorische Einordnung und Relevanz*
„Beurteilungsvermögen ist vor allem die personal verankerte Fähigkeit, Gegebenheiten, Widersprüche, Schwierigkeiten und Konflikte einerseits auf die ihnen zu Grunde liegenden fachlichen und methodischen Sachverhalte und Probleme hin „abzuklopfen", andererseits eine erfahrungs- und wertbegründete Einstellung zu ihnen zu finden, die Auswege weist und Lösungswege vermittelt." (Heyse, Erpenbeck & Ortmann, 2010, S. 127)

*Einbettung im TFM*
Erfolgreiches Führungshandeln zeigt sich in einem guten Beurteilungsvermögen.

*Curriculare Herausforderungen (Lernergebnis- und Kompetenzorientierung auf Basis der Aneignungsdidaktik)*
- Je umfangreicher das sach- und verfahrensgerechte Wissen und je gefestigter die personale Basis des Urteilens und Entscheidens sind, desto öfter werden in den schnell wechselnden betrieblich-organisationalen Problemsituationen Einschätzungen gefunden, die auch einer späteren Prüfung der Handlungsresultate standhalten.
- Die analytischen Fähigkeiten eines guten Beurteilungsvermögens erlauben es, ein komplexes System gedanklich oder physisch in seine Elemente bzw. Subsysteme zu zerlegen, diese zu klassifizieren, sowie zwischen ihnen kausale und finale Zusammenhänge aufzudecken.
- Unter das Beurteilungsvermögen fällt auch das Folgebewusstsein als ein soziales Verantwortungsgefühl, bezüglich der Folgen eigener Maßnahmen und Entscheidungen für den eigenen Arbeitsbereich oder das gesamte Unternehmen zu reflektieren.

*Mögliche Berufsfelderfordernisse*

- Sachverhalte und Problemsituationen aufgrund eines breiten fachlich-methodischen Wissens zutreffend einschätzen.
- Auch bei unsicherem oder fehlendem Wissen überzeugende Auffassungen aufgrund eines gefestigten Erfahrungs- und Werthintergrunds entwickeln.
- Anderen die eigene Auffassungen verständlich machen und sie tatkräftig realisieren.
- Fortlaufend die eigene Urteilsfähigkeit steigern und sich durch die Praxis „belehren" lassen.

## 2.3   Kompetenzorientiertes Studieren unter Berücksichtigung von Tugenden

Die geforderte Ausrichtung von Studiengängen auf den Kompetenzerwerb und die outcomeorientierte Steuerung der Lehre ist mittlerweile unentbehrlicher Entwicklungsschritt für alle Studiengänge, um das Lernen im Studium effektiver und zielgerichteter zu gestalten, um die Qualität der Studiengebote zu sichern und um diese wirksamer an Bedarfen wissenschaftlicher bzw. akademischer Beschäftigungsfelder und Berufe auszurichten. Lernziele und die Orientierung an Lernergebnissen bzw. an im Lernprozess erworbenen Kompetenzen sind damit ein wichtiges Gestaltungsmittel der Lehre an Hochschulen. Um ein hohes Niveau an Lehrqualität zu erreichen und zu halten, sind sie unabdingbar. Sie unterstützen beim Aufbau der Studiengänge, liefern Grundlagen zur Prüfung von Lernleistungen und bilden die Basis für die Planung der Lehrveranstaltungen.

Im Vordergrund der Kompetenzorientierung, die spätestens seit der Bologna-Reform Dreh- und Angelpunkt des Lehrens und Lernens in der Hochschule ist, steht, was der Studierende am Ende kann, nicht was in einer Lehrveranstaltung vermittelt wurde.

### 2.3.1   Lernergebnisse

Lernergebnis wird als Überbegriff verwendet, da in diesem auch Wissen, dem keine (Handlungs-)Kompetenz entspricht, wenn also kein „praktisches", sondern „träges Wissen" vorliegt, inkludiert werden kann.

Abb. 5:    Kompetenzerwerb

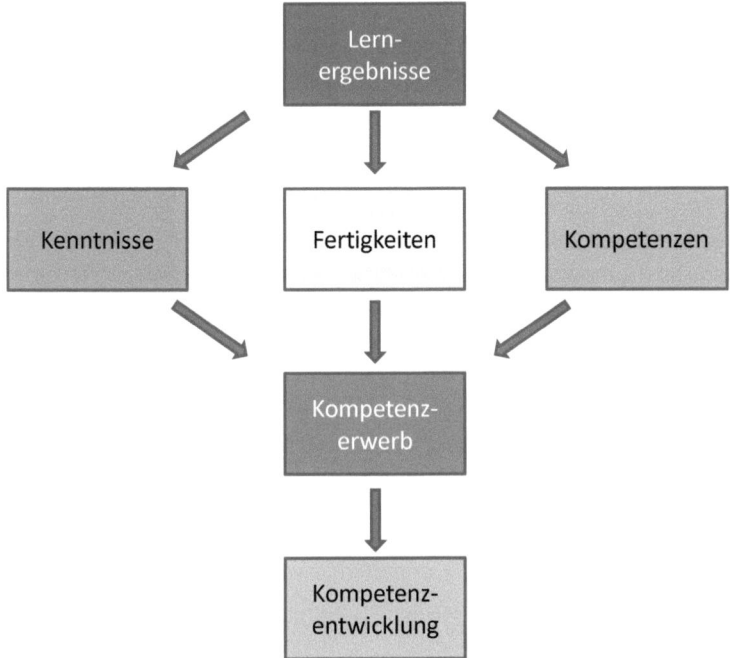

*Lernergebnisse* sind Beschreibungen oder Aussagen darüber, was ein Lernender weiß, versteht und in der Lage ist zu tun, nachdem er einen Lernprozess abgeschlossen hat. Sie werden als Kenntnisse, Fertigkeiten und Kompetenzen definiert (vgl. Europäische Kommission, 2008). Lernergebnisse werden in formalen Lernprozessen aus der Sicht der Studierenden durch die Lehrenden ex ante geplant und ihr Erreichen formativ und ex post nachgewiesen.

*Kenntnisse* sind das Ergebnis der Verarbeitung von Information durch Lernen. Kenntnisse bezeichnen die Gesamtheit der Fakten, Grundsätze, Theorien und Praxen in einem Arbeits- oder Lernbereich. Im Europäischen Qualifikationsrahmen (EQR) werden sie als Theorie und/oder Faktenwissen beschrieben (vgl. Europäische Kommission, 2008).

Eine Person verfügt über *Fertigkeiten*, wenn sie in der Lage ist, Kenntnisse anzuwenden und Knowhow einzusetzen, um Aufgaben auszuführen und Probleme zu lösen. Im EQR werden sie in kognitive (logisches, intuitives und kreatives Denken) und praktische (Geschicklichkeit und Verwendung von Methoden, Materialien, Werkzeugen und Instrumenten) Fertigkeiten differenziert (vgl. Europäische Kommission, 2008).

In der Theresianischen Militärakademie betrifft dies insbesondere

- den Umgang mit einschlägigen militärischen Führungsmethoden und -techniken, einschließlich des Erkennens von deren Grenzen der Anwendbarkeit,
- die Anwendung von Strukturierungshilfen, um Interdependenzen und Schnittstellen verständlich zu machen sowie
- den effizienten und effektiven Umgang mit geeigneten Ressourcen (vgl. BMLVS, 2008, S. 19).

Um die berufliche Handlungsfähigkeit zum Ausdruck zu bringen, liegt es nahe, die erwarteten Ergebnisse der Lernprozesse als Kompetenzen im Sinne der EQR-Empfehlung zu beschreiben. „Kompetenz ist die nachgewiesene Fähigkeit, Kenntnisse, Fertigkeiten sowie persönliche, soziale und methodische Fähigkeiten in Arbeits- und Lernsituationen und für die berufliche und/oder persönliche Entwicklung zu nutzen." (Europäische Kommission, 2008) Sie werden im EQR im Sinne von Verantwortung und Selbständigkeit beschrieben.

Bei der Umsetzung des o. a. Qualifikationsprofils im Curriculum werden in den Modulbeschreibungen auch die Empfehlungen des EQR, welche für den Bachelorstudiengang Qualifikationen auf dem Referenzniveau 6 vorsehen, berücksichtigt. Daher wird bei der Beschreibung des Punktes Kompetenzerwerb eine Gliederung nach Kenntnissen, Fertigkeiten und Kompetenzen vorgenommen (siehe Abb. 5).

## 2.3.2 Kompetenzerwerb

Im Gegensatz zu Lernergebnissen, die immer Beschreibungen sind, kann im Zusammenhang mit Kompetenzen auch von Erwerb, Entwicklung, Feststellung oder Überprüfung gesprochen werden. Um den Kompetenzerwerb im Studiengang, in den Modulen oder in Lehrveranstaltungen als Entwicklung sichtbar zu machen, werden die Kompetenzausprägungen im KompetenzAtlas (Heyse, Erpenbeck & Ortmann, 2010, S. 95) herangezogen. Dabei sollen das Qualifikationsprofil mit den festgeschriebenen und erweiterten Kompetenzausprägungen, die Entwicklung und das Erreichen des vorgesehenen Soll-Zustandes, sichtbar gemacht werden.

Absolventinnen und Absolventen haben folgende Kompetenzen nachzuweisen (vgl. BMLVS, 2008, S. 19f.):

- *Fach- und Methodenkompetenz*: Sie sind in der Lage, kritisch-analytisch zu denken, Problemlösungstechniken anzuwenden, sich selbständig neues Wissen anzueignen und (weitgehend) selbständig forschungs- oder anwendungsorientierte Projekte durchzuführen. Ausgeprägte Organisationsfähigkeit und systematisch-methodisches Vorgehen prägen ihr Handeln.
- *Personale Kompetenz*: Ihr Berufsvollzug ist vor allem durch eine hohe normativ-ethische Einstellung, Loyalität, Disziplin, Eigenverantwortung und Selbstmanagement geprägt.
- *Sozial-kommunikative Kompetenz*: Sie sind in der Lage, sich selbst und andere zu motivieren, beweisen ausgeprägte Kommunikations-, Konfliktlösungs- und Problemlösungsfähigkeit und können in Gruppen kooperieren sowie Verantwortung übernehmen. Sie vertreten argumentativ überzeugend fachbezogene Positionen und tauschen sich mit anderen Expertinnen und Experten des In- und Auslandes über Informationen, Ideen, Probleme und Lösungen aus.
- *Aktivitäts- und Handlungskompetenz*: Ihr Aufgabenvollzug zeichnet sich insbesondere durch Entscheidungsfähigkeit, Initiative, Optimismus, Belastbarkeit, Konsequenz und Impulsgeben aus.

Der Förderung (vgl. BMLVS, 2008, S. 4) der Personalen Kompetenz, der Aktivitäts- und Handlungskompetenz, der sozial-kommunikativen sowie der Fach- und Methodenkompetenz soll auf Basis der Kompetenzbeschreibungen gem. Kompetenz-Atlas Rechnung getragen werden. Dabei werden unter Kompetenzen Selbstorganisationsdispositionen als „Fähigkeiten einer Person zum selbstorganisierten, kreativen Handeln in für sie bisher neuen Situationen" (Heyse, Erpenbeck & Ortmann, 2010, S. 15) definiert und als „Fähigkeiten von Menschen, sich in offenen und überschaubaren, komplexen und dynamischen Situationen selbst organisiert zurechtzufinden" (Heyse, Erpenbeck & Ortmann, 2010, S. 55) verstanden.

### 2.3.3 Tugenderwerb

*Tugend* ist nicht unbedingt der erste Begriff, der in den Sinn kommt, wenn es um mit der Kompetenz verwandte Begriffe geht. Der Tugendbegriff befremdet zunächst, hat aber durchaus Verbindungen zum Kompetenzdiskurs: „Die tugendgemäßen Tätigkeiten [...] [sind] ihrem Begriff nach in Vergessenheit [...] geraten, die Sache selbst schlummerte unaufgeklärt in der Sprache der Qualifikations-, Kompetenz- und Performanztheorie vor sich hin." (Brumlik, 2002, S. 43) Tugenden lassen sich – unabhängig davon, ob man das klassische Gespann von Gerechtigkeit, Mut, Klugheit, Besonnenheit sowie Glaube, Liebe und Hoffnung oder einen anderen Kanon in Betracht zieht – als das Ensemble jener individuellen Verhaltensdispositionen analysieren, deren Zusammenspiel ein befriedigendes menschliches Leben verheißt (vgl. Brumlik, 2002, S. 84). Eine Theorie der Tugend, als Lehre von wesentlichen und in sich wertvollen Charaktereigenschaften, vermag Emotionen in einem nicht strategischen Sinne zu integrieren. Es geht dabei nicht um eine Renaissance vormoderner Positionen, vielmehr geht es um ein produktives Anknüpfen an eigene abendländische Traditionen. Es geht auch nicht um eine Theorie der Moral, in deren Zentrum immer eine Theorie des Handelns und eine Lehre von allgemein gültigen Prinzipien stehen, „während doch eine Theorie der Tugenden sich vor allem für Haltungen und partikulare Lebensentwürfe interessiert" (Brumlik, 2002, S. 95).

Der Zusammenhang zwischen Tugenden und Kompetenzen lässt sich näherungsweise durch folgende Grafik verdeutlichen:

Abb. 6:    Zusammenhang von Tugend und Kompetenz

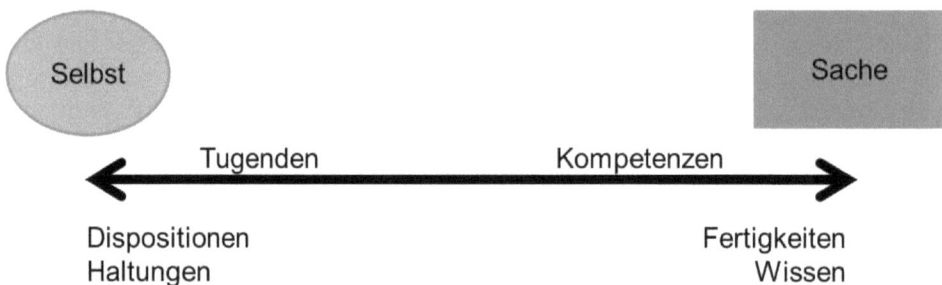

Das Individuum ist nicht nur durch seinen Habitus bestimmt, sondern ebenso durch seine besondere leibliche Verfasstheit und seine ihm eigene Identität. Je mehr Bedeutung eine Handlung für das Selbst hat, desto eher wird sie durch Dispositionen und Haltungen motiviert. Sie fällt dann in den Bereich der Tugenden. Je näher sich eine Handlung der Sache nähert, desto stärker ist sie durch Fertigkeiten und Wissen bestimmt und ist als Kompetenz zu verstehen. Aber: Handlungen werden dem Verständnis nach erst dann als Tugenden bezeichnet, wenn sie gesellschaftlichen Normen und Werten in besonderem Maße entsprechen oder aus ihnen hervorgehen. Das erschwert den Vergleich zu Kompetenzen. Zudem sind sie nicht immer Handlungen („Geduld ist eine Tugend"). Zwischen Tugenden und Kompetenzen gibt es einen Überschneidungsbereich. Kompetenzen wie Teamfähigkeit liegen näher an den Tugenden; Kompetenzen wie die Lesekompetenz rücken näher an das andere Extrem, die Sache. Bei manchen Kompetenzen, wie z.B. der Empathie, verschwimmen die Unterschiede, es ist nicht mehr präzise zu bestimmen – und hängt vor allem von den Kontexten ab –, ob es sich um eine Kompetenz oder um eine Tugend handelt.

Wurden Kompetenzen als *„Selbstorganisationsdispositionen des Individuums"* (Erpenbeck & Heyse, 1999, S. 157) bestimmt (s. o.), so können Tugenden als *„jene Dispositionen, Fähigkeiten und Fertigkeiten angesehen werden, die es einem Individuum ermöglichen, sein Leben den eigenen Wünschen gemäß zu meistern und darüber hinaus [...] ein Leben zu führen, das auch nach objektiven Maßstäben als ‚gut' gilt"* (Erpenbeck & Heyse 1999, S. 79). Dieses ‚gut' ist auch zentraler Anknüpfungspunkt der Kritik an der Tugendethik seitens jener modernen Ethiken, die sich auf die Gerechtigkeitsdimension ‚beschränken'. In diesem Zusammenhang geht es Brumlik vor allem um eine „sozialwissenschaftlich reformulierte Theorie der Tugend", die er in seinem Buch „Bildung und Glück" (Brumlik, 2002) skizziert hat.

Abb. 7:   Zusammenhang von Tugenden und Kompetenzerwerb

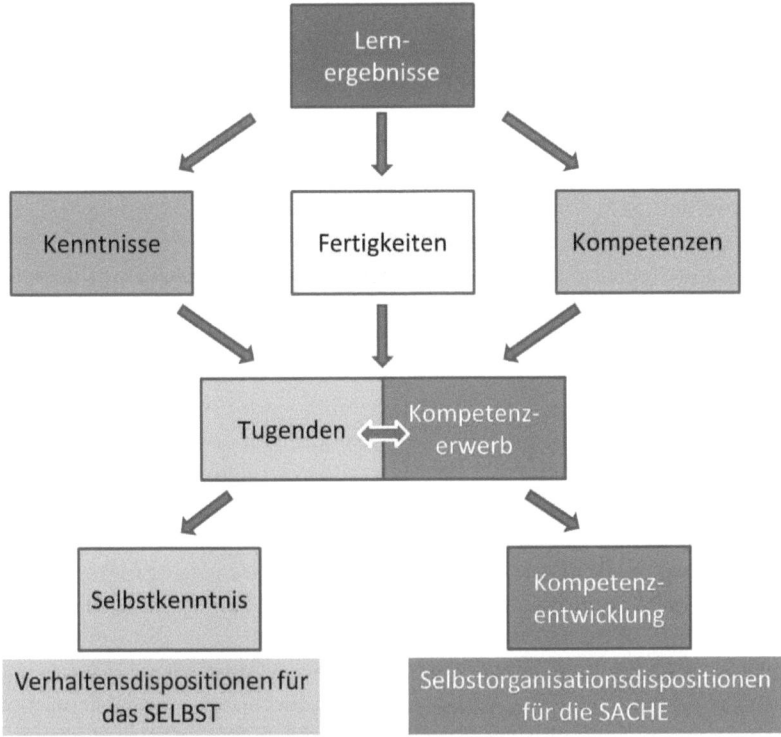

Kompetenzen sind wie Tugenden die Voraussetzungen, um in einem gegebenen gesellschaftlichen Kontext die an das Individuum herangetragenen Aufgaben nicht nur zu erledigen, sondern diese auch – sowohl für das Individuum wie auch für die Gesellschaft – gut zu bewältigen.

Als Bilanz der bisherigen Ausführungen lässt sich festhalten, dass der Kompetenzdiskurs zumindest zwei massive Auseinandersetzungen in Gang gebracht hat: Die erste betrifft die Debatte, was Bildung in neoliberalen Zeiten (noch) bedeuten kann. Es wird kaum jemand bestreiten, dass Bildung über den Erwerb von Kompetenzen hinausgeht und die bloße Gegenüberstellung beider Begriffe nichts bringt. Definitionen von Bildung weisen allerdings gewisse Überschneidungen mit Kompetenzkonzepten auf: *„Allgemeine Bildung ist zweckfrei, aber nicht zwecklos. Sie dient dazu, Selbständigkeit, Kritikfähigkeit, Verantwortlichkeit, Friedfertigkeit und Handlungsfähigkeit herauszubilden. Bildung dient also der Menschwerdung des Menschen"* (Krautz, 2009, S. 89). Die eigentliche Frage ist also: In welche Bildungskonzeption ist das jeweilige Kompetenzkonzept eingebunden? Die zweite Auseinandersetzung bezieht sich auf die (wieder) zunehmende Normierung und Standardisierung von Bildungsgängen und -systemen.

### 2.3.4 Kompetenzentwicklung

Kompetenzentwicklungsgespräche erfolgen im ersten, dritten und fünften Semester. Die Kompetenzermittlung ist dabei auf die Feststellung von Defiziten und Potenzialen ausgerichtet. Ziel ist die Ermittlung der Lernausgangslage als Voraussetzung für selbstständige/selbstorganisierte Lernprozesse, wie es etwa im Rahmen der Aneignungsdidaktik und für die Lernbegleitung zur Entwicklung der Kompetenzen der Studierenden erforderlich ist.

Die zeitlich festgelegten Kompetenzentwicklungsgespräche zwischen einzelnen Studierenden und kompetentem Lehrpersonal haben verbalen Charakter mit deskriptiven Vereinbarungen. Die wesentlichen Vorteile von qualitativen Verfahren liegen darin, dass formell, nonformal und informell erworbene Kompetenzen gleichermaßen erfasst werden, sodass sie für Laien verständlich und durch Personalverantwortliche auch ohne testtheoretische Kenntnisse interpretierbar sind. Ergebnisse sind daher auch einfach kommunizierbar. Sie beinhalten Fragestellungen sowohl zum Erfassen und Bewerten als auch zum Entwickeln von Kompetenzen (vgl. Erpenbeck, 2009, S. 33-35).

Die Elemente *Innensicht am Studiengang vor Ort* und *Außensicht im nationalen und internationalen Berufspraktikum* sind wichtige Bestandteile des Studiums. Nur durch die Außensicht kann auch die Innensicht weiterentwickelt werden. Die Informationen für die Außensicht im vierten, fünften und sechsten Semester werden systematisch verbessert. Es gibt zwei Richtungen: die erste geht vom Individuum und die zweite geht vom System aus. Die Außensicht wird durch Leistungsberichte und Diagnostikberichte überprüft. Auch unsere Innensicht gibt ein persönliches Kompetenzprofil der Teilnehmer.

Vom ersten bis zum dritten Semester findet eine Sozialisierung statt. Diese ist etwa zur Mitte des vierten Semesters abgeschlossen bzw. es ist nicht mehr viel Entwicklung zu erwarten. Daher ist am Ende des dritten Semesters ein Entwicklungsgespräch und am Ende des sechsten Semesters ein Abschlussgespräch vorgesehen.

Der Fokus des Studiengangs liegt eindeutig auf dem Entwickeln von Kompetenzen und auf der Verbesserung von Systemverfahren. Die Semesterkonferenz soll der Verbesserung der Lehrveranstaltung dienen und sollte nicht mit Kompetenzanforderungen verknüpft werden. Semesterkonferenz hat keinen unmittelbaren Zusammenhang mit der Kompetenzentwicklung, aber einen mittelbaren für den kontinuierlichen Verbesserungsprozesses.

# Literatur

Arnold, R. (2014). Zur Überwindung der Antiquiertheit des Kompetenzdiskurses – ein Interview. In: Arnold, R. & Wolf, K. (Hrsg.), *Herausforderung: Kompetenzorientierte Hochschule.* Schneider Verlag Hohengehren: Baltmannsweiler, S. 16–30.

Arnold, R. & Erpenbeck, J. (2014). *Wissen ist keine Kompetenz. Dialoge zur Kompetenzreifung.* Schneider Verlag Hohengehren: Baltmannsweiler.

Bahrdt, H.P. (1987). *Die Gesellschaft und ihre Soldaten. Zur Soziologie des Militärs.* München: C.H. Beck.

Berlinische Monatsschrift (1784). Immanuel Kant, Beantwortung der Frage: Was ist Aufklärung? Zitiert in: Brandt, H. D. (1999). *Immanuel Kant, Was ist Aufklärung? Ausgewählte kleinere Schriften.* Hamburg, S. 20-22.

BMLVS (2008). *Antrag auf Akkreditierung des FH-BaStg MiFü.* 2. Änderung. Wien. Verfügbar unter: http://www.miles.ac.at/download/_Sonstige/BaStg/Akkreditierungsantrag_FH_MaStg.pdf [10.08.2015].

Boschert, F. (2011). *Sich selbst führen. Und dann die anderen. Anregungen für Manager.* Melk: Bambus.

Branden, N. (2009). *Die 6 Säulen des Selbstwertgefühls. Erfolgreich und zufrieden durch ein starkes Selbst.* 9. Auflage. München: Piper Verlag GmbH.

Brezinka, W. (1987). *Tüchtigkeit. Analyse und Bewertung eines Erziehungszieles.* München, Basel: Ernst Reinhardt.

Brumlik, M. (2002). *Bildung und Glück. Versuch einer Theorie der Tugend.* Hamburg.

Domek, J. (2012). *Kompass für ein gelingendes Leben. Die Wiederentdeckung der Tugenden.* Freiburg, Basel, Wien: Herder.

Drewermann, E. (2012). *Die sieben Tugenden.* Ostfildern: PatmosVerlag.

Erpenbeck, J. (2009). Kompetente Kompetenzerfassung in Beruf und Betrieb. In: Münk, D. & Severing, E. (Hrsg.), *Theorie und Praxis der Kompetenzfeststellung im Betrieb – Status quo und Entwicklungsbedarf.* Schriften zur Berufsbildungsforschung der Arbeitsgemeinschaft Berufsbildungsforschungsnetz. Bielefeld: Bertelsmann, S. 17–44.

Erpenbeck, J. (2010). In: *Enzyklopädie Philosophie,* S. 1271.

Erpenbeck, J. (2014). Kompetenzorientiert Lernen und Studieren. In: Arnold, R. & Wolf, K. (Hrsg.), *Herausforderung: Kompetenzorientierte Hochschule.* Schneider Verlag Hohengehren: Baltmannsweiler, S. 166–188.

Erpenbeck, J. & Heyse, V. (1999). *Die Kompetenzbiographie. Strategien der Kompetenzentwicklung durch selbstgesteuertes Lernen und multimediale Kommunikation.* Münster: Waxmann.

Europäische Kommission (2008). *Der Europäische Qualifikationsrahmen für Lebenslanges Lernen (EQR).* Zitiert nach: Luomi-Messerer, K. & Brandstetter, G. (2011). Stärkung der Lernergebnisorientierung im Hochschulbereich. Wien.

Fasching, W. (2010). *Mental fit im Alltag. 11 Mentaltipps zum praktischen Anwenden.* Salzburg: Colorama.

Hecker, M. (1907). *Goethe, Maximen und Reflexionen. Aphorismen und Aufzeichnungen.* Nach den Handschriften des Goethe- und Schiller-Archivs Nr. 34. Weimar: Verlag der Goethe-Gesellschaft.

Heyse, V. & Erpenbeck, J. (2009). *Kompetenztraining. 64 Informations- und Trainingsprogramme.* 2. Aufl. Stuttgart: Schäffer-Poeschel Verlag.

Heyse, V., Erpenbeck, J. & Ortmann, S. (2010). *Grundstrukturen menschlicher Kompetenzen. Praxiserprobte Konzepte und Instrumente.* Band 5. Münster: Waxmann.

Hirtenfeld, J. (1857). *Die Satzung des Militär-Maria-Theresien-Ritter-Ordens.*

Jaspers, K. (1962). *Über Bedingungen und Möglichkeiten eines neuen Humanismus.* Drei Vorträge. Stuttgart: Reclam.

Kollegium/BMLVS (2013). *Protokoll der 6. Sitzung. QMS der am BMLVS eingerichteten FH-Stg: Teilbereich LEHRE.* Anlage-4 zu TOP 7.

Krautz, J. (2009). *Bildung als Anpassung? Das Kompetenz-Konzept im Kontext einer ökonomisierten Bildung.* Zit. nach Zürcher, R. (2010). Kompetenz – eine Annäherung in fünf Schritten. Verfügbar unter: http://erwachsenenbildung.at/magazin/ Ausgabe 9, 2010, S. 4–8.

Liessmann, K.P. (2001). In Wirklichkeit ist alles ganz einfach – Aufbau und Reduktion von Komplexität in sozialen Systemen. In: BMLV. *Umgang mit Komplexität. Führen in komplexen Systemen.* Bd. 7/2001. Armis et Litteris, Wien. Online verfügbar unter: http://campus.milak.at/campus/armis/AL_7.pdf [10.08.2015].

Münkler, H. (2004). *Die neuen Kriege.* Reinbeck bei Hamburg: Rowohlt.

Pichlkastner, K. (2015). Das Theresianische Führungsmodell. In: BMLVS. *Kompetenzen und Tugenden.* Bd. 32/2015. Armis & Litteris, Wien.

Sandkühler, H.J. (Hrsg.) (2010). *Enzyklopädie Philosophie.* Hamburg: Felix Meiner Verlag.

Vester, H.-G. (1993). *Soziologie der Postmoderne.* München: Quintessenz.

Weinert, A. B. (2004). *Organisations- und Personalpsychologie.* 5. Aufl. Weinheim, Basel: Beltz Verlag.

Welzer, H. (2014). *Selbst denken. Eine Anleitung zum Widerstand.* Frankfurt am Main: Fischer Taschenbuch.

Zedler, J. H. (1741). *Zedler-Lexikon. 30. Band Q und R – Reh.* Halle und Leipzig: Verlag Zedler.

Ziegler, J. (2015). *Ändere die Welt! Warum wir die kannibalische Weltordnung stürzen müssen.* Aus dem Französischen von Ursel Schäfer, 8. Aufl. München: Bertelsmann.

# Kompetenzprofil und Kompetenztraining für den uniformierten Polizeidienst in Österreich
## Eine exemplarische Veranschaulichung

*Thomas Schlesinger, Andreas Nagl*

## 1. Paradigmenwechsel bei der österreichischen Bundespolizei

Die österreichische Bundespolizei ist seit fünfzehn Jahren massiv im Umbruch. Dies betrifft ihre Organisationsstruktur und Ablaufprozesse genauso wie ihre strategische Ausrichtung. Hintergrund dieser Veränderungen sind neben einer effizienteren und effektiveren Aufgabenerfüllung vor allem die laufenden gesellschaftlichen Veränderungen, die an die Polizistinnen und Polizisten in gewissen Bereichen heute ungleich höhere Anforderungen stellen, als noch an die Generation davor. Anstelle einer unantastbaren Autoritätsperson sind Polizistinnen und Polizisten gefragt, die sich selbst als Dienstleister an der Bevölkerung verstehen. Kurzum – es sind kompetente Polizistinnen und Polizisten gefragt.

### 1.1 Entstehung des Paradigmenwechsels

In organisatorischer Hinsicht wurden zunächst die Organisationseinheiten des Bundesministeriums für Inneres selbst aufgabenbezogen umstrukturiert, um bis dahin bestehende Doppelgleisigkeiten in der Verwaltung zu beseitigen. Danach wurden die ehemaligen drei, im Bereich des Bundesministeriums für Inneres bestehenden Wachkörper Bundesgendarmerie, Bundessicherheitswache und Kriminalbeamtenkorps zusammengeführt sowie die Zollwache vom Bundesministerium für Finanzen eingegliedert und daraus eine Bundespolizei geformt. Zuletzt wurden die vormals einunddreißig Sicherheitsbehörden zu neun Sicherheitsbehörden zusammengeführt, um dadurch die Stabs-, Behörden- und Administrationsaufgaben in den Bundesländern zu bündeln. Gleichzeitig wurden Verflechtungen zwischen Behörden- und Wachkörperaufgaben entworfen und klare Zuständigkeiten geschaffen. In den Landespolizeidirektionen, wie die neun Sicherheitsbehörden jetzt heißen, wurden überdies Bürgerservicestellen eingerichtet, die den Menschen lange Behördenwege ersparen sollen. Im Fokus all dieser Reformen standen die Steigerung der Effizienz und Effektivität – also der Wirksamkeit und Wirtschaftlichkeit sowie die Nähe zu den Bürgerinnen und Bürgern.

Gleichzeitig ging mit diesen Reformen ein Paradigmenwechsel einher, der die strategische Ausrichtung der Bundespolizei als Menschenrechtsschutzorganisation – angesichts der 32.000 Mitarbeiterinnen und Mitarbeiter wohl als größte Menschenrechtsschutzorganisation Österreichs – zum Ziel hat (vgl. Bundesministerium für Inneres, 2009).

Der neue Generaldirektor für die öffentliche Sicherheit, MMag. Konrad Kogler, richtete anlässlich seines Amtsantritts im Dezember 2012 eine klare Botschaft an alle Angehörigen der Bundespolizei, die im Folgenden auszugsweise wiedergegeben wird:

*„Wenn wir uns einen unserer Kernaufträge, nämlich „Sicherheit gewährleisten" ansehen, dann bedeutet dies, dass wir [ ] stets die Achtung und Verwirklichung der Menschenrechte leben, professionell handeln, innovativ in unserer Haltung sind und ein offenes Ohr für die Wünsche und Bedürfnisse der Menschen in diesem Land haben.*

*Sowohl die Achtung der Menschenrechte als Handlungsrahmen, in dem sich staatliche Organe zu bewegen haben, als auch die Verwirklichung der Menschenrechte sind Grundaufträge an uns. Es handelt sich dabei nicht um ein elitäres Softthema, im Gegenteil, es geht hier um handfeste Rechte der Menschen in diesem Land. Für die Verwirklichung und Achtung der Menschenrechte brauchen wir Profis in unserer Organisation, sowohl auf der Straße als auch in der Verwaltung."* (Kogler, 2013, S. 1)

Etwas später im Mitarbeiterbrief erklärt der Generaldirektor für die öffentliche Sicherheit, was er unter professionellem polizeilichem Handeln versteht, nämlich:

*„kundenorientiert und reflektiert handeln, hohe Qualitätsstandards haben und verhältnismäßig im Handeln sein."* (ebd.)

So ambivalent sich die Rolle der Polizei als Menschenrechtsschutzorganisation im ersten Augenblick auch darstellt – Menschenrechte haben sich von ihrem ursprünglichen Zweck als Abwehrrechte gegen den Staat mittlerweile zu Gewährleistungsrechten des Staates gegenüber seiner Bevölkerung gewandelt. Dieser gesellschaftlichen Entwicklung hat sich die Polizei als Sicherheitsdienstleister entsprechend anzupassen.

Das gesamte Handeln der Polizei darf nur auf Grundlage von Gesetzen erfolgen. In die Menschenrechte – im Strafrecht beispielsweise auch als schutzwürdige Rechtsgüter wie Leben, Gesundheit, körperliche Unversehrtheit, Freiheit oder Vermögen bezeichnet – darf nur dann eingegriffen werden, wenn die Rechtsgüter anderer Menschen verletzt oder bedroht werden und nur insoweit und genauso lang, wie der Eingriff in die Rechtsgüter eines Menschen zur Abwehr eines Schadens für andere Menschen erforderlich ist. Im Fachjargon der österreichischen Bundespolizei wird dieses Handeln als „Verhältnismäßigkeit bzw. verhältnismäßiges Einschreiten" bezeichnet.

Es ist dabei nicht so, als würden diese Grundsätze die Polizistinnen und Polizisten nicht ohnehin bereits in ihrer täglichen Dienstverrichtung beachten. Im Gegenteil – es fehlt oft nur das Bewusstwerden der Hintergründe für ihr Handeln. In der Kommunikation ihrer Werte zur Erfüllung der Aufgaben, Erreichung der Ziele und Wege zur Zielerreichung sieht die österreichische Bundespolizei eine der Schlüsselaufgaben für ihre Führungskräfte, aber auch für die Mitarbeiterebene. Dieser Paradigmenwechsel wurde vor allem im Rahmen des Projektes „Polizei.Macht.Menschen.Rechte" vorangetrieben.

## 1.2 Das Projekt „Polizei.Macht.Menschen.Rechte"

Das Projekt „Polizei.Macht.Menschen.Rechte" versteht sich als umfassendes Organisationsentwicklungsprojekt des Bundesministeriums für Inneres und fußt seinerseits auf einer Empfehlung des Menschenrechtsbeirates, der als Teil der Volksanwaltschaft unter anderem die Verwaltung des Bundes prüft. Salopp ausgedrückt ist die Volksanwaltschaft ein Aufsichtsorgan über das staatliche Handeln, geht dabei Beschwerden von Bürgerinnen und Bürgern nach und kontrolliert die Gesetzmäßigkeit und Billigkeit von behördlichen Entscheidungen. Darüber hinaus ist die Volksanwaltschaft auch für den Schutz und die Förderung der Menschenrechte zuständig. Der Menschenrechtsbeirat nimmt dabei die Rolle eines beratenden Gremiums ein, das aus Vertreterinnen und Vertretern der Bundesministerien, der Bundesländer sowie der Zivilgesellschaft besteht. Dieses Gremium berät die Mitglieder der Volksanwaltschaft bei der Festlegung genereller Prüfschwerpunkte sowie vor der Erstattung von Missstandsfeststellungen und Empfehlungen.

Das Besondere am Projekt „Polizei.Macht.Menschen.Rechte" war dessen ähnliche Architektur in der institutionalisierten Beteiligung der Zivilgesellschaft. Vertreterinnen und Vertreter von NGOs, nationale und internationale Menschenrechtsexpertinnen und -experten sowie führende Polizeiwissenschaftler wie Professor Dr. Rafael Behr, Dekan des Fachhochschulbereichs der Akademie der Polizei Hamburg, begleiteten das Projekt im Rahmen eines strukturierten Dialoges von Anfang an und gestalteten die Maßnahmen als gleichberechtigte Partner der österreichischen Bundespolizei mit.

Zunächst wurden im Projektteam vierundzwanzig Orientierungssätze über die Ziele, Grundsätze für die Aufgabenerfüllung, den Umgang miteinander, die (lernende) Organisation, die Führungsprinzipien und die Personalauswahl bzw. Personalentwicklung erarbeitet, die seither die Basis für alle Leitbilder, Strategien, Wirkungsziele, Aufnahmeunterlagen, Verhaltenskodizes und Handlungsanleitungen des Bundesministeriums für Inneres und seiner Bundespolizei bestimmen.

Danach wurden auf Basis einer Befragung von Mitarbeiterinnen und Mitarbeitern verschiedener Aufgabenbereiche mehrere Entwicklungsteams eingesetzt, die sich ab dem Jahr 2008 mit konkreten Problemstellungen in der operativen Polizeiarbeit, der Organisationsentwicklung und der Personalentwicklung beschäftigten. Die Palette reichte dabei von flächendeckenden Schulungsmaßnahmen über eine institutionalisierte Evaluierung belastender Einsätze und Community Policing sowie die Definition struktureller Hebel und personeller Multiplikatoren bis hin zu Arbeitsbedingungen, Öffentlichkeitsarbeit und Wissensmanagement.

Im Bereich Personalmanagement und Personalentwicklung wurde der Schwerpunkt zunächst auf das Recruiting gelegt. Als zentrale Fragen wurden in den Raum gestellt, ob die Bundespolizei in ihren Werbeunterlagen die richtigen Interessentinnen und Interessenten für den Polizeidienst anspricht und ob sie als moderner, attraktiver Dienstgeber auftritt. Zu diesem Zweck wurden die Aufnahmeunterlagen und Werbemaßnahmen für den Polizeiberuf modernisiert, zielorientierter gestaltet, im Hinblick auf die Orientierungssätze überarbeitet und transparent sowie anwenderfreundlich angeboten. Begleitend dazu wurde der Prozess für Anfragen bzw. Bewer-

bungen von Interessentinnen und Interessenten gestrafft und bürgerorientierter auf-
gesetzt.

## 1.3  Der Beginn des Kompetenzmanagements im Bundesministerium für Inneres

Nach Umsetzung dieses Arbeitspaketes stellte sich dem Entwicklungsteam die Folge-
frage, ob von den angesprochenen Interessentinnen und Interessenten auch die richtigen ausgewählt und ausgebildet werden. Welches Persönlichkeitsprofil benötigen
Polizistinnen und Polizisten für die bestmögliche Bewältigung ihres beruflichen Alltags? Nun verhält es sich in der Personalauswahl und Ausbildung erfahrungsgemäß
ähnlich wie bei den sprichwörtlichen unzähligen Fußballtrainerinnen und -trainern.
   Es gibt unterschiedlichste Zugänge und (Fach-)Meinungen, die für sich gesehen
sicherlich alle ihre Berechtigung haben. Um die Meinungsvielfalt zielgerichtet kana-
lisieren zu können, suchte das verantwortliche Entwicklungsteam nach einem wissenschaftlich fundierten Anforderungsprofil für den Polizeidienst. Bei seinen Recherchen stieß das Team letztendlich auf das Kompetenzmodell von Erpenbeck und
Heyse.
   Die Definition des Kompetenzbegriffs als das Vermögen, in komplexen und dynamischen Situationen selbstorganisiert und erfolgversprechend zu handeln, passt
genau auf die Herausforderungen des Polizeiberufs (vgl. Heyse, Erpenbeck & Ortmann, 2010, S. 55).
   Dies umso mehr, als die Kompetenz dadurch über das bloße Wissen und die Qualifikation hinausreicht und als zentralen Aspekt auch den Werteanspruch umfasst.
Beim polizeilichen Einschreiten gleicht nahezu keine Situation der anderen. Das
Handlungsrepertoire reicht dabei von simplen Gesprächssituationen wie etwa bei der
Erteilung von Auskünften über Amtshandlungen, in denen sich die Betroffenen in einer persönlichen Ausnahmesituation befinden – einschließlich der damit einhergehenden emotionalen Belastung – bis hin zu Entscheidungen über Zwangsmaßnah-
men, die in Sekundenbruchteilen zu treffen sind und die massiv in die Rechte von
Menschen eingreifen, schlimmstenfalls im Rahmen eines Waffengebrauchs. Hinzu
kommt, dass zu Beginn einer Amtshandlung oftmals im Vorfeld nicht abzusehen ist,
wie sich die jeweilige Situation entwickelt. Das Verhalten der einschreitenden Polizistinnen und Polizisten spielt jedenfalls eine entscheidende Rolle für den Eskalati-
onsgrad. Stark vereinfacht gesagt geht es darum, in komplexen und dynamischen Situationen mit den richtigen Werthaltungen zum richtigen Zeitpunkt das Richtige zu
tun.
   Als plakatives Beispiel für die Veranschaulichung kompetenten Handelns in einer
mit dem Polizeidienst durchaus vergleichbaren Situation sei an dieser Stelle auch die
als „Wunder vom Hudson" bekannt gewordene Notwasserung eines Airbus A320 der
US Airways im Januar 2009 auf dem Weg vom Flughafen La Guardia in New York
nach Charlotte erwähnt, die zu einer weltweiten Diskussion der Fluggesellschaften
bezüglich ihrer standardisierten Checklisten geführt hat.

Wie bereits in den vorstehenden Punkten dargelegt wurde, orientiert sich auch das „Leitbild Lehre" (vgl. Grundböck, 2012) der Sicherheitsakademie des Bundesministeriums für Inneres an den im Projekt „Polizei.Macht.Menschen.Rechte" aufgestellten Orientierungssätzen. Dementsprechend stehen auch in der Polizeiausbildung die Menschen und das Bewusstsein der Polizei über ihre hohe gesellschaftliche Verantwortung im Mittelpunkt.

Hier setzte das Entwicklungsteam an, indem es anhand des Kompetenzatlasses begann, ein Kompetenzprofil für den Polizeidienst zu erstellen. Gemäß der Philosophie des Projektes „Polizei.Macht.Menschen.Rechte" umfasste die Untersuchung zur Innensicht der Führungskräfte, Mitarbeiterinnen und Mitarbeiter der Bundespolizei auch die Sicht der Bevölkerung gleichsam als Auftraggeber und Bedarfsträger. Wie komplex der Polizeiberuf tatsächlich ist und wie breitgefächert sich daher das darauf fußende Kompetenzprofil darstellt, zeigten die anschließenden Untersuchungen, auf die in den folgenden Punkten näher eingegangen wird.

Seit Mitte des Jahres 2013 befindet sich das Kompetenzmanagement nicht mehr nur im Projektstatus, sondern wurde als Aufgabenbereich im Zentrum für Grundausbildung der Sicherheitsakademie in ihrer Funktion als zentrale Aus- und Fortbildungseinrichtung des Bundesministeriums für Inneres etabliert (vgl. Bundesministerium für Inneres, 2014). Das so genannte Kompetenz-Entwicklungs-Management-Programm (KEMP) besteht aus den drei Säulen „Kompetenzforschung", „Kompetenzmessung" und „Kompetenztraining", die durch einen wiederkehrenden Evaluationszyklus miteinander verbunden sind. Die derzeitigen Arbeitsschwerpunkte bestehen in der Finalisierung bzw. Validierung des Kompetenzprofils für den Polizeidienst in Zusammenarbeit mit dem Institut „queraum" sowie darauf aufbauend

- in der Neudefinition der Ausbildungsziele der Polizeigrundausbildung auf Basis des adaptierten Kompetenzatlasses von Heyse und Erpenbeck (vgl. Heyse & Erpenbeck, 2009),
- in der Entwicklung eines die einzelnen Lehrgruppen vernetzenden Kompetenztrainings für die Polizeigrundausbildung einschließlich Messkriterien zur Feststellung der Fortschritte in der Kompetenzentwicklung und
- in der Erstellung eines Kompetenzprofils für Mentorinnen und Mentoren im Rahmen der Betreuung von Polizeischülerinnen und -schülern während der Berufspraxis.

Darüber hinaus beschäftigt sich eine von der Sicherheitsakademie nach gleichem Forschungsdesign in Auftrag gegebene und begleitete wissenschaftliche Abschlussarbeit eines Absolventen des Bachelorstudiums „Polizeiliche Führung" weiterführend bereits mit einem Kompetenzprofil für das mittlere Führungsmanagement der Bundespolizei.

## 2. Die Entwicklung des allgemeinen Kompetenzprofils „Polizist/in"

Unter der Entwicklung des allgemeinen Kompetenzprofils „Polizist/in" werden all jene Anforderungen subsumiert die von der Gesellschaft als Außensicht und den Mitarbeiterinnen und Mitarbeitern des Bundesministeriums für Inneres als Innensicht an das Berufsbild „Polizist/in" gestellt werden. Das Berufsbild „Polizist/in" bezieht sich dabei auf jene Exekutivbediensteten, die in Uniform vorwiegend den uniformierten Streifendienst versehen.[1] Dies sind jene Polizistinnen und Polizisten, die im öffentlichen Bereich entweder zu Fuß oder mobil mit dem Polizeiauto, dem Polizeifahrrad oder dergleichen patrouillieren. Sie sind dabei Ansprechpersonen für Ängste und Sorgen der Bevölkerung und achten darauf, dass weder Sachen beschädigt noch Menschen gefährdet werden. Der Tätigkeitsbereich der Polizistinnen und Polizisten ist umfassend und führt von der einfachen Wegauskunft bis hin zur Verhinderung bzw. Beendigung von Gewaltdelikten. Die Generierung des Kompetenzprofils „Polizist/in" enthält jedoch kein Anforderungsprofil für Führungskräfte des Exekutivdienstes oder spezielle Aufgabenfelder wie der Flugpolizei, des Kriminaldienstes und dergleichen mehr. Für diese Bediensteten wäre aufgrund ihres spezialisierten Aufgabenbereiches ein eigenes Kompetenzprofil erforderlich. Ein Beleg dafür erfolgt im anschließenden Artikel, wo über die Notwendigkeit der Konzeption eines speziellen Kompetenzprofils geschrieben wird.

Die Generierung des Kompetenzprofils für uniformierte Polizistinnen und Polizisten erfolgt dabei auf Grundlage des Kompetenzmanagementsystems von Volker Heyse und John Erpenbeck (vgl. Heyse & Erpenbeck, 2007). In einige Facetten weicht jedoch die Systematik des Erschließens des Kompetenzprofils vom „Kompetenz-Diagnostik und -Entwicklungsverfahren (KODE®)" ab. Damit die Abweichungen erkannt und erschlossen werden können, wird im Folgenden vorerst auf das Kompetenzmanagementsystem von Heyse und Erpenbeck eingegangen und in weiterer Folge auf das im Bundesministerium für Inneres angewandte Modell umgelegt.

Das standardisierte Verfahren (KODE®) erfolgt üblicherweise auf Grundlage drei aufeinander folgender Schritte. Erstens tritt ein Team bestehend aus maßgeblichen Vertreter/inne/n der Zielgruppe zusammen und erschließt im Bewertungsprozess die für das Bedarfsfeld wichtigsten Kompetenzen. Im zweiten Schritt werden Identifikationsmerkmale beschrieben und auf Basis dieser Merkmale sollen die Kompetenzen erkannt werden können. Der dritte Schritt wendet sich den Soll-Profilen der einzelnen Kompetenzen zu. Das Soll-Profil dient als Grundlage zur Kompetenzmessung, in welcher die Lücken zwischen den Soll- und Ist-Profilen aufgezeigt werden.

Dieses standardisierte Verfahren wurde von maßgeblichen Entscheidungsträgern des Bundesministeriums für Inneres ausgewählt und als „maßgeblich geeignete Grundlage" für die Entwicklung des Kompetenzprofils „Polizist/in" verwendet. Die Betonung der Anwendung „maßgeblich geeignete Grundlage" des Models ist aufgrund der Anpassung an die Herausforderungen und Ansprüche des Ministeriums als

---

1 Die Erklärung des uniformierten Streifendienstes ist dem laienhaften Begriffsverständnis geschuldet und sollte keinesfalls im Sinne eines juristischen Begriffsverständnisses verstanden werden.

staatliche Institution von Bedeutung, da zwei zentrale Abweichungen zum KODE®-Verfahren (vgl. Heyse & Erpenbeck, 2007) bestehen:

- Ein Team des Bundesministeriums für Inneres würde lediglich eine qualifizierte Meinungsvielfalt des Bedarfsträgers widerspiegeln jedoch keine repräsentative Aussage für die Mitarbeiterinnen und Mitarbeiter treffen können. Aus diesem Grund wurde beschlossen, die Untersuchung mit Hilfe von standardisierten Onlinefragebögen, wonach die 64 Teilkompetenzen des Modells (vgl. Heyse & Erpenbeck, 2009, S. XIII) definiert und erläutert wurden, durchzuführen.
- Die Sichtweise von Entscheidungsträgern des Ministeriums stellt zwar eine bedeutende Grundlage für die Personalpolitik dar, kann jedoch nicht gewährleisten dass die gesellschaftlichen Anforderungen an die Polizeiarbeit umfassend Berücksichtigung finden. Die Einbindung der gesellschaftlichen Sichtweise ist insofern von Bedeutung, da Polizeiarbeit mit umfassenden Befugnissen ausgestattet ist, damit der Schutz von Menschenrechten gewährleistet werden kann. Um den Anspruch der Bevölkerung entsprechen zu können, wurde das Institut „queraum" als externes Forschungsinstitut bei der Erhebung des Kompetenzprofils sowie in der Konzeptionierung des Kompetenztrainings eingebunden.

Damit der Entwicklungsprozess nachvollzogen werden kann, wird einerseits in weiterer Folge sowohl die quantitative Befragung mittels Onlinefragebogen näher erläutert als auch die qualitative Erhebung der gesellschaftlichen Sichtweise skizziert.

## 2.1 Überblick und Hintergrundinformation zur Onlinebefragung

Die Erhebung des Anforderungsprofils „Polizist/in" begann 2011. Die Erschließung des Kompetenzprofils, welche im Detail im Forschungsbericht (vgl. Forstik, 2014) des Fachbereiches Kompetenz-Entwicklungs-Management-Programm (KEMP) des Bundesministeriums für Inneres nachzulesen ist, gliedert sich in vier Forschungsphasen. In der ersten Forschungsphase (2011-2012) wurde die Sicht der Mitglieder der Projektgruppe „Polizei.Macht.Menschen.Rechte" erschlossen. Die Mitglieder in der Projektgruppe setzten sich aus unterschiedlichen Vertreterinnen und Vertretern des Bundesministeriums für Inneres zusammen. Zunächst wurden die 64 Teilkompetenzen des Modells (vgl. Heyse & Erpenbeck, 2009) einem Team von 18 Expertinnen und Experten, innerhalb und außerhalb der Polizei vorgelegt, mit dem Ersuchen, die Wertigkeiten der Teilkompetenzen in Relevanz mit der polizeilichen Aufgabestellung unter dem Gesichtspunkt der 24 Orientierungssätze (Bundesministerium für Inneres, 2009, S. 37-50) für professionelle Polizeiarbeit festzustellen.

Die nächste Etappe auf dem Weg zur Erstellung des polizeispezifischen Kompetenzatlasses führte zu einer Erhebung mit einer Stichprobe bestehend aus 178 Führungskräften, Mitarbeiterinnen und Mitarbeitern aus unterschiedlichsten Ebenen und Organisationseinheiten des Innenressorts sowie aus allen Bundesländern. Die Untersuchung erfolgte mit Hilfe von standardisierten Onlinefragebögen[2], wonach sämtli-

---

2  Elektronisches Erhebungsverfahren über Lime-Survey.

che Teilkompetenzen definiert und erläutert wurden. Die Befragten wurden ersucht, die gegenständlichen Kompetenzen auf einer 6-teiligen Skala *(0- keine Relevanz, 1- sehr schwache Relevanz, 2- schwache Relevanz, 3- mittlere Relevanz, 4- hohe Relevanz, 5- sehr hohe Relevanz, 6- höchste Relevanz)* ihrer Gewichtung nach zu priorisieren. Die Forschungsergebnisse der ersten Phase wurden in Folge für die Weiterentwicklung eines Kompetenzentwicklungsmodelles für das österreichische Innenressort herangezogen. Die Beteiligung an der Umfrage ist mit einer Rücklaufquote von 85% als sehr gut zu betrachten. Der ermittelte Reliabilitätskoeffizient[3], welcher die Zuverlässigkeit eines Tests bezeichnet (vgl. Bortz & Döring, 2005), bildet mit einem Wert von α=0,97 eine zuverlässige Basis zur Erfassung der Ausprägung der verschiedenen Kompetenzen. Ein wesentlicher Grund zur Erreichung des hohen Reliabilitätswertes lässt sich darauf zurückführen, dass in der Fragebogenentwicklung das empirisch fundierte Konstrukt von Erpenbeck und Rosenstiel herangezogen wurde (vgl. Erpenbeck & Rostenstiel, 2007).

Das Ergebnis der soeben beschriebenen ersten Forschungsphase zeigt, dass die rein personalen, oder Mischkategorien in denen die personale Komponente enthalten ist, am relevantesten für den Polizeidienst erachtet werden. An zweiter Stelle finden sich die sozial-kommunikativen Kompetenzen gefolgt von den fachlich-methodischen und den aktionalen Kompetenzen.

Im Zuge der zweiten Forschungsphase (2013-2014) wurden die Führungskräfte der Landespolizeidirektionen (871 befragte Personen) ebenso mittels einer quantitativen online Befragung gebeten die 64 originären Kompetenzen des Kompetenzatlasses (vgl. Heyse & Erpenbeck, 2009) zu bewerten. Das Ergebnis in der Einschätzung der vier Kompetenzkategorien zeigte ein ähnliches Bild wie das der ersten Forschungsphase, eine Verschiebung gab es lediglich bei der aktionalen Kompetenz, die sich vor die fachliche Kompetenz schob.

Die dritte Forschungsphase fand im Zuge der Befragung der Mitarbeiter/innen 2013 statt. An der Befragung nahmen 201 Personen teil. Wie bereits in den vergangenen Untersuchungen handelte es sich um eine quantitative Online-Befragung. In der Einschätzung der Rangreihung der vier Kompetenzkategorien gab es keinen Unterschied. Ebenso waren im dritten Ergebnis alle Teilkompetenzen, bis auf die Teilkompetenz (Dialogfähigkeit) in den Top 20 Teilkompetenzen enthalten. Auf Grundlage der Stichprobe und der Ergebnisähnlichkeit zur dritten Forschungsphase wird zur Veranschaulichung der Top 20 Ergebnisse die deskriptive Statistik im Sinne der Reihung der 64 Teilkompetenzen im Folgenden angeführt.

---

3  Der Reliabilitätskoeffizient wurde mittels Cronbachs Alpha erfasst, einem Wert der betragsmäßig zwischen 0 und 1 liegt (vgl. Bühl, 2006).

Tab. 1:    Top 20 Teilkompetenzen der zweiten Forschungsphase (Forstik, 2014, S. 16f.)

| | | Mittelwert einer Skala von 0-6 | Standardabweichung |
|---|---|---|---|
| 1) | Zuverlässigkeit (P/F) | 5,12 | 1,024 |
| 2) | Eigenverantwortung (P) | 5,09 | ,971 |
| 3) | Teamfähigkeit (S/P) | 5,06 | 1,025 |
| 4) | Pflichtgefühl (S/F) | 5,02 | ,990 |
| 5) | Gewissenhaftigkeit (S/F) | 4,97 | 1,040 |
| 6) | Belastbarkeit (A/P) | 4,97 | 1,059 |
| 7) | Fachwissen (F) | 4,96 | ,945 |
| 8) | Glaubwürdigkeit (P) | 4,96 | 1,101 |
| 9) | Einsatzbereitschaft (P/A) | 4,88 | 1,044 |
| 10) | Sachlichkeit (F/P) | 4,87 | ,999 |
| 11) | Disziplin (P/F) | 4,86 | 1,025 |
| 12) | Kommunikationsfähigkeit (S) | 4,82 | 1,043 |
| 13) | Kooperationsfähigkeit (S) | 4,74 | ,965 |
| 14) | Optimismus (A/S) | 4,72 | 1,151* |
| 15) | Hilfsbereitschaft (P/S) | 4,70 | 1,074 |
| 16) | Konfliktlösungsfähigkeit (S) | 4,69 | 1,111 |
| 17) | Lernbereitschaft (P/F) | 4,66 | 1,068 |
| 18) | Tatkraft (A) | 4,64 | 1,077 |
| 19) | Beurteilungsvermögen (F/P) | 4,60 | 1,071 |
| 20) | Dialogfähigkeit (S/P) | 4,56 | 1,049 |

Eine Zusammenfassung der quantitativen Befragungsergebnisse zeigt, dass eine Fülle an Teilkompetenzen als überdurchschnittlich hoch eingestuft wurde, lediglich wenige Kompetenzen als sehr schwach bis mittel relevant für den Polizeidienst gewertet wurden. Dies bestätigt die Annahme, dass der Polizeiberuf ein komplexer Beruf ist, in dem Exekutivbedienstete rasch und selbstorganisiert auf unterschiedlichste Situationen reagieren müssen. Zur Erfüllung dieser Ansprüche scheint ein breites Spektrum an Kompetenzen notwendig zu sein. Trotz der Fülle an überdurchschnittlich hoch eingestuften Teilkompetenzen skizzieren die Ergebnisse der drei Forschungsphasen ein eindeutiges Bild. Kompetenzen die sich rein der personalen, oder Mischkategorien in denen die personale Komponente enthalten sind, werden am relevantesten für den Polizeidienst erachtet. Den zweitwichtigsten Kompetenzbereich bilden die sozial-kommunikativen gefolgt von abwechselnd den fachlich-methodischen bzw. aktionalen Kompetenzen.

Auf Grundlage der Befragungsergebnisse der zweiten und dritten Forschungsphase wurden ebenso die Metakompetenzen bewertet. Unter Metakompetenzen werden jene Kompetenzen verstanden welche die Voraussetzung für die Herausbildung von Teilkompetenzen ermöglichen (vgl. Erpenbeck, 2006).

Am relevantesten wurden die Metakompetenzen[4] Interventionsfähigkeit (Lösungsfähigkeit) und Empathie eingeschätzt. Des Weiteren traten jeweils die Metakompetenzen Ambiguitätstoleranz (mit Widersprüchlichkeiten, Spannungsfeldern umgehen können) sowie Situationsidentifikation (vom Kontext abhängiges Handeln) in den Vordergrund der Befragungen.

Die vierte Forschungsphase begann 2014 und bildet die Sicht der Öffentlichkeit ab, welche im nächsten Kapitel beschrieben und anschließend mit den drei beschriebenen Forschungsphasen, die überwiegend die Innensichtweise des Bundesministeriums für Inneres abbilden, zusammengeführt wird.

## 2.2 Weiterentwicklung des Kompetenzmodells im Hinblick der Erwartungen der Öffentlichkeit an den Polizeiberuf

In den vorangegangenen beschriebenen drei Forschungsphasen erfolgte die Datengenerierung mittels einer standardisierten quantitativen Onlinebefragung innerhalb des Bundesministeriums für Inneres. In der quantitativen Onlinebefragung wurde die Rangreihung und Bewertung der vorgegebenen Teilkompetenzen und der vier Kompetenzkategorien erschlossen. Um den Anforderungen der Bevölkerung an die Polizeiarbeit gerecht werden zu können, wurde im Rahmen des Projektes POLIS (Polizei und Öffentlichkeit: Lehre – Intensivierung – Sicherheit) mit dem Projektteam des Forschungsinstitutes „queraum. kultur- und sozialforschung" das öffentliche Anforderungsprofil an den Polizeiberuf erhoben. Die Zusammenarbeit erfolgte vor allem in der bereits erwähnten vierten Forschungsphase und konzentrierte sich neben der Generierung des Kompetenzprofils auch auf die Konzeption eines Kompetenztrainings in der polizeilichen Grundausbildung.

Die Gewinnung der Daten der Außensicht auf polizeiliches Handeln erfolgte durch das Abstrahieren von Datenmaterial, das im Zuge von Fokusgruppenbefragungen und Interviews mit der Bevölkerung entstanden ist. Dies geschah im Rahmen der beiden Sicherheitsforschungsprojekte PARSIFAL und POLIS. Die im Folgenden angeführten Daten entstammen dem noch unveröffentlichten Endbericht zum Projekt POLIS. Deshalb noch unveröffentlicht, da sich das Kompetenzprofil „Polizist/in" derzeit noch in der Detailausarbeitung befindet und erst im Herbst 2015 mit der Endfassung des Forschungsberichtes zu rechnen ist (vgl. Mayr, Schachner, Miko & Stadler-Vida, 2015).

Neben der Erhebung der Außensichtweise bietet die Datengenerierung der Fokusgruppenbefragung den Vorteil, dass sich die Befragung auf reale, empirische Situationen des Polizeidienstes richtet. Dadurch kann im Sinne der Performanz[5] das kompetente Handeln sichtbar gemacht werden und erhält in der Bewertung eine höhere

---

4 Untersuchte Metakompetenzen: Reflexionsfähigkeit (Selbsterkenntnisvermögen), Selbstdistanz (Selbstrelativierung, Neutralität), Empathie, Situationsidentifikation (vom Kontext abhängiges Handeln), Interventionsfähigkeit (Lösungsfähigkeit), Ambiguitätstoleranz (mit Widersprüchlichkeiten, Spannungsfeldern umgehen können).

5 Kompetentes Handeln zeigt sich in Performanz, also in konkret wahrnehmbaren Handlungen (vgl. Niedermair, 2012, S. 7).

Aussagekraft. Unter diesem Gesichtspunkt verschränkt sich die quantitative Online-befragung mit der empirisch erschlossenen Erhebung aus Situationen des polizeilichen Handelns. Durch den Umstand, dass im Zuge der beiden Projekte PARSIFAL und POLIS nicht die Beantwortung von vorgegebenen Fragen im Vordergrund stand, sondern das „polizeiliche Handeln" losgelöst von vorgegebenen Strukturen abgefragt wurde, hat sich eine breite Palette von Kompetenzen eröffnet.

Das Projektteam von queraum ging in der Analyse zentraler Kompetenzen, über die Exekutivbedienstete verfügen sollten, themenzentriert vor. Im Unterschied zur quantitativen Erhebung wurde nicht nach einer Rangreihung und Bewertung der Teilkompetenzen bzw. der vier Kompetenzkategorien gefragt, sondern der Frage nachgegangen, inwiefern eine Anpassung des Kompetenzmodells an die Ansprüche der Gesellschaft als notwendig erachtet wird. Nach Sichtung der vorhandenen qualitativen als auch quantitativen Daten, erfolgte die Ordnung der Erkenntnisse und Bildung von Kategorien. Wie in nachfolgender Grafik ersichtlich, veränderte sich der ursprüngliche Kompetenzatlas (vgl. Heyse & Erpenbeck, 2009) in ein auf das gegenständliche Forschungsobjekt ausgerichtetes Kompetenzmodell für das Berufsbild „Polizist/in". Es entstanden drei Kernkompetenzen und zwei Schlüsselkompetenzen. Die Kernkompetenzen beziehen sich auf die Summe der Fähigkeiten, Fertigkeiten und Wissensbestände, welche Personen in ihrem beruflichen Handeln benötigen. Unter Schlüsselkompetenzen werden jene Kompetenzen verstanden, welche den Schlüssel für ein situationsbezogenes und situationssensibles Verstehen, Reflektieren und Umsetzen der Kernkompetenzen darstellen (vgl. Mayr et al., 2015, S. 7).

Abb. 1:    Kompetenzprofil. Kern- und Schlüsselkategorien (Schachner & Mayr, 2015)

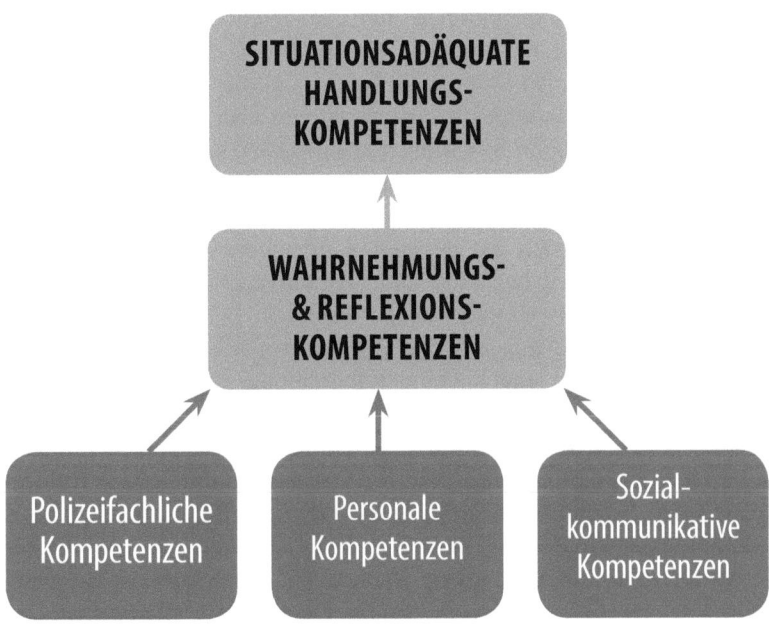

Werden die Modelle des ursprünglichen Kompetenzatlasses nach Heyse und Erpenbeck mit dem soeben dargestellten Modell verglichen, so fällt auf, dass sich die drei Kompetenzbereiche der polizeifachlichen Kompetenzen, der personalen Kompetenzen sowie der sozial-kommunikativen Kompetenzen nicht wesentlich verändert haben, jedoch die vierte Kompetenzkategorie der aktionalen Kompetenzen in die Schlüsselkompetenzen „Warhnehmungs- & Reflexionskompetenzen" sowie „Situationsadäquate Handlungskompetenzen" weiterentwickelt wurde.

Die Beschreibung der polizeifachlichen Kernkompetenzen orientiert sich am Konzept der österreichischen Bildungsstandards (vgl. Bifie, 2015). Die polizeifachlichen Kernkompetenzen umfassen sowohl fachlich-theoretisches als auch fachlich-methodisches Wissen sowie die Fähigkeiten und Fertigkeiten polizeifachliches Wissen selbstorganisiert anzueignen und umzusetzen. Die personalen Kompetenzen beziehen sich auf die notwendigen individuellen Werthaltungen sowie Einstellungen zur Gesellschaft und Arbeit. Als dritte Kompetenzkategorie umfassen die sozial-kommunikativen Kompetenzen Beschreibungen von Teilkompetenzen welche sich darauf beziehen, dass Exekutivbedienstete mit anderen kommunizieren und sich wertschätzend und respektvoll mit diesen auseinandersetzen können (vgl. Mayr et al., 2015).

Als neuer Aspekt gegenüber dem Kompetenzatlas von Heyse und Erpenbeck werden an Stelle der aktionalen Kompetenzen zwei neue Schlüsselkompetenzen angeführt. Die Schlüsselkompetenzen zielen auf den flexiblen Einsatz der Kernkompetenzen ab. Auf Grundlage der Kernkompetenzen wird der Schlüssel angefertigt damit im Berufsalltag gehandelt werden kann. Die Empfehlung des Europäischen Parlamentes und des Rates vom 18.12.2006 bildet die Grundlage zu den Schlüsselkompetenzen für lebensbegleitendes Lernen. Durch die Schlüsselkompetenz „Wahrnehmungs- und Reflexionskompetenzen" können Polizistinnen und Polizisten Situationen in ihrer Ganzheitlichkeit wahrnehmen und reflektieren. Dies bedeutet, dass sie bereits bekannte Situationen in Bezug zu neuen Situationen setzen und diese reflexiv wahrnehmen können. Durch die Schlüsselkompetenz der situativen Handlungskompetenzen können Polizistinnen und Polizisten in Situationen angemessen, sensibel und polizeiadäquat agieren und reagieren. Die situationsadäquate Handlungskompetenz resultiert somit aus der anderen Schlüsselkompetenz (vgl. Mayr et al., 2015, S. 18ff.).

Aufgrund der Tatsache, dass sich die genannten Forschungsergebnisse auf die Außensichtweise der Öffentlichkeit beziehen und qualitative Daten enthalten, sind diese vor allem für die Weiterentwicklung der polizeilichen Lehre relevant. Diese deshalb, da Teilkompetenzen in Bezug auf den Polizeiberuf ausformuliert wurden. Aus den qualitativen Daten kann jedoch keine Rangreihung der Teilkompetenzen und Kompetenzkategorien, wie dies in der quantitativen Onlinebefragung möglich war, abgeleitet werden. Dies bedeutet für die Entwicklung des Kompetenztrainings für die polizeiliche Grundausbildung, dass die Bedeutungszuordnung der Kompetenzkategorien gemäß den Ergebnissen der Onlinebefragung erfolgt. Die Zielvorgaben im Kompetenztraining sowie des sich derzeit im Evaluationsprozess befindlichen Lehrplans für die polizeiliche Grundausbildung erfolgen auf Grundlage der Beschreibungen der Teilkompetenzen der qualitativen Studie. Damit diese allgemeinen und zusammenfassenden Überlegungen einer exemplarischen Veranschaulichung zugeführt werden können, wird im nachfolgenden Kapitel der Entwurf für den soeben in Entwicklung befindlichen Lehrgegenstand „modulares Kompetenztraining in der polizeilichen Grundausbildung" auszugsweise dargestellt.

## 2.3 Exemplarische Veranschaulichung des Kompetenztrainings in der polizeilichen Grundausbildung

Die Ausbildung von Polizistinnen und Polizisten erfolgt in Österreich auf Grundlage eines bundesweit einheitlichen Lehrplanes. Den in den jeweiligen Bundesländern angesiedelten Bildungszentren obliegt die Durchführung der Ausbildung. Die Polizeigrundausbildung dauert 24 Monate und gliedert sich in drei Abschnitte. Diese enthalten sowohl theoretische als auch praktische Elemente des Polizeidienstes (vgl. Bundesministerium für Inneres, 2012, S. 5). Das Konzeptteam „Kompetenztraining in der polizeilichen Grundausbildung", welches aus dem Vertreter des Fachbereiches Kompetenz-Entwicklungs-Management-Programm des Bundesministeriums für Inneres sowie aus hauptamtlichen Lehrerinnen und Lehrern der Bildungszentren besteht, evaluiert derzeit den Lehrgegenstand Handlungstraining. Das Handlungstraining findet im theoretischen Teil der Grundausbildung statt. Die Exekutivbediensteten sollen polizeiliches Handeln in praxisnahen Situationen üben, die Theorie mit der Praxis verbinden können und Deeskalationsmöglichkeiten im polizeilichen Handeln anwenden können (vgl. ebd., S. 37).

Die Grundlage des Evaluierungs- und Konzeptionierungsprozesses bildet einerseits der europäische Qualifikationsrahmen (vgl. Das Europäische Parlament und der Rat der Europäischen Union, 2008) und andererseits das bis zum derzeitigen Entwicklungsstand vorliegende Kompetenzprofil „Polizist/in".

Der Anhang II im europäischen Qualifikationsrahmen nennt Deskriptoren, welche die Lernergebnisse beschreiben. Diese sind in einzelne Niveaustufen sowie in die Bereiche Kenntnisse, Fertigkeiten und Kompetenz unterteilt. In der folgenden Beschreibung wird der Fokus auf die drei genannten Kategorien gelegt. In den Forschungsphasen zum Kompetenzprofil „Polizist/in" war auf Grundlage der quantitativen Erhebung (Innensicht) deutlich zu erkennen, dass alle vier Kompetenzbereiche für das polizeiliche Handeln von Bedeutung sind, jedoch die personalen Kompetenzen immer an erster Stelle angeführt wurden, gefolgt von den sozial-kommunikativen Kompetenzbereichen. Dies ist in das Konzept des Kompetenztrainings insofern eingeflossen, da die Basis der fachlichen Kompetenzen ihre Bedeutung hatten, jedoch vor allem der Frage nachgegangen wurde, inwiefern die Bereiche der persönlichen und sozial-kommunikativen Kompetenzbereiche trainiert werden könnten. Von den qualitativen Ergebnissen (Außensicht Öffentlichkeit) werden auszugsweise Teilkompetenzbeschreibungen genannt, welche die Bedeutung der Kompetenzen für das polizeiliche Handeln veranschaulichen sollen.

Das Training erfolgt nach einer empfohlenen Zeitleiste, welche unterschiedliche Variationen von vorgegebenen Amtshandlungen beinhaltet (Amtshandlungsportfolio). Damit jedoch das Training einer Sequenz, zu der es unterschiedliche Übungsannahmen gibt, durchgeführt werden kann, ist im Curriculum des Konzeptes bereits vorgegeben, über welche Kenntnisse die Lernenden zum Zeitpunkt des Trainings schon verfügen sollten. Das Konzept des Kompetenztrainings sieht bestimmte Module wie z. B. das Modul Verkehrsanhaltung vor. Dieses Modul wird nachfolgend beispielhaft zur Veranschaulichung des modularen Kompetenztrainings in der polizeilichen Grundausbildung herangezogen.

Das Modul „Verkehrsanhaltung" ist eines des ersten Trainings im modularen Kompetenztraining. Der polizeiliche Grundausbildungslehrgang, welcher grundsätzlich aus 25 Teilnehmer/inne/n besteht, wird vor dem Training in Kleingruppen eingeteilt. Das Training erfolgt im „Stationenbetrieb". Dies bedeutet, dass Verkehrsanhaltungen mit unterschiedlichen Verlaufsvarianten simuliert werden und die Grundausbildungsteilnehmer/innen selbstständig gefordert sind Amtshandlungen durchzuführen. Die Stationen bestehen dabei im Durchspielen der Sequenz, der anschließenden Feedbackrunde und darauf folgenden Reflexionseinheit. Die hauptamtlichen Lehrer/innen übernehmen die Rolle des/der Trainers/Trainerin und fungieren unterstützend. In Bezug auf das Durchspielen der Sequenz kann dies als Rollenspiel verstanden werden. Die Teilnehmer/innen agieren als Lenker/innen eines Fahrzeuges und werden von Polizistinnen und Polizisten bei einer Verkehrsanhaltung kontrolliert. Im Sinne des Kompetenzerwerbs handelt es sich bei diesem Modul immer um Verkehrsanhaltung jedoch mit unterschiedlichen Verlaufsvarianten. Die unterschiedlichen, im Vorhinein für die amtshandelnden Polizistinnen und Polizisten noch nicht bekannten Situationen, sind vor allem dem Bereich der Kompetenzentwicklung geschuldet und richten sich an die Anforderungen der im Kompetenzprofil beschriebenen Teilkompetenzen.

Werden die Kategorien des europäischen Qualifikationsrahmens sowie die aus den qualitativen Forschungsergebnissen entwickelten Kernkompetenzen (vgl. Mayr et al., 2015) auf die Lernziele des Moduls „Verkehrsanhaltung" angewandt, so führt dies auszugsweise zu folgenden Formulierungen im Bereich der polizeifachlichen Kenntnisse (Wissen):
- Der/die Polizist/in weiß über den Auftrag, die Rechte und Würde aller Menschen zu schützen und die Verpflichtung, die Rechte und Würde aller Menschen zu respektieren, Bescheid.
- Der/die Polizist/in weiß über die unterschiedlichen Befragungstechniken und Möglichkeiten der Kontrolle in polizeilichen Anlassfällen Bescheid.
- Der/die Polizist/in kennt die gesetzliche Grundlage für polizeiliches Einschreiten.
- Der/die Polizist/in kennt Techniken, um das eigene Denken und Handeln zu reflektieren.
- Der/die Polizist/in weiß, welche Schwerpunkte bei der Dokumentation von polizeilichem Einschreiten gesetzt werden müssen.
- Der/die Polizist/in kennt Methoden, damit bei polizeilichen Interventionen so wenig wie möglich in die Grundrechte der Menschen eingegriffen wird.

Fällt der Schwerpunkt auf den Bereich der Fertigkeiten des polizeifachlichen Kompetenzbereichs, so sind unter anderen folgende Teilkompetenzen zur Bewältigung der geforderten Problemstellungen erforderlich:

- Der/die Polizist/in kann für das eigene, polizeiliche Handeln Verantwortung übernehmen.
- Der/die Polizist/in ist fähig, Gespräche zwischen unterschiedlichen Nutzer/innengruppen des öffentlichen Raumes, zur Unterstützung in Aushandlungsprozessen, zu forcieren.
- Der/die Polizist/in kann Interessierten das eigene, polizeiliche Handeln transparent und nachvollziehbar erläutern.

Für den personalen Kompetenzbereich in der Kategorie der Kenntnisse (Wissen) stehen beispielhaft folgende Aspekte im Fokus des Trainings:
- Der/die Polizist/in weiß, dass jede polizeiliche Handlung von anderen Personen aktiv wahrgenommen wird.
- Der/die Polizist/in kennt Strategien, um im dynamischen und komplexen Polizeialltag selbstorganisiert und kompetent zu handeln.

Als Erweiterung im personalen Kompetenzbereich sollen diese Wissenselemente zu folgenden Fertigkeiten und Fähigkeiten weiterentwickelt werden:
- Der/die Polizist/in ist fähig, eigenverantwortlich zu handeln.
- Der/die Polizist/in kann sich mit der Rolle als Polizist/als Polizistin identifizieren und ist fähig, diese mit der Rolle als Privatperson in Einklang zu bringen.
- Der/die Polizist/in ist fähig, auf Augenhöhe mit der Bevölkerung zu kommunizieren und deren Anliegen ernst zu nehmen.
- Der/die Polizist/in ist fähig, im Umgang mit Anderen achtsam und glaubwürdig zu agieren.
- Der/die Polizist/in kann das eigene Handeln rollenauthentisch und transparent gestalten.
- Der/die Polizist/in kann stressresistent und flexibel auf diverse Anliegen der Bevölkerung reagieren, auch wenn diese nicht im polizeilichen Aufgabenbereich liegen.
- Der/die PolizistIn ist fähig, tolerant und respektvoll auf die individuelle Meinung einer anderen Person zu reagieren.
- Der/die Polizist/in ist fähig, das eigene Handeln zu reflektieren und Erfolge und Misserfolge kritisch zu betrachten.
- Der/die Polizist/in ist fähig, sich mit den moralischen Wertvorstellungen hinsichtlich des polizeilichen Handelns zu identifizieren.

Im Hinblick auf die Kenntnisse (Wissen) im sozial-kommunikativen Kompetenzbereich gliedert sich dieser unter anderem in folgende Elemente:
- Der/die Polizist/in kennt die Kriterien von aktivem Zuhören und setzt diese im Polizeialltag ein.
- Der/die Polizist/in kennt die zentralen Kommunikationsregeln und setzt diese im polizeilichen Handeln ein.
- Der/die Polizist/in kennt die zentralen Techniken des gesprächsgenerierenden Nachfragens und setzt diese aktiv im polizeilichen Handeln ein.

- Der/die Polizist/in weiß, dass enttäuschende Erfahrungen mit der Polizei häufig auf einem Mangel oder einem Defizit an Kommunikationsleistung beruhen.

Durch die Durchführung sowie Aufarbeitung der Trainingssequenzen sollten die Exekutivbediensteten nachfolgende Fertigkeiten in Bezug auf den sozial-kommunikativen Kompetenzbereich erlernen:
- Der/die Polizist/in ist fähig, im Team zu arbeiten und kann auf Kolleginnen und Kollegen wertschätzend eingehen.
- Der/die Polizist/in kann seinen/ihren Kolleg/inn/en in respektvoller und angemessener Art und Weise Feedback geben.
- Der/die Polizist/in kann verschiedene sprachliche Ausdrucksformen zielgruppenadäquat anwenden.
- Der/die Polizist/in ist fähig, den Schwerpunkt der eigenen Arbeit nicht in der Überwachung, sondern in der Vermittlung zu sehen.
- Der/die Polizist/in kann die unterschiedlichen Aspekte der Persönlichkeitsentwicklung, die Teil der Polizeiausbildung waren, im polizeilichen Alltag praktisch anwenden.

Die ausformulierten Wissens- bzw. Fertigkeitsbeschreibungen der Kernkompetenzen werden in den spezifischen Lehrgegenständen in der polizeilichen Grundausbildung vor Durchführung des Trainings erworben.

Geht es um den Ausbau der Kategorie der Kenntnisse und schlussendlich der Kompetenz so soll dies durch die strukturierte Vorgangsweise bzw. in der Aufarbeitung des Trainings passieren. Die aktive Handlung in der Übung wird mittels Videoaufnahme protokolliert und von den übrigen Gruppenmitgliedern sowie dem/der Trainer/in anhand eines vorstrukturierten Feedbackbogens beobachtet, interpretiert und aufgearbeitet. Die amtshandelnden Exekutivbediensteten haben noch vor Durchführung des Feedbackgesprächs die Aufgabe ihre Selbstwahrnehmung zu notieren. Die unmittelbare Feedbackrunde verfolgt wesentliche Ziele der sozial-kommunikativen sowie des personalen Kompetenzbereichs. Vordergründig soll ein Abgleich zwischen Selbst- und Fremdwahrnehmung bei den agierenden Polizistinnen und Polizisten herbeigeführt werden. Im Anschluss an die Feedbackrunde erfolgt die Reflexionseinheit.

In der Reflexionseinheit muss die Gruppe einen vorgefertigten Reflexionsbogen aufarbeiten. Dieser wurde auf Grundlage der ausgewiesenen Kernkompetenzen entwickelt und enthält beispielhaft folgende Fragestellungen:
- Wie ist es mir in der Amtshandlung bzw. nach der Aufarbeitung ergangen?
- Welche Aspekte sind mir bei Durchführung der Amtshandlung gelungen?
- Welche Verbesserungsvorschläge habe ich durch die Feedbacks erhalten?
- Wurde in Menschenrechte eingegriffen? Wenn ja in welche?
- Erfolgte der Eingriff mit möglichster Schonung der Person?
- War der Eingriff gesetzlich legitimiert und verhältnismäßig?

Die Beantwortung der Fragestellungen wird von den am Training beteiligten Teilnehmer/inne/n im Zuge der Reflexionseinheit mit der Trainerin bzw. dem Trainer aufgearbeitet. Im Sinne der Ganzheitlichkeit des Lernens werden die Lernenden auch aufgefordert, ihre durchgeführten Maßnahmen vorschriftsgemäß zu dokumentieren. Auf Grundlage der Erkenntnisse aus der Reflexionseinheit wird mit den auszubildenden Polizistinnen und Polizisten abschließend eine Lernvereinbarung nachweislich abgeschlossen. Die im Modul entstandenen Dokumente werden in einem Lernportfolio, welches jede Teilnehmerin bzw. jeder Teilnehmer führt, aufbewahrt und ihm Rahmen des weiterführenden modularen Kompetenztrainings bzw. des exekutiven Außendienstes in der sogenannten Praxisphase weiterentwickelt. Diese Vorgangsweise fokussiert sich dabei vor allem auf die Schlüsselkompetenzen der „Wahrnehmungs- und Reflexionskompetenzen" und der „Situationsadäquaten Handlungskompetenzen". Zusammengefasst enthalten beide Schlüsselkompetenzbereiche folgende Elemente des Bereiches „Kenntnisse (Wissen)":

- Der/die Polizist/in kennt Strategien und Methoden, um sich in andere Personen und deren (Problem-)Lagen hineinzuversetzen.
- Der/die Polizist/in kann auf die unterschiedlichen Sichtweisen der in eine Situation involvierten Personen eingehen, Sachverhalte nachvollziehbar erklären, die Rechtslage mit der Lage der Personen vor Ort abwägen und handeln, nachdem unterschiedliche Sichtweisen reflektiert wurden.
- Der/die Polizist/in weiß, dass erst die Verbindung unterschiedlicher Kompetenzen ein erfolgreiches polizeiliches Handeln möglich macht.
- Der/die Polizist/in weiß, dass die Wertung einer Situation in „richtig" oder „falsch" bzw. in „gut" oder „schlecht" für einen zielführenden Gesprächsverlauf häufig nur wenig zuträglich ist und kann in solchen Situationen auf Handlungen entlang der eigenen Normen und Werte, bis zur Entspannung der Situation, verzichten.
- Der/die Polizist/in kann in Stress- und Problemsituationen auf Gesprächstechniken zurückgreifen, durch die sich das Gegenüber wohl und ernst genommen fühlt und die gleichzeitig Stress reduzieren.

Des Weiteren sieht das Trainingskonzept vor, dass im Bereich der Fertigkeiten beispielhaft folgende Teilkompetenzen entwickelt werden:

- Der/die Polizist/in ist fähig, die Probleme und Herausforderungen bei einem konflikthaften Aufeinandertreffen von unterschiedlichen Personengruppen zu reflektieren und lösungsorientiert zu handeln.
- Der/die Polizist/in ist fähig, unterschiedliche Interpretationen einer Situation abzuwägen und sich für ein polizeilich-adäquates Handeln zu entscheiden.
- Der/die Polizist/in ist fähig, die Probleme und Herausforderungen bei einem konflikthaften Aufeinandertreffen von unterschiedlichen Personengruppen zu reflektieren und lösungsorientiert zu handeln.

Das soeben beschriebene Trainingskonzept geht beständig der Frage nach, inwiefern und welche Kompetenzbereiche bei den Lernenden sich entwickeln. Bereits durchgeführte Varianten des modularen Kompetenztrainings waren im Sinne der Erreichung bestimmter Kernkompetenzbereiche erfolgreich. Der Erfolg konnte auf Grundlage des kontinuierlichen sichtbaren Fortschrittes im exekutiven Handeln der Lernenden sowie des Feedbacks der Teilnehmerinnen und Teilnehmer der polizeilichen Grundausbildung und der Rückmeldung von den eingesetzten Expertinnen und Experten abgeleitet werden.

Der anschließende Artikel skizziert die Abgrenzung des uniformierten zum zivilen Polizeidienst. In der angeführten Forschungsarbeit wurde im Rahmen des Kompetenz-Entwicklungs-Managment-Programms des Bundesministeriums für Inneres ein für die Einsatzgruppe zur Bekämpfung der Straßenkriminalität konzipiertes Kompetenzprofil untersucht.

## Literatur

Bortz, J. & Döring, N. (2005). *Forschungsmethoden und Evaluation für Human- und Sozialwissenschaftler*. 3. Auflage. Heidelberg: Springer.

Bühl, A. (2006). *SPSS 14 – Einführung in die moderne Datenanalyse*. 10. Auflage. München: Pearson Studium.

Bundesministerium für Inneres (2012). *Lehrplan zur Grundausbildung. Sicher mit Bildung. Perspektiven.Werte.Kompetenzen*. Ausgabe 2012. Wien: Eigenverlag.

Das Europäische Parlament und der Rat der Europäischen Union (2008). *Empfehlung des Europäischen Parlaments und des Rates vom 23. April 2008 zur Einrichtung des Europäischen Qualifikationsrahmens für lebenslanges Lernen*. Amtsblatt der Europäischen Union 2008/C 111/01.

Erpenbeck, J. & von Rosenstiel, L. (Hrsg.). (2007). *Handbuch Kompetenzmessung. Erkennen, verstehen und bewerten von Kompetenzen in der betrieblichen, pädagogischen und psychologischen Praxis*. 2., überarbeitete und erweiterte Auflage. Stuttgart: Schäffer Poeschel.

Heyse, V. & Erpenbeck, J. (Hrsg.) (2007). *Kompetenzmanagement. Methoden, Vorgehen, KODE® und KODE®X im Praxistest*. Münster: Waxmann.

Heyse, V. & Erpenbeck, J. (2009). *Kompetenztraining*. Stuttgart: Schäffer-Poeschel.

Heyse, V., Erpenbeck, J. & Ortmann, S. (2010). *Grundstrukturen menschlicher Kompetenzen. Praxiserprobte Konzepte und Instrumente*. Münster: Waxmann.

Niedermair, G. (2012). Einleitung oder: von der Qualifikation zur Kompetenz. In Niedermair, G. (Hrsg.), *Kompetenzen entwickeln, messen und bewerten* (S. 7-20). Linz: Trauner Verlag.

## Unveröffentlichte Arbeiten

Bundesministerium für Inneres (2014). *Geschäftseinteilung*. Wien: Eigenverlag.

Forstik, M. (2014). *Forschungsbericht KEMP*. Wien: Bundesministerium für Inneres, Sicherheitsakademie, Zentrum für Grundausbildung, Fachbereich Kompetenz-Entwicklungs-Management-Programm.

Grundböck, K.-H. (2012). *Sicher mit Bildung. Perspektiven.Werte.Kompetenzen. Leitbild zur modernen Polizeiausbildung*. Wien: Bundesministerium für Inneres.

Kogler, K. (2013). *Mitarbeiterbrief*. Wien: Bundesministerium für Inneres.

Mayr, E., Schachner, A., Miko, K. & Stadler-Vida, M. (2015). *Kompetenzprofil*. Unveröffentlichter Endbericht zum Projekt POLIS. Wien: queraum. kultur- & sozialforschung.

Schachner, A. & Mayr, E. (2015). *Infografik zum Kompetenzprofil*. Unveröffentlichter Endbericht zum Projekt POLIS. Wien: queraum. kultur & sozialforschung.

## Elektronische Medien

Bifie (2015). Bundesinstitut Bildungsforschung, Innovation & Entwicklung des österreichischen Schulwesens. *Kompetenzen und Modelle*. Verfügbar unter: https://www.bifie.at/node/49 (29.05.2015).

Bundesministerium für Inneres (2009). *Aus dem Inneren. Polizei als Menschenrechtsschutzorganisation. Presseunterlage*. Verfügbar unter: http://www.bmi.gv.at/cms/BMI_Service/Aus_dem_Inneren/Die_Polizei_als_Menschenrechtsschutzorganisation.pdf (22.05.2015).

Erpenbeck, J. (2006). *Metakompetenzen und Selbstorganisation*. QUEM-report, Heft 95/Teil I. Berlin: Arbeitsgemeinschaft Betriebliche Weiterbildungsforschung e. V./Projekt Qualifikations-Entwicklungs-Management. Verfügbar unter: http://www.abwf.de/content/main/publik/report/2006/report-095-teil1.pdf (26.05.2015).

# Kompetenzprofil für den exekutiven Polizeidienst in Zivil

## Entwicklung und Überprüfung eines Kompetenzprofils anhand des KODE®-/KODE®X-Kompetenzermittlungsverfahrens am Beispiel der „Einsatzgruppe zur Bekämpfung der Straßenkriminalität – Wien"

*Christoph Hackl*

## 1. Einleitung

Themen wie Kompetenzmessung, Kompetenzentwicklung und Kompetenzbewertung gewinnen bei der Personalauswahl, der Personalentwicklung und der Aus- und Fortbildung zunehmend an Bedeutung. Der gegenständliche Artikel widmet sich dem Thema Kompetenzforschung innerhalb der Polizei mit dem Fokus auf eine mit speziellen Aufgaben betraute österreichische Polizeieinheit, die Einsatzgruppe zur Bekämpfung der Straßenkriminalität Wien (EGS Wien).

### 1.1 Problemstellung und Status Quo

Die wesentlichen Grundvoraussetzungen für eine Dienstzuteilung zu der 2003 gegründeten EGS Wien sind die positive Absolvierung der polizeilichen Grundausbildung (PGA) und eine zumindest zweijährige Verwendung im exekutiven Außendienst. In der Vergangenheit wurden Polizistinnen und Polizisten in der Regel nach einer schriftlichen Bewerbung und einem danach durchgeführten Vorstellungsgespräch der EGS Wien zugeteilt. Ab Mitte 2014 wurde ein mehrstufiges Auswahlverfahren (AWV) eingeführt und die Ausbildungsstruktur für neue Bewerberinnen und Bewerber verändert, sodass bereits im September 2014 mit dem ersten neu entwickelten Basisausbildungslehrgang (BAL) gestartet werden konnte, dem im März 2015 ein weiterer Lehrgang folgte. Der erste BAL umfasste 140 Lehrgangsstunden, der zweite BAL musste auf 176 Lehrgangsstunden ausgedehnt werden, da eine Erweiterung der Stundenanzahl aufgrund der notwendigen Ausbildungsinhalte unumgänglich war. Am ersten BAL nahmen 14 und am zweiten BAL 12 Teilnehmerinnen und Teilnehmer teil. Bis 2016 soll eine weitere personelle Aufstockung erfolgen.

### 1.2 Einsatzgruppe zur Bekämpfung der Straßenkriminalität Wien (EGS Wien)

Die Aufgaben der Polizei kann man global in zwei große Arbeitsbereiche unterteilen: die Repression und die Prävention. Bei der EGS Wien handelt es sich um eine in Zivil operierende Polizeieinheit, die nahezu ausschließlich mit der repressiven Bekämpfung der Suchtmittel- und Eigentumskriminalität beauftragt ist. Im Mittelpunkt des Aufgabenfeldes stehen Festnahmen unmittelbar nach Tatbegehung, eigenständige Ermittlungstätigkeit und vorwiegend festnahmeorientierte Assistenzleistungen. Um zielgerichtet die Aufklärung und Verfolgung von strafbaren Handlungen zu gewährleisten ist es erforderlich, dass die EGS regelmäßige Streifentätigkeiten an sogenannten Hot-Spots, an denen es mit einer hohen Wahrscheinlichkeit vermehrt zu Gesetzesverstößen kommt, durchführt. Die charakteristischen repressiven Aufgaben der EGS Wien sind: Selbstständige Ermittlungstätigkeit, verdeckte Ermittlungen, Durchführung von niederschwelligen Scheingeschäften, Beweissicherung, Observationen, Durchführung von Festnahmen.

Ein zusätzliches Charakteristikum für diese Art der zivilen Polizeiarbeit ist, dass versucht wird, jene Menschen, die eine Straftat begehen, auf „frischer Tat" zu betreten. Das Betreten auf „frischer Tat" bedeutet, dass Polizistinnen bzw. Polizisten Tatverdächtige aufgrund einer unmittelbaren Wahrnehmung eines strafrechtlichen Vergehens oder Verbrechens, anhalten bzw. im Anlassfall auch festnehmen (vgl. Birklbauer & Keplinger, 2012, S. 245). Zusammengefasst lassen sich die Anforderungen an die Zielgruppe wie folgt beschreiben: Spezialisierung auf einen Fachbereich (wie zum Beispiel der Drogenbekämpfung), Kennen und Umsetzen von kriminal- und einsatztaktischen Maßnahmen, Bewältigung von Gefährdungslagen unter Beachtung der Eigensicherung, im Team einzuschreiten und normgerecht zu Handeln. Trotz einer Spezialisierung darf auf keinen Fall eine breitgefächerte Einsatzkompetenz beeinträchtigt werden. Aus den vorherigen Überlegungen ergibt sich die allgemeine Frage, ob bei vorwiegend repressiven Tätigkeiten dieselben Kompetenzen benötigt werden wie in Aufgabenfeldern, die sowohl präventive als auch repressive Polizeiarbeit in einem ausgeglichenen Ausmaß enthalten?

## 1.3 Zielsetzung und zentrale Fragestellung

Bis jetzt wurden noch keine vergleichbaren Untersuchungen in ähnlich strukturierten österreichischen zivilen Exekutivdiensteinheiten durchgeführt und auch keine Kompetenzmessverfahren eingesetzt. Auch die Entwicklung eines SOLL-Kompetenzprofils für die Angehörigen einer solchen Einheit stellt ein Novum dar.

Die zentrale Fragestellung der Untersuchung lautete: Welche Kompetenzen benötigen Polizistinnen und Polizisten, die in der EGS Wien ihren Dienst versehen, und wie können wichtige bzw. notwendige Kompetenzen ermittelt werden? Zur Beantwortung der forschungsleitenden Fragen wurde mit dem Kompetenzmessverfahren KODE®/KODE®X durch qualitative Befragungen ein SOLL-Kompetenzprofil entwickelt, das durch den quantitativen Vergleich und die Ermittlung der IST-Kompetenzprofile der Mitarbeiterinnen und Mitarbeiter ergänzt wurde.

# 2. Theoretische Grundlagen

## 2.1 Kompetenzbegriff, Kompetenzmodelle und Kompetenzverständnis

In der heutigen Zeit wird der Begriff Kompetenz in vielen verschiedenen Zusammenhängen recht freizügig, fast schon inflationär benutzt und deshalb scheint es erforderlich, sich auch mit dem Begriff, und wie er zu verstehen ist, zu beschäftigen.

Kompetenzen grenzen sich von Begriffen wie Charakter und Persönlichkeit ab. Charakter beschreibt die Ausprägung einer Persönlichkeit, die entweder angeboren oder im Laufe der Erziehung angenommen bzw. entwickelt wurde. Als Persönlichkeit gilt ein besonders positiver Mensch, der mit entsprechenden Persönlichkeitseigenschaften hervorsticht. Diese Persönlichkeitseigenschaften sind Merkmale, die einem Menschen zugeschrieben werden und die nur schwer und vor allem kaum gezielt verändert werden können. Persönlichkeitseigenschaften beschreiben keine Fähigkeiten geistigen oder physischen Handelns. Deshalb kann nicht von Persönlichkeitseigenschaften auf Kompetenzen geschlossen werden, da diese zwar langfristig im Lebensverlauf verändert, aber wenig bzw. kaum trainiert werden können. Kompetenzen von Menschen müssen hingegen trainierbar und entwickelbar sein. Auch Talent wird mit dem Begriff Kompetenz oft in Verbindung gebracht, aber genau genommen handelt es sich hier meist um positive Persönlichkeitseigenschaften, die einem Menschen zugeschrieben werden, ganz gleich ob er dieses Talent nutzt und in tatsächliche Handlungen umsetzt oder eben auch nicht. Talent kann somit zwischen Persönlichkeit und Kompetenz eingeordnet werden. Es tendiert aber doch mehr zur Persönlichkeit, da es sich auf zukünftiges Handeln bezieht, aber die Performanz, also das Handeln nicht mitbedacht werden muss. Kompetenzen sind nun jene Fähigkeiten, die einem Menschen das kreative selbstorganisierte Handeln in neuen und offenen Situationen ermöglichen. Die hier angeführten Fähigkeiten sind eben keine Eigenschaften, da Fähigkeiten sich erst durch das Handeln manifestieren und ohne diesen Umsetzungsparameter bedeutungslos sind. Für Fähigkeiten ist also die Performanz von zentraler Bedeutung (vgl. Erpenbeck, 2010, S. 13-15).

Ein weiterer Begriff, der in diesem Zusammenhang noch erörtert werden muss, ist das Potenzial eines Menschen, das sich aus Persönlichkeitseigenschaften, Talenten und Kompetenzen zusammensetzt. Die Konstruktionen aus den drei Teilbereichen werden für die Bewältigung von offenen, aber bereits konkret definierten Aufgabenstellungen eingesetzt und stellen auf das Handeln bezogen das Potenzial einer Mitarbeiterin bzw. eines Mitarbeiters dar (vgl. Erpenbeck, 2010, S. 18).

Kompetenzen beruhen auf Wissen, Fertigkeiten und Qualifikationen ohne die es auch keine Kompetenzen geben würde (vgl. Erpenbeck & Rosenstiel, 2007, S. XII). Aber für den tatsächlichen Einsatz von Kompetenzen ist auch noch die Bereitschaft notwendig, diese bewusst und willentlich einzusetzen und aus eigenem Antrieb, sozusagen durch intrinsische Motivation, in das eigene Handeln einzubringen und in Ergebnisse zu wandeln (vgl. Hirschmann et al., 2012, S. 493). Ein zusätzlicher Aspekt in Bezug auf Kompetenzen ist, dass sie auf verschiedene Handlungsgebiete übertragbar sind (vgl. Erpenbeck & Rosenstiel, 2007, S. XIII).

## 2.2 Kompetenzebenen

Bei den Kompetenzebenen werden Metakompetenzen, Grundkompetenzen, abgeleitete Kompetenzen und Querschnittskompetenzen unterschieden. Metakompetenzen ermöglichen die Entwicklung von bestimmten und konkreten Kompetenzen. Sie beinhalten zwei Merkmale, nämlich die Selbstreflexion und die Offenheit für Neues (vgl. Rosenstiel, 2012, S. 105). Grundkompetenzen entwickeln sich aus den Metakompetenzen und sind bereits inhaltsbezogen, also kontextabhängig. Es sind dies die personale, die fachlich-methodische, die sozial-kommunikative und die aktivitätsbezogene Kompetenz (vgl. Heyse & Erpenbeck, 2010, S. 21). Nachdem Grundkompetenzen noch immer sehr abstrakt sind, ist es erforderlich die daraus abzuleitenden Kompetenzen für konkrete Situationen anforderungsgerecht zu differenzieren. Kompetenzen, die aus der Unternehmenskultur bzw. den Strategien von Unternehmen abgeleitet werden und zu Kompetenzmodellen für die Mitarbeiterinnen und Mitarbeiter zusammengefasst werden, können als abgeleitete Kompetenzen bezeichnet werden (vgl. Rosenstiel, 2012, S. 106). Da gerade diese beschreibenden Kompetenzen für Unternehmen in vielen verschiedenen Varianten und Formulierungen verwendet werden, wurden diese abgeleiteten Kompetenzen für das KODE®X-Verfahren zusammengefasst bzw. sinnvoll auf 64 Teilkompetenzen reduziert, die sich im Kompetenzatlas wiederfinden (vgl. Heyse & Erpenbeck, 2010, S. 21). Zur Bewältigung offener, komplexer und schwieriger Situationen werden die expliziten abgeleiteten Kompetenzen alleine nicht ausreichen. Dafür sind die Grundkompetenzen in verschiedenen Mischverhältnissen und Varianten erforderlich. Diese stellen dann die Querschnittskompetenzen dar (vgl. Rosenstiel, 2012, S. 106).

## 2.3 Kompetenzen und Werte

Erpenbeck und Rosenstiel führen an, dass bei Kompetenzen selbstverantwortete Regeln, Werte und Normen hinzukommen und durch diese Elemente die Fähigkeit des Handelns in offenen, unsicheren und komplexen Situationen ermöglicht wird (vgl. Erpenbeck & Rosenstiel, 2007, S. XII). In der Philosophie des 19. Jahrhunderts waren mit Werten die Maßstäbe bzw. Standards richtigen Denkens, Fühlens und Handelns gemeint (vgl. Schlöder, 1993, S. 43). Schon diese Formulierung beschreibt den wertenden bzw. beurteilenden Charakter von Werten, die in unserer Gesellschaft eine besondere Stellung haben. Sie sind der Grundstein für unseren moralischen Grundkonsens, der für eine gut funktionierende Gesellschaft vorausgesetzt wird.

Die Wertehaltungen einer Gesellschaft bestimmen und prägen also menschliches Zusammenleben. Behr spricht im Zusammenhang von Werten und Polizei von Primär- und Sekundärtugenden. Die Primärtugenden oder auch Kardinaltugenden sind Klugheit, Gerechtigkeit, Ausgewogenheit und Tapferkeit. Diese sind für die Polizei von maßgeblicher Bedeutung und denen reihen sich die Sekundärtugenden, die auf Grund des gesellschaftlichen Wandels auch veränderlich sind, nach. Hier wird wiederum zwischen traditionellen Tugenden wie z.B. Disziplin, Zuverlässigkeit und Pflichtbewusstsein und modernen Tugenden wie Aufrichtigkeit, Beharrlichkeit, Ehre,

Ehrlichkeit usw. unterschieden. Wichtig ist jedoch, dass die Sekundärtugenden keinen Wert haben, wenn sie nicht für die Umsetzung der Primärtugenden eingesetzt werden bzw. gedacht sind (vgl. Behr, 2006, S. 182f.). Wozu bedarf es Werte und Leitbilder in einem Unternehmen? Einerseits bilden Unternehmenswerte in schwierigen Zeiten ein Fundament und stellen eine Art eigener Verfassung dar, die für den Erfolg hilfreich und wirksam sein kann. Andererseits geben sie dem Unternehmen eine Orientierung bzw. auch Halt, wie dies auch im privaten Leben der Fall ist. Sie bilden einen Handlungsrahmen und bieten bei Verinnerlichung dieser Leitbilder bzw. Werte durch die Mitarbeiterinnen und Mitarbeiter eine intrinsische Motivation und Begeisterung für das Unternehmen tätig zu sein und Erfolg zu haben (vgl. Unger et al., 2006, S. 23f.). Dies bedeutet, dass Werte gelebt werden müssen und nicht nur leere Floskeln und Überschriften in leuchtenden Lettern bleiben dürfen. Im täglichen Handeln müssen diese Wertehaltungen selbstverständlich sein, und in allen Hierarchien und bei allen Entscheidungen miteinfließen (vgl. Unger et al., 2006, S. 36).

## 2.4  Kompetenzmodelle

Es gibt zahlreiche Kompetenzmodelle und Kompetenzmessverfahren und alle vorzustellen bzw. zu beschreiben würde den Umfang dieses Artikels exponentiell erhöhen. Deshalb werden im Folgenden die beiden für diesen Artikel handlungsleitenden Stilrichtungen vorgestellt. Im angloamerikanischen Sprachraum ist der Kompetenzbegriff an Leistungen und die erfolgreiche Aufgabenbewältigung im Hinblick auf normale Routinetätigkeiten gebunden. Kompetenzen sind mit Fähigkeiten gleichgesetzt und es ist eher die Vergangenheit und Gegenwart im Fokus, und weniger der Blick in die Zukunft (vgl. Heyse, 2010, S. 56). „Im deutschsprachigen Raum setzt sich immer mehr die wesentliche erweiterte Auffassung von Kompetenz durch: als Selbstorganisationsfähigkeit, als Fähigkeit, sich selbst und eigeninitiativ Ziele zu setzen, entsprechend zu handeln und aktiv in neuen Anforderungssituationen zu lernen" (Heyse, 2010, S. 56).

## 2.5  KODE®-Kompetenzdiagnostik

Als Grundlage für die Erarbeitung der IST-Kompetenzprofile für die EGS Wien wurde das Kompetenzmodell bzw. das Kompetenzmessverfahren KODE® gewählt. Grundlegend für die Verfahren KODE® als auch KODE®X ist, dass durch Heyse und Erpenbeck Kompetenzen „als Fähigkeit zum selbstorganisierten, kreativen Handeln, als Selbstorganisationsdispositionen" verstanden werden (Heyse, 2010, S. 66). KODE® ist die Abkürzung für Kompetenz-Diagnostik und -Entwicklung und in diesem Verfahren werden die Ausprägungsverhältnisse der bereits erwähnten vier Grundkompetenzen gemessen. Dies erfolgt einmal unter normalen Bedingungen, also wenn keine problematischen oder besonders schwierigen Lebens- bzw. Arbeitsbedingungen herrschen, und eine weitere Messung dient dazu die Verteilung auch noch unter besonders fordernden und belastenden Bedingungen zu messen. Darunter kann in der Arbeitswelt vor allem Stress, Problemdruck oder eine konfliktträchtige Situation verstanden werden (vgl. Erpenbeck, 2007, S. 490). Dieser Aspekt der Messung unter schwierigen Bedingungen, ist für die Zielgruppe EGS von erheblicher Bedeutung.

Folgende Grundkompetenzen stellen die Basis für das KODE® Kompetenzverfahren dar:

Abb. 1:    Grundkompetenzen (vgl. Heyse, 2007a, S. 15)

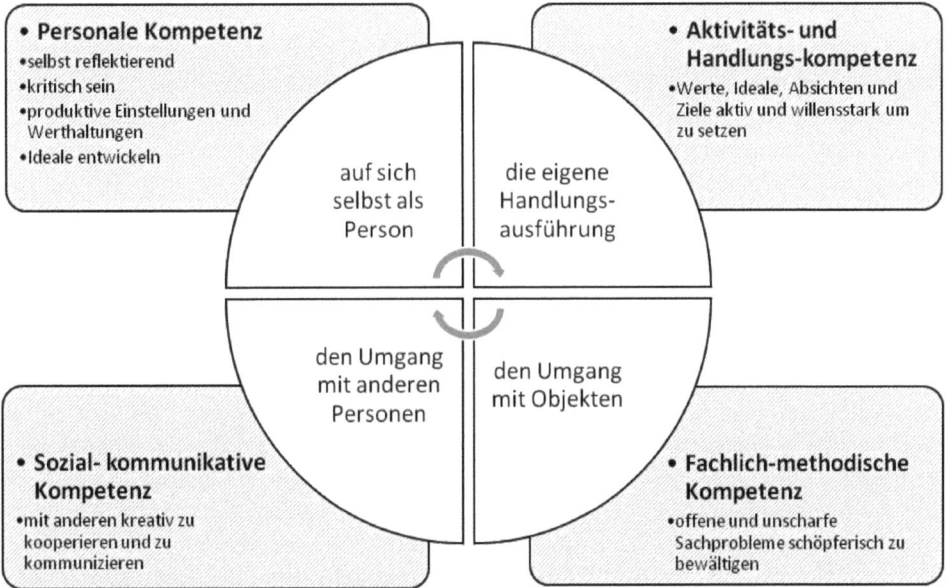

Jede bei KODE® bzw. KODE®X genannte Grundkompetenz ist im Kompetenzatlas wiederum mit 16 Teilkompetenzen hinterlegt und dies ergibt insgesamt 64 Teilkompetenzen, die im Verfahren gemessen und ermittelt werden. Die KODE® Kompetenzbilanz misst als zweiten wichtigen Faktor die detaillierte Unterscheidung von Kompetenzanteilen auf verschiedenen Verhaltensebenen, die im Zuge der Auswertung weitere Interpretationsmöglichkeiten bieten (vgl. Heyse, 2010, S. 83). Es werden hier vier Ebenen unterschieden: Handlungsideal (HI), Handlungserwartung (HE), Handlungsvollzug (HV) und Handlungsresultat (HR) (vgl. Heyse, 2010, S. 84).

## 2.6   KODE®X-Kompetenzexplorer

Beim KODE®X-System handelt es sich um eine Erweiterung bzw. Verfeinerung des KODE®-Verfahrens. In das Verfahren des Kompetenzexplorer KODE®X fließen neue Instrumente des Personalmanagements ein. Die Entwicklung und der Vergleich von SOLL/IST-Kompetenzprofilen stehen im Mittelpunkt. KODE®X zeichnet sich vor allem dadurch aus, dass auf einfache Art und Weise Grund- und Teilkompetenzen erkannt bzw. ermittelt und Kompetenzprofile entwickelt werden können (vgl. Heyse, 2007b, S. 505). Mit der sogenannten Brücke zwischen KODE® und KODE®X ist es möglich, die zuvor über KODE® ermittelten IST-Kompetenzprofile mit dem über KODE®X entwickelten SOLL-Kompetenzprofil zu vergleichen.

## 3. Empirischer Teil

### 3.1 Erkenntnisinteresse und Forschungsgegenstand

Bis zum Zeitpunkt der Erstellung dieser Untersuchung gab es noch keine vergleichbaren Untersuchungen, die in ähnlich strukturierten österreichischen zivilen Exekutivdiensteinheiten durchgeführt wurden und bei denen Kompetenzmessverfahren zum Einsatz kamen. Die Recherche bei Polizeieinheiten im deutschsprachigen Raum lieferte ein ähnliches Bild. Der Fokus dieser Arbeit liegt klar auf dem Bereich einer „zivil agierenden Polizeieinheit", die vorwiegend in der repressiven Strafverfolgung tätig ist. Die allgemeine Polizeiarbeit bzw. der uniformierte Polizeidienst an sich war nicht Forschungsgegenstand. Ziel war es innerhalb dieser Mess- bzw. Ermittlungsverfahren für die Zielgruppe ein SOLL-Kompetenzprofil nach KODE®X zu erarbeiten, die IST-Kompetenzprofile der Mitarbeiterinnen und Mitarbeiter durch KODE®-Fragebögen zur Selbsteinschätzung zu definieren und in Folge in Gruppen zu vergleichen. Hier wurde vor allem das Augenmerk darauf gelegt, ob sich ein ab dem Jahr 2014 eingesetztes Auswahlverfahren (AWV) bzw. der danach stattgefundene Basisausbildungslehrgang (BAL) auf die Kompetenzbilanzen auswirken, und welche Kompetenzbilanzen neue Bewerberinnen und Bewerber, die nur ein AWV absolviert haben, aufweisen. Eine Gegenüberstellung bzw. der Vergleich verschiedener Kompetenzprofile brachte detaillierten Aufschluss über Zusammenhänge der Kompetenzverteilungen.

### 3.2 Forschungsfragen

Die grundlegende Forschungsfrage lautete:
- Welche Kompetenzen benötigen Polizistinnen und Polizisten der EGS Wien, und wie können diese Kompetenzen ermittelt und verifiziert werden?

Daraus abgeleitet ergaben sich die folgenden Unterfragen für die gegenständliche Arbeit:
- Welche Kompetenzen sind für eine Dienstverrichtung bei der EGS Wien von Bedeutung?
- Welche Erkenntnisse für die zivilen Exekutivbediensteten (zEB) der EGS Wien können mit dem KODE®-Kompetenzermittlungsverfahren gewonnen werden?
- Wie sieht ein SOLL-Kompetenzprofil von Mitarbeiterinnen und Mitarbeitern der EGS Wien aus?
- In welchem Ausmaß weisen die Mitarbeiterinnen und Mitarbeiter die erforderlichen Kompetenzen auf (IST-Kompetenzprofil)?

- Wie sieht das IST-Kompetenzprofil von Bewerberinnen und Bewerbern für die EGS Wien aus?
- Welche Unterschiede bzw. Gemeinsamkeiten weisen diese Profile im Vergleich auf?

## 3.3 Hypothesen zu den Forschungsfragen

Die hier angeführten Hypothesen wurden im Vorfeld entwickelt:

a) Obwohl nicht speziell für den polizeilichen Bereich konzipiert eignet sich KODE® als Kompetenzermittlungsverfahren zur Erstellung von Kompetenzprofilen für zivile exekutive polizeiliche Einheiten.

b) Das SOLL-Kompetenzprofil deckt sich in einem hohen Ausmaß mit dem IST-Kompetenzprofil der bestehenden Mitglieder der Einheit.

c) Das SOLL-Kompetenzprofil weist eine starke Ausprägung im Bereich der personalen Kompetenzen (P) und der sozial-kommunikativen Kompetenzen (S) auf.

d) Das IST-Kompetenzprofil der Bewerberinnen und Bewerber für die EGS Wien entspricht nicht dem entwickelten SOLL-Kompetenzprofil und auch nicht dem überprüften IST-Kompetenzprofil jener Polizistinnen und Polizisten, die bereits Dienst in dieser Einheit versehen.

## 3.4 Methodik

### 3.4.1 Qualitative Erhebungsmethode

Für die Erarbeitung des SOLL-Kompetenzprofils wurden die qualitativen Methoden der Gruppendiskussion durch Expertinnen und Experten und das problemzentrierte Experteninterview gewählt. Für den in dieser Arbeit gewählten Forschungsgegenstand und die definierten Forschungsziele eignet sich die qualitative Befragung, die einen explorativen Ansatz impliziert hat, der es ermöglicht durch die Befragungsmethoden neues Wissen bzw. neue Perspektiven zu erarbeiten. Grundvoraussetzung für die Auswahl dieser Methode war, dass lediglich eine kleine Gruppe an Expertinnen und Experten für die Befragung zur Verfügung stand und deshalb eine intensive Auseinandersetzung für das Forschungsergebnis zielführender war als eine rein quantitative Methode. Nach dem Prinzip der Offenheit waren die Diskussionsprozesse nicht so stark strukturiert und standardisiert (vgl. Hienerth et al., 2009, S. 118). In die Entwicklung des SOLL-Kompetenzprofils wurden vier langjährige Führungskräfte und zwei langjährige Mitarbeiter aus dem Bereich der Bekämpfung der Eigentumskriminalität und der Suchtgiftkriminalität der EGS Wien als Expertinnen bzw. Experten eingebunden. Sie sind innerhalb der EGS entweder aufgrund ihrer Stellung berechtigt wesentliche Entscheidungen zu treffen und Veränderungen durch Neugestaltung zu bewirken und/oder sie haben sich aufgrund ihrer langjährigen Erfahrung Fertigkeiten und Fähigkeiten angeeignet und verfügen deshalb über sehr spezifisches Wissen zum Forschungsgegenstand. Sie alle vereint, dass sie auch im Alltag soziale Verschränkungen aufweisen (vgl. Mayring, 2002, S 76f.). Die nächste Abbildung zeigt den Ablauf des Expertenworkshops.

Abb. 2:    Ablaufmodell Expertenworkshop (eigene Abbildung)

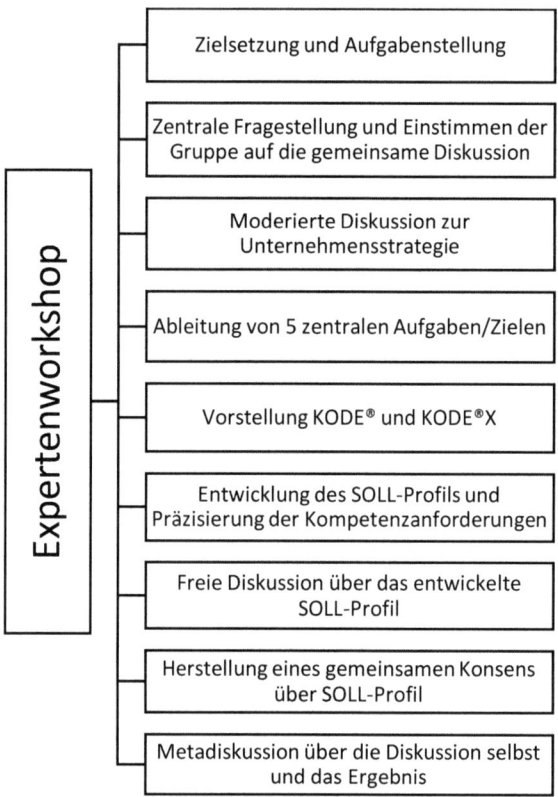

Im Anschluss an den Expertenworkshop wurde ein leitfadengestütztes, problemzentriertes Interview mit der Leiterin der EGS Wien geführt (vgl. Mayring, 2002, S. 70). Ziel war es eine weitere Perspektive zu dem Forschungsgegenstand auszuarbeiten, diese in Zusammenhang bzw. im Vergleich mit den Inhalten aus dem Diskussionsprozess mit den Expertinnen und Experten aus dem Workshop zu diskutieren, und so neue Erkenntnisse über die Aspekte des SOLL-Kompetenzprofils zu erhalten.

### 3.4.2   Quantitative Erhebungsmethode

Als Erhebungsmethode wurde die quantitative Befragung in schriftlicher Form durch den KODE®-Fragebogen in papierbasierter Form zur Selbsteinschätzung gewählt. Diesem war ein zusätzlicher Fragebogen zur Erhebung von soziodemografischen Daten beigegeben, durch den Merkmale erhoben wurden, die für die weitere Untersuchung interessant, und bei jeder Teilnehmerin bzw. jedem Teilnehmer individuell ausgeprägt waren, aber dennoch ohne weitere Interpretationsschritte verglichen und statistisch ausgewertet werden konnten (vgl. Kromrey, 2009, S. 193). Folgende soziografische Daten wurden hier erfragt: Geschlecht, Alter, Außendienstzeit als Polizistin bzw. Polizist, Gruppenzugehörigkeit innerhalb der EGS Wien, Dauer der Dienstzuteilung bei der EGS Wien, Einsatztrainerin/Einsatztrainer, vormalige Einsatztrainerin/Einsatztrainer – AEK Instruktorin/Instruktor, vormalige Verwendung in einer Sondereinheit, vormalige Verwendung in einer zivil agierenden Einheit, Gruppenzugehörigkeit. Die Erhebung war aufgrund der geringen Anzahl, der für die Untersuchung zur Verfügung stehenden Polizistinnen und Polizisten (Grundgesamtheit N=60), als Vollerhebung geplant. Die Umsetzung wäre auch möglich gewesen, da diese Art der Erhebung die zuverlässigsten Daten über die Eigenschaften der Kompetenzverteilungen innerhalb der EGS Wien erbracht hätte (vgl. Hirschle, 2015, S. 116f.). Eine Vollerhebung war jedoch nicht möglich, da eine Teilnahme freiwillig war und schlussendlich nahmen insgesamt 56 Personen an der Befragung teil.

Abb. 3: Grundgesamtheit und Stichprobe (eigene Darstellung)

## Grundgesamtheit und Stichprobe

Bei der Untersuchung handelt es sich daher um eine Teilerhebung in Form einer Zufallsstichprobe. Die Rücklaufquote der Stichprobe beträgt über 93% und die Stichprobe (n=56) stellt in diesem Fall ein nur gering reduziertes Abbild der Grundgesamtheit dar. Es ist nicht zuletzt auch deshalb gewährleistet, dass durch die Stichprobe die Strukturen der Grundgesamtheit abgebildet werden. Die Erhebungen für die gegenständliche Untersuchung wurden, mit Ausnahme des Experteninterviews mit der Leiterin der EGS Wien, anonymisiert durchgeführt.

## 3.5 Ergebnisse

### 3.5.1 Das SOLL-Kompetenzprofil für die EGS Wien

Am Ende des Expertenworkshops standen die 16 wichtigsten Teilkompetenzen fest. Diese Ergebnisse innerhalb der Expertengruppe können als valide und repräsentativ für die Expertengruppe gewertet werden, da die Diversität als äußerst gering angesehen werden kann. Für gleich gelagerte Polizeieinheiten, deren Aufgaben- und Tätig-

Bei keitsfeld ähnlich definiert ist, lassen sich Tendenzen der Kompetenzerwartungen und Rückschlüsse auf ein mögliches SOLL-Kompetenzprofil ableiten.

Abb. 4:   Das SOLL-Kompetenzprofil für die EGS Wien (eigene Darstellung)

| Kompetenzen | 1 | 2 | 3 | 4 | 5 | 6 | 7 | 8 | 9 | 10 | 11 | 12 | Ausprägung |
|---|---|---|---|---|---|---|---|---|---|---|---|---|---|
| Anpassungsfähigkeit | █ | | | | | | | █ | █ | █ | | | S |
| Einsatzbereitschaft | █ | | | | | | | █ | █ | █ | | | P/A |
| Integrationsfähigkeit | █ | | | | | | | █ | █ | | | | S/P |
| Loyalität | | | | | | | | █ | █ | | | | P |
| Teamfähigkeit | █ | | | | | | | █ | █ | | | | S/P |
| Zuverlässigkeit | █ | | | | | | | █ | █ | █ | | | P/F |
| Glaubwürdigkeit | | | | | | | | █ | █ | | | | P |
| Hilfsbereitschaft | | | | | █ | █ | █ | | | | | | P/S |
| Pflichtgefühl | | | | █ | █ | █ | | | | | | | S/F |
| Ausführungsbereitschaft | | | | | | | | | | █ | █ | | A |
| Belastbarkeit | | | | | | | | | | █ | █ | | A/P |
| Beurteilungsvermögen | | | █ | █ | █ | | | | | | | | F/P |
| Disziplin | █ | | | | | | █ | █ | █ | | | | P/F |
| Kooperationsfähigkeit | █ | | | | | | | █ | █ | | | | S |
| Lernbereitschaft | █ | | | | | | | █ | █ | | | | P/F |
| Normativ-ethische Einstellung | | | | | | | | █ | █ | | | | P |

Bei Betrachtung des dargestellten SOLL-Kompetenzprofils tritt sehr augenscheinlich ein Aspekt hervor, nämlich dass 8 Teilkompetenzen in die Grundkompetenz der personalen Kompetenz (P) fallen. Auf die sozial-kommunikative Grundkompetenz (S) entfallen 5 Teilkompetenzen, auf die Aktivitäts- und Handlungskompetenz (A) insgesamt 2 Teilkompetenzen und auf die fachlich-methodische Kompetenz (F) schließlich noch 1 Teilkompetenz. Wenn man die Verteilung in der Grundkompetenz P im Detail betrachtet und weiter aufschlüsselt ist ein klarer Trend zu erkennen, nämlich dass 3 Teilkompetenzen (Loyalität, Glaubwürdigkeit, Normativ-ethische Einstellung) rein den personalen Kompetenzen zugeordnet werden, aber weitere 3 Teilkompetenzen sind als Mischform P/F (Zuverlässigkeit, Disziplin, Lernbereitschaft) eingeordnet. Somit wird innerhalb der Grundkompetenz P doch ein großer Teil auch der Fach- und Methodenkompetenz zugeschrieben.

## 3.5.2   Vergleich des SOLL-Kompetenzprofils mit dem IST-Kompetenzprofil (Gesamt)

Aus den vorliegenden Datensätzen der 56 Polizistinnen und Polizisten (bezeichnet als EGS Gesamt), wurden als erster Schritt die relativen Häufigkeiten, verteilt auf die vier Grundkompetenzen, errechnet. Die folgende Abbildung zeigt eine sehr ausgewogene Verteilung der Grundkompetenzen im IST-Kompetenzprofil. Dieser Darstellung wurde, zum direkten Vergleich, das SOLL-Kompetenzprofil hinzugefügt.

Abb. 5: Verteilung der Grundkompetenzen (Vergleich SOLL- mit IST-Profil) (eigene Darstellung)

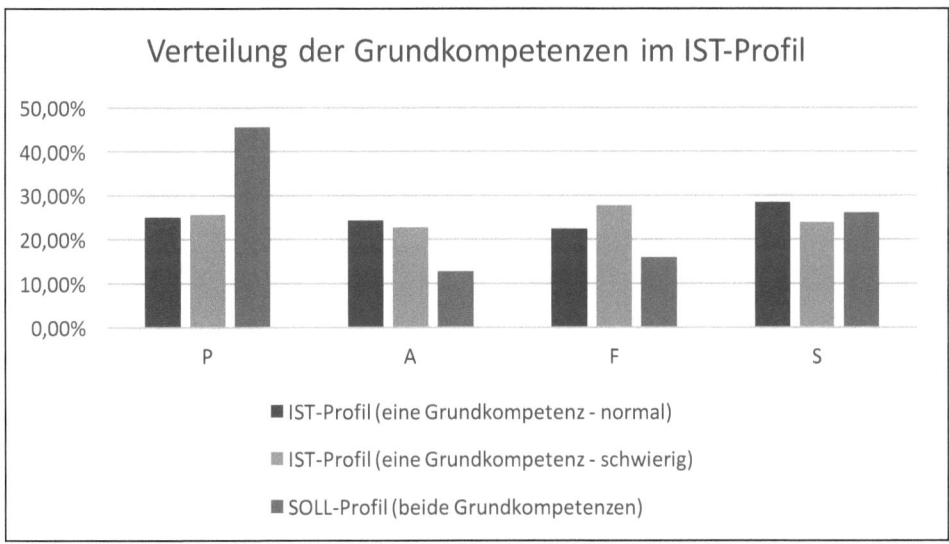

Das IST-Kompetenzprofil für die gesamte Stichprobe von 56 Polizistinnen und Polizisten weist eine S/P Ausprägung unter normalen Bedingungen und eine F/P Ausprägung unter schwierigen Bedingungen auf.

Tab. 1: IST-Profil EGS (Gesamt)

| IST-Profile | Anzahl (n) | Bedingungen | P | A | F | S |
|---|---|---|---|---|---|---|
| EGS (Gesamt) | 56 | normal | 30 | 29 | 27 | 34 |
| | | schwierig | 31 | 27 | 33 | 29 |

Abb. 6:   IST-Profil EGS (Gesamt) (eigene Darstellung)

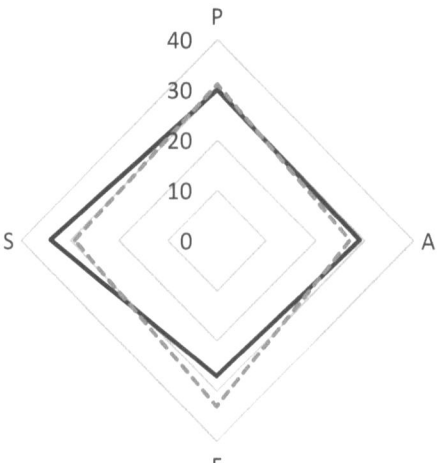

### Profilvergleich EGS Gesamt

——— EGS (Gesamt) - normal

---- EGS (Gesamt) - schwierig

### 3.5.3   KODE®-Auswertung für IST-Durchschnittskompetenzprofile

Das ermittelte IST-Kompetenzprofil für alle Polizistinnen und Polizisten, die bereits
vor Installierung eines Auswahlverfahrens im Jahr 2014 und vor Abhaltung des Basisausbildungslehrgangs ihren Dienst bei der EGS Wien versahen, wurde als Durchschnittsprofil mit der Software Competenzia mittels KODE®-KODE®X-Brücke dem
SOLL-Kompetenzprofil gegenübergestellt. Im Profil ist erkennbar, dass unter normalen Bedingungen eine S/P Ausprägung besteht. Diese verdeutlicht, dass jene Polizistinnen und Polizisten, die bereits seit längerer Zeit bei der EGS ihren Dienst
versehen und sozusagen zum Stammpersonal gehören, bereits zum Teil die im
SOLL-Kompetenzprofil gewünschte P Ausprägung unter normalen Bedingungen
übernommen haben und in P deutlicher ausgeprägt sind. Wenngleich die Wertigkeit
nicht so hoch, wie im SOLL-Kompetenzprofil gewünscht, ist. Unter normalen und
schwierigen Bedingungen bleiben sowohl P als auch A nahezu gleich und es ver-
schiebt sich vorwiegend S unter schwierigen Bedingungen auf die Grundkompetenz
F. Die Grundkompetenz F liegt hier deutlich oberhalb des ausgewerteten Kompetenzkanals. Die Verteilung innerhalb der Grundkompetenzen ist aber grundsätzlich
von mittlerer Ausprägung. Dieses Profil wird innerhalb der folgenden Abbildung als
EGS (ohne AWV u. BAL) bezeichnet.

Das Durchschnittsprofil für jene Polizistinnen und Polizisten, die ein Auswahlverfahren absolviert, aber noch am Beginn des Basisausbildungslehrganges standen, wurde ebenfalls ausgewertet und ergab, wie auch das vorige Profil ein durchgehend mittleres Kompetenzprofil. In diesem Profil, dass in der folgenden Abbildung als EGS (AWV) dargestellt wird, besteht unter normalen Bedingungen eine A/S Ausprägung. Diese erhöhte Ausprägung in der Grundkompetenz A ist auf mehrere Faktoren zurückzuführen. Einerseits haben sie sich freiwillig zu einer Tätigkeit bei der EGS gemeldet, alles ist neu und spannend für sie, der Ehrgeiz zu bestehen und die „Dinge in die Tat umzusetzen" ist groß. Diese Wahrnehmung kann subjektiv mit der aus der Ausbildung wahrgenommenen Motivation der Teilnehmerinnen und Teilnehmer verglichen und bestätigt werden. Teilkompetenzen wie Belastbarkeit, Tatkraft, Initiative, Gestaltungswille, Impuls geben, Beharrlichkeit, Ausführungsbereitschaft usw. beschreiben dies deutlich und sind mit der Absolvierung einer Fortbildung bzw. Weiterentwicklung und mit dem Erreichen eines neuen Zieles untrennbar verbunden. Unter schwierigen Bedingungen wandelt sich das Profil in eine F/P Ausprägung, wobei sich hier alle Grundkompetenzen verschieben. Die Grundkompetenz F ist hier noch über dem Wert des zuvor erläuterten Profils EGS (ohne AWV u. BAL) und sie liegt deutlich oberhalb des Kompetenzkanals. Hinzu kommt, dass auch die personale Kompetenz, unter normalen Bedingungen, unterhalb des Kompetenzkanals liegt.

Eine weitere Vergleichsgruppe sind jene Polizistinnen und Polizisten, die das erste Auswahlverfahren und den ersten Basisausbildungslehrgang absolviert haben und bereits seit Ende September 2014 im Gruppendienst arbeiten. Diese wird in der Abbildung als EGS (AWV u. BAL) dargestellt und weist ähnliche Ausprägungen wie die zuvor beschriebene Vergleichsgruppe EGS (ohne AWV u. BAL) auf. Die Grundkompetenz S ist in dieser Gruppe aber sowohl unter normalen als auch unter schwierigen Bedingungen noch etwas stärker ausgeprägt. Eine Eingliederung in ein Team benötigt Zeit und die Trainees bemühen sich soziale Kontakte zu knüpfen, Beziehungen aufzubauen, sich erfolgreich zu integrieren, Neues auszuprobieren, sich auf andere im Gespräch einzustellen und nicht zuletzt ihren neuen Job gut und gewissenhaft zu erledigen. Dies war bei den neuen Kolleginnen und Kollegen, die soeben mit der Ausbildung begonnen hatten, etwas schwieriger, da sich diese Gruppe bis zum Eintritt in die Ausbildung noch nicht gekannt hatte und hier, wie auch ersichtlich, die Kompetenz eher auf A gerichtet ist.

Abb. 7:    Vergleich IST-Profile (eigene Darstellung)

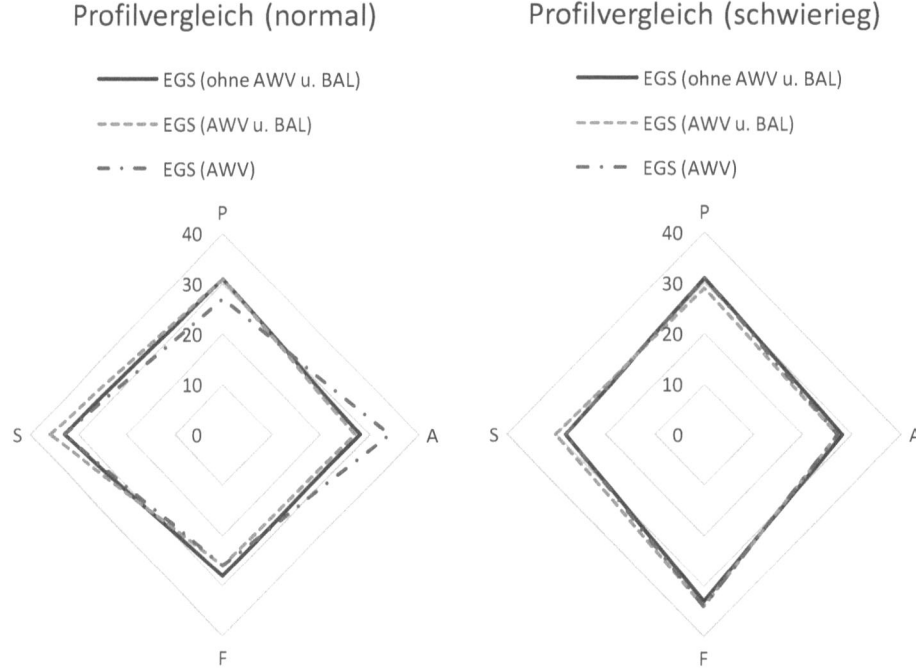

Überraschend war, dass die Ausprägungen aller Vergleichsgruppen in schwierigen Bedingungen nahezu identisch sind und alle Gruppen eine deutliche Verschiebung in die Grundkompetenz F aufweisen.

### 3.5.4   Vergleich Forschungsbericht KEMP mit dem SOLL-Kompetenzprofil der EGS Wien

Durch die Gegenüberstellung der Ergebnisse des Forschungsberichtes KEMP, erstellt durch das Bundesministerium für Inneres, konnten interessante Aspekte festgestellt werden. Die Ergebnisse der Forschungsphasen I, II und III wurden mit dem SOLL-Kompetenzprofil der EGS verglichen. Dazu wurden aus den Forschungsphasen nur jene Teilkompetenzen gewertet, die dem KODE®-Kompetenzatlas zugeordnet werden können, und überprüft welche Teilkompetenzen sich überschneiden. Zumindest 8 Teilkompetenzen bis max. 10 Teilkompetenzen sind mit den Ergebnissen der jeweiligen Forschungsphase ident. Die 8 Teilkompetenzen aus dem SOLL-Kompetenzprofil der EGS, die sich in jeder KEMP Forschungsphase wiederfinden, sind: Zuverlässigkeit, Glaubwürdigkeit, Teamfähigkeit, Einsatzbereitschaft, Belastbarkeit, Pflichtgefühl, Hilfsbereitschaft und Disziplin (vgl. Forstik, 2014, S. 5-27).

# 4. Zusammenfassung und Ausblick

Zusammengefasst lieferte die Untersuchung folgende Ergebnisse:

Zu a) Obwohl nicht speziell für den polizeilichen Bereich konzipiert, eignet sich KODE® als Kompetenzermittlungsverfahren zur Erstellung von Kompetenzprofilen für zivile exekutive polizeiliche Einheiten.

Sowohl KODE® als auch KODE®X zeichneten sich durch Effizienz und Effektivität, sowohl in zeitlichen als auch in inhaltlichen Belangen, aus. Es konnten auf einfache Art und Weise richtungsweisende und inhaltlich wichtige Ergebnisse für die polizeiliche Einheit erzielt werden. Das Potenzial zur Kompetenzentwicklung ist deutlich erkennbar, auch wenn es innerhalb dieser Untersuchung nicht im Fokus stand. Auch die Gruppenvergleiche der IST-Kompetenzprofile, die auf Grundlage der soziodemografischen Daten gebildet wurden, brachten ab einer bestimmten Gruppengröße (ca. 30 Personen) auch im Mittelwert signifikante Messwerte. Bei kleineren Gruppengrößen (unter 30 Personen) war die Signifikanz der Mittelwertmesswerte, auf Grund der größeren Standardabweichung, nicht mehr so aussagekräftig. Die bereits umseits beschriebenen Vorteile, die gewonnenen Erkenntnisse, die aufgedeckten Potenziale und die bestehenden Entwicklungschancen für das Unternehmen bzw. die Einheit sind erst durch die Verfahren nach KODE® und KODE®X sichtbar geworden.

Zu b) Das SOLL-Kompetenzprofil deckt sich in einem hohen Ausmaß mit dem IST-Kompetenzprofil der bestehenden Mitglieder der Einheit.

Unter normalen Bedingungen:
Diese Hypothese kann insofern bestätigt werden, als dass jene Mitarbeiterinnen und Mitarbeiter, die zum Stammpersonal gehören und mehr als 1 Jahr bei der Einheit sind – bezeichnet als EGS (ohne AWV u. BAL) – im Durchschnittsprofil eine hohe Übereinstimmung mit dem SOLL-Kompetenzprofil aufweisen. In diesem Zusammenhang muss erwähnt werden, dass das SOLL-Kompetenzprofil eine P/S Ausprägung aufweist und der Mittelwert der IST-Kompetenzprofile unter normalen Bedingungen eine S/P Ausprägung, wenn auch nur bei minimal verschobenen Messwerten. Diese Ausprägungen P/S und S/P werden bei Teams auch als „Unterstützer" definiert. Dies verhält sich anders bei den neuen Bewerberinnen und Bewerbern für die EGS Wien, die das Auswahlverfahren (AWV) absolviert haben, aber noch am Anfang des Basisausbildungslehrganges stehen. Diese weisen unter normalen Bedingungen im Mittelwert eine A/S Ausprägung auf, wobei das Ergebnis hier nur Tendenzen erkennen lässt, da die Signifikanz aufgrund der geringen Gruppengröße und der Standardabweichung nicht mehr in diesem Ausmaß gegeben ist.

Unter schwierigen Bedingungen:
Überraschend ist, dass die Ausprägungen in schwierigen Bedingungen für beide zuvor angeführten Gruppen nahezu identisch sind. Beide zuvor genannten Gruppen,

wie angeführt mit einer S/P und einer A/S Ausprägung unter normalen Bedingungen, haben unter schwierigen Bedingungen eine klare und identische F/P Ausprägung.

Diese Verschiebung ist aber nicht nur bei diesen beiden Gruppen feststellbar, sondern bei fast allen durchgeführten Vergleichen innerhalb der IST-Kompetenzprofile konnte diese Verlagerung festgestellt werden. Dies bedeutet, dass die Fach- und Methodenkompetenz unter schwierigen Bedingungen erheblich an Bedeutung gewinnt.

Das ermittelte IST-Kompetenzprofil für alle zEB, die bereits vor Installierung eines Auswahlverfahrens im Jahr 2014 und vor Abhaltung des Basisausbildungslehrgangs ihren Dienst bei der EGS Wien versahen, und bei denen es sich sozusagen um das Stammpersonal mit dementsprechend viel Erfahrung in diesem Bereich der Verbrechensbekämpfung handelt, weisen ein durchgehend mittleres Kompetenzprofil auf, welches unter normalen und schwierigen Bedingungen nahezu die gleichen Kompetenzausprägungen zeigt.

Zu c) Das SOLL-Kompetenzprofil weist eine starke Ausprägung im Bereich der personalen Kompetenzen (P) und der sozial-kommunikativen Kompetenzen (S) auf. Diese These wurde bestätigt, da das SOLL-Kompetenzprofil eine deutliche P/S Ausprägung aufweist.

Zu d) Das IST-Kompetenzprofil der Bewerberinnen und Bewerber für die EGS Wien entspricht nicht dem entwickelten SOLL-Kompetenzprofil und auch nicht dem überprüften IST-Kompetenzprofil jener Polizistinnen und Polizisten, die bereits Dienst in dieser Einheit versehen.

Bewerberinnen und Bewerber für die EGS Wien liegen bei der personalen Grundkompetenz deutlich unterhalb des Kompetenzkanals des SOLL-Kompetenzprofils und die fachlich-methodische Grundkompetenz liegt unter schwierigen Bedingungen deutlich oberhalb des Kompetenzkanals. Alle übrigen Grundkompetenzen, sowohl unter schwierigen als auch unter normalen Bedingungen, liegen innerhalb des definierten Kompetenzkanals.

In diesem Zusammenhang wird auch auf das verglichene Kompetenzprofil jener Polizistinnen und Polizisten verwiesen, die dem Stammpersonal angehören und bereits vor Einführung des AWV und des BAL ihren Dienst in der Einheit versahen. Deren Kompetenzprofil nähert sich dem SOLL-Kompetenzprofil um eine wichtige Komponente weiter an, da hier vor allem die von den Expertinnen und Experten gewünschte personale Grundkompetenz innerhalb des Kompetenzkanals liegt. Es befinden sich alle Grundkompetenzen unter normalen und schwierigen Bedingungen, mit einer Ausnahme, innerhalb des definierten SOLL-Kompetenzkanals. Die Ausnahme stellt die in nahezu allen durchgeführten Vergleichen festgestellte stark ausgeprägte Fach- und Methodenkompetenz unter schwierigen Bedingungen dar, die auch in dieser Gruppe oberhalb des Kompetenzkanals liegt. Der Rückschluss aus diesen Ergebnissen ist, dass die Entwicklung der personalen Kompetenz offensichtlich durchaus auf die Dauer der Eingliederung in die Einheit zurückzuführen ist. Dies kann auch durch den Gruppenvergleich tendenziell erkannt und bestätigt werden, da jene Polizistinnen und Polizisten, die bereits das AWV und den BAL absolviert haben und zum Untersuchungszeitpunkt bereits mehr als sieben Monate in der Einheit ihren Dienst versahen, ihre stärksten Ausprägungen in den Grundkompetenzen S und P hatten.

Zum zweiten Teil der Hypothese, dass das IST-Kompetenzprofil der Bewerberinnen und Bewerber nicht dem der bereits in der Einheit Dienst versehenden Polizistinnen und Polizisten entspricht, ist klar zu erkennen, dass die Hypothese unter normalen Bedingungen bestätigt wird, da unter normalen Bedingungen bei den neuen Bewerberinnen und Bewerbern eine stärkere Ausprägung in der Grundkompetenz A gegeben ist. Für die Verteilung der Grundkompetenzen unter schwierigen Bedingungen ist die Hypothese falsifiziert, da hier alle drei verglichenen Gruppen eine nahezu identische Verteilung aufweisen.


Die gegenständliche Untersuchung zeigt das Potenzial der Kompetenzermittlung für polizeiliche Einheiten auf. In einer modernen Gesellschaft und einer modernen Polizei sind Kompetenzmessverfahren ein Instrument, das die Zukunft des polizeilichen Handelns gestalten kann. Für polizeiliche Einheiten mit speziellen Aufgaben, mit Sonderstellungen und mit nicht allgemeinen polizeilichen Tätigkeitsfeldern bringen die Kompetenzmessverfahren und die danach folgenden Kompetenzentwicklungen ein enormes Potenzial, welches sich in der Optimierung des polizeilichen Handelns widerspiegelt. Im konkreten Fall der EGS Wien wäre die Einbindung des Kompetenzmessverfahrens nach KODE®/KODE®X im Zuge des Auswahlverfahrens eine Möglichkeit bereits im Recruiting-Prozess Entwicklungspotenziale der Bewerberinnen und Bewerber festzustellen und fortlaufend zu verbessern.

In der Untersuchung wurde aufgezeigt, dass sich die Mitarbeiterinnen und Mitarbeiter der EGS Wien durch die bereits getroffenen Maßnahmen des Auswahlverfahrens und des Basisausbildungslehrganges den Kompetenzanforderungen des SOLL-Kompetenzprofils innerhalb kürzester Zeit annähern.

Für weitere wissenschaftliche Untersuchungen wäre es interessant wie sich ein SOLL-Kompetenzprofil verändern würde, wenn alle an dieser Untersuchung teilgenommenen Personen an der Entwicklung des SOLL-Kompetenzprofils beteiligt wären. Würde dann das SOLL-Kompetenzprofil in dieser Art und Weise bestehen bleiben oder würden Veränderungen eintreten? Welche Veränderungen würden sich ergeben und wie wären sie zu interpretieren? Auch die mit dem KODE®-Fragebogen zur Selbsteinschätzung erstellten IST-Kompetenzprofile könnten mit dem KODE®-Fragebogen zur Fremdeinschätzung ergänzt werden und so noch weitere valide Ergebnisse in diesem Bereich bringen.

Diese Arbeit stellt einen Anfang im Bereich der Kompetenzforschung in zivilen polizeilichen Einheiten, denen spezielle Aufgaben übertragen sind, dar. Die weiterführenden Überlegungen und die aufgetauchten weiteren Forschungsfragen und sollen das Interesse wecken, auf diesem Gebiet und innerhalb solcher Zielgruppen mehr zu forschen und durch wissenschaftliche Ergebnisse einen Beitrag für die innere Sicherheit zu leisten.

# Literatur

Behr, R. (2006). *Polizeikultur. Routinen-Rituale-Reflexionen. Bausteine zu einer Theorie der Praxis der Polizei*. Wiesbaden: VS Verlag für Sozialwissenschaften/GWV Fachverlage GmbH.

Birklbauer, A. & Keplinger, R. (2012). *Strafprozessordnung*. Polizeiausgabe (7. Auflage). Linz: prolibris.

Erpenbeck, J. (2007). KODE® – Kompetenz-Diagnostik und -Entwicklung. In J. Erpenbeck & L. v. Rosenstiel (Hrsg.), *Handbuch Kompetenzmessung* (2. Auflage). Stuttgart: Schäffer-Poeschl Verlag.

Erpenbeck, J. (2010). Kompetenzen – eine begriffliche Klärung. In V. Heyse, J. Erpenbeck & S. Ortmann (Hrsg.), *Grundstrukturen menschlicher Kompetenzen. Praxiserprobte Konzepte und Instrumente*. Münster: Waxmann.

Erpenbeck, J. & Rosenstiel, L. v. (Hrsg.) (2007). *Handbuch Kompetenzmessung* (2. Auflage). Stuttgart: Schäffer-Poeschl Verlag.

Forstik, M. (2014). *Forschungsbericht KEMP*. Wien: Bundesministerium für Inneres.

Heyse, V. (2007a). Strategien – Kompetenzanforderungen – Potenzialanalysen. In V. Heyse & J. Erpenbeck (Hrsg.), *Kompetenzmanagement. Methoden, Vorgehen, KODE® und KODE®X im Praxistest*. Münster: Waxmann.

Heyse, V. (2007b). KODE®X-Kompetenz-Explorer. In J. Erpenbeck & L. v. Rosenstiel (Hrsg.), *Handbuch Kompetenzmessung* (2. Auflage). Stuttgart: Schäffer-Poeschl Verlag.

Heyse, V. (2010). Verfahren zur Kompetenzermittlung und Kompetenzentwicklung. KODE® im Praxistest. In V. Heyse, J. Erpenbeck & S. Ortmann (Hrsg.), *Grundstrukturen menschlicher Kompetenzen. Praxiserprobte Konzepte und Instrumente*. Münster: Waxmann.

Heyse, V. & Erpenbeck, J. (2010). Qualitätsanforderungen an KODE®. In V. Heyse, J. Erpenbeck & S. Ortmann (Hrsg.), *Grundstrukturen menschlicher Kompetenzen. Praxiserprobte Konzepte und Instrumente*. Münster: Waxmann.

Hienerth, C., Huber, B. & Süssenbacher, D. (Hrsg.) (2009). *Wissenschaftliches Arbeiten kompakt. Bachelor- und Masterarbeiten erfolgreich erstellen*. Wien: Linde Verlag.

Hirschle, J. (2015). *Soziologische Methoden. Eine Einführung*. Weinheim und Basel: Beltz Juventa.

Hirschmann, M., Gruber H. & Degner, St. (2012). Beiträge der Expertiseforschung zur Kompetenzmessung. In G. Niedermair (Hrsg.), *Kompetenzen entwickeln, messen und bewerten*. Linz: Trauner Verlag.

Kromrey, H. (2009). *Empirische Sozialforschung. Modelle und Methoden der standardisierten Datenerhebung und Datenauswertung mit ausführlichen Annotationen aus der Perspektive qualitativ-interpretativer Methoden von Jörg Strübing* (12. Auflage). Stuttgart: Lucius & Lucius Verlagsgesellschaft mbH.

Mayring, P. (2002). *Einführung in die qualitative Sozialforschung. Eine Anleitung zu qualitativem Denken* (5. Auflage). Weinheim und Basel: Beltz Verlag.

Rosenstiel, L. (2012). Disposition zum selbstorganisierten Handeln entfalten: Wege der Kompetenzentwicklung. In G. Niedermair (Hrsg.), *Kompetenzen entwickeln, messen und bewerten*. Linz: Trauner Verlag.

Schlöder, B. (1993*). Soziale Werte und Werthaltungen. Eine sozialpsychologische Untersuchung des Konzepts sozialer Werte und des Wertewandels*. Opladen: Leske und Budrich.

Unger, S., Hattendorf, K. & Korndörffer, S.H. (2006). *Was uns wichtig ist. Eine neue Führungsgeneration definiert die Unternehmenswerte von morgen*. Weinheim: WILEY-VCH Verlag.

# V.
# Kompetenzorientierung und -handeln
# in weiteren wichtigen Anwendungsbereichen

# Trainer- und Managerkompetenzen

*Thomas Apitzsch*

## 1.   Einführung

Der vorliegende Artikel beschäftigt sich mit den Kompetenzen von Trainern[1] und Sportmanagern in leistungssportlichen und sportökonomischen Handlungsfeldern und ist auf professionelle Sportbetriebe im Teamsport eingeschränkt. Einbezogen sind die Bundesligen im Fußball (1. und 2. Liga Herren und 1. Liga Frauen), die Deutsche Eishockey-Liga (DEL), die Handball-Bundesliga (HBL), die Basketball-Bundesliga (BBL) und die Deutsche Volleyball-Liga (DVL).

Die Ergebnisse beziehen sich auf die Dissertation des Verfassers im Jahre 2012. Die dabei durchgeführte Untersuchung konzentrierte sich auf Trainer sowie Sportmanager, die in den ligabeteiligten Sportunternehmungen tätig sind. Hierzu wurden 21 Trainer, Sportmanager und Branchenexperten aus den jeweiligen Sportarten im Rahmen qualitativer Interviews befragt. Im Einzelnen wurden

*   Trainer und Sportmanager zu sich selbst bzw. zu ihrem Berufsstand befragt (Innenperspektive mit dem Ergebnis einer Selbstbeurteilung);
*   Trainer zum Sportmanager und Sportmanager zum Trainer befragt (Außenperspektive mit dem Ergebnis einer Fremdbeurteilung);
*   Insider zum Trainer und zum Sportmanager befragt (Außenperspektive mit dem Ergebnis zweier Fremdbeurteilungen).

In der Kategorie *Trainer* wurden aktuelle und ehemalige Vereins- oder Nationaltrainer befragt. Für die Kategorie *Sportmanager* stellten sich Sportmanager mit unterschiedlichen Aufgabengebieten und Funktionsbezeichnungen zur Verfügung. Die Gruppe der *Insider* setzte sich aus ehemaligen Spielern, Journalisten und externen Experten zusammen.

Ziel dieses Beitrags ist es, die wichtigsten Ergebnisse zu Kompetenzen von Trainern und Sportmanagern im Rahmen der Untersuchung vorzustellen. Dazu werden die Ergebnisse zu den folgenden vier Fragestellungen aus dem Interviewleitfaden dargestellt:
1.  Welche Aufgaben haben Sie in Ihrer Funktion als Trainer/Sportmanager?
2.  Welche Kompetenzen werden heute allgemein von Trainern und Sportmanagern benötigt?
3.  Worin unterscheiden sich Topleister (High-Performer) von Normalleistern bzw. welche Kompetenzen zeigen sich bei der Bewältigung kritischer Situationen?
4.  Welche Kompetenzen werden für die Zukunft wichtig werden?

---

[1]   Die Verwendung der grammatikalisch männlichen Form schließt im Weiteren Trainerinnen, Sportmanagerinnen und Sportlerinnen mit ein.

Die Aussagen der Experten zum Berufsfeld der Trainer und Sportmanager wurden im Sinne eines deutungswissensorientierten Experteninterviews (vgl. Bogner, Littig & Menz, 2014, S. 25) den Definitionen von Kompetenzen im Kompetenzatlas von Heyse und Erpenbeck (vgl. Abb. 1) zugeordnet. Der deutliche Unterschied zwischen grundsätzlich wichtigen Kompetenzen für die Tätigkeit und speziellen Kompetenzen von Topleistern war ein zentrales Ergebnis der Studie.

Aus der Frage nach den benötigten Kompetenzen ergibt sich ein Standardprofil von Soll-Kompetenzen. Die hier benannten Teilkompetenzen sind häufig die K.O.-Kriterien für eine Beschäftigung als Trainer oder Sportmanager. Da sich die Rahmenbedingungen für eine berufliche Tätigkeit ändern können, wurde zusätzlich die Frage nach zukünftig wichtigen Kompetenzen gestellt. Die Ergebnisse in beiden Bereichen können Hinweise auf mögliche Inhalte im Rahmen von Ausbildungsprogrammen geben. Um den Faktoren für nachhaltigen beruflichen Handlungserfolg noch stärker auf den Grund zu gehen, wurden die besonderen Kompetenzen der Topleister in den Blick genommen. Differenzierungen im Kompetenzprofil der so genannten „High Performer" wurden insbesondere bei der Bewältigung kritischer Situationen diagnostiziert.

Berufsbezogene Kompetenz wird in Anlehnung an Scherm (2014) verstanden als:
• eine Disposition einer Person,
• die ihr ein effektives, an Leistungskriterien ausgerichtetes Verhalten in ihrer Tätigkeit ermöglicht,
• mit einem spezifischen Satz von Fähigkeiten, Fertigkeiten oder Motiven korrespondiert und
• auf der Basis von Lernerfahrungen, Trainings o.Ä. entwickelt werden kann
(vgl. Scherm, 2014, S. 21).

Das Tätigkeitsprofil einer Stelle im Leistungstraining oder im Sportmanagement und die damit verbundenen Anforderungen müssen zum Kompetenzprofil eines potenziellen Stelleninhabers passen.

Für die Erstellung eines Kompetenzprofils ist die Identifikation von Teilkompetenzen notwendig. Für die Zuordnung von Interviewinhalten zu Teilkompetenzen hat sich das Kompetenzmodell von Heyse und Erpenbeck bewährt. Ein Kompetenzmodell ist eine Sammlung und Beschreibung von Kompetenzen, die für berufliche Handlungsfelder aktuell erforderlich sind oder es in Zukunft werden (vgl. Krumm, Mertin & Dries, 2012, S. 6–7).

Die Identifizierung von relevanten Teilkompetenzen für die Tätigkeiten von Trainern und Sportmanagern ermöglicht die Generierung eines Rahmenprofils von Kompetenzen für diese Berufsfelder. Heyse und Erpenbeck benennen vier grundlegende Kompetenzbereiche bzw. Grundkompetenzen (vgl. Heyse, 2007, S. 15), denen sie 64 Teilkompetenzen zuordnen (vgl. Heyse, 2010, S. 81).

Die klassische Trias der Kompetenzen im Umgang mit sich selbst (Selbst- oder auch Personale Kompetenz), im Umgang mit anderen (Sozialkompetenz) und im Umgang mit der gegenständlichen Welt (Fach- und Methodenkompetenz) wird von Heyse & Erpenbeck um die Aktivitäts- und Handlungskompetenz ergänzt. Im Ergebnis stellt sich der Kompetenzatlas wie in der folgenden Abbildung dar:

Abb. 1:    Der Kompetenzatlas (Erpenbeck & Heyse, 2010, S. 95).

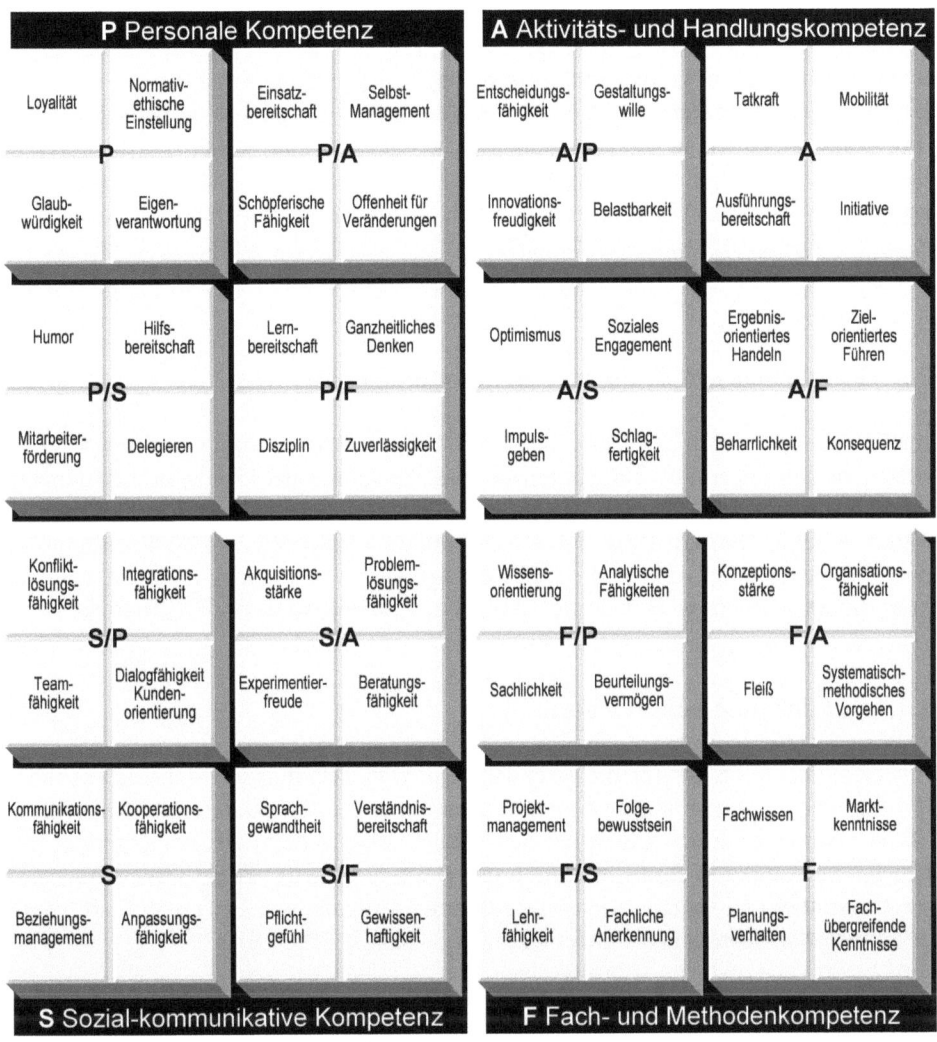

Der Kompetenzatlas ist seit 2004 bis heute stetig weiterentwickelt worden. Die Teilkompetenzen wurden mit etwa 250 Synonymbegriffen hinterlegt, um regionale, branchen- und tätigkeitsspezifische Unterschiede zu berücksichtigen (vgl. Heyse & Erpenbeck, 2009, S. XIV).

Ziel ist es nun, bezogen auf berufliche Anforderungssituationen die entscheidenden Teilkompetenzen für Trainer und Sportmanager in den verschiedenen Kompetenzgruppen zu ermitteln.

## 2. Ergebnisse

Im Folgenden werden die für das Ziel dieses Beitrags relevanten Ergebnisse der Dissertation des Verfassers (vgl. Apitzsch, 2012) präsentiert. Die Ergebnisdarstellung im Kompetenzprofil für Trainer und Sportmanager am Ende des Artikels ist in zweierlei Hinsicht neu. Erstens werden nur noch besonders wichtige Kompetenzen zu den drei Fragekategorien in die Darstellung aufgenommen und zweitens wird durch die farbliche Unterscheidung der Kompetenzen die Zugehörigkeit zur jeweiligen Kategorie (notwendige, zukünftig wichtigere oder Topleister-Kompetenzen) möglich. Der Kompetenzatlas veranschaulicht zudem die Zuordnung der Teilkompetenzen zu den einzelnen Kompetenzgruppen.

### 2.1 Tätigkeiten von Trainern und Sportmanagern

Im Folgenden werden die Nennungen der Trainer, Sportmanager und externen Experten zu den jeweiligen Tätigkeiten in einer gemeinsamen Übersicht zusammengefasst. Insgesamt gab es keine gravierenden Unterschiede bei der Einschätzung der Tätigkeitsfelder zwischen den einzelnen Befragungsgruppen. Wo sich relevante Aspekte aus dem Blickwinkel einer Befragungsgruppe oder eines Befragungsteilnehmers ergeben haben, wird dies im Verlauf der Ergebnisdarstellung angemerkt.

### 2.1.1 Tätigkeiten von Trainern

Ein elementarer Faktor für die Leistung von Mannschaften im Spitzensport ist die Qualität und Leistungsfähigkeit ihrer Trainer. Über die Tätigkeiten und Aufgaben der Trainer herrscht bei den Befragten der Studie weitestgehend Übereinstimmung. Die Ergebnisse werden in fünf Kategorien unterteilt dargestellt. König (2003) beschreibt die Gesamtheit der Organisations- und Führungsaufgaben eines Trainers mit der Bezeichnung *Saisonmanagement des Clubs* (vgl. König, 2003, S. 37).

Abb. 2:   Das Tätigkeitsprofil von Trainern im Überblick

| **Tätigkeitsprofil Trainer** |
| --- |
| **Saisonmanagement**<br>– strategische sportliche Ausrichtung<br>– sportliche Leitung<br>– Personalrekrutierung<br>– Trainings- und Wettkampfsteuerung<br>– Betreuung der Sportler |

*Strategische Ausrichtung*

Die Trainer sind über das Tagesgeschäft hinaus an der strategischen Ausrichtung des Vereins beteiligt. Hierzu gehört die Festlegung der Ziele mit dem Sportdirektor und die Umsetzung und Kontrolle der Teamphilosophie. Ein weiterer, wichtiger Bereich ist die Ausbildung der Nachwuchsspieler und -spielerinnen, wie das Zitat einer Trainerin aus dem Frauenfußball belegt:

> „Vor allem gegenüber den jungen Spielerinnen habe ich einen pädagogischen Auftrag. Resultate in Beziehung auf Tabellenplatz oder Meisterschaften sind zwar Teil des Auftrages, sie stehen aber für mich hinter den Resultaten bezogen auf die einzelnen Spielerinnen zurück. Nur wenn ich die Individuen weiterentwickle, kann das Ganze besser werden" (Trainer 7).

Die Weiterentwicklung von Nachwuchssportlern ist somit sowohl pädagogischer Auftrag als auch langfristiger Erfolgsfaktor, wenn mit diesen Spielern und Spielerinnen der Kader eines Bundesligateams geplant wird.

*Sportliche Leitung im engeren Sinne*

Trainer werden in erster Linie an ihrem sportlichen Erfolg gemessen. Ihre Hauptaufgabe ist es, die optimale Teamleistung hervorzubringen:

> „Die wichtigste Aufgabe, egal in welcher Organisation oder in welchem Konstrukt, die ein Cheftrainer hat, ist es, eine auf höchstem Niveau funktionierende Einheit zu formen und insofern ein Optimum an Leistungsstärke zu entwickeln" (Trainer 1).

Für die sportliche Entwicklung der Mannschaft werden die Cheftrainer mit den entsprechenden Handlungsbefugnissen zur Leitung und Steuerung des Sportbetriebs im engeren Sinne und vorbehaltlich der Abgrenzungen zum Sportdirektor ausgestattet. Mit den Befugnissen wird aber zugleich auch die Verantwortung für die Ausführung der Aufgabe übertragen:

„Wenn man es reduziert, sind es Resultatziele, die erreicht werden müssen. Also das ist ein sehr ergebnisorientierter Auftrag in der Regel, ich habe es noch nie anders erlebt" (Trainer 2).

Das Erreichen der unterschiedlichen Ziele liegt also im Verantwortungsbereich des jeweiligen Stelleninhabers (vgl. Domschke & Scholl, 2008, S. 355). In der Berufspraxis „haften" Trainer bei Misserfolg in der Regel mit dem Verlust ihres Arbeitsplatzes.

*Personalrekrutierung*

Aus der sportlichen und strategischen (Mit-)Verantwortung ergibt sich auch das Mitsprache- bzw. Vorschlagsrecht bei der Rekrutierung von Spielern. Die Zusammenstellung des Trainerteams ist in der Regel noch stärker in der Verantwortung des Cheftrainers:

„Das Gleiche gilt für den Trainerstab. Die Trainer, die im nächsten Jahr bei uns arbeiten, sind von mir handverlesen" (Trainer 1).

Ein weiterer wichtiger Aufgabenbereich sind Scouting und die Sichtung zukünftiger Spieler, wofür zusätzliches Personal rekrutiert wird:

„Wir haben drei Scouter in unserem Verein und wir arbeiten sehr gut zusammen. Den Bereich habe ich jetzt seit drei Jahren abgegeben. Es war bei uns in den letzten Jahren immer mehr Arbeit geworden" (Trainer 6).

In der Personalrekrutierung wird insgesamt sehr eng zwischen Trainern und Sportmanagern bzw. -direktoren zusammengearbeitet:

„Also bei uns ist es so, dass ist glaub ich überall so, es ist nie so dass jemand in seinem stillen Kämmerchen was ausbrütet und eine Idee hat, und sagt, das machen wir so. Sondern es ist immer so, dass man sich tagtäglich über Spieler … austauscht" (Sportmanager 1).

*Trainingssteuerung und Wettkampfbetreuung*

Die Trainingssteuerung und Wettkampfbetreuung ist die Kerntätigkeit des Trainers im Tagesgeschäft und umfasst u. a. die folgenden Maßnahmen:

- Trainingsplanung und -gestaltung;
- Ausbildung und Entwicklung einzelner Spieler und Nachwuchsarbeit;
- Aufträge an Spezialtrainer;
- Spielbeobachtung und taktische Vorbereitung der Mannschaft.

In diesen Aufgabengebieten arbeiten die Cheftrainer sehr eng mit ihrem Trainerstab und speziell mit ihren Co-Trainern zusammen:

> „In meiner letzten Funktion … als Co-Trainer hatte ich in erster Linie den Auftrag, den Cheftrainer in allen notwendigen Bereichen zu unterstützen. Bei der Führung, Zusammenstellung und Entwicklung der Lizenzmannschaften … Das ist in erster Linie die Trainingsdurchführung. Dazu gehört natürlich Planung, Ausführung und Archivierung des Trainings, dann entsprechende Maßnahmen rund um das Training organisatorischer Art, und natürlich auch Vorbereitung auf die Spiele und Durchführung der Wettspiele in der Saison.“ (Trainer 3).

*Betreuung der Spieler*

Als letzte Kategorie wird die Betreuung der Spieler herausgestellt, zu der auch eine optimale Ausgestaltung des Umfelds gehört. Die Trainer leisten hier persönlich viel in den Bereichen Coaching und psychologischer Betreuung der Spieler. Mit weiterem Funktionspersonal im Verein (z. B. Physiotherapeuten) wird eng zusammengearbeitet, um die Spieler optimal zu unterstützen. Auch werden durch die Trainer verstärkt Teambuilding-Maßnahmen in den Clubs durchgeführt. Im privaten Bereich werden die Spieler durch das Management (z. B. Wohnungssuche) und Kollegen aus dem Kader unterstützt.

## 2.1.2  Tätigkeiten von Sportmanagern

Hinsichtlich der Sportmanager haben sich bei der Auswertung der Interviews zwei Tätigkeitsblöcke herauskristallisiert. Der erste Tätigkeitsbereich wird als Clubmanagement, der zweite als Teammanagement bezeichnet. Die funktionale Ausgestaltung sieht im Bereich Clubmanagement die weitere Untergliederung in den kaufmännischen und in den marketingorientierten Bereich vor. Das Teammanagement befasst sich stärker mit dem sportlichen Bereich. Die folgende Darstellung gibt einen Überblick über die einzelnen Unterpunkte:

Abb. 3: Das Tätigkeitsprofil von Sportmanagern im Überblick

| **Tätigkeitsprofil Sportmanager** |
| --- |
| **Clubmanagement** <br> – wirtschaftliche Geschäftsführung <br> – strategische Ausrichtung des Sportbetriebs <br> – kaufmännische und administrative Aufgaben <br> – Vermarktungsaufgaben und Geschäftsmodelle <br> – Öffentlichkeitsarbeit und interne Kommunikation |
| **Teammanagement** <br> – sportliche Gesamtleitung <br> – strategische sportliche Ausrichtung <br> – Personalrekrutierung im Sportbereich <br> – Sportliche Organisation des Vereins |

In der Fußball-Bundesliga finden sich diese Tätigkeitsprofile bei allen Vereinen im Organigramm wieder. Die zwei Funktionen sind aber nicht unbedingt im Vorstand vertreten. Die Verantwortung ist zum Teil erst auf der zweiten Führungsebene verortet (vgl. Neubauer, 2009, S. 92). Ein externer Experte empfiehlt jedoch die Berücksichtigung aller Funktionsbereiche (Sport, Marketing, Finanzen) im Vorstand:

> „Das ist jetzt natürlich nur für große Vereine gedacht. ... Auf der Vorstandsebene habe ich dann den Vorstand Sport, noch einen Vorstand Sport, einen Vorstand Marketing und einen Vorstand Finanzen" (Insider 3).

Unter den jeweiligen Oberbegriffen verästeln sich weitere Aufgabenbereiche die nun im Einzelnen vorgestellt werden.

### 2.1.2.1 Aufgabenbereiche im Clubmanagement

*Wirtschaftliche Geschäftsführung*

Teilweise wurde auch die Bezeichnung *komplette Geschäftsführung* verwendet. Diese breite Tätigkeitsbezeichnung bezieht sich eher auf Manager, die nicht aus dem Fußballsport kommen und in deren Clubs die Professionalisierung noch nicht so weit vorangeschritten ist. Unter diesem Oberbegriff wird eine breite Palette kaufmännischer Aufgaben zusammengefasst:

> „Bearbeite eigentlich alle Dinge, die man, gemeinhin als Sportmanagement oder Vereinsmanagement besser gesagt, bezeichnen könnte" (Sportmanager 5).

*Strategische Ausrichtung des Sportbetriebs*

Die strategische Ausrichtung des Clubs liegt eher in der Verantwortung der Sportmanager. Dort, wo es die Position des Sportdirektors gibt, zählt folgendes zu seinen Aufgaben:

> „Er ist letztendlich, auf eine Art so: derjenige, der sich mit dem Thema Perspektive auseinanderzusetzen hat, der strategisch denken muss, der natürlich auch die Wirtschaftlichkeit mit einbeziehen muss, was kann sich der Verein überhaupt leisten, wo soll es hingehen, welche Akzente setzen wir im Nachwuchsbereich, in welcher Form verstärken wir die Mannschaft, was passt zur Mannschaft? Welcher Trainer passt zur Mannschaft? Also der, der für das sportliche, längerfristige Überleben und Positionieren des Vereines hauptverantwortlich ist" (Trainer 2).

Philosophie und Imagebildung des Clubs gehören ebenfalls zur strategischen Ausrichtung. Ein weiterer Bestandteil sind Investitionen in die Zukunft. Hier ist z. B. der Aufbau eines Nachwuchsleistungszentrums zu nennen.

*Kaufmännische und administrative Aufgaben*

In dieser Kategorie finden sich die Aufgabenbereiche Personalführung der Geschäftsstelle, Finanzwesen (Buchhaltung, Rechnungslegung, Controlling und Budgetierung) und rechtliche Aspekte (Rechts-, Satzungs- und Versicherungsfragen). Ein wichtiger Bereich ist auch die Zusammenstellung von Lizenzierungsunterlagen:

> „Das heißt, dazu gehören Lizenzierungsverfahren, das heißt bei uns konkret mit der Deutschen Volleyball-Liga, beziehungsweise international dann mit dem Europäischen Volleyballverband, mit der CIV. Ja, das ist dann eine ganze Menge Papierkram was da zu erledigen ist, um halt die Lizenz als Verein zum einen zu bekommen und natürlich dann auch für die einzelnen Spieler…" (Sportmanager 6)

Bestandteile von Lizenzierungsunterlagen sind z. B. die Zertifizierung von Veranstaltungshallen und Anti-Doping-Vereinbarungen mit den Spielern. Das Lizenzierungsverfahren ist Teil der operativen Planung mit einem Horizont von einem Jahr und baut im Idealfall auf der taktischen und strategischen Planung auf (vgl. Göke & Wirkes, 2010, S. 101).

*Geschäftsführung, Vermarktung und Vermarktungsaufgaben*

Der Bereich Vermarktung ist für die nachhaltige Existenz der Proficlubs fundamental wichtig. Hier gilt es, den finanziellen Spielraum für die Entwicklung der Mannschaft und des Clubs an sich zu generieren:

„Vermarktung dahingehend, das ist natürlich klar, dass wenn ich eine Professionalisierung in einer Sportart erreichen will, brauche ich finanzielle Möglichkeiten, und die finanziellen Möglichkeiten bekomme ich eben nur, wenn ich halt auch potentielle Sponsoren, beziehungsweise einen Sponsorenpool habe" (Insider 5).

Unter Vermarktungsaufgaben lassen sich die Themen Entwicklung von Geschäftsmodellen, Marketing, Merchandising, Ticketing sowie die Akquise und Betreuung von Sponsoren zusammenfassen.

*Öffentlichkeitsarbeit und interne Kommunikation*

In dieser Kategorie ist die Kontaktpflege mit den verschiedenen Interessengruppen in und außerhalb des Clubs beinhaltet. Die Kommunikation mit diesen sogenannten Stakeholdern ist ein wichtiger Bestandteil der Arbeit von Sportmanagern:

„Marketing selbst ist natürlich auch wieder unterteilt in Sponsoring, die echten nach außen wirkenden Marketing-Maßnahmen, sowie die neue Kampagne mit dem „Wir sind bereit" Anfangsslogan, und daneben die Geschichte Öffentlichkeitsarbeit und alles was PR, Außendarstellung, Pressearbeit und interne Kommunikation anbelangt" (Sportmanager 3).

Die folgenden Aufgaben und Gruppierungen sind hier aufzuzählen:

• Bindeglied zum Vorstand;
• Kommunikation mit externen Vermarktern;
• Kommunikation mit Sponsoren;
• Ansprechpartner für Medien;
• Zusammenarbeit mit den Ehrenamtlichen;
• Interessenvertretung und Ansprechpartner beim Verband;
• Fanbetreuung.

## 2.1.2.2 Aufgabenbereiche im Teammanagement

*Sportliche Gesamtleitung*

Die Hauptaufgabe im Teammanagement ist die Gesamtleitung des sportlichen Bereichs:

„Hauptaufgabe des Sportdirektors ist es, die sportlichen Belange zu koordinieren" (Trainer 6).

Diese Funktion wird in der Regel als Sportdirektor bezeichnet. Der Sportdirektor ist die Schnittstelle zwischen dem Vorstand auf der einen Seite und dem Trainer mit dem Team auf der anderen Seite. Er trägt die Verantwortung für den sportlichen Bereich und ihm ist im Regelfall der Trainer unterstellt.

*Strategische, sportliche Ausrichtung des Clubs*

Im Idealfall laufen beim Sportdirektor die Verantwortung und Entscheidungsbefugnis für die strategische Ausrichtung im sportlichen Bereich zusammen:

> „Deswegen ist es besser, einfach so strukturiert zu sein, dass du überall in dieser Schiene Trainer, einen Alleinverantwortlichen hast, der perspektivisch arbeiten kann und der dann trotzdem in der Lage ist sich entweder vorübergehend hinter die Bande zu stellen oder zu sagen ,wir holen einen Neuen'. Wir haben eine Philosophie und eine Philosophie kannst du nicht in einem Jahr umsetzen. Und du kannst nicht sagen, dass sie jetzt zu beenden ist, sondern du musst sagen, dass das unser Weg sein soll in den nächsten drei, vier, fünf, sechs Jahren" (Sportmanager 3).

Das letzte Zitat zeigt, dass ein Sportdirektor im Extremfall sogar in der Lage sein soll, kurzfristig die Rolle des Trainers übernehmen zu können. Die strategische, sportliche Ausrichtung umfasst nach Auswertung der Interviews die folgenden Teilentscheidungen:

- Sportliche Politik des Vereins;
- Definition der sportlichen Ziele mit Vorstand und Trainer;
- Sportliche Konzeption sowie Jugend- und Nachwuchskonzepte;
- Umsetzung und Kontrolle der Team- und Spielphilosophie.

*Personalrekrutierung*

Aus der Leitungsfunktion des Sportdirektors ergibt sich auch die Verantwortung für die Rekrutierung des Personals im sportlichen Bereich:

> „Ein Sportmanager im Fußball, so wie ich es kennen gelernt habe, ist dem Trainerteam übergeordnet, ist sportlicher Leiter, verantwortlich für alle Belange, dass heißt Einstellung, Konzeption des Trainerteams und natürlich die Mannschaftszusammenstellung, Kaderzusammenstellung und Transfers" (Trainer 3).

Die folgenden Teilaufgaben wurden von den Befragten genannt:
- Auswahl der Trainer, der Spieler und Kaderzusammenstellung;
- Transferverhandlungen;
- Verhandlungen mit Spieleragenten;
- Verträge mit Spielern;
- Integration von Nachwuchsspielern;

- Rekrutierung und Vertragsgestaltung für das Personal der Sportschule (z. B. Fußball) und das weitere Funktionsteam;
- Rekrutierung und Vertragsgestaltung für den Bereich Scouting und Sichtung.

*Sportliche Organisation des Clubs*

Die folgenden Tätigkeiten sind für die sportliche Organisation wichtig und gestalten ein optimales Umfeld für die Arbeit des Trainers. In kleineren Clubs werden diese Aufgaben teilweise noch von den Trainern wahrgenommen:

- Organisation Spielbetrieb und Durchführung der Heimspiele;
- Trainingslager organisieren;
- Vorbereitungsturnier organisieren;
- Materialbeschaffung und Kontakt zu Ausrüstern;
- Koordination eines Nachwuchsleistungszentrums.

*Öffentlichkeitsarbeit und interne Kommunikation*

Für die Kontaktpflege mit den verschiedenen Interessengruppen inner- und außerhalb des Clubs gilt für den Sportdirektor das Gleiche wie für den Sportmanager. Im Rahmen der Kommunikationspolitik eines Clubs sind die Ansprechpartner und Verantwortlichkeiten zwischen den handelnden Personen abzustimmen. Grundsätzlich werden der Sportdirektor und der Trainer die ersten Ansprechpartner für die Medien in sportlichen Fragen sein.

## 2.2 Die Kompetenzen von Trainern und Sportmanagern

Im folgenden Kapitel werden die Kompetenzen, welche Trainer und Sportmanager benötigen, um ihre Aufgaben heute und in der Zukunft erfolgreich zu erfüllen, dargestellt. Anhand der Antworten der befragten Experten wird die Relevanz von verschiedenen Teilkompetenzen ermittelt. Daraus lassen sich Rückschlüsse auf die Sollprofile der für die Tätigkeiten von Trainern und Sportmanagern benötigten Kompetenzen ziehen. Eine Übertragung der Aufgaben auf ein spezielles Anforderungsprofil ist bei der Untersuchung von Trainern und Sportmanagern in verschiedenen Teamsportarten an dieser Stelle nicht nötig. Im konkreten Einzelfall wäre allerdings die „Übersetzung" in eine Stellenbeschreibung notwendig, um aus dem Anforderungsprofil der Position ein Kompetenzprofil für mögliche zukünftige Stelleninhaber ableiten zu können.

Die Ergebnisdarstellung wird für jede einzelne Kompetenzgruppe vorgenommen. Für relevante Teilkompetenzen werden die Ergebnisse jeweils für Trainer und Manager getrennt dargestellt. Eine weitere Unterteilung ergibt sich aus den Befragungskategorien:

- Allgemein wichtige Kompetenzen;
- Besondere Kompetenzen der Topleister (Topkompetenzen);
- Kompetenzen, die in der Zukunft wichtig oder wichtiger werden.

Erkenntnisse bezüglich der Bereiche „Topkompetenzen" und „zukünftig wichtige Kompetenzen" werden, wenn sie für den Fokus dieses Beitrags relevant sind, diskutiert.

### 2.2.1 Fach- und Methodenkompetenz

Zunächst werden die relevanten Teilkompetenzen für Trainer und Sportmanager aus der Kompetenzgruppe Fach- und Methodenkompetenz dargestellt.

### 2.2.1.1 Fachwissen

Die Kompetenz „Fachwissen" beschreibt die Fähigkeit, fachliches und methodisches Detailwissen in einem umfassenden Kontext einzuordnen, es zu erweitern und einer Situation angemessen zu nutzen (vgl. Heyse, 2010, S. 133). Synonyme für Fachwissen sind Berufserfahrungswissen oder Sachkunde. „Fachwissen repräsentiert den klassischen Bereich der Berufsausbildung und stützt sich in erster Linie auf das Wissen, das in Schule, Ausbildung sowie bei betrieblichen und persönlichen Weiterbildungsmaßnahmen vermittelt wird" (ebenda, S. 133).

### 2.2.1.1.1 Bedeutung von Fachwissen für Trainer

Fachwissen beinhaltet für Trainer das Grundwissen über Technik und Training der jeweiligen Sportart sowie Kenntnisse der *Mutterwissenschaften* (vgl. Czingon, 2010, S. 32). Fachwissen wird in den Interviews als die grundsätzliche Voraussetzung für die Arbeit als Trainer in einer Spitzenposition angesehen. Heutzutage wird vielen Trainern ein hohes Maß an Fachwissen zugesprochen. Fachwissen wird somit zu einem K.O.-Kriterium, um überhaupt eine Chance auf dem Stellenmarkt für Berufstrainer zu haben:

> „An erster Stelle steht immer noch die Fachkompetenz. Er muss auf dem aktuellen Stand der Technik sein, was die Trainingslehre anbelangt. Das können heute die Trainer aller Klassen eigentlich fast gleich gut. Da gibt es keinen großen qualitativen Unterschied" (Trainer 4).

Diese Meinung teilt auch die Gruppe der Sportmanager, die in der Regel für die Einstellung der Trainer verantwortlich ist:

> „Genau, also eine Sachkompetenz im Profibereich setzte ich voraus. Das haben wir jetzt nicht angesprochen, aber ich gehe davon aus, wenn man heute einen Trainer verpflichtet, dann muss man natürlich sicher sein, dass er fachkompetent ist" (Sportmanager 2).

Bei differenzierter Betrachtung ist Fachwissen nicht nur durch Ausbildung erworben. Trainer können aus ihren persönlichen Erfahrungen als aktive Sportler profitieren:

> „Das Wichtigste ist eine fundierte Ausbildung. Und hier meine ich das fachliche und methodische Vorgehen im Training. Ich habe den Sport als Nationalspielerin selbst auf hohem Niveau betrieben und kann aus diesen Erfahrungen schöpfen" (Trainer 7).

Lernen, das im Alltag, am Arbeitsplatz, im Familienkreis oder im Leistungssport stattfindet, wird informelles Lernen genannt (vgl. Overwien, 2010, S. 43) und ergänzt das formale Lernen, das im Rahmen einer Ausbildung erfolgt. Der Praxisbezug einer eigenen Sportlervergangenheit hat für Trainer eine hohe Bedeutung. In der Öffentlichkeit ist die „Kompetenz-Vermutung" gegenüber erfolgreichen Ex-Sportlern in Trainerpositionen noch höher:

> „Ja, der Gute ist eben auch ein Praktiker, d. h. auch er hat mal den Sport auf entsprechend hohem Niveau betrieben, kein Theoretiker. Der muss möglichst selber hoch gespielt haben, umso besser versteht er das Spiel" (Insider 7).

Der eigene sportliche Background hilft dem Trainer, sich Respekt bei seinem Team zu verschaffen. Dieser Respekt ist in einer Sportart wie Eishockey, aus der das nächste Zitat stammt, besonders wichtig:

> „Der gute Trainer braucht einen sehr, sehr guten sportlichen Background, den braucht er einfach. Oder unglaublich viel Erfolg als Trainer. Also beides reicht natürlich nicht langfristig, sondern du musst dich immer wieder neu beweisen. Aber der Background als Spieler, du musst den Sport gelebt haben müssen. Weil du nur dann weißt wie fühlen die, die in der Kabine sitzen und auf deine Worte hören" (Trainer 6).

Im Tagesgeschäft können sich Trainer nicht auf alten Erfolgen ausruhen. Sie müssen sich den Respekt von ihrer Spieler durch Erfolge immer wieder verdienen.

*Fazit*

Fachwissen ist die Hauptvoraussetzung, um als Trainer im Leistungsbereich zu arbeiten. Trainer müssen in diesem Bereich auf dem neuesten Stand bleiben.

Fachwissen beinhaltet Berufserfahrungswissen als Trainer und Karriereerfahrungswissen als Sportler. Beide Aspekte sind für die Handlungspraxis der Trainer von Bedeutung.

Fachwissen wird nicht als ein Differenzierungsmerkmal zwischen Topleistern und Normalleistern gesehen. In der Zukunft wird Fachwissen nicht mehr an Bedeutung gewinnen können, weil es für die Trainer ohnehin Grundvoraussetzung ist.

### 2.2.1.1.2 Bedeutung von Fachwissen für Sportmanager

Fachwissen ist für den Sportmanager in zwei unterschiedlichen Bereichen relevant: im wirtschaftswissenschaftlichen und im sportlichen Bereich. Der wirtschaftswissenschaftliche Aspekt beinhaltet Kenntnisse im Bereich Betriebswirtschaftslehre und Management. Diese werden im Folgenden unter dem Begriff Managementwissen zusammengefasst:

> „Ja. Wie ich schon sagte, also eine Kompetenz muss er natürlich haben im Umgang mit Zahlen, wenn ich meine erste Ebene da jetzt mal genauer untersuche. Das heißt, er braucht eben einen kaufmännischen Hintergrund und sollte sich mit Bilanzen auskennen, vielleicht sogar einen gewissen juristischen Hintergrund haben. Gerade in der heutigen Zeit, sind natürlich dann Steuern und all so etwas auch sehr, sehr wichtig. Das ganze würde ich mal so unter Betriebswirtschaft zusammenfassen wollen" (Insider 1).

Um in diesem Bereich handlungsfähig zu sein, ist ein fundierter Wissenserwerb nötig. Diese Einschätzung wird in allen Interviews bestätigt. Bei den Managern gibt es, ähnlich wie bei den Trainern, verschiedene Zugänge zur Erlangung von Fachwissen. Der erste ist eine berufliche Qualifikation, die z.B. durch einen Studiengang im Bereich Sportmanagement erreicht werden kann:

> „Wie gesagt, das ist ein vielfältiges Feld, aber die wichtigsten Dinge sind natürlich ein Stück weit die berufliche Qualifikation" (Sportmanager 1).

Dass berufliche Qualifikation aber nicht zwingend Handlungskompetenz garantiert, bringen die nächsten Zitate zweier Manager zum Ausdruck:

> „Das ist die Qualifikation. Ob er dann kompetent ist, ist wieder was anderes, aber das sind halt mal die Grundvoraussetzungen: Wissen und Fertigkeiten" (Sportmanager 7).

> „Viele Trainer wirken auf den ersten Blick relativ einseitig orientiert, entweder nur Fachidioten oder nur Integrationsfigur für ihre Mannschaft" (Sportmanager 5).

Um den Anwendungsbezug sicherzustellen, empfiehlt ein Sportmanager eine „Lehrzeit" im Sportbetrieb. Dadurch soll eine Diskrepanz zwischen Theorie und Praxis vermieden werden. Duale Studiengänge können hier ein Modell für die Ausbildung des Führungsnachwuchses in Sportunternehmen sein:

> „Was ich halt denke, was man nicht unterschätzen darf, also ich finde ganz wichtig, dieses ‚learning by doing'. Mir kommen zu viele Theoretiker in den Job. Also ich finde auch heute, wenn jemand in den Bereich will, dann muss er unbedingt drei Jahre im Betrieb gelernt haben. Einfach wirklich, das praktiziert haben, nach Möglichkeit auch sehr breit aufgestellt" (Sportmanager 2).

Der zweite wesentliche Bereich ist die sportartspezifische Kompetenz. Diese Kompetenz ist für die Manager *des* Sports wichtig, die an der Schnittstelle des Clubs zu Trainern und Spielern eingesetzt sind. Für Manager *im* Sport, die beispielsweise im Rechnungswesen oder Marketing arbeiten, ist der Sportbezug nicht im gleichen Maße notwendig. Die Führungskräfte im Bereich Teammanagement brauchen diese „Sport-Kompetenz". Zwei Zitate von Insidern belegen dies beispielhaft für die Sportarten Fußball und Handball:

> „Ja, die Kompetenz, er muss sich im Fußball auskennen wie kein Zweiter, er muss am besten selbst gespielt haben, wobei es nicht entscheidend ist, in welcher Klasse" (Insider 4).

> „Die zweite ist natürlich, je nach Sportart sollte er sich natürlich auch auskennen in dieser Sportart. Bei mir in dem Fall Handball, sollte er vielleicht sogar früher mal aktiv gewesen sein, zumindest muss er so lange im Geschäft sein, dass er weiß, wovon alle reden und sich da auch nicht lächerlich macht, wenn, wenn er über fachliche Dinge, den Sport betreffend redet" (Insider 1).

Die Sport-Kompetenz des Managers ist zugleich Voraussetzung für eine Zusammenarbeit mit dem Trainer auf Augenhöhe. Manager müssen vor allen Dingen vorausblickend handeln und planen, um langfristig Erfolg garantieren zu können:

> „Also der braucht auf jeden Fall Fachexpertise, denn, denn er ist ja wesentlich mit dem Trainer zusammen verantwortlich, der Trainer gibt seine Inputs, aber in der Langfristigkeit, in der er gefordert ist, muss er ein gutes Gespür haben für, er muss fachlich kompetent sein, er muss ein gutes Gespür haben für Talente, für Personen" (Trainer 2).

Die Sport-Kompetenz wird auch bezüglich der Frage nach den besonderen Kompetenzen der Topleister mehrfach genannt. In der Tat gibt es viele Beispiele für erfolgreiche Sportmanager, die auch als Sportler sehr erfolgreich waren:

> „Es sind eigentlich die erfolgreich, die auch in ihrer Sportart mal was erreicht haben. Die vielleicht mal ein guter Spieler gewesen sind. Oder ein guter Trainer gewesen sind" (Insider 7).

Sportmanager brauchen eine fundierte und praxisnahe betriebswirtschaftliche Ausbildung.

Sie sollten auch über einen entsprechenden Bezug zur jeweiligen Sportart verfügen, da dieser für die Arbeit im Teammanagement zwingend notwendig ist.

Topleister im Sportmanagement verfügen häufig über eine besonders hohe „Sport-Kompetenz" und waren selbst erfolgreiche Sportler oder Trainer. In der Ergebnisdarstellung wird der Kompetenzatlas für Sportmanager um das Fachwissen in der jeweiligen Sportart erweitert.

## 2.2.1.2 Marktkenntnisse

Die Kompetenz „Marktkenntnis" beschreibt die Fähigkeit, sich auf das Tätigkeitsfeld bezogene Erkenntnisse zu erschließen, daraus strategische und operative Maßnahmen abzuleiten und diese Maßnahmen in das eigene Handeln angemessen einzubeziehen (vgl. Heyse, 2010, S. 143). In den Interviews wurde regelmäßig die Kenntnis des Spielermarktes als relevant erachtet. Dieser Aspekt der Marktkenntnis wird von allen drei Befragungsgruppen in erster Linie für die Sportdirektoren (Manager *des* Sports) genannt. Obwohl nicht explizit erwähnt, kann man davon ausgehen, dass Marktkenntnis auch bei den Trainern vorausgesetzt wird, beispielsweise als Teil des Fachwissens.

Marktkenntnisse werden in allen drei Befragungskategorien erwähnt. Gerade die Kenntnis des internationalen Spielermarktes wird in Zukunft noch wichtiger werden. Marktkenntnisse bauen auf einem guten Netzwerk auf und beziehen sich im weiteren Sinne auf das globale Verständnis für eine Branche:

> „Dass ich dadurch nicht nur in der Szene drin bin und vernetzt bin, Kontakte habe, sondern dass ich halt auch weiß, wie das Ganze funktioniert" (Sportmanager 2).

> „… wenn man jetzt sieht bei Bayern München, oder wenn man sieht damals beim Hamburger SV, der Dietmar Beiersdorfer, oder Klaus Allofs, oder wenn man Horst Held vom VfB Stuttgart sieht. Da sind ja sportliche Manager, die das Geschäft kennen, und das ist denk ich mal ganz wichtig" (Insider 5).

> „… Marktkenntnis auf jeden Fall. Was im Sport sicherlich nochmal anders ist, es ist ein sehr transparenter Markt" (Trainer 3).

### 2.2.1.3 Fachübergreifende Kenntnisse

Die Kompetenz „Fachübergreifende Kenntnisse" beschreibt die Fähigkeit, Erkenntnisse aus anderen Disziplinen (z.B. der Sportwissenschaft im Falle eines Sportmanagers) oder beruflichen Feldern in das eigene Handeln einzubeziehen (vgl. Heyse, 2010, S. 132). Voraussetzungen sind die fachliche Neugier und das Komplexitätsverständnis für einen Interessenbereich. Für Trainer und Sportmanager werden fachübergreifende Kenntnisse in der Zukunft in unterschiedlichen Bereichen an Bedeutung gewinnen.

Beim Trainer können z.B. Kenntnisse im Bereich gruppendynamischen Wissens notwendig sein, die über die Inhalte der Trainerausbildung hinausgehen und in großen Clubs durch spezielles Personal abgedeckt werden:

> „Zum anderen ist er auch ein Psychologe in gewisser Hinsicht, also gerade im Jugend- und Bundesligabereich. Weil, wenn wir jetzt vom Basketball ausgehen, natürlich nicht das Angebot da ist, immer mit Sportpsychologen zusammenzuarbeiten, also hat er auch da eine ganz immense Aufgabe zu bewältigen" (Insider 6).

Bei der Generierung von fachübergreifenden Kenntnissen sind die Trainer sehr offen für neue Wissensfelder:

> „Bis zur intensiven Auseinandersetzung mit Führungsstrategien, psychologischen auch sportpsychologischen Inhalten. Also das ist schon sehr vielfältig bis hin zur japanischen und chinesischen Kriegskunst" (Trainer 1).

Auch hier spielt das informelle Lernen eine wichtige Rolle. Erkenntnisse aus anderen Lebensbereichen können so für die eigene Tätigkeit genutzt werden:

> „Das muss nicht unbedingt mit der Rolle des Trainers zu tun haben. Das kann auch aus anderen Rollen wie Vater, Familie, Partner oder Physiotherapeut sich bedingen. Das ist dann vielleicht auch ein Thema das sich in unterschiedlichen Lebensbereichen zeigt oder man die Erkenntnisse über die Lebensbereiche hinweg transferieren kann" (Trainer 4).

Die Technisierung schafft zusätzliche Möglichkeiten für Trainer, ihre Arbeit zu optimieren. Der moderne Trainer der Zukunft muss sich aus Wettbewerbsgründen mit technischen **Möglichkeiten** befassen:

> „Also die Technisierung, da wird sich auch kein Sportler, kein Profisportler vor verschließen können. Noch vor zwanzig Jahren haben die VHS-Videokassetten rein- und rausgeschoben aus dem Rekorder und heute müssen sie selber irgendwelche Sachen zusammenschneiden können. Spielbeobachtungen, also da ist der technische Fortschritt auch unglaublich. Viele Trainer in verschiedenen Sportarten arbeiten heute mit Head-Sets, wie sie vielleicht im US-Sport schon Gang und Gäbe sind. Unter dem Hallendach sitzt jemand, der ein biss-

chen souffliert und irgendwelche Dinge von einem anderen Blickwinkel aus beobachtet und unten auf dem Spielfeld wird dann der Trainer, der Cheftrainer mit Informationen versorgt und kann das dann direkt an die Mannschaft weitergeben, also ich glaube, die Technisierung ist ja auch eine ganz wichtige Rolle" (Insider 1).

Die Bedeutung von fachübergreifenden Kenntnissen wird durch eine Spezialisierung der Trainer im Fachgebiet nicht verringert, sondern gewinnt durch diese Spezialisierung sogar noch zusätzlich an Bedeutung.

### 2.2.1.4 Analytische Fähigkeiten

Mit analytischen Fähigkeiten wird die Fähigkeit, Sachverhalte und Probleme zu durchdringen (vgl. Heyse, 2010, S. 124), bezeichnet. Dabei gilt es, kausale und finale Zusammenhänge zu erkennen und die richtigen Schlüsse zu ziehen. Bei Trainern wird diese Kompetenz im taktischen Bereich gefordert:

„Dann die richtigen Schlüsse daraus ziehen" (Insider 1).

Für Sportmanager ist eine objektive und sachliche Analyse insbesondere bei der Lösung von kritischen Situationen erforderlich:

„Eine objektive Analyse der Situation, also dass man da nicht, nicht subjektiv reingeht, sondern dass man das wirklich versucht von allen Seiten zu beleuchten. Wenn denn kritische Situationen auftreten, ob das jetzt im sportlichen Bereich ist, oder ja, auch in der, in der Vermarktung, wenn jetzt die Zuschauerzahlen nicht stimmen, oder was auch immer. Dass man da halt wirklich versucht, von allen Seiten das Problem zu betrachten" (Sportmanager 6).

Analytische Fähigkeiten stehen in engem Zusammenhang mit der Teilkompetenz Sachlichkeit, also sachbezogen und zweckmäßig zu handeln. Objektivierung und Faktenorientierung kennzeichnen den Entscheidungsprozess:

„Wenn es eben mal nicht so läuft und dann eben die richtigen Schlüsse zu ziehen und auch die richtigen Entscheidungen danach zu treffen. Also ich glaube, dass in Talsohlen in welchen Bereichen auch immer, seien das finanzielle Probleme oder sportliche Probleme, da zeigt sich dann wirklich, was jemand drauf hat" (Insider 1).

Analytische Fähigkeiten und Sachlichkeit wurden besonders im Zusammenhang mit Sportmanagern genannt. Die Nennungen im Bereich der Topkompetenzen gingen über die Anzahl der Nennungen im allgemeinen Bereich hinaus.

## 2.2.1.5 Beurteilungsvermögen

Unter Beurteilungsvermögen versteht man im engeren Sinne die Fähigkeit, Sachverhalte zutreffend zu beurteilen (vgl. Heyse, 2010, S. 127). Im weiteren Sinne wird das faktenorientierte Beurteilen der Fähigkeiten von Sportlern in diese Definition eingebunden. Beurteilungsvermögen ist für Trainer bei der Einschätzung von taktischen Spielsituationen notwendig und basiert auf Beobachtung:

> „Für mich ist ein sehr guter Trainer jemand, der, der gut und schnell beobachten kann" (Manager 4).

Trainer müssen, um die optimale Teamleistung hervorzubringen, die Stärken und Schwächen ihrer Spieler beurteilen können. Besonders Sportmanager erwarten dies von ihnen:

> „Sondern es geht darum, jeden einschätzen zu können, die Stärken und Schwächen jedes einzelnen Spielers einschätzen zu können" (Manager 1).

Auch für Sportmanager spielt das Beurteilungsvermögen von Handlungssituationen eine große Rolle. Die Urteilsfähigkeit basiert auf persönlichen Erfahrungen der Sportmanager:

> „Letztendlich ist es Lebenserfahrung, das ist nichts Lehrbares, das ist etwas Erfahrbares, wie der Begriff schon sagt. Aber ich glaube auch, das fließt in ein Sponsorengespräch in einem gewissen Maße mit ein. Es liegt ja an der Natur der Sache, wenn ich bestimmte Dinge einfach auch erfahren habe, dass ich diese persönlich auch beurteilen kann" (Manager 3).

Beurteilungsvermögen erwies sich als wichtige Kompetenz für Sportmanager in allen Befragungskategorien. In engem Zusammenhang mit dem Beurteilungsvermögen steht die Teilkompetenz Folgebewusstsein; die Fähigkeit, die Folgen von Entscheidungen voraussehend zu erkennen (vgl. Heyse, 2010, S. 134). Denn nur durch das richtige Einschätzen der möglichen Auswirkungen von Entscheidungen können Fehlentwicklungen gegebenenfalls verhindert werden:

> „Ja, klar gibt es die. Das ist natürlich jede Entscheidung im Leben kann eine Fehlentscheidung sein. Je höher man in einer Hierarchie angesiedelt ist, kann das natürlich auch schon mal die Letzte sein. Ich denke mal Punktabzüge wegen organisatorischer Fehler oder Fristversäumnis oder Verlust von Sponsoren aufgrund schlechter Verhandlungsführung, das sind sicherlich bedrohliche Dinge" (Manager 5).

## 2.2.1.6 Lehrfähigkeit

Unter Lehrfähigkeit versteht man die Fähigkeit, anderen Wissen und Erfahrungen erfolgreich zu vermitteln (vgl. Heyse, 2010, S. 142). Für die Sportpraxis wird Lehrfähigkeit um den Begriff Fähigkeit zum Coaching erweitert, womit das Betreuen von Sportlern in Trainings- und Wettkampfsituationen gemeint ist. Lehrfähigkeit und die Fähigkeit zum Coaching spielen nur für Trainer eine bedeutsame Rolle:

> „So gut wie möglich coachen, unterrichten, an die Hand nehmen, dass der Sportler erfolgreich ist" (Insider 1).

Lehrfähigkeit entwickelt sich als Berufserfahrungskompetenz durch die Übernahme entsprechender Lehraufträge. Viele Trainer sind als Ausbilder in ihrem Sportverband tätig:

> „Als Verbandstrainerin und auch im Rahmen des Vereins bin ich als Ausbilderin tätig. Das hat mir bei meiner eigenen Entwicklung geholfen, weil man Detailarbeit machen muss, um sie anderen erklären zu können" (Trainer 7).

## 2.2.2 Personale Kompetenzen

Im Folgenden werden die relevanten Teilkompetenzen für Trainer und Sportmanager aus der Kompetenzgruppe der personalen Kompetenzen dargestellt.

### 2.2.2.1 Normativ-ethische Einstellung

„Normativ-ethische Einstellung ist die Bereitschaft, auf der Grundlage allgemein gültiger und z.B. im eigenen Unternehmen erarbeiteter Normen sowie ethischer und anderer Werte selbstverantwortlich zu handeln" (Heyse, 2010, S. 145). Synonyme für eine normativ-ethische Einstellung sind Anstand, Verantwortungsbewusstsein und Werteorientierung. Dieser Bereich ist sowohl für die Trainer als auch für die Sportmanager von höchster Bedeutung:

> „Was ich damit meine, ist, ich glaube, dass man als Trainer ein starkes Überzeugungs- und Wertesystem braucht" (Trainer 1).

Die richtige Grundeinstellung ist die Voraussetzung für erfolgreiches berufliches Handeln. Bei erfolgreichen Trainern und Sportmanagern entwickelt sich aus einer positiven Einstellung eine regelrechte Leidenschaft:

> „Vor allem, sicherlich in der Bereitschaft, dass man das Ganze lebt. Also dass man da mit Leidenschaft und Herzblut dabei ist" (Manager 6).

> „Es reicht ja nicht nur zu sagen, ‚Ich will Manager werden'. Sondern du musst es wirklich als Leidenschaft sehen und du musst es können" (Trainer 6).

Eine allgemeine Verantwortung für den Berufsstand und seine weitere Entwicklung kann in der Grundeinstellung zur Tätigkeit verankert sein. Trainer mit einer entsprechenden Grundhaltung werden ihr Wissen an die nächste Trainergeneration weitergeben:

> „Ich wünsche mir auch, dass, dass die guten arrivierten Trainer, das ist für mich ganz wichtig, noch mehr die Jugendtrainer und die jungen Trainer ausbilden" (Manager 1).

### 2.2.2.2 Glaubwürdigkeit

Unter glaubwürdigem Handeln versteht man die Fähigkeit, vertrauensvoll und berechenbar zu handeln (vgl. Heyse, 2010, S. 136). Synonyme für Glaubwürdigkeit sind Authentizität und Integrität:

> „Die Persönlichkeitskompetenz geht in Richtung authentische Wirkung" (Trainer 4).

> „… und eine hohe Integrität, also so Dinge, die klingen immer sehr banal, aber die halte ich für ganz wichtig, weil ich andere Trainer erlebt habe" (Manager 2).

Glaubwürdigkeit wird von Trainern und Sportmanagern in den Interviews häufig als Topkompetenz angesprochen. Sie ist die Grundlage für eine vertrauensvolle Zusammenarbeit mit Sportlern und Mitarbeitern:

> „Für mich ist es entscheidend, dass es hinter der so genannten offiziellen Managementfunktion einen sichtbaren Menschen gibt, dem du abnimmst, dass er hinter dem steht, was er sagt" (Manager 3).

> „Wenn man an Uli Hoeneß denkt, den ich nicht persönlich kenne, kommt man wahrscheinlich wieder zu diesen genannten menschlichen Qualitäten der Persönlichkeitsstruktur, sprich, sich in diesem Geschäft über Jahre bewegen zu können, ohne seine Persönlichkeit zum Negativen zu verändern" (Trainer 3).

Eigene Handlungsweisen können Vorbildcharakter für andere Mitarbeiter sein:

> „… seinen eigenen Stil, erstmals zu finden, den aber auch dann auf andere zu projizieren" (Insider 1).

Glaubwürdigkeit bedeutet außerdem, Emotionen authentisch zeigen zu können:

> „Das ist eine Seele von Mensch, bei Menschen die so explodieren weißt du meistens, die sind ehrlich. Die schaffen das nicht, die Glattgebügelten und Geföhnten zu spielen" (Insider 4).

Glaubwürdige Menschen spielen keine Rollen und vertreten ihre Meinung gerade in der Öffentlichkeit sehr entschlossen. Auch im Umgang mit Medien ist Glaubwürdigkeit eine wichtige Kompetenz und die Voraussetzung für eine vertrauensvolle Zusammenarbeit:

„Denn davon hängt einfach seine Glaubwürdigkeit ab. Wenn ich merke der eiert rum oder der belügt mich quasi, dann tut er sich selbst damit keinen Gefallen. Muss schon offen und ehrlich sein" (Insider 7).

### 2.2.2.3 Eigenverantwortung

„Eigenverantwortung ist die Ausnutzung des eigenen personalen Handlungsspielraums und der darin möglichen Verwirklichung des entsprechenden Verantwortungsbewusstseins" (Heyse, 2010, S. 129). Eigenverantwortung bedeutet auch, sich mit einem Thema stark zu identifizieren und einzusetzen:

> „Ja, so eine, ja, also ich glaube, da ist einfach ganz wichtig, dass man halt dieses, dieses Engagement unbedingt lebt und sich damit voll identifiziert, das halte ich vielleicht für das Wesentlichste" (Manager 6).

Die starke Identifikation mit einer Organisation wird häufig mit dem Begriff *commitment* beschrieben. Trainer und Sportmanager zeigen ihr *commitment* als Repräsentanten des Clubs in der Öffentlichkeit. Die Hingabe für eine Tätigkeit zeichnet die Idealisten in der Sportbranche aus:

> „Also für mich ist der entscheidende Unterschied darin, dass du sehr schnell merkst, ob ein so genannter Topmanager wirklich hinter der Aufgabe steht. Es gibt da immer eher technokratisch veranlagte Typen, die machen die Aufgabe, aber die würden eine komplett andere Aufgabe für das gleiche Geld auch machen. Du merkst den entscheidenden Unterschied bei Menschen, die hinter der Sache stehen, die sich mit Haut und Haaren dieser Sache verschreiben" (Manager 3).

> „Das ist denk ich mal ganz wichtig, ja er muss eine Vereinsphilosophie haben. Es ist ganz wichtig, dass sich seine Kompetenzen in dieser Vereinsphilosophie auch letzten Endes wiederfinden" (Insider 5).

> „Das merkt man auch gerade bei den Managern und Trainern, die selbst in einem Verein tätig waren. Rödl ist dafür ein super Beispiel, der jahrelang in Berlin gespielt hat und danach in Berlin Trainer wurde … Der hat sich da so identifiziert mit dem ganzen Team" (Insider 6).

Handlungsspielraum und Verantwortung haben sich für die Sportmanager deutlich vergrößert. In vielen Clubs sind die Sportmanager eine größere Konstante als die Trainer und Funktionäre:

> „Eigentlich hat er die größte Verantwortung überhaupt, dass hat sich aber erst in den letzten zehn bis fünfzehn Jahren so entwickelt. Er hat eine viel größere Verantwortung für das Wohl und Wehe des von ihm betreuten Vereins als der Trainer als der Vorstand. Die gehen und kommen. Er kommt und geht auch eines Tages, es fragt sich nur, ob nach oben oder unten" (Insider 4).

#### 2.2.2.4 Lernbereitschaft

Die Fähigkeit, gerne und erfolgreich zu lernen (vgl. Heyse, 2010, S. 136), ist vor allem für erfolgreiche Trainer wichtig und ist darüber hinaus als lebenslanger Prozess zu verstehen. Dies bestätigen die Trainer selbst, aber auch die Sportmanager und Insider:

> „Also da muss man sich schon, finde ich, sehr breit aufstellen, und sich als lernendes System verstehen, sonst ist das sehr schnell mit dem Erfolg vorbei" (Trainer 1).

> „Es ändert sich immer mal wieder was. Du musst immer am Ball bleiben" (Trainer 5).

Ein Teil der Lernbereitschaft ist die Weiterbildungsbereitschaft. „Sie ist darauf gerichtet, vorhandene Qualifikationen im Rahmen von Weiterbildungsmaßnahmen den sich ständig ändernden Anforderungen der Tätigkeit anzupassen" (Heyse, 2010, S. 136). Weiterbildung kann im Rahmen organisierter Veranstaltungen oder informell im sozialen Umfeld des Trainers stattfinden. Die Trainer müssen Weiterbildungsmaßnahmen als Investition in die eigene Handlungskompetenz betrachten und sich selbst ausreichend Zeit dafür zugestehen:

> „Ja, ein Trainer muss ja immer bereit sein, zu lernen, oder. Also das ist, denke ich, ein ganz zentraler Punkt, dass ein Trainer permanent unterwegs ist, dass er, dass er Pausen hat, wo er hospitiert, wo er, wo er Neues kennen lernt, wo er immer wieder informiert wird, also das überhaupt, der muss, denke ich, sagen, es gibt keine Nachsaison, gibt es einfach nicht, sondern nach der Saison ist vor der Saison, das heißt, der muss unterwegs sein, informiert sich, ist also ständig, ständig im Prozess begriffen" (Manager 2).

#### 2.2.3 Sozial-kommunikative Kompetenz

Es folgt eine Darstellung der Teilkompetenzen, die für Trainer und Sportmanager aus der Kompetenzgruppe der sozialen Kompetenzen relevant sind.

#### 2.2.3.1 Kommunikationsfähigkeit

Die Voraussetzung für Kommunikation ist die Kontaktbereitschaft mit dem jeweiligen Umfeld. Sie ist eine Schnittstelle zur Kooperations- und Teamfähigkeit (vgl. Heyse, 2010, S. 139):

> „Das sind die Dinge, die man als Trainer lernen muss. Du musst lernen diesen berühmten Weg zu gehen, aber nie als Sturkopf, nie als Einzelkämpfer, sondern du musst deinem Trainerteam vertrauen und du musst kommunikativ sein" (Manager 3).

Trainer müssen mit der heutigen Spielergeneration angemessen kommunizieren. Mit einem autoritären Führungsstil und ausgedienten Parolen erreicht man die Spieler nicht mehr:

> „... und Ansprache, ganz wichtig, wird immer wichtiger, denk ich, Fußball durch sich verändernde Spielergeneration ist heute so" (Trainer 3).

Kommunikationsfähigkeit hat sowohl für Trainer als auch für Sportmanager eine besondere Bedeutung und wurde sowohl bei den allgemeinen Kompetenzen als auch bei zukünftig wichtigen Kompetenzen am häufigsten genannt. Lediglich bei den Topkompetenzen ist die Kommunikationsfähigkeit nicht vertreten. Anscheinend ist die Fähigkeit zu kommunizieren ein K.O.- Kriterium für den Trainer der Zukunft:

> „Du musst sehr kommunikativ sein. Es gibt kein es ,interessiert mich nicht'. Solche Zeiten sind vorbei. Solche Typen gibt es nicht mehr. Der Sport lebt von der Vermarktung. Er lebt vom medialen Interesse, deswegen muss man sich der Geschichte offen gegenüber zeigen" (Manager 3).

Kommunikationsfähigkeit wird für die Trainer insbesondere im Umgang mit den Medien immer wichtiger. Trainer müssen die Gesamtinteressen des Clubs respektieren und die erforderliche Öffentlichkeitsarbeit unterstützen:

> „Da brauchen die Trainer eine bessere Ausbildung im Umgang mit Medien" (Trainer 6).

> „Aber klar, muss ein Trainer sich da auch öffnen und darf nicht nur, also wenn ein Interviewtermin ansteht, dann sagen, okay, das interessiert mich jetzt hier nicht, wie wir uns nach außen darstellen. Ich mache hier Training, alles andere ist mir egal. Das wird in Zukunft schwierig" (Manager 6).

> „Ich persönlich glaube, dass du im Profisport permanent in der Lage sein musst, dich medial vernünftig zu bewegen. Du musst in der Lage sein, Strömungen innerhalb der Medien sehr frühzeitig zu erkennen und du musst in der Lage sein, auf bestimmte Strömungen gegenzuwirken" (Manager 3).

Für die Sportmanager ist Kommunikationsfähigkeit in jeglicher Hinsicht enorm wichtig. Kommunikationsfähigkeit ist auch eine ihrer Topkompetenzen:

> „Ich muss in der Lage sein, mit unterschiedlichen Teilnehmern des Marktes zu kommunizieren" (Manager 1).

Die Marktteilnehmer sind im Umfeld aber auch clubintern zu finden. Innerhalb der Clubs nehmen die Sportdirektoren eine Schlüsselposition ein. Medienvertreter und Sponsoren sind wichtige Interessengruppen, mit denen der Sportmanager kommunizieren muss:

> „Der Sportdirektor ist im Grunde ... das Brückenglied zwischen Mannschaft, Trainer, Sportdirektor und Vorstand" (Insider 2).

„Ja, also ich glaube, dass das, was ich gerade zuletzt gesagt habe, der Umgang mit Medien immer wichtiger wird, denn Öffentlichkeit und Medienpräsenz bedeutet auch, mehr Sponsorenpräsenz, mehr Sponsoren bedeutet mehr Geld, in dem Fall mehr Geld heißt mehr Einnahmen für den Club, bedeutet auch dass ich einen guten Job mache, als Sportmanager. Da greift natürlich ein Rad ins nächste. Ich glaube, dass im Zuge der immer größeren Transparenz und auch der, der, der des Mediendrucks das ein ganz wichtiger Punkt sein wird in Zukunft" (Insider 1).

Gerade die Pressevertreter haben eine klare Vorstellung davon, wie die Zusammenarbeit mit den Sportmanagern aussehen sollte:

„Also, ein guter Manager muss ist eigentlich für mich als Journalist immer erreichbar, muss immer Rede und Antwort stehen können. Aus Sicht der Medien. Er muss mir jetzt nicht alles erzählen, aber er muss, wenn ich ihn was frage, Rede und Antwort stehen können" (Insider 7).

### 2.2.3.2 Beziehungsmanagement/Networking

Das erfolgreiche Gestalten persönlicher und arbeitsbezogener Beziehungen (vgl. Heyse, 2010, S. 127) setzt vor allen Dingen Kontaktfreudigkeit und Menschenfreundlichkeit voraus. In der Auswertung für die Trainer ist Beziehungsmanagement die wichtigste Kompetenz nach der Kommunikationsfähigkeit im Bereich der sozialen Kompetenzen. Für die Trainer steht dabei vor allem der Bezug zur Mannschaft im Vordergrund:

„Also mit, mit dem Umfeld regelmäßigen Austausch zu haben, ist sicherlich notwendig und auch hilfreich. Aber ich meine, was noch wichtiger ist, und das merke ich, wenn es vor allen Dingen zu kurz kam, ist das Beziehungsmanagement mit der Mannschaft, mit den Spielern" (Trainer 2).

Die positive Beziehung zur Mannschaft ist auf längere Sicht die wichtigste Voraussetzung, um erfolgsorientiert arbeiten zu können:

„Es wird für den Trainer entscheidend sein, dass er den Rückhalt der Mannschaft hat. Das ist sein entscheidender Ansprechpartner. Wenn er in der Mannschaft Probleme hat, kann er Beziehungspflege machen was er will, dann ist er weg" (Trainer 4).

Bei den Managern rangiert das Beziehungsmanagement in der Kompetenzgruppe der sozialen Kompetenzen unangefochten an Position eins. Es wird in allen drei Befragungskategorien genannt. Für Sportmanager gilt es, vielfältige Beziehungen in unterschiedliche Richtungen zu pflegen:

„Ob es gesellschaftspolitische Dinge sind, dir wir umzusetzen haben in der Stadt, ob das mit Politikern ist, ob das mit wichtigen Vertretern von Verbänden ist, bis hin zu den täglichen Arbeiten im nationalen, internationalen Spielerbereich, nationale, internationale Vereine, Vereinsvertreter, mit denen zu kommunizieren" (Manager 1).

Für Sportmanager ist aber nicht nur die Pflege einzelner beruflicher Kontakte wichtig. Die Vernetzung der unterschiedlichen Interessengruppen untereinander ist eine wichtige Aufgabe. Hier benötigt der Sportmanager die Kompetenz zum Networking, die ebenfalls zum Beziehungsmanagement gerechnet wird:

> „Das ist natürlich auch an einem Standort wie …, der sich in den letzten zehn Jahren ja fulminant entwickelt hat, auch immer Netzwerkarbeit oder Business to Business. Kontakte, die sie pflegen" (Manager 2).

Innerhalb der Clubs haben sich die Sportmanager ebenfalls Netzwerke aufgebaut, die nicht nur den beruflichen Bereich betreffen, sondern auch der Pflege privater Beziehungen dienen:

> „Er braucht ein sehr gutes Netzwerk. Bei … ist der Manager schon immer beim Verein gewesen. Er kennt alles und jeden. Er weiß, dass der eine Spieler Nachwuchs bekommt, was mit den einzelnen Trainern ist und wo gerade die Mülleimer nicht geleert sind" (Trainer 4).

In manchen Sportarten ist aufgrund ihrer Überschaubarkeit das soziale Netzwerk besonders wichtig und gut ausgebaut:

> „Die bringen ein Stückweit Know-how, was das Basketball-Metier betrifft und natürlich auch Kontakte. Also dann geht es ja primär, das soziale Netzwerk ist beim Basketball ganz immens" (Insider 6).

In einer globalisierten Sportwelt wird für Trainer und Sportmanager die Kontaktpflege ins Ausland immer wichtiger. Beziehungen zum internationalen Spielermarkt müssen in den jeweiligen Sportarten gepflegt werden. Deshalb wird in der Ergebnisdarstellung das *Networking* für Trainer und Sportmanager neben dem Beziehungsmanagement gesondert aufgeführt.


### 2.2.3.3 Konfliktlösungsfähigkeit

Unter Konfliktlösungsfähigkeit versteht man die Fähigkeit, trotz Konflikten erfolgreich zu handeln (vgl. Heyse, 2010, S. 140). Zur Konfliktlösungsfähigkeit zählen ebenso Konfliktbereitschaft wie Kompromissfähigkeit und diplomatisches Verhalten. Sie ist für Trainer und Sportmanager ähnlich wichtig und in engem Bezug zur Problemlösefähigkeit zu sehen. Die Handlungsfähigkeit in kritischen Situationen steht allerdings im Vordergrund:

> „Er muss also auch in der Lage sein, in Konflikt und Krisensituationen agieren zu können, vernünftig agieren zu können" (Manager 2).

Für die Trainer sind zwei Arten von Konflikten besonders kritisch. Konflikte innerhalb der Mannschaft zwischen einzelnen Spielern und Konflikte des Trainers selbst mit einem Spieler:

> „Konflikte unter den Spielern und auch Konflikte mit einem Spieler und einem Trainer, weil man mit seinem Verhalten nicht einverstanden ist, anderes Verhalten erwartet, anderes Verhalten anmahnt und der Spieler möglicherweise nicht bereit ist, auf diese Veränderung einzusteigen" (Trainer 2).

Konflikte können durch Kompromisse und Konsens gelöst werden. Die Kompromissbereitschaft kann mit der Durchsetzung von persönlichen Grundeinstellungen konkurrieren. Für die handelnde Person ergibt sich ein Dilemma der Führung (vgl. Neuberger, 1995, S. 534). Ein Dilemma entsteht, wenn zwei an sich erstrebenswerte Ziele miteinander konkurrieren:

> „… aber Konflikte gibt es da natürlich. Also die man halt aushalten muss. Ja, man muss dann immer den Kompromiss finden, ohne sich komplett zu verbiegen" (Manager 2).

### 2.2.3.4 Vermarktungsstärke/Akquisitionsstärke

Die Fähigkeit, andere für Produkte und Aufgaben zu werben (vgl. Heyse, 2010, S. 123), ist eine wichtige Kompetenz, über die vor allem Sportmanager bei der Vermarktung ihrer Clubs verfügen sollten. Daher ist es auch nicht verwunderlich, dass der Begriff Vermarktungsstärke (im Weiteren die branchenspezifische Beschreibung der Akquisitionsstärke) bei den Sportmanagern am dritthäufigsten genannt wurde. Für Trainer spielt Vermarktungsstärke im Sinne der Definition keine Rolle. Allerdings ist es für Trainer wichtig, sich selbst gut zu verkaufen. Diese „Akquisitionsstärke in eigener Sache" ist allerdings der Kommunikationsfähigkeit zuzuordnen:

> „Also und ein moderner Trainer muss auch nach außen sich gut verkaufen können" (Manager 4).

> „Er hat gewisse Stärken in seiner Außendarstellung, kann sich halt verkaufen gegenüber der interessierten, breiten Öffentlichkeit" (Manager 5).

Für Sportmanager stellt die Akquisitionsstärke eine eindeutige Kernkompetenz dar, wenn es um die Beschaffung von finanziellen Mitteln geht:

> „Ganz einfach, Geld bringen, das ist das A und O" (Trainer 5).

Die Vertriebsstärke der Sportmanager ist in großem Maße auch von ihrer Überzeugungskraft gegenüber potenziellen Sponsoren abhängig. In dieser Rolle brauchen Sportmanager auch ein ausgeprägtes psychologisches Fingerspitzengefühl:

„Ich muss Unternehmen für uns gewinnen. Deswegen muss ich auch Dinge mit einfließen lassen, wie kann ich einen potenziellen Sponsoren motivieren, wie kann ich ihn begeistern für meine Sache" (Manager 3).

Der Sportmanager übernimmt im Rahmen der internen und externen Öffentlichkeitsarbeit auch regelmäßig die Rolle eines Pressesprechers und teilt die Arbeit im Teammanagement der jeweiligen Interessengruppe mit:

„Verkäufer gegenüber Vereinsvorstand und Öffentlichkeit" (Insider 3).

### 2.2.3.5 Beratungsfähigkeit/Coachingfähigkeit (Trainer)

Die Fähigkeit, Menschen und Organisationen beraten zu können (vgl. Heyse, 2010, S. 98), wird neben *Beratungsfähigkeit* auch *Begeisterungsfähigkeit* oder *Überzeugungskraft* genannt. Beratungsfähigkeit bedeutet für Trainer vor allem die Fähigkeit zum Coaching und wird deshalb als Coachingfähigkeit in den Kompetenzatlas der Trainer aufgenommen. Gerade Trainer brauchen gegenüber ihrem Team viel Überzeugungskraft, um ihre fachliche Autorität aufrecht zu erhalten:

„Er muss jeden Tag da, die Jungs auch überzeugen können, ob das Taktik, Technik oder physischer Bereich ist, … Wenn die Spieler anfangen sich zu fragen, ob das richtig ist, oder nicht, was sie tun, ist der Trainer schon in Gefahr" (Manager 4).

### 2.2.4 Aktivitäts- und Umsetzungskompetenz

Die relevanten Teilkompetenzen für Trainer und Sportmanager aus der Kompetenzgruppe Aktivitäts- und Umsetzungskompetenz werden nunmehr dargestellt.

### 2.2.4.1 Ergebnisorientiertes Handeln

Ein Synonym für ergebnisorientiertes Handeln ist Erfolgsorientierung. Ziele werden bewusst mit großer Willensstärke verfolgt und realisiert (vgl. Heyse, 2010, S. 131). Ergebnisorientiertes Handeln ist nach zielorientiertem Führen die wichtigste Teilkompetenz in der Gruppe der Aktivitäts- und Umsetzungskompetenzen. Dies gilt sowohl für Trainer als auch für Sportmanager. Für letztere stellt ergebnisorientiertes Handeln sogar die Topkompetenz mit den meisten Nennungen (25% der Befragten) über sämtliche Kompetenzbereiche dar. Dabei reflektieren und überprüfen die Topleister ihre Handlungswirksamkeit systematisch:

„Aber auch die jeweiligen einzelnen Bereiche und Personen zu überprüfen, ob man auch auf dem Weg dahin möglicherweise in die Richtung marschiert oder ob es Fehlentwicklungen sind und die dann zu erkennen und natürlich zu korrigieren" (Manager 1).

Auch bei den Trainern scheint es gewisse Muster in der Handlungswirksamkeit zu geben. Strategische Zielsetzungen und ein konsequentes Zielmanagement sind hier nur als Beispiele zu nennen:

> „Für mich haben alle erfolgreichen Trainer ein ähnliches Muster. Schaut man sich die Erfolgreichen an, dann haben die alle eine eindeutige Zielsetzung und Vision. Die wissen genau, wo sie hin wollen" (Trainer 4).

Ergebnisorientiertes Handeln wird in Zukunft insgesamt wohl noch wichtiger werden:

> „Die Mentalität wird sein in der Zukunft, dass noch mehr der reine Ergebniserfolg gewertet wird" (Trainer 6).

### 2.2.4.2 Zielorientiertes Führen

Zielorientiertes Führen beschreibt ein aktives, intensives Führungshandeln, bei dem Aktivitäten auf ein Ziel hin gebündelt werden (vgl. Heyse, 2010, S. 154). Das Führen mit Zielen ist die Königsdisziplin im Bereich der Aktivitäts- und Umsetzungskompetenz für Trainer und Sportmanager:

> „Der Trainer muss zum einen die Mannschaft führen und zum anderen den Trainerstab" (Trainer 4).

> „Der Trainer muss eine hohe Führungsqualität haben, der muss ja, muss ja hochdotierte Profis führen" (Manager 2).

Zielorientiertes Führen wird in der Regel mittels Zielvereinbarungen umgesetzt. Gegenüber den Spielern ist hier viel Fingerspitzengefühl erforderlich. So müssen Reservespieler zum Beispiel psychologisch unterstützt werden, um sich mit dem Team weiterhin identifizieren zu können:

> „Wenn ich es als Trainer schaffe, dass jemand trotzdem stolz auf den Erfolg der Mannschaft ist, obwohl er selber nicht gespielt hat, das ist sicher die, das Höchste, was ich erreichen kann; dass er sich als Teil einer Mannschaft fühlt, damit Teil des Erfolges ist, aber, obwohl er vielleicht selber nicht so viel dazu beigetragen hat. Das ist ja sehr wünschenswert" (Insider 1).

Für diese ohnehin schon wichtige Teilkompetenz halten die Trainer einen Zuwachs an Bedeutung in der Zukunft für durchaus wahrscheinlich:

> „Führungsqualität wird mit Sicherheit eine essentielle Voraussetzung, um den Job erfolgreich machen zu können" (Trainer 3).

„Wenn man sich die gesellschaftliche Entwicklung betrachtet, aber auch die Entwicklung in den Vereinen, die ja ein Abbild davon ist, dann wird die Führungskompetenz noch wichtiger werden" (Trainer 4).

43% der Befragten erachteten die Fähigkeit zu zielorientiertem Führen als wichtige Kompetenz für Sportmanager. Für diese handelt es sich bei zielorientiertem Führen um eine wichtige Fähigkeit, auf die sie sich auch im Rahmen ihrer betriebswirtschaftlichen Ausbildung vorbereitet haben:

„Auch zu führen ist eine sehr wichtige Fähigkeit, die in dem Begriff Kompetenz aus meiner Sicht einen enorm großen und umfangreichen Raum einnimmt" (Manager 3).

„Ja, also die Führung eines Verwaltungsteams zum Beispiel, das kann man meiner Meinung nach, in der Schule lernen, ohne Problem" (Manager 4).

Im Rahmen des Zielmanagements konkretisieren die Topleister unter den Sportmanagern die strategischen Ziele des Clubs. Die Ergebnisziele werden durch Aktivitätsziele operationalisiert und umgesetzt:

„Die wichtigste Kompetenz ist dann natürlich ein Ziel zu haben, ein Ziel formulieren zu können, ein realistisches Ziel dann auch zu haben, im jeweiligen Bereichen, es geht gar nicht darum, welchen Tabellenplatz man erreichen möchte, sondern wo möchte man in welchem Bereich irgendwann mal sein" (Manager 1).

Wichtige Bestandteile des zielorientierten Führens in einer hauptverantwortlichen Position sind Delegation und Kontrolle:

„Ich kann nicht alles machen. Dazu braucht es eine breite Anzahl von hochqualifizierten Mitarbeitern, die in einem Bereich sich ein Stück weit frei bewegen dürfen, aber immer wieder zusammengeführt werden auf einen Schreibtisch" (Manager 1).

### 2.2.4.3 Konsequenz

Die Fähigkeit zu geradlinigem Handeln (vgl. Heyse, 2010, S. 140) ist vorrangig für Trainer von Bedeutung. Durch konsequente Handlungen bleiben sie für ihr Team berechenbar. Entscheidungen werden dann eher als gerecht angesehen und auch nicht permanent im Nachgang in Frage gestellt:

„Ein erfolgreicher Trainer entscheidet schnell und steht konsequent zur Entscheidung. Da gibt es nicht ein heute so und morgen wie anders. Da zeigt sich dann auch ein Durchhaltewille" (Trainer 4).

### 2.2.5 Ergebnisse in einzelnen Befragungskategorien

Insgesamt ergaben sich über alle Kompetenzgruppen die folgenden signifikanten Ergebnisse in den einzelnen Befragungskategorien. Die Ergebnisse sollten angesichts der Gesamtzahl von insgesamt 21 Interviews als Trend gewertet werden.

### 2.2.5.1 Kategorien der notwendigen und wichtigen Kompetenzen

Bei den notwendigen Kompetenzen der Trainer wurden vorrangig Fachwissen in der Sportart (18 Nennungen), Kommunikationsfähigkeit (10 Nennungen), Glaubwürdigkeit des Trainers (8 Nennungen), Lehrfähigkeit (7 Nennungen) und Beziehungsmanagement (7 Nennungen) genannt. Die hohe Bedeutung der Kommunikationsfähigkeit deckt sich mit anderen Untersuchungen zur Sozialkompetenz der Trainer (vgl. Borggrefe, Thiel & Cachay, 2006; Blumhoff, 2009). Gerade die Fähigkeit zur Kommunikation mit dem eigenen Team wird für Trainer immer mehr zum K.O.-Kriterium.

Bei den Sportmanagern sind die wichtigsten Kompetenzen Fachwissen im Bereich Management (18 Nennungen), Beziehungsmanagement (11 Nennungen), zielorientiertes Führen (9 Nennungen), Beurteilungsvermögen (7 Nennungen), Akquisitionsstärke (7 Nennungen) und Marktkenntnisse (6 Nennungen). Die Sportmanager benannten dabei für sich selbst häufig Aktivitäts- und Umsetzungskompetenzen. Dies ergibt sich aus der Verantwortlichkeit für die strategische Ausrichtung der Clubs. Hier sind Sportmanager für die nachhaltige Umsetzung zuständig.

### 2.2.5.2 Kategorien der Topkompetenzen

Topkompetenzen wurden vorrangig im Bereich personaler Kompetenzen genannt. Die Topleister unter den Trainern zeichnen sich durch eine ausgeprägte Eigenverantwortung (6 Nennungen) aus. Dies beinhaltet eine hohe Identifikation mit der eigenen Aufgabe und dem Club. Bei Sportmanagern wurden häufig Glaubwürdigkeit (6 Nennungen) und die normativ-ethische Einstellung genannt, da Leidenschaft für die Aufgabe die Topleister unter den Managern auszeichnet. Mehr Nennungen gab es nur zu ergebnisorientiertem Handeln (7 Nennungen). Der bewiesene und nachhaltige Erfolg zeichnet eine Topkarriere als Sportmanager aus.

### 2.2.5.3 Kategorien der zukünftig wichtigen Kompetenzen

Für Trainer und Sportmanager wird in Zukunft Kommunikationsfähigkeit noch wichtiger werden. Hier gab es acht Nennungen für Trainer und vier Nennungen für Sportmanager. Die Kompetenz im Umgang mit Medien wird dabei für Trainer immer bedeutsamer. Die Sportmanager erwarten von Trainern die erfolgreiche Kommunikation ihrer Arbeit an die unterschiedlichen Interessengruppen. Trainer und Sportmanager müssen außerdem sich und ihre Arbeit in der Öffentlichkeit gut verkaufen. Für Trainer sind fachübergreifende Kenntnisse und eine lebenslange Lernbereitschaft mehrfach als zukünftig wichtig genannt worden (jeweils 4 Nennungen). Bei Sportmanagern könnte Beziehungsmanagement und sportspezifisches Fachwissen in Zukunft noch wichtiger werden (jeweils 4 Nennungen).

Diesen Beitrag abschließend wird das Kompetenzprofil für Trainer und Sportmanager im Kompetenzatlas dargestellt. Die grundsätzlich notwendigen Kompetenzen sind unterstrichen, die zukünftig noch wichtigeren Kompetenzen sind kursiv und die Kompetenzen der Topleister sind fettgedruckt dargestellt. Wurde eine Kompetenz in zwei Kategorien genannt (z.B. Beziehungsmanagement bei Trainern), wurden beide Darstellungsformen kombiniert.

Abb. 4:  Das Kompetenzprofil von Trainern im Überblick (eigene Abbildung in Anlehnung an Erpenbeck & Heyse)

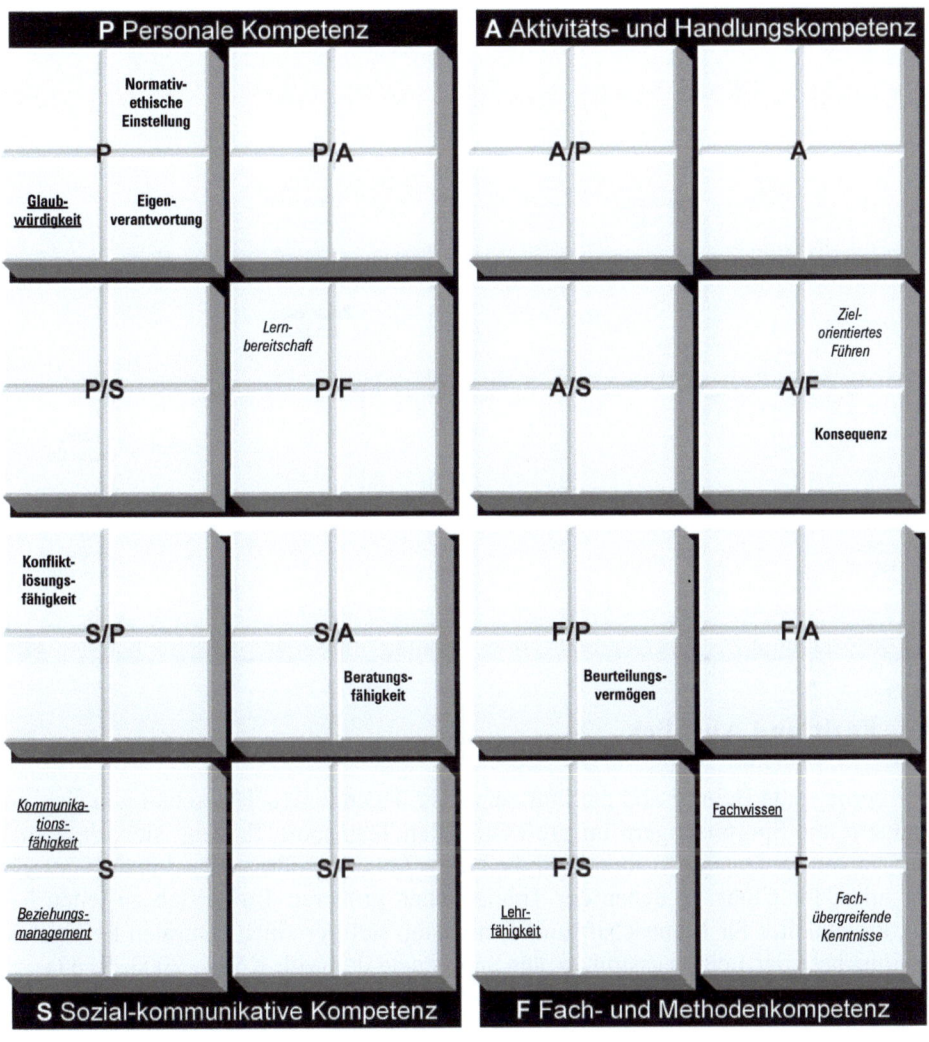

Abb. 5:   Das Kompetenzprofil von Sportmanagern im Überblick (eigene Abbildung in Anlehnung an Erpenbeck & Heyse)

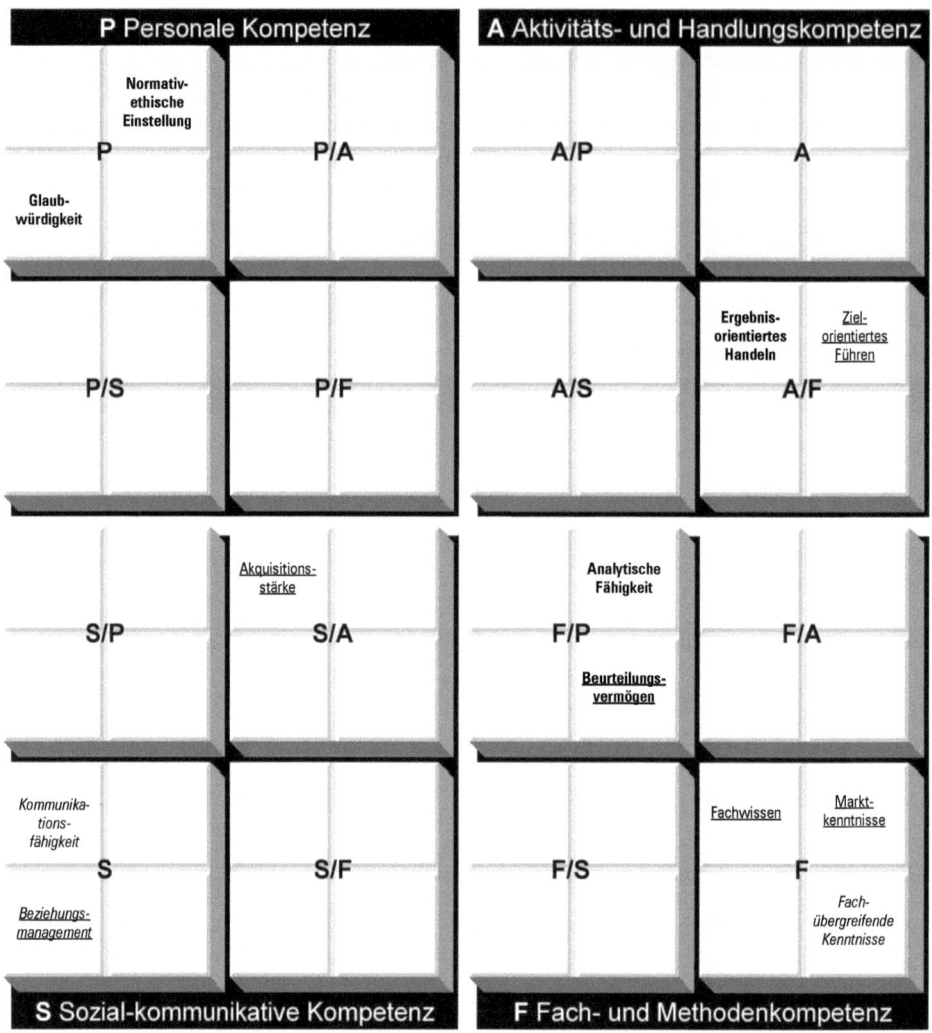

## 3.   Fazit und Ausblick

Der vorliegende Beitrag und die ihm zugrunde liegende Arbeit beschäftigen sich mit Trainern und Sportmanagern im professionellen Teamsport. Es zeigt sich, dass auch die Trainer heutzutage in ihrer Tätigkeit eine Managerrolle wahrnehmen. Dies gilt vor allem für Clubs, in denen der Trainer einen größeren Trainerstab zu leiten hat. Als Projektleiter für Mannschaft und Trainerstab stellt er einen zentralen Erfolgsfaktor innerhalb der Leistungsstruktur der Sportspiele dar (vgl. König, 2003, S. 33).

Die Relevanz der Kompetenzthematik bestätigte sich in allen Interviews. Das Interesse am Thema war bei allen Beteiligten sehr hoch. Die Anwendbarkeit von Wissen und die konkrete Umsetzungsfähigkeit von fachlichen Kompetenzen in der Praxis wurden immer wieder betont.

Der Kompetenzatlas von Heyse und Erpenbeck erwies sich als geeignetes Modell für die Untersuchung der Kompetenzen von Trainern und Sportmanagern. Die beschriebenen Teilkompetenzen konnten unproblematisch den Tätigkeits- und Anforderungsprofilen von Trainern und Sportmanagern zugeordnet werden.

Fachkompetenzen dominieren bei den grundsätzlich notwendigen Kompetenzen. Topleister heben sich in besonderem Maße durch personale Kompetenzen hervor und zukünftig werden nach Einschätzung der befragten Personen soziale Kompetenzen noch wichtiger werden. Die Kompetenzentwicklung muss zukünftig noch stärker Inhalt der Aus- und Weiterbildungen von Trainern und Sportmanagern werden.

Für eine weiterführende Einzelbetrachtung bietet sich der Profifußball an, da dort durch den hohen Kommerzialisierungsgrad die Professionalisierung am weitesten fortgeschritten ist. Gerade im Volleyball oder Frauenfußball sind die Sportmanager in ihren Tätigkeiten eher Generalisten als Spezialisten. Dies wirkt sich im konkreten Einzelfall auf die entsprechenden Kompetenzprofile für eine angemessene Aufgabenerfüllung aus.

Eine größere Beachtung überfachlicher Kompetenzen erscheint im Leistungssport in jedem Fall aus einigen Blickwinkeln heraus empfehlenswert:

Für die Trainer sollten mehr Inhalte aus dem Bereich der überfachlichen Kompetenzen in die Ausbildung integriert werden. Um effizient zu sein, muss der moderne Trainer stärker im Team mit seinen Kollegen und Mitarbeitern arbeiten und als Netzwerker vielfältige Kontakte mit seinem Umfeld pflegen.

Für die Sportbetriebe und ihre Manager wird der Kompetenzbegriff zukünftig nicht mehr wegzudenken sein und sogar an Bedeutung gewinnen. Der Sportmarkt in Deutschland ist von einer wachsenden Komplexität geprägt. Allgemeine Phänomene wie die Kommerzialisierung und Globalisierung wirken sich auf die verschiedenen Sportbranchen aus und bewirken für die Institutionen im Sport einen Professionalisierungsschub (vgl. Freyer, 2011, 171–176). Überfachliche Kompetenzen sind sowohl für die Ausbildung von Sportmanagern (z. B. an Hochschulen) als auch für die Weiterentwicklung von Sportmanagern zu Topleistern in ihrer Branche entscheidend.

Eine gezielte Kompetenzdiagnostik und -entwicklung kann aber auch für die aktiven Sportler karrierefördernd sein. Auf allen Leistungsstufen können kompetenzentwickelnde Maßnahmen die Leistungsfähigkeit Einzelner innerhalb ihres Teams verbessern. Sollprofile notwendiger Kompetenzen im Leistungssport können mit den tatsächlichen Kompetenzprofilen der Sportler verglichen werden.

KODE® und KODE®X sind erprobte Verfahren, die hier zu Einsatz kommen können (vgl. Heyse, 2010).

Weiterhin können entsprechende Workshops die Sportler auf eine Karriere nach dem Sport vorbereiten. Insbesondere im Nachwuchsbereich brauchen die jungen Sportler einen „Plan B" für den Fall, dass sie ihre sportlichen Ziele nicht mehr erreichen können, weil sie sich nicht durchsetzen können oder sich verletzen. Hier haben die Vereine eine entsprechende Verantwortung.

## Literatur

Apitzsch, T. (2012). *Kompetenzprofile von Trainern und Sportmanagern im Leistungssport. Deutsche Sporthochschule Köln.* Online verfügbar unter: http://esport.dshs-koeln.de/316/1/Dissertation_Tom_Apitzsch_Final_2012_05_20_Druckversion.pdf

Blumhoff, G. (2009). *Soziale Kompetenz von FußballtrainerInnen.* Göttingen: Cuvillier.

Bogner, A., Littig, B. & Menz, W. (2014). *Interviews mit Experten. Eine praxisorientierte Einführung.* Wiesbaden: Springer.

Borggrefe, C., Thiel, A. & Cachay, K. (2006). *Sozialkompetenz von Trainerinnen und Trainern im Spitzensport.* Köln: Sportverlag Strauß.

Czingon, H. (2010). Gefühl für den Erfolg. *leichtathletiktraining 6/10.* S. 30–35.

Domschke, W. & Scholl, A. (2008). *Grundlagen der Betriebswirtschaftslehre.* Berlin: Springer.

Freyer, W. (2011). *Sport-Marketing. Modernes Marketing-Management für die Sportwirtschaft* (4., neu bearbeitete Aufl.). Berlin: Erich Schmidt.

Göke, S. & Wirkes, Th. (2010). *Führungssysteme für Sportvereine. Die Managementpraxis im deutschen Profisport.* Berlin: Erich Schmidt.

Heyse, V. (2007). Strategien – Kompetenzanforderungen – Potenzialanalysen. In: V. Heyse & J. Erpenbeck (Hrsg.), *KompetenzManagement – Methoden, Vorgehen, KODE® und KODE®X im Praxistest* (S. 11–32). Münster: Waxmann.

Heyse, V. (2010). Verfahren zur Kompetenzermittlung und Kompetenzentwicklung. KODE® im Praxistest. In V. Heyse, J. Erpenbeck & S. Ortmann (Hrsg.), *Grundstrukturen menschlicher Kompetenzen – Praxiserprobte Konzepte und Instrumente* (S. 55–174). Münster: Waxmann.

Heyse, V. & Erpenbeck, J. (2009). *Kompetenztraining – 64 Modulare Informations- und Trainingsprogramme für die betriebliche, pädagogische und psychologische Praxis* (2. überarbeitete und erweiterte Aufl.). Stuttgart: Poeschel.

König, S. (2003). Trainer als Projektmanager. *Sportwissenschaft, 28,* 137–152.

Krumm, S., Mertin, I. & Dries, C. (2012). *Kompetenzmodelle.* Göttingen: Hogrefe.

Neubauer, D. (2009). *Die strategische Zusammensetzung von Aufsichtsrat und Vorstand professioneller Fußballvereine in Deutschland.* Norderstedt: Book on Demand.

Neuberger, O. (1995). Führungsdilemmata. In: A. Kieser (Hrsg.), *Handwörterbuch der Führung* (S. 533-540) (2., neugestaltete Auflage). Stuttgart: Schaeffer-Poeschel.

Overwien, B. (2010). Zur Bedeutung informellen Lernens. In: N. Neuber (Hrsg.), *Informelles Lernen im Sport. Beiträge zur allgemeinen Bildungsdebatte* (S. 43). Wiesbaden: Verlag für Sozialwissenschaften.

Scherm, M. (2014). *Kompetenzfeedbacks. Selbst- und Fremdbeurteilung beruflichen Verhaltens.* Göttingen: Hogrefe.

# Entwicklung und Implementierung eines Kompetenzmanagementmodells in einer Anwaltskanzlei

*Christian A. Fischer*

## 1. Einleitung

Diese Arbeit geht von einer Definition von Kompetenz nach Heyse und Erpenbeck als Selbstorganisationsdisposition aus (Heyse, Erpenbeck & Ortmann, 2010, S. 15). Diese baut auf vier Basiskompetenzgruppen und 64 Teilkompetenzen im KODE®- und KODE®X-System auf (weiterführende Informationen in Heyse & Erpenbeck, 2007, S. 11ff.).

Als die vier Basiskompetenzen lassen sich nachfolgende aufzeigen (Faix & Erpenbeck, 2013, S. 368):
- (P) Personale Kompetenz
- (A) Aktivitäts- und Handlungskompetenz
- (F) Fachlich-methodische Kompetenz
- (S) Sozial-kommunikative Kompetenz

Aus diesen lassen sich wiederum mehrere Teil- und Querschnittskompetenzen ableiten (Erpenbeck & Rosenstiel, 2007, S. XXV).

## 2. Ziel ist die Erarbeitung und Implementierung eines Modifizierten Kompetenzmodells in einer Anwaltskanzlei

Da ein bereits vorstrukturiertes Kompetenzmanagementmodell für die Implementierung in der Kanzlei nicht geeignet war, wurde ein speziell ausgerichtetes Modell für die Kanzlei und ihre Mitarbeiter entwickelt. Hierbei wurde sehr großer Wert auf das Vertrauen und die individuelle Veränderungsbereitschaft eines jeden Mitarbeiters gelegt.

Darüber hinaus wurde im Gegensatz zu anderen Modellen, nicht auf der Grundlage des Verhaltens der Mitarbeiter auf die jeweilige Teilkompetenz geschlossen, sondern vielmehr organisationsspezifische Kompetenzanforderungen von strategischer Bedeutung in personenspezifische Kompetenzanforderungen der Mitarbeiter übersetzt (Erpenbeck, 2012, S. 192). Bei der Erarbeitung des Modells wurde in nachfolgenden Schritten vorgegangen:

## 2.1 Schritt 1: Voruntersuchung

Im ersten Schritt der Projektimplementierung wurden zunächst zwei Voruntersuchungen in Bezug auf das generelle Verhältnis der Mitarbeiter und der Organisation mit der Thematik „Kompetenzen" und der „Ungewissheitstoleranz" in der Kanzlei empirisch durchgeführt.

### 2.1.1 Kurzdiagnose: Kompetenzorganisation oder Kompetenzmuffel

Die erste Untersuchung soll zeigen, wie weit das Thema „Kompetenz" bereits in der Kanzlei berücksichtigt und diesbezüglich von den Mitarbeitern wahrgenommen wird. Hierzu wurde in der ganzen Kanzlei anonym für alle Mitarbeiter und Sozien eine empirische Erhebung durchgeführt.

Für diese empirische Analyse wurde der nachfolgende Fragebogen in der Kanzlei erstellt:

Abb. 1: Ergebnis der Kurzdiagnose: Kompetenzorganisation oder Kompetenzmuffel (Schiersmann & Thiel, 2014, S. 374)

24.01.14

Lieber Mitarbeiter,
wir möchten Dich bitten, durch Ausfüllen dieses Fragebogens, an der ständigen Verbesserung der Arbeitsbedingungen und Weiterentwicklungsmöglichkeiten unserer Mitarbeiter in unserer Kanzlei aktiv mitzuwirken.

| "Kompetenzmuffel" | 5 | 4 | 3 | 2 | 1 | "Kompetenzorganisation" |
|---|---|---|---|---|---|---|
| 1. Kernkompetenzen sind nicht definiert. | | | | | | Kernkompetenzen sind definiert. |
| 2. Kompetenzprofile der Mitarbeiter existieren nicht. | | | | | | Kompetenzprofile der Mitarbeiter existieren für Kernprozesse. |
| 3. Kompetenzentwicklung ist nicht mit Personalentwicklung verzahnt. | | | | | | Kompetenzentwicklung wird in Mitarbeitergesprächen systematisch berücksichtigt. |
| 4. Lernen und Weiterbildung müssen im Zweifelsfall hinter operativen Aufgaben zurück stehen. | | | | | | Lernen und Weiterbildung haben hohe Priorität. |
| 5. Informelles Lernen am Arbeitsplatz wird nicht anerkannt. | | | | | | Informelles Lernen wird mit entsprechenden Maßnahmen unterstützt. |
| 6. Es gibt keine individuellen Weiterbildungspläne. | | | | | | Individuelle Weiterbildungspläne werden konsequent umgesetzt. |
| 7. Weiterbildung und Anwendung sind nicht miteinander verzahnt. | | | | | | Weiterbildung ist immer mit Anwendung verbunden. |
| 8. Es existieren keine Anreize zur Kompetenzentwicklung für die Mitarbeiter. | | | | | | Kompetenzentwicklung wird durch Anreizsysteme konsequent unterstützt. |

Vielen Dank für Dein Mitwirken!

Deine Kanzlei

Nachdem alle Mitarbeiter bereitwillig ihre ausgefüllten Fragebögen wieder abgegeben hatten, konnte mit der Auswertung dieser begonnen werden. Der Übersichtlichkeit halber wurden die Ergebnisse auf einem Fragebogen zusammengeführt. Der aufgezeigte Fragebogen stellt das Gesamtergebnis der Kanzlei dar.

Diese erste Analyse hat gezeigt, dass die Kanzlei zwar kein direkter „Kompetenzmuffel" ist, jedoch noch einiges an Verbesserungspotenzial hin zur richtigen Kompetenzorganisation möglich ist. Beispielsweise ist sich die Kanzlei zwar über ihre
Kernkompetenzen grundsätzlich im Klaren, sie besitzt jedoch keine entsprechenden
Kompetenzprofile der einzelnen Mitarbeiter hierüber. Ebenso ist Lernen und Weiterbildung ein wichtiges Thema in der Kanzlei. Es bestehen jedoch keine exakten Wei-
terbildungspläne für die Mitarbeiter in der Kanzlei. Diese einführende kurze Analyse
hat daher gezeigt, dass generelles Potenzial hin zur „Kompetenzorganisation" in der
Kanzlei vorhanden ist. Nun ist man sich jedoch nicht sicher, wie jeder einzelne Mitarbeiter auf eine Organisationsentwicklung hin zur „Kompetenzorganisation" reagieren wird. Diese Frage soll mit dem nächsten Kapitel dieser Arbeit beantwortet werden.

### 2.1.2   Analyse der Ungewissheitstoleranz in der Kanzlei

Mit der Analyse der Ungewissheitstoleranz (wie reagiert ein Mensch auf ungewisse Situationen) der Mitarbeiter der Kanzlei, wollte man herausfinden, wie die einzelnen Mitarbeiter auf Veränderungen der Organisationsstruktur reagieren würden.
Hierzu wollte man empirisch erheben, wie viele Mitarbeiter oder Sozien eine „Ungewissheitstoleranz" aufweisen und folglich mit Veränderungen positiv umgehen.
Sollte jedoch diese Analyse zeigen, dass der Großteil der Mitarbeiter „ungewiss-
heitsintolerant" ist, so wäre eine Veränderung der Kanzleistrukturen und somit das
Arbeitsumfeld der Mitarbeiter nur sehr schwer möglich.

Abb. 2: Ergebnisse zur Bestimmung der Ungewissheitstoleranz in der Kanzlei (Dalbert, 1999, S. 25)

06.02.2014

Lieber Mitarbeiter,
wir möchten Dich bitten, durch Ausfüllen dieses Fragebogens, an der ständigen Verbesserung der Arbeitsbedingungen und Weiterentwicklungsmöglichkeiten unserer Mitarbeiter in unserer Kanzlei aktiv mitzuwirken.

| Nr. | Item | Ja | | Werteskala | | | Nein |
|---|---|---|---|---|---|---|---|
| 1 | Ich probiere gerne Dinge aus, auch wenn nicht immer etwas dabei herauskommt. | 6 | 5 | 4 | 3 | 2 | 1 |
| 2 | Ich beschäftige mich nur mit Aufgaben, die lösbar sind. | 6 | 5 | | 3 | 2 | 1 |
| 3 | Ich mag es, wenn unverhofft Überraschungen auftreten. | 6 | 5 | 4 | 3 | 2 | 1 |
| 4 | Ich lasse die Dinge gerne auf mich zukommen. | 6 | 5 | 4 | 3 | 2 | 1 |
| 5 | Ich habe es gerne, wenn die Arbeit gleichmäßg verläuft. | 6 | 5 | 4 | 3 | 2 | 1 |
| 6 | Ich warte geradezu darauf, dass etwas Aufregendes passiert. | 6 | 5 | 4 | 3 | 2 | 1 |
| 7 | Wenn um mich herum alles drunter und drüber geht, fühle ich mich so richtig wohl. | 6 | 5 | 4 | 3 | 2 | 1 |
| 8 | Ich weiß gerne, was auf mich zukommt. | 6 | 5 | 4 | 3 | 2 | 1 |

Vielen Dank für Dein Mitwirken!

Deine Kanzlei

Folglich wurde der hier aufgezeigte Fragebogen über den Grad der Ungewissheitstoleranz in der Kanzlei erstellt und an alle Mitarbeiter und Sozien verteilt. Die Auswertung der erhobenen Daten wurde der Übersichtlichkeit halber wieder in einem Fragebogen grafisch zusammengefasst. Der hier gezeigte Fragebogen stellt die Ergebnisse der Ungewissheitstoleranz aller Mitarbeiter und Sozien der Kanzlei dar.

Aus diesen Analyseergebnissen wird ersichtlich, dass der Großteil der Mitarbeiter und Sozien der Mehrheit der deutschen Bevölkerung folgt und eine gewisse Ungewissheitsintoleranz aufweist. Jedoch lässt sich aus der Auswertung auch entnehmen, dass auch Mitarbeiter in der Kanzlei beschäftigt sind, die eine gewisse Ungewissheitstoleranz aufweisen und somit mit Veränderungen ihres Arbeitsumfeldes offen umgehen würden. Diese speziellen Mitarbeiter sollten folglich als Unterstützer dieses Projektes zur Einführung herangezogen werden. Einem Kollegen wird bei seinen Äußerungen erfahrungsgemäß oft mehr Vertrauen bei Veränderungen geschenkt als einer Führungskraft. Aus diesen beiden Untersuchungen lässt sich abschließend festhalten, dass die Kanzlei zum einen auf einem guten Weg zu einer Kompetenzorganisation ist, zum anderen haben sie auch gezeigt, dass man mit einer bestehenden Ungewissheitstoleranz bei den Mitarbeitern bei einer Veränderung innerhalb der Organisation sehr behutsam vorgehen sollte.

## 2.2 Schritt 2: Einbindung der Mitarbeiter

Nach einer ersten Voruntersuchung konnte nun der zweite Schritt innerhalb des geplanten Kompetenzmanagementmodells, die Einbindung der Mitarbeiter, gestartet werden. Diese Einbindung wies wiederum zwei Einzelschritte auf, in denen die Mitarbeiter zum einen über das geplante Vorhaben ausführlich informiert wurden und zum anderen zusammen mit den Mitarbeitern eine Unternehmensstrategie zur Zielerreichung der zukünftigen Wettbewerbsfähigkeit erarbeitet wurde.

### 2.2.1 Information über das geplante Vorhaben

Zur Information der Mitarbeiter über das geplante Implementieren eines Kompetenzmanagementmodells in der Kanzlei wurde eine große Mitarbeiterbesprechung einberufen. Hierbei wurden erste Überlegungen und Notwendigkeiten für ein geplantes System mit den Mitarbeitern diskutiert. In diesem Zusammenhang wollte man erreichen, dass jeder einzelne Mitarbeiter vom ersten Schritt an, mit in die Planung dieses neuen Systems involviert ist und seine Wünsche, Anmerkungen aber auch Ängste mitteilen kann. Denn nur mit einer entsprechenden Unterstützung durch jeden einzelnen Mitarbeiter ist eine erfolgreiche Implementierung eines Kompetenzmanagementmodells in der Kanzlei möglich. Bei dieser Information der Mitarbeiter wurde vorab bereits festgehalten, dass es sich nicht um ein Bewertungssystem handelt, sondern zur Weiterentwicklung der Kanzlei und jedes einzelnen Mitarbeiters dienen soll. Das Vorhaben wurde nach einer ausführlichen Besprechung und Darlegung von allen Mitarbeitern und Sozien angenommen.

### 2.2.2 Gemeinsame Festlegung der Unternehmensstrategie

Im Anschluss wurde gemeinsam mit den Mitarbeitern eine neue Strategie für die Zukunftssicherung der Kanzlei festgelegt. Hierbei dienten Daten aus zuvor im Rahmen von Arbeiten durchgeführten Umfeld- und Unternehmensanalysen (Five-Forces-Analyse, Wertkettenanalyse, McKinsey-Portfolio-Analyse) als Grundlage. An dieser Stelle sollen jedoch keine Ergebnisse der durchgeführten McKinsey-Portfolio-Analyse und festgelegte Strategien hieraus aufgezeigt werden. Theoretische Erläuterungen zur McKinsey-Portfolio-Analyse sollen hierbei ebenfalls nicht gemacht werden.

## 2.3 Schritt 3: Abstimmung der Anforderungen an das Kompetenzmodell

Im dritten Schritt der Implementierung des Kompetenzmanagementmodells in der Kanzlei ging es darum die Anforderungen für dieses System in der Kanzlei mit allen Beteiligten abzustimmen. Dies wurde wiederum in mehreren Meetings mit den Sozien und zum Teil auch mit den entsprechenden Mitarbeitern der Kanzlei durchgeführt.

### 2.3.1 Inhaltliche Anforderungen

Da die einfachste Lösung, ein bereits bestehendes Kompetenzmanagement von einer anderen Kanzlei zu übernehmen, mit sehr großer Wahrscheinlichkeit scheitern würde, war man sich einig, dass ein ganz neuer individueller Ansatz erstellt werden muss. Hierbei sollte die Strukturierung des Kompetenzmanagements ganz individuell an die gelebten Organisationsstrukturen, -abläufe, und -prinzipien angepasst werden (North & Reinhardt, 2013, S. 218). Man beabsichtigte, dass das Kompetenzmanagementmodell so gegliedert sein sollte, dass es sich an die im Tagesgeschäft gelebten Prozesse, Dienstleistungen und die Mitarbeitertätigkeiten der Kanzlei anpasst (ebd., S. 218).

Darüber hinaus wollte man durch die individuelle Nutzung der Mitarbeiter- und Unternehmenskompetenzen die geplanten Kanzleistrategien der Zukunft erfolgreich umsetzten. Denn nur wenn das Kompetenzmanagement auf die Organisationsstrategie und Ziele der Organisation ausgerichtet ist, kann eine dynamische zukunftsorientierte Programmorientierung gewährleistet werden (Ritz & Thom, 2011, S. 10).

Weiterführend sollte das System inhaltlich in der Kanzlei so geplant werden, dass es zu einem späteren Zeitpunkt über die Kompetenzfeststellung hinaus, zur ganzheitlichen Steuerung des kompletten Personalmanagements in der Kanzlei eingesetzt werden kann. Auch eine Weiterentwicklung zur Nutzung der Programme zur Kompetenzmessung und -entwicklung (KODE® und KODE®X) musste Berücksichtigung finden. Derzeit fand lediglich eine Anlehnung an diese Programme von Heyse und Erpenbeck statt.

### 2.3.2 Technische Anforderungen

Ein adäquates IT-Instrumentarium spielt in einem großen Unternehmen eine entscheidende Rolle bei der Implementierung eines Kompetenzmanagements (North & Reinhardt, 2013, S. 218). Da es sich jedoch bei der Rechtsanwaltskanzlei um ein kleines Unternehmen handelt, wurde die Frage aufgeworfen, ob eine zentrale Lösung, wie für große Unternehmen mit Niederlassungen in mehreren Ländern, auch das Richtige ist. Es wurde sich nach mehreren Rücksprachen mit Prof. Dr. John Erpenbeck und Prof. Dr. Volker Heyse für eine dezentrale Lösung entschieden, die dann Sinn macht, wenn einzelne Mitarbeitergruppen oder Personen ihre Kompetenzen strukturieren, beurteilen, dokumentieren und visualisieren möchten, ohne dass eine organisationsweite Transparenz von Kompetenzen gewünscht ist. Hier lautet die Devise: Weniger ist mehr (ebd., S. 233). Ziel einer Softwarelösung sollte sein die Komplexität zu reduzieren und nicht zusätzliche zu schaffen (ebd., S. 233).

In der Kanzlei entschied man sich, in diesem Punkt der technischen Anforderungen, zunächst bei der ersten Einführung des Kompetenzmanagementmodells, für eine Nicht-IT-unterstützte Lösung mit Fragebögen. Hierbei folgte man, bis zu einem bestimmten Grad, dem aktuellem Trend in der Kompetenzdiagnostik, in der der papier- und bleistiftbasierte Zugang momentan vorherrschend ist (Frey & Hartig, 2013, S. 54). Bei erfolgreicher Implementierung ist eine weitere Anwendung von IT-unterstützten Systemen wie KODE® oder KODE®X geplant. Diese beiden Programme zeigen ebenfalls bereits auf, dass in Zukunft immer mehr pädagogisch-psychologische Diagnostiken auch computergestützt erfolgen werden. Diese Verfahren lassen auch eine höhere prognostische Validität erwarten als bei einer papier- und bleistiftbasierten Messung. Vorerst werden jedoch die papier-bleistiftbasierten Verfahren ein zentraler Zugang zur Kompetenzdiagnostik bleiben (ebd., S. 55).

### 2.3.3 Organisatorische Anforderungen

Hierbei musste sehr auf die Kommunikation innerhalb der Kanzlei geachtet werden. Die jeweilige Führungskraft muss in der Lage sein, eindeutig und erfolgreich mit ihren Mitarbeitern zu kommunizieren. Hierbei war jedoch, wie bereits aufgezeigt, nicht nur die Anzahl der Wörter bedeutsam für den Erfolg der Kommunikation, sondern die Wirkungsmechanismen der Kommunikation zu kennen, um Konflikte zu vermeiden und somit situationsgerecht und zielführend in der Kanzlei kommunizieren zu können (Hintz, 2013, S. 203). Ein Kompetenzmanagementmodell kann erst dann erfolgreich in einer Kanzlei eingeführt und umgesetzt werden, wenn die Führungskräfte die (persönliche) Situation ihrer Mitarbeiter erfasst und verstanden haben (Schneiderheinze & Zotta, 2013, S. 22).

Auch Vertrauen innerhalb der Kanzlei ist ein entscheidender organisatorischer Punkt bei der Einführung eines Kompetenzmanagements, der sehr starke Beachtung finden muss. Auch auf das vorhandene Personal zur fachgerechten Durchführung und Betreuung des Kompetenzmanagementmodells wurde in der Kanzlei geachtet. Hier wurden Mitarbeiter mit speziellen Aufgaben betreut, was wiederum zur Folge hatte, dass sich die Mitarbeiter ernstgenommen und adäquat betreut fühlten. Die Mitarbeiter haben folglich für ihre persönlichen Anliegen immer einen entsprechenden kompetenten Ansprechpartner.

### 2.3.4 Rechtliche Anforderungen

Einen ganz entscheidenden Punkt bei der Einführung eines Kompetenzmanagementmodells mit Kompetenzerfassung stellten die rechtlichen Anforderungen dar. Die Beobachtung und Beurteilung von Arbeitnehmern stellt einen Eingriff in deren Persönlichkeitssphäre dar. Dies ist ganz besonders bei einem Kompetenzmanagement der Fall, wo Beobachtungen schriftlich dokumentiert werden und Beurteilungen einen Einfluss auf die Auswahl- oder Platzierungsentscheidung haben (Obermann, 2013, S. 45).

Hierbei greifen eine Vielzahl von gesetzlichen Regelungen zum Schutz der Persönlichkeitssphäre des Einzelnen. Die wichtigsten gesetzlichen Regelungen im Bezug auf die Kanzlei waren:

- Grundgesetz (GG)
- Betriebsverfassungsgesetz (BetrVG)
- Bundesdatenschutzgesetz (BDSG)

## 2.4 Schritt 4: Auswahl der geeigneten Methoden zur Kompetenzmessung

Als Methode zur Kompetenzmessung einigte man sich auf die Ratingmethode. Diese Ratingmethode dient auch bei dem evtl. nach erfolgreicher Implementierung anzuwendenden KODE®- bzw. KODE®X-Programm zur Kompetenzmessung als Basis in der Kanzlei. Diese Methode geht von Unternehmenskulturen und Strategien in Organisationen mit demzufolge benötigten Kompetenzen der Mitarbeiter und der Organisation selbst aus. Die so ausgewählten Kompetenzprofile dienen als Grundlage künftiger Personalarbeit wie z.B. Anforderungsprofilen oder Auswahlverfahren für Mitarbeiter, folglich zur Durchsetzung der Unternehmensstrategie im Personalbereich. Jede der durch das Unternehmen festgelegten Kompetenzen kann nun, ausgehend von ihrer unternehmensspezifischen Definition, auf individuelle Weise skaliert werden. Die Stufen der Skalierung sind hierbei zweitrangig. Es handelt sich somit um eine Art Einschätzung bzw. Bewertung. Diese Einschätzung wird dann Rating genannt, wie sie auch im Großteil der Wirtschaftswelt in dieser Form durchgeführt wird (Faix & Erpenbeck, 2013, S. 374).

Hierbei werden einige Schlüsselkompetenzen (vier Basiskompetenzen) und ca. 15 bis 18 Teilkompetenzen in der Kanzlei aus dem durch Heyse und Erpenbeck entwickelten Kompetenzatlas festgelegt bzw. ausgewählt. Die Teilkompetenzen werden im Anschluss mit überprüfbaren Verhaltens- und Handlungsankern untersetzt und für unterschiedliche Jobgruppen (Jobfamilien) innerhalb der Kanzlei konzipiert. Das ganze wird in Form eines Fragebogens mit einer Ratingskala als Selbst- oder Fremdeinschätzung empirisch durchgeführt (ebd., S. 380).

Bei dem hier in der Kanzlei konzipierten Ratingverfahren wurde, im Gegensatz zu KODE® bzw. KODE®X, eine sechsstufige Ratingskala verwendet. Welche Skalierung am Ende verwendet wird, spielt keine Rolle. Jedoch hat die Praxis gezeigt, dass Mitarbeiter bei einer Selbsteinschätzung häufig auf die Mitte, von z.B. einer 5er-Skala, tendieren. Durch eine Wahl eines Skalierungsmodells ohne Mitte wird dieser Effekt in der Kanzlei vermieden (North & Reinhardt, 2013, S. 75).

## 2.5 Schritt 5: Durchführung einer Soll-Analyse in der Kanzlei

Im Schritt fünf der Implementierung wird auf Basis eines Ratingverfahrens eine Soll-Analyse für die unterschiedlichen Anforderungsprofile in der Kanzlei erstellt. Hierzu mussten zunächst im nächsten Kapitel die einzelnen Anforderungsprofile in entsprechende Jobfamilien unterteilt werden.

### 2.5.1 Bildung von Jobfamilien

Nicht alle Anforderungsprofile in einem Unternehmen sind identisch. Somit hat jedes Tätigkeitsfeld seine eigenen Kompetenzanforderungen. Folglich lassen sich ähnliche Anforderungsprofile in sogenannte „Jobfamilien" gruppieren.

In der Kanzlei bildete man auf Grundlage der vorhandenen Anforderungsprofile der jeweiligen Hierarchieebenen und Tätigkeitsfelder der Angestellten und Sozien der Kanzlei, die nachfolgenden Jobfamilien:
- Führungskraft (Anwalt)
- Angestellter (Anwalt)
- Mitarbeiter mit Mandantenkontakt
- Mitarbeiter ohne Mandantenkontakt

Diese hier festgelegten Jobfamilien und die darauf folgenden neuen Anforderungsprofile lassen sich nun auf die gesamte Kanzlei anwenden. Im Anschluss hieran werden im nächsten Kapitel die jeweiligen notwendigen Kompetenzen für die einzelnen vier Jobfamilien in einer Soll-Analyse bestimmt.

### 2.5.2 Kompetenzfestlegung auf Basis des Kompetenzatlases

In den weiteren Meetings der Kanzlei wurden auf der Basis des von Heyse und Erpenbeck entwickelten Kompetenzatlases, mit insgesamt 64 Teilkompetenzen, die für die Kanzlei zur Strategieumsetzung relevanten Kompetenzen herausgearbeitet. Hierbei musste für jede Jobfamilie ein separates Anforderungsprofil mit entsprechenden relevanten Kompetenzen erarbeitet werden.

Es wurden alle Mitarbeiter und Sozien der Kanzlei aufgefordert auf Basis des vorliegenden Kompetenzatlases und den dazugehörigen Kurzbeschreibungen bzw. Verhaltensankern der einzelnen Kompetenzen die 18 relevantesten Teilkompetenzen für eine entsprechende Jobfamilie z. B. „Mitarbeiter mit Mandantenkontakt" zur Erreichung der Kanzleistrategien, auszuwählen.

Die nachfolgende Abbildung soll den besagten Kompetenzatlas mit seinen 64 Teilkompetenzen, der den einzelnen Personen zur Auswahl zur Verfügung gestellt wurde, grafisch aufzeigen.

Abb. 3: Kompetenzatlas als Basis zur Erarbeitung der Soll-Kompetenzen (Heyse & Erpenbeck, 2010, S. 95)

Im Weiteren soll im nächsten Kapitel beispielhaft als Ergebnis für alle Jobfamilien in der Kanzlei, ein erstelltes Auswertungsblatt mit den ausgewählten 18 Teilkompetenzen für die Jobfamilie „Mitarbeiter mit Mandantenkontakt" zur Kompetenzfestlegung aufgezeigt werden.

## 2.5.3 Durchführung der Analyse

Aus diesen, doch zum Teil voneinander abweichenden, Kompetenzfestlegungen der einzelnen Mitarbeiter wurde mit Hilfe eines erneuten Meetings eine jeweilige Endfassung mit 18 Teilkompetenzen der Anforderungsprofile pro Jobfamilie festgelegt. Dies erfolgte wiederum, bei Abweichungen, durch eine Mehrheitsauszählung der jeweiligen Teilkompetenzen und erneute Absprachen.

Im Anschluss hieran ging es darum, den jeweiligen Teilkompetenzen ihre entsprechende Ausprägung für das endgültige Anforderungsprofil zu geben. Hierbei wurde wiederum durch einige Meetings und Absprachen eine Endfassung in der Kanzlei erarbeitet.

Nachfolgend soll beispielhaft das erarbeitete Soll-Anforderungsprofil (Kompetenzprofil) für die Jobfamilie „Mitarbeiter mit Mandantenkontakt" aufgezeigt werden.

Abb. 4: Soll-Profil für die Jobfamilie „Mitarbeiter mit Mandantenkontakt" (in Anlehnung an Schäffner, 2014, S. 20)

| Anforderungsdimensionen | | | | | | |
| --- | --- | --- | --- | --- | --- | --- |
| Jobfamilie: "Mitarbeiter mit Mandantenkontakt" | 1. weniger | 2. teilweise | 3. ausgeprägt | 4. deutlich ausgeprägt | 5. stark ausgeprägt | 6. sehr stark ausgeprägt |
| **P Personale Kompetenz** | | | | | | |
| 1. Loyalität | | | █ | | | |
| 2. Einsatzbereitschaft | | | █ | | | |
| 3. Eigenverantwortung | | | █ | | | |
| 4. Hilfsbereitschaft | | █ | | | | |
| 5. Lernbereitschaft | | | | █ | | |
| 6. Zuverlässigkeit | | | | █ | | |
| **A Aktivitäts- und Handlungskompetenz** | | | | | | |
| 7. Belastbarkeit | | | █ | | | |
| 8. Tatenkraft | | | █ | | | |
| 9. Ergebnisorientiertes Handeln | | | █ | | | |
| 10. Inovationsfreudigkeit | | █ | | | | |
| **F Fach- und Methodenkompetenz** | | | | | | |
| 11. Organisationsfähigkeit | | | █ | | | |
| 12. Fleiß | | | | █ | | |
| 13. Fachwissen | | | | █ | | |
| 14. Wissensorientierung | | | | █ | | |
| **S Sozial- kommunikative Kompetenz** | | | | | | |
| 15. Gewissenhaftigkeit | | | | | █ | |
| 16. Kommunikationsfähigkeit | | | | | █ | |
| 17. Dialogfähigkeit Mandantenorientierung | | | | | █ | |
| 18. Teamfähigkeit | | | █ | | | |

Der grau hinterlegte Balken gibt die jeweilige gewünschte Soll-Ausprägung der entsprechenden Teilkompetenz des Anforderungsprofils wieder. Wie bereits erwähnt, hatte man sich bei diesem Ratingbogen für eine „Sechser-Skalierung" ohne Mitte entschieden. Es sollte z. B. ein Mitarbeiter der Kanzlei mit Mandantenkontakt, die Teilkompetenz Fachwissen (Nr. 13) mit einer Ausprägung bzw. einem Rating von „5. stark ausgeprägt" aufweisen.

## 2.6  Schritt 6: Durchführung einer Ist-Analyse in der Kanzlei

Nachdem im Schritt fünf bereits eine Soll-Analyse in der Kanzlei durchgeführt wurde, konnte nun im Anschluss die eigentliche Ist-Analyse bei allen Beteiligten durchgeführt werden. Hierbei ist mit enormem Feingefühl vorzugehen, da hier in die Persönlichkeitsrechte der Mitarbeiter eingegriffen wird. Trotz der teilweisen Offenlegung der einzelnen individuellen Kompetenzen der Mitarbeiter, war das ganze Kanzleiteam hierfür offen und bereit.

### 2.6.1  Erstellung von Fragebögen

Die einzelnen Fragebögen für die Mitarbeiter und Sozien der Kanzlei wurden auf Basis der bereits vorliegenden Anforderungsprofile erstellt. Demzufolge gab es vier unterschiedliche Fragebögen die den entsprechenden Mitarbeitern zur Ausfüllung ausgehändigt wurden. Die Fragebögen wurden wiederum in einen Selbsteinschätzungs- und Fremdeinschätzungsbogen unterteilt. Bei einem Selbsteinschätzungsbogen war der Mitarbeiter aufgefordert so ehrlich wie möglich eine eigene Einschätzung seiner persönlichen Kompetenzausprägungen vorzunehmen. Bei den vorliegenden Fremdeinschätzungsbögen waren die Führungskräfte und Kollegen des jeweiligen Mitarbeiters gefragt, wie sie die Kompetenzausprägungen ihres Kollegen einschätzen. Hierbei war sehr entscheidend, dass immer wieder im Mittelpunkt stand, dass es keine negativen Ausprägungen von Kompetenzen gibt. Nur der jeweilige Ausprägungsgrad unterscheidet die Mitarbeiter voneinander. Auf Grundlagenerläuterungen zur Fragebogenerstellung soll an dieser Stelle verzichtet werden.

### 2.6.2  Durchführung der Befragung

Nach der Aushändigung der einzelnen Fragebögen für die Selbst- und Fremdeinschätzung der einzelnen Jobfamilien, wurde den jeweiligen Mitarbeitern jeweils zwei Wochen Zeit gegeben, um ihre Selbsteinschätzung ihrer persönlichen Kompetenzen vorzunehmen. Im Anschluss hieran wurde in einem Zeitraum von wiederum zwei Wochen eine Fremdeinschätzung der einzelnen Mitarbeiter durch ihre Führungskräfte und Kollegen vorgenommen. Dabei bewerteten bei der Fremdeinschätzung immer eine Führungskraft und jeweils ein Kollege, der mit dem jeweiligen Mitarbeiter direkt zusammen arbeitet und diesen folglich am besten einschätzen kann. Als Hilfsmittel zur Kompetenzeinschätzung wurde den Mitarbeitern ein Kompetenzerläuterungsbogen (siehe hierzu Heyse, Erpenbeck & Ortmann, 2010, S. 123-155) ausgehändigt. Im nächsten Kapitel wird ein Fragebogen zur Selbsteinschätzung aufgezeigt. Ein Fragebogen zur Fremdeinschätzung durch eine Führungskraft und einen direkten Kollegen des jeweiligen Mitarbeiters ist nach dem gleichen Schema aufgebaut.

## 2.6.3 Auswertung der Befragung

Zur Auswertung der Befragungsbögen wurden diese von einer beauftragten Person nach Ablauf der Ausfüllzeit wieder eingesammelt. Für eine optimale Auswertung wurden die einzelnen Fragebögen zunächst nach Jobfamilien geordnet. Im Anschluss wurden für jeden einzelnen Mitarbeiter, durch eine Mittelung der Selbst- und Fremdeinschätzung, neue Auswertungsbögen erstellt. In diesen gemittelten Auswertungsbögen wurden darauffolgend nummerische Werte zum späteren Soll-Ist-Kompetenzvergleich ermittelt. Die nachfolgende Abbildung soll dies grafisch darstellen.

Abb. 5:   Ist-Kompetenzbestand bei Mitarbeiter X mit Mandantenkontakt (in Anlehnung an Heyse & Erpenbeck, 2010, S. 243)

**Soll-Ist-Kompetenzvergleich**

Für Mitarbeiter Frau / Herr: .........XXXXXXXXXXXXXXX..........................

| Anforderungsdimensionen<br>Jobfamilie: "Mitarbeiter mit Mandantenkontakt" | 1. weniger | 2. teilweise | 3. ausgeprägt | 4. deutlich ausgeprägt | 5. stark ausgeprägt | 6. sehr stark ausgeprägt |
|---|---|---|---|---|---|---|
| **P Personale Kompetenz** | | | | | | |
| 1. Loyalität | | | | ■ | | |
| 2. Einsatzbereitschaft | | | | ■ | | |
| 3. Eigenverantwortung | | ■ | | | | |
| 4. Hilfsbereitschaft | | | ■ | | | |
| 5. Lernbereitschaft | | ■ | | | | |
| 6. Zuverlässigkeit | | | | ■ | | |
| **A Aktivitäts- und Handlungskompetenz** | | | | | | |
| 7. Belastbarkeit | | | ■ | | | |
| 8. Tatenkraft | | | ■ | | | |
| 9. Ergebnisorientiertes Handeln | | | ■ | | | |
| 10. Inovationsfreudigkeit | | | | ■ | | |
| **F Fach- und Methodenkompetenz** | | | | | | |
| 11. Organisationsfähigkeit | | | ■ | | | |
| 12. Fleiß | | | | | ■ | |
| 13. Fachwissen | | | ■ | | | |
| 14. Wissensorientierung | | ■ | | | | |
| **S Sozial- kommunikative Kompetenz** | | | | | | |
| 15. Gewissenhaftigkeit | | | | ■ | | |
| 16. Kommunikationsfähigkeit | | | | ■ | | |
| 17. Dialogfähigkeit Mandantenorientierung | | | | | | ■ |
| 18. Teamfähigkeit | | | ■ | | | |

| ■ | Soll-Kompetenzausprägung | | Summe Gesamt Soll: | |
| | Ist-Kompetenzausprägung | | Summe Gesamt Ist: | 62 |

| Summe Soll **(P) Personale Kompetenz**: | | Summe Soll **(A) Aktivitäts- und Handlungskompetenz**: | |
|---|---|---|---|
| Summe Ist (P) Personale Kompetenz: | 19 | Summe Ist (A) Aktivitäts- und Handlungskompetenz: | 12 |
| Abweichung: | | Abweichung: | |
| Abweichung %: | | Abweichung %: | |
| Summe Soll **(F) Fach- und Methodenkompetenz**: | | Summe Soll **(S) Sozial kommunikative Kompetenz**: | |
| Summe Ist (F) Fach- und Methodenkompetenz: | 13 | Summe Ist (S) Sozial kommunikative Kompetenz: | 18 |
| Abweichung: | | Abweichung: | |
| Abweichung %: | | Abweichung %: | |

## 2.7 Schritt 7: Soll-Ist-Vergleich und Feststellung der Kompetenz-Gaps

Im nächsten Schritt wird ein Soll-Ist-Kompetenzvergleich vorgenommen. Hierbei wurden den Soll-Anforderungsprofilen die jeweiligen (je nach Jobfamilie) Ist-Profile gegenübergestellt. Dabei wurden die jeweiligen nummerischen Werte verglichen und eine prozentuale Abweichung vom Soll-Wert errechnet. Die nachfolgende Abbildung soll dies beispielhaft am Anforderungsprofil „Mitarbeiter mit Mandantenkontakt" aufzeigen.

Abb. 6: Soll-Ist-Kompetenzvergleich bei Mitarbeiter X mit Mandantenkontakt (ebd., S. 243)

**Soll-Ist-Kompetenzvergleich**

Für Mitarbeiter Frau / Herr: .........XXXXXXXXXXXXXXX...........................

**Anforderungsdimensionen**

| Jobfamilie: "Mitarbeiter mit Mandantenkontakt" | 1. weniger | 2. teilweise | 3. ausgeprägt | 4. deutlich ausgeprägt | 5. stark ausgeprägt | 6. sehr stark ausgeprägt |
|---|---|---|---|---|---|---|
| **P Personale Kompetenz** | | | | | | |
| 1. Loyalität | | | | | | |
| 2. Einsatzbereitschaft | | | | | | |
| 3. Eigenverantwortung | | | | | | |
| 4. Hilfsbereitschaft | | | | | | |
| 5. Lernbereitschaft | | | | | | |
| 6. Zuverlässigkeit | | | | | | |
| **A Aktivitäts- und Handlungskompetenz** | | | | | | |
| 7. Belastbarkeit | | | | | | |
| 8. Tatenkraft | | | | | | |
| 9. Ergebnisorientiertes Handeln | | | | | | |
| 10. Inovationsfreudigkeit | | | | | | |
| **F Fach- und Methodenkompetenz** | | | | | | |
| 11. Organisationsfähigkeit | | | | | | |
| 12. Fleiß | | | | | | |
| 13. Fachwissen | | | | | | |
| 14. Wissensorientierung | | | | | | |
| **S Sozial- kommunikative Kompetenz** | | | | | | |
| 15. Gewissenhaftigkeit | | | | | | |
| 16. Kommunikationsfähigkeit | | | | | | |
| 17. Dialogfähigkeit Mandantenorientierung | | | | | | |
| 18. Teamfähigkeit | | | | | | |

| | | | |
|---|---|---|---|
| Soll-Kompetenzausprägung | | Summe Gesamt Soll: | 65 |
| Ist-Kompetenzausprägung | | Summe Gesamt Ist: | 62 |
| Summe Soll **(P) Personale Kompetenz**: | 20 | Summe Soll **(A) Aktivitäts- und Handlungskompetenz**: | 12 |
| Summe Ist (P) Personale Kompetenz: | 19 | Summe Ist (A) Aktivitäts- und Handlungskompetenz: | 12 |
| Abweichung: | 1 | Abweichung: | 0 |
| Abweichung %: | 5% | Abweichung %: | 0% |
| Summe Soll **(F) Fach- und Methodenkompetenz**: | 16 | Summe Soll **(S) Sozial kommunikative Kompetenz**: | 17 |
| Summe Ist (F) Fach- und Methodenkompetenz: | 13 | Summe Ist (S) Sozial kommunikative Kompetenz: | 18 |
| Abweichung: | 3 | Abweichung: | plus 1 |
| Abweichung %: | 9% | Abweichung %: | plus 5% |

Dieser Soll-Ist-Kompetenzvergleich zeigt innerhalb der Kanzlei bei dem ein oder anderen Mitarbeiter Einiges an Kompetenzentwicklungspotenzial auf. Dies wird jedoch auf keinen Fall negativ von der Kanzlei bewertet. Erst durch das Aufzeigen dieser Ergebnisse, ist man in der Kanzlei mit seinen Mitarbeitern in der Lage, sich der geplanten Kanzleistrategie entsprechend weiterzuentwickeln. Die Ergebnisse dieses Soll-Ist-Kompetenzvergleiches haben bei jedem Mitarbeiter der Kanzlei Entwicklungsbedarf bei der ein oder anderen Teilkompetenz aufgezeigt.

Auf Grundlage des Soll-Ist-Vergleiches wurde mit jedem Mitarbeiter in der Kanzlei ein Ergebnisgespräch geführt. Hierbei war es von enormer Bedeutung, dass diese nun aufgezeigten Einschätzungen wertschätzend geäußert wurden. Hierzu wurden die nachfolgend aufgezeigten Feedbackregeln vorab in der Kanzlei festgelegt.

Feedbackregeln für den Sender (Erpenbeck, 2012, S. 193):
- Feedback soll beschreiben – nicht bewerten.
- Feedback soll die eigene Wahrnehmung beschreiben.
- Feedback soll eine Anregung geben (positiv formuliert sein).
- Feedback soll zeitnah erfolgen.

Feedbackregeln für den Empfänger (ebd., S. 193):
- Er soll offen sein für das Feedback und bereitwillig zuhören.
- Er kann das Feedback zunächst nur aufnehmen, ohne Rückmeldung zu geben.
- Soll sich nicht rechtfertigen.
- Wenn er darüber nachgedacht hat, kann er auf die Kernaussage des Feedbacks eingehen.

Um das Einhalten dieser besagten Verhaltensregeln beim Feedbackgespräch sicherzustellen, wurde ein Moderator in der Kanzlei für diese Gespräche bestimmt. Dieser war verantwortlich dafür, dass alle Feedbackgespräche auf einer konstruktiven Ebene ablaufen.

Nach einem ausführlichen Feedback war es Aufgabe der Kanzlei diese noch nicht ganz ausgereiften Teilkompetenzen bei den Mitarbeitern weiterzuentwickeln. Dies wurde mit unterschiedlichen Kompetenzentwicklungsmöglichkeiten im nächsten Kapitel dieser Arbeit in die Praxis umgesetzt.

Aus Datenschutzgründen sollen hier an dieser Stelle keine weiteren Ergebnisse der Kompetenzauswertung der einzelnen Mitarbeiter aufgezeigt werden.

## 2.8 Schritt 8: Festlegen von geeigneten Kompetenzentwicklungsmöglichkeiten in der Kanzlei

An dieser Stelle soll noch einmal darauf hingewiesen werden, dass Kompetenzen nicht so einfach erlernt werden können wie z.B. Rechenarten. Hierzu muss man die benötigten Regeln, Werte und Normen selbst verinnerlichen und Erfahrungen selbst machen. Arnold spricht hierbei von einer sogenannten „Ermöglichungsdidaktik". Lerninhalte könne nicht vermittelt werden, sondern müssen „er-holt" werden (Arnold, 2012, S. 135). Kompetenzen werden daher nach Heyse und Erpenbeck zwar von Wissen im engeren Sinne fundiert, aber von Erfahrungen konsolidiert (Heyse & Erpenbeck, 2009, S. XXII).

Aus der Vielzahl von Möglichkeiten zur Kompetenzentwicklung, hat sich die Kanzlei für die nachfolgenden drei Varianten entschieden:
* Coaching
* Regelmäßiger Erfahrungsaustausch
* Externe Kompetenzentwicklung

Eine Varianten hieraus soll nachfolgend kurz in der praktischen Kanzleianwendung aufgezeigt werden.
* Externe Kompetenzentwicklung

Bei dieser Variante sollen die einzelnen Mitarbeiter ganz speziell in ihren noch ausbaufähigen Kompetenzen auf externe Kompetenzschulungen geschickt werden. Dies geht von Rhetorikseminaren bis hin zu Führungskräfteschulungen mit Projektarbeiten. Dies bedeutet in der Praxis, dass alle Lerninhalte in Form von Projektarbeiten auch in der Realität in der Kanzlei umgesetzt werden müssen. Nur so können Kompetenzen tatsächlich aufgebaut werden.

Bei einer externen Kompetenzentwicklung steht auch klar die Fach- und Methodenkompetenz im Vordergrund, da diese sich relativ gut mit externen Entwicklungsmaßnahmen ausbauen lässt. Hierbei ist an Ausbildungen zum Fachanwalt in speziellen Rechtsgebieten oder zum jeweiligen Fachberater für die Anwälte der Kanzlei zu denken. Ebenfalls sollen auch die einzelnen Mitarbeiter in den jeweiligen Rechtsgebieten ihre Fachkompetenz mit diversen Kursen und Projektarbeiten in Zukunft ausbauen.

## 2.9 Schritt 9: Festlegen eines Praxisinstruments für das Kompetenzmodell

In der Kanzlei hat man sich für das Praxisinstrument der „Gelben Seiten", oder auch „Yellow Pages" genannt, entschieden. In einem Verzeichnis innerhalb der Kanzlei werden hierzu von allen Mitarbeitern Informationen zu ihren jeweiligen Funktionen, Spezialgebieten und Kompetenzen abgespeichert. Diese Informationen sind bei Bedarf für alle anderen Mitarbeiter abrufbar. In vielen Unternehmen bilden die „Gelben

Seiten" ebenfalls den ersten Schritt, um Kompetenzen und Erfahrungen transparent zu machen (North & Reinhardt, 2013, S. 157).

Hierbei wurden jedoch die Gelben Seiten über die eigentlichen Kompetenzen des einzelnen Mitarbeiters hinaus, durch Projekte und Fälle von Rechtsstreitigkeiten, ergänzt. Somit soll sichergestellt werden, dass bei ähnlichen Problemen oder Fällen keine unnötigen Recherchen für den jeweiligen Mitarbeiter anfallen. Hierdurch soll die Zusammenarbeit innerhalb der Kanzlei in Bezug auf die Fallbearbeitung verbessert und optimiert werden. Die Gelben Seiten wurden innerhalb der Kanzlei so konstruiert, dass jeder einzelne Mitarbeiter nur alleine Zugriff auf seine Kompetenzbearbeitung hat. Somit kann der Mitarbeiter selbst bestimmen was von den Kollegen gesehen werden kann und was nicht. Der Mitarbeiter kann und sollte sich ständig mit der Verbesserung seiner Kompetenzen beschäftigen und sein Kompetenzprofil für alle sichtbar verbessern. Die nachfolgende Abbildung soll Einzelheiten hieraus in der Kanzlei grafisch darstellen.

Abb. 7: Details der Gelben Seiten in der Kanzlei

| Herr Mustermann | | |
|---|---|---|
| Person | Arbeit | Wissen |
| Kompetenzen | Kurse | Zertifikate |

| P Personale Kompetenz | | F Fach- und Methodenkompetenz | |
|---|---|---|---|
| 1. Mitarbeiterförderung | 4 | 10. Organisationsfähigkeit | 5 |
| 2. Einsatzbereitschaft | 5 | 11. Analytische Fähigkeiten | 4 |
| 3. Glaubwürdigkeit | 5 | 12. Fachwissen | 5 |
| 4. Ganzheitliches Denken | 5 | 13. Marktkenntnisse | 4 |
| A Aktivitäts- und Handlungskompetenz | | 14. Systematisch- methodisches Vorgehen | 4 |
| 5. Gestaltungswille | 4 | S Sozial- kommunikative Kompetenz | |
| 6. Schlagfertigkeit | 5 | 15. Akquisitionsstärke | 4 |
| 7. Zielorientiertes Führen | 5 | 16. Beratungsfähigkeit | 5 |
| 8. Konsequenz | 5 | 17. Sprachgewandtheit | 5 |
| 9. Entscheidungsfähigkeit | 5 | 18. Problemlösungsfähigkeit | 5 |

Wie diese Abbildung aufzeigt, kann mit den „Gelben Seiten" in der Kanzlei eine genaue Abstufung der Kompetenzausprägungen (Rating 1-6) des einzelnen Mitarbeiters aufgezeigt werden. Hierdurch wird die Auswahl des besten Ansprechpartners für eine Problemstellung erneut optimiert.

## 2.10 Schritt 10: Qualitätssicherung

Um einen gewissen Qualitätsstandart eines Kompetenzmanagementmodells gewährleisten zu können, bedarf es eines ständigen Überprüfungskreislaufes. Hierbei sollen alle Schritte dieses eingeführten Kompetenzmanagementmodells in regelmäßigen
Abschnitten in der Kanzlei auf ihre Gültigkeit hin überprüft werden. Nur ein individuelles Modell kann einem Unternehmen bei der Umsetzung seiner einzigarti-
gen Strategien behilflich sein. Ein diesbezüglicher Überprüfungskreislauf der Kanzlei weißt folgende Schritte auf: Soll-/Ist-Kompetenzprofil abgleichen → Qualitative
Analyse des Entwicklungsbedarfs → Entwicklungsmaßnahmen vereinbaren → Entwicklungsmaßnahmen durchführen → Entwicklungsschritte festhalten (Erpenbeck &
Rosenstiel, 2013, S. 128).

Da bereits die unterschiedlichen Jobfamilien mit ihren jeweiligen Anforderungsprofilen in der Kanzlei erstellt wurden, können diese relativ einfach für weitere Mitarbeiter in den jeweiligen Jobfamilien Anwendung finden. Durch eine ständige
Überprüfung und Verbesserung dieser einzelnen Schritte eines Kompetenzmanagementmodells kann die Kanzlei in Zukunft ihr komplettes Personalmanagement auf
einem Kompetenzmanagement aufbauen und erfolgreich weiterentwickeln. Denn in
Zukunft werden nicht nur unternehmerische Bereiche mit dem Thema eines weltweiten relevanten „Kompetenzmanagement" konfrontiert (Tippelt & Hippel, 2011,
S. 324). Die nachfolgende Abbildung soll ein solches Gesamtsystem beispielhaft für
die Kanzlei darstellen.

Abb. 8:    Kompetenzmanagementstrategie der Kanzlei (Meifert, 2013, S. 172)

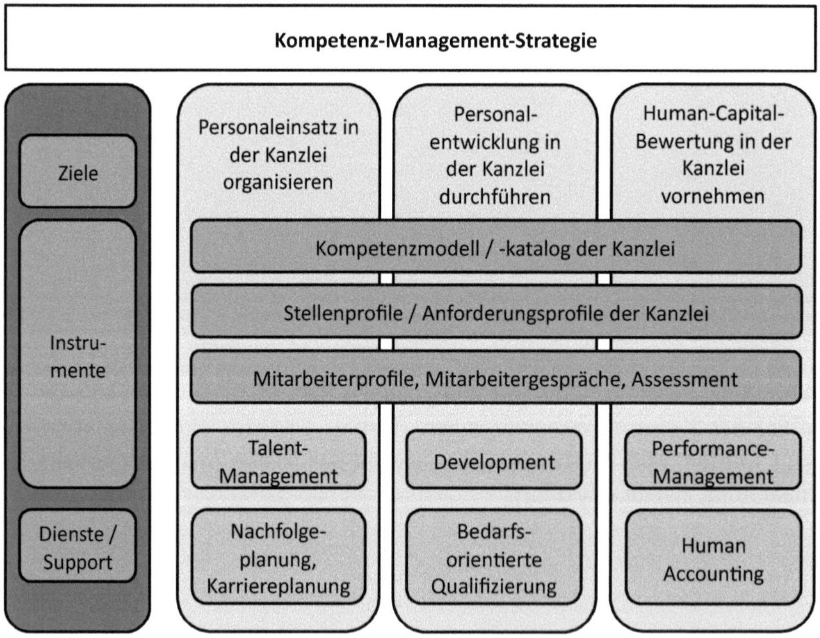

In diesem Zusammenhang ist in der Kanzlei ein ständiger Zwei-Jahres-Vergleich der Kompetenzweiterentwicklung bei den Mitarbeitern geplant. Hierbei wird das Vorjahresprofil eines Mitarbeiters mit dem aktuellen verglichen. Auf diese Weise kann man Kompetenzveränderungen der einzelnen Mitarbeiter detaillierter wahrnehmen und somit honorieren.

## 3. Abschließendes Fazit

In den meisten großen Unternehmen ist das Thema Kompetenzmanagement mittlerweile in die Aufgabengebiete des Managements vollkommen implementiert. Im Dienstleistungsbereich in klein- und mittelständischen Unternehmen hingegen, wie z.B. in Anwaltskanzleien, stellt dieses Thema immer noch eine größere Herausforderung dar oder ist erst gar nicht bekannt. Wie im vorliegenden Beitrag aufgezeigt wurde, ist ein Kompetenzmanagementmodell im Anwaltssektor mit seinen zum Teil komplexeren Teilbereichen nicht von heute auf morgen zu generieren. Aus diesem Grund hatte man sich in diesem Projekt als erstes mit den Begrifflichkeiten „Kompetenz" und „Kompetenzmanagement" beschäftigt, um so einen Einstieg in das Themenfeld für die Sozien der Kanzlei zu gewährleisten. Dieses Projekt hat auch gezeigt, dass bestehende Kompetenzmanagementmodelle nicht einfach von anderen Unternehmen übernommen werden können, sondern jedes Unternehmen auf Basis seiner strategischen Ausrichtung ein eigenes Modell entwickeln muss. Ebenfalls muss bei der Entwicklung und Implementierung eines Kompetenzmanagementmodells auf die unterschiedlichen inhaltlichen und rechtlichen Anforderungen geachtet werden. In diesem Projekt wurde demzufolge die Grundstruktur eines bestehenden Modells als Basis zugrunde gelegt und mit weiteren Methoden und Verfahren (Heyse & Erpenbeck) modifiziert. Ebenfalls wurde das Projekt mit weiteren Ansätzen wie dem Veränderungs- und Vertrauensmanagement und der Verwendung der Ungewissheitstoleranz nach Dalbert aus naheliegenden Wissenschaften (Pädagogische Psychologie) gewinnbringend ergänzt. Dieses Projekt hat letztendlich gezeigt, dass die bestehenden Modelle, in modifizierter Form, für ein Kompetenzmanagementmodell zur Strategieumsetzung auch in kleinen und mittleren Anwaltskanzleien anwendbar sind.

Mitunter hat diese Arbeit den Sozien der Kanzlei aufgezeigt, dass es in der heutigen Wirtschaftswelt wichtiger denn je ist, seine strategische Stoßrichtung, Werte und Leitbilder über die Kompetenzen der Mitarbeiter der Kanzlei zu verwirklichen. Es wird immer komplexer sich mit seinen Leistungen von der Konkurrenz so zu differenzieren, dass ein Wettbewerbsvorteil erlangt werden kann. Daher ist es von enormer Bedeutung auch in Zukunft immer über die vorhandenen und potenziellen Kompetenzen seiner Mitarbeiter im Bilde zu sein und diese nach allen Möglichkeiten zu entwickeln. In Zukunft wird es der einzelne Mensch mit seinen vielfältigen Kompetenzen sein, der den entscheidenden Unterschied zur bestmöglichen Strategieumsetzung eines Unternehmens machen wird und somit für die zukünftige Wettbewerbsfähigkeit entscheidend ist.

# Literatur

Arnold, R. (2012). *Ermöglichen, Texte zur Kompetenzreifung.* (Band 9). Baltmannsweiler: Schneider.

Dalbert, C. (1999). *Hallesche Berichte zur Pädagogischen Psychologie. Die Ungewissheitstoleranzskala: Skaleneigenschaften und Validierungsbefunde.* Halle: Martin-Luther-Universität Halle-Wittenberg.

Erpenbeck, J. (2012). *Der Königsweg zur Kompetenz. Grundlagen qualitativ-quantitativer Kompetenzerfassung.* Münster: Waxmann.

Erpenbeck, J. & Heyse, V. (2007). *Die Kompetenzbiographie. Wege der Kompetenzentwicklung.* Münster: Waxmann.

Erpenbeck, J. & Rosenstiel, L. v. (2007). *Handbuch Kompetenzmessung. Erkennen, verstehen und bewerten von Kompetenzen in der betrieblichen, pädagogischen und psychologischen Praxis.* (2. Auflage). Stuttgart: Schäffer-Poeschel.

Erpenbeck, J. & Rosenstiel, L. v. (2013). *Kompetenzmodelle von Unternehmen. Mit praktischen Hinweisen für ein erfolgreiches Management von Kompetenzen.* Stuttgart: Schäffer-Poeschel.

Faix, W. & Erpenbeck, J. (2013). *Bildung – Kompetenzen – Werte.* Stuttgart: Steinbeis-Edition.

Frey, A. & Hartig, J. (2013). Wann sollten computerbasierte Verfahren zur Messung von Kompetenzen anstelle von papier- und bleistift-basierten Verfahren eingesetzt werden?. *Zeitschrift für Erziehungswissenschaft.* Wiesbaden: Springer.

Heyse, V. & Erpenbeck, J. (2007). *Kompetenzmanagement, Methoden, Vorgehen, KODE® und KODE®X im Praxistest.* Münster: Waxmann.

Heyse, V. & Erpenbeck, J. (2009). *Kompetenztraining, Informations- und Trainingsprogramme.* (2. Auflage). Stuttgart: Schäffer-Poeschel.

Heyse, V., Erpenbeck, J. & Ortmann, S. (2010). *Grundstrukturen menschlicher Kompetenz. Praxiserprobte Konzepte und Instrumente.* Münster: Waxmann.

Hintz, J. A. (2013). *Erfolgreiche Mitarbeiterführung durch soziale Kompetenz. Eine praxisbezogene Anleitung.* (2. Auflage). Wiesbaden: Springer Gabler.

Meifert, T. M. (2013). *Strategische Personalentwicklung. Ein Programm in acht Etappen.* (3. Auflage). Berlin/Heidelberg: Springer.

North, K. & Reinhardt, K. (2013). *Kompetenzmanagement in der Praxis.* (2. Auflage). Wiesbaden: Springer Gabler.

Obermann, C. (2013). *Assessment Center, Entwicklung, Durchführung, Trends. Mit originalen AC-Übungen.* (5. Auflage). Wiesbaden: Springer Gabler.

Ritz, A. & Thom, N. (2011). *Talent Management. Talente identifizieren, Kompetenzen entwickeln, Leistungsträger erhalten.* (2. Auflage). Wiesbaden: Springer Gabler.

Schäffner, L. (2014). *Kompetentes Kompetenzmanagement. Festschrift für Volker Heyse.* Münster: Waxmann.

Schiersmann, C. & Thiel, H.-U. (2014). *Organisationsentwicklung. Prinzipien und Strategien von Veränderungsprozessen.* (4. Auflage). Wiesbaden: Springer.

Schneiderheinze, W. & Zotta, C. (2013). *Ganz einfach kommunizieren. Emotionale Kompetenz für ihren Führungsalltag.* Wiesbaden: Springer Gabler.

Tippelt, R. & Hippel, A. v. (2011). *Handbuch Erwachsenenbildung/Weiterbildung.* (5. Auflage). Wiesbaden: Springer.

# Kompetenzorientierte Konfliktbearbeitung

# Mit einem Praxisbeispiel von Andrea Weitz

*Lothar Schäffner*

## Zur Erinnerung an Andrea Weitz †

Der Buchbeitrag, für den ich als Verfasser zeichne, basiert u. a. auch auf einem Manuskriptentwurf von Andrea Weitz, mit dem sie der Reihe „Kompetenzmanagement in der Praxis" einen eigenen Band beisteuern wollte. Er sollte den Titel „Kompetenzorientierte Konfliktberatung" tragen. Dieser Entwurf enthält eine enorme Fülle von Aspekten, die in einem solchen Zusammenhang bedacht werden können. Sie waren für mich eine Quelle an vielfältigen Anregungen, die es nun galt mit meinen langjährigen Erfahrungen in der Praxis des Kompetenzmanagements und insbesondere in Führungskräftetrainings zusammenzubringen und ihnen eine neue Struktur zu geben. Besonders wertvoll, auch wenn sie zum Teil schon in der Festschrift für Volker Heyse[1] publiziert wurden, waren die von ihr präzise aufgearbeiteten Beispiele aus ihrer eigenen Beratungs- und Trainingspraxis, die auf dem KODE®-Instrumentarium beruhen. Dabei ist ihr der Bezug zum Kompetenzansatz als Erklärungsmuster für die Quelle von Konflikten aber auch als Handreichung solche erfolgreich zu bearbeiten besonders gelungen. Eines der von ihr dokumentierten Beispiele wird in den vorliegenden Beitrag original übernommen. Denn bevor Frau Weitz ihr Publikationsvorhaben zu Ende bringen konnte, ist sie leider ihrem langjährigen Leiden erlegen.

Insofern dient dieser Beitrag auch und besonders der Erinnerung an Andrea Weitz und bringt die Anerkennung derer zum Ausdruck, die mit ihr über Jahre zusammengearbeitet haben.

Lothar Schäffner, Hannover, Juni 2015

## 1. Kompetenzen als Diagnose- und Orientierungsmodell für die Konfliktbearbeitung

Kompetenzorientierte Konfliktbearbeitung beschreibt einen Denk- und Verhaltensansatz unter folgenden drei Aspekten:
- Kompetenz als im Individuum liegende Ursache für Konflikte.
- Kompetenz als individuelles Mittel, Konflikte zu lösen oder zumindest zu bearbeiten.
- Kompetenz als theoretisches Modell, um Konflikte zu diagnostizieren und zu therapieren.

---

1   Schäffner, 2014, S. 183-197.

Das bedeutet einmal, dass Kompetenzen, vor allem wenn sie bei Handlungspartnern unterschiedlich ausgeprägt sind, zu Konflikten führen oder zumindest als Verstärker dienen können.

Auf der anderen Seite können Kompetenzen auch Mittel sein, Konflikte zu lösen; wir reden in diesem Fall von Konfliktlösungskompetenz.

Und schließlich kann das Kompetenzmodell eine Metaebene darstellen, von der aus Konflikte zu einem Gegenstand oder Geschehen werden, auf das man dann theoriegeleitet herabsieht. Ein Umstand, der einer sachlichen Auseinandersetzung mit Konflikten zweifellos förderlich ist.

Das Kompetenzmodell dient somit als Grundlage für eine *Diagnose,* zum anderen aber auch zur *Therapie.* Es hilft, die Konflikte näher zu bestimmen und deren Ursachen zu ermitteln, aber auch Wege aufzuzeigen, die aus den Konflikten herausführen können. Eine solche Art, sich mit Konflikten zu befassen, kann man durchaus als Arbeit bezeichnen. Konflikte werden keineswegs durch den Deus ex machina in ein Nichts aufgelöst. Es kann sein, dass man sich damit begnügen muss, ihn einigermaßen zu regulieren, um damit leben zu können, und das kann eine Arbeit bedeuten, von der man nie behaupten kann, dass sie endgültig abgeschlossen sei.

Friedrich Glasl[2], einer der führenden Konfliktforscher, definiert **Konflikt** als

*Spannungssituationen, in denen zwei oder mehrere Personen, die voneinander abhängig sind, mit Nachdruck versuchen, scheinbare oder tatsächlich unvereinbare Handlungspläne zu verwirklichen, wobei mindestens eine Partei sich der Gegnerschaft bewusst ist.*

Schon in dieser Definition werden Ansatzpunkte zur Lösung solcher Spannungssituationen erkennbar, und sie weisen auf Denk- und Forschungsmodelle hin, die zu einer solchen Lösung beitragen können. Als ein solches Modell bietet sich die Kompetenztheorie und die damit verknüpften Instrumentarien an, da Kompetenzen im Zentrum auf das Handeln von Menschen abzielen und aufzuzeigen vermögen, von welchen Faktoren dieses Handeln beeinflusst wird. Dabei wird der Erklärungswert des Kompetenzansatzes noch dadurch gesteigert, dass er aufzuhellen vermag, warum Menschen auf unterschiedliche Weise handeln.

Insofern ist er geeignet, zur Lösung oder wenigstens zur Bearbeitung von Konflikten wesentlich beizutragen. Er hilft dabei, den Konflikt auch mit seinen emotionalen Implikationen selbst zur Sache zu machen, auf die man – d. h. sowohl die Konfliktparteien als auch ein möglicherweise zur Moderation oder Mediation herangezogener Berater – mit Hilfe einer Art Interpretationsbrille – gemeinsam schauen kann. Als eine solche Sehhilfe hat sich unseren Erfahrungen nach das Diagnose- und Entwicklungsinstrumentarium KODE® bewährt. Dieses dient
- sowohl der Diagnose als auch der Entwicklung individueller Kompetenzen

---

2   Glasl, 1994, S. 14.

und in seiner Ergänzung als KODE®-X

- der strategischen Personalplanung im Sinne der Passung von individuellen Kompetenz und Anforderungen für bestimmte Berufe und Positionen und
- der optimalen Zusammensetzung von Teams.

Eine möglichst gemeinsame Sicht auf unterschiedliche Handlungsansätze mit Hilfe dieses Kompetenzmodells wird erheblich erleichtert, da die Unterschiede keiner gegenseitig relativierenden Wertung unterzogen, sondern als jeweils individuell bevorzugte Wege festgestellt werden, die zunächst grundsätzlich als eigene Stärken erscheinen und erst bei Übertreibungen zu Schwächen deklariert werden. Solch unterschiedliche Wege lassen sich auf Grundorientierungen zurückführen, die nach KODE® letztlich in folgenden vier unterschiedlichen Ansätzen liegen, **selbstorganisiert zu handeln:**

- Reflexiv in Bezug auf seine eigene Person und damit verknüpft auf seine Werte und sein Verantwortungsbewusstsein im Sinn der *Personalen Kompetenz (P)*.
- Fachlich und methodisch begründet in Bezug zu Sachinhalten im Sinne der *Fach- und Methodenkompetenz (F)*.
- Sozial und kommunikativ in Bezug auf andere Menschen im Sinne der *Sozial-kommunikativen Kompetenz (S)*.
- Aktiv handlungsorientiert mit dem Ziel, etwas zu bewirken im Sinne der *Aktivitäts- und Handlungskompetenz (A)*.

Diese Grundkompetenzen bilden untereinander eine Vielzahl von Schnittmengen, die in einem 64 Teilkompetenzen umfassenden Kompetenzatlas zusammengefasst und verortet sind und zu verfeinerten Verfahren der Diagnose und Entwicklung dienen.

Unterschiede in den grundsätzlichen Handlungsstrategien genügen jedoch noch nicht alleine zur Erklärung von Konflikten. Wenn wir ***Kompetenzen*** verstehen als die

*Fähigkeiten aber auch die Bereitschaft von Menschen, in offenen und unüberschaubaren, komplexen und dynamischen Situationen selbstorganisiert und zielgerichtet handeln zu können*[3],

gilt es eine Reihe von weiteren Aspekten differenzierter zu betrachten, die im Sinne einer Konfliktanalyse die kompetenzfordernden Situationen näher beschreiben helfen.

---

3   Siehe Heyse, Erpenbeck & Max, 2004, S. 8.

## 2. Konfliktanalyse

### 2.1 Die eigene Einstellung zu Konflikten

Kompetenzen sind also nicht nur auf Fähigkeiten zu reduzieren, sie beinhalten gleichermaßen auch eine Bereitschaft, auf eine bestimmte Art zu handeln. Bereitschaft wiederum ist ohne eine emotionale Hinwendung nicht möglich. Insofern ist es in der Analyse von Konflikten folgerichtig, nicht nur nach den Emotionen zu fragen, die sich in solchen Spannungssituationen manifestieren, sondern danach, wie Konflikte generell emotional besetzt sind. Zur Verdeutlichung kann man die unterschiedlichen Einstellungen zu Konflikten, wie sie vor allem in Organisationen auftreten, als folgende Polaritäten darstellen.[4]

| | | |
|---|---|---|
| Konflikte sind grundsätzlich vermeidbar. Sie müssen nur frühzeitig erkannt werden. | vs. | Belastungssituationen sind unvermeidbar. Innovations-, Wandlungs- und Anpassungsprozesse sind ausgesprochen konfliktträchtig. |
| Konflikte sind eine destruktive Macht. Sie stören die normale Entwicklung. | vs. | Konflikte sind produktiv nutzbar. Sie sind für die Persönlichkeits- und Organisationsentwicklung notwendig. |
| Konflikte lassen sich immer auf Störenfriede, Aufwiegler und schwierige Personen zurückführen. Sie sind pathologische Erscheinungen. | vs. | Konflikte sind durch persönliche und strukturelle Faktoren bedingt, die sich nur teilweise aufheben lassen. |
| Konflikte sind grundsätzlich hemmend. | vs. | Konflikte können zur Lösung von Problemen motivieren. |

Insofern sind Konfliktlösekompetenzen auf eine Sichtweise angewiesen, die in den einzelnen Polaritäten jeweils links platziert sind. Damit sind die grundlegenden Voraussetzungen benannt, um Konflikte einer sachlichen Analyse zu unterziehen, wie nachfolgend versucht wird. Eine solche Analyse verlangt vorab danach, die Situationen, die Kompetenzen im Sinne der oben zitierten Definition verlangen, näher zu beleuchten.

### 2.2 Konfliktsymptome

Als erstes stellt sich die Frage, wie ein Konflikt überhaupt wahrgenommen wird.
    Übliche Symptome eines manifesten oder sich abzeichnenden Konfliktes sind:
- Man reagiert gereizt und aggressiv auf sein Gegenüber.
- Man geht sich aus dem Wege.
- Man zieht sich (in die Schmollecke) zurück oder demonstriert Desinteresse.
- Man hat schon gleich ein *aber* auf der Zunge.
- Man verhält sich stur und uneinsichtig.

---

4  Nach Klingenbeck, 1996, S. 80.

- Man beruft sich auf Formales, wenn dieses gegen die Aktionen des anderen spricht.
- Man streut Gerüchte und spürt solchen nach.
- Man spinnt Intrigen und wittert solche.
- Man zeigt körperliche, z.T. krankhafte und stressbehaftete Reaktionen, wie z.B. erhöhten Blutdruck bis hin zur Schwächung des Immunsystems.

Konflikte können aber auch in einem Übermaß an Freundlichkeit zum Ausdruck gebracht werden. Ein solches freundliches Verhalten kann aus dem durchaus wohlgemeinten Bemühen herrühren, seine eigenen negativen Vorbehalte gegen den anderen zu kompensieren, sie können genauso eine ironische Überspitzung darstellen. Eines ist gewiss: Die Konfliktparteien sind – und das gehört zur Konfliktsymptomatik dazu – so hoch sensibilisiert, dass sie solche Unterscheidungen wohl wahrnehmen.

Allerdings ist bei einem Fortschreiten des Konfliktes die Wahrnehmungsfähigkeit insofern eingeschränkt, als allmählich die eigentliche Sache, um die es geht, in den Hintergrund rückt und der Gegner zum eigentlichen Thema wird. Mit der Verlagerung der Wahrnehmung weg vom Konfliktgegenstand zum Gegner wird auch der Fokus, Entscheidungen zu treffen, dorthin verschoben.

Dabei muss bedacht werden, dass sich die Konfliktsymptome verändern, wenn ein Konflikt eskaliert und sie werden dadurch zu Indizien, auf welcher Eskalationsstufe, wie später noch aufgezeigt wird, ein Konflikt angelangt ist.


## 2.3 Offene und latente Konflikte

Das Bemühen, Konfliktsymptome zu erkennen, bedeutet, nach Vorzeichen zu suchen, die ein Konfliktpotenzial mit mehr oder weniger Treffergenauigkeit anzeigen. Das heißt gleichermaßen, dass ein Konflikt nicht erst da ist, wenn er offen deklariert wird. Im Gegenteil, nicht ausgesprochene Konflikte können in ihrer Wirkung mindestens genauso gefährlich sein wie solche, die offen ausgetragen werden. Insofern ist eine erste Maßnahme, sich einen analytischen Zugang zu einem Konflikt zu verschaffen und zu identifizieren, ob es sich um einen **offenen oder latenten Konflikt** handelt.

Handelt es sich um einen latenten Konflikt, mag dieser für einige Zeit unter der Decke gehalten werden, allerdings verbunden mit der Gefahr, dass sich ein Schwelbrand entwickelt, der letztendlich in seinen zerstörerischen Auswirkungen gefährlicher und vor allem langanhaltender sein kann als ein offener Konflikt. Insofern ist es ratsam, die Decke zu lüften, auch auf die Gefahr hin, dass das Feuer kurz auflodert. Ein offenes Feuer ist leichter zu lokalisieren und damit auch Löschmaßnahmen eher zugänglich.

## 2.4 Heiße und kalte Konflikte

Glasl (1994) unterscheidet eine weitere Form der Konfliktartikulation, indem er zwischen heißen und kalten Konflikten differenziert.

*Heiße* Konflikte sind gekennzeichnet durch
* Überaktivität,
* Überempfindlichkeit,
* Explosive Taktiken,
* Überzeichnung eines positiven Selbstbildes.
* Wenn es sich um den Konflikt zwischen Gruppen handelt, ist häufig eine Führerzentrierung zu beobachten. Dabei ist der Führer nicht derjenige, der die anderen mit Bedacht lenkt, er ist eher Volkstribun, der von der Meute getrieben wird und der Angst ausgesetzt ist, bei einem Misserfolg gemeuchelt zu werden.

*Kalte* Konflikte zeigen deutliche Anzeichen von
* Lähmung,
* Frustration,
* Hassgefühlen,
* und einem eher negativen Selbstbild.

Bei beiden Artikulationsformen sollten die Bemühungen darauf abzielen „eine mittlere Temperatur" zu erreichen. D.h. heiße Konflikte sind in ihrer Explosivität zu mindern und kalte Konflikte sind aufzutauen. Nur so sind die Konflikte bzw. die Konfliktparteien überhaupt zugänglich.


## 2.5 Konfliktarten

Nach einer Vorsondierung der Symptome und Artikulationsformen sind erst die Voraussetzungen geschaffen, an den eigentlichen Konflikt heranzukommen, um die Konfliktursachen untersuchen zu können. Konkret geht es dabei um die Ermittlung der Konfliktart. Konfliktarten definieren im Wesentlichen die Spannungszustände in ihrer eigentlichen Substanz. Es geht dabei nicht um den Gegenstand, der anscheinend Streitobjekt ist, sondern um das, was bei den Konfliktparteien die Spannung in ihrem subjektiven Empfinden ausmacht. Es bestimmt das, was ihrer Meinung nach falsch läuft, wenn der Konfliktgegner sich durchsetzt. Konkret: Er könnte
* das falsche Ziel ansteuern,
* mehr bekommen als man selbst,
* den falschen Weg wählen auf das gemeinsam vereinbarte Ziel hin
oder schließlich
* einem die erwünschte Wertschätzung verweigern.

Damit sind die Konfliktarten im Wesentlichen einschließlich der Fragestellungen benannt, um die es in diesen geht. Zunächst sind Sach- und Beziehungskonflikte zu unterscheiden. Innerhalb der Sachkonflikte bietet sich eine weitere Ausdifferenzierung an, so dass wir insgesamt folgende unterscheiden können:

- Ziel- oder Bewertungskonflikte[5]                Wo wollen wir hin?

- Sachkonflikte
  - Verteilungskonflikte                            Wer bekommt was?
  - Beurteilungskonflikte                           Wie machen wir es?

- Beziehungskonflikte                              Welche Wertigkeit schreibt der andere mir zu?

*Bewertungs- oder Zielkonflikte* sind am schwierigsten zu lösen. Dort, wo man z. B. die Ziele wechseln kann, ohne das Ganze zu gefährden, kann es Kompromisse geben, indem man sich bei der Zielvorgabe abwechselt oder aufeinander zugeht. Ein Beispiel können unterschiedliche Vorstellungen über ein Urlaubsziel sein oder über die grundlegenden Vorlieben, seinen Tag zu gestalteten. Hier kann man sich abwechseln, Kompromisse finden, wie man z. B. gemeinsame Alltagsfreuden miteinander kombinieren kann, oder aber Aktivitäten auch für eine gewisse Zeit getrennt unternimmt. Dort, wo es aber sinnvoll, wenn nicht sogar notwendig ist, sich ein gemeinsames Ziel zu setzen und dieses auch stringent zu verfolgen, wie z. B. bei der Ausrichtung eines Unternehmens oder einem Erziehungskonzept für die gemeinsamen Kinder, können unterschiedliche Zielvorstellungen durchaus auch Ausschlusskriterien dafür sein, mit wem man zusammenarbeitet oder auch zusammenlebt. Ansonsten müsste man Formen finden, das gegenseitige „Aufeinander-Angewiesen-Sein" zu reduzieren oder aufzugeben, indem man sein eigenes Leben neben dem anderen her lebt oder sich in Arbeitsbeziehungen voneinander trennt, was nicht ausschließt, dass man weiterhin miteinander auf irgendeine Weise kooperiert. Insofern kommt der Frage der Auswahl der Partner in den unterschiedlichsten Arbeits- und Lebensbeziehungen eine besondere Bedeutung zu, da sie unter Umständen nur schwer und wenn dann nur mit einem hohen Aufwand zu revidieren ist. Geht man über Ungereimtheiten auf der Ebene der gemeinsamen Ziel- und Wertvorstellungen zu schnell hinweg, was vor allem in Anfangssituationen sein kann, holt man sich ein Konfliktpotenzial ins Haus, das eine Dauerwirkung ausstrahlen wird. Dies gilt vor allem bei Menschen mit einer hohen *Personalkompetenz*

Auf der Ebene der Diagnose mit Hilfe des Kompetenzmodells KODE® kann man vermuten, dass bei einem Menschen, der über eine hohe sozialkommunikative Kompetenz verfügt, die Konfliktsensoren bei einem *Verteilungskonflikt* schneller anspringen als bei einem Menschen mit einer hohen Aktivitäts- und Handlungskompetenz. Während der erstere empfindlich auf Vorkommnisse reagiert, die das soziale Klima stören und dazu gehört eine als gerecht empfundene Antwort auf die Frage, wer be-

---

5  Der Bewertungskonflikt wird häufig unter Sachkonflikte subsumiert, was angesichts der grundsätzlichen Bedeutung der Frage, um die es hier geht, nicht angemessen ist. Insofern wird er von uns als eigene Konfliktart vorangestellt.

kommt was, geht es dem anderen ohne ein „sensibles Gedöns" vor allem darum, etwas zu bewegen.

Dieser würde eher eine Unstimmigkeit im Sinne eines *Beurteilungskonfliktes* aufkommen sehen, wenn sich nichts tut, weil man den falschen Weg gewählt hat.

Mit Sicherheit kann man davon ausgehen, dass *Beziehungskonflikte* vor allem Personen mit einer stark ausgeprägten sozial-kommunikativen Kompetenz belasten und diesen möglicherweise noch anheizen.

Das zeigt zugleich auch, dass Sach- und Beziehungskonflikte durchaus mehr oder weniger große Schnittmengen haben. So können Sachkonflikte zu Beziehungskonflikten führen, wenn ein Gesprächspartner darüber verärgert ist, dass sein Gegenüber seinen Argumenten und Wünschen nicht folgt, also ihm anscheinend die dabei erhoffte Wertschätzung verweigert.

Auf der anderen Seite kann aber auch ein Beziehungskonflikt auf die Sachebene verschoben werden, hinter Sachargumente oder dem damit verbundenen Anspruch, etwas besser zu wissen als der andere. Wenn solches, wie häufig bei Ehepaaren zu beobachten, dann noch im Kreise von Bekannten inszeniert wird, kann dadurch der eigene „Beziehungswert" erhöht werden, während er bei dem Partner sinkt.

## 2.6  Entstehung und Eskalation von Konflikten

Wenn Sportler nach Beendigung eines sportlichen Wettbewerbs, vor allem dann, wenn sie gewonnen haben, behaupten, das Spiel wäre im Kopf entschieden worden, ist das eine übliche Floskel. Wenn man dann aber die Art und Weise beachtet, wie der Sieger sich artikuliert und sich vielleicht auch außerhalb des Sportplatzes verhält, kann einem schnell deutlich werden, dass der Beitrag des Kopfes nicht unbedingt mit einer überragenden intellektuellen Leistung gleichgesetzt werden darf. Kurz und gut: In unseren Köpfen spielt sich mehr ab als das, was nachher als intelligentes Ergebnis präsentiert werden kann. Das gilt auch für die Prozesse bei der Entstehung von Konflikten. Dennoch bleibt die Feststellung gültig: **Konflikte entstehen im Kopf,** wie die nachfolgende Skizzenfolge zeigt, die eine Studentengruppe im Rahmen einer von mir durchgeführten Lehrveranstaltung mit dem Thema „Konflikt als Gegenstand der betrieblichen Weiterbildung" entworfen hat.

Diese Skizze, die sich als Einstieg in ein Seminar zur Konfliktbearbeitung vor allem in der betrieblichen Weiterbildung eignet, zeigt, ohne sich der Sprache bedienen zu müssen, über vier Stationen wie sich ein Konflikt entwickelt. Schon im ersten Bild wird erkennbar, dass die beiden Ruderpartner mit unterschiedlichem Enthusiasmus an die Sache herangehen. Während der vordere im Boot dies mit deutlichem Spaß tut, bewegt sich der hintere gefühlsmäßig eher auf der Ebene des freundlich friedlichen Mitmachens. Entscheidend ist dann das Bild 2. Die Sprechblase über dem Hintermann – hier wohl besser als Denkblase zu bezeichnen – verbunden mit dem grimmigen Gesichtsausdruck und dem Wegwerfen des Ruders verrät, dass er die Kooperation aufkündigt und ihm äußerst unfreundliche Gedanken in Richtung Vordermann durch den Kopf gehen. Dieser noch bestens gelaunt merkt an der Reaktion, dass sich der andere dem gemeinsamen Bemühen verweigert und er schwitzend plötzlich die alleinige Last zu tragen hat. Das äußere Ergebnis zeigt, dass sie wieder an die Ausgangsstelle zurückgetrieben wurden, also keinen Schritt bzw. Ruderschlag vorangekommen sind. Die Folge ist, dass sich der Vordermann beim Hintermann auf das Heftigste beschwert, während dieser sich beleidigt verweigert.

Mit Hilfe einer Strukturzeichnung von Glasl zu den menschlichen Faktoren beim Senden und Empfangen von Konfliktsignalen, die von mir zu einem Zirkelschluss zwischen zwei Partnern erweitert wurde, lassen sich die bebilderten Vorgänge in ein Denkmodell übertragen.

Abb. 1: Menschliche Faktoren beim Senden und Empfangen von Konfliktsignalen (nach Glasl, 1994, S. 36).

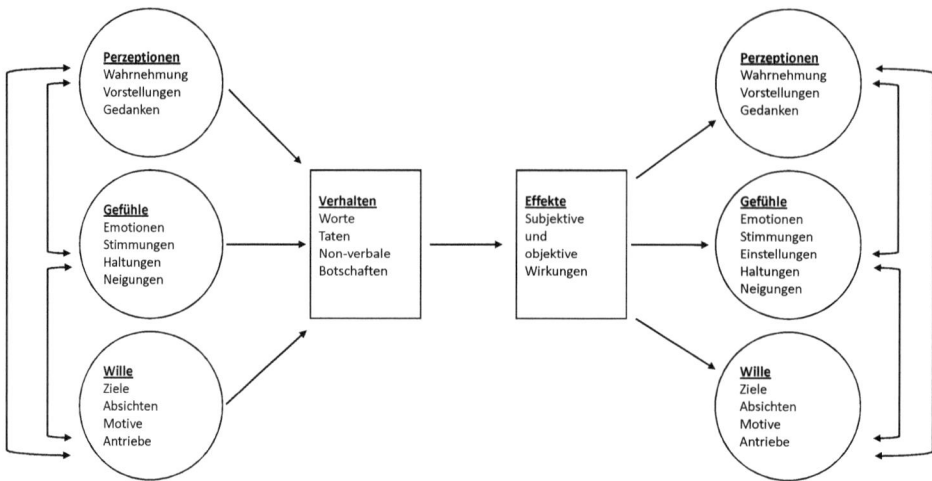

Die Prozesse im Kopf einer Konfliktpartei beginnen mit der Wahrnehmung. Dass das Wahrnehmen von Dingen und Ereignissen keinen digitalen Vorgang darstellt, der für alle gleich ist, steht inzwischen außer Frage. Er wird je nach Denkschule in der Konsequenz unterschiedlich gewertet. So vertreten radikale Konstruktivisten die These, dass menschliches Denken, Deuten und Handeln ein in sich selbststeuerndes System darstellt und lediglich durch die Außenwelt pertubiert werden kann.

Wir halten jedoch eine Allgemeingültigkeit von signifikanten Symbolen in der Interaktion zwischen Menschen als eine Voraussetzung für menschliches Zusammenleben. Was auf alle Fälle unbestritten bleibt, ist die Tatsache, dass menschliche Wahrnehmung nicht von damit verbundenen Vorstellungen und Gedanken zu trennen ist und die „Brille der Erkenntnis" mit beeinflusst. Wahrnehmungen setzen zudem Gedanken der Interpretation des Geschehenen aber auch des zu Erwartenden in Gang. Sonst wären Vorgänge der self-fulfilling prophecy kaum vorstellbar.

Gestützt und zugleich begleitet werden solche Prozesse durch Gefühle. Wahrnehmungen lösen Gefühle aus, es werden aber auch durch Gefühle Haltungen und Neigungen eingefärbt. Dabei verstehen wir Haltungen als eine grundsätzlich nach außen gerichtete Einstellung. Insofern ist dieser Aspekt der Gefühle für die Bearbeitung von Konflikten von besonderer Bedeutung, da Haltungen nach außen sichtbar werden, während wir die dahinter liegenden Einstellungen zunächst lediglich vermuten können. In konkreten Konfliktsituationen treffen Haltungen aufeinander und sind von unbeteiligten Dritten fast so zu betrachten wie mehr oder weniger gut besetzte Rollen auf der Theaterbühne.[6] Wenn Haltungen dann auch noch mit Rollen verknüpft werden und sich in solchen sprachlichen Hülsen wie *„ich als ... Vertreter einer Berufsgruppe, ich als Vater, ich als Arzt, ich als Verantwortlicher für ..."* ausdrücken, verschafft man sich eine breitere Legitimation und schreibt sich seine Haltung im Drehbuch der Auseinandersetzung mit anderen fest.

Haltungen, die dagegen eine Interaktion positiv gestalten, sind, wie an anderer Stelle schon herausgearbeitet[7]:

- Empathie,
- Ambiguitätstoleranz und
- Rollendistanz.

Begleitet werden die Wahrnehmungen und deren Verarbeitung in Gefühlen durch den Willen. Das bedeutet nicht unbedingt, dass sich der Wille als eine konsequente Ableitung aus der Wahrnehmung und den Gefühlen darstellt. Der Wille, der sich im menschlichen Denken und Handeln durch Ziele und Absichten mitteilt und hinter dem bestimmte Motive und Antriebe stehen, die eine weit umfassendere Basis haben als das, was im gegenwärtigen Geschehen zu verarbeiten ist, stellt im gewissen Maße eine eigenständige Instanz dar.

Die Faktoren auf den 3 Ebenen führen zu einem Verhalten, das unter dem Aspekt der Kompetenzen betrachtet werden kann, zumal diese letztlich nur aus dem konkreten Tun der Menschen geschlossen werden können. Dieses Verhalten wiederum wird bei dem Interaktionspartner Effekte im Sinne von subjektiven und objektiven Wirkungen auslösen, die sich in Form von Perzeptionen, Gefühlen und Willen niederschlagen und zu einer Antwort führen, auch wenn diese verbal verweigert wird. In diesem Fall wirkt dann von Watzlawicks schon zum Allgemeingut gewordene Grundthese „Man kann nicht nicht kommunizieren". Und damit ist der Anfang für eine neue Feedbackschleife gelegt.

Das skizzierte Modell taugt insofern zu einer differenzierten Analyse, sowohl was Kompetenzen im Sinne der obigen Definition ausmachen als auch was sie bewirken. Sie zeigen sich als Fähigkeiten und Bereitschaft und lösen bei dem Gegenüber Gleiches aus.

Aus der Analyse heraus lassen sich Ansätze für eine Konfliktbearbeitung ableiten und belegen damit die Eingangsthese, dass Kompetenzen einerseits Ursachen von Konflikten sein können, andererseits aber auch Wege zu deren Lösung aufzeigen.

---

6 Der Konflikt der GDL mit der Deutschen Bahn in der Zeit, in der die erste Fassung dieses Manuskripts entstand, und den wir als bezahlende aber auch leidende Zuschauer z.T. in den Medien mitverfolgen konnten, mag Beispiel für eine solche Inszenierung sein. Haltungen wurden eingenommen und in Rollen verfestigt.

7 Schäffner, 1991. Diese Haltungen sind wesentliche Voraussetzungen für eine gelungene Identität im Sinne der Interaktionistischen Identitätstheorie. Vor dem Hintergrund dieses Paradigmas erscheint eine starke Persönlichkeit als eine solche, die zwischen der personalen und sozialen Identität, also dem Selbstbild und Selbstkonzept auf der einen Seite und den Erwartungen der Gesellschaft über Rollen und allgemeine Normen auf der anderen Seite eine Balance herzustellen weiß.

Ursachen können erfahrungsgemäß darin liegen, dass Partner unterschiedliche Kompetenzprofile haben. In der Praxis kommt besonders häufig die Konstellation „hohe Fach- und Methodenkompetenz und hohe Aktivitäts- und Handlungskompetenz (bei gleichzeitig niedriger personaler Kompetenz und sozial-kommunikativer Kompetenz) treffen auf hohe personale Kompetenz und hohe sozial-kommunikative Kompetenz (bei gleichzeitig niedriger Fach- und Methodenkompetenz)". Wenn bei letzterem Vertreter dann auch noch eine recht hohe Aktivitäts- und Handlungskompetenz vorliegt, kann ein Konflikt schnell eskalieren.

Kommt es nicht zu einer Lösung, besteht die Gefahr, dass ein Konflikt eskaliert. Glasl (1994) hat ein Eskalationsmodell aufgezeigt, das 9 Stufen umfasst. Es fängt auf der ersten Stufe bei einer einfachen Verstimmung an, über die Bemühungen Verbündete um sich zu scharen auf der Stufe vier bis hin zu der Situation, in der auf der letzten Stufe die Vernichtung des Gegners wie auch die eigene in Kauf genommen wird. Also in dem gemeinsamen Untergang endet. Ein Kennzeichen der Eskalation ist zudem, dass der eigentliche Inhalt der anfänglichen Meinungsverschiedenheit allmählich in den Hintergrund gerät und nur noch der Sieg über den Kontrahenten zählt. Dabei ist der Prozess der Eskalation vor allem durch ein Phänomen gekennzeichnet: Der Anteil der Kognition reduziert sich zugunsten der Emotionalität. „Je weniger Kontrolle vorhanden ist, desto emotionaler reagiert das System [...] das System wird kopflos." (Kreuser, 2011)

Die drei zentralen Stufenkomplexe Eskalationsphasen reihen wie folgt:

| Diskussionen (Differenzen) Zusammenstöße (Polarisierungen) Verhärtung (Unvereinbarkeit) | Koalitionen (Verbündete) Gesichtsverlust (öffentliche Demontage) Drohungen (Sanktionen) | Ausgrenzung Zerstörungsschläge totale Konfrontation (Vernichtung um jeden Preis bis hin zur Selbstzerstörung) |
|---|---|---|

Glasls Modell ist umfassend und schließt internationale Konflikte mit kriegerischen Auseinandersetzungen genauso ein wie den Kleinkrieg, der sich in privaten Paarbeziehungen entwickeln kann.

Bislang sind wir von einem Interaktionsmodell zwischen mindestens 2 verschiedenen Personen ausgegangen, die die Protagonisten eines Konfliktgeschehens sind. Es ist aber durchaus auch denkbar, dass die Interaktion mit anderen nur Auslöser ist, einen intrapsychischen Konflikt zu erleben und nach außen zu tragen. Dabei wird der Konfliktgegner zum Spiegel der eigenen Person. Diesem wird eine Stellvertreterfunktion für Aspekte des eigenen Ich zugewiesen. Diese können sowohl erwünschte als auch bekämpfte sein, also entweder das negative oder das positive Selbst repräsentieren. So kann der andere den positiven unbesorgten manchmal nicht unbedingt zuverlässigen Lebensstil pflegen, dem man sich mit Schmerzen verwehrt – eine Konstellation, gegen die alle meine Abwehrkräfte mobilisiert werden müssen – oder aber er hat Dinge erreicht, deren Realisierung meinen Idealvorstellungen entsprechen würden, für die mir aber die Voraussetzungen fehlen.

Von dem Modell der Transaktionsanalyse ausgehend kann der Konfliktpartner durchaus Ich-Zustände repräsentieren, zu denen ich nicht in der Lage bin. Seine auf der Ebene des Erwachsenen-Ichs nach außen getragene sachliche Souveränität erweckt in mir Neidgefühle, weil ich darauf reduziert bin, permanent zwischen den Ich-Zuständen des angepassten Kind-Ichs und dem des kritischen Eltern-Ichs hin und her zu wechseln und diese von dem anderen demonstrierte souveräne Sachlichkeit nicht zustande bringe.

Mein begrenztes Repertoire, entweder mit erhobenem Zeigefinger auf die anderen, dann meist Schwächeren zu zeigen oder sich dem kritischen Blick der Stärkeren zu beugen oder noch besser in einem vorauseilenden Gehorsam solches von vornherein zu vermeiden, verleiht einem nicht unbedingt die Insignien der Attraktivität.

Das eigene innere Bedürfnis wird aus der inneren Konfliktlandschaft nach außen verlagert, und selbst wenn die Stellvertreter-Auseinandersetzung möglicherweise bereinigend und kurzfristig beruhigend wirkt, der eigentliche Auslöser bleibt und mit ihm das Potenzial für den Konflikt – möglicherweise in anderer personeller Besetzung.

Gerade auch das Modell KODE® ermöglicht, ohne Wertungen abzugeben, solche intrapsychischen Konfliktpotenziale aufzuzeigen. Vor allem die Ausdifferenzierung in die Ebenen des Handlungsideals (HI), der Handlungserwartung (HE), dem Handlungsvollzug (HV) und dem Handlungsresultat (HR) lenkt die Aufmerksamkeit auf mögliche Ansatzpunkte für intrapsychische Konflikte. Diese sind am ehesten zu vermuten, wenn die Differenz zwischen HI und HV einerseits und HV und HR groß ist. Die selbst erfahrene Spannung zwischen dem, was man für ideal hält und auch mit seinem Tun erreichen will und dem, was dabei herauskommt, wird sich dann steigern, wenn es dem Gegenüber vergleichsweise gut gelingt. Unklar bzw. jeweils von Fall zu Fall unterschiedlich ist, wie man mit einem solchen Ergebnis umgeht. Möglicherweise muss es einer gemeinsamen Bearbeitung durch die Kontrahenten verborgen bleiben und im Rahmen von getrennten Zweiergesprächen behandelt werden.

Eines dürfte aber in solchen Fällen unbestritten sein. Die Bearbeitung solcher Konflikte bedarf einer anderen Strategie als die, die auf Kommunikation und Moderation setzt und die im Zentrum unserer weiteren Ausführungen steht.

Ein auf Kommunikation und Moderation ausgerichtetes Vorgehen müsste dabei von folgenden drei Grundhaltungen geprägt sein.

Es müsste *Empathie* in dem Sinne ausstrahlen, dass man sich in sein Gegenüber hineinversetzt und sich zugleich mit den Augen des anderen wahrnimmt.

Es müsste *Ambiguitätstoleranz* ausweisen, indem man es aushält, dass Geschehnisse in unserer Gesellschaft nicht nach einem Schwarz-Weiß-Muster zu beurteilen sind. Es muss ausgehalten werden, dass solch ein Geschehen nicht durch schlichte Kausalbedingungen zu erklären ist. Der Verlockung der schrecklichen Vereinfachung ist zu widerstehen. Man muss einsehen, dass die Wirklichkeit von einer Vielzahl von Graustufen bestimmt ist. Und dass der Blick auf den Einzelfall nicht durch ein universell für alles geltendes Deutungs- und Entscheidungsmuster verstellt wird.

Es müsste eine **Rollendistanz** einfordern, damit sich der Einzelne nicht mit anderen vermeintlich gleich Denkenden unterhakt und damit zum „Scheinriesen" wird.

Sie müsste die individuelle Ausgestaltung der Rollen im Sinne von *role taking* propagieren anstelle der unreflektierten Übernahme hergebrachter Rollenklischees.

## 3. Bearbeitung von Konflikten

### 3.1 Grundlagen der konkreten Konfliktbearbeitung

Haben wir in dem vorigen Abschnitt über die Entstehung und Eskalation von Konflikten grundlegende Voraussetzungen für die Konfliktbearbeitung herausgearbeitet, geht es nachfolgend um das konkrete Verhalten, das aus einem Konflikt herausführen kann. Dabei wechseln wir zugleich auch die Perspektive und betrachten Kompetenzen nicht als Ursachen für Konflikte wie zu Beginn dieses Beitrages dargestellt wurden, sondern als Mittel zur Konfliktbearbeitung.

Unbestritten dürfte die Kommunikation das zentrale Mittel sein, Konflikte zu bearbeiten. Im Normalfall wird die Kommunikation zwischen den Konfliktparteien stattfinden. Nur, wenn sich diese alleine nicht helfen können, weil der Konflikt schon weit eskaliert ist und auch ein Vermittler keine Fortschritte erzielt, mag das Machtwort eines Entscheidungsträgers den Austausch zwischen den Konfliktparteien ersetzen, allerding mit all den Nachteilen, die sich daraus ergeben, wenn über die Köpfe der Menschen hinweg etwas bestimmt wird.

Gehen wir vom Normalfall aus, so sollten dort zunächst einmal die grundsätzlichen Kommunikationsregeln Orientierung geben. All die vielen Kommunikationsregeln, die vor allem in der Literatur für Führungskräfte Erfolg verheißen und auch in teuren Kommunikationstrainings geübt werden können, lassen sich auf drei reduzieren. Diese, aus denen alle weiteren Regeln abgeleitet werden können, lauten[8]:
* Versuche den anderen wirklich zu verstehen.
* Mache dich selbst verständlich.
* Betreibe im Notfall Metakommunikation.

*Versuche den anderen wirklich zu verstehen*
Das Bemühen, den anderen zu verstehen scheint uns dabei die wichtigste Regel zu sein, zumal Gesprächspartner auf die zweite Regel, sich selbst verständlich zu machen, schon aus Eigeninteresse achten. Den anderen zu verstehen, ist der eigentliche Schlüssel zum Erfolg, wenn man selbst die Arbeit am Konflikt in der Hand behalten will. Zu warten, bis der andere einem entgegenkommt, kann einem möglicherweise eine lange Wartezeit aufbürden, ohne jeglichen Erfolg bleiben oder die Gestaltungsmacht sogar dem Gegenüber überlassen.

---

8    Siehe auch Schäffner, 2012, S. 68.

Sich auf den anderen einzustellen und in gewissem Umfang auf ihn einzulassen, wird von vielen als eine Gefahrenquelle betrachtet, die der Gegenüber dann eiskalt ausnutzen könnte. Dies, so unsere Erfahrung, ist nur in Ausnahmefällen zu befürchten. Wer sich selbst für andere öffnet wird in der Regel nicht dadurch bestraft, dass ihn der andere niederringt. Im Gegenteil, selbst einen Schritt auf den anderen zuzugehen, dient diesem in der Regel als Vorbild dasselbe zu tun.

Dies wird auch von dem Begründer der Gewaltfreien Kommunikation Rosenberg so gesehen. Rosenberg sieht ebenfalls in der Empathie den Schlüssel für das Gelingen kommunikativer Bemühungen[9]. Dabei ist die Art und Weise, wie die Menschen miteinander umgehen, also in analogen Zeichen, von besonderem Einfluss, zumal Menschen seiner Ansicht nach empathische Kontakte zu ihren Mitmenschen suchen.

Insofern ist die GFK keine Technik, sondern eine Grundhaltung in der Interaktion zwischen Menschen. Das heißt, dahinter steht ein Menschenbild in der Tradition der humanistischen Psychologie und zwar das in einer positiven Sicht vom Menschen.

Solch ein Denken und Handeln als Glaubenssatz abzutun, wäre allerdings falsch. Gerade ein positives Menschenbild trägt eine Rationalität in sich, die darauf abzielt das Zusammenleben von Menschen überhaupt möglich, lebenswert und auch in der gegenseitigen Beeinflussung – und damit auch im aufeinander Zugehen – erfolgreich zu machen. Es geht in diesem Zusammenhang nicht um die die ganze Philosophiegeschichte durchgehende Frage, ob die Menschen gut oder böse sind, sondern darum, wie eine solche grundsätzliche Sicht auf den Menschen und auf die Interaktionen wirkt. Durch die nachfolgenden Ausführungen im Rahmen eines kleinen Exkurses soll dies verdeutlicht werden.

Nehmen wir einmal in einer vereinfachten Sprachweise an, dass es sowohl gute als auch böse Menschen gibt, nehmen wir zudem an, dass sich diese sogar in einer erheblichen Bandbreite verteilen. Ein Effekt tritt erst ein, wenn wir aus einer der beiden möglichen extremen Positionen schauen. Blicken wir von der negativen Seite aus, bestätigen wir erwartungsgemäß die Bösen, doch wir *verprellen* eventuell diejenigen, die in der Mitte der Verteilung stehen und in ihrem Denken sich in dem Feld zwischen Gut und Böse bewegen. Denn wenn man ihnen gute Absichten von vornherein nicht zuspricht, brauchen sie sich auch nicht entsprechend zu verhalten. Wenn wir aus der guten Ecke schauen, können wir eventuell diejenigen gewinnen, die sich in dem Niemandsland zwischen Gut und Böse bewegen und konstruktiv unter dem Denken handeln, die anderen in ihrem Zutrauen nicht zu enttäuschen. In ein sehr rationales Bild gebracht, würde dies folgendermaßen aussehen:

---

9   Rosenberg, 2007.

Abb. 2:   Wirkung des Menschenbildes (eigene Darstellung)

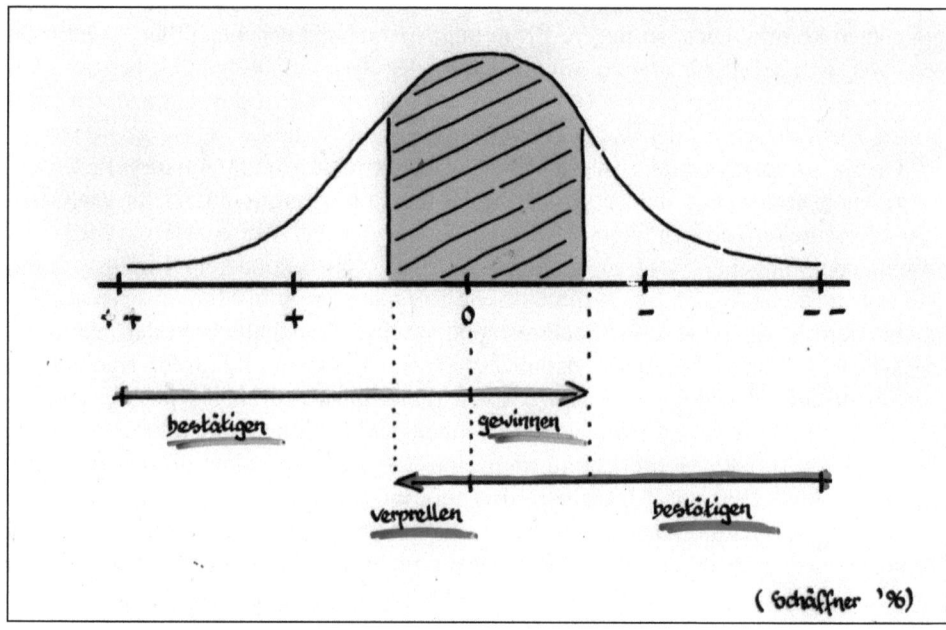

Im Grunde genommen geht es um die Differenz zwischen verprellen und gewinnen. Und wenn wir davon ausgehen, dass Menschen selbst in ihrem ethischen Verhalten einer Normalverteilung folgen – für einen Philosophen eine möglicherweise unangemessene Formulierung – bewegen sich die meisten in dem Übergangsbereich zwischen Gut und Böse und stellen damit eine beeindruckende Mehrheit dar. Gleichzeitig steckt hinter dieser Feststellung durchaus ein Plädoyer für eine rationale Sicht auf das Menschenbild.

Ein positives Menschenbild zu haben und zu verteidigen verbietet aber auch nicht, konkrete Vorschläge zu machen, was man an Verhaltensweisen vermeiden sollte, um eine erfolgreiche Kommunikation nicht zu gefährden. Dazu gehören eben gerade moralische Urteile mit den Kriterien gerecht/ungerecht, gesund/krank oder gut/böse. Dazu gehört auch die Methode, besonders in Konfliktsituationen Vergleiche herzustellen.

Den anderen moralisch abzutun, würde unweigerlich den Abbruch einer konstruktiven Verständigung bedeuten. Auch wenn wir das Verhalten des anderen ablehnen, bleibt uns, wenn wir an einer Lösung interessiert sind, zunächst nur übrig, für den anderen Verständnis aufzubringen.

Den anderen zu verstehen basiert sowohl auf den Fähigkeiten, dies auch kognitiv zu können als auch auf der Bereitschaft, dies emotional zu wollen. Beide Aspekte vereinen sich in dem Verständnis von Empathie im interaktionistischen Sinne. Danach begrenzt sich Empathie nicht nur auf das sich Hineinversetzen in den anderen, sondern bezieht den Akteur selbst in den Fokus der Betrachtung mit ein, indem er sich selbst aus den Augen des anderen sieht. Und hier wiederum liegt die Quelle der Verständigung zwischen den Kommunikationspartnern.

Ein Mittel, das eine Verständigung in diesem Sinne unterstützt, ist das Prinzip des aktiven Zuhörens. Wird dieses Prinzip gelebt, wird es auch sichtbar und spürbar. Aktives Zuhören stellt ein Gegenmodell zu dem dar, was viele Menschen unter einem kommunikativen Austausch verstehen und was sich letztendlich als ein Austausch von Statements auf Basis von Stichworten darstellt, bei dem weit mehr Energie auf die Vorbereitung seiner eigenen Argumente verbraucht wird als für das Verstehen des anderen. Man braucht nur in die Gesichter der Gesprächspartner zu schauen und deren Körperhaltung zu beobachten, und man erkennt schon an der Oberfläche, wie sehr diese ihre Konzentration auf die eigenen Belange richten und nicht auf die Worte des Gegenüber oder noch wichtiger, was dieser damit wohl meint. Diesem kann man sich nur über sogenannte Feedback-Schleifen nähern. Aktiv zuhören ist demnach noch mehr als sich auf den anderen sichtbar zu konzentrieren, auch dies kann man heute schon in entsprechenden Seminaren üben – was nicht zuletzt zu einem Standard an Gebärden führt, der bei Führungskräften heute z.T. genauso verbreitet ist wie der Business-Anzug.

Die Bemühungen, den anderen verstehen zu wollen, können sogar noch weiter gehen als das zu erfahren, was der andere gerade preisgeben will. Es könnte sogar so weit gehen, dass mein Gegenüber sein Verständnis von sich selbst erweitert, indem man ihn ermuntert auch über andere Argumente, Gründe oder Ursachen nachzudenken, die ihm das Spannungsgefühl (als das zentrale Element eines Konfliktes) erklärbar machen. Damit kann verhindert werden, dass man nicht an Symptomen herum kuriert und die eigentliche Ursache als Quelle immer neuer Konflikte verborgen bleibt. Dazu bedarf es einer immer wieder zu wiederholenden Ermahnung, der andere solle möglichst konkret sein. Zweifellos wird derjenige, der ein solches Vorgehen praktiziert, die Rolle des Missionars los und eher zur Hebamme. Damit verliert er aber nicht seinen Einfluss. Im Gegenteil, er wächst, denn hier gilt die schon zum Standardsatz erhobene Erkenntnis: Wer fragt, führt.

Dem anderen aufmerksam zuzuhören schlägt auch eine Brücke zur Beziehungsebene. Wer dem anderen auf diese Weise Beachtung schenkt, drückt Wertschätzung und Interesse an der Person aus. Dieses kann man noch dadurch untermauern, indem man sein Gegenüber mit dem Namen anspricht. Allerdings darf dies nicht in der antrainierten Art und Weise geschehen, wie es vor allem Mitarbeiter in Callcentern treiben, die Akquise-Aufträge bearbeiten und anscheinend die Vorgabe haben, innerhalb von wenigen Minuten den Namen des Kunden zehnmal zu wiederholen. Aus eigener Erfahrung im Seminarbetrieb wissen wir, dass Teilnehmer es besonders positiv vermerken, wenn man sie schon relativ bald, wenn sie z.B. in Pausen kein Namensschild vor oder an sich haben, mit ihrem Namen anredet.

Ein weiteres Zeichen ist, im Gespräch auf das zurückzukommen, was der andere einige Zeit zuvor gesagt hat. Dies ist übrigens eine Methode, die vor allem im Kreise mehrerer sehr wirksam ist.

Interesse an einem anderen zu zeigen, wird häufig durch eine korrespondierende Weise beantwortet, was die Beziehung verbessert und damit auch die Chancen einer Verständigung. Diese wiederum kann dadurch stabilisiert werden, dass man hin und wieder Gemeinsamkeiten betont und das bisher Erreichte zusammenfasst, was durchaus mit einem beide Parteien lobenden Unterton geschehen kann.

Schließlich erleichtern Kenntnisse über die Grundkompetenzen des Gegenübers den Standort des anderen zu identifizieren. Man kann sich auf das Kompetenzfeld einstellen, in dem der andere zu Hause ist, und eventuell geeignete Argumente bereithalten.

*Mache dich selbst verständlich*
Wer möchte, dass andere ihn kognitiv verstehen und emotional bereit sind, ihm Verständnis entgegenzubringen, muss sich bemühen, dass anderen dies möglichst leicht fällt. Bevor er jedoch sein Augenmerk auf andere richtet, sollte er dies zunächst auf sich selbst tun. Er hat sich dabei zu fragen, warum er überhaupt ein Spannungsgefühl empfindet und ob dieses überhaupt nach einer Lösung verlangt.

Diese Art Selbstreflexion ist durchaus als eine Überleitung zwischen dem sich selbst verstehen und sich verständlich machen, zu begreifen. Das Ergebnis sollte sich in einer Ich-Botschaft an den anderen niederschlagen. Ich-Botschaften schaffen den Zugang zum Verständnis, das man von anderen erwartet. Du-Botschaften dagegen sind mit der Gefahr verknüpft, dass der andere sie als Angriff gegen sich versteht, gegen den er angehen muss oder zumindest Palisaden aufbaut, um sich für weitere Angriffe zu wappnen. Ein „Du bist …", auch wenn sich dahinter eine anscheinend wohlgemeinte Seelendiagnose verbindet – wie z.B. du bist aber sehr ängstlich – wirkt wie ein Stempel, dem man den anderen aufdrückt und der zur Abwehr reizt. Eine Ich-Botschaft bringt den anderen nicht in gleichen Maßen in Bedrängnis. Ein „Ich habe den Eindruck …" kann vom Gegenüber immer noch mit einer befreienden Replik beantwortet werden, wie z.B. „diesen Eindruck wollte ich gar nicht erwecken …" oder mit einer Nachfrage, wie der andere überhaupt zu diesem Eindruck kommt. Die Gegenwehr auf ein Abstempeln mit dem Mittel der Du-Botschaften führt bei Wiederholungen dazu, dass sich die Konfliktpartner eingraben und irgendwann sind Schützengräben entstanden, die einen Konflikt nur schwer überwindbar und damit dauerhaft machen.

Eine solche Reaktion wird umso wahrscheinlicher je stärker man den Eindruck vermittelt, man stehe mit seiner Meinung nicht allein. Wenn man sich mit einer Vielfalt anscheinend anderer Andersdenkender unterhakt und Formulierungen ins Feld führt, wie „alle denken …, man ist der Meinung …", wird der andere weniger über eine Verständigung nachdenken als vielmehr darüber, wie er seine eigenen Verbündeten in einer möglichst schlagkräftigen Anzahl zusammenbringt.

Spätestens dann ist die Phase erreicht, in dem eine Unterscheidung zwischen Position und Interesse nicht mehr möglich ist. Die *Position* verstehen wir als die behauptete Stellung gegenüber dem Konfliktpartner. Das *Interesse* verrät, was hinter der Position steht und warum man diese verteidigt.

Ein schlichtes Beispiel mag den Unterschied verdeutlichen. Zwei Personen streiten sich um eine Apfelsine. Beide beharren auf der Position, diese eine Apfelsine zu bekommen. Wenn nun der eine die Apfelsine besitzen möchte, um die Schale in seinen Kuchenteig zu reiben, der andere aber das Interesse verfolgt, das Fruchtfleisch zu essen, würde dies dem Konflikt die Basis entziehen. Auf den ersten Blick könnte eine Lösung darin gesehen werden, dass man einfach die Apfelsine teilt. Dies müsste letztlich als ein fauler Kompromiss erscheinen, weil jeder auf etwas verzichten müsste, um überhaupt etwas zu bekommen. Einen Weg zu finden, der möglichst beiden einen höchstmöglichen Vorteil verschafft, würde man als eine echte Win-Win-Strategie bezeichnen können.

Wie groß das Interesse ist, dass ein potenzieller Konfliktpartner an einer bestimmten Sache hat, sollte die erste Frage sein, die zu stellen ist. Und hier ist das Reframing ein Mittel, den eigenen Beitrag am Aufkommen eines Konfliktes zu überprüfen und eventuell auch zu revidieren. Um im Bild zu bleiben: man versieht den Konfliktgegenstand mit einem anderen Rahmen einschließlich einer anderen Beschriftung. Konkret kann damit die Umdeutung des Konfliktes erreicht und ihm die Brisanz genommen werden.

Allerdings sollte an dieser Stelle davor gewarnt werden, alles durch einen hübscheren Rahmen immer wieder zu relativieren. Natürlich erscheinen unsere Konflikte im Alltag als nichtige Problemchen, wenn wir dagegen die gewaltsamen Auseinandersetzungen und das Leid anderer Menschen auf dieser Welt dazu in Relation setzen. Doch auch dies birgt in sich die Gefahr einer Verniedlichung von Dingen, die tatsächlich im Alltag Spannungsgefühle bei uns auslösen. Man kann z.B. Luthers Bekenntnis „und wenn ich wüsste, dass morgen die Welt unterginge, würde ich heute noch ein Apfelbäumchen pflanzen" nicht nur als Ausdruck von Hoffnung und Vertrauen interpretieren. Man kann es auch dahingehend deuten, dass es angesichts und trotz der Vergänglichkeit unserer Welt Dinge gibt, die unsere Beachtung verdienen. Im Grunde genommen geht es also um eine gelungene Balance zwischen dem Negieren von Konflikten und der ängstlichen Bereitschaft, solche überall zu wittern.

Für die Förderung der Fähigkeit, sich anderen gegenüber verständlich zu machen, gibt es eine Vielzahl von praktischen Empfehlungen. So hat Schulz von Thun schon 1977 verständlich Macher definiert, denen wir jeweils das Gegenteil zur Verdeutlichung gegenüberstellen[10]:

- Einfachheit statt Kompliziertheit,
- Kürze statt Weitschweifigkeit,
- Gliederung statt Unordnung,
- Stimulation statt Eintönigkeit.

Noch wichtiger als diese eher rhetorischen Regeln scheint uns im Rahmen der Konfliktbearbeitung die Warnung zu sein, nicht mit der Sprache zu manipulieren. Der in der Öffentlichkeit vor allem im Feld der Politik aufkommende Verdacht, für viele Menschen sei die Sprache in erster Linie dazu da, die Gedanken zu verschleiern, ist nicht unberechtigt. Er liegt vor allem dort nahe, wo es um die Auseinandersetzung mit Konflikten geht.

Gerade die aufgeheizte Stimmung in einem Konflikt und das Bemühen um Selbstbeherrschung, um nicht laut zu werden und sich damit ins Unrecht zu setzen, wie der Volksmund behauptet, reizt dazu, Coolness und intellektuelle Überlegenheit auszustrahlen.

Welches Instrument wäre da tauglicher als mehr oder weniger brillante Sprachspiele.

---

10 Siehe auch Schäffner, 2012, S. 74.

Damit wird der Versuch unternommen, den anderen, der nicht über die gleiche Schlagfertigkeit und das gleiche rhetorische Geschick verfügt, mundtot zu machen. Es dient zugleich dazu, dritte, die die Auseinandersetzung verfolgen, für sich zu vereinnahmen und den anderen eher als Tölpel erscheinen zu lassen.

Auch hier ein Beispiel für eine gleichermaßen unversöhnliche wie lang anhaltende Wirkung solcher Sprachspiele, die allerdings nur begreifbar wird, wenn man die historischen Rahmenbedingungen versteht, in denen sich das Geschehen abgespielt hat:

Anfang der 70er Jahre war es im Kreise der Sozialwissenschaftler üblich, in der Tradition der 68er sich als Sozialisten nicht nur zu outen, sondern im Gegenteil, dies als Banner stolz vor sich herzutragen. Dem Sozialistischen Gedankengut verhaftet zu sein, war die Mindestvoraussetzung für die Aufnahme in den Kreis der Intellektuellen und bot nicht zuletzt auch den Zugang zu akademischen Posten. In einem solchen Umfeld verteidigte ein Teilnehmer in einer konfliktreichen Diskussion seinen Beitrag mit der Einleitung „Also, ich als Sozialist …", worauf einer seiner Gegner aus der Runde konterte „Du ein Sozialist …? Du bist höchstens ein Sozialist nach Gutsherrnart". Der Angreifer blickte sich Beifall heischend um und meinte auch welchen zu hören. Es war ein kurzer Triumph, der den Angegriffenen aber dauerhaft schädigte. Denn diese unter den geschilderten Rahmenbedingungen bösartige Etikette wurde er über Jahre nicht mehr los. Wenn er sich in der Zeit danach zu Wort meldete, klang es häufig leise hinter vorgehaltener Hand „… der Sozialist nach Gutsherrnart". Und Jahre später brauchte es ein solches Flüstern überhaupt nicht mehr. Die Gutsherrnart wirkte bei allen zukünftigen Argumenten als Satzergänzungsmerkmal mit. Was aber wichtiger war: damit war zwischen den beiden Beteiligten die Atmosphäre vergiftet, so dass ein gedeihliches, konfliktfreies Zusammenarbeiten nur noch schwer möglich war.

Die geläufigste Variante mit der Sprache zu seinen eigenen Gunsten zu manipulieren sind *Killerphrasen*. „Killerphrasen ‚töten' jede Form der kommunikativen Auseinandersetzung, weil sie darauf abzielen, den anderen mundtot zu machen"[11].

Gleichzeitig sind sie aber auch ein Warnzeichen, dass der andere sich in einer Notwehrsituation befindet, in der ihm anscheinend nichts mehr übrig bleibt als mit einer solch martialischen Reaktion aufzuwarten. Die Ablehnung eines Verfahrensvorschlages z.B. mit dem Hinweis „weil wir das noch nie so gemacht haben…" oder das Abwürgen einer Argumentation mit den Worten „also als vernünftige Frau, müssten Sie doch…" kann von der Gegenseite nur damit begegnet werden, dass man solche Bemerkungen als Killerphrasen entlarvt. Damit aber ist der Austausch auf einer Sachebene kaum mehr möglich, weil man dem anderen mit Unfairness begegnet und damit auf der Beziehungsebene gelandet ist, auf der im Grunde genommen erst die schmerzhaften und im Gedächtnis bleibenden Verletzungen entstehen.

Auch auf die Gefahr hin, dass man sich ein Stück weit dem anderen Preis gibt, wenn man sich öffnet, gibt es im Grunde genommen eine zentrale Empfehlung, wenn man sich verständlich machen möchte und die lautet:

---

11 Schäffner, 2012, S. 77.

*Sprich eigene Wünsche und Erwartungen deutlich an und begründe sie.*
Wenn man Kommunikationsprozesse im Alltag eindringlich beobachtet, kann man sich des Eindrucks nicht erwehren, dass Menschen eine Scheu haben, ihre Wünsche und Erwartungen deutlich auszusprechen. Ob dahinter die Befürchtung steckt, man wäre verletzlich, weil der andere nun weiß, was man will oder ob es der moralisch erhobene Zeigefinger ist, der uns durch unsere Erziehung begleitet hat, nicht egoistisch zu sein, steht hier nicht zur Klärung an. Was aber deutlich zu Tage tritt, ist unser ständiges Bemühen, die eigenen Bedürfnisse irgendwie schön und sicher und nicht von vornherein sichtbar zu verpacken. Man darf aber nicht davon ausgehen, dass andere dies nicht bemerken und als Folge davon gehen sie gegen die Verpackung und nicht gegen den Inhalt vor.

Ein Ausweg aus einem solchen Dilemma weist die dritte der von uns aufgestellten Regeln:

*Betreibe im Notfall Metakommunikation*
Metakommunikation zielt darauf ab, die Gesprächssituation selbst zum Thema zu machen. Dies ist geradezu ein Muss. Wenn ein Gespräch nach Meinung eines der Gesprächspartner falsch läuft, hat er keine andere Wahl, als dieses selbst zum Thema zu machen, wenn er noch etwas retten will. Und dies gilt umso mehr, als die Kommunikation das zentrale, wenn nicht sogar alleinige Mittel ist, Konflikte zu lösen.

In der Formulierung einer Eselsbrücke geht es darum, aus einer Höhe von mindestens zehn „Meta" auf das kommunikative Geschehen zu blicken. Dabei ist es wichtig, den Gesprächspartner möglichst sofort auf die Plattform mitzunehmen. Dadurch kann vermieden werden, dass dieser sich beäugt oder belehrt fühlt, was aus Sicht der Beziehung einer gemeinsamen Konfliktlösung eher entgegenstehen würde.

Selbst den ersten Schritt zu tun, ist für viele ein Angehen, das sie immer wieder vor sich herschieben. Sie vergeuden die Zeit lieber mit einem Abwarten in der Schmollecke bis der andere dies tut. Und wenn dieser es dann auch nicht macht, fühlt man sich in der Ablehnung des Kontrahenten sogar noch bestätigt.

Eine Frage, wie z. B. „sehen Sie im Augenblick, wie wir weiterkommen können oder sind wir gar festgefahren?" könnte eine geeignete Formulierung sein, die es dem anderen offen hält, selbst die Metasicht einzunehmen. So sind auch die Voraussetzungen geschaffen, sich über die Ergebnisse dieser Sichtweise aus gleicher Höhe auszutauschen. Gemeinsam auf eine Sache zu schauen schafft, auch wenn die Voraussetzungen und möglicherweise auch die Ergebnisse unterschiedlich sind, dennoch so etwas wie Nähe.

Dieses Mitnehmen hat also durchaus eine sehr emotionale Seite, die in einem solchen Fall durchaus angesprochen werden soll.

Auf die Beziehungsebene zu wechseln ist durchaus ratsam. Dabei soll dem anderen signalisiert werden, dass eine andere Meinung zu haben nichts an der grundsätzlich positiven Wertschätzung ändert. Andeutungen, wie „ich will dir mit meiner von deiner abweichenden Meinung nicht schaden" könnten geeignet sein. Allerdings klingt dies in dieser Form zu gestelzt, als dass es eine Beziehung fördern oder stabilisieren könnte. Vielleicht sind andere, eher analoge Signale wirksamer im Sinne von „Mensch, ich mein das doch nicht böse". Wenn dies noch durch eine entsprechende versöhnliche Mimik unterstützt und durch eine entsprechende Nähe erzeugende Gestik (kurz berühren) unterstützt würde, würde dadurch die Wirkung verstärkt.

Ein positiver Einfluss der Beziehungsebene auf das Konfliktgeschehen kann noch gesteigert werden, wenn der Akteur seinen Gesprächspartner nach dessen Gefühlen fragt und seine eigenen einbringt, was die Chancen erhöht, dass der andere sich öffnet. Voraussetzung dafür ist jedoch, dass er sich selbst über seine Gefühle im Klaren ist.

Seinen eigenen Gefühlen nachzuspüren hat vor allem in der direkten Konfrontation mit einem Konfliktgegner zudem den Vorteil, dass man dadurch seine eigene Erregung abbauen kann. Sich selbst zu beobachten schafft eine Distanz zu seinen eigenen Emotionen, die es einem ermöglich, trotz aller subjektiven Betroffenheit mit Kalkül handlungsfähig zu bleiben. Dies kann dem Abbau des Spannungszustandes nur dienlich sein.

Die hier aufgezeigten Lösungsmöglichkeiten auf der Grundlage einer kommunikativen Verständigung sind jedoch nur erfolgreich, wenn ein Konflikt noch nicht zu weit eskaliert ist und nicht mehr die Auseinandersetzung um einen Inhalt im Zentrum der Auseinandersetzung steht, sondern der Gegner, den man als Person oder Organisation bezwingen will. Bis zur Stufe 3 der Eskalationsskala von Glasl ist noch eine kommunikative Verständigung zwischen den Parteien möglich. Sollten sie sich einen Moderator zu Hilfe holen, weil sie sich dies nicht alleine zutrauen, ist dieser im Wesentlichen nur dazu da, auf das Einhalten der üblichen Gesprächsregeln einschließlich der Reihenfolge zu achten und setzt darüber hinaus ggf. Impulse, dass das Gespräch in Gang gehalten oder sogar „aufgefrischt" wird. Die Hilfen bestehen im Wesentlichen durch den Einsatz bestimmter Moderationstechniken, angefangen von der Visualisierung über eine prozessorientierte Dokumentation bis hin zur Verwendung von Kreativtechniken. Zweifellos spielt dabei auch die Persönlichkeit des Moderators eine große Rolle. Seine Ausstrahlung, sein Optimismus, d. h. die Art und Weise, wie er zur Entspannung der Situation beiträgt, ist in der Regel bedeutsamer als das Geschick, möglichst schnell neue und möglicherweise auch unterhaltsame Interventionstechniken einzusetzen. Eines bleibt festzuhalten, alle Bemühungen auf der Ebene der Moderation dienen ausschließlich einer direkten Verständigung zwischen den Kontrahenten.

Ab Stufe 4, auf der das Reden durch das Schaffen von Fakten ersetzt wird, wenn Taten die Worte ablösen, muss die Moderation durch eine Vermittlerfunktion abgelöst werden, die von der Zielsetzung her klarer definiert, von dem Ablauf aus stärker strukturiert und zudem mit einer prozesshaften Erfolgskontrolle verknüpft ist. Es handelt sich dabei um die Mediation.

Während der Moderator auf die Geschmeidigkeit im Ablauf der kommunikativen Verständigung zu sorgen hat, tritt der Mediator als Vermittler auch in der Sachfrage auf. Zwar obliegt es ihm nicht, eigene Vorschläge zu machen. Er kann aber die Positionen herausarbeiten, die sich im Laufe des von ihm beobachteten Verfahrens zuspitzen, und dann die Entscheidungspunkte formulieren, denen sich die Kontrahenten zu stellen haben. Die im Vergleich zur Moderation höhere Stufe an Verbindlichkeit, die hiermit hergestellt wird, schlägt sich in einer höheren Verantwortung des Mediators nieder. Dies hat nicht zuletzt dazu geführt, die Mediationstätigkeit gesetzlich zu regeln.[12]

Versagt selbst die Mediation, bleibt nur noch das massive Eingreifen eines Machtträgers übrig, um den Konflikt nicht in eine Katastrophe abgleiten zu lassen.

Dass eine kommunikative Lösung bei einer fortgeschrittenen Eskalation nicht mehr helfen kann, sollte diejenigen, die um eine Konfliktlösung bemüht sind, nicht entmutigen, sondern eher dazu anhalten, möglichst früh den Weg der Kommunikation zu wählen, solange dieser noch gangbar ist.

## 4.  KODE® als Ansatz

Mit Hilfe des Instruments KODE®, das wir bislang zur Kompetenzdiagnostik herangezogen haben, lassen sich differenzierende Ergebnisse abbilden. Sie zeigen Einstellungen, Vorstellungen, Erwartungen und Einschätzungen auf, die Personen mit ihrem Handeln verbinden. Dabei lassen sich auch Unterschiede darstellen zwischen dem Handeln in günstigen im Vergleich zu schwierigen Situationen, also solche, die durch Stress, Druck und Widerstände geprägt sind. Dieses Diagnoseinstrument gerade bei der Bearbeitung von Konflikten einzusetzen, bietet sich geradezu an, da es die Möglichkeiten der Selbsteinschätzung mit denen einer Fremdeinschätzung zu kombinieren versteht.

Wie die Dokumentation der Beratungsfälle von Andrea Weitz belegt hat, ist eine solch differenzierte Auswertung nur bis zu einer Gruppengröße von 4 Personen zu handhaben. Bei mehr erschwert die dabei entstehende Datenmenge einen Überblick.

In einem ersten Schritt sollte mit jedem Einzelnen sein Testergebnis besprochen und gemeinsam interpretiert werden, auch im Hinblick auf den Konflikt. Sich mit dem Ergebnis zu befassen, ist nach unseren bisherigen Erfahrungen für jeden interessant, selbst für diejenigen, die sich generell von Psychologen oder Sozialwissenschaftlern lieber fernhalten. Da es bei der Auswertung nicht um die Aufdeckung von Schwächen geht, sondern darum, wo der einzelne Ankerpunkte für sein eigenes Handeln im Sinne von Stärken hat, geht aus dieser Phase keiner geschädigt, sondern eher gestärkt heraus. Vor diesem Hintergrund wird er gefragt, ob er bereit sei, sich auch von den Konfliktgegnern fremd einschätzen zu lassen, um deren Sicht und Anteile am Konfliktgeschehen tiefer gehend kennenzulernen. Die Bereitschaft hierzu ist absolut freigestellt. In unserer Beratung ist es aber noch nie vorgekommen, dass ein Teilnehmer diese Bereitschaft nicht gezeigt hätte. Ich gehe davon aus, dass, wenn sich Menschen dazu entschließen, sich einem Konflikt konstruktiv zu stellen, sie auch bereit sind, viel dafür zu tun, um ihn endgültig zu lösen. Ansonsten hätten sie von vornherein einen Diagnosetest ihrer Kompetenzen verweigert.

Die Fremdeinschätzungen werden dann in der Gesamtgruppe mit allen Beteiligten besprochen. Hierzu werden die Ergebnisse auf Flipcharts gebracht, sind damit für

---

12 So ist in Deutschland im Juli 2012 das Mediationsgesetz verabschiedet worden, in dem vor allem die Rolle des Mediators definiert wird. Die entscheidenden Regelungen hinsichtlich der Kompetenzen als Voraussetzungen für solch eine Tätigkeit und deren Überprüfung stand im November 2014 noch aus.

alle einsehbar und können auf diese Weise optimal miteinander verglichen werden. Damit eine wertschätzende Kommunikation während des Prozesses sichergestellt ist, verständigt man sich zuvor auf Feedbackregeln. Auf diese Weise lernen die Beteiligten intensiv sich und die Wahrnehmung der anderen kennen. Da sich im KODE®-Ergebnis im wesentlichen Stärken zeigen, erhält jeder Teilnehmende auf jeden Fall auch positive Feedbackanteile. Zudem wird der Feedbackgeber gebeten, zu dem Ergebnis ein Beispiel aus dem Arbeitsalltag zu benennen, damit der Betreffende besser verstehen kann, was er aus Sicht des anderen sehr gut macht und was genau er verbessern könnte.

Handelt es sich bei den Konfliktbeteiligten um eine Gruppe von mehr als 4 Personen, ist es sinnvoll, nur die Selbsteinschätzung heranzuziehen und mit den Beteiligten ihren jeweiligen potenziellen Anteil am Konflikt zu reflektieren

Ein Phänomen, das Konflikte immer begleitet und diese anheizt, ist die rasche Einengung der Wahrnehmungsperspektive und die Einordnung in gut/schlecht, falsch/richtig oder gut/böse. Wobei unhinterfragt der Urteilende der Gute und der Beurteile der Böse ist. Die Ambiguitätstoleranz schwindet. Und so richtet sich die Wahrnehmung der anderen Partei zunehmend auf deren negative Aspekte. Positive Aspekte werden immer stärker ausgeblendet. Man sucht nach weiteren Fehlern, um die eigene negative Meinung zu stützen und weiter auszubauen. Diese selektive Wahrnehmung mag auch unbewusst erfolgen, schürt aber das Konfliktgeschehen und wirkt kontraproduktiv. Der Vorgang der Einengung der Wahrnehmungsperspektive kann mit KODE® durchbrochen werden, da mit dem Verfahren verstärkt positive Aspekte deutlich werden und sich die Fixierung auf negative Aspekte auflöst.

## 5. Lösung auf der Sachebene

Die bisherigen Ausführungen haben vor allem auf der Ebene der Kommunikativen Verständigung die beziehungsfördernden und eskalationshemmenden Stilfragen thematisiert. Unterhalb oder oberhalb dieser Ebene (abhängig davon welche „Brille" der Einzelne aufhat, das Geschehen zu betrachten und zu werten) gibt es auch Lösungswege, die aus der Sache selbst abgeleitet werden können. Dies gilt vor allem für die Verteilungs- und die Beurteilungskonflikte.

Bei *Verteilungskonflikten* geht es vor allem darum, eine Win-Win-Lösung auszuloten. Nicht jeder derartige Konflikt lässt sich so einfach auf eine vollkommene Win-Win-Situation wie bei dem oben zitierten Apfelsinen-Beispiel reduzieren. In den meisten Fällen sind die Lösungen etwas komplizierter. Entscheidend ist jedoch, dass kein Null-Summen-Spiel betrieben wird, indem der eine das gewinnt, was der andere verliert. Es geht um die Lösungssuche, bei der jeder etwas an Gewinn herausziehen kann. In der Realität wird dieser nicht bei allen Beteiligten gleich groß sein. Daraus aber das Konkurrenzdenken zu beleben, bei dem die relativen Gewinne untereinander zum Zankapfel werden, als zu feiern, dass jeder im Vergleich zu dem vorigen Zustand sich verbessert hat, muss verhindert werden. Und dabei sind wir wieder auf der Beziehungsebene angelangt. Von ihr aus wird entschieden werden, ob sich das Konkurrenzdenken fortsetzt oder vielleicht sogar verstärkt oder ob die Gesamtsumme des gemeinsam entschiedenen nicht primär gewertet wird. Dabei hat jeder Einzelne ein Mittel in der Hand. Er muss nach außen durch sein Argumentieren und auch Handeln deutlich machen, dass er mit nach einem Ergebnis sucht, bei dem auch der andere etwas davon hat.

Diesen Gedanken schon im Kopf zu haben, während man sich seine eigene Strategie überlegt, ist der Weg, andere zu gewinnen. Und wenn man den Gedanken dann auch in die Tat umsetzt, bedeutet dies eine Investition in eine weitere erfolgreiche Zusammenarbeit.

Ein *Beurteilungskonflikt* birgt die Gefahr in sich, dass er sich ausdehnt. Die Gefahr wird umso größer je stärker der emotionale Impetus ist, mit dem man diesen Weg belegt und möglicherweise zum Königsweg erklärt. Er eskaliert, wenn die andere Seite diesen mit genauso großen Emotionen ablehnt, weil sie mit Inbrunst einen anderen gehen will. Aus dem Weg zu einem gemeinsamen Ziel wird, wenn unterschiedliche Varianten favorisiert werden, ein Kampf um Positionen, der das gemeinsame Interesse plötzlich überlagert und den klaren Blick der Konfliktparteien verstellt. Auch hier kann das Sammeln von Lösungsideen die Angelegenheit versachlichen. Sie verdeutlicht, dass Vorschläge von vornherein abgetan werden. Die gleichberechtigte Berücksichtigung und das Abarbeiten solcher Vorschläge unter bestimmten Kriterien unterstützt dies. Wenn sich dann eine oder zwei Lösungsfavoriten „errechnen" lassen, kann man vereinbaren, dass man in gewissen Abständen immer wieder überprüft, ob man auf dem richtigen Wege zum Ziel ist. Hilfreich wäre dabei, Warnzeichen zu vereinbaren, die auf Gefahren hinweisen oder Sackgassen vermuten lassen. Wenn zugleich Revisionsverfahren vereinbart wären, würden diejenigen, deren Strategie nicht zum Tragen kommt, ihren verletzten Stolz leichter verschmerzen können.

Dabei scheint es wichtig zu sein, bei der Suche einer Lösung auf der Sachebene auch im Stil auf Versachlichung zu achten. Dazu gehört zunächst einmal das schlichte Sammeln von noch nicht bewerteten Lösungsmöglichkeiten[13]. Allein dadurch wird schon aufgezeigt, dass es nicht die eine glückseligmachende Lösung gibt, die der eine mit Inbrunst favorisiert und der andere vehement ablehnt. Die gesammelten Lösungen können dann einem weiteren rationalen Verfahren, wie z.B. einer Entscheidungsanalyse (EA) unterzogen werden, mit deren Hilfe die einzelnen Lösungsmöglichkeiten einer Bewertung unterzogen werden. Diese Bewertung wird dann Grundlage einer Entscheidung sein. Aus eigenen Erfahrungen kann eine solche Herangehensweise auch diejenigen von einem Weg überzeugen, der von ihnen vorher abgelehnt oder zumindest nicht favorisiert wurde. Selbst wenn der so ermittelte Favorit einer Lösung nicht gewählt wird, müssen nun gewichtige Argumente her, um eine solche Abweichung zu begründen. Dies verschafft dem Ganzen eine Aura der unaufgeregten Normalität. Verbunden mit dem Wissen, dass es erprobte Mittel und Wege gibt, Entscheidungen vorzubereiten, die zunächst einmal beziehungsunbelastet sind.

---

13  Wir vermeiden an dieser Stelle bewusst den Begriff Lösungsvorschlag, weil mit einem Vorschlag sofort der Absender eines solchen mitgedacht wird und somit indirekt einer Bewertung unterliegt. Insofern ist eine anonyme schriftliche Kartenabfrage, wie bei einem „Metaplan" praktiziert, eine geeignete Maßnahme Ideen egalitär zu halten.

Insofern sind Sachkonflikte nicht allein auf der Sachebene zu bearbeiten. Die Beziehungsebene ist in keinem Falle zu übersehen. Wie Beziehungen gestaltet werden, ob eher fördernd oder hemmend, hängt vor allem von den Personen bzw. den Persönlichkeiten ab, die in diesen Beziehungsgeflechten aufeinandertreffen. Nutzen sie Beziehungen, um ihre eigenen bewusst wahrgenommenen oder verdrängten Schwierigkeiten zu kompensieren, wirkt sich dies auf das Zusammenwirken und Zusammenleben mit anderen negativ aus. Sind diese Persönlichkeiten in sich stark, d.h. haben sie es nicht nötig, Beziehungen zu anderen zu missbrauchen, um das eigene Ego zu stärken, können Beziehungen so gestaltet werden, dass Konflikte gelöst werden oder gar nicht aufkommen. Eine starke Persönlichkeit wiederum ist eine, die in der Lage ist, zwischen den Anforderungen, die an den Menschen gerichtet sind, balancierend ihren Weg zu gehen. [14]

Fasst man diese grundsätzlichen Überlegungen in grundlegende Anforderungen zusammen, die somit an einen Konfliktpartner[15] gestellt werden, so muss er bemüht sein, sich von der einengenden destruktiven Wirkung seiner Emotionen so weit zu befreien, so dass er in der Lage ist, deren Wirkung auf seine Wahrnehmung und seinen Willen zu erkennen[16]. Die dadurch gewonnene Energie gilt es in die Aufmerksamkeit auf die Bedürfnisse und Interessen der Gegenseite zu lenken, um zu unterstützen, dass dessen Gegnerschaft zur Partnerschaft wird. Gleichzeitig gilt es, vor diesem Hintergrund die wahren Bedürfnisse zu ergründen, um die es einem eigentlich geht und gleichzeitig auf deren Machbarkeit zu überprüfen, wenn man sie mit den Interessen der Gegenseite in Einklang bringen möchte. Diesen Prozess gilt es nicht im Sinne eines Aktionismus voranzutreiben, sondern in einem sehr sensiblen prozessorientierten Vorgehen. Dabei ist es entscheidend, den anderen dort abzuholen, wo er steht, ihm eine Brücke zu bauen, damit er herüberkommen kann, man selbst hinübergeht oder man sich irgendwo in der Mitte trifft. Dies alles sind im Grunde genommen Anforderungen an die Funktion eines Moderators. Hier bietet sich an, eine der klassischen Regeln der Themenzentrierten Interaktion: *„Sei dein eigener Chairman"* zu übertragen in: *„Sei dein eigener Moderator!"*

## 6. Kompetenzanforderungen an die Konfliktpartner zur Bearbeitung von Konflikten

In ein Kompetenzprofil übersetzt ist es nach den obigen Ausführungen nicht anders zu erwarten, als dass dabei die Personale Kompetenz im Zentrum steht. In dieser Grundkompetenz fließen Werteorientierung und Selbstreflexion zusammen. Werte als Richtschnur für das eigene Handeln zu begreifen, ist die Fähigkeit, auch und beson-

---

14  Lothar Krappmann, ein Vertreter der interaktionistischen Identitätstheorie hat eindrucksvoll das Modell einer Identitätsbalance aufgezeigt.

15  Wir verwenden bewusst diesen harmonisierenden Begriff, weil wir damit signalisieren wollen, dass die konstruktive Arbeit an einem Konflikt von einem Prozess begleitet werden muss, der aus Gegnern zunehmend Partner macht im Abgleich ihrer Interessen.

16  Zur Verdeutlichung eignet sich hier eine Alltagsmetapher: Er muss sich davon befreien, vor lauter Bäumen den Wald nicht mehr zu sehen.

ders in Konfliktsituationen dieses eigene Handeln primär nicht gegen den Konfliktgegner auszurichten, sondern ihn für eine Partnerschaft zu gewinnen, den Konflikt
gemeinsam zu bearbeiten. Dazu gehört die Bereitschaft, das eigene Handeln nicht
vorrangig auf die Selbstverteidigung zu richten, sondern sich selbst soweit unter
selbstreflexiver Kontrolle zu halten, dass der Blick frei genug bleibt für die Interessen des Gegenüber. Zweifellos birgt eine solche Strategie ein gewisses Risiko. Dieses einzugehen, scheint die einzige Chance zu sein, aus eigener Kraft die Bearbeitung eines Konfliktes gestalten zu können.

Im Einzelnen werden in dem Bereich der Personalen Grundkompetenz vor allem
folgende Teilkompetenzen gefordert:

*Eigenverantwortung* ist dabei als die Fähigkeit und Bereitschaft zu verstehen,
nicht abzuwarten bis der andere etwas tut oder sich verändert, sondern sich nicht zu
schade zu sein, selbst den ersten Schritt zu tun.

*Glaubwürdigkeit* ist eine Kompetenz, die eher von anderen wahrgenommen und
bewertet werden kann. Der eigene Beitrag besteht in dem Wertebewusstsein, im Einklang mit den eigenen Einstellungen handeln zu wollen. Es unterscheidet sich auch
in der Wahrnehmung durch Dritte deutlich von reinen Techniken, den anderen für
sich zu seinem eigenen Vorteil zu gewinnen. Glaubwürdigkeit ist der Ausdruck, dass
das eigene Tun tatsächlich dem entspricht, was man dem anderen als Einstellung und
Handeln vermittelt.

In den Schnittmengen mit anderen Grundkompetenzen und hier naheliegend vor
allem der sozial-kommunikativen Grundkompetenz und aber auch anderer Kompetenzen untereinander, haben wir folgende weitere Teilkompetenzen abgeleitet und
skizziert:

*Dialogfähigkeit* wird in dem Kompetenzatlas im KODE®-Paket in Zusammenhang mit Kundenorientierung gebracht. Es geht darum, mit dem Kunden in einen
Dialog einzutreten, der diesen auch längerfristig an den Lieferanten bindet. Hier ist
das verständnisvolle auf den anderen Zugehen mit einem Nutzen verbunden. Dies ist
eine Sichtweise, die durchaus ohne Nebengeschmack übertragen werden kann und
nochmals den rationalen Sinn des konstruktiven Umgangs untereinander deutlich
macht. Dazu gehört zunächst einmal die Fähigkeit und Bereitschaft, mit einem anderen überhaupt in ein Gespräch zu treten, das den Namen Dialog verdient. Ein solcher
ist u. a. Voraussetzung für den Aufbau eines längerfristig tragbaren Kontakts, der es
dem anderen selbst leichter macht, in dem vorliegenden Konfliktfall auf den anderen zuzugehen.

*Teamfähigkeit* hat eine große Schnittmenge mit der Fähigkeit, den anderen in
einen kontinuierlichen Dialog einzubinden. Sie ist Voraussetzung dafür, eine Partnerschaft im Alltag zu etablieren. Dieser Alltag kann als Zusammenarbeit definiert
werden, in der die Meinungen anderer akzeptiert und gemeinsam konstruktiv weiterentwickelt werden. Wenn das Herzstück, das unserer Meinung nach Teamarbeit
ausmacht, also die *gemeinsame gegenseitige Verantwortung* realisiert werden kann,
hat dies Auswirkungen, die nicht nur den akuten Konflikt beenden, sondern auch die
Wahrscheinlichkeit vermindert, dass ein solcher neu aufflammt.

*Verständnisbereitschaft* kann man als Voraussetzung für die Dialogfähigkeit im
oben beschriebenen Sinne definieren. Sie drückt sich in der Bereitschaft aus, neue

Fakten und Zusammenhänge verstehen zu wollen und auch Verständnis für das Dargelegte bzw. für das ernsthafte und berechtigte Interesse, das der andere damit verbindet, aufzubringen. In ihr kommt Empathie zum Ausdruck. Dies gelingt nur, wenn man bereit ist, für eine gewisse Zeit seine eigenen Bedürfnisse zurückzustellen und eine Sichtweise einzunehmen, die den Fokus auf die Wünsche der anderen richtet. Dies gilt gleichermaßen für die Sache, um die es geht aber auch um die Art und Weise, wie diese Sache angestrebt wird.

*Problemlösefähigkeit* zeigt sich darin, inwieweit ein Konfliktpartner in der Lage ist, die offenen und komplexen Situationen, die Kompetenzen erforderlich machen, für den konkreten Fall in ihren Strukturen zu erkennen und daraus Lösungsprozesse anzustoßen. Das gilt auch für den Prozess der Konfliktentwicklung mit ihren kommunikativen Verwerfungen. Sie beschreibt den aktiven Aspekt, in dem Konfliktpartner in ihrem Bemühen einen konstruktiven Beitrag zu leisten, nicht nur den ersten Schritt tun, sondern auch weitere aktiv anstreben, um den Konflikt beizulegen.

*Analytische Fähigkeiten* stellen den für Problemlöseprozesse fachlich-methodischen Beitrag dar. Sie stellen eine bestimmte intellektuelle Leistung dar, die der emotionalen Bereitschaft auch die notwenigen kognitiven Möglichkeiten beisteuert. Diese gehen über ein angelerntes Wissen weit hinaus und stellen Leistungen der Analyse und der Synthese dar. Analyse heißt, die Einzelteile eines Ganzen zu bestimmen und deren Bedeutung für das Gesamtphänomen und die Wechselwirkung der Einzelteile untereinander und für das Ganze herauszuarbeiten. Synthese wiederum bedeutet einen kreativen Prozess, in dem durch die Neuordnung dieser Einzelteile auch in ihrem Gefüge untereinander und durch das Hinzufügen neuer und dem Entfernen alter Teile etwas Neues entwickelt wird.

*Beurteilungsvermögen* ist die Fähigkeit, den eigenen Erfahrungs- und Wertehintergrund bei der Bearbeitung eines Konfliktes beizusteuern. Und dies auf eine für die anderen verständliche Art. Eingeschlossen darin ist die Bereitschaft, dieses Vermögen aufgrund neuer Erfahrungen weiterzuentwickeln. Es geht einher mit der Fähigkeit, das Wesentliche zu erkennen und zu benennen und nutzbringend einzuordnen.

*Konfliktlösefähigkeit.* Heyse und Erpenbeck haben in ihrem Kompetenzatlas (Heyse & Erpenbeck, 2004) eine eigene Teilkompetenz Konfliktfähigkeit identifiziert und formuliert. Sie deckt sich im Wesentlichen mit dem Vermögen, zu einer kooperativen Konfliktbewältigung zu gelangen, und sind weitgehend identisch mit den Verhaltensempfehlungen, die in unseren Ausführungen bislang erarbeitet wurden; allerdings ergänzt durch einige praktikable Empfehlungen, wie z. B. die Begrenzung der Anzahl der Inhalte und Ziele zu Beginn eines Konfliktlösungsprozesses.

*Folgebewusstsein* können wir durchaus als die Fähigkeit verstehen, das eher aus den vergangenen Erfahrungen genährte Beurteilungsvermögen in die Zukunft zu verlängern. Es führt zu einer gleichermaßen erfahrungsorientierten als auch abstrakt analytisch begründeten Prognose, was z. B. aus einem bestimmten Konflikt entstehen könnte und welche Konsequenzen das mit sich bringen würde.

Abschließend berufen wir uns auf den schon geflügelten Satz, auf den alle Konfliktlöser im Rahmen ihrer Arbeit immer wieder stoßen:

*Man kann nicht alle Probleme lösen, aber man kann damit aufhören, sich von ihnen faszinieren zu lassen.*

Wenn ein sachlicher Blick auf den Konflikt einen Beitrag leisten kann, der falschen Faszination die Energie zu rauben, muss man diesen Weg gehen. Und wenn der Kompetenzansatz mit seinen Diagnose- und Lösungsmöglichkeiten ein geeignetes Instrumentarium darstellt, sollte man dieses nutzen.

## Literatur

Berkel, K. (2001). *Konflikte verstehen, analysieren, bewältigen*. Mannheim: Sauer Verlag.
Bühl, W. (1982). *Konflikt und Konfliktstrategie*. München: Nymphenburger Verlag.
Glasl, F. (1994). *Konfliktmanagement*. Bern: Haupt.
Heyse, V. (2007). *Kompetenzmanagement*. Münster: Waxmann.
Heyse, V. & Erpenbeck, J. (2004). *Kompetenztraining*. Stuttgart: Schäfer und Poeschel.
Heyse, V., Erpenbeck, J. & Ortmann S. (2010). *Grundstrukturen menschlicher Kompetenzen*. Münster: Waxmann.
Krappmann, L. (1971). *Soziologische Dimensionen der Identität*. Stuttgart: Klett Cotta.
Kreuser, K., Robrecht, Th. & Erpenbeck, J. (2012). *Konfliktkompetenz*. Wiesbaden: Springer.
Robrecht, Th. (2012). *Organisation ist Konflikt*. Elsendorf: EWK Verlag.
Rosenberg, G. (2007). *Gewaltfreie Kommunikation*. 7. Aufl., Paderborn: Junfermann.
Schäffner, L. (2012). *Das Patientengespräch*. Münster: Waxmann.
Schäffner, L. (2014). *Kompetentes Kompetenzmanagement. Festschrift für Volker Heyse*. Münster: Waxmann.

# Andrea Weitz: Dokumentation eines Praxisfalles
# Fachlicher Leiter wird vom Team abgelehnt

## 1.   Die Ausgangssituation

In einem global agierenden Konzern ist ein Team über mehrere Jahre hinweg immer unzufriedener mit seiner Führungskraft geworden. Hintergrund zum Konfliktfall ist der, dass das bestehende Team vor ca. 10 Jahren durch eine Zusammenlegung von drei verschiedenen Standorten gebildet worden ist, die damit aus unterschiedlichen Teamkulturen stammten. In zwei Teams habe eine kommunikative, gleichberechtigte Kultur geherrscht, während in dem dritten Team ein autokratischer Führungsstil gepflegt worden sei. Sofort habe es Probleme mit Herrn D. gegeben, der aus dem dritten, autokratisch geführten Team stammte, und welcher als neuer Teamleiter bestimmt worden sei. Die Unzufriedenheit der meisten Mitarbeitenden sei bei einer damaligen Mitarbeiterbefragung deutlich geworden. Das Management hatte ihm damals als Konsequenz die disziplinarische Leitung entzogen. Er sollte die Abteilung nun nur noch fachlich führen, da er einer der qualifiziertesten Mitarbeiter war und immer noch ist. Man ging davon aus, dass er sich als fachlicher Leiter nicht mehr so dominant einbringen werde. Formal habe er dann auch keine Führungsfunktion mehr gehabt, doch habe sich im täglichen Kontakt nichts geändert. Da fachliche Fragen weiterhin mit ihm abgestimmt werden mussten, sei er auch zukünftig sehr dominant aufgetreten und habe andere unter Druck gesetzt. Da sich die Situation immer weiter verschlimmert habe und die Beschwerden der Mitarbeitenden nicht ernst genommen worden seien und außerdem das Team nun nicht mehr die Möglichkeit hatte, formal über eine Führungskräftebeurteilung auf Missstände aufmerksam zu machen – Herr D. war ja formal keine Führungskraft mehr – beschloss man, bei der nächsten Führungskräftebeurteilung nicht den Teamleiter, sondern den fachlichen Vorgesetzten, Herrn D. zu beurteilen. Man hatte sich zu diesem drastischen Schritt entschlossen, um endlich auf die desaströsen Zustände aufmerksam zu machen. Nachdem die „falsche" Führungskräftebeurteilung durchgeführt worden war, schrieb man eine E-Mail an den Bereichsleiter, also der nächst höheren Führungskraft, dass man nicht Herrn E. wie eigentlich gesollt, sondern Herrn D. beurteilt habe, da dessen Verhalten unzumutbar sei. Dies hat für große Unruhen bis hin zum Vorstand im Unternehmen geführt.

Da die Situation nun eskaliert war, entschloss sich der Geschäftsbereichsleiter Personal/Organisation eine professionelle Konfliktberatung anzufragen. Um allen Beteiligten gerecht zu werden, beschloss man, zunächst ein Gespräch mit dem Team sowie ein Gespräch mit Herrn D. zu führen. Damit sollten die verschiedenen Perspektiven zum Konfliktfall deutlich werden. Außerdem wurde es Herrn D. angeboten, freiwillig an der Kompetenzdiagnostik KODE® teilzunehmen, um sich und sein Konfliktpotenzial besser reflektieren zu können.


## 2.  Wahrnehmung des Konfliktes aus Sicht des Teams

Zum Gesprächstermin erschien eine Delegation des Gesamtteams, da aufgrund des herrschenden Schichtbetriebes nicht alle teilnehmen konnten. Folgende Aussagen wurden zu Protokoll genommen:

Die Zusammenarbeit mit Herrn D., der als Fachvorgesetzter in einem Team, das aus 20 Personen besteht, tätig ist, wird von den Mitarbeitenden des Teams vehement abgelehnt. Dies habe sich aus einem jahrelang dauernden negativen Umgang ergeben.

Insbesondere fühle sich das Team von Herrn D. stark unter Druck gesetzt und schikaniert. Viele Mitarbeiter hätten Angst vor ihm. Eine Zusammenarbeit könne sich keiner mehr vorstellen.

Weiterhin sei Herr D. auch in der Kommunikation zu anderen auffällig geworden, so dass kaum jemand gerne mit ihm zusammenarbeite.

Konkret seien folgende Probleme aufgetaucht:
- Herr D. habe den Mitarbeitenden verboten, an den Kennenlernterminen teilzunehmen, die durchgeführt worden sind, als die drei Werke zusammengelegt wurden.
- Falls doch einer hingegangen sei, habe dieser ein Protokoll schreiben und ihm dieses dann vorlegen müssen.

- Herr D. habe Arbeitszeiteinteilungen eigenmächtig vorgenommen.
- Herr D. habe Telefongespräche abgehört.
- Er sei sehr kontrollierend und lasse den Mitarbeitenden keinen Spielraum.
- Er behandele die Mitarbeitenden unterschiedlich: Mit manchen duze er sich (die er von früher kennt) die anderen sieze er.
- Herr D. beachte nicht immer arbeitsrechtliche Vorschriften, bzw. den Tarifvertrag.
- Herr D. verteile häufig an drei Mitarbeitende die gleiche Aufgabe (unabhängig voneinander), so dass der Eindruck entsteht, dass er nicht an die Fähigkeiten der Mitarbeiter glaube.
- Herr D. verteile gerne Sonderaufgaben, die ganz eilig erledigt werden sollen und setze die Mitarbeitenden dabei auch sehr stark unter Druck. Häufig sei es dann vorgekommen, dass er an dem Tag, an dem er die Ergebnisse hatte haben wollen, gar nicht da gewesen sei, so dass sich die Mitarbeitenden schikaniert fühlen.
- „Mit Schikane und Kontrolle macht er einen krank."
- „Man hat Angst in seinem Beisein etwas zu sagen."
- Herr D. habe schon vor der Zusammenlegung der Teams ein „schwarzes Buch", geführt, in dem er die Fehler der Mitarbeitenden dokumentiert und auch „Privates" festgehalten habe. Dieses Buch liege dem Team aktuell auch als Kopie vor. Ob Herr D. dies auch jetzt noch mache, könne nicht mit Sicherheit gesagt werden, doch gehen alle davon aus.
- Herr D. habe die Mitarbeitenden in die Entwicklung der neuen Organisationsstrukturen nicht eingebunden, bzw. binde sie grundsätzlich nicht ein. Zwar habe er schon mal eine Rundmail geschrieben, in der er nach Meinungen und Vorschlägen gefragt habe, diese dann aber nicht verwertet, sondern sei einfach seinen Weg gegangen. Nach außen werde das dann aber als Teammeinung verkauft.
- Herr D. wolle die neue Abteilung nach altem Vorbild prägen, was aber nicht angemessen sei, da die Strukturen anders sind.
- Herr D. informiere die Mitarbeitenden falsch: So habe er z. B. den Mitarbeitenden mitgeteilt, dass ein bestimmtes System, mit dem sie arbeiten müssen, abgeschaltet werde. Daraufhin habe ein Mitarbeitender den Auftrag erhalten, etwas Vergleichbares zu entwickeln. Später habe sich im Rahmen eines anderen Gespräches herausgestellt, dass dieses System doch noch weiter zur Verfügung stehe, dass Herr D. der Stelle, die das System betreut, jedoch gesagt habe, dass er es nicht mehr brauche.
- Herr D. habe den Außendienstmitarbeitenden die Eigenverantwortung genommen, mit der Begründung, dass dies vom Team gewünscht sei. Dadurch sei es zu großen Schwierigkeiten zwischen den Mitarbeitenden des Innendienstes und den Außendienstmitarbeitenden gekommen.
- Die Meister im Außendienst reden mittlerweile nicht mehr mit Herrn D., sondern besprechen alles mit dem Team.
- Herr D. suche immer nach Fehlern und wolle vor allem immer die Schuldfrage klären. Falls er einen Schuldigen gefunden habe, gebe es „ein Gewitter", das mit den Worten: „Ja, was machen wir denn mit Dir…" eingeleitet werde.
- Bei Störungen stelle er sich bewusst hinter unsichere Mitarbeitende, um diese noch weiter zu verunsichern. Er gebe dann unangemessene Kommentare ab.

- Herr D. inszeniere „Frage-Antwort-Spiele", bei denen er andere wie „der dumme August" aussehen lasse.
- Er habe den Mitarbeitenden das Wort „Bitte" verboten. Die Mitarbeitenden sollen nach außen auch nur in klaren Anweisungen kommunizieren.
- Seine Arbeit müsse immer vorrangig behandelt werden.
- Allerdings verhalte sich Herr D. im Beisein von anderen, Höhergestellten, anders. Dann sei er ganz ruhig und halte sich zurück.
- Alle denken mehr daran was wieder mit Herrn D. ist, als an die Arbeit.
- Im Moment sei er übertrieben freundlich, aber das habe er schon mal ein paar Wochen durchgehalten und dann sei wieder alles wie immer gewesen. „Die Hülle bröckele" auch bereits wieder.
- Herr D. habe schon einige Chancen gehabt, es habe sich aber nie etwas geändert, so dass das Team mit dem Thema durch sei.
- Alle seien sich einig, dass Herr D. nicht mehr tragbar sei.
- Herr D. beachte keinen der Führungsgrundsätze des Unternehmens und keiner habe mehr Vertrauen zu ihm.
- Er wechsle häufig seine Meinung, so dass man nie wisse, woran man bei ihm ist. Mittlerweile lassen sich die Mitarbeitenden Anweisungen schriftlich geben, damit es später nicht heißt, dass die Aufgabe anders gemacht werden sollte.
- Er habe die schwächste Berufsausbildung, aber viel Erfahrung.
- Er habe fachliche Entscheidungen getroffen, die viel Geld gekostet haben und sich als falsch herausgestellt haben.
- Wenn Gruppenergebnisse nicht seinen Vorstellungen entsprechen, verzögert er die Umsetzung.
- Momentan werde einiges umgestellt. Herr D. habe bisher keine Entscheidung getroffen. Alle seien unter Zugzwang und würden jetzt einfach die Dinge so machen wie sie meinen. Dies sei mittlerweile ein grundsätzliches Vorgehen. Nicht nur im Team sondern auch bei den Außendienstmitarbeitenden und bei anderen, die etwas mit Herrn D. zu tun haben.
- Häufig werde von außen angerufen um zu hören, ob Herr D. weg sei, denn nur dann seien die Leute noch bereit, in die Abteilung zu kommen.
- Er habe keine fachliche Flexibilität.

Alle waren sich einig, dass sie sich eine weitere Zusammenarbeit mit Herrn D. nicht vorstellen können. Wenn jetzt nichts passiere, wollen sie sich weitere Schritte überlegen.

## 3. Wahrnehmung des Konfliktes aus Sicht von Herrn D. und Ergebnisse der Kompetenzbilanzierung

Im Gespräch zeigte sich Herr D. zunächst sehr einsilbig und betonte, dass er nicht verstehe, worum es eigentlich gehe. Er sehe sich als Fachvorgesetzter, der mit allen Mitarbeitern gut auskommen und seine Arbeit machen wolle. Er rede mit den Leuten ganz normal und im Einzelgespräch erhalte er immer Zustimmung. Dass es Probleme gebe, sei ihm erst in einem Gespräch mit Herrn K. klar geworden. Warum er so vehement abgelehnt werde könne er nicht verstehen.

Herr D. ist aber bereit gewesen, vor dem Termin den KODE®-Selbsteinschätzungsfragebogen auszufüllen. Auch war er bereit, die Ergebnisse zu besprechen. Im Vorfeld ist ihm zugesichert worden, dass die Ergebnisse nicht an Dritte weitergeleitet werden, so dass er mit der Einstellung an dieses Vorgehen heran ging, dass er nur neue Informationen erhalten könne.

## 3.1 Kompetenzprofil Herr D.

Im Falle von Herrn D. liegt unter normalen Bedingungen eine deutliche Stärke, bzw. Übertreibung im Bereich der Aktivitäts- und Handlungskompetenz (A = 43) vor.

Abb. 1: Grundkompetenzen Herr D.

| Individuelle Basiskompetenzen | personale | aktivitätsbezogene | fachlichmethodische | soziale |
|---|---|---|---|---|
| Unter *normalen* Bedingungen | 24 | 43 | 35 | 18 |
| Unter *schwierigen* Bedingungen | 29 | 30 | 44 | 17 |
| Differenz | 5 | -13 | 9 | -1 |
| Durchschnitt | 26 | 36 | 40 | 18 |

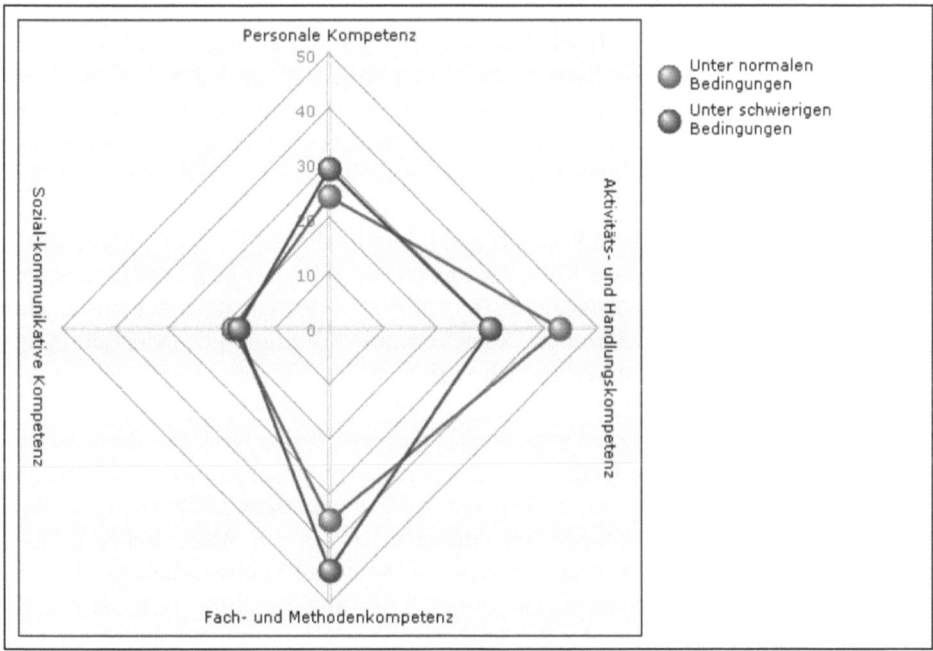

Daher wird Herr D. sehr ziel- und wettbewerbsorientiert vorgehen. Wahrscheinlich kann er sich gut an die Spitze von Projekten setzen und diese umsetzungsstark abwickeln. Er müsste Initiative zeigen, recht mobil sein und über eine starke Ausführungsbereitschaft verfügen (HE = 12). Bei Widerstand wird er versuchen sich durchzusetzen. Weiterhin wird er bereit sein Risiken einzugehen, wenn diese überschaubar und kalkulierbar sind. Er müsste ein hohes Arbeitspensum bewältigen und wahrscheinlich gut verschiedene Aufgaben gleichzeitig abwickeln können (HV = 11). Zudem besteht die Gefahr, dass er andere zu wenig motivieren kann und diese sich von ihm möglicherweise unter Druck gesetzt fühlen (HR in A = 10 im Verhältnis zu HR in S = 4).

Abb. 2:   Basiskompetenzen Herr D. unter normalen Bedingungen

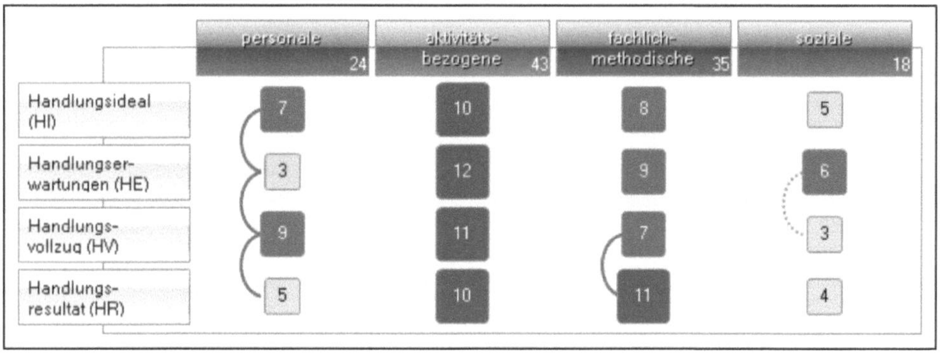

Die Fach- und Methodenkompetenz ist ebenfalls stark ausgeprägt (F = 35), so dass er sehr gut strukturiert arbeiten können müsste und Wert auf qualitativ gute Ergebnisse legen wird (HI = 8). Wahrscheinlich wird er gut planen und organisieren können und sowohl den Gesamtüberblick über sein Arbeitsgebiet haben als auch sehr genau auf Details achten. Auf andere scheint er sehr gut organisiert und fachlich versiert zu wirken (HR = 11). Die Qualität seiner Arbeitsergebnisse müsste sehr hoch sein. Verknüpft mit der geringen sozial-kommunikativen Kompetenz wirkt er besonders kritisch auf andere.

Die personale Kompetenz fällt knapp durchschnittlich aus (P = 24). Eigene Ideale und Werte werden eine gewisse Rolle für ihn spielen (HI = 7) und er wird sein Verhalten nach eigenen Wertmaßstäben ausrichten (HV = 9). Dennoch scheint er eher pragmatisch auf andere zu wirken und kann vermutlich weniger gut Orientierung geben und wird auch nur wenig verbindlich wirken (HR = 5).

Die sozial-kommunikative Kompetenz ist schwach ausgeprägt (S = 18). Zwar scheint sich Herr D. schon gewisse Gedanken zu machen, wie er angemessen mit anderen umgehen kann (HE = 6), doch im Kontakt wird er wahrscheinlich wenig taktvoll vorgehen und wird andere eher wenig einbinden (HV = 3). Wahrscheinlich ist er recht unabhängig von der Meinung anderer und kann gut alleine arbeiten (HI = 5). Im Team wird er sich gut durchsetzen können und wahrscheinlich die Rolle des aktiven Koordinators, der die Aufgaben sachorientiert und termingerecht vorantreibt, einnehmen. Dabei besteht die Gefahr, dass er andere vor den Kopf stößt und brüskiert (HR = 4).

Unter schwierigen Bedingungen steigt die Fach- und Methodenkompetenz und stellt dann, ebenfalls in Übertreibung, seine besondere Stärke dar (F = 44).

Abb. 3:    Basiskompetenzen Herr D. unter schwierigen Bedingungen

| | personale 29 | aktivitäts-bezogene 30 | fachlich-methodische 44 | soziale 17 |
|---|---|---|---|---|
| Handlungsideal (HI) | 8 | 6 | 11 | 5 |
| Handlungserwartungen (HE) | 6 | 6 | 12 | 6 |
| Handlungsvollzug (HV) | 7 | 9 | 11 | 3 |
| Handlungsresultat (HR) | 8 | 9 | 10 | 3 |

Wahrscheinlich wird Herr D. unter Druck recht vorsichtig an schwierige Situationen herangehen und noch detaillierter planen und analysieren, bevor er aktiv wird, um mögliche Risiken zu minimieren. Seine Zielorientierung und Umsetzungsfähigkeit müssten weiterhin gut ausgeprägt sein, so dass er bei Schwierigkeiten Ergebnisse sicherstellen wird. Auch die Qualität seiner Ergebnisse müsste weiterhin sehr gut sein. Allerdings liegt seine Fach- und Methodenkompetenz dann im übertriebenen Bereich, so dass er sich in Details verlieren könnte. Seine weiterhin schwach ausgeprägte sozial-kommunikative Kompetenz könnte dazu führen, dass er die persönlich-menschliche Komponente vernachlässigt und auf andere überkritisch und beharrend wirkt. Auch besteht die Gefahr, dass er kreative und innovative Lösungen blockiert, vor allem, wenn sie sich nicht mit seinen Ideen decken.

Allerdings scheint er es zu schaffen, seine persönliche Präsenz unter Stress zu erhöhen und könnte dadurch möglicherweise überzeugender wirken (HR in P = 8).

Als Bestätigung für die Beschreibungen des Teams können folgende Hinweise aufgefasst werden:

Herr D. scheint sehr aufgaben- und wettbewerbsorientiert zu arbeiten. Da er über eine übertrieben hohe Aktivitäts- und Handlungskompetenz verfügt, besteht die Gefahr, dass er andere zu stark unter Druck setzt und dominiert.

Auch auf Fachlichkeit scheint er übertriebenen Wert zu legen – besonders unter Stress – und sehr perfektionistisch vorzugehen. Daher besteht hier die Gefahr, dass er anderen überkritisch begegnet und innovative Vorschläge blockiert.

Weiterhin scheint die sozial-kommunikative Kompetenz sehr schwach ausgeprägt zu sein, so dass davon ausgegangen werden kann, dass ihm ein angemessenes Taktgefühl im Umgang mit Menschen fehlt wie auch ein Verständnis für die Sicht von anderen.

Andererseits scheint Herr D. sehr umsetzungsstark zu sein und müsste qualitativ hochwertige Ergebnisse, auch unter schwierigen Bedingungen, sicherstellen können. Sein Verantwortungsbewusstsein scheint angemessen ausgeprägt zu sein.

Der Unterschied der dominierenden oder sogar übertriebenen Kompetenz zwischen dem Agieren unter normalen im Vergleich zu schwierigen Bedingungen ist besonders deutlich und damit auch aufschlussreich. Herr D. wechselt dabei von der Aktivitäts- und Handlungsbezogenheit hin zur fachlich-methodischen Orientierung. Solange eine Person mit einem solchen Kompetenzprofil (auch und gerade in dem Unterschied zwischen normalen und schwierigen Bedingungen) keinen Widerstand spürt, möchte sie die Richtung und das konkrete Handeln unbedingt bestimmen. Bei Widerstand wird sie jedoch nicht versuchen, die anderen zu überzeugen. Dafür fehlen ihr die sozial-kommunikativen Fähigkeiten. Sie wird sich dann vielmehr (vor allem wenn der Widerstand von oben oder einer großen Mehrheit der Gruppe kommt) zurückziehen, sich fachlich nochmals stark absichern, um dann das Vorhaben gegebenenfalls alleine durchzuziehen.

Bei der Besprechung des Profils wurde dieses durch Herrn D. weitgehend bestätigt. Er selbst schätzt die identifizierten Stärken als entscheidend für seine Arbeit ein und glaubt selbst, dass die Fähigkeit zur Kommunikation nicht allzu hoch gewichtet werden sollte. Er war bereit, das Ergebnis an seinen Bereichsleiter weiterzuleiten.

## 4.  Reaktionen des Managements und weiteres Vorgehen

Zunächst wurde vom Management angedacht, noch einmal einen Versuch zu unternehmen, die Beziehung zwischen Herrn D. und dem Team zu verbessern. Das wurde vom Team aber vehement abgelehnt. Da Herr D. für seine fachlichen Fähigkeiten vom Management aber sehr geschätzt wurde, wollte man ihn auf keinen Fall verlieren. So wurde beschlossen, ihn im Rahmen von Umstrukturierungsprozessen an einen anderen Standort zu versetzen. Er hätte in der neuen Position dann nur noch sporadisch mit dem Team Kontakt. Absprachen müssten in der Regel dann mit dem Teamleiter getroffen werden.

Da an einem Konfliktfall in der Regel alle Beteiligten ihren Beitrag leisten, sollte auch das Team eine entsprechende Kompetenzbilanzierung durchlaufen. Das Team stimmte mit der Einschränkung zu, dass keine Einzelergebnisse dem Management zugestellt werden sollten. Der Erstellung eines Teamprofils, bei dem die Einzelwerte gemittelt werden, wurde zugestimmt.

## 5.  Teamprofil

Das Teamprofil lässt sich folgendermaßen beschreiben:

Die sozial-kommunikative Kompetenz scheint im Alltag hoch ausgeprägt zu sein (S = 37). Damit dürfte das Team viel Wert auf ein harmonisches Arbeitsklima legen und wird auf einen taktvollen Umgang miteinander achten.

Weiterhin müsste das Team auch angemessen systematisch und strukturiert vorgehen, da die Fach- und Methodenkompetenz gut durchschnittlich (F = 30) ausgeprägt ist. Dasselbe gilt auch für die personale Kompetenz (P = 27), so dass davon ausgegangen werden kann, dass ein angemessenes Verantwortungsbewusstsein vorhanden ist.

Die Aktivitäts- und Handlungskompetenz ist knapp durchschnittlich ausgeprägt (A = 25). Ein Hinweis darauf, dass hier noch Entwicklungspotenzial besteht.

Unter Stress scheint das Team vor allem aufgabenorientiert vorzugehen. Die Beziehungsorientierung scheint weiterhin von Bedeutung zu sein, wird aber der Aufgabe untergeordnet.

Um die Werte noch genauer analysieren zu können, sind auch die Ergebnisse von HI, HE, HV und HR gemittelt worden.

Insgesamt ist die Werteverteilung bei der Detailanalyse sehr stimmig, da keine größeren Wertesprünge auftreten. Der Output scheint grundsätzlich mit dem Handlungsvollzug, der Handlungserwartung sowie der Handlungsideale übereinzustimmen. Das Team wird in einer positiven Atmosphäre fachlich gute Arbeitsergebnisse erzielen.

Auch unter schwierigen Bedingungen, unter denen die Fach- und Methodenkompetenz steigt, scheint ein sehr stimmiges Kompetenzprofil vorzuliegen. Da für den Aufgabenbereich des Teams unter Stress eine besonders sorgfältige Arbeitsweise erforderlich ist, scheinen die Kompetenzen im Hinblick auf die Tätigkeit gut ausgerichtet zu sein. Auch bei Schwierigkeiten müsste eine gute Stimmung im Team bestehen, da die sozial-kommunikative Kompetenz weiterhin gut durchschnittlich ausgeprägt ist.

## 6. Kompetenzprofilvergleich Herr D. – Team

Herr D. zeigt unter normalen Bedingungen eine Übertreibung in der Aktivitäts- und Handlungskompetenz, die der schwach durchschnittlichen Kompetenzausprägung des Teams in dieser Dimension konträr gegenübersteht.

Auch konträr ist die schwach ausgeprägte sozial-kommunikative Kompetenz, wohingegen das Team eine hohe Ausprägung für diese Dimension mitbringt.

Die Teammitglieder werden sich daher besonders im Alltag stark unter Druck gesetzt fühlen und Herr D. wird einen starken Führungsanspruch haben.

Unter schwierigen Bedingungen zeigt Herr D. eine leichte Annäherung an das Teamprofil, wobei es weiterhin zwei Unterschiede gibt: Die Fach- und Methodenkompetenz ist übertrieben ausgeprägt (Team hoch) und die sozial-kommunikative Kompetenz weiterhin schwach (Team durchschnittlich).

Wahrscheinlich wird die ausgeprägte Fachlichkeit in schwierigen Situationen besser akzeptiert; insgesamt wird Herr D. das Bedürfnis des Teams nach einer positiven Beziehungsgestaltung jedoch nicht befriedigen können.

## 7. Konfliktlösung

Da das Team eine weitere Zusammenarbeit konsequent ablehnt und auch keine Hinweise auf eine mögliche konstruktive Zusammenarbeit in den Kompetenzprofilen gefunden werden konnte, wurde beschlossen, Herrn D. ein neues Aufgabengebiet zu geben. Er soll durchaus bisherige Aufgaben weiter ausfüllen aber auch neue übernehmen. Insbesondere wird er an einen anderen Standort versetzt, so dass nur noch wenige Berührungspunkte zum Team bestehen werden. Allerdings soll er immer noch fachliche Zuarbeiten leisten.

## 8. Empfehlungen für Herrn D.

Da Herr D. weiterhin Kontakt zu dem Team, der Abteilung und natürlich auch Kontakt zu anderen Personen haben wird, scheint es dringend ratsam zu sein, dass Herr D. an seiner Kommunikationsfähigkeit arbeitet. Die Selbsttrainingseinheit „Beziehungsmanagement" hat er erhalten.

Ein Grundproblem scheint darin zu bestehen, dass Herr D. seinen Kommunikationsstil als angemessen empfindet, wohingegen er von vielen anderen die Rückmeldung bekommt, dass dem nicht so sei. Daher sollte Herr D. zunächst an einem Seminar zur Selbstreflexion des eigenen Kommunikationsstils teilnehmen und sich insbesondere mit folgenden Fragen auseinandersetzen:

- Wie wirke ich auf andere?
- Was signalisiert meine Körpersprache?
- Was sage ich und wie sage ich es?
- Wie kann ich sachlich begründete Kritik angemessen äußern?
- Wie kann ich Anweisungen angemessen kommunizieren?
- Wie gestalte ich Meetings konstruktiv?
- Wie kann ich andere gezielt in Projekte einbinden?

Damit eine Eskalation auf der Beziehungsebene in der neuen Abteilung von Anfang an verhindert wird, sollte Herr D. durch ein Coaching begleitet werden. Dieses sollte ebenfalls auf den Kommunikationsstil fokussieren. Dabei scheint es sinnvoll zu sein, wichtige Gespräche im Coaching vorzubereiten oder sich ggf. von einem Coach dabei begleiten zu lassen. Ebenfalls scheint es angezeigt zu sein, die Formulierung von E-Mails zu optimieren.

Im Laufe des ersten halben Jahres sollte ein Termin von 1,5 Stunden pro Monat avisiert werden.

## 9. Empfehlungen für das Team

Im Team müssen nun Aufgaben, die Herr D. bisher innehatte, von Teammitgliedern übernommen werden.

Da schon von fast allen Teammitgliedern Kompetenzprofile vorliegen, wäre es sinnvoll, neue Aufgaben entsprechend der Kompetenzen der Mitarbeiter zu verteilen. Möglicherweise kann auch eine neue Besetzung für die jeweiligen Arbeitsschichten entsprechend der Kompetenzprofile vorgenommen werden.

Weiterhin sollte mit allen Teammitgliedern ein Auswertungsgespräch erfolgen, bei dem auch die eigene Beteiligung am Konflikt reflektiert wird. Dies scheint ratsam zu sein, da Herr D. nun als „die Ursache allen Übels" wegfällt und wahrscheinlich neue, bzw. bisher verlagerte Konflikte im Team selbst aufkommen werden.

Insbesondere scheint die Aktivitäts- und Handlungskompetenz des Teams nur mäßig ausgeprägt zu sein. Da weitere Aufgaben von den Teammitgliedern zusätzlich übernommen werden müssen, ist es ratsam, die Aktivitäts- und Handlungskompetenz im Rahmen einer Teamentwicklung zu steigern.

## 10. Ergebnis – Stand nach einem Jahr

Herr D. ist als Experte in einem neuen Expertenteam an einen anderen Standort eingegliedert worden. Er hat fast keinen Kontakt mehr zum alten Team. Zunächst schien er sich ein wenig anpassen zu können, da alle Mitarbeitenden gleichgestellt sind, doch nach einiger Zeit versuchte er auch hier wieder zu dominieren und seine Vorschläge massiv durchzusetzen. Den Empfehlungen hinsichtlich des Coachings und der Seminare zur Optimierung des Kommunikationsstils hat man von Seiten des Unternehmens nicht aufgegriffen und weiterverfolgt, so dass keine Weiterentwicklung erreicht werden konnte.

Im Team hat man die Ergebnisse der Kompetenzdiagnostik dahingehend genutzt, dass mit den Mitarbeitenden auf freiwilliger Basis Auswertungsgespräche gemeinsam mit deren disziplinarischem Vorgesetzten, der die Abteilung nun alleine führen muss, durchgeführt worden sind. Es haben sich bis auf einen Mitarbeitenden alle dazu bereit erklärt. Im Rahmen des Gesprächs wurden auf Basis der Stärken eines jeden Mitarbeitenden erste Ansätze für weiterführende Aufgaben besprochen. Diese sollten in darauf folgenden Zielvereinbarungsgesprächen konkretisiert werden.

Zwischenzeitlich ist es dann zu Spannungen zwischen dem disziplinarischen Vorgesetzten und dem Team gekommen. Als Herr D. noch im Team war galt dieser als der „Böse" und Herr E. als der „Gute". Da nun aber auch Herr E. teilweise unpopuläre Entscheidungen durchsetzen musste, ist es zu Spannungen gekommen, die sich aber durch verstärkte konstruktive Kommunikation auflösen ließen.

Das Team ist nach einem Jahr deutlich zufriedener und hat seinen Workflow steigern können.

# Motivation und Aktion

## Die Wirkung von aktivitätsbezogenen Kompetenzen auf das Handeln und deren Bedeutung für den (Wieder-)Einstieg in den Arbeitsmarkt

*Monika Forsthuber*

## 1. Allgemeines zum Thema Wiedereinstieg

Der nachfolgende Abschnitt beschäftigt sich mit einem zentralen arbeitsmarktpolitischen Thema: Der Berufstätigkeit von Wiedereinsteigerinnen.

Betrachtet werden Frauen, die nach einer familienbedingten Unterbrechung (in den meisten Fällen nach der Karenz) auf dem Arbeitsmarkt wieder Fuß fassen wollen oder müssen. Wiedereinsteigerinnen, insbesondere Frauen mit Kinderbetreuungspflichten, sind nicht mehr so flexibel, haben einige Jahre Erwerbstätigkeit versäumt und können oftmals nur noch einer Teilzeitbeschäftigung nachgehen. All diese ökonomischen „Defizite" lassen Frauen in Zeiten eines hohen Konkurrenzdrucks am Arbeitsmarkt Gefahr laufen, langzeitarbeitslos zu werden.

In unzähligen Gesprächen mit Frauen wird deutlich, dass die Karenzzeit mit dem Blickwinkel auf die Rückkehr in den Arbeitsmarkt ganz unterschiedlich wahrgenommen wird. Manche beschreiben die Karenzzeit als angenehme Zeit, die als persönliche Unterbrechung aus dem vorher herrschenden beruflichen Stress bezeichnet wird. Diese Frauen hätten durchaus wieder Interesse daran, in den Quellberuf zurückzugelangen, wären da nicht die vielen Veränderungen, die in der Erwerbspause vonstattengegangen sind. Andere wiederum geben in Gesprächen an, dass sich ihr Leben so gravierend verändert hat, dass ein Einstieg in den zuletzt ausgeübten Job für sie nicht mehr vorstellbar ist.

> *Die Dauer der Karenz bestimmt ganz wesentlich die Wiedereinstiegschancen in den Beruf mit (Buchinger, Gschwandtner 2005; Lutz 2003; Riesenfelder 2013; Rille-Pfeifer, Kapella 2012). Mit zunehmender Unterbrechungsdauer erhöht sich das Risiko der Dequalifizierung und in Unternehmen werden längere Abwesenheiten vom Arbeitsmarkt oft als negatives Signal gewertet, das durch die mit der Familienarbeit erworbenen Kompetenzen kaum wett gemacht werden kann.*
>
> Beruf – Baby – Bildung (2014), AK Befragung von Wiener Eltern in Karenz zu Weiterbildung und Wiedereinstieg

In fast allen Fällen erleben wir in unserer Arbeit mit Wiedereinsteigerinnen, dass nur sehr geringe Kenntnisse über die derzeitige Situation am Arbeitsmarkt vorhanden sind und die Wünsche hinsichtlich eines neuen Arbeitsplatzes kaum realisierbar sind. In dieser Situation benötigen die meisten Frauen Unterstützung dabei, sich neu zu orientieren und/oder etwaige erlebte Misserfolge zu verarbeiten. Auch wichtig ist es, die Frauen zu motivieren, damit sie sich den ungewohnten Herausforderungen stellen können. An diesem Punkt setzen die Orientierungsmaßnahmen des Arbeitsmarktservice an, die darauf zielen, Frauen neue berufliche Perspektiven und im weiteren Verlauf eine Ausbildung oder Weiterqualifizierung zu bieten.

Seit 2012 arbeitet ZIB Training GmbH im Auftrag des AMS Niederösterreich mit Wiedereinsteigerinnen. Über 1000 Frauen haben in den letzten 4 Jahren ein Orientierungsprojekt für Wiedereinsteigerinnen bei uns besucht, dessen Kernstück die Arbeit mit der Auseinandersetzung der eigenen Kompetenzen darstellt.

## 2.   Wiedereinstieg mit Zukunft

Dies ist der Name des Projektes, das in nahezu ganz Österreich für Wiedereinsteigerinnen durchgeführt wird. Das Ziel ist, die Kundinnen detailliert über die Situation und die aktuellen Anforderungen des Arbeitsmarktes zu informieren und sie bei der beruflichen Neuorientierung zu unterstützen. Die wesentlichen Inhalte des Kursprogramms sind:

▶ **Berufsorientierung und Laufbahnplanung**
Im ersten Teil des Projektes geht es vor allem um die Steigerung des Selbstwerts und des Selbstbewusstseins.

▶ **Vereinbarkeit von Beruf und Familie**
Oftmals müssen die Rahmenbedingungen neu geschaffen oder überhaupt erst etabliert werden, um einen Wiedereinstieg ins Berufsleben realistisch zu verfolgen. Einen wesentlichen Teil stellt dabei die Organisation einer nachhaltigen Kinderbetreuung dar.

▶ **KODE® Kompetenzbilanz**
Die Erfassung, das anschließende Analysegespräch und daraus resultierende weitere Schritte sind die Grundpfeiler in unserer Kompetenzarbeit.

▶ **Tendenzen der Arbeitsmarktentwicklung und berufliche Chancen**
Berufskundliche Informationen, neue Berufsentwicklungen sowie Möglichkeiten in der Aus- und Weiterbildung werden in diesem Projektsegment diskutiert.

▶ **Persönliche Karriereplanung**
Die Auseinandersetzung und Konkretisierung des beruflichen Ziels stellt einen weiteren essentiellen Projektabschnitt des Kurses dar.

▶ **EDV Grundlagen**
Die Inhalte in diesen Trainingseinheiten richten sich nach dem Wissensstand und dem Bedarf der Teilnehmerinnen.

▶ **Bewerbungsstrategien und Bewerbungs-Know-how**
In den letzten beiden Kurswochen dreht sich alles um die Bewerbung: Von der Entwicklung einer persönlichen Bewerbungsstrategie über den Erwerb von Be-

werbungs-Know-how zur Erstellung bzw. Aktualisierung von Bewerbungsunterlagen bis hin zur Bewerbung selbst.

## 2.1  Herausforderung Kompetenzarbeit

Im nachfolgenden Text wollen wir uns ganz konkret mit den Ergebnissen unserer Kompetenzarbeit auseinandersetzen und Ideen vorstellen, wie bestimmte Schlüsselkompetenzen trainiert werden können.

> Die Validierung von Lernergebnissen insbesondere Kenntnissen, Fähigkeiten und Kompetenzen, die auf nichtformalem und informellem Wege erzielt werden, kann für die Steigerung von Beschäftigungsfähigkeit und Mobilität eine wichtige Rolle spielen und insbesondere sozio-ökonomisch benachteiligte oder niedrigqualifizierte Menschen verstärkt für lebenslanges Lernen motivieren.
>
> Amtsblatt der Europäischen Union, EMPFEHLUNG DES RATES vom 20. Dezember 2012 zur Validierung nichtformalen und informellen Lernens

Im Berufsalltag benötigen wir mehr als nur Fachwissen: Wir brauchen Kompetenzen wie Disziplin, Kommunikationsfähigkeit, Belastbarkeit, Organisationsfähigkeit u.v.m., um den beruflichen Alltag meistern zu können. Das Konzept, über mehr Fähigkeiten als über formale „belegbare" Abschlüsse zu verfügen, mag in bestimmten Bereichen durchaus populär sein, in unserer Arbeit mit Frauen aus ganz Niederösterreich gilt aber in den meisten Fällen noch immer „Ausbildung, Schule, Studium definieren mein Können für den Beruf". Selbst die größeren unter den von uns kontaktierten Unternehmen können dem Konzept der Nutzung und Förderung von Kompetenzen noch wenig abgewinnen und bezahlen ihren Mitarbeiter/inne/n beispielsweise lieber einen Staplerkurs als einen Kurs, der zur Erhöhung der Belastbarkeit führt.

Das bedeutet für uns, dass die Arbeit mit KODE® immer wieder eine neue Herausforderung für uns darstellt, wir treffen zu Beginn oft auf Skepsis, aber auch Neugierde und teilweise auch auf Angst davor, etwas zu erfahren, das die Teilnehmerin gar nicht wissen will. Aber gerade diese Herausforderungen zu überwinden und unseren Kundinnen aufzuzeigen, was „noch in ihnen steckt", macht die Kompetenzarbeit so unerlässlich für die Weiterentwicklung der Menschen und für uns Kompetenztrainerinnen zu einem sinn- und lustvollen Teil unserer Arbeit.

## 2.2  Ablauf des KODE®-Testings im Projekt Wiedereinstieg mit Zukunft bei ZIB Training

Die ersten Projektwochen dienen dazu, dass sich die Gruppenmitglieder kennenlernen und die Sicherheit erlangen, die sie benötigen, um in einem Umfeld arbeiten zu können, in dem ein vertrauensvolles Miteinander herrscht. Etwaige erlebte Misserfolge und Ängste können in diesem Rahmen gut thematisiert und bearbeitet werden.

Erst danach ist es aus unserer Sicht sinnvoll, mit dem Thema Kompetenzen zu beginnen.

Den KODE®-Fragebogen erhalten die Kundinnen meist in der dritten Woche. Die Erfahrung hat uns gelehrt, wie wichtig es ist, den Frauen dabei ausreichend Zeit zum Ausfüllen zu geben. Die Durchschnittszeit bei unseren Kundinnen für die Bearbeitung des Fragebogens beträgt fast 40 Minuten! Unter anderem bildet die sprachliche Barriere eine Herausforderung: Unter den Teilnehmerinnen der Wiedereinstiegskurse befinden sich immer wieder auch viele Migrantinnen, die Schwierigkeiten haben, die formulierten Fragen zu verstehen. Unsere Trainerinnen müssen daher die vorgegebenen Fragen und Satzformulierungen in ein einfaches Deutsch „übersetzen".

> Im Schuljahr 2012/13 hatten über 20 % der Schülerinnen und knapp 20 % der Schüler österreichweit eine andere Umgangssprache als Deutsch.
>
> migration & integration SCHWERPUNKT: FRAUEN; zahlen. daten. indikatoren. 2014/15

Die technische Verarbeitung der Bögen und die Vorbereitung der Unterlagen erfolgen im Anschluss. Danach werden die Einzeltermine mit den Kundinnen terminisiert, wobei darauf geachtet wird, dass mindestens zwei Stunden Zeit für die Reflexion der Ergebnisse mit sofort anschließendem Coaching sind.

Seit vier Jahren arbeiten wir nun mit Frauen und es gab eine Auffälligkeit, die sich wie ein roter Faden durch unsere Gespräche zog. Bei fast identer Ausbildung mit ähnlichen Rahmenbedingungen (gleiche Stadt, Verfügbarkeit von Kinderbetreuungseinrichtungen, gleicher Familienstand etc.) fiel der Wiedereinstieg einigen Frauen sehr leicht. Anderen wiederrum erschien die neue Aufgabe, sich wieder ins Berufsleben zu integrieren schier unlösbar.

Um unsere Vermutung zu untermauern, dass Frauen, die niedrige Aktivitäts- und Handlungskompetenzen aufweisen, sich weitaus schwieriger am Arbeitsmarkt behaupten können, haben wir uns Ende 2014 entschlossen, mehr als 400 KODE®-Fragebögen auszuwerten. Die Ergebnisse beziehen sich auf eine Auswahl aus den Jahren 2013 und 2014 folgender niederösterreichischer Bezirke:

▶ **Baden**
25.328 Einwohner/innen; 26 km südlich von Wien

▶ **Krems**
23.992 Einwohner/innen; fünftgrößte Stadt Niederösterreichs; 70 km westlich von Wien

▶ **Lilienfeld**
2897 Einwohner/innen

▶ **Melk**
5.264 Einwohner/innen

▶ **Neunkirchen**
12.442 Einwohner/innen; Migrant/inn/enanteil ca. 30 %

▶ **Scheibbs**

4225 Einwohner/innen

▶ **St. Pölten**

52.716 Einwohner/innen; Landeshauptstadt; größte Stadt des österreichischen Bundeslandes Niederösterreich

Wie die nachfolgenden Tabellen zeigen, sollten wir mit unserem Verdacht recht behalten. Der niedrigste A-Wert wurde im Jahr 2013 mit **11 %** in Lilienfeld erreicht, der höchste Wert von 19 % in den Bezirken Baden (2014), Krems (2014), Lilienfeld (2014) und Melk (2014).

Abb. 1:   Auswertung der Kompetenzen auf NÖ Bezirksebene

| | Personale Kompetenzen | Aktivitäts- und Handlungskompetenzen | Fach-/Methodische Kompetenzen | Sozialkommunikative Kompetenzen |
|---|---|---|---|---|
| Baden 2013 | 29% | 17% | 19% | 34% |
| Baden 2014 | 28% | 19% | 23% | 30% |
| Krems 2013 | 33% | 18% | 19% | 30% |
| Krems 2014 | 25% | 19% | 18% | 39% |
| Lilienfeld 2013 | 20% | 11% | 20% | 49% |
| Lilienfeld 2014 | 25% | 19% | 26% | 31% |
| Melk 2013 | 28% | 17% | 19% | 36% |
| Melk 2014 | 29% | 19% | 21% | 31% |
| Neunkirchen 2013 | 30% | 18% | 20% | 32% |
| Neunkirchen 2014 | 32% | 15% | 23% | 30% |
| Scheibbs 2014 | 36% | 17% | 15% | 32% |
| St. Pölten 2013 | 29% | 18% | 17% | 36% |
| St. Pölten 2014 | 27% | 18% | 21% | 35% |

Abb. 2:   Auswertung gesamt NÖ

| | Personale Kompetenzen | Aktivitäts- und Handlungskompetenzen | Fach/Methodische Kompetenzen | Sozialkommunikative Kompetenzen |
|---|---|---|---|---|
| NÖ gesamt | 29% | 18% | 21% | 33% |

Insgesamt lag der Wert aber nur bei 18 % und fällt damit in die Kategorie „geringe Kompetenzausprägung".

In einschlägiger Literatur wird die Definition der Aktivitäts- und Handlungskompetenz wie folgt beschrieben:

> Die Basiskompetenzen umfassen weiterhin die Fähigkeiten, selbstorganisiert, aktiv und willensstark erzielte Ergebnisse umsetzen zu können, alles Wissen und Werte integrierend. Man kann Rolf Wunderer folgend, verallgemeinernd auch von *Umsetzungskompetenzen* sprechen *(A)*.
>
> Den Aktivitäts- und Handlungskompetenzen sind die Kompetenzbündel zuzuordnen, nicht nach festgefahrenen Mustern zu handeln, sondern sich der Situation und dem Kontext anzupassen, sowie Fähigkeiten zur flexiblen Einarbeitung in neuen Aufgaben aktiv zu entwickeln.
>
> Bildung. Kompetenz. Werte. 2013, John Erpenbeck, Was „sind" Kompetenzen

Die im Original-Kompetenzatlas angeführten Erklärungen zu den einzelnen Kompetenzen sind für unsere Kundinnen teilweise schwer verständlich, daher haben wir uns mithilfe der verfügbaren KODE®-Literatur einen Raster der einzelnen Kompetenzen in einfacher verständlicher Sprache erstellt.

Abb. 3:    Kompetenzatlas; Definition von A-Kompetenzen

| A = Aktivitäts- und Handlungskompetenz | |
|---|---|
| **Tatkraft** | **Mobilität** |
| Handelt hoch motiviert.<br>Bewältigt schwierige Situationen aktiv.<br>Tatkraft ist Motor.<br>Packt aktiv an. | Geistige, körperliche Beweglichkeit.<br>Reagiert aktiv auf sich schnell ändernde Marktbedingungen. Wechselt den Arbeitsplatz / die Arbeitsaufgabe ohne überlange Bedenklichkeit, wenn es die Notwendigkeit erfordert.<br>Eignet sich beim Wechsel notwendiges Wissen schnell und unkonventionell an.<br>Überwindet Mobilitätsbarrieren auf beispielhafte Weise. Es braucht Mobilität, um mit neuen Situationen und veränderten Aufgaben konstruktiv umgehen zu können. |
| **Ausführungsbereitschaft** | **Initiative** |
| Gewinnt die eigenen Antriebe aus der Aufgabe selbst und nicht aus dem Bestreben, es anderen recht zu machen.<br>Eignet sich auf unkonventionelle Weise das notwendige<br>Wissen und die notwendigen Erfahrungen an.<br>Kann Handlungen gut und gerne ausführen. | Engagiert sich persönlich stark bei Beginn und bei der Durchführung von Arbeitsprozessen.<br>Führt Arbeiten und Aufgaben aktiv zum Erfolg.<br>Ist hoch aktiv bei schwierigen Arbeiten und Problemen und deshalb ein/e gesuchte/r Partner/in, auf den/die man zählen kann. |

Damit war klar, dass wir uns in unserer Arbeit der Aktivierung der A-Kompetenzen mehr Aufmerksamkeit widmen mussten. Häufig erzählten uns die Frauen, dass sie im Laufe der Karenz ihre Umsetzungsstärke verloren hätten, da sich das Leben in dieser Zeit in einem – von ihnen bezeichneten – geschützten Rahmen abspiel(t)e. Der Bereich der geistigen Mobilität beispielsweise wurde nicht sehr gefordert, da die in dieser Zeit anstehenden Aufgaben bald Routine waren und somit keine anspruchsvolle Herausforderung mehr darstellten.

Der Seminarinhalt im Projekt „Wiedereinstieg mit Zukunft" ist im Wesentlichen durch den Auftraggeber, das AMS Niederösterreich, vorgegeben. Um dennoch auf diese speziellen Bedürfnisse der Frauen im Bereich der Aktivitäts- und Handlungskompetenz eingehen zu können, setzten wir vor allem in der methodischen Umsetzung Veränderungen und erstellten somit ein adaptiertes Seminardesign mit Schwerpunkt auf die Aktivierung der A-Kompetenzen.

Eine konkrete Umsetzung des KODE®-Programms findet in folgenden Kursbausteinen statt:

### 2.2.1 Berufsorientierung und Laufbahnplanung

Im ersten Teil des Projektes geht es vor allem um die Steigerung des Selbstwerts und des Selbstbewusstseins.

Gerade zu Beginn des Projektes ist es wichtig, unsere Kundinnen dort abzuholen, wo sie gerade stehen. Manch eine kommt mit einem Bündel an vermeintlichen Defiziten, oder gar mit der Befürchtung, alles verlernt zu haben. Die im Leben in den unterschiedlichen Rollen erworbenen Kompetenzen sind vergessen, oder erst gar nicht wirklich sichtbar geworden. In unserem Arbeitsblatt „Rollendefinition" haben die Frauen die Aufgabe, sich zu überlegen, in welchen Tätigkeitsfeldern ihre persönlichen Rollen sichtbar wurden. Die Trainerin ergänzt diese Rollen durch dahinter liegende Kompetenzen. Damit werden den meisten Kundinnen erstmals die vielen Fähigkeiten, die sie besitzen, aufgezeigt.

Ein weiterer Schritt in dieser Übung besteht darin, dass die Kundinnen jene Rollen definieren, in denen sie sich wirklich wohl und sicher gefühlt haben bzw. jene Rollen ansprechen, die sie annahmen, obwohl sie dabei unsicher waren.

Nach und nach wird für die weitere Laufbahn eine Rolle beschrieben, in der sich Frau in ihrem weiteren Berufsfeld befinden möchte, ohne dabei schon auf ein bestimmtes Berufsfeld oder eine bestimmte Tätigkeit einzugehen.

Abb. 4:    Auszug aus dem Arbeitsblatt „Rollendefinition" © ZIB Training

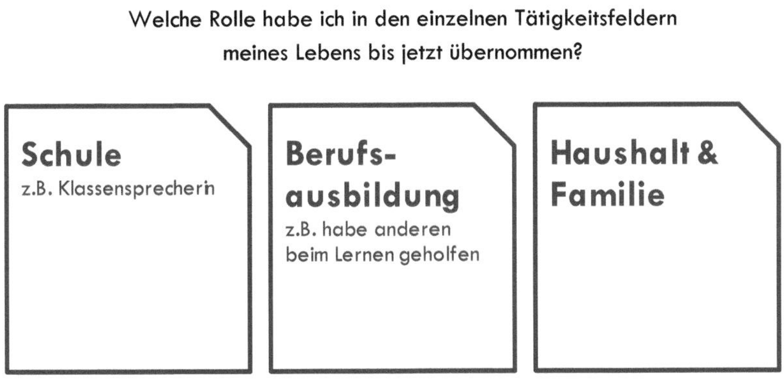

Welche Rolle habe ich in den einzelnen Tätigkeitsfeldern
meines Lebens bis jetzt übernommen?

**Schule**
z.B. Klassensprecherin

**Berufs-
ausbildung**
z.B. habe anderen
beim Lernen geholfen

**Haushalt &
Familie**

In dieser Projektphase eröffnen wir die Aktivierung der A-Kompetenzen mit dem Themenfeld der Mobilität. Unterschiedlichste Übungen werden in der Gruppe angeboten, wenn möglich in das private Umfeld übernommen und in einer Form Mobilitätsbilanz schriftlich festgehalten. Einige dieser Übungen sind zum Beispiel: Gehirnjogging, Sport oder eine Fahrplan-Rallye. Immer wieder erinnert die Trainerin an die Kontinuität bei der Ausführung der gewählten Mobilitätsprogramme. Damit stellt sie sicher, dass die Frauen am Ball bleiben (ganz nebenbei wird auch die Kompetenz „Disziplin" gefördert).

### 2.2.2   Vereinbarkeit von Beruf und Familie

Eine nachhaltige Organisation der Kinderbetreuung ist meist die Basis für einen gelungenen Wiedereinstieg ins Berufsleben.

Hier setzen wir eine Übung ein, die vor allem die Kompetenz der Tatkraft unterstützen soll. Die Kundinnen erhalten ein Arbeitsblatt (vgl. Tatkraft (A) Kompetenztraining, Volker Heyse & John Erpenbeck, 2009, S. 139), das sie in Einzelarbeit ausfüllen. Jeder Frau bleibt es selbst überlassen, ob sie Themen aus ihrer Liste in der Gruppe besprechen möchte, und damit noch zusätzlichen Input zur Bewältigung von Widerständen bekommen kann, oder ob sie die Themen für sich bearbeiten möchte und nur im Bedarfsfall auf die Gruppe zurückgreift.

**Folgende Themen werde ich in den nächsten Wochen konkret anpacken und verbessern:**

| Thema | Wer kann/soll mich dabei unterstützen? | Mit welchen Widerständen muss ich bei der Bewältigung rechnen? | Wie werde ich diesen Widerständen begegenen *(auch kreative Antworten sind erlaubt)* | Zeitplan |
|---|---|---|---|---|
| **Kinderbetreuung** für Maxi (3 Jahre): *(Es gibt für Maxi nächstes Jahr keinen Kinderbetreuungsplatz im Kindergarten.)* | **Oma** Mo+Di Vormittag | Jobangebote nur durchgängig von Mo - Fr | **Jobsharing:** ich teile meine Arbeit mit jemandem, der nur am Mittwoch arbeiten kann | in 8 Wochen habe ich eine Lösung gefunden = **28.09.2015** |
| | meine **Freundin** Bea (Do Vormittag) | Mein Mann geht einmal pro Monat am Freitag Tennis spielen. | Ich suche mir für Mi und Fr (1x Monat) eine **Tagesmutter.** | |
| | **mein Mann** Gerhard (Fr den ganzen Tag) | | Ich kann nur einen Job annehmen, der meinen **Rahmenbedingungen** entspricht. | |
| | **Tagesmutter** *(aber die ist eigentlich zu teuer)* | | | |

Diese Themenliste kann während des gesamten Projektes beliebig ergänzt werden, beziehungsweise werden Themen, die erfolgreich bearbeitet wurden, mit einem Häkchen als erledigt gekennzeichnet.

Obwohl es keine „Kontrolle" seitens der Trainerin darüber gibt, welche Themen bereits abgearbeitet wurden und welche noch offen sind, teilen in der Regel fast alle Kursteilnehmerinnen (vor allem, wenn etwas im vorgenommenen Zeitplan geglückt ist) ihre Erfolge gerne anderen mit. Dies spornt dann die anderen in der Gruppe noch mehr an, an den Themen der eigenen Liste tatkräftig weiterzuarbeiten.

## 2.2.3 KODE®-Kompetenzbilanz

Die Kompetenzarbeit besteht aus der Erfassung, dem Analysegespräch und der Ausarbeitung der weiteren Schritte.

Der erste wesentliche Schritt zu Beginn des Analysegesprächs ist der Hinweis, dass prinzipiell jedes Ergebnis, also jede Kompetenzbilanz „richtig" ist. Wir erleben sehr oft, dass sich unsere Kundinnen Sorgen machen, dass sie versagen könnten, bzw. dass das Ergebnis einer Bewertung in „gut" oder „schlecht" unterliegt. Erst, wenn wir den Frauen diese Angst genommen haben, ist ein entspannter und positiver Zugang möglich.

Während des Analysegespräches gehen wir nach den klassisch vorgegebenen Bausteinen vor und erklären zunächst den Kompetenzatlas ganz allgemein. Auffallend dabei ist, dass die aufgelisteten Kompetenzen vielen unserer Kundinnen im ersten Moment relativ unbekannt sind und viele der Begriffe nicht mit Kompetenzen in Zusammenhang gebracht werden. Ausnahme dabei stellen die sozial-kommunikativen Kompetenzen dar, allen voran geläufige wie „Teamfähigkeit" und „Kommunikationsfähigkeit".

Nach den allgemeinen Erklärungen gehen wir auf das individuelle Kompetenzprofil ein. Dabei ist es notwendig, die Kompetenzen zum besseren Verständnis zusätzlich zu umschreiben und mit praktischen Beispielen zu veranschaulichen bzw. verständlich zu machen. Oft ist es hilfreich, wenn die Kundin sich selbst auf dem eigenen Kompetenzatlas Formulierungen und Umschreibungen dazu notiert. Zu hören und zu lesen, welche Kompetenzen sie haben, bedeutet für so gut wie alle unserer Kursteilnehmerinnen ein echtes „Erfolgserlebnis", das zu einer enormen Steigerung des Selbstbewusstseins führt und den Frauen einen neuen Blick auf sich selbst ermöglicht.

Im ausführlichen Gespräch folgen erste gemeinsame Überlegungen der Kundin und der Beraterin in Richtung Berufsorientierung und Berufsberatung: In welchen Berufsbereichen sind vorhandene ausgeprägte Kompetenzen gut verwendbar und notwendig, wo bringt die Teilnehmerin durch ihr Kompetenzprofil einen Wettbewerbsvorteil mit? Bei jenen Frauen, die bereits über klare Vorstellungen bezüglich ihrer zukünftigen beruflichen Tätigkeit verfügen, erfolgt ein erster gemeinsamer Abgleich zwischen den Anforderungen des gewählten Berufes und dem vorhandenen Kompetenzprofil. Dementsprechend werden auch gegebenenfalls die nur gering vorhandenen Kompetenzen im Analysegespräch aufgezeigt. Dabei legen wir als Beraterinnen große Sorgfalt darauf, nicht von Schwächen zu sprechen, sondern von Kompetenzbereichen, die – sollte es für das angestrebte Berufsbild bzw. den Weg dorthin zielführend sein – entwickelt und trainiert werden können. Die Erfahrung zeigt, dass unsere Kundinnen diesem Ansatz sehr positiv begegnen und das defizitäre Denken „Was fehlt mir?" dem lösungsorientierten Denkansatz „Was kann ich tun?" weicht.

Durch das Analysegespräch lernt die Kundin nicht nur ihre Kompetenzen kennen. Sie kann sie aufgrund von Beispielen nachvollziehen und vor allem auch – mit Hilfe der Unterlagen, allen voran den Kompetenzatlanten und den Interpretationsangeboten – klar benennen und beschreiben. Die Kompetenzanalyse stellt in der Folge eine wesentliche Grundlage für die Berufsorientierung, den Bewerbungsprozess und die persönliche Karriereplanung dar und dient maßgeblich zur Steigerung des Selbstbewusstseins.

### 2.2.4 Bewerbungsstrategien und Bewerbungs-Know-how

Bei vielen Kundinnen fehlt es – vor allem in Bezug auf Jobsuche und Bewerbung – an nötiger Initiative. Sich Ziele zu setzen und diese auch beharrlich zu verfolgen ist vielen fremd (geworden). Daher konzentrieren wir uns in diesem Trainingsabschnitt auf die Zielarbeit. Zunächst werden realistische Berufschancen mit den Frauen erar-

beitet (die sich angesichts der neu erworbenen Kenntnisse der eigenen Kompetenzen erheblich erhöht bzw. verbreitert haben). Dann werden die Ergebnisse mittels der MIND-MAP-Methode in Zusammenhang mit folgenden Fragestellungen gebracht:
* Welche Maßnahmen sind dafür erforderlich?
* In welcher Zeit will ich das Ziel erreichen?
* Wer kann mir bei der Erreichung meiner Ziele behilflich sein?

Nun gilt es nicht nur alle Fragestellungen des MIND-MAPs abzuarbeiten, sondern auch tatsächliche Schritte zu setzen, wie zum Beispiel ein Vorstellungsgespräch zu führen, oder am Telefon einen Gesprächstermin mit einem Unternehmen zu vereinbaren.

## 3. Zusammenfassung

*Ist es uns gelungen, die Aktivitäts- und Handlungskompetenzen unserer Kundinnen zu erhöhen?*
Der Erfolg gibt uns Recht! Mehr als 60 % der Frauen, die an einem von uns umgesetzten „Wiedereinstieg mit Zukunft"-Projekt mit KODE® teilgenommen haben, haben noch während der Kurszeit einen neuen Arbeitsplatz gefunden oder sich zu einer Weiterbildung entschlossen und damit ihr Leben (wieder) selbst in die Hand genommen!

*Würden wir das auch ohne Kompetenzarbeit erreichen?*
Wohl eher nicht, denn das Bewusstmachen und Trainieren von Aktivitäts- und Handlungskompetenzen ist etwas, wofür in den verschiedensten Ausbildungen oft nicht genug Zeit vorhanden ist. Und das, obwohl es die Menschen aus unserer Sicht erst richtig stark macht und neue Möglichkeiten offenbart.

Ausführungsbereitschaft hängt laut einschlägiger Fachliteratur unmittelbar mit Selbstmotivation und Selbstverwirklichung zusammen. Wir erkennen, dass wir durch die Kompetenzarbeit unseren Frauen viele Werkzeuge in die Hand geben können, die es Ihnen erlauben, sich selbst in einem neuen, viel helleren Licht zu sehen. Ausgerüstet mit dem nötigen Know-how ist es unseren Kundinnen möglich, sich selbst Anreize zu schaffen um damit Ihre Ziele zu erreichen.

## Literatur

Amtsblatt der Europäischen Union (2012). *EMPFEHLUNG DES RATES vom 20. Dezember 2012 zur Validierung nichtformalen und informellen Lernens.*
Beruf – Baby – Bildung (2014). *AK Befragung von Wiener Eltern in Karenz zu Weiterbildung und Wiedereinstieg.*
Bildung. Kompetenz. Werte. (2013). John Erpenbeck, *Was „sind" Kompetenzen.*
Heyse, V. & Erpenbeck, J. (2009). *Tatkraft (A) Kompetenztraining* (S. 139).
migration & integration SCHWERPUNKT: FRAUEN. *zahlen. daten. indikatoren. 2014/15.*

# Humankapitalbilanzierung

## KODE® als Basis einer Bilanzierung mit monetärer Werteermittlung – Möglichkeiten der Darstellung des Gesamtwertes des Humankapitals einer Unternehmung in einer Abschlussbilanz

*Simone Hahn*

## 1. Einführung: Human Resources Management und Humankapital

Die realistische Wertermittlung in der Gesamtbilanz eines Unternehmens erhält eine immer größer werdende Relevanz hinsichtlich einer betriebswirtschaftlich-werteorientierten Außendarstellung, besonders im Zusammenhang mit Fusionen und Unternehmensnachfolgen oder -veräußerungen. Die Stakeholder haben hier ein berechtigtes Interesse an einer möglichst genauen Unternehmensbewertung. Damit steigt die Bedeutung von Methoden zur monetären Erfassung immaterieller Ressourcen und damit des intellektuellen Kapitals (auch Humankapital, Humanvermögen, Marken, Forschung & Entwicklung etc.) deutlich an. Doch gerade in Bezug auf die Ressource Mensch ergeben sich die größten Herausforderungen für die realen Wertausweisungen.

Marktwert und Buchwert genügen heute nicht mehr dem Anspruch, realistische Aussagen über die tatsächliche Vermögenssituation einer Unternehmung zu treffen. Eine Verschiebung der Bedeutungsgebung der verschiedenen Kapitalarten ist in der Praxis seit längerem zu beobachten. Sie ist zurückzuführen auf die wachsende Wissensgesellschaft sowie den stetig voranschreitenden technologischen Wandel. Das Humankapital als Teil des immateriellen Vermögens hat herausragende Bedeutung bei der Generierung von Unternehmenserfolgen, da der Mensch durch seine Potenziale und Performanz einen wesentlichen Einfluss auf die unternehmerische Wertschöpfung nimmt. Eine Wertermittlung des Humankapitals und besonders der Potenziale, wie z.B. Motivation, Kompetenz, Wissen und Performanz, kann dokumentieren, wie viel das Humankapital dazu beiträgt, zukünftige Herausforderungen des Unternehmens zu bewältigen und welcher ökonomische Wert ihm zugeordnet werden muss.

Auch im Hinblick auf den demografischen Wandel und den heute schon oft beklagten Fachkräftemangel hängt die Wettbewerbsfähigkeit des Unternehmens stark von den Kompetenzen und Motivationen der Mitarbeiter ab. Diese zu gewinnen, zu entwickeln und an das Unternehmen zu binden, erfordert eine Methode zur Klärung der bereits vorhandenen und der noch benötigten Kompetenzen im Unternehmen.

Aufgrund der Nähe der Fragestellungen zur Personalentwicklung (PE) bildet sich hier die Aufgabenstellung ab, bereits vorhandene Instrumentarien der Humanvermögensrechnung und der Kompetenzdiagnostik miteinander zu verknüpfen, um so eine monetäre Erfassung des Humankapitals in Bezug auf die Kompetenzen der Belegschaft, sowohl für den Bereich der Personalentwicklung als auch in der Darstellung der Sozialbilanz eines Unternehmens, zu ermöglichen.

Das folgende Schaubild gibt einen Überblick über die Entwicklung des Human Ressources Managements (HRM) 1960er bis heute:

Abb. 1: Entwicklung des Human Ressources Managements (eigene Darstellung)

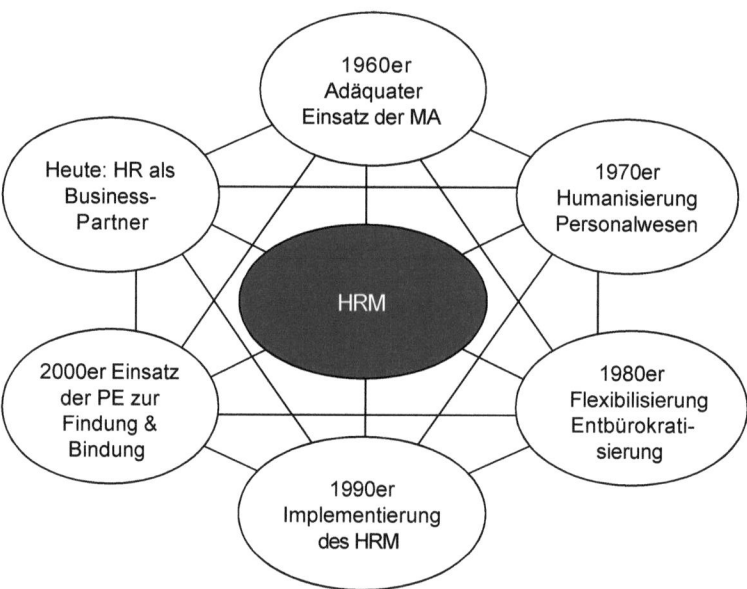

Im Laufe der 1990er Jahre wurde in den meisten deutschen Unternehmen das Human Ressource Management implementiert.[1] Die Erkenntnis, dass die Unternehmensziele eng mit den Zielen der Personalentwicklung verwoben sind, steckte dem HRM einen neuen Rahmen: mit Hilfe eines menschlichen Führungsstiles und gezielter Förderung sollten Mitarbeiter im Rahmen der Personalstrategie, die sich aus den Unternehmenszielen ableitete, zu höheren Leistungen motiviert werden. In dieser Zeit wurde der Gedanke geprägt, das Humankapital (alle Mitarbeiter und ihre für das Unternehmen erbrachten Leistungen) zur Quantifizierung und Steuerung zu ermitteln und zur Betrachtung in die Bilanz aufzunehmen, um eine vollständige Vermögensaufstellung zu erhalten.

Hierzu entstand parallel der Anspruch,[2] dass das Personal als wichtigste Ressource zur Generierung von Unternehmenserfolgen ab sofort gezielt gefunden, entwickelt und gebunden werden sollte. Ebenso sollte es gemessen und bewertet werden und als immaterieller Vermögensfaktor letztlich in der (Sozial-)Bilanz des Unternehmens dokumentiert werden.

---

1   Vgl. Femppel, 2000, S. 37f.
2   Vgl. Wunderer/Schlagenhaufer, 1994, S. 14.

Durch diese erweiterten Aufgabenbereiche des HRM wurde auch ein neues Rollenverständnis geformt: Heute gilt der Personalentwickler als Verantwortlicher zur Verknüpfung unternehmerischer und personalstrategischer Entscheidungen im Hinblick auf die Entwicklung der Mitarbeiter im Unternehmen. Dazu gehören deren Qualifizierung, Beurteilung und Bemessung sowie der Kostenaufwand bzw. das Controlling.

Doch wie lassen sich Fähigkeiten und Kompetenzen monetär messen, um anschließend in einer Bilanz im Personalbericht als Kompetenzwert des Humankapitals dargestellt zu werden, um so den Unternehmenswert insgesamt transparenter abzubilden?

## 2. Das Humankapital-Bilanzierungssystem

Mit KODE® als Grundlage ist hier ein Beispiel einer möglichen Humankapital-Bilanzierung entworfen worden, um eine Möglichkeit der Messung zu bieten:
    Zu Beginn steht eine Soll-Profil-Erstellung der benötigten Kompetenzen im Unternehmen oder im Bereich/in der Abteilung statt.
    Als Soll-Kompetenz-Profil werden grundsätzlich die zwölf bis sechzehn (hier zwölf) wichtigsten Kompetenzen, die alle Mitarbeiter mitbringen sollen, resultierend aus dem KODE®-/KODE®X-System, ausgewählt. Empfehlung aus der Praxis von befragten KODE®-Anwendern ist hier, sich tatsächlich in jedem Unternehmen, in jedem Bereich, in jeder Abteilung auf zwölf bis sechzehn Kompetenzen festzulegen und eine Unterteilung in der Bewertung zu machen:
80 – 90 %: teilweise erfüllt
90 – 100 %: durchschnittlich erfüllt
100 – 110 %: überdurchschnittlich erfüllt
110 % und mehr: stark überdurchschnittlich erfüllt

So können Unterschiede bei den Mitarbeitern deutlich festgehalten und später bei Bedarf Personalentwicklungsmaßnahmen abgeleitet werden. Die zu verwendenden Kompetenzen werden individuell nach Bedarf festgelegt.
    Am Beispiel eines Beratungsunternehmens mit zehn hypothetischen Mitarbeitern können dies im Einzelnen beispielsweise sein:
1. Konzeptionsstärke
2. Projektmanagement
3. Konfliktfähigkeit
4. Teamfähigkeit
5. Innovationsfreude
6. Analytische Fähigkeiten
7. Ergebnisorientiertes Handeln
8. Loyalität
9. Glaubwürdigkeit
10. Kommunikationsfähigkeit

11. Integrationsfähigkeit
12. Marktkenntnisse
(Folgend bezeichnet als K 1 bis K 12)

Als Basis zur Ermittlung des Wertes einer Einzelkompetenz wird das Mitarbeiter-gehalt genommen. Alle Vergünstigungen und Arbeitsmittel können mit eingerechnet werden.

Beispiel:
Der Mitarbeiter erhält ein Jahresgehalt von 80.000,- €, einen Bonus bei Erreichung seiner Ziele von 15.000,- €, Weihnachts- und Urlaubsgeld in Gesamthöhe von 10.000,- € sowie Firmenwagen und Handy im Gesamtwert von 15.000,- € pro Jahr. In Summe erhält er 120.000,- €. Wir gehen von der Annahme aus, dass in dem Be-ratungsunternehmen bei zehn Mitarbeitern das durchschnittliche Jahresgehalt bei diesen o.g. 120.000,- € liegt. Zur Ermittlung des Einzelkompetenzwertes lautet die Rechnung:

FORMEL: 120.000,- € JG / 12 Kompetenzen = 10.000,- € Einzelkompetenzwert.

Der Einzelkompetenzwert liegt in diesem Beratungsunternehmen also bei 10.000,- € im Laufe eines Geschäftsjahres, unabhängig von Status und Funktion, sondern auf Grundlage der festgelegten Basiskompetenzen.

Die Kompetenzerfüllung wird unterteilt von 10.000,- € in vier Stufen à 2.500,- €, um das Vorhandensein der Kompetenzen beim MA sichtbar, bewertbar und entwi-ckelbar zu machen.

Tab. 1:   Errechnung des Kompetenzwertes eines Mitarbeiters (eigene Darstellung)

| MA/K | 80-90 % | 90-100 % | 100-110 % | 110 % + | Sollsumme |
|------|---------|----------|-----------|---------|-----------|
| K1 | | | x | | 7500 |
| K2 | | x | | | 5000 |
| K3 | | | | x | 10000 |
| K4 | | | | x | 10000 |
| K5 | | | x | | 7500 |
| K6 | | | x | | 7500 |
| K7 | x | | | | 2500 |
| K8 | | x | | | 5000 |
| K9 | | | x | | 7500 |
| K10 | | | | x | 10000 |
| K11 | x | | | | 2500 |
| K12 | | | | x | 10000 |
| Summe K | 5000 | 10000 | 30000 | 40000 | 85000 |

Zusätzlich lässt sich eine Mindestgewichtung der Kompetenzen durch die Leitung vornehmen, und zwar nach Wichtigkeit des vorher festgelegten Erfüllungsgrades, um auch im Recruiting einen direkten Nutzen abzuleiten und entsprechendes Personal anzusprechen.

Bei der Gewichtung setzt man Schwerpunkte, um die Auswahl der Mitarbeiter zu erleichtern, denn kein Kandidat erfüllt alle zwölf Kompetenzkriterien zu hundert Prozent. Die Festlegung der Mindesterfüllung bietet eine Orientierungshilfe bei Findung und Entwicklung.

Die Gewichtungstabelle gibt grundsätzlichen Aufschluss über das Soll-Profil. Die folgende Kompetenzermittlungstabelle gibt Aufschluss über das Ist-Profil (X) und das Soll-Profil (Y).

Tab. 2:    Ist-Profil (= X) & Soll-Profil (= Y) in € (eigene Darstellung)

| MA/K | 80-90 % | 90-100 % | 100-110 % | 110 % + | Sollsumme |
|------|---------|----------|-----------|---------|-----------|
| K1 | x | y | | | 2500 |
| K2 | | xy | | | 5000 |
| K3 | | | y | x | 7500 |
| K4 | | | | xy | 10000 |
| K5 | | | xy | | 7500 |
| K6 | | | x | y | 10000 |
| K7 | | | y | x | 7500 |
| K8 | | x | y | | 7500 |
| K9 | | | | xy | 10000 |
| K10 | x | y | | | 5000 |
| K11 | y | x | | | 2500 |
| K12 | | y | x | | 5000 |
| Summe K | 5000 | 15000 | 22500 | 40000 | ./. 25000 |

Tabelle 2 zeigt eine ausgeglichene Bilanz, allerdings in anderen als den geforderten Bereichen. Wir sehen im Ist-Profil zur Vorgabe des Soll-Profils sowohl eine Erfüllung als auch eine Nichterfüllung von Kompetenzen. So bleibt man an der Vorgabe des Soll-Profils und kann Maßnahmen und Bewertungen wie beschrieben ableiten. Es ist zu prüfen, in welchen der Mitarbeiter Erwartungen nicht erfüllt, um ihn gezielt zu fördern. Das Modell sollte allerdings nicht zu mechanistisch gesehen werden. Es gilt, sich schrittweise zu einer Balance zwischen Input und Output zu entwickeln.

In Personalentwicklungsmaßnahmen würde man gemäß Tabelle 2 bei nichterfüllten Kompetenzen einen Schwerpunkt setzen. Jede Personalentwicklungsmaßnahme kann eine Kompetenzwertsteigerung darstellen, die sich positiv in der Sozialbilanz abbildet und so nachweisbar in der Unternehmensbewertung von Nutzen wäre.

Im Recruiting wäre der Schwerpunkt z. B. bei den ersten fünf Kompetenzen zu setzen weil hier der Fokus auf Teamkompetenzen liegt, die anderen könnten z. B. im Laufe des Arbeitsverhältnisses entwickelt werden. Dies gilt es im Rahmen der Soll-Profil-Erstellung ebenfalls festzulegen und macht des Weiteren eine Einschätzung der Entwicklungskosten des rekrutierten Mitarbeiters möglich.

Tabelle 3 zeigt eine beispielhafte Bilanz für die Kompetenzwerte aller zehn hypothetischen Mitarbeiter sowie die Ausprägung der vorhandenen Kompetenzen in monetärer Abbildung.

Tab. 3: Gesamtkompetenzwert der Mitarbeiter in € (eigene Darstellung)

| | MA 1 | MA 2 | MA 3 | MA 4 | MA 5 | MA 6 | MA 7 | MA 8 | MA 9 | MA 10 | Summe K |
|---|---|---|---|---|---|---|---|---|---|---|---|
| K1 | 10000 | 7500 | 10000 | 10000 | 7500 | 10000 | 7500 | 5000 | 7500 | 10000 | 85000 |
| K2 | 7500 | 10000 | 10000 | 10000 | 10000 | 10000 | 7500 | 7500 | 10000 | 10000 | 92500 |
| K3 | 10000 | 5000 | 10000 | 7500 | 10000 | 10000 | 7500 | 5000 | 5000 | 10000 | 80000 |
| K4 | 5000 | 5000 | 7500 | 10000 | 10000 | 5000 | 10000 | 10000 | 10000 | 10000 | 82500 |
| K5 | 7500 | 10000 | 5000 | 10000 | 7500 | 10000 | 5000 | 10000 | 10000 | 10000 | 85000 |
| K6 | 10000 | 7500 | 10000 | 10000 | 5000 | 10000 | 10000 | 5000 | 7500 | 7500 | 82500 |
| K7 | 10000 | 10000 | 10000 | 5000 | 10000 | 5000 | 7500 | 5000 | 5000 | 10000 | 77500 |
| K8 | 2500 | 10000 | 5000 | 10000 | 7500 | 10000 | 7500 | 2500 | 2500 | 10000 | 67500 |
| K9 | 10000 | 7500 | 2500 | 10000 | 10000 | 10000 | 7500 | 2500 | 2500 | 7500 | 70000 |
| K10 | 7500 | 7500 | 2500 | 7500 | 10000 | 10000 | 7500 | 5000 | 5000 | 10000 | 72500 |
| K11 | 0 | 0 | | 0 | 0 | 0 | 0 | 0 | 0 | 0 | 0 |
| K12 | 0 | 0 | 0 | 0 | 0 | 0 | 0 | 0 | 0 | 0 | 0 |
| Summe MA | 80000 | 80000 | 72500 | 90000 | 87500 | 90000 | 77500 | 57500 | 65000 | 95000 | 795000 |

Im Ergebnis der Kompetenzbilanzierung lässt sich für das laufende Geschäftsjahr im Beispiel ein Gesamtkompetenzwert im Humankapitalwert von 795.000,- € bilanzieren. Der maximal zu erreichende Wert wäre 1,2 Mio. € gewesen. Um diesen zu erreichen, gilt es entsprechende Entwicklungsarbeit abzuleiten. Insgesamt gesehen ist das Beratungsunternehmen gut aufgestellt, hat aber durchaus noch ungenutzte Ressourcen.

Erfahrungswerte aus der Praxis zeigen, dass die Kompetenzen in der Belegschaft in der Regel zu ca. 75 – 85% erfüllt werden, so dass sich hier ein Entwicklungspotenzial ableiten lässt, um den Höchstwert des intellektuellen Kapitals erreichbar zu machen.

Die Evaluation der Werte müsste in der Unternehmensbilanz dargestellt und erläutert werden, um dem Leser der Bilanz das Prinzip dieser Kompetenzwertermittlung verständlich zu machen.

Folgendes kann also festgehalten werden: Die immaterielle Ressource der Kompetenzen wird nun für das laufende Geschäftsjahr sichtbar und dokumentiert. Ebenso wird deutlich, wo der Schwerpunkt im Bereich Kompetenz im Recruiting und in der Planung der Personalentwicklungsmaßnahmen gesetzt werden muss. Schließlich wird der Unternehmenswert im Bereich Humankapital in Zahlen dargestellt und kann in einer Bilanz oder einer Unternehmensbewertung von großem Nutzen in der Außendarstellung werden.

Folgende Gründe für die Humankapital-Bilanzierung können zusammenfassend aufgeführt werden:

- konkretere Bewertung von Handlungskompetenzen und Leistungsvermögen
- Korrespondenz zwischen Humankapital und Unternehmenserfolg
- isoliert verwendbar z. B. für Zwischenberichte, Beurteilungen, etc.
- individuell nutzbar beim Mitarbeitergespräch, Beförderungswunsch o. ä.
- Darstellung als Kontrapunkt zwischen Input (PE, OE) und Output (Kompetenzsteigerung) zur Planung zukünftiger Maßnahmen und deren Durchsetzung.
- Personalcontrolling: Budgetierung im Bereich Weiterbildung/Förderung wäre schlüssiger
- HR-Partner kann klarere Maßnahmenplanung betreiben
- Veränderungen & Entwicklungen im Humankapital sind beobachtbar (Zukunftsprognosen)

Durch die konkretere Ableitung der PE-Maßnahmen ließe sich ein konkreteres Retention-Management in der HR ableiten.Diese Bilanz kann als Vorlage zur Ableitung von Kennzahlen im Personal-Controlling oder der Personalentwicklung sein.

## 3.    Betrachtung aus ethischer Sicht

Ethik und Wirtschaft verbindet, dass sich beide Gebiete auf das Verhalten und Handeln von Menschen beziehen und/oder darauf auswirken. Im wirtschaftlichen Kontext wird Ethik auf zwei Ebenen relevant:

- Institutionen-Ethik: Die Aufgabe einer Unternehmensethik, also einer Institutionen-Ethik, ist die Reflektion unternehmerischen Handelns vor dem Hintergrund der Moral und des Anstands. Indem sich die Unternehmensethik bei ihrer Umsetzung mit der einzelnen Situation befasst, büßt sie ihren Anspruch auf Gemeingültigkeit ein. Unternehmensethik soll auf Herausforderungen Lösungsperspektiven anbieten, die über die Tradition der Unternehmung hinausgehen und zu einer Weiterentwicklung der Unternehmenskultur führen.
- Führungs-Ethik: Ethik im Management und besonders in der Führung ist ein immer brisanteres und sensibleres Thema. Führungsethik beschreibt Führungshandlungen, in denen sich Menschen begegnen und Führung als Ereignis entsteht. Auch hier gilt es, in einer ethischen Grundhaltung eine Weiterentwicklung bei den Geführten zu initiieren unter Berücksichtigung der Persönlichkeit des Gegenübers und zum Nutzen der Allgemeinheit bzw. des Unternehmens.

In den Wirtschaftswissenschaften bezeichnet man das personengebundene Wissen der Mitarbeiter als Humankapital. Das so bezeichnete Kapital ist also das Wissen, das in der Humanressource Mensch verankert ist und somit individuell und einzigartig ist.

Ethisch verantwortungsvolles Führen findet in Kommunikationsgemeinschaften statt, die diese Tatsache berücksichtigen und bewusst in ihre Unternehmensphilosophie und -kultur aufgenommen und integriert haben. So bezeichnet der Begriff Humankapital ein wertvolles Gut, das im alleinigen Eigentum des Eigners von Wissen gesehen wird.

Haben Führungskräfte keine ethische Grundhaltung, die die Bedürfnisse eines Mitarbeiters berücksichtigt, kommt es zu einer „Verkapitalisierung" des Menschen im Sinne einer zu verbrauchenden und ersetzbaren Ressource steht der Begriff Humankapital schließlich für eine fehlgeleitete Unternehmenshaltung, die auf kurz oder lang die Konsequenz hätte, das sich die Ressource nicht mehr ersetzen lässt – aus mangelnder Motivation, als Mitarbeiter in einem solchen Unternehmen sein Humankapital zur Verfügung zu stellen (War of talents).

Begriffe wie Humanvermögen, Humanressource oder auch Humankapital gehen in der Welt des Personalmanagements mit einer adäquaten und für die Belegschaft bindenden Unternehmensethik einher. Die menschliche Arbeit ist für den betrieblichen Wertschöpfungsprozess ein unverzichtbarer Leistungsbeitrag und lässt sich nicht vom Menschen selbst isolieren. Daher wird es den Konflikt zwischen Arbeit und Kapital und deren Messbarkeit, der im Personalwesen besonders ausgeprägt ist, solange geben, wie es eine lückenhafte Unternehmensphilosophie im Sinne mangelnder Wertschätzung des Mitarbeiters gibt, die auf eine mangelhafte Ethik im Unternehmen zurückzuführen ist. Dieses Dilemma ließe sich zum einen mit ethischen Normen im Personalmanagement sowie zum anderen mit einer gelebten Veränderung der Unternehmenskultur lösen.

# Competenzia als Softwareprodukt im Kontext eines kompetenzorientierten Recruiting-Prozesses

*Stefan Ortmann*

## 1.  Einleitung

Eine der schwierigsten Aufgaben im Personalbereich ist das „Aufspüren" und die Auswahl geeigneter Fach- und Führungskräfte. Die Auswahl einer suboptimal geeigneten Person führt in der Regel zu betriebswirtschaftlichen Nachteilen, welche sich durch erhöhte Kosten (z. B. wiederholt notwendige Personalsuche), Produktivitäts- oder Ertragseinbußen niederschlagen. Handelt es sich um die Besetzung von strategisch relevanten oder existenziell notwendigen Positionen („Key Position", „Management Position"), dann kann das Setzen auf die falsche Person sogar existenzbedrohend für eine einzelne Abteilung, einen Unternehmensstandort oder Organisationsbereich sein. Daher gilt es, mit allen Mitteln das Risiko einer Fehlentscheidung zu reduzieren, bestenfalls das Risiko zu eliminieren.

---

Immer wichtiger wird für Organisationen bzw. Unternehmungen, dass Fach- und Führungskräfte zum **selbstorganisierten Handeln in unspezifischen bzw. ungewissen Arbeits- und Entscheidungssituationen fähig** sind bzw. dahingehend gefördert werden.

Verallgemeinert bedeutet dies, dass die Stelleninhaber die durch das Stellenprofil geforderten *überfachlichen Kompetenzen* persönlicher, fachlicher, sozialkommunikativer Art erfüllen und über das notwendige Aktivitäts- und Handlungspotenzial verfügen müssen, um den komplexen Anforderungen von Gesellschaft, Märkten und Wettbewerb gerecht zu werden.

---

Daraus abgeleitet gilt für den Personalauswahlprozess, unabhängig davon, ob dieser in der Organisation/Unternehmung, die den Personalbedarf aufweist, oder einer beauftragten Personalberatung stattfindet, dass ein Verfahren zur Kompetenzermittlung („Diagnostik") vorhanden sein muss. Sofern die Kompetenzermittlung eine Lücke zwischen Kompetenz-Ist und Kompetenz-Soll aufweist, muss das Kompetenzdiagnostiksystem Anregungen liefern, um eine zielgerichtete Kompetenzentwicklung anzuregen, damit spätestens zum Zeitpunkt der Übernahme der Positionsverantwortung die Kompetenzanforderungen in dem gewünschten Umfang vorhanden sind.

Erfolgskritisch für den Einsatz eines Kompetenzdiagnostiksystems sind erstens die Gütekriterien des zum Einsatz kommenden Verfahrens. Diese sind u. a. durch die Kennzahlen „Objektivität", „Reliabilität", „Validität" sowie „Nützlichkeit", „Ökonomie", „Akzeptanz" nachweisbar.

Zweitens muss ein solches System auch die spezifischen Kompetenzanforderungen der zu besetzenden Position exakt abbilden. Hier sind Branchendurchschnitts-

Sollprofile, die gerne z. B. aus den Top internationalen Organisationen abgeleitet werden, in der Regel nicht zielführend, da diese Sollprofile normalerweise nicht hinreichend genug die Alleinstellungsmerkmale (USP) bzw. strategischen Ziele der anwendenden Organisation berücksichtigen. Ein auf die zu besetzende Stelle/Position maßgeschneidertes Kompetenzsollprofil sollte immer Vorrang vor einem verallgemeinerten Kompetenzsollprofil haben.

## 2.   Kompetenzorientierung im Recruitingprozess

In der Regel ist der Rekrutierungsprozess organisationsweit standardisiert und es kommt ein „Methodenkoffer" an Werkzeugen handwerklicher und softwaretechnischer Art zum Einsatz. Dieser Methodenkoffer vereint i.d.R. diverse, sich ergänzende Verfahren wie z. B. die Analyse der eingereichten Unterlagen, die Durchführung von Expertengesprächen, häufig auch in Kombination mit einem Assessment Center.

Generell lassen sich die Teilaufgaben des „kompetenzorientierten Auswahlprozesses" in den nachfolgend dargestellten generischen Rekrutierungsprozess implementieren.

Abb. 1:   Kompetenzorientierter Rekrutierungsprozess

Während der Vorbereitungsphase werden parallel zur Analyse der fachlichen Stellenanforderungen die Kompetenzanforderungen ermittelt und in einem Kompetenzsollprofil festgeschrieben, denn neben fachlichen Anforderungen (Ausbildungsabschlüsse, Sprachkenntnisse, …) sind weitere überfachliche Anforderungen an die Kandidaten zu stellen (z. B. Akquisitionsfähigkeit bei Vertriebspersonen).

Die Akquise- bzw. Vorselektionsphase bleibt im Wesentlichen unverändert. Denkbar wäre, im Rahmen der Kommunikation mit den Kandidaten bereits auf Kompetenzfragestellungen einzugehen.

Innerhalb der Entscheidungsphase wird zunächst der Fragebogen zur Kompetenzermittlung eingesetzt. Dessen Ergebnisse werden in Form eines Soll-/Ist-Vergleichs, basierend auf einem oder mehreren Kompetenzsollprofilen, abgeglichen. Aus den Ergebnissen kann schon eine Zwischenentscheidung erfolgen: Kandidat ist potenziell geeignet oder Kandidat ist weniger für diese Position geeignet und wird bereits vor der Entstehung größerer Kosten, die z. B. für ein Assessment entstehen würden, abgelehnt. Durch weitergehende Verifikationsmaßnahmen (z. B. Gespräche oder Assessment-Center) werden die Ergebnisse des Soll-/Ist-Vergleichs konkret bzgl. der Kompetenzanforderungen überprüft.

Sollte sich eine Lücke zwischen Kompetenz-Sollanforderungen der Stelle und Kompetenz-Ist-Ausprägungen der Person ergeben, dann schließt dies nicht prinzipiell aus, dass ein Kandidat dennoch ein Vertragsangebot erhält. In diesem Fall ist jedoch empfehlenswert, zu erreichende Kompetenzentwicklungsziele zu vereinbaren und diese bis zur Übernahme der Stellenverantwortung aktiv durch Personalentwicklungsmaßnahmen zu begleiten.

Die einzelnen Schritte des kompetenzorientierten Auswahlprozesses werden in den nächsten Abschnitten konkret dargestellt.

## 3.    Kompetenzatlas als methodische Basis

Zu Beginn des kompetenzorientierten Auswahlprozesses besteht die Notwendigkeit, die Kompetenzausprägungen der für die Position in Betracht kommenden Personen zu ermitteln. Eingesetzt wird hier KODE®, abkürzend für Kompetenz-Diagnostik und -Entwicklung stehend. Es handelt sich um ein Verfahrenssystem, welches verschiedene Kompetenzermittlungs- und Entwicklungstools umfasst.

Bei KODE® handelt es sich um ein modernes, auf der Selbstorganisationstheorie basierendes Verfahrenssystem, welches in den Neunzigerjahren von Prof. Dr. John Erpenbeck und Prof. Dr. Volker Heyse entwickelt wurde und seitdem kontinuierlich weiterentwickelt wird.

Das KODE®-Verfahrenssystem sowie dessen Gütekriterien wurden bereits umfassend in der Literatur dokumentiert, daher soll zur Vertiefung an dieser Stelle auf die Waxmann Buchreihe „Kompetenzmanagement in der Praxis" (siehe Abschnitt Literatur) verwiesen werden.

Abb. 2: Kompetenzatlas

Verfahrenstheoretische Grundlage von KODE® ist der Kompetenzatlas, der 64 überfachliche Kompetenzen in vier Basisgruppen P (Personale Kompetenzen), A (Aktivitäts- und Handlungskompetenzen), F (Fachlich-Methodische Kompetenzen) und S (Sozial-kommunikative Kompetenzen) sowie deren Kombinationen P/A, P/F, P/S, A/P, A/F, A/S, F/P, F/A, F/S, S/P, S/A und S/F ordnet.

Jede der 64 überfachlichen Kompetenzen ist ausführlich anhand einer Kompetenzbeschreibung, beobachtbaren Verhaltensmerkmalen („Identifikationsmerkmale") sowie Hinweisen zur Erkennung von Übersteigerungen beschrieben.

Tab. 1: Beschreibung der überfachlichen Kompetenz „Einsatzbereitschaft" (P/A):

| | Einsatzbereitschaft | P/A |
|---|---|---|
| **Kompetenzbegriff:**<br><br>(Identifikationsmerkmale und Kurzcharakteristika der Kompetenzkombinationen) | – Setzt sich selbstlos und verantwortungsbewusst für gemeinsame Unternehmens- und Arbeitsziele ein<br>– Stellt hohe Forderungen an die eigenen Anstrengungen und die der Mitarbeiter<br>– Missbilligt Trägheit und Passivität und bewegt andere zum tatkräftigen Handeln<br>– Ist durch das eigene Handeln für andere ein Vorbild | |
| **Erläuterungen:**<br><br>(Begriffsbestimmungen und Begriffsumfänge der Kompetenzkombinationen) | Einsatzbereitschaft ist eine personale Grundhaltung, die gegenüber Forderungen aus Arbeit, Unternehmen und privatem Lebensbereich mit einem aktiven, nachdrücklichen, und weitgehend vorbehaltlosen Engagement der Persönlichkeit zugunsten geforderter und notwendiger Ziele führt.<br><br>Sie steht im Gegensatz zu egoistischer Zurückhaltung oder passiver Gleichgültigkeit.<br>Sie fordert und fördert Hilfsbereitschaft und Verantwortungsbewusstsein. | |
| **Kompetenzübertreibungen:**<br><br>(Alle aufgeführten Überziehungen sind erweiterbare Beispiele) | – Setzt sich übertrieben stark für die Unternehmens- bzw. Arbeitsziele ein<br>– Fordert von anderen zu viel und überfordert sie<br>– ... | |

In der Detailbetrachtung der Kompetenz „Einsatzbereitschaft" ist erkennbar, dass bei KODE® die Handlungsfähigkeiten im persönlichen und betrieblichen Kontext von grundlegender Bedeutung sind. Die Begründer der Verfahren legen daher Wert auf die Feststellung, dass es sich bei KODE® nicht um einen Persönlichkeitstest, sondern ein Kompetenzmess- und -entwicklungsinstrument handelt.

## 4. Kompetenzsollprofile zur Anforderungsbeschreibung

Ein Kompetenzsollprofil enthält die überfachlichen Kompetenzen und deren Ausprägungen, die im Zusammenhang mit der zu besetzenden Position seitens eines Kandidaten als Soll-Vorgabe erfüllt werden müssen.

Erfahrungsgemäß sollte ein Kompetenzsollprofil zwischen 12 und 16 überfachliche Kompetenzen enthalten. Weniger als 12 Kompetenzen differenzieren den Aufgabenbereich der zu besetzenden Position möglicherweise nicht exakt genug oder berücksichtigen zu wenig organisationsspezifische Aspekte. Mehr als 16 Kompetenzen erhöhen den Auswahlaufwand (z.B. durch Überprüfungsfragen in Expertengesprächen) bzw. führen möglicherweise zu einer „Überspezifikation", also der Verwendung irrelevanter Variablen.

Es gibt zwei Arten von Kompetenzsollprofilen: generische Kompetenzprofile und spezifische Kompetenzprofile.

Ein generisches Kompetenzsollprofil subsummiert einen Pool an Funktionen bzw. Tätigkeiten. Beispielsweise könnte ein generisches Kompetenzsollprofil „Mitarbeiter in Verwaltung/Vertrieb (m/w)" sowohl Sekretariats- als auch Vertriebsinnendienst- und Buchhalter- bzw. Controller-Funktionsbereiche vereinen. Dieses generalisierte Stellenprofil kann immer zum Einsatz kommen, wenn eine zu besetzende Stelle im Bereich der Verwaltung oder des Vertriebs liegt. Dabei spielt es dann keine Rolle, ob z. B. eine Fachkraft für das Sekretariat oder die Buchhaltung rekrutiert werden soll. In dieser Art von Kompetenzsollprofilen werden im Wesentlichen organisationsspezifische Kompetenzen aufzufinden sein. Der spezifische Kompetenzanteil der einzelnen Stelle spielt hier eine eher untergeordnete Rolle. Dennoch können so die strategischen Ziele einer Organisation bereits berücksichtigt werden.

Die besten Auswahlergebnisse werden im Rekrutierungsprozess erreicht, wenn für jede ausgeschriebene Tätigkeitsgruppe bzw. Funktion ein individuelles Kompetenzsollprofil definiert wird. Dazu wird die zu besetzende Tätigkeitsgruppe bzw. Funktion qualitativ analysiert und daraus abgeleitet, welche überfachlichen Kompetenzen zur Erfüllung notwendig sind.

Ein spezifisches Kompetenzanforderungsprofil sollte die folgenden Anforderungen berücksichtigen:
- Kompetenzanforderungen der **Gesamtorganisation**
  Es sind die strategischen Ziele der Organisation zu berücksichtigen die für die z. B. nächsten 12 bis 36 Monate relevant sind. Diese leiten sich aus der Mission/Vision der Organisation ab.
- Kompetenzanforderungen des **Arbeitsbereichs/der Abteilung**
  Innerhalb des Arbeitsbereichs können additiv zur Gesamtorganisation relevante Kompetenzen erforderlich sein. Diese leiten sich häufig aus der speziellen Rolle eines Arbeitsbereichs ab. Beispielsweise wird die Entwicklungsabteilung andere Bereichsanforderungen aufweisen als die Vertriebsabteilung desselben Unternehmens.
- Kompetenzanforderungen der spezifischen **Funktion/Tätigkeit**
  Hier werden gedanklich die Kompetenzen berücksichtigt, die sich nur auf die zu besetzende Position beziehen. Es handelt sich somit um Kompetenzanforderungen, die über die Anforderungen der Gesamtorganisation und des Arbeitsbereichs hinausgehen.

Abb. 3: Auswahl der überfachlichen Kompetenzen in Competenzia

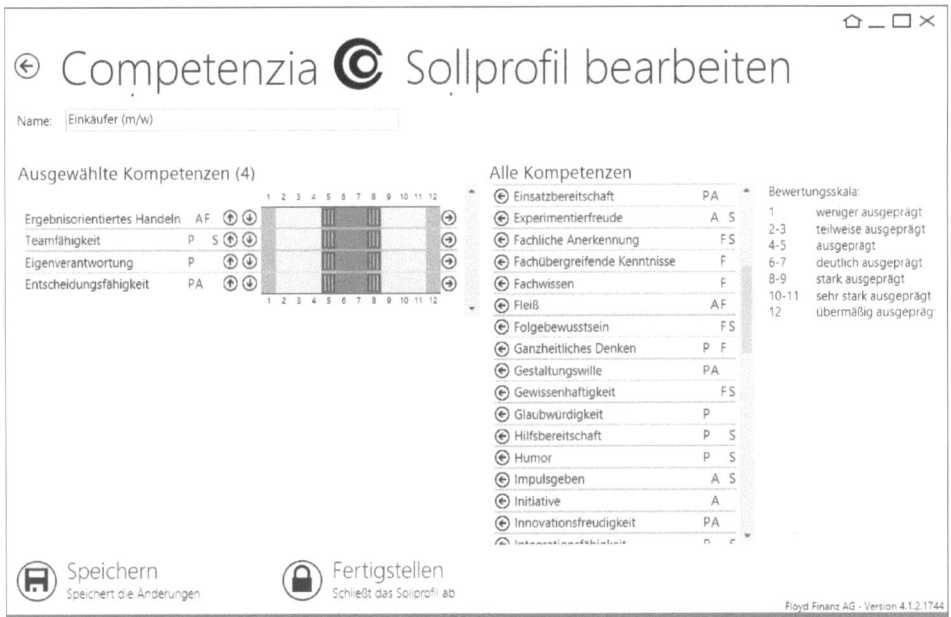

Im rechten Bereich der Benutzeroberfläche ist die Liste der 64 Kompetenzen enthalten. Durch Anklicken erfolgt im ersten Schritt die Kompetenzselektion.

Nicht alle Kompetenzen innerhalb eines Sollprofils sind gleich (ge)wichtig. Daher wird im zweiten Schritt die Festlegung, konkret die Lage und Breite des Kompetenzsollkanals, vorgenommen. Der Kompetenzsollkanal („Sollkorridor") gibt an, in welchem Bereich die gewünschte Kompetenzausprägung der Kandidaten liegen soll.

Abb. 4:   Kompetenzprofil „Einkäufer (m/w)"

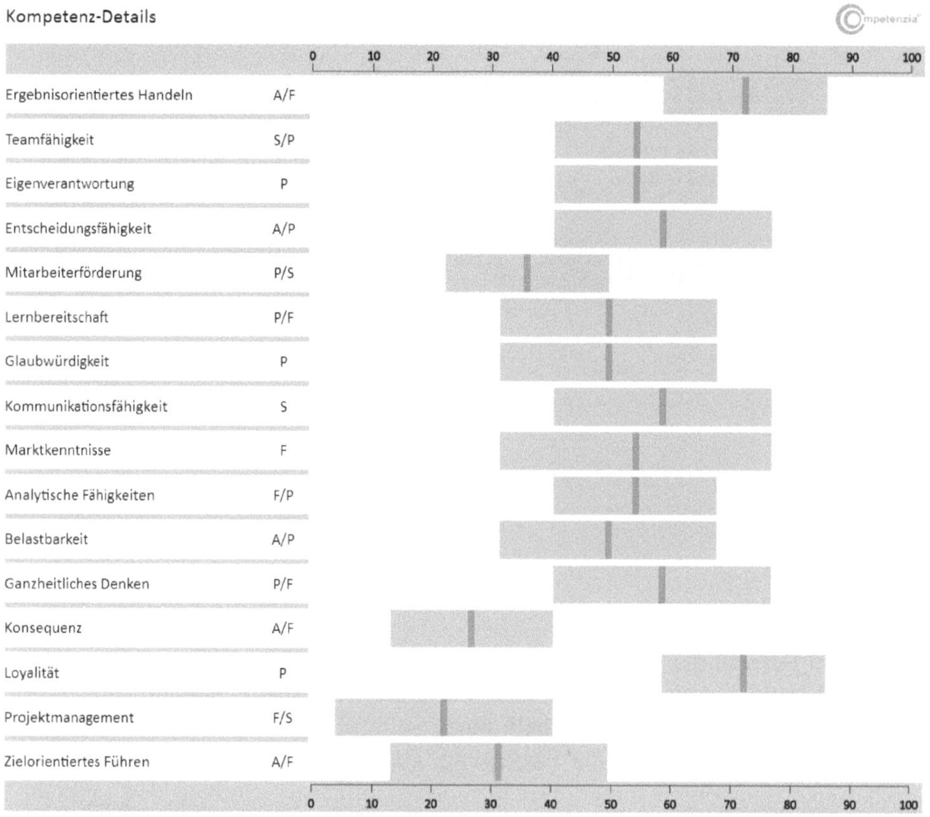

Kompetenz-Details

Im Beispielprofil wird seitens der Kandidaten eine höhere Kompetenzausprägung von „Ergebnisorientiertem Handeln" und „Loyalität" gefordert als für „Teamfähigkeit" oder „Eigenverantwortung", daher weisen „Ergebnisorientiertes Handeln" und „Loyalität" höhere Werte auf der 100er-Skala auf.

Aufgrund des Detaillierungsgrades des Kompetenzatlas ist in der Regel nur wenig Zeit zur Definition von Kompetenzsollprofilen notwendig. Binnen 30 – 60 Minuten ist der Findungsprozess, der sich im Wesentlichen durch notwendige Diskussionen und Kommunikation aufspannt, normalerweise abgeschlossen.

Sobald die Ergebnisse aus den Selbsteinschätzungen des KODE®-Fragebogens vorliegen, können bezogen auf das Sollprofil Recruiting-Aussagen zur Passfähigkeit der Kandidaten abgeleitet werden.

## 5. KODE®-Fragebogen zur Kompetenzermittlung

Zur Erhebung der Kompetenzausprägungen wird der KODE®-Fragebogen eingesetzt. Der KODE®-Fragebogen umfasst 24 Fragen mit jeweils 4 Satzergänzungen, die in eine Rangreihenfolge zu bringen sind.

Im Rahmen der Bearbeitung der vorliegenden (Bewerbungs-)Unterlagen erhalten alle Kandidaten – z.B. in Zusammenhang mit den Eingangsbestätigungsschreiben nach erfolgreicher Unterlagendurchsicht – einen Zugangscode zum Ausfüllen des KODE®-Fragebogens zugesendet. Der Zugangscode stellt sicher, dass die Daten nur von der berechtigten Person und nur genau einmal erfasst werden können. In der Regel ist die Bearbeitung des KODE®-Fragebogens nach 20 Minuten abgeschlossen.

Abb. 5:    Login zum KODE®-Fragebogen

Nach dem Login kann die Eingabe der Antworten beginnen. Jeder Fragenblock ist durch Eingabe der Werte 1 bis 4 in eine Rangreihenfolge zu bringen. Die Fragen beziehen sich sowohl auf normale als auch schwierige Situationen („Stress-Situationen").

Gerade im Personalauswahlprozess ist es wichtig, dass die Kandidaten die Auswertungsergebnisse nicht beeinflussen können, um sozialerwünschte Ergebnisse herbeizuführen oder sich Vorteile gegenüber anderen Kandidaten zu verschaffen. Die Art der Fragestellung des KODE®-Fragebogens stellt sicher, dass nicht abgeleitet werden kann, welche Ergebnisse aus Sicht des Recruitings erwünscht bzw. unerwünscht sind.

Abb. 6:    Ausfüllen des KODE®-Fragebogens

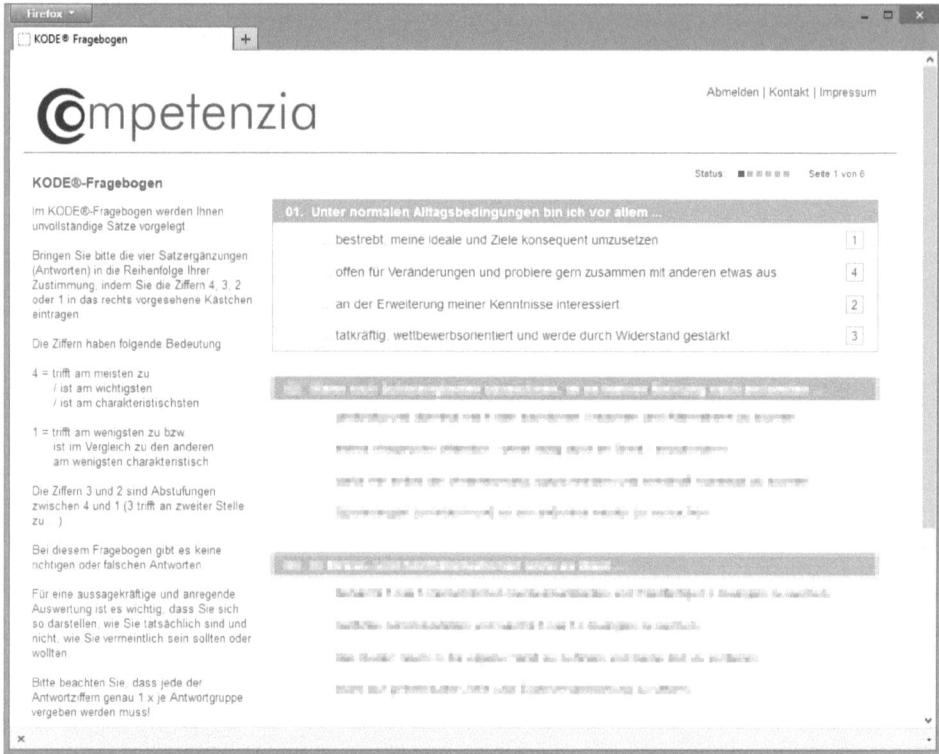

Das Softwaresystem ist so gestaltet, dass neben der Ausfüllanleitung keine weiteren Einweisungen oder Erklärungen für Kandidaten notwendig sind. Ebenso werden Falscheingaben durch entsprechende Hinweise abgefangen. Das versehentliche Auslassen von Antworten ist nicht möglich.

Technisch werden Standard-Internettechnologien eingesetzt. Dies stellt sicher, dass die Erfassung sowohl auf konventionellen Arbeitsplatzrechnern als auch auf mobilen Endgeräten, wie z.B. Tablet-Computern, möglich ist. Die Bedienlogik entspricht klassischen Internetsystemen, so dass auch Personen ohne Computerkenntnisse problemlos den KODE®-Fragebogen ausfüllen können.

## 6.    Soll-/Ist-Vergleich

Nachdem die KODE®-Fragebogenerfassung abgeschlossen wurde, erstellt das Competenzia-Softwaresystem ein Executive-Summary-Dokument, das als weitere Entscheidungsgrundlage im Personalauswahlprozess eingesetzt wird.

Nachfolgend werden die Bestandteile des Summary-Dokumentes anhand einer fiktiven Person dargestellt.

Abb. 7:    Individuelle Basiskompetenzen

Individuelle Basiskompetenzen

| | P | A | F | S | | |
|---|---|---|---|---|---|---|
| Unter normalen Bedingungen | 42 | 28 | 20 | 30 | P | Personale Kompetenz |
| | | | | | A | Aktivitäts- und Handlungskompetenz |
| Unter schwierigen Bedingungen | 36 | 31 | 22 | 31 | F | Fach- und Methodenkompetenz |
| | | | | | S | Sozial-kommunikative Kompetenz |
| Differenz | -6 | 3 | 2 | 1 | | ≥ 12 und ≤ 22   Geringe Kompetenzausprägung |
| Durchschnitt | 39 | 30 | 21 | 30 | | ≥ 23 und ≤ 34   Mittlere Ausprägung |
| | | | | | | ≥ 35 und ≤ 40   Hohe Ausprägung |
| | | | | | | ≥ 41 und ≤ 48   Sehr starke Ausprägung (Tendenz zur Übertreibung?) |

Die KODE®-Ergebnisse, die den Wertebereich 12 bis 48 je Kompetenzbereich umfassen können, werden zunächst tabellarisch dargestellt und farblich visualisiert. Dies lässt auf einen Blick die Stärken erkennen.

Die exemplarisch betrachtete Person weist im Bereich der Personalen Kompetenz (unter normalen Bedingungen) eine sehr starke Ausprägung auf. Dies kann sich z.B. dadurch zeigen, dass sie sich sehr loyal für das Unternehmen und die Mitarbeiter/ Kollegen/Kunden einsetzt bzw. auch nach Selbstverwirklichung und Erfüllung echter Herausforderungen strebt.[1]

Nicht immer sind sehr hohe Kompetenzausprägungen von Vorteil. Werte über 39 Punkten können ein „Zuviel-des-Guten" bedeuten, das sowohl im Privat- als auch Arbeitsleben zu Problemen im Miteinander oder in der Aufgabenerledigung führen kann. Der P-Wert mit 42 Punkten weist hier auf eine mögliche Übersteigerung der betrachteten Person hin.

Im Bereich der Fach- und Methodenkompetenz liegt eine geringe Kompetenzausprägung vor. Zu beachten ist hier, dass unter Fach- und Methodenkompetenz i.S.v. KODE® nicht das Fach- bzw. Methodenwissen an sich zu verstehen ist, sondern eine Aussage darüber gewonnen wird, inwiefern eine Arbeits- bzw. Lebenssituation durch eine fachliche bzw. systematisch-methodische Herangehensweise angegangen bzw. gelöst wird. Im vorliegenden Beispiel kann davon ausgegangen werden, dass Aufgabenstellungen, die eine analytische Beurteilung oder eine systematische Vorgehensweise zur Lösung benötigen, durch die betrachtete Person suboptimal durchgeführt werden.

Die KODE®-Ergebnisse, die sich sowohl auf normale als auch schwierige Lebens- und Arbeitsbedingungen („Stresssituationen") beziehen, werden weitergehend im Softwarepaket Competenzia interpretiert:

*„Die betrachtete Person zeigt kaum/keine Verhaltensänderungen im Vergleich zwischen günstigen und ungünstigen Bedingungen. Die Kompetenzen haben gleiche Ausprägungen. Es dominiert die Personale Kompetenz. Die betrachtete Person ist vor allem sehr stark bzgl. der eigenen Vorbildwirkung, Loyalität, Berechenbarkeit, Eigenverantwortung sowie eigener Wertorientierungen und Ideale.*

---

1    Auszug aus dem Abschnitt „Interpretationsangebote" der KODE®-Auswertung. Die KODE®-Interpretationsangebote sind keine Festschreibungen, sondern beruhen auf vielfach beobachtetem Handeln und dienen als Gesprächs- und Reflexionsangebot.

*Mittlere Ausprägungen haben die Aktivitäts-/Handlungskompetenz und die Sozial-kommunikative Kompetenz und eine geringere Ausprägung die Fach- und Methoden-kompetenz. Die betrachtete Person zeigt somit eine hohe Kontinuität im Verhalten und im Gebrauch der Kompetenzen unter unterschiedlichen Bedingungen. Anderer-seits kann sie bei sehr starken Veränderungen und hohem Anpassungsdruck mangels flexiblen Kompetenzeinsatzes (fehlende Verstärkung gering oder mittel ausgeprägter Kompetenzen im Übergang von günstigen zu ungünstigen Bedingungen) möglicher-weise stark irritiert und bedrängt und im eigenen Stressmanagement begrenzt sein."*

Nach der Analyse der KODE®-Werte erfolgt die Berechnung der Übereinstimmung der KODE®-Werte zum jeweiligen Kompetenzsollprofil, welches die Kompetenzsoll-vorgabe vorgibt.

In Step 1 liefert das Softwarepaket Competenzia ein Tableau mit der prozentua-len Übereinstimmung zwischen den KODE®-Ergebnissen und dem Sollprofil um auf-zuzeigen, inwiefern die hier betrachtete Person die Kompetenzanforderungen erfüllt, übererfüllt bzw. auch nicht erfüllt. Später werden diese Ergebnisse auf die Ebene der einzelnen überfachlichen Kompetenzen detailliert.

Abb. 8:   Gesamtergebnis

Resultat

| | P | A | F | S |
|---|---|---|---|---|
| Anteil im Sollprofil | 41% | 16% | 28% | 16% |
| Übereinstimmung Soll KODE®X - Ist KODE® unter normalen Bedingungen | 150% | 94% | 48% | 111% |
| Übereinstimmung Soll KODE®X - Ist KODE® unter schwierigen Bedingungen | 120% | 112% | 60% | 118% |
| Übereinstimmung Soll KODE®X - Ist KODE® gemittelt | 135% | 103% | 54% | 115% |

P   Personale Kompetenz
A   Aktivitäts- und Handlungskompetenz
F   Fach- und Methodenkompetenz
S   Sozial-kommunikative Kompetenz

KODE®-Wert liegt unterhalb des Kompetenzkanals
KODE®-Wert liegt innerhalb des Kompetenzkanals
KODE®-Wert liegt oberhalb des Kompetenzkanals

Im Bereich der Personalen Kompetenz liegt das Verhältnis zwischen Ist-Ausprägung und Soll-Anforderung unter normalen Bedingungen bei 150%, also weit über dem Geforderten. Ähnliches gilt auch unter schwierigen Bedingungen für P mit 120%. Möglicherweise führt das dazu, dass die betrachtete Person (sofern diese ausgewählt würde) ihre Personalen Kompetenzen zu stark einbringt und möglicherweise an an-dere diesbezüglich (zu) hohe Anforderungen stellt, was aus Sicht der Organisation jedoch nicht notwendig bzw. nicht gewollt ist.

28% der Kompetenzanforderungen innerhalb des Kompetenzsollprofils werden durch Fach- und Methodenkompetenz (F) determiniert. Anhand der prozentualen Übereinstimmungen ist in der Ergebnisdarstellung erkennbar, dass – in Bezug auf das gewählte Kompetenzsollprofil – Entwicklungsbedarf besteht, da die prozentualen Übereinstimmungswerte im F-Bereich zwischen 48% und 60%, also weit unterhalb des erwünschten Ergebnisses liegen (Zielwert = 100%).

Sinnvollerweise wird der Soll-Ist-Vergleich im nächsten Schritt auf die einzelnen überfachlichen Kompetenzen heruntergebrochen. Ermöglicht wird dies durch die Struktur des Kompetenzatlas, in dem zu jeder überfachlichen Kompetenz eine eindeutige Zuordnung, z.B. für Ergebnisorientiertes Handeln der Quadrant A/F, vorgegeben ist.

Der Vergleich der KODE®-Werte in Bezug auf die einzelnen überfachlichen Kompetenzen wird in Competenzia in der „Kompetenz-Details"-Darstellung visualisiert.

Abb. 9:   Kompetenz-Details

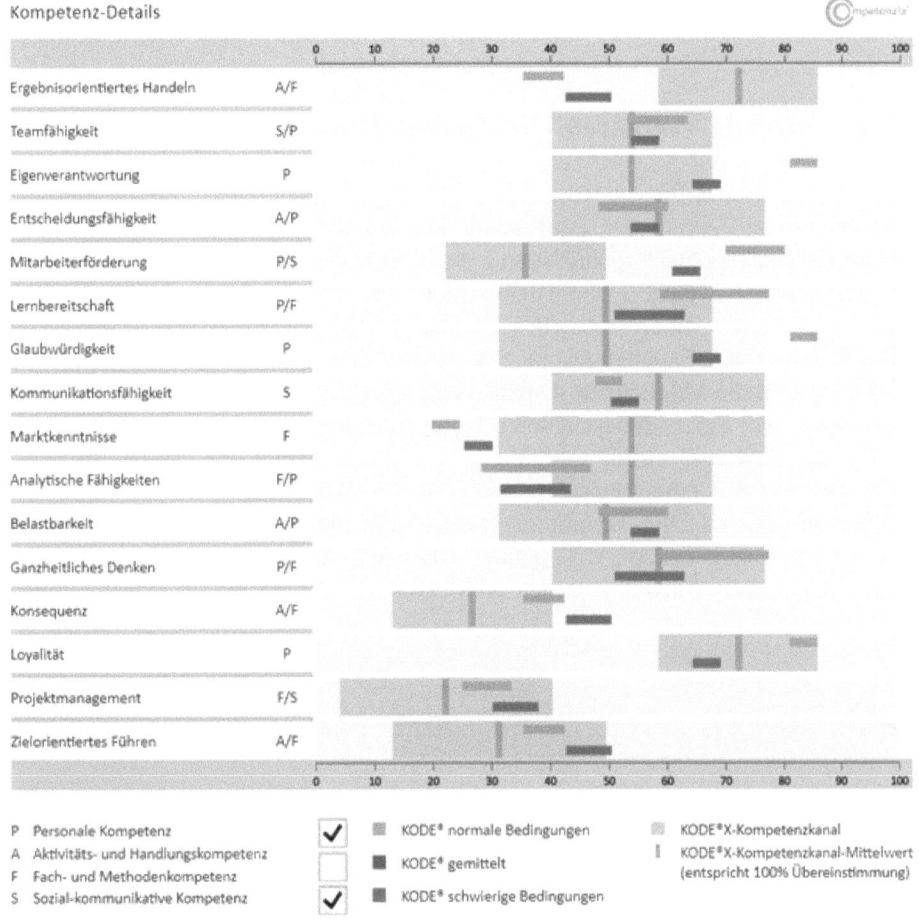

Die Detail-Betrachtung ergibt ein differenziertes Bild bzgl. der Kompetenzerfüllung. Es ist ersichtlich, dass die Kompetenzanforderungen bezogen auf „Ergebnisorientiertes Handeln" (A/F), „Marktkenntnisse" (F) und „Analytische Fähigkeiten" (F/P) sowohl unter normalen als auch schwierigen Lebens- bzw. Arbeitsbedingungen (noch) nicht in ausreichendem Maße erfüllt werden. Dies untermauert die bereits im Gesamtergebnis dargestellten Ergebnisse, die ebenfalls einen Kompetenzentwicklungsbedarf der durch F determinierten Kompetenzen aufgezeigt hat.

Für die Entscheidung im Personalauswahlprozess kann diese Aussage herangezogen werden. Möglicherweise ist eine Personalentwicklung noch möglich (Verfügbarkeit von Zeit und Budget) oder aber dies führt dazu, dass Kandidaten mit einer höheren Passfähigkeit in die weitere Auswahl einbezogen werden.

Anzumerken ist, dass die Passfähigkeit einer Person immer in Relation zum betrachteten Kompetenzsollprofil zu sehen ist. Eine Person, die bezogen auf ein bestimmtes Kompetenzsollprofil nicht in die engere Auswahl einbezogen ist, kann für ein anderes Kompetenzprofil möglicherweise als Top-Besetzung zählen.

## 7. Ergänzende Verfahren/Verfahrensbestandteile

Sicherlich wird eine Personalentscheidung nicht immer nur auf einer numerischen Betrachtung von Benotungen, Zertifikaten oder Kompetenzwerten erfolgen. Dennoch können die analytischen Ergebnisse aus der Kompetenzauswertung zur Absicherung der Entscheidung, welche Kandidaten in dem weiteren Personalauswahlprozess berücksichtigt werden, einen wertvollen Beitrag leisten.

Im Rahmen von Expertengesprächen, persönlichen Interviews oder Assessment-Centern besteht die Möglichkeit, Detail-Analysen vorzunehmen oder Sachverhalte zu hinterfragen. Mit einer vorgeschalteten Kompetenzdiagnostik wird bereits klar, welche Besonderheiten in einem persönlichen Gespräch erfragt bzw. verifiziert oder in einem Assessment-Center besonders beobachtet werden sollten.

Innerhalb des KODE®-Verfahrenssystems kann hier exemplarisch das arbeitsbasierte Kompetenzinterview (AKI) genutzt werden, welches konkrete Fragestellungen zu einzelnen überfachlichen Kompetenzen enthält.

Abb. 10: Fragestellungen zu „Ergebnisorientiertes Handeln"

- Inwieweit werden Sie durch die Erwartung konkreter Ergebnisse motiviert bzw. motivieren Sie sich selbst? Wann war das zum Beispiel besonders deutlich? Erinnern Sie sich an eine typische Situation?

- Geben Sie ein Beispiel für ein wichtiges Ziel, das Sie hatten und das Sie nicht aus den Augen verloren haben. Berichten Sie von dem Erfolg, der sich mit dem Erreichen des Ziels verband.

- Wann waren Sie einmal nicht im Stande, ein Projekt mit dem ursprünglich angedachten Ergebnis zu beenden? Woran lag das? Was haben Sie aus dieser Situation für sich gelernt?

- Wie nehmen Sie Einfluss auf andere, um „am Ball zu bleiben" und die gesetzten Ziele und beabsichtigten Ergebnisse nicht aus den Augen zu verlieren? Können Sie ein typisches Beispiel dafür nennen? Wie sind Sie vorgegangen? Mit welchem Ergebnis?

- Können Sie von sich behaupten, dass Sie Ziele mit großer Willensstärke, Aktivität, Beharrlichkeit verfolgen und realisieren und sich erst zufrieden geben, wenn klare Ergebnisse vorliegen? Können Sie ein Beispiel dafür nennen? War das schon immer so?

- Wer hatte großen Einfluss auf die Herausbildung dieser Verhaltensweisen? Berichten Sie von einem Fall, bei dem es Ihnen nicht gelungen ist, die notwendigen Ergebnisse zu erreichen – zumindest nicht in dem vorgegebenen Zeitraum.

- Beschreiben Sie, wie das war, als Sie einmal trotz aller Unkenrufe ein Projekt, eine wichtige Aufgabe vollendeten und alle perplex waren. Was hat Sie davon überzeugt, dran zu bleiben?

Softwaretechnisch kann über das Softwarepaket Competenzia auf diesen Fragenpool zugegriffen werden.

## 8. Softwarepaket Competenzia im Recruitingprozess

Parallel zu der inhaltlichen Entwicklung des KODE®-Verfahrens wird das Softwarepaket Competenzia durch ISB[2] bereitgestellt. Zum Einsatz kommt Competenzia sowohl als Beratersoftware (im Einzeleinsatz) als auch als internetbasierte Software für Großanwendungen.

Nachdem zunächst in den Anfangsjahren der Anwendungsschwerpunkt in der Erstellung der KODE®- bzw. KODE®X-Auswertungen lag, wurde in den letzten Jahren die Systematik zum Abgleich mit Kompetenzprofilen wesentlich erweitert.

Durch den Softwareeinsatz wird der operative Aufwand reduziert – sowohl auf Seiten der Kandidaten als auch auf Seiten der Recruiter, da viele operative Aufgaben automatisiert abgewickelt werden.

---

2  Siehe www.competenzia.de bzw. www.isb-ik.de

Die Auswertungen selbst können entweder internetbasiert (Stichwort: „Cloud") bereitgestellt oder aber auf dem Computer der Personalabteilung bzw. des Recruitingunternehmens erstellt werden.

Competenzia unterstützt den Personalauswahlprozess qualitativ hochwertig und liefert treffsichere Aussagen.

Weitere Merkmale von Competenzia – aktuell in der Version 4 verfügbar – sind:
- Einfache standardisierte Einführung in Organisationen bzw. Beratungshäusern.
- Hohe Praxistauglichkeit durch Parametrierung.
- Geringe technische Hürden für alle Beteiligten (Beratungen und Bewerber).
- Minimierung der Verwaltungszeit/-kosten für Auswertung und Informationslogistik.
- Überschaubare Initial- und laufende Systemkosten.

## 9. Referenzimplementierung: Kompetenzprofilabgleich in der Humanmedizin

Im Forschungsprojekt „Kompetenzprofile in der Humanmedizin", initiiert durch das schweizerische Bundesamt für Gesundheit (BAG, Bern), wurde auf Basis von Competenzia ein webbasiertes Tool realisiert, welches nach Erfassung einer studentischen KODE®-Selbsteinschätzung einen Kompetenzprofilvergleich in Bezug auf die sechs nachfolgenden Kompetenzprofile durchführt:
- Hausärztin/-arzt
- fest angestellte Spitalärztin/-arzt
- Führung im Spital (Ärztin/Arzt als obere Führungskraft)
- Ärztin/Arzt in Organisation und Verwaltung (Behörden, Verbände, Versicherungen …)
- Ärztin/Arzt in der Telemedizin-Beratung und im Bereich e-health
- Ärztin/Arzt in der medizinischen Forschung („Junioren")

Abb. 11:  Ablauf des Kompetenzprofil-Checks

Sofern nicht alle Kompetenzanforderungen erfüllt werden, also signifikante Gaps vorliegen, erfolgt die Benennung der Schlüsselkompetenzen, deren Ausprägung (noch) nicht den Berufsbildanforderungen entspricht. Ebenfalls erfolgt die Benennung von Gaps bezogen auf das Berufsfeld mit der höchsten Übereinstimmung im zweiten Berufsfeld sowie auch hier vorhandene Anforderungsdefizite.

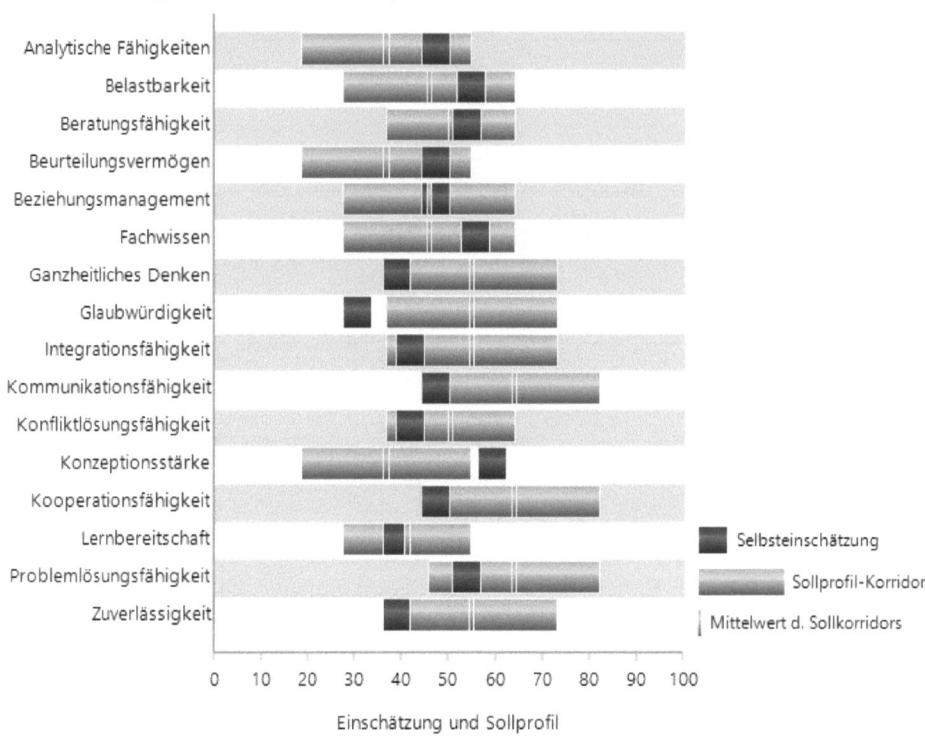

Vergleich Selbsteinschätzung - Hausärztin bzw. Hausarzt im Ärztehaus

Mit Hilfe des Tools wird Studierenden an sechs schweizerischen Hochschulen aufgezeigt, welches Kompetenzsollprofil der Humanmedizin am besten zu den eigenen Kompetenzausprägungen passt.

Zwar wird die Referenzimplementierung aktuell nicht zur Selektion herangezogen, sie zeigt aber sehr anschaulich, dass selbiges System für den Personalauswahlprozess einsetzbar ist. Durch die einmalige Definition entsprechender Kompetenzsollprofile und die Hinterlegung der Adressaten der Auswertung (Personalberatung, HR-Management, ...) ist sofort ein vollfunktionsfähiges Tool zum kompetenzorientierten Personalauswahlprozess möglich.

## 10. Fazit

In der Literatur und Wissenschaft besteht weitgehend Einigkeit darüber, dass Kompetenzen bereits heute eine hohe Bedeutung für den Erfolg einer Organisation haben und zukünftig noch wichtiger werden, da Aufgabenstellungen zunehmend komplexer und Handlungssituationen weniger vorhersagbar werden, was wiederum entsprechende Selbstorganisationsfähigkeiten der Stellenverantwortlichen zur Erfüllung der Anforderungen voraussetzt.

Ausgehend von oft sehr ähnlichen Laufbahnen und ähnlichem Fachwissen der zur Auswahl stehenden Kandidaten gilt es daher herauszufinden, welche Personen möglichst optimal auf eine vakante Stelle passen. Hier kann die softwaregestützte Kompetenzdiagnostik sehr gute Dienste leisten und die Entscheidungssicherheit erhöhen bzw. ein bei den Recruitern vorhandenes „Bauchgefühl" untermauern oder widerlegen.

Mit dem erprobten Softwaresystem Competenzia kann zeitökonomisch eine kompetenzorientierte Personalauswahl umgesetzt werden, insbesondere ist die Hinterlegung individueller Kompetenzsollprofile auf einfache Art und Weise möglich.

# 11. Literatur und Internetverweise zu KODE®, KODE®X und Competenzia

Buhr, S. & Ortmann, S (2004). KomBilanz – Software für Kompetenzdiagnostik und -entwicklung. In Heyse, V., Erpenbeck, J. & Max, H. (Hrsg.), *Kompetenzen erkennen, bilanzieren und entwickeln*. Münster: Waxmann.

Bulletin 47/12 des Bundesamtes für Gesundheit BAG, Bern (S. 891 bis 893), verfügbar unter: http://www.bag.admin.ch/dokumentation/publikationen/01435/11505/12789/ [01.07.2015].

Erpenbeck, J. (2007). KODE® Kompetenzdiagnostik und -Entwicklung. In Erpenbeck, J. & von Rosenstiel, L. (Hrsg.), *Handbuch Kompetenzmessung*. Stuttgart: Schäffer-Poeschl Verlag.

Giger, M. & Heyse, V. (Hrsg.) (2014). *Erfolgreich in die Zukunft. Schlüsselkompetenzen in Gesundheitsberufen. Konzepte und Praxismodelle für die Aus,- Weiter- und Fortbildung in Deutschland, Österreich und der Schweiz*. Heidelberg: Medhochzwei Verlag.

Heyse, V. (2007). KODE®X-Kompetenz-Explorer. In Erpenbeck, J. & von Rosenstiel, L. (Hrsg.), *Handbuch Kompetenzmessung*. Stuttgart: Schäffer-Poeschl Verlag.

Heyse, V. (2010). Verfahren zur Kompetenzermittlung und Kompetenzentwicklung. In Heyse, V., Erpenbeck, J. & Ortmann S. (Hrsg.), *Grundstrukturen menschlicher Kompetenzen – Praxiserprobte Konzepte und Instrumente*. Münster: Waxmann.

Heyse, V. (Hrsg.) (2014). *Aufbruch in die Zukunft. Erfolgreiche Entwicklungen von Schlüsselkompetenzen in Schulen und Hochschulen. Aktuelle persönliche Erfahrungen aus Deutschland, Österreich und der Schweiz*. Münster: Waxmann.

Heyse, V., Erpenbeck, J. & Ortmann, S. (Hrsg.) (2010). *Grundstrukturen menschlicher Kompetenzen. Praxiserprobte Konzepte und Instrumente*. Münster: Waxmann.

Heyse, V. & Ortmann, S. (2008). *Talentmanagement in der Praxis: Eine Anleitung mit Arbeitsblättern, Checklisten, Softwarelösungen*. Münster: Waxmann.

Heyse, V. & Schircks, A. (2012). *Kompetenzprofile in der Humanmedizin. Konzepte und Instrumente für die Ausrichtung von Aus- und Weiterbildung auf Schlüsselkompetenzen*. Münster: Waxmann.

Informationen zur Kompetenzmanagement-Software Competenzia, verfügbar unter: www.competenzia.de [01.07.2015].

Weitz, A (2012). Einsatzszenarien für Selbst- und Fremdeinschätzungen zur Erfassung überfachlicher Kompetenzen. In Erpenbeck, J. (Hrsg.), *Der Königsweg zur Kompetenz*. Münster: Waxmann.

# Autorinnen und Autoren

**Prof. Dr. Thomas Apitzsch** ist Dekan der Fakultät und Professor für den Fachbereich Sport- und Eventmanagement an der Hochschule für angewandtes Management in Erding. An der Deutschen Sporthochschule in Köln promovierte Apitzsch im Jahr 2012 zum Dr. phil. der Sportwissenschaft mit dem Thema „Kompetenzprofile von Trainern und Sportmanagern im professionellen Teamsport". Neben seiner Spezialisierung in der individuellen Kompetenzdiagnose und -entwicklung liegt sein zweiter Tätigkeitsschwerpunkt im Bereich Eventmanagement.
thomas.apitzsch@fham.de

**Prof. Dr. Rolf Arnold**, Professor für Pädagogik (insbesondere Berufs- und Erwachsenenpädagogik) sowie Wissenschaftlicher Direktor des Distance and Independent Studies Centre (DISC) an der TU Kaiserslautern. Arbeitsschwerpunkte: Pädagogischer Konstruktivismus, Selbstlernkompetenzen, systemische Führung, Bildungssystementwicklung.
E-Mail: arnold@sowi.uni-kl.de

**Dr. Wolfgang Bornträger**, Diplom-Kaufmann, war 23 Jahre als Personaldirektor, Geschäftsführer und Vorstand in Industrie- und Dienstleistungsunternehmen tätig. Seit 2002 Zusammenarbeit mit international tätigen Wirtschafts- und Personalberatungen, seit 2009 Partner der HR Excellence Group GmbH. Er verfügt über vielfältige und langjährige Erfahrungen (über 30 Jahre) als Führungskraft und in der Durchführung von Projekten im Rahmen der Suche, Auswahl, Entwicklung und Begleitung von Führungskräften in Organisationen und Unternehmen. Er ist seit 2005 lizenzierter Berater für KODE® und KODE®X. Das Verfahrenssystem wird von ihm bei der HR Excellence Group im Rahmen von Personalauswahlprozessen, dem Karrierecoaching, bei Personalentwicklungsmaßnahmen und Nachfolgeplanungen eingesetzt. Weiterhin ist Dr. Bornträger aktives Mitglied in Wirtschafts- & gesellschaftspolitischen Vereinigungen und engagiert sich auch im Rahmen von Vortragstätigkeiten an national und international renommierten Institutionen.
E-Mail: borntraeger@hregroup.de

**Prof. Dr. John Erpenbeck**, Studium der Physik, später mit der Spezialisierung Biophysik, Diplom 1965. 1968 Promotion zum Dr.rer. nat. Von 1971 bis Juli 1973 wissenschaftlicher Mitarbeiter im Ministerium für Wissenschaft und Technik, Bereich Kernforschung/ Kosmosforschung. Von August 1973 bis 1990 als wissenschaftlicher Mitarbeiter am Zentralinstitut für Philosophie der Akademie der Wissenschaften. 1978 Promotion zum Dr.sc.phil., 1984 Ernennung zum Professor. 1991- 1995 in der Max-Planck-Gesellschaft zu analogen Fragestellungen tätig. 1993/1994 als Research Professor am Center for Philosophy of Science, Pittsburgh. 1995-1998 Professor an der Universität Potsdam, Arbeitsgruppe Wissenschaftskommunikation. Ab 1998 Senior Consultant, ab 2000 Bereichsleiter im Projekt Lernkultur Kompetenzentwicklung (ABWF/QUEM). Seit Juni 2007 Professor an der Steinbeis University, Berlin – School of International Business and Entrepreneurship (SIBE) Herrenberg, Begleitung des MBA, MA und Msc Projekt-Kompetenzstudiums durch Kompetenzmessung und -zertifizierung sowie Vorlesungen und Forschungsarbeiten zur Kompetenzentwicklung und zum Kompetenzmanagement. Zahlreiche Buch- und Zeitschriftenpublikationen zum Kompetenzthema.

**Christian A. Fischer**, MBA (Univ.), absolvierte berufsintegriert nach seiner Ausbildung zum Handwerksmeister und Betriebswirt ein Studium zum Bachelor und Master of Business Administration an der Steinbeis Universität Berlin. Nach 21 Jahren Berufserfahrung in der freien Wirtschaft, mitunter als Betriebsleiter und stellvertretender Geschäftsführer, ist er heute Leiter der Kaufmännischen Abteilung und der Abteilung Aufstiegsfortbildungen am BBZ Berufsbildungszentrum Augsburg gGmbH. Seine Arbeitsschwerpunkte sind hierbei, die Kompetenzorientierung in der Aus- und Weiterbildung. Zudem ist er Lehrbeauftragter und wissenschaftlicher Koordinator an der Steinbeis Universität Berlin und Fachautor im Themenbereich „Kompetenzmanagement". Er promoviert derzeit im Arbeitsfeld „Kompetenzmanagement" an der Ludwig-Maximilians-Universität München unter Herrn Prof. Dr. Rudolf Tippelt und in Zusammenarbeit mit Herrn Prof. Dr. John Erpenbeck.
E-Mail: christian.fischer@bbz-augsburg.de

**Monika Forsthuber**, MBA und Wirtschaftsmediatorin, weitere Ausbildungen: Professional Teaching und Training, sowie Coaching und Supervision. Geschäftsführerin der Erwachsenenbildungseinrichtung ZIB Training GesmbH in Österreich. Arbeitsschwerpunkte: Kompetenzbilanzierungen für Jugendliche und Frauen vor allem mit dem Schwerpunkt Berufsneuausrichtung.
E-Mail: monika.forsthuber@zib-training.at

**Christoph Hackl**, MA, Kriminalbeamter und stellvertretender Gruppenführer im Landeskriminalamt der österreichischen Polizei, Trainer innerhalb der Polizei sowie in externen Einrichtungen, Lehrgangskoordinator bei der Einsatzgruppe zur Bekämpfung der Straßenkriminalität Wien, selbstständiger Trainer. Arbeitsschwerpunkte: Ermittlungen im Bereich der Suchtmittelkriminalität, Verhandlungsführung, Einsatztraining, Trainer für Kommunikation, Konflikthandhabung und Deeskalation.
E-Mail: christoph.hackl@polizei.gv.at

**Simone Hahn**, Personal- und Organisationsentwicklerin, Coach und Inhaberin von Coachingzeiten UG. Arbeitsschwerpunkte: OE und PE in KMU und Konzernen, systemisches Coaching und Aufstellungsarbeit in Teams mit dem Fokus Kommunikation und Selbstmanagement. Unterstützung weiblicher Führungskräfte und Gründerinnen mit dem Fokus auf neue, Erfolg bringende Handlungsmuster. Veröffentlichungen zu den Themen Coaching und Aufstellungsarbeit in Unternehmen.
E-Mail: simone.hahn@coachingzeiten.de

**Ludger Halasz**, verantwortet als Leiter Personalentwicklung der TÜV NORD GROUP die Themenfelder Employer Branding, berufliche Erstausbildung und Personalentwicklung. Studierte Lehramt und Personalwirtschaft, sammelte zuvor Berufserfahrung in Beratungsgesellschaften und diversen Branchen. Mitglied des Aufsichtsrats der TÜV NORD AG.
E-Mail: lhalasz@tuev-nord.de

**Prof. Dr. Volker Heyse** ist Geschäftsführender Gesellschafter mehrerer Personalentwicklungs-Beratungsunternehmen (TfP, ACT, Ce-Kom GmbH) und Gründungsrektor der staatlich anerkannten privaten Fachhochschule des Mittelstands (FHM) Bielefeld. Auf dem Gebiet der Kompetenz- und Stärkenentwicklung lehrt er im In- und Ausland und ist Autor zahlreicher Bücher. Im Jahre 2008 gründete er die gemeinnützige Heyse-Stiftung „Menschenbilder – Menschenbildung".
E-Mail: tfp@gmx.org

**Florian Kalina**, M.A., Trainingsmanager bei der österreichischen Flugsicherung, Fluglotse, Human Factors Luftfahrt Experte und zertifizierter KODE®-Lizenztrainer/-Berater. Nach der Ausbildung zum Fluglotsen und Linienpiloten, Weiterbildung zum Trainer und vertiefendes Studium im Bereich Bildungsmanagement und Pädagogik mit Spezialisierung auf innerbetriebliche Aus- und Weiterbildung. Arbeitsschwerpunkte: Unterrichts- und Trainingsentwicklung in der Austro Control Flugsicherungsakademie, Weiterbildung und Kompetenzerhalt, Bildungsmanagement und Trainerausbildung.
E-Mail: florian.kalina@austrocontrol.at

**Roman Knipprath,** ist Personalentwickler der TÜV NORD GROUP und verantwortet die Personalentwicklung für den Geschäftsbereich Bildung. Zuvor sammelte er erste berufliche Erfahrungen bei einem Führungskräfteentwickler in der Rhein-Ruhr-Region. Er ist gelernter Bankkaufmann, studierter Germanist und Kommunikationswissenschaftler sowie zertifizierter Coach und lizensierter KODE-Berater. Als Hochschuldozent engagiert er sich in den Themenfeldern Kommunikation, Öffentlichkeitsarbeit und Konfliktlösung.
E-Mail: rknipprath@tuev-nord.de

**Michael Kühn**, Geschäftsführer Personal und Organisationsentwicklung in der Zentrale der Bundesagentur für Arbeit. Zuständig u.a. für Personalpolitik, -planung und -recht sowie Aus- und Fortbildung und die Steuerung der Hochschulausbildung an der Hochschule der Bundesagentur.
E-Mail: michael.kuehn@arbeitsagentur.de

**Mag. Andreas Nagl**, Bildungswissenschaftler, verantwortlich für den im Bundesministerium für Inneres angesiedelten Fachbereich Kompetenz-Entwicklungs-Management-Programm (KEMP), Leiter des Konzeptteams „Kompetenztraining für die polizeiliche Grundausbildung", Lektor an der Fachhochschule Wr. Neustadt im Bereich der Lehrerausbildung.
E-Mail: andreas.nagl@bmi.gv.at

**Steffen Niemann**, Leiter Fachbereich Personalentwicklung der Bundesagentur für Arbeit. Verantwortlich für die Betreuung und Weiterentwicklung des strategischen Personalentwicklungssystems. Darunter das Kompetenzmanagement, das Talent- und Performancemanagement sowie die Personalentwicklungsinstrumente.
E-Mail: steffen.niemann@arbeitsagentur.de

**Rudolf Ochs**, Dipl.-VwW., ist Inhaber der Ochs Consulting. Nach leitenden Funktionen im höheren Dienst der Bundespolizei (ehem. BGS) wechselte er 1992 in die Sicherheitswirtschaft. Seit 2004 ist Rudolf Ochs als Unternehmensberater selbständig, spezialisiert auf Sicherheit und Service im privaten und öffentlichen Sektor. Schwerpunkte des Portfolios sind Strategieberatung, Prozessoptimierung, Kompetenzmanagement und Executive Search. Neben der Initiierung und Begleitung von EU-Projekten ist er in Prüfungsausschüssen und wissenschaftlichen Beiräten tätig sowie Autor von diversen Publikationen und Fachbüchern.

E-Mail: info@ochs-consulting.com

**Stefan Ortmann** ist Mitglied der Geschäftsführung der ISB Information und Kommunikation GmbH & Co. KG, die verantwortlich für die Entwicklung von Kompetenzmanagement-Tools, wie z.B. Competenzia, zeichnet. Des Weiteren ist er Autor diverser Publikationen im Zusammenhang mit Kompetenzmanagement und arbeitet bei der Herausgabe der Waxmann-Reihe „Kompetenzmanagement in der Praxis" mit. Im Team von Prof. Dr. Heyse und Prof. Dr. Erpenbeck ist sein Arbeitsschwerpunkt die algorithmische Umsetzung der KODE®-/KODE®X-Verfahren.

E-Mail: stefan.ortmann@isb-ik.de

**Bgdr. Mag. Karl Pichlkastner** leitet seit 1998 das Institut für Offiziersausbildung im Österreichischen Bundesheer und zeigt sich in der Österreichischen Hochschullandschaft als Studiengangsleiter für den FH-Bachelorstudiengang Militärische Führung an der Theresianischen Militärakademie verantwortlich. Seine Hauptinteressen sind einerseits auf die hochschulische Führungskräfteausbildung und andererseits auf Ausbildung und Qualitätssicherung, Optimierung der Lehr- und Lernprozesse im FH-Bachelorstudiengang, fokussiert.

Seine Berufserfahrung konnte er in verschiedenen Führungs- und Stabsfunktionen auf allen entscheidenden Ebenen, wie Zug, Kompanie, Bataillon und Brigade im Österreichischen Bundesheer gewinnen. Die besondere berufspraktische Qualifizierung erlangte er durch die Generalstabsoffiziersausbildung.

Seine wissenschaftliche Qualifikation wird durch ein individuelles Diplomstudium, mit Fach- und Verhaltenstrainerdiplomen sowie einem Universitätslehrgang für Wirtschafts- und Verwaltungsführung garantiert.

E-Mail: karl.pichlkastner@bmlvs.gv.at

**Prof. Dr. Lothar Schäffner**, Universitätsprofessor a.D. Arbeitsschwerpunkte im Schnittfeld von Personal- und Organisationsentwicklung. Zentrale inhaltliche Fragestellungen: Sowohl Kompetenzdiagnose und -entwicklung als auch Kommunikation in professionellen Zusammenhängen. Die Beiträge in diesem Band spiegeln diese Schwerpunkte wieder. Das Thema Kompetenzen in der Analyse der Anforderungen an einen Flugkapitän. In dem Beitrag kompetenzorientierte Konfliktbearbeitung findet es mit dem der Kommunikation zu einer besonderen Schnittmenge zusammen.
E-Mail: info@lotharschaeffner.de

**Thomas Schlesinger** B.A. M.A., stellvertretender Direktor der Sicherheitsakademie; verantwortlich für die Organisation und Durchführung aller Grundausbildungslehrgänge im Bundesministerium für Inneres, worunter auch die Polizeigrundausbildung fällt; Lektor an der Fachhochschule Wr. Neustadt in den Bereichen Organisations- und Personalentwicklung sowie Berufsethik.
E-Mail: thomas.schlesinger@bmi.gv.at

**ObstdhmfD MMag. Dr. Reinhard Slanic**, MSc MBA ist seit 2000 Angehöriger des Lehr- und Forschungspersonals an den FH-Studiengängen Militärische Führung im BMLVS und derzeit Leiter des Fachbereichs für Pädagogik, Psychologie und Körperausbildung am FH-Bachelorstudiengang Militärische Führung. Sein Beitrag zur Qualitätssicherung am FH-BaStg MilFü ist die kompetenzorientierte Hochschulausbildung, welche mit dem Forschungsschwerpunkt ‚Von den Anforderungen zur Eignung von Führungskräften' gelebt wird. Eine zusätzliche Herausforderung stellt er sich mit dem Forschungsprojekt ‚Mentale Stärke der Berufsoffiziersanwärterinnen und Berufsoffiziersanwärter in verschiedenen Handlungssituationen'.
Seine Berufserfahrung gewann er in verschiedenen Führungs- und Stabsfunktionen auf den Einsatzebenen, wie Zug, Kompanie, Bataillon und Brigade im Österreichischen Bundesheer. Besondere berufspraktische Qualifizierung erlangte er mit dem Grundausbildungslehrgang für Offiziere im höheren militärfachlichen Dienst.
Die wissenschaftliche Qualifikation wird durch die abgeschlossenen Diplomstudien in Pädagogik, Psychologie, Publizistik, den European Master of Science in Mediation and Conflict Management, den Master of Business Administration sowie die Promotion zur Thematik ‚Basiskompetenzen in der militärischen Hochschulausbildung' nachgewiesen.
E-Mail: reinhard.slanic@bmlvs.gv.at

Volker Heyse (Hrsg.)

# Aufbruch in die Zukunft

Erfolgreiche Entwicklungen von
Schlüsselkompetenzen in Schulen
und Hochschulen

Aktuelle persönliche Erfahrungen aus
Deutschland, Österreich und der Schweiz

*2014, 496 Seiten, hardcover, 59,90 €,*
*ISBN 978-3-8309-3052-5*
*E-Book: 53,99 €, ISBN 978-3-8309-8052-0*

**36** namhafte Autorinnen und Autoren aus Deutschland, Österreich und der Schweiz legen ihre persönlichen Erfahrungen bei der Entwicklung von Schlüsselkompetenzen in Schulen, Hochschulen, Weiterbildungsinstituten anschaulich dar. Dabei wird deutlich, dass die zunehmend stark geforderte Neuausrichtung dieser Organisationen an vielen Stellen schon begonnen hat, jedoch noch zu wenig in der Öffentlichkeit kommuniziert und nachhaltig unterstützt wird.

Das Buch verfolgt das Ziel, durch die eingefangene Breite generelle Entwicklungsstränge sichtbar zu machen, konkrete Kompetenzentwicklungen und deren Validierung sowie Zertifizierung anzuregen und laufende Gestaltungen öffentlich zu verbreiten und zu stärken.

Thematisiert werden insbesondere folgende Schwerpunkte:

- Voraussetzungen und Erfolgsfaktoren für eine nachhaltige Wissensvermittlung, Fertigkeits- und Kompetenzentwicklung als Einheit

- Visionen, Strategien und praktische Erfahrungen zur Feststellung und Entwicklung von Schlüsselkompetenzen (Handlungsfähigkeiten)

- Best-Practice-Beispiele für gelungene Lehrplanung und Curriculum-Planung zur Förderung von Schlüsselkompetenzen

- Beispiele für die Feststellung, Validierung und Zertifizierung von Schlüsselkompetenzen

- Wege und Möglichkeiten der Vorbereitung und Stärkung von Lehrpersonen in den unterschiedlichen Organisationen zur erfolgreichen Schlüsselkompetenzentwicklung.

Volker Heyse, Arnulf D. Schircks (Hrsg.)

# Kompetenzprofile in der Humanmedizin

Konzepte und Instrumente für die Ausrichtung von Aus- und Weiterbildung auf Schlüsselkompetenzen

*2012, 226 Seiten, br., 38,00 €, ISBN 978-3-8309-2748-8*
*E-Book: 33,99 €, ISBN 978-3-8309-7748-3*

In der Aus- und Weiterbildung zukünftiger ärztlicher Generationen erhalten die Anforderungen an Schlüsselkompetenzen – neben Fachwissen und humanmedizinischen Fertigkeiten – einen immer höheren Stellenwert. Doch welche Kompetenzprofile werden im Bereich Humanmedizin seitens des Arbeitsmarktes in den verschiedenen humanmedizinischen Berufen verlangt? Inwiefern entspricht die bestehende Aus- und Weiterbildung diesen Ansprüchen? In einer bisherigen Einmaligkeit werden in diesem Buch diese Fragen beleuchtet und zur Diskussion gestellt. Die für den ärztlichen Beruf unabdingbaren Fähigkeiten werden dabei im Einzelnen dargelegt. Den Abschluss des Buches bildet ein Dialog, der unterschiedliche mentale Modelle zu dieser Gesamtproblematik aufweist – und schließlich die gemeinsame Reflexion grundsätzlicher Notwendigkeiten des Umdenkens. Insofern begegnen sich in diesem Buch Gegenwart und Zukunft, laute und leise Richtungsangaben. In der ärztlichen Aus- und Weiterbildung, in Theorie und Praxis zeigen sich neue Entwicklungen und Qualitäten eines ehrwürdigen Berufsstandes, der sich gegenüber künftigen Herausforderungen jung und dynamisch erweist.

www.waxmann.com

Karl Kreuser, Volker Heyse,
Thomas Robrecht (Hrsg.)

# Mediationskompetenz

Mediation als Profession etablieren
Theoretischer Ansatz und zahlreiche
Praxisbeispiele

*2012, 208 Seiten, br., 29,90 €, ISBN 978-3-8309-2605-4*
*E-Book: 26,90 €, ISBN 978-3-8309-7605-9*

Durch Wertewandel, Globalität, Migration und steigenden Individualismus ergeben sich auf gesellschaftlicher und kultureller Ebene, aber auch in Unternehmen, Schulen oder Kommunen immer häufiger Situationen, in denen zwischen scheinbar unvereinbaren Positionen vermittelt werden muss. Der Bau des Bahnhofs „Stuttgart 21" ist eines der prominentesten Beispiele, in denen die Fronten verhärtet waren, und erst vermittelndes Eingreifen durch einen Schlichter Aussicht auf eine Konfliktlösung bot.

Seither ist das Konzept der Mediation zunehmend in den gesellschaftlichen Fokus gerückt. Die Möglichkeiten von Mediation und die Frage, wie Mediationskompetenz bestimmt werden kann, stehen im Zentrum dieses Bandes. Empirische Daten aus dem Bereich professioneller Mediation sowie Beispiele aus der Mediationspraxis werden hierzu herangezogen.

Die Verwendung praxiserprobter Instrumente des Kompetenz-Explorers (KODE®X) ermöglicht es, Schlüsselkompetenzen zu trainieren und in mediatives Handeln umzusetzen.

■ BAND 6

John Erpenbeck (Hrsg.)

## Der Königsweg zur Kompetenz

Grundlagen qualitativ-quantitativer Kompetenzerfassung

*2011, 344 Seiten, br., 39,90 €, ISBN 978-3-8309-2489-0*
*E-Book: 35,90 €, ISBN 978-3-8309-7489-5*

Einer sowohl quantitativen als auch qualitativen Kompetenzerfassung gehört die Zukunft! Diese Aussage wird hier zuerst philosophisch, psychologisch, pädagogisch und zeitökonomisch begründet. Dass sie sich auch methodologisch und empirisch untermauern lässt, zeigen die 15 vielschichtigen Beiträge dieses Bandes. So will dieses Buch auch zu einem vertieften Verständnis der Kompetenzthematik selbst beitragen.

■ BAND 5

Volker Heyse, John Erpenbeck, Stefan Ortmann (Hrsg.)

## Grundstrukturen menschlicher Kompetenzen

Praxiserprobte Konzepte und Instrumente

*2010, 320 Seiten, br., 39,00 €, ISBN 978-3-8309-2335-0*
*E-Book: 31,00 €, ISBN 978-3-8309-7335-5*

Der hohe Wert einer Kompetenzdiagnostik, -bewertung und -förderung für die Arbeitswelt ist unbestritten. Das KODE®-System bietet einen Ansatz, um die komplexe „Kompetenzarchitektur" zu entschlüsseln. Dabei wird der DIN-Forderung nach Objektivität, Reliabilität und Validität des Verfahrens Rechnung getragen. Anhand von Praxisbeispielen wird eine empirische Grundlage zu Untersuchungs- und Beratungserfahrungen von der Schule bis zum betrieblichen Alltag vorgelegt und die Praxiseignung des KODE®-Systems – auch im Vergleich zu anderen Verfahren – überprüft.

■ BAND 4

Lothar Schäffner, Imke Bahrenburg

## Kompetenzorientierte Teamentwicklung

Theoretischer Ansatz und vielfältige
Coaching- und Trainingsmethoden

*2010, 120 Seiten, br., 28,00 €, ISBN 978-3-8309-2260-5*
*E-Book: 21,90 €, ISBN 978-3-8309-7260-0*

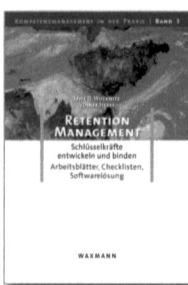

■ BAND 3

Uwe D. Wucknitz, Volker Heyse

## Retention-Management

Schlüsselkräfte entwickeln und binden
Arbeitsblätter, Checklisten, Softwarelösung

*2008, 144 Seiten, br., 24,90 €, ISBN 978-3-8309-2065-6*
*E-Book: 19,90 €, ISBN 978-3-8309-7065-1*

■ BAND 2

Volker Heyse, Stefan Ortmann

## Talentmanagement in der Praxis

Eine Anleitung mit Arbeitsblättern,
Checklisten, Softwarelösungen

*2008, 156 Seiten, br., 24,90 €, ISBN 978-3-8309-1983-4*
*E-Book: 19,90 €, ISBN 978-3-8309-6983-9*

■ BAND 1

Volker Heyse, John Erpenbeck (Hrsg.)

## Kompetenzmanagement

Methoden, Vorgehen, KODE® und KODE®X
im Praxistest

*2007, 336 Seiten, br., 34,90 €, ISBN 978-3-8309-1825-7*
*E-Book: 27,90 €, ISBN 978-3-8309-6825-2*